AF727178

Christian Gerlach

DER MORD AN DEN EUROPÄISCHEN JUDEN

Christian Gerlach

DER MORD AN DEN EUROPÄISCHEN JUDEN

URSACHEN, EREIGNISSE, DIMENSIONEN

Aus dem Englischen
von Martin Richter

C.H.Beck

Titel der englischen Originalausgabe:
The Extermination of the European Jews
erschienen bei Cambridge University Press, Cambridge (UK) 2016
© 2016 Christian Gerlach

Für die deutsche Ausgabe:
© Verlag C. H.Beck oHG, München 2017
Satz: Janß GmbH, Pfungstadt
Druck und Bindung: GGP Media GmbH, Pößneck
Umschlaggestaltung: Kunst oder Reklame, München
Umschlagabbildung: © Anselm Kiefer: *Eisen-Steig*, 1986/Privatsammlung/Bridgeman Images
Gedruckt auf säurefreiem, alterungsbeständigem Papier
(hergestellt aus chlorfrei gebleichtem Zellstoff)
Printed in Germany
ISBN 978 3 406 70710 0

www.chbeck.de

Inhalt

Danksagung

Historiker sind für ihre Arbeiten auf viele andere angewiesen. Wie so oft gehören dazu Archivare und Bibliothekare. Ich danke den Mitarbeiterinnen und Mitarbeitern aller Archive, die ich für diese Studie genutzt habe, nicht zuletzt für ihre hilfreichen Anregungen. Das Gleiche gilt für die Mitarbeiterinnen und Mitarbeiter der vielen Bibliotheken, die ich bei den Recherchen für dieses Buch genutzt habe, vor allem die Bibliothekarinnen und Bibliothekare der Hillman Library der University of Pittsburgh, der BTO und Schweizerischen Osteuropabibliothek der Universität Bern, besonders Therese Meier-Salzmann, sowie der Josef-Wulf-Bibliothek in der Gedenkstätte Haus der Wannsee-Konferenz in Berlin.

Viele Kollegen waren so freundlich, ihre und meine Arbeit mit mir zu diskutieren und mir weitere Lektürehinweise zu geben. Ich danke insbesondere Götz Aly, Frank Bajohr, Ralf Banken, Hans Blom, Florent Brayard, William Brustein, Marc Buggeln, Marina Cattaruzza, Raya Cohen, Tim Cole, Markus Eikel, Bert Jan Flim, Stig Förster, Odd-Björn Fure, Alfred Gottwaldt †, Heiko Haumann, Sanela Hodzic, Alexander Korb, Patrick Kury, Pieter Lagrou, Irina Livezeanu, Wendy Lower, Christian Axboe Nielsen, Kathrin Paehler, Nicolas Patin, Berna Pekesen, Dieter Pohl, Julia Richers, Peter Romijn, Dirk Rupnow, Hans Safrian, Vladimir Solonari, Wichert Ten Have, Gregor Thum, Feliks Tych (inzwischen verstorben), Krisztián Ungváry, Anton Weiss-Wendt und Franziska Zaugg. Marcus Gryglewski, Anna Hájková, Helene Sinnreich und Nicholas Terry ließen mich ihre wichtigen, noch unveröffentlichten Werke lesen. Besonderer Dank für Hinweise auf relevante Dokumente gebührt meinen Freunden Andrej Angrick und Christoph Dieckmann, die ebenfalls ihre Erkenntnisse mit mir teilten.

Für vielfältige Hilfe bei meiner Forschung danke ich Daniela Heiniger und Florentina Wirz. Michael Wildt gab ein hilfreiches allgemeines Feedback für mein Manuskript und Alexa Stiller (die mir auch weitere Richtungen der Lektüre vorschlug) hilfreiche detaillierte Anregungen;

beiden sage ich herzlichen Dank! Ich verdanke auch viele Erkenntnisse den unbekannten Lesern, die mein Konzept und Manuskript für Cambridge University Press prüften. Gregory Sax versuchte mich von Verbrechen gegen die englische Sprache abzuhalten, Peter Kenyon war für die weitere Überarbeitung verantwortlich. Auch Michael Watson von CUP investierte viel Arbeit, um dieses Buch durch seine umsichtigen und wertvollen Vorschläge zu verbessern. Für die deutsche Übersetzung und wichtige Hinweise bin ich Martin Richter sehr dankbar. Für alle verbliebenen sprachlichen und inhaltlichen Mängel des Buches bin ich natürlich allein verantwortlich. Einige Irrtümer wurden in der deutschen Ausgabe bereinigt.

Mehrere akademische Einrichtungen boten mir die Gelegenheit, Teilergebnisse dieser Studie zu präsentieren, darunter die Historischen Institute der University of Pittsburgh und der Universität Leiden, außerdem das Institut für die Wissenschaften vom Menschen in Wien und das Mémorial de la Shoah in Paris. Solche Teilergebnisse wurden auch bei den folgenden Konferenzen präsentiert: «Territorialer und innerer Revisionismus: Die Politik der deutschen Verbündeten, 1938–1943», organisiert von den Universitäten Tübingen und Bern in Blaubeuren; «Towards an Integrated Perspective on Nazi Policies of Mass Murder» am Center for Studies of Holocaust and Religious Minorities in Oslo; «The Holocaust and Other Genocides», organisiert von der ITF Academic Working Group in Den Haag; «Vernichtungskrieg, Reaktionen, Erinnerung: Die deutsche Besatzungsherrschaft in der Sowjetunion 1941–1944» im Deutsch-Russischen Museum Berlin-Karlshorst; «Rationierung: Logiken, Formen und Praktiken des Mangels» an der Johann Wolfgang Goethe-Universität, Frankfurt a. M.; «Umkämpfte Vergangenheit und Deutungskonkurrenzen: Geschichtspolitik und Forschungsperspektiven in Ungarn» an der Universität Bern; und beim 8. Zentralen Seminar von «Erinnern.at» an der Universität Graz. Ich danke allen Organisatoren dieser Konferenzen und Gastvorträge.

Schließlich half mir meine Familie mit ihrer Liebe über alle Maßen, das Buch zu vollenden. Ich schulde Magdi, Nina und Emilia mehr, als ich hier ausdrücken kann.

Abkürzungen

ADAP	Akten zur deutschen auswärtigen Politik
AIPN	Archiwum Instytucie Pamięci Narodowej – Komisji Ścigania Zbrodni przeciwko Narodowi Polskiemu (Archiv des Instituts für Nationales Gedenken – Kommission zur Verfolgung von Verbrechen gegen das polnische Volk, Warschau)
AMV	Archiv ministerstva vnitra (Archiv des Innenministeriums, Prag)
BA	Bundesarchiv, Berlin
BA D-H	Bundesarchiv, Dahlwitz-Hoppegarten
BAK	Bundesarchiv, Koblenz
BA-MA	Bundesarchiv-Militärarchiv, Freiburg i. Br.
BAS	Schweizerisches Bundesarchiv, Bern
BBGFW	Bulletin der Berliner Gesellschaft für Faschismus- und Weltkriegsforschung
BDC	Berlin Document Center (im Bundesarchiv, Berlin)
BdS	Befehlshaber der Sicherheitspolizei und des SD
BGN	Beiträge zur Geschichte des Nationalsozialismus
BNGS	Beiträge zur nationalsozialistischen Gesundheits- und Sozialpolitik
CdS	Chef der Sicherheitspolizei und des SD
CChlDK	Zentrum für die Aufbewahrung historisch-dokumentarischer Sammlungen, Moskau
CEH	Central European History (Zeitschrift)
DRZW	Militärisches Forschungsamt der Bundeswehr (Hrsg.), Das Deutsche Reich und der Zweite Weltkrieg
GuG	Geschichte und Gesellschaft
HGS	Holocaust and Genocide Studies
IMG	Der Prozess vor dem Internationalen Militärgerichtshof, Bd. 1–42 (Nürnberg, 1947–49)
JfW	Jahrbuch für Wirtschaftsgeschichte
JASF	Jahrbuch für Antisemitismusforschung

JGR	Journal of Genocide Research
JSS	Jewish Social Studies
KG	Kammergericht
LBIY	Leo Baeck Institute Yearbook
MadR	Boberach, Heinz (Hrsg.), *Meldungen aus dem Reich: Die geheimen Lageberichte des Sicherheitsdienstes der SS 1938–1945*, Bd. 1–17 (Herrsching, 1984)
MGM	Militärgeschichtliche Mitteilungen
OKW	Oberkommando der Wehrmacht
PA AA	Politisches Archiv des Auswärtigen Amtes
RBD	Reichsbahndirektion (regional)
RHS	Revue de l'histoire de la Shoah/le monde juif
RMO	Reichsministerium für die besetzten Ostgebiete (der Sowjetunion)
RSHA	Reichssicherheitshauptamt
SA	Sturmabteilungen
SD	Sicherheitsdienst (der SS)
SDIY	Simon Dubnow Institute Yearbook
SS	Schutzstaffeln
SSPF	SS- und Polizeiführer
StA	Staatsanwaltschaft
SWCA	Simon Wiesenthal Center Annual
TSD	Theresienstädter Studien und Dokumente
VfZ	Vierteljahrshefte für Zeitgeschichte
WVHA	Wirtschafts- und Verwaltungshauptamt der SS
YVS	Yad Vashem Studies
ZfG	Zeitschrift für Geschichtswissenschaft
ZStL	Zentrale Stelle der Landesjustizverwaltungen zur Aufklärung nationalsozialistischer Verbrechen, Ludwigsburg

1 Einleitung

Dieses Buch bietet eine spezielle Perspektive auf die Vernichtung der europäischen Juden. Es stellt die Judenverfolgung in den Kontext voneinander abhängiger Maßnahmen bezüglich Kriegführung, Besatzung und Polizeiüberwachung, sozialer Fragen, Wirtschaft, rassistischer Ideologie und Populärrassismus. Die Studie beschreibt die Ermordung der Juden auch als Teil der massiven Gewalt gegen andere Gruppen und versucht zwischen diesen unterschiedlichen Formen der Gewalt Verbindungen herzustellen. Damit hebt sie sich von Narrativen ab, die die Verfolgung und Ermordung der Juden allein untersuchen und das Schicksal anderer Gruppen wenig beachten, auf ideengeschichtlicher Grundlage mit relativ wenig anderer Kontextualisierung. Außerdem richtet dieses Buch mehr als viele andere das Augenmerk auf die Verfolgung von Juden durch Nichtdeutsche und versucht eine übergreifende Analyse dieser Verfolgung über nationale Grenzen hinweg zu liefern.

Diese Perspektive leitet sich aus einem neuen Ansatz zum Verständnis von Massengewalt ab, den ich vor einiger Zeit vorgestellt habe.[1] Kurz gesagt, scheinen mir die herrschenden Erklärungen zu staatszentriert, zu fokussiert auf die Absichten und Pläne von Herrschenden und auf Rasse und ethnische Zugehörigkeit als Ursachen. Meist befassen sie sich mit der Verfolgung einer Gruppe ohne Beachtung anderer Opfergruppen. Historisch gesehen, waren dagegen in vielen Ländern unterschiedliche Bevölkerungsgruppen Opfer massiver physischer Gewalt, an der sich verschiedene soziale Gruppen im Verein mit Staatsorganen aus zahlreichen Gründen beteiligten. Diese drei Aspekte – der partizipatorische Charakter der Gewalt, mannigfache Opfergruppen und Multikausalität – waren miteinander verbunden. Einfach formuliert, hängt das Zustandekommen und die Durchschlagskraft von Massengewalt von breiter und vielfältiger Unterstützung ab, aber diese Unterstützung basiert auf einem Spektrum von Motiven und Interessen, durch die Gewalt sich in verschiedene Richtungen und in unterschiedlicher Intensität und Form ausbreitet. Da ich betone, dass Massengewalt auf komplexen partizipatorischen Prozessen beruht, spreche ich von extrem gewalttätigen Gesellschaften. Diese Phänomene lassen sich an vielen wichtigen Fällen von Massengewalt ablesen, etwa der Sowjetunion von den 1930er bis in die 1950er Jahre, dem spätosmanischen Reich (einschließlich der Vernichtung der Armenier), Kambodscha, Ruanda und Nordamerika im 19. Jahrhundert.

Dieselben Merkmale – breite Beteiligung, vielfältige Motive und verschiedene Opfergruppen – treten auch bei der Gewalt von Deutschen und Angehörigen anderer Nationen während des Zweiten Weltkriegs auf. Bevor ich das weiter ausführe, muss ich zunächst festhalten, dass es wenig Nutzen hat, sie nur extrem gewalttätige Gesellschaften zu nennen. Diese Klassifikation sollte weniger das Ziel als der Ausgangspunkt von Überlegungen sein, wie Verfolgung und Gewalt entstanden.

Eine Vielfalt von Opfern

Kurz vor Weihnachten 1944 erstellte das Konzentrationslager Buchenwald eine Monatsaufstellung der Gefangenen in Hauptlager und Außenlagern. In einer vorgedruckten Tabelle wurden die 63837 Gefangenen aus 28 europäischen Ländern, dazu «Sonstige» und «Staatenlose», in 13 Kategorien eingeteilt: «Schutzhäftlinge» (meist politische Gefangene, darunter viele Franzosen), Zeugen Jehovas, Homosexuelle, Angehörige der deutschen Wehrmacht, Geistliche, «Rotspanier», «ausländische Zivilarbeiter», Juden, «Asoziale», «Berufsverbrecher», «Sich.-[erungs]verwahrte», «Zigeuner» und (sowjetische) «Kriegsgefangene». Die drei größten Gruppen waren in dieser Reihenfolge politische Gefangene (eine Spezialität von Buchenwald), ausländische Arbeiter und Juden. Zusammen machten sie fast 90 % der Häftlinge aus, Juden allein etwa 20 %.[2] Viele dieser Gefangenen, Juden und Nichtjuden, erlebten die Befreiung nicht. Sie starben an Hunger und Krankheiten, besonders im überfüllten Hauptlager, und an Erschöpfung und Mord, vor allem während der Todesmärsche.

Nicht nur Juden wurden unter dem NS-Regime ermordet. Anders als oft angenommen wird, waren auch die meisten KZ-Häftlinge, abgesehen von der Periode November/Dezember 1938, keine Juden. Ab Mitte

1944 war wieder über ein Drittel jüdisch. Von 1938 bis 1941 waren in Buchenwald und seinen Außenlagern 14–19 % der Insassen Juden; am 1. Juni 1942 waren es 11 %, Ende Dezember 2,4 %. 1944 stieg ihre Zahl wieder – von unter 1 % im Mai auf über 24 %; Ende Februar 1945 waren es 32 %.[3] Insgesamt gab es unterschiedliche verfolgte Gruppen – Opfer verschiedener Politiken, gegen die sich unterschiedliche Arten von Hass richteten und die ihrerseits versuchten, der Repression zu entgehen und ihr Auskommen zu erhalten, indem sie mit den deutschen Besatzern, nationalen und kommunalen Behörden und anderen sozialen Gruppen interagierten.

Hierin ist der Fall Deutschlands nicht einzigartig. Es gab Anfang der 1940er Jahre nicht nur Judenverfolgungen durch andere Regime (und deren Zulassen durch andere Gesellschaften), meist wurden mehrere Bevölkerungsgruppen zugleich ihrer Berufe beraubt, enteignet und vertrieben, als Zwangsarbeiter ausgebeutet oder ermordet.

In vielen europäischen Ländern überstieg die Zahl der nichtjüdischen Opfer der Gewalt durch Deutschland und die Achsenmächte weit die der ermordeten Juden, selbst wenn man die militärischen Verluste ausklammert. In der Sowjetunion (in den Grenzen vom Mai 1941) waren etwa 30 % aller jenseits der Kampfhandlungen durch Deutschland verursachten Todesfälle Juden, in Frankreich 40 %, in Griechenland 20–22 % und in Italien und Jugoslawien je 6 %. Unter den Deutschen war etwa ein Drittel der Naziopfer jüdisch.[4] In Polen, Belgien (38 %) und Tschechien (32 %), machten Nichtjuden eine beträchtliche Minderheit der Opfer aus. In Ungarn waren die zivilen Todesopfer weitgehend Juden.[5]

Im Lauf des Zweiten Weltkriegs töteten Deutsche (und Menschen aus anderen Ländern) 6 Millionen Juden, aber auch 6–8 Millionen andere Nichtkombattanten. Die größte nichtjüdische Gruppe waren sowjetische Kriegsgefangene, von denen 3 Millionen starben. Partisanenbekämpfung auf dem Land (vor allem in den besetzten sowjetischen Gebieten, Jugoslawien und Griechenland) forderte etwa eine Million Todesopfer. Eine weitere Million, meist in Städten, starb durch Hungersnöte, die direkt von der deutschen Politik verursacht wurden. Die Opferzahl durch Terrormaßnahmen in den Städten war hoch, aber ich kenne keine verlässlichen europaweiten Zahlen. Von den etwa 12 Millionen Menschen, die als Zwangsarbeiter nach Deutschland gebracht wurden, starben vielleicht 300 000 – mehr als die ermordeten Behinderten und Sinti und Roma.[6]

Wenn Historiker bisher nichtjüdische Opfer untersuchten, konzentrierten sich viele Werke auf bestimmte Gruppen: Behinderte, Sinti und Roma («Zigeuner»), Homosexuelle, Zeugen Jehovas oder politische Gegner. Das hatte viel mit einer Forschungsperspektive zu tun, die sich auf Gewalt gegen Deutsche konzentrierte, und in einigen Fällen mit Interessengruppen, die das Andenken an ihr Schicksal förderten, um dadurch die Konstruktion ihrer Gruppenidentität zu stärken. Unter Deutschen diente die Fokussierung auf deutsche Opfergruppen einer nationalistischen Sicht, die Nicht-Landsleute als Opfer ausblendete und den deutschen Imperialismus soweit wie möglich ignorierte. Die Behinderten und Roma schienen der Untersuchung wert, weil sie mit ähnlichen Methoden ermordet wurden wie die Juden oder weil teilweise dasselbe Personal an den Morden beteiligt war. Dagegen wird das vorliegende Buch über die Judenverfolgung sich auch ausführlich mit den Vorgängen mit den meisten Todesopfern beschäftigen: der Vernichtung sowjetischer Kriegsgefangener, der Partisanenbekämpfung, den Hungersnöten und dem Zwangsarbeitsprogramm.

Da noch viel Forschungsarbeit zu tun ist, könnte man natürlich jede dieser Gruppen einzeln betrachten. Auf lange Sicht reicht eine getrennte Betrachtungsweise aber nicht aus.[7] Diese Studie widmet sich vielmehr solchen Fragen wie den Gründen, warum verschiedene Gruppen zu Opfern von Massengewalt wurden, was das Schicksal dieser Gruppen verband, die gegen sie ergriffenen Maßnahmen und die Motive dafür. In welchem Ausmaß fand Gewalt gegen unterschiedliche Gruppen im gleichen Zusammenhang statt? Was bedeutete es für jede Gruppe, sich in einem weitergehenden Netz von Verfolgung bewegen zu müssen? Was ging in Gesellschaften vor sich, in denen nicht nur eine, sondern viele Gruppen ausgegrenzt, ihrer Rechte beraubt, entmenschlicht oder zu feindlichen Elementen erklärt wurden? Welche Beziehungen gab es zwischen Opfergruppen, deutschen Funktionsträgern und nichtdeutschen Instanzen? Und wie gut waren die Verfolgten in ihre Gesellschaften integriert? Wenn wir solche Verbindungen herstellen, können wir nicht nur das Gesamtbild besser verstehen, sondern auch die Verfolgung jeder einzelnen Gruppe, einschließlich der Juden.

Wege zur Erforschung verschiedener Opfergruppen

Dieses Buch setzt die Verfolgung und Ermordung der Juden ins Zentrum und sucht nach Verbindungen zu anderen Verfolgungen und gemeinsamen Kontexten der Gewalt gegen Juden und andere Gruppen. Es bietet auch vergleichende Perspektiven, geht jedoch über den nicht ungewöhnlichen, aber unproduktiven Ansatz ‹Wer litt am meisten?› hinaus.

Andere Ansätze wären möglich. Henry Friedlander analysierte die Kontinuität von Maßnahmen, Ideen und Tätern zwischen der Ermordung von Behinderten, Juden und Roma. Dieter Pohl hat eine allgemeine, nach Opfergruppen getrennte Darstellung der unterschiedlichen Naziverbrechen geliefert. Doris Bergen legte ein kurzes Buch mit einem knappen Blick auf die Maßnahmen auch gegen andere Opfergruppen vor, und Donald Bloxham stellte die Judenvernichtung primär in den Kontext dessen, was er «Ethnopolitik» nannte.[8]

Es sind auch noch weitere Sichtweisen vorstellbar – indem man zum Beispiel keine Opfergruppe oder eine andere Gruppe als die Juden in den Mittelpunkt stellt.[9] Doch die Realität sieht anders aus. Es gibt auf Englisch tausende von Büchern über die Vernichtung von 6 Millionen europäischen Juden. Ihre Zahl kennt niemand genau, dagegen kann man mit Sicherheit sagen, wie viele Fachbücher in englischer Sprache allein von der zweitgrößten Gruppe der NS-Opfer, den 3 Millionen sowjetischen Kriegsgefangenen, handeln: keins. Weder eine Monographie noch ein Aufsatzband behandeln dieses Thema auf Englisch. Es gibt daher gute Gründe, etwas mehr über nichtjüdische Opfer zu sprechen und die jüdischen Opfer nicht ständig ins Zentrum zu stellen, wenn man über deutsche Gewalt spricht. Das vorliegende Buch ist aber nicht so avantgardistisch, dass es dies zum übergreifenden Strukturprinzip erhebt. Es behandelt die nichtjüdischen Opfergruppen nicht so eigenständig, wie sie es verdienen. Die Tatsache, dass das Schicksal der europäischen Juden im Mittelpunkt des Buches steht, bedeutet allerdings nicht, dass Juden zwangsläufig im Zentrum des Denkens der historischen Akteure standen. Meistens war es nicht so.

Zu anderen möglichen Wegen, sich mit verschiedenen Opfergruppen zu befassen, gehört es, all jene zu untersuchen, die in einem Land, einer Region oder einer Stadt verfolgt wurden. So berichtete zum Beispiel eine Kommission sowjetischer Gerichtsmediziner im September 1944 über deutsche Gräueltaten in Černigov (Ukraine):

> Im November 1941 wurde eine so genannte dreitägige Kampagne zur Erschießung der jüdischen Bevölkerung der Stadt durchgeführt. Im Januar 1942 wurden die psychisch Kranken erschossen, im Frühjahr 1942 die Zigeuner, und in den anschließenden Monaten des Jahres 1942 sowjetische Aktivisten. Im Februar und März 1943 wurden die Kriegsgefangenen und diejenigen Zivilisten, die in Lager geraten waren, erschossen.[10]

Tatsächlich wurden die 2000 Roma im Juni oder August 1942 erschossen statt im Frühjahr, und die Erschießung der geistig Behinderten begann im Oktober 1941. Von diesen Tatsachen ausgehend, könnte man die politischen, ideologischen, organisatorischen und anderen Verbindungen zwischen diesen Massakern wie auch ihre sozialen Auswirkungen untersuchen, eventuell auch im Zusammenhang mit den umfangreichen Deportationen von Zwangsarbeitern aus der Stadt 1942/43 und der Partisanenbekämpfung in der Umgebung.

Man könnte auch erforschen, wie ein und dieselbe deutsche Organisation, Institution oder Einheit (oder eine Person) gegen unterschiedliche Gruppen vorging. So wurden zum Beispiel die Motive der ‹unpolitischen› Männer in deutschen Ordnungspolizeibataillonen diskutiert, die 1941 und 1942 eine große Zahl von Juden erschossen.[11] In der Debatte darüber, wie diese Männer töten konnten, zog kaum ein Autor in Betracht, dass dieselben Einheiten auch gegenüber anderen Gruppen extreme Gewalt ausübten. Bevor es Juden in Polen erschoss, hatte etwa das heiß diskutierte Reservepolizeibataillon 101 1940 an der Deportation von fast 37 000 Juden und Nichtjuden von West- nach Zentralpolen mitgewirkt, 1941 das hungernde Warschauer Ghetto bewacht und im selben Jahr Transporte mit tödlich erschöpften sowjetischen Kriegsgefangenen begleitet.[12] Das Polizeibataillon 322, um das sich ähnliche Debatten drehten, deportierte oder tötete in denselben Monaten des Jahres 1941, als es in der westlichen Sowjetunion Juden erschoss, auch Zivilisten bei der Partisanenbekämpfung und beteiligte sich 1943/44 an blutigen Operationen gegen Partisanen in Jugoslawien und Albanien.[13] Der Ansatz, die Gewaltausübung einer Einheit gegenüber unterschiedlichen Gruppen zu untersuchen, hat sich im Fall der 253. Infanteriedivision als fruchtbar erwiesen, die in der UdSSR an der Front stand. Diese Truppe tötete versprengte Rotarmisten, nahm zivile Geiseln und führte in Gegenden, wo es Partisanenaktivität gab, Vergeltungsmaßnahmen gegen Dörfer aus oder plünderte sie. Die Division benutzte auch erst sowjetische Kriegsgefangene und dann Zivilisten als Zwangsarbeiter, erschoss einige Kriegsgefangene und schickte andere zurück, nachdem sie bis zur völligen Erschöpfung ausgenutzt worden waren, zwang Zivilisten zur Minenräumung, schickte Zwangsarbeiter ins Reich, sperrte 1944 33 000 Frauen und Kinder in ein improvisiertes Lager in Frontnähe, das vermint und bewusst mit Typhus infiziert wurde (wobei 9000 Menschen starben), und zerstörte bei ihrem Rückzug Häuser auf einer Fläche von 5000 Quadratkilometern. Eine Studie hat gezeigt, dass fast alle Teile der Division sich an Gewalttaten gegen Nichtkombattanten beteiligten und dass dabei manche ihrer Maßnahmen und Strategien ohne Befehle von oben selbst entwickelt wurden.[14] Die 1. Gebirgs-Division war 1941 am Pogrom gegen Juden im ukrainischen Lwow beteiligt, tötete 1943/44 tausende von Zivilisten beim Antipartisanenkampf in Jugoslawien, Griechenland und Albanien und erschoss Geiseln. Dazu ermordete sie italienische Offiziere und Soldaten auf der griechischen Insel Kephalonia, nachdem Italien vor den Alliierten kapituliert hatte, und half bei der Deportation von Juden aus Nordwestgriechenland, die später in Auschwitz ermordet wurden.[15]

Eine weitere Reihe von Fragen lässt sich an Dokumente wie die schon erwähnte Häftlingsliste aus Buchenwald knüpfen. Hier hatten die Deutschen Menschen aus ganz verschiedenen Gruppen an einem Ort zusammengepfercht. Gelang es ihnen aber wirklich, sie entsprechend der 13 säuberlichen Kategorien unterschiedlich zu behandeln? Erhielten sie unterschiedliche Essensrationen, Kleidung oder medizinische Versorgung? Konnte das Wachpersonal sie räumlich trennen? Konnten die Gefangenen zu unterschiedlichen Arten von Arbeit gezwungen werden? Hatten die Wachen in dem überfüllten Lager Zeit, die Häftlinge aus verschiedenen Gruppen unterschiedlich zu misshandeln? Oder ebneten die Umstände die Misshandlungen so ein, dass sie für alle gleich wurden?[16] Wie weit war also die Situation in Buchenwald unter Kontrolle und verlief nach Plan? Wurden Ideen einer rassisch-sozialen Hierarchie tatsächlich umgesetzt (wie es den deutschen Organisatoren in Zwangsarbeiter- und Kriegsgefangenenlagern oft möglich war)? Und worin bestanden die folgenschweren Dynamiken bei der Interaktion unter den Gefangenen, die gemäß Kategorien und Nationalitäten 100 verschiedenen Gruppen angehörten und mindestens 24 Sprachen sprachen?

Für Zivilisten gab es noch andere Lager mit mehreren Funktionen, einige unter Leitung der Wehrmacht.[17] Auch hier scheint das Organisieren der Gewalt schwieriger gewesen zu sein als erwartet, und Menschen, die zuerst unterschiedlichen Arten von Verfolgung ausgesetzt waren, wurden zusammengeworfen. Analoge Beobachtungen kann man an anderen Lagern wie dem deutschen Lager im serbischen Semlin (Zajmiste) und dem kroatischen Lager Jasenovac machen. Selbst eine scheinbar einheitliche Gruppe bestand oft aus unterschiedlichen Untergruppen, wie die nichtjüdischen Polen in Mauthausen, zu denen Intellektuelle, Zwangsarbeiter, Widerstandskämpfer und Zwangsevakuierte aus Warschau gehörten.[18]

Nicht alle diese Ansätze können im vorliegenden Buch verfolgt und nicht all diese Fragen beantwortet werden. Als Synthese kann es keine umfassende Studie einzelner Orte, Einheiten oder Institutionen bieten. Es verfolgt vielmehr das Schicksal einer Gruppe und versucht systematisch darzustellen, wie ihr Schicksal mit der Behandlung anderer Menschen verknüpft war. Das ist so bisher noch nicht geschehen. Man könnte sagen, Juden befanden sich in einem fast unentrinnbaren Labyrinth der Verfolgung; gleichzeitig waren aber auch andere Gruppen in ihren eigenen Labyrinthen gefangen. Darum werde ich auch Überlebens- und Bewältigungsstrategien der unterschiedlichen Gruppen vergleichen.

Vielfältige Kontexte und Motive für Gewalt

Wie bei der Judenverfolgung muss jeder, der die nichtjüdischen Opfer von Gewaltanwendung der Achsenmächte insgesamt betrachtet, auch den Imperialismus einbeziehen. Etwa 300–350 000 der 6–8 Millionen ermordeten Nichtjuden waren Deutsche, d. h. aus deutscher Perspektive waren rund 95 % Ausländer. Von den 6 Millionen ermordeten Juden waren 165 000 Deutsche, also 97 % Ausländer.[19] Quantitativ gesehen trugen ausländische Nichtjuden ein fast zehnmal so hohes Risiko, unter dem NS-Regime getötet zu werden (3–4 % aus einer Bevölkerung von 220 Millionen) wie deutsche Nichtjuden (0,4–0,5 %). Diese Tendenz ist in gewissem Maße auch bei Juden sichtbar, deren Risiko, getötet zu werden, viel höher lag als bei Nichtjuden: Ein Drittel der deutschen Juden, aber über 80 % der nichtdeutschen Juden wurden ermordet.[20] Die weitaus meisten getöteten Juden und Nichtjuden waren Ausländer; die meisten starben in deutsch-besetzten Ländern, und selbstverständlich starben die meisten nach September 1939. Darum ist es schwer, das

Schicksal dieser Menschen losgelöst von Krieg und Besatzung zu analysieren. Und es versteht sich, dass Deutschland den Expansionskrieg nicht nur führte, um mehr Juden unter seine Kontrolle zu bringen.

Hätte das NS-Regime im Sommer 1939, vor dem Beginn des Zweiten Weltkriegs, geendet, so würde man sich daran erinnern, dass es mehrere tausend Todesopfer verursacht, deutsche, österreichische und tschechische Juden verfolgt und die Hälfte von ihnen ins Exil getrieben, über 100 000 politische Gegner und zehntausende Angehörige sozialer Randgruppen eingesperrt und 300 000 Menschen zwangssterilisiert hatte. Zu jenem Zeitpunkt gab es innerhalb und außerhalb Europas viele deutlich brutalere Regime. Wäre Nazideutschland im Mai 1941 zusammengebrochen, so würde man sich dessen als einem Land erinnern, das einen Angriffskrieg geführt, Zwangsarbeiter deportiert, 300 000 Juden und Nichtjuden aus Westpolen nach Zentralpolen deportiert und 200 000 Zivilisten ermordet hatte: die Hälfte dieser Toten waren geistig Behinderte in Deutschland und Polen, ein Viertel gehörte der polnischen Führungsschicht an, Zehntausende starben unschuldig bei deutschen Luftangriffen und viele Tausende waren Juden, die in großen Ghettos verhungerten oder im Herbst 1939 ermordet wurden.[21] Zu diesem Zeitpunkt hatten die sowjetische und japanische Politik Millionen von Opfern gefordert und die faschistischen Regime Italiens (in Afrika) und Spaniens mehr Zivilisten getötet als Deutschland. Soldaten zogen damals in den Kampf, nachdem sie Wochenschauen über Gräueltaten in China, Äthiopien und Spanien gesehen hatten.[22] Erst später überstieg die durch Nazideutschland verursachte Opferzahl die all der genannten Regime und Gesellschaften. Doch am 13. Mai 1940, als Winston Churchill britischer Premierminister wurde, war es übertrieben, dass er vom NS-Regime als «unübertroffen im dunklen und beklagenswerten Katalog menschlicher Verbrechen» sprach.[23]

Aus diesem Grund ist auch die prozessuale Dimension wichtig, wenn man Verbindungen zwischen unterschiedlichen Formen und Zielrichtungen von Gewalt sucht. Es kann also illustrativ sein, zeitliche Cluster zu identifizieren. In Tabelle 1.1 folgt eine sehr provisorische Version auf der Makroebene. Fast alle deutschen Morde an Zivilisten und anderen Nichtkombattanten fanden während des Zweiten Weltkriegs statt; genauer starben 95 % der Opfer nach dem Einmarsch in die Sowjetunion 1941. Die folgende Tabelle zeigt die intensivste Periode der Gewalt unter NS-Herrschaft mit Bezug auf jede der großen Opfergruppen:

Tabelle 1.1: Zeiträume der größten Vernichtung[24]

Opfergruppe	1940	1941	1942	1943	1944
Sowjetische Kriegsgefangene		------	----		
Opfer von Hungersnot		---	----		
Juden			----	----	
Zwangsarbeiter			-------	-------	
Partisanenbekämpfung				--------	--------
Bürgerkriege				------	--------

Als der Krieg härter wurde, wurden auch die Verfolgungen deutlich brutaler. Geographisch breitete sich die Gewalt von den besetzten sowjetischen Gebieten und Jugoslawien in andere Teile Europas aus wie in ein immer größeres rückwärtiges Gebiet. Als der Ausgang des Weltkonflikts 1941/42 auf Messers Schneide zu stehen schien, wurde der deutsche Versuch intensiver, sich Europas Ressourcen – zuerst Nahrungsmittel, dann Arbeitskräfte – anzueignen. Den sowjetischen Kriegsgefangenen Nahrung zu verweigern, verursachte Millionen Tote. Sie waren 1941 die größte Opfergruppe. 1942 waren es die Juden, und 1943 lagen Juden und Zivilisten, die der Unterstützung für Partisanen verdächtigt wurden, gleichauf. Die Ernährungspolitik stand auch mit der Ermordung der Juden in Polen und anderswo in Zusammenhang.[25] Der Höhepunkt der Judenvernichtung fiel mit einer gigantischen Mobilisierung von Arbeitskräften zusammen, vor allem sowjetischen und polnischen Zivilisten, deren Reservoir für Deutschland groß genug war, um auf die stark geschwächten sowjetischen Kriegsgefangenen sowie Juden zu verzichten. In der zweiten Kriegshälfte konzentrierte sich die deutsche Führung darauf, Arbeitskräfte auf dem Land auszuheben und Widerstand gegen ihre Besatzung zu bekämpfen. Das Okkupationsregime auf dem Land wurde noch härter, indem die Besteuerung und die Requirierung von Lebensmitteln sich verstärkten[26] und es schwieriger wurde, sich zu verstecken, auch für Juden. Gewalttätige Konflikte brachen auch innerhalb Gesellschaften besetzter Länder offen aus. Sie entstanden aus politischen Meinungsverschiedenheiten über die Zukunft, aber auch aus früheren internen Spannungen, zumal als viele Menschen verarmten und unterdrückt wurden und einige wenige profitierten. Natürlich sind das nur Tendenzen ohne Anspruch auf Vollständigkeit. Örtlich konnten Ereignisse oft ganz anders ablaufen.

Viele Fakten legen nahe, dass nicht nur antijüdische Einstellungen, sondern auch andere Faktoren das Schicksal von Juden und ihre Überlebenschancen beeinflussten. Die NS-Führung erlaubte es Juden bis 1938, Funktionen als Unternehmer und Fachkräfte in der Wirtschaft auszufüllen; 1944 deportierte sie Juden als Zwangsarbeiter nach Deutschland, nachdem sie das Reich zuvor für mehr oder weniger ‹judenfrei› erklärt hatte; und die große Mehrzahl der britischen, US-amerikanischen, französischen und jugoslawischen Juden in deutschen Kriegsgefangenenlagern überlebte den Krieg. Auch die scharf judenfeindliche Regierung Rumäniens organisierte zunächst den Massenmord oder Hungertod von mindestens 250 000 rumänischen und ukrainischen Juden im besetzten Transnistrien, weigerte sich dann aber, weitere 250 000 rumänische Juden an Deutschland auszuliefern, und ließ sie überleben. Dieses Buch untersucht solche Faktoren.

Partizipatorische Gewalt

Je mehr Opfergruppen ins Bild kommen, desto klarer wird, dass ein breites Spektrum von Personen an der Gewalt beteiligt war. Verfolgung ging nicht nur von zentralisierten Regierungsmaßnahmen und einer Handvoll staatlicher Organisationen aus, vor allem SS und Polizei. Die meisten sowjetischen Kriegsgefangenen starben unter der Aufsicht der Wehrmacht. Die Bedingungen für Zwangsarbeiter wurden teilweise vom Management privater Firmen bestimmt, manchmal auch von den Kommandanten militärischer Einheiten. Zivil- und Militärverwaltungen organisierten die Rekrutierung von Zwangsarbeitern und waren auch für die Ernährungspolitik allgemein und für die Ernährung, Unterbringung und Beschäftigung von Juden zuständig, zumindest bis 1942/43 und an manchen Orten noch länger. Sie führten auch viele Selektionen von Juden zu Zwangsarbeit oder Ermordung durch. Obwohl SS und Polizei die meisten Massenmorde an Juden begingen, bedeutet das nicht, dass sie allein die jeweils zugrunde liegende Politik bestimmten. Auch die unterschiedlichen Haltungen, Interessen, Lebensgeschichten und Bildungswege von Personen außerhalb SS und Polizei, die diese Maßnahmen mitbestimmten, sind wichtig.

Besatzungspolitik war wichtig, weil die überwiegende Zahl der Opfer, auch der jüdischen Opfer, aus besetzten Ländern stammte. Es gab aber keine deutsche Institution, die *allein* die Verfolgung der europäischen Juden organisierte, so wie auch keine einzelne NS-Behörde den Völkern Europas einen Platz in der Hierarchie zuwies. «Weder gab es eine Landkarte, die zeigte, wie ein deutsches Europa nach dem ‹Endsieg› aussehen sollte, noch eine Planskizze für die Vernichtung der europäischen Juden.»[27] Das hat tiefgreifende Auswirkungen auf die Analyse. Die oft zitierte ‹Neue Ordnung›, die Deutschland einführte, war nirgends definiert. Es gab kein geplantes oder kohärentes Besatzungssystem im ganzen deutsch kontrollierten Europa – fast jedes besetzte Land erhielt einen anderen Status, und die Besatzung wurde überall unterschiedlich organisiert. Daher scheint es nötig, die Muster der Besatzungs*praxis* zu verstehen. Diese Praxis wurde von vielfältigen Akteuren geprägt: der Führung in Berlin, den Ministerien und anderen Zentralbehörden, unterschiedlichen Typen von Zivil- und Militärverwaltungen, die weitreichende Autonomie genossen, und in gewissem Maße auch SS und Polizei. Das wiederum bedeutet, dass diese Akteure auf der Grundlage unterschiedlicher Interessen und Haltungen handelten. Viele beteiligte Personen waren nicht einmal Mitglieder der NSDAP, sondern verschiedene Arten von Konservativen, Chauvinisten und Rassisten (siehe Kapitel 6). Selbst unter echten Nazis waren politische Ideologie und Rassendenken nicht konsistent; so gab es zum Beispiel keine klare und unzweideutige «rassische» Bewertung der Slawen (siehe Kapitel 7).

Genozidexperten und Holocaustforscher haben sich überwiegend auf staatlich organisierte Verbrechen konzentriert. Das daraus entstandene Narrativ in den sogenannten Holocauststudien ist eine gedankliche Falle, in welcher allein der Staat handelt und die Opfer bloß reagieren oder völlig passiv und machtlos sind. Nach weitverbreiteter Anschauung wurde die Verfolgung von Vertretern des Staatsapparats ausgeführt, um Regierungspolitik direkt umzusetzen. Einer der Gründe, warum die Geschichte von Tätern und Opfern häufig nicht zusammenzupassen scheint, ist auch methodologischer Art – Tätergeschichte ist als politische Geschichte geschrieben worden, Opfergeschichte eher als Sozialgeschichte.

Um diese Diskrepanz zu überwinden, muss die Geschichte von Massengewalt stärker als Geschichte sozialer Akteure geschrieben werden.[28] Ein solcher Ansatz richtet sich auch gegen die missliche Tendenz in Studien über den Nationalsozialismus, den Staat, ‹die Deutschen›, ‹die Polen› usw. als monolithische Blöcke darzustellen. Dies verdeckt Unterschiede zwischen sozialen Gruppen und Widersprüche im persönlichen, lokalen und regionalen Verhalten. Nehmen wir etwa die Partisanenbekämpfung. Natürlich sollten deutsche Strategien, deutsche Haltungen gegenüber der unterworfenen Bevölkerung und eine Untersuchung von Wehrmacht, SS, Polizei und Verwaltung dazugehören, wenn man ihre Geschichte schreibt. Doch in keinem Land konnten deutsche Funktionsträger die örtliche Bevölkerung oder die nationale Regierung, soweit vorhanden, als politischen Faktor völlig ignorieren. Und am Kampf gegen Partisanen waren meist einheimische Behörden, Polizisten oder paramilitärische Kräfte beteiligt. Deutsche versuchten diese Kräfte zu benutzen, doch diese versuchten umgekehrt genauso, die Deutschen zu instrumentalisieren. Partisanenkonflikte erwuchsen nicht nur aus der deutschen (oder italienischen, bulgarischen usw.) Besatzung, sondern auch aus schon bestehenden Spannungen in den jeweiligen Gesellschaften. Und die Besatzung heizte Konflikte unter Griechen, Sowjetbürgern, Italienern und anderen weiter an. Alle Guerrillakriege enthielten ein Element innerer Konflikte, und einige entwickelten sich unter der deutschen Besatzung Anfang der 1940er Jahre zu offenen Bürgerkriegen. Häufig kämpften nicht nur zwei, sondern mehrere Gruppen um kontrastierende Vorstellungen über die Zukunft ihres Landes. Es wäre möglich, aber zu eng, dies allein als Geschichte der Behandlung anderer Völker durch die Nazis zu schreiben. Wenn man die Einheimischen in die Analyse einbezieht, ließe es sich immer noch als rein politische Geschichte schreiben, doch auch dieser Ansatz würde viele weitere Zusammenhänge ausklammern. Darum plädiere ich dafür, Elemente einer Sozialgeschichte der Massengewalt einzubeziehen, die in diesem Fall auch ein besseres Verständnis der Überlebenschancen von Juden ermöglicht, die sich inmitten solcher Konflikte befanden (siehe Kapitel 11). Ich werde ähnlich zum partizipatorischen Charakter von Hungersnöten argumentieren; sie sind komplexe soziale Prozesse, die keine Regierung – nicht einmal eine nationalsozialistische – völlig unter Kontrolle hat. Marktmechanismen halfen Juden manchmal zu überleben, zumindest für einige Zeit, aber gewaltsame Maßnahmen versuchten solchen Überlebensstrategien oft entgegenzuwirken (siehe Kapitel 9).

Im Zusammenhang mit den beiden Themen ‹Sicherheit› und Ernährung geschah die Verfolgung von Juden und anderen in einem Rahmen von eingeschränkter Bewegungsfreiheit und Kommunikation, zahlreichen Verboten und Drohungen, von Registrierungen, Kontrollen, Razzien, der Notwendigkeit des Besitzens offizieller Bescheinigungen und Papiere und von Rationierung, Inflation und Schwarzmärkten – all dies machte den Kampf ums Überleben so schwer. Und die Verfolgung fand vor dem Hintergrund schwindender Solidarität statt, die mit der sozialen Zersplitterung in konfliktgeplagten Ländern einherging. Wer eine oder mehrere Verfolgungen untersuchen will, kann die Krisen europäischer Gesellschaften nicht beiseitelassen.

Selbst wenn man sich auf die deutschen Beteiligten an der Verfolgung konzentriert, reicht der Blick auf Regierungspolitik nicht aus. Möglichkeiten, lokal an der Entstehung von Maßnahmen innerhalb des Staatsapparats mitzuwirken, Initiativen ‹von unten›, Chancen für die Vordenker gewaltsamer Konzepte und Denunziationen – all das modifizierte oder verwässerte das staatliche Gewaltmonopol. Viele Deutsche, die Gewalt in Gang setzten oder verübten, waren keine Nazis, sondern von anderen als explizit nationalsozialistischen Überzeugungen (z. B. christlichen, konservativen, nationalistischen, antikommunistischen) motiviert (siehe Kapitel 6). Auch das unterstreicht die Notwendigkeit, mehr Sozialgeschichte in die heutige Tätergeschichte einzubringen. Wenn man Opferperspektiven rekonstruiert, wird ganz klar, dass die Verfolgten nicht nur mit Strukturen, Behörden oder Ämtern, sondern mit Menschen interagierten und mit ihnen einen Modus des Überlebens zu finden versuchten.

Der Blick auf Deutsche reicht aber nicht aus. Die Gewalt gegen Juden während des Zweiten Weltkriegs war nicht nur geographisch von europäischem Ausmaß, sondern hatte auch eine europäische politische Dimension über das deutsche Handeln hinaus. Die Wehrmacht besetzte Nordfrankreich vier Jahre und ganz Frankreich anderthalb Jahre lang, und dennoch überlebten drei Viertel der französischen Juden. Dies zeigt die Grenzen deutscher Macht, was wiederum bedeutet, dass der Einfluss nichtdeutscher Regierungen und Gesellschaften auf Massengewalt in den 1930er und 1940er Jahren untersucht werden muss. Wir werden sehen, dass die Rolle von Nichtdeutschen sehr wichtig war und über die relativ kleine Zahl direkter Mordaktionen hinausging (Nichtdeutsche, die nicht unter deutschem Kommando standen, töteten nicht mehr als 5–6 % der 6 Millionen jüdischer Opfer). Ausländische Einflüsse waren komplex, wie sich erneut am Beispiel Frankreich zeigt, das eine weitgehend judenfeindliche nationale Regierung und Verwaltung besaß, und eine Gesellschaft, in der viele Bürger ebenfalls Juden ablehnten, wo aber Deportation und Mord häufig sabotiert wurden. Auf keinen Fall soll das, was ich die «europäische Dimension» nenne, heißen, dass Europäer einmütig handelten und insgesamt die Judenverfolgung unterstützten. Diese europäische Dimension ist bereits intensiv auf nationaler Ebene untersucht worden, aber bis jetzt noch kaum systematisch. Mein Versuch in dieser Richtung (in Kapitel 12–14) ist durch den Ansatz der globalen Geschichte beeinflusst, die über einzelne Nationalgeschichten hinauszugehen versucht und grenzüberschreitende Verbindungen und Vergleiche vornimmt, unter Einbezug nichtstaatlicher Akteure. In den 1990er Jahren wurde intensiv über deutsche Akteure geforscht, nach 2000 stärker zu Nichtdeutschen. Meine Darstellung versucht beide Tendenzen zu verbinden.[29]

Das führt uns zu einigen wichtigen Limitationen dieses Buches. Es ist eine Synthese, keine Gesamtdarstellung, die alle Aspekte des Themas behandelt. Es befasst sich nicht mit den Positionen und Handlungen von Staaten, die gegen Deutschland kämpften, und mit den Nachwirkungen der Verfolgung; auch die vielen Interpretationen und Debatten in der Geschichtsschreibung diskutiert es nicht. Auf einer gewissen Abstraktionsebene behandelt es die Zusammenhänge anderer Verfolgungen mit der Judenverfolgung, verschiedene Kontexte und politische Situationen und die Politik verschiedener Länder. Bezüglich der an Verfolgungen Beteiligten kann das Buch aber nur Tendenzen im kollektiven Verhalten skizzieren. Als Synthese sagt es wenig über die Komplexität und Widersprüchlichkeit individueller Motive und Persönlichkeiten. Dieser Ansatz bedeutet auch, dass häufig auf der Grundlage von Zahlen und Prozentzahlen argumentiert wird – wie schon in dieser Einleitung. Bücher über die Verfolgung der europäischen Juden, die quantitative Argumente betonen, sind häufig scharf kritisiert worden,[30] ich halte sie aber dennoch für nützlich. Es ist wahr, dass Statistiken kein umfassendes Verständnis eines menschlichen Lebens vermitteln können, sei es das eines Opfers oder eines an der Verfolgung Beteiligten. Doch die Statistiken in diesem Buch erlauben wichtige Folgerungen für menschliche Schicksale und die Optionen, die verfolgte Menschen besaßen oder die ihnen verwehrt waren. Sorgfältig betrachtet, sprechen die Zahlen Bände.

Terminologie und Aufbau des Buches

An diesem Punkt sind ein paar Anmerkungen zur Wortwahl angebracht. Ich versuche einige Wörter zu vermeiden, weil sie falsche Vorstellungen vermitteln könnten. Die Begriffe ‹Holocaust› und ‹Shoah› sind nicht nützlich, denn sie haben beide keinen analytischen Wert. ‹Holocaust› (vom griechischen *holókauton* oder Brandopfer) hat eine religiöse Konnotation, die nicht zu dem Ereignis passt, das das Wort beschreiben soll, und während manche, die den Begriff benutzen, damit die Verfolgung und Ermordung der Juden allein meinen, beziehen sich andere allgemein auf die Gewalt des NS-Regimes gegen Gruppen aller Art.[31] Das Wort ‹Shoah› besitzt Untertöne einer Naturkatastrophe.[32] Noch wichtiger, ‹Holocaust› und ‹Shoah› sind auch als «teleologische und anachronistische» Begriffe kritisiert worden, die eine retrospektive Sicht vermitteln, in der komplexe Prozesse «als ein einziges Ereignis» erscheinen.[33] ‹Auschwitz› als Metapher für die gesamte Vernichtung der europäischen Juden ist gerade deshalb irreführend, weil es den Prozess der Verfolgung und Vernichtung zentralisierter und fabrikartiger erscheinen lässt, als er wirklich war.[34] Nur eines von jeweils sechs Opfern der Judenvernichtung starb in Auschwitz (und jeder zweite ermordete Jude starb durch Gas), und kaum mehr als 1 % aller nichtjüdischen Opfer deutscher Gewaltmaßnahmen starb in Auschwitz. Die Verwendung des Begriffs ‹Endlösung› ist weitverbreitet, kommt aber nicht in Frage – nicht nur weil es sich um Tätersprache handelt, sondern weil das Wort seine Bedeutung mit der Zeit veränderte. 1937 oder 1940 meinten die, die es benutzten, etwas anderes als die totale Vernichtung.

Ich benutze auch nicht die Begriffe ‹Antisemit› oder ‹antisemitisch› wegen des möglichen Missverständnisses, dass ich auch Feindschaft gegen Araber und andere Gruppen meine. Und obwohl Hitler und andere sich Antisemiten nannten, wandten ihr Denken und Handeln den wissenschaftlichen Rassismus nicht zwangsläufig so stark an, wie ihre Verwendung des Begriffs suggeriert (siehe Kapitel 7).[35] Statt ‹antisemitisch› benutze ich darum Ausdrücke wie ‹antijüdisch›. Manche Forscher haben sich mit Bezug auf die 1930er und 1940er Jahre wegen seiner unklaren Definition sogar gegen die Verwendung des Wortes ‹Jude› gewandt. ‹Jude› konnte sich damals auch auf Personen beziehen, die Jahrzehnte zuvor zum Christentum konvertiert waren, die sich nicht als Juden definierten, und auf Personen, die von jüdischen Gemeinden nicht als Juden anerkannt wurden. Es bezog sich vielmehr auf Menschen, die von Vertretern des Staates oder Bürgern als Juden *kategorisiert* wurden. Diese Einschränkung kann aber nicht ständig wiederholt werden, und das Wort ‹Jude› stets in Anführungszeichen zu setzen, löst das Begriffsproblem auch nicht.[36] Ich vermeide auch die Begriffe ‹Kollaboration› und ‹Kollaborateur›, weil sie in diesem Zusammenhang für die meisten Europäer Verrat gegenüber dem eigenen Land implizieren, wohingegen die meisten sogenannten Kollaborateure sich selbst gerade als scharfe Nationalisten sahen. Das Konzept ‹Kollaboration› hat die Forschung in der Vergangenheit behindert. Auch sogenannte ‹Marionettenstaaten› handelten nicht zwangsläufig wie Marionetten.[37] Schließlich werde ich auch möglichst nicht von ‹Tätern› sprechen, weil dieser Begriff – der einem juristischen Rahmen entstammt, der sich weder bei der Analyse noch der Bestrafung der betreffenden Handlungen als sehr erfolgreich erwiesen hat – die Schuld über Gebühr auf jene wenigen Personen reduziert, die Gewalttaten ausführten oder direkt dafür verantwortlich waren, und sie zu leicht von größeren Gruppen abtrennt, die ebenfalls daran beteiligt waren. Ich spreche darum z. B. von «an der Verfolgung Beteiligten». Hinzuzufügen bleibt, dass ‹Verfolgung› meiner Ansicht nach staatliche und halbstaatliche Maßnahmen, aber auch das Handeln nichtstaatlicher Akteure umfasst.[38]

Der Aufbau dieses Buches weicht von den meisten Studien über die Verfolgung und Ermordung der europäischen Juden ab. Viele Synthesen und Gesamtdarstellungen folgen einer mehr oder weniger chronologischen Ordnung.[39] Andere sind nach Ländern aufgebaut.[40] Einige wenige verbinden einen chronologischen mit einem thematischen Ansatz.[41] Mein Buch gibt nach dieser Einleitung zunächst einen relativ kurzen chronologischen Abriss und bietet danach zwei längere analytische Teile und dazu Kapitel über die an Verfolgungen Beteiligten und die Reaktionen der Opfer. Der eine Teil enthält Kapitel über jeweils einen ideologischen, politischen und wirtschaftlichen Kontext der Judenverfolgung und stellt auch Verbindungen zu den Maßnahmen gegen andere große Opfergruppen her. Der andere Teil betrachtet die Judenverfolgung durch nichtdeutsche Staaten und Gesellschaften. Damit bietet das Buch mehr Analyse als Erzählung; es hat wenige exemplarische Geschichten zu bieten.

Teil I

Verfolgung durch Deutsche

2
Vor 1933

Im 19. Jahrhundert erlebte die Region, aus der dann das Deutsche Reich wurde, tiefgreifende wirtschaftliche, gesellschaftliche, politische und kulturelle Veränderungen. Besonders ab der Jahrhundertmitte setzte machtvoll die Industrialisierung ein. Im Jahr 1900 war Deutschland eine der beiden führenden Industrienationen neben den USA und führend in der Stahl-, Chemie- und später auch der Elektroindustrie. Um die Jahrhundertwende lebte etwa die Hälfte der deutschen Bevölkerung in Städten, die viele verarmte Landbewohner angezogen hatten und eine breite Mittelschicht aufwiesen, zu der inzwischen immer mehr Angestellte gehörten. Von den 1840er Jahren bis ins späte 19. Jahrhundert wanderten viele arme Landbewohner aus, vor allem nach Nord- und Südamerika. Innerhalb Deutschlands entwickelte sich ein Netz von Großstädten, die durch ein um 1880 weitgehend vollendetes Eisenbahnnetz verbunden waren. Ungleichgewichte blieben – der immer noch von großen Landgütern dominierte Nordosten besaß wenige industrielle, städtische Zentren. Deutschland erreichte auch in Wissenschaft und Technik und zu Anfang des 20. Jahrhunderts in den Künsten eine führende Position.

1806 waren die Reste des verstaubten Heiligen Römischen Reichs Deutscher Nation unter den Schlägen Napoleons zusammengebrochen. Unter Führung Preußens, des größten deutschen Teilstaats, wurde 1871 ein neuer deutscher Nationalstaat gegründet – eine konstitutionelle Monarchie, die kleinere Königreiche und Fürstentümer umfasste, aber Österreich ausschloss. Rasch wurden neue Ministerien und starke bürokratische Apparate aufgebaut. Im späten 19. Jahrhundert wuchs der Einfluss der Regierung auf das wirtschaftliche und soziale Leben mit den ersten rudimentären Elementen der Sozialversicherung. Dies löste aber nicht die sogenannte ‹soziale Frage› von Millionen Arbeitern, die unter elenden Umständen in den Städten lebten und zunehmend eigene politische und gesellschaftliche Organisationen bildeten, welche die Herrschaft von Bürgertum und Adel bedrohten. Die Tendenz zum Wohlfahrtsstaat verstärkte sich, nachdem Deutschland Ende 1918 zu einer Republik mit allgemeinem Wahlrecht geworden war, ohne die verbreitete Armut zu beseitigen. Die Monarchie war von aufgebrachten Arbeitern und Soldaten gestürzt worden, die der vor allem von ihnen getragenen Kriegsanstrengung, die immer sinnloser schien, müde waren, besonders als sich die Niederlage abzeichnete. Rote Fahnen wehten über Berlin, doch dann spaltete sich die starke Arbeiterbewegung, und die radikale Linke wurde besiegt. Die Zeit der Weimarer Republik war gekennzeichnet von wirtschaftlicher und politischer Instabilität und scharfen inneren Kämpfen zwischen der Rechten und Linken, welche die zunächst starken Parteien der Mitte zwischen sich zerrieben.

Außenpolitisch gesehen, hatte es nach den Napoleonischen Kriegen auf deutschem Gebiet Jahrzehnte des Friedens gegeben, unterbrochen durch die drei Einigungskriege gegen Dänemark, das Habsburgerreich und Frankreich 1864 bis 1871. Aus ihnen ging das Deutsche Reich als neue Großmacht in Mitteleuropa hervor. Frankreich und später auch Großbritannien und Russland stellten sich gegen das von europäischen Staatsmännern und Intellektuellen häufig wegen seines Militarismus beargwöhnte Deutschland, das sich mit Österreich-Ungarn, anfangs mit Russland und eine Weile mit Italien verbündete. Blutige Kriegführung gab es auch während des angeblich friedlichen Zweiten Deutschen Reichs; von 1904 bis 1908 fanden solche Konflikte aber in den Überseekolonien statt, die es seit 1884 erworben hatte, im Wesentlichen ohne den anderen europäischen Mächten in die Quere zu kommen. Die Germanisierungspolitik im Osten ab den 1870er Jahren scheiterte am Widerstand polnischer Nationalisten. Als sich der deutsche Imperialismus, angetrieben vom Wunsch der herrschenden Klassen nach Dominanz in Europa, in der Weltpolitik und in der Weltwirtschaft, 1914 gegen Russland, Frankreich und Großbritannien wandte, verlor Deutschland mit seinen schwächeren Verbündeten den Ersten Weltkrieg und musste starke Gebietsverluste, weitgehende Entwaffnung und Reparationszahlungen hinnehmen.

Viele dieser Entwicklungen waren nicht auf Deutschland beschränkt. Im selben Zeitraum erlebten auch andere europäische Länder in unterschiedlichem Ausmaß Industrialisierung, Urbanisierung, den Aufstieg der Mittelschicht, die soziale Frage, Wirtschaftsaufschwung und dann Instabilität, Gründung oder Stärkung des Nationalstaats, die Anfänge des Wohlfahrtsstaats und der politischen Massenbeteiligung, Nationalismus und Imperialismus. Das Gleiche gilt für die zunehmende Säkularisierung, und ab den 1920er Jahren führte der Aufstieg der politischen Rechten zu autoritären, rechtsgerichteten Regierungen in großen Teilen Ost-, Süd- und Mitteleuropas.

Die Emanzipation der Juden war mit der politischen Emanzipation des Bürgertums verbunden. In Deutschland waren beide Prozesse lang und konfliktreich. Die rechtliche Diskriminierung der Juden wurde in vier Wellen weitgehend aufgehoben: 1800 bis 1810, in den 1840er und 1860er Jahren und schließlich 1919. Vor 1871 lief dieser Prozess, angetrieben vom Denken der Aufklärung und eher skeptischen Bürokratien, in jedem deutschen Teilstaat getrennt ab.[1] Auch in anderen europäischen Staaten erlangten die Juden zwischen den 1830er und 1870er Jahren die Gleichberechtigung.[2] Die Gewährung der Emanzipation war aber von der Erwartung der Nichtjuden angetrieben, die Juden würden sich assimilieren. Im 19. Jahrhundert wurden große Teile des deutschen Judentums wohlhabend (im Gegensatz zur Lage der meisten Juden um 1800[3]). Während der Industrialisierung halfen traditionelles Handelsgeschick und Bildung solchen Juden, gemeinsam mit Nichtjuden zu Pionieren der ökonomischen Expansion zu werden. Mittel- und westeuropäische Juden wurden zu wichtigen Mitgliedern von Bourgeoisie, Mittelschicht und Bildungselite ihrer Länder. Die jüdische Unterschicht schrumpfte, relativ gesehen, wenn auch in Osteuropa viel schwächer.[4] Immer mehr Juden zogen in die Großstädte, wodurch sie sozial und politisch sichtbar wurden.[5] In den 1920er Jahren lebten 66 bis 92 % der Juden in Großbritannien, Frankreich, Österreich und Dänemark in der Hauptstadt, in Deutschland etwa 30 %.[6]

In religiöser Hinsicht spalteten sich die jüdischen Gemeinschaften in traditionelle, orthodoxe und weitgehend säkularisierte Gruppen.[7] Es gab relativ wenige Übertritte zum Christentum, aber viele interreligiöse Ehen in Deutschland und großen Teilen Europas (Polen war hier eine wichtige Ausnahme), wobei die Kinder meist Christen wurden.[8] Das scheint auf Vertrauen und gutes Einvernehmen hinzudeuten.[9] In der Politik unterstützten die meisten deutschen und österreichischen Juden am Ende des 19. Jahrhunderts liberale Parteien und in den 1920er Jahren die Sozialdemokraten.[10] Parallel zu ihrer sozialen Differenzierung entstanden zahlreiche jüdische politische Organisationen von links über liberal bis konservativ oder linkszionistisch. Diese Vielfalt spiegelte

Streit, Debatten und eine gewisse Unsicherheit über die Zukunft der Juden wider. In Deutschland wurden die Zionisten nach 1918 stärker und erlangten in Österreich in den 1930er Jahren sogar eine leichte Mehrheit.[11] Dennoch wanderten vor 1933 nur 2000 deutsche Juden nach Palästina aus.[12] Anfang des 20. Jahrhunderts waren die meisten deutschen, französischen und z. B. ungarischen Juden stolze und mehr oder minder erfolgreiche Bürger und Angehörige der Mittelschichten ihrer Länder und nicht länger ein unterdrücktes, verfolgtes und leidendes Volk. Die Sowjetherrschaft in Russland befreite die dortigen Juden, ebenso die Gesetze in einigen anderen osteuropäischen Ländern – doch die Lage der Juden in diesem Teil des Kontinents, wo sie viel zahlreicher lebten und oft einen größeren Anteil der Bevölkerung bildeten,[13] war prekärer. In vielen Regionen war ihre Existenz durch Kleinstadtleben, geringe Akkulturation, wenige interreligiöse Ehen, verbreiteten Gebrauch der jiddischen Sprache, religiöse Orthodoxie, einen kleinbürgerlichen oder proletarischen Hintergrund und hohe Geburtenraten gekennzeichnet.[14]

Die soziale Stellung der Juden

Jüdische Traditionen wie auch christliche Gesetze, die jüdischen Landbesitz und die Ausübung vieler Berufe verboten, hatten die Aktivitäten von Juden jahrhundertelang auf Handel und Finanzen beschränkt. Nach der Emanzipation wandten sich viele erfolgreich anderen Berufen zu. 1933/34 war noch etwa die Hälfte der wirtschaftlich aktiven deutschen und österreichischen Juden im Handel tätig, gegenüber mehr als 90 % im Jahr 1817.[15] Wie andere Bürger waren auch Juden vom sozialen Wandel betroffen, und während manche sich anpassen konnten, führten andere, die dem Stereotyp der jüdischen Anpassungsfähigkeit weniger entsprachen, die traditionellen Berufe ihrer Familien weiter.[16] Ihre Zahlen schwankten. Im Polen des Jahres 1936 arbeiteten 36,6 % der Juden in Handel und Versicherungswesen. Im Jugoslawien der Zwischenkriegszeit arbeitete ein Drittel der wirtschaftlich aktiven Juden im Handel, 44 % im Staatsdienst und 8 % in den freien Berufen.[17] Ähnlich war es in Italien, wo 1931 34 % der Juden im Handel tätig waren, fast 11 % den freien Berufen angehörten und 25 % als Angestellte arbeiteten.[18]

Juden stellten in vielen Ländern Europas einen großen Teil von Bürgertum und Intelligenz. In Polen waren 58,7 % der in Handel und Industrie (einschließlich der Handwerksberufe) tätigen Personen Juden, aber im Staatsdienst waren sie unterrepräsentiert. Die Zahl der Juden im Handel ging von atemberaubenden 62,7 % 1921 wegen staatlicher Diskriminierung zurück.[19] In vielen Ländern hatten Juden einen Anteil an prestigeträchtigen Stellungen inne, der ihren Bevölkerungsanteil weit überstieg. In Wien waren 1936 62 % der Rechtsanwälte, 47 % der Ärzte, 28 % der Professoren (im Vergleich zu nur 3 % in Frankreich), fast 63 % der Zahnärzte, 73 % der Textilhändler und 18 % der Bankangestellten Juden. Juden leiteten 77 % der Banken, 64 % der Kinos, 63 % der Tageszeitungen und 40 % der Juwelengeschäfte. In Ungarn war die Situation ähnlich.[20] In Rumänien kontrollierten Juden «einen Großteil des privaten Kapitals in der Export-, Versicherungs-, Textil-, Leder-, Elektro-, Chemie-, Wohnungs-, Druck- und Verlagsbranche». Rund 70 % der Journalisten und 99 % der Aktienmakler waren Juden.[21] In Polen waren 1931 56 % der Privatärzte und 33,5 % der Anwälte Juden, und in der Tschechoslowakei war der Anteil ähnlich.[22] Im Vergleich zu anderen Ländern war die Position der Juden in Deutschland, vor allem in den freien Berufen, weniger dominant. 1933 zählten 11 % der Ärzte und 16 % der Anwälte als Juden (in Preußen lag der Anteil etwas höher), und in einigen Branchen waren sie sehr stark vertreten, so kontrollierten sie 40 % des Textilhandels, 80 % des Kaufhausumsatzes und fast 20 % der Privatbanken. Unter Arbeitern und Handwerkern waren deutsche Juden unterrepräsentiert, auch unter Industriellen waren sie nur schwach vertreten.[23] 1861 waren 21 % der Handelsangestellten in Preußen Juden gewesen, 1925 waren es nur noch 5 %, weil Nichtjuden nun in diese Branche strömten. 1933 waren 7 % der Berliner Einzelhandelsgeschäfte in jüdischem Besitz, dagegen war jedes dritte Vorstandsmitglied von an der Berliner Börse notierten Unternehmen jüdisch.[24] In Westeuropa war die sozioökonomische Rolle der Juden weniger ausgeprägt, doch die Position der bulgarischen Juden war in Europa außergewöhnlich, weil sie im Bürgertum gar nicht besonders überrepräsentiert waren.[25]

Im Allgemeinen verdecken diese Zahlen die jüdische Unterschicht; obwohl nur wenige Juden in Mittel- und Westeuropa arm genannt werden konnten,[26] gab es beispielsweise in Polen und Rumänien viele. Dennoch illustrieren viele der angeführten Zahlen, warum Juden in den europäischen Gesellschaften neidvoll betrachtet und kollektiv mit Reichtum identifiziert wurden. Solcher Neid konnte zum einen den Wunsch verraten, Konkurrenten auszuschalten, zum anderen den schadenfrohen

Wunsch, bestimmte Teile der Gesellschaft sollten ihren hohen Status verlieren.[27] Obwohl die meisten der genannten Zahlen aus den Werken von Forschern mit jüdischem Hintergrund stammen, benutzten die damalige politische Rechte, die Nationalisten und auch die Nazis sie auf bestimmte Weise,[28] um zu suggerieren, die Eliteposition von Juden sei illegitim und müsse von der Regierung beseitigt werden, weil Juden dem Wohl von Nichtjuden im Wege stünden. Dieser Trend begann, nachdem Nichtjuden in größerer Zahl in Handel und Bildungsschicht eintraten als zuvor, was sie beim Aufbau ihrer Karrieren in direkte Konkurrenz zu den damals bereits etablierten Juden brachte.

Soziale Mobilität und europäische Juden

Forscher stellen die Geschichte der Judenverfolgung durch die Nationalsozialisten häufig in einen sozialgeschichtlichen Zusammenhang mit jüdischem Aufstieg. Diese Argumentation wird durch Daten aus dem späten 19. Jahrhundert gestützt, lässt aber meist die Zeit nach dem Ersten Weltkrieg außer acht.[29] Ich meine vielmehr, die Vernichtung der Juden in Deutschland und anderen Ländern fand in einer Periode ihrer sozialen Stagnation statt, oder sogar ihres Abstiegs wegen komplexer gesellschaftlicher Wandlungsprozesse, durch die neue Gruppen von Nichtjuden an sozialem Status gewannen.[30]

In Deutschland, Österreich, Böhmen und Mähren, Ungarn und Italien stagnierte der jüdische Bevölkerungsanteil in den 1920er und frühen 1930er Jahren – d. h. vor dem Machtantritt der Nazis – oder ging leicht zurück. Nachdem sie einen bürgerlich-großstädtischen Lebensstil angenommen hatten, bekamen Juden weniger Kinder, aber auch die Auswanderung machte sich bemerkbar.[31] In Deutschland scheint das besonders für Regionen zu gelten, wo von vornherein wenige Juden lebten.[32] Der landesweite deutsche Trend, der schon Ende des 19. Jahrhunderts begonnen hatte, griff nach 1910 auf München über (wo Hitler damals lebte).[33] In anderen Ländern Europas hielt das starke jüdische Bevölkerungswachstum länger an.[34]

Ereignisse in den 1920er Jahren und vor allem die Weltwirtschaftskrise ab 1929 intensivierten einen bereits bestehenden Trend. Seit dem späten 19. Jahrhundert gründeten immer mehr Nichtjuden Firmen und wurden in großer Zahl im Wirtschaftsleben aktiv, worauf der Marktanteil der Juden vor allem im Handel schrumpfte. Jüdische Autoren im Deutschland der Jahre 1930 bis 1933 bemerkten einen Rückgang der jüdischen Wirtschaftskraft, obwohl in Hinsicht auf die wirtschaftlichen Führungspositionen Juden bis 1933 weniger von der Wirtschaftskrise betroffen waren als Nichtjuden.[35] Während des Ersten Weltkriegs und der Weimarer Republik erlitten aber viele kleine jüdische Kaufleute ebenso Einbußen wie Nichtjuden, und dies trug zum Sinken des durchschnittlichen Realeinkommens der deutschen Juden insgesamt bei – obwohl die Zahl verarmter Juden gering blieb.[36] Diese Wohlstandseinbuße widersprach dem weitverbreiteten Feindbild des jüdischen Kriegsgewinnlers.[37] In vielen Ländern traf die wirtschaftliche Unsicherheit der Zwischenkriegszeit Juden besonders hart, besonders in Polen, das stärker litt als seine Nachbarn. Dort «schwächte die Verarmung der jüdischen Massen und ein Rückgang an staatlichen Zuweisungen die [jüdische] Gemeinschaft immer mehr».[38] Dasselbe geschah wegen der Verstaatlichung von Firmen nach der sowjetischen Annexion der baltischen Staaten, Ostpolens, Bessarabiens und der Bukowina.[39] Die vielen Flüchtlinge in Europa nach dem Ersten Weltkrieg, die vor allem in den Großstädten sozial wieder Fuß zu fassen suchten, konkurrierten – oft erfolgreich – mit jüdischen Firmen, weil sie Hilfe von christlichen Regierungen erhielten. Dies geschah etwa im griechischen Saloniki, von wo in den 1930er Jahren 20–25 000 Juden auswanderten.[40] Angesichts weitverbreiteter Einreisebeschränkungen war die Auswanderung etwa für polnische Juden aber immer weniger ein Ausweg.[41] Die «Selbstmordepidemie» unter deutschen Juden in den 1920er Jahren, die damals in den Zeitungen diskutiert wurde, hing womöglich mit einer Krise kleiner jüdischer Firmen zusammen.[42] Außerdem strebten Nichtjuden zunehmend eine höhere Bildung an, und auch hier verminderte sich der jüdische Vorsprung. In den 1920er Jahren war die Zahl jüdischer Studenten sowohl in absoluten Zahlen als auch relativ gegenüber 1910 gesunken. Unter polnischen Studenten erreichte der Anteil der Juden 1923/24 mit 24,4 % seinen Höhepunkt und ihre absolute Zahl 1932/33 (als der jüdische Anteil noch 18,7 % ausmachte). Die späteren Numerus clausus-Bestimmungen (die meist die Anzahl jüdischer Studenten auf den jüdischen Bevölkerungsanteil begrenzten) gehören in diesen Kontext und dienten dazu, die Zugewinne von Nichtjuden zu konsolidieren oder zu steigern.[43] Ein ähnlicher Trend zeigte sich auch in weniger angesehenen Berufen: Der Anteil der jüdischen Händler in Polen erreichte 1921 den Höhepunkt, und auch die

Zahl jüdischer Fabrikarbeiter begann zu sinken, als neue Staatsmonopole in bestimmten Industrien bevorzugt Christen einstellten. Dadurch waren noch mehr Juden gezwungen, Handwerker zu werden.[44]

Auf vielfältige Weise gerieten Juden unter viele Formen von wirtschaftlichem Druck (nicht ganz unähnlich den deutschen Minderheiten in Osteuropa nach dem Ersten Weltkrieg). Dies war die Kehrseite eines umfassenden europäischen wie auch deutschen Prozesses der sozialen Mobilisierung unter Nichtjuden im frühen 20. Jahrhundert.[45] Unter denen, die aufsteigen wollten, befanden sich einige der radikalsten Judenhasser. Viele Gauleiter der NSDAP waren unter diesen Aufsteigern. Sie stammten häufig aus Handwerker- oder Arbeiterfamilien und suchten Anschluss an die politische und gesellschaftliche Elite.[46]

Antijüdische Einstellungen

Traditionelle Gesellschaften in Mitteleuropa waren von der Landwirtschaft geprägt und von christlichen Glaubenslehren strukturiert, die den Juden eine soziale Randposition zuwiesen und zu Diskriminierung führten, sich aber im frühen 19. Jahrhundert aufzulösen begannen. In diesem Kontext ging um 1840 der Begriff «Judenfrage» in die deutsche Sprache ein.[47] Der Wandel durch Fortschritt, Industrialisierung und Bevölkerungswachstum «führte zur Lockerung jahrhundertalter sozialer Bindungen, zur Aushöhlung religiöser Traditionen und zur Entwertung ethischer Systeme».[48] Neben dem religiösen Antijudaismus, der die jüdische Ablehnung Christi als Messias, die angebliche Schuld der Juden an seinem Tod und Mythen über jüdische Rituale, bei denen Christen ermordet würden, betonte, hatten sich seit dem 12. Jahrhundert Vorurteile gegen Juden als Wucherer, Betrüger und Ausbeuter in Europa verbreitet.[49] Äußerungen von Denkern der Aufklärung für die Judenemanzipation wie auch antijüdische Propaganda am Ende des 18. und Beginn des 19. Jahrhunderts bieten zahlreiche Beispiele dafür, wie beherrschend das Bild vom jüdischen Betrüger geworden war.[50]

Manche Forscher sehen einen tiefgreifenden Wandel der antijüdischen Einstellungen im Deutschland der 1870er Jahre, eine Verlagerung von einer politischen zur rassischen Grundlage, die sich in der Prägung des Begriffs «Antisemitismus» 1879 zeige.[51] Doch eine genauere linguistische Betrachtung antijüdischer Schriften in Deutschland zwischen

1789 und 1872 zeigt schon frühere «Ansätze, den Judenhaß biologisch-anthropologisch zu motivieren». Juden galten bereits als Fremde mit negativem Einfluss auf Staat, Kultur, Gesellschaft und Wirtschaft und wurden in einer Sprache beschrieben, die am häufigsten auf jüdischen Wucher, Verrat, Fremdheit und Einmischung anspielte. Tiermetaphern beschrieben Juden bereits entweder als Parasiten oder als Ungeziefer – eine Bedrohung für das gesunde Blut.[52] Die Mischung aus religiösem, sozioökonomischem und rassistischem Antijudaismus im Deutschland des späten 19. Jahrhunderts[53] enthielt nur wenige völlig neue Trends.[54] Religiöse Elemente bestanden weiter. In den 1920er Jahren verband die christliche antijüdische Propaganda wiederum religiöse, soziale, wirtschaftliche, politische und kulturelle Argumente.[55] Neu war allerdings die Kritik der Rechten nach 1918, Deutschland werde von ‹jüdischen› Politikern versklavt, was sich besonders auf die linken Revolutionsführer/innen in Berlin und München und auf den Hauptautor der Weimarer Verfassung bezog. In Wirklichkeit waren jüdische Minister in den Reichsregierungen zwischen 1919 und 1932 im Verhältnis zum jüdischen Bevölkerungsanteil keineswegs überrepräsentiert.[56]

Vom gesellschaftlichen Hintergrund her hat man antijüdische Gefühle deutschen Handwerkern zugeschrieben, die im 19. Jahrhundert durch die Industrialisierung und die Aufhebung traditioneller Zunftbeschränkungen eine tiefgreifende Krise erlebten. Die meisten hatten jahrzehntelang den Liberalismus unterstützt, bevor sie in den 1870er Jahren konservativ wurden.[57] Verschiedene bürgerliche deutsche Revolutionäre von 1848, wie auch polnische und russische Demokraten, äußerten sich stark antijüdisch, und in Bayern wurden 80 000 Unterschriften für eine Petition gegen die Judenemanzipation gesammelt.[58] Unter den Konservativen lehnten manche Adlige, Offiziere, Staatsbeamte, Geistliche und Intellektuelle Juden ab, weil sie die eigene Vorherrschaft bedroht sahen. (In Österreich war die Situation ähnlich.)[59] Erst in den 1890er Jahren, als einige judenfeindliche Aktivisten auch das Christentum und den fehlenden gesetzlichen Schutz für Arbeiter kritisierten, verloren sie die Unterstützung der führenden deutschen Konservativen.[60] Ressentiments gegen Juden waren vor 1914 anscheinend außer bei den traditionellen Eliten besonders bei Landbevölkerung und Kleinbürgertum und in den evangelischen Regionen Mittel- und Ostdeutschlands stark ausgeprägt; dies galt auch für die ersten Mitglieder der NSDAP zehn Jahre später.[61] Die antijüdische Propaganda im zaristischen Russland erlangte bei ähnlichen Gruppen Meinungsführerschaft.[62] Manche einflussreichen Vertreter der deutschen Arbeiterbewegung (und noch stärker der französischen) identifizierten die Juden kollektiv mit der unterdrückenden und ausbeuterischen Bourgeoisie, doch an ihre Stelle traten später Verfechter einer differenzierteren Sichtweise, wie auch in Frankreich nach 1900, und die Kritik richtete sich nun gegen das kapitalistische System im allgemeinen.[63] Bezeichnenderweise kamen neue Impulse für die Judenfeindschaft im späten 19. Jahrhundert aus Teilen des deutschen Bildungsbürgertums. Die Abwesenheit des Themas in Zeitschriften, die Historiker für wichtig halten, scheint zwar darauf hinzudeuten, dass die ‹Judenfrage› für viele Bildungsbürger unwichtig war oder nicht existierte.[64] In den 1920er Jahren dachten aber viele in den freien Berufen, viele Studenten, Beamte, kleine Geschäftsinhaber und Angestellte anders – für sie hatten die Juden die Kriegsanstrengung untergraben, den Versailler Vertrag unterstützt, die Monarchie gestürzt, innere Unruhen ausgelöst, die traditionelle Kultur zersetzt, den Mittelstand zerstört, die Gesellschaft durch Wucher infiltriert und Konflikte zwischen Land- und Stadtbevölkerung sowie zwischen Arbeitern und Staat gefördert.[65]

Die im vorigen Absatz genannten Tendenzen gab es nicht alle nur in Deutschland.[66] Auch in anderen europäischen Ländern wurden Juden in den Prozess der modernen Staatsbildung integriert, doch dies war unter Nationalisten zunehmend umstritten und wurde vor allem von Konservativen in Frage gestellt. Besonders heftig wurde die Kontroverse seit dem späten 19. Jahrhundert, wenn es um die Frage der wahren deutschen, französischen oder russischen Nation ging. So identifizierten viele Konservative schon vor der Entstehung des Faschismus Juden mit der unerwünschten angeblichen Wurzellosigkeit der Moderne. Antijüdische Einstellungen gingen einher mit Feindschaft gegenüber Nachbarstaaten oder ethnischen Gruppen, die von Nationalisten mit Juden in Verbindung gebracht wurden; und antijüdische Propaganda war weitverbreitet.[67] Die Auflösung der Vielvölkerreiche im 19. und frühen 20. Jahrhundert brachte Juden ebenfalls in eine schwierige Lage. In diesen Reichen hatte das Prinzip der ethnischen Homogenität eine weniger wichtige Rolle bei der Staatsgründung gespielt, und Juden waren eine von vielen Minderheiten gewesen.

Seit den 1870er Jahren spielten antijüdische Positionen eine wichtige Rolle bei der Gründung bestimmter Organisationen und Parteien in Deutschland. Diese Parteien blieben aber klein und gewannen zusammen nur wenige Wählerstimmen. Ebenso wie bei den Judenhassern unter den Intellektuellen bekämpften sie einander wegen der weit auseinandergehenden Analysen und Politik, die sie meist mit absolutem Wahrheitsanspruch vertraten. Im Ersten Weltkrieg und in den 1920er Jahren änderte sich an dieser Situation nicht viel.[68] Das Fehlen staatlicher Maßnahmen gegen Juden und starker antijüdischer Parteien (Wien, das von 1891 bis 1911 von einer antijüdischen Partei regiert wurde, war hier die Ausnahme[69]) hat eine Interpretation begünstigt, nach der Judenhass in der deutschen Politik nur ein Randaspekt war – zumindest vor 1918. Selbst wenn das stimmt, bleibt die Tatsache, dass antijüdische Einstellungen in der Zivilgesellschaft und unter den Verwaltungseliten gefestigt waren und kultiviert wurden. Organisationen wie Studentenverbindungen, Sportvereine, der Bund der Landwirte und der Deutschnationale Handlungsgehilfenverband nahmen keine Juden auf, und der nationalistische Alldeutsche Verband produzierte antijüdische Propaganda. Judenfeindschaft wurde von den Absolventen der Universitäten in ihre Richter-, Anwalts-, Beamten-, Pfarrer- und Gymnasiallehrerberufe getragen und war auch im Offizierskorps präsent.[70] Stilles Einverständnis und inoffizielle Arrangements prägten soziale Initiativen zur Ausgrenzung oder Diskriminierung von Juden. Es war die Intensität dieser sozialen Praktiken unter akademischen Eliten (statt Parteipolitik oder staatlichen Maßnahmen), welche die Entwicklungen in Deutschland von denen anderer Länder in der imperialen Epoche unterschied. Judenfeindschaft unter den Gästen von Badeorten und in deutschen und besonders österreichischen Wandervereinen waren ein weiteres Beispiel für solche inoffiziellen Initiativen – doch diese Phänomene kannte man auch in anderen Ländern, einschließlich der USA.[71] Das Gleiche galt für Boykottmaßnahmen gegen Juden, doch diese hatten in Deutschland eine besondere Qualität, da sie manchmal von großen Konzernen organisiert wurden, in den frühen 1930er Jahren auch von Teilen der deutschen Medien.[72]

Jüdische Einwanderer zogen in Deutschland und im übrigen Europa besondere Feindschaft auf sich. Meist handelte es sich um die Wanderung relativ armer Juden nach Westen, um sich in einer neuen Heimat zu etablieren. Sie waren oft orthodox und durch ihre Kleidung erkennbar. Die Feindseligkeit konzentrierte sich auf die sogenannten Ostjuden, die seit dem späten 19. Jahrhundert Deutschland auf dem Weg nach Westeuropa oder Amerika durchquerten. Häufig versuchten sie sich als

Arbeiter zu verdingen, um den Rest der Reise zu finanzieren; somit richtete sich diese Animosität gegen Juden als arme Außenseiter. 1914 gab es in Deutschland 80 000 von ihnen, 1919 erreichte ihre Zahl mit rund 150 000 den Höhepunkt, und 1932 befanden sich fast 100 000 osteuropäische Juden im Land. Eine weit größere Zahl hatte seit 1910 Deutschland durchquert.[73] Ausweisungen in den frühen 1920er Jahren betrafen anscheinend nur wenige hundert Personen.[74] Die Vertreibungen von 1884 bis 1886, als etwa 10 000 Juden und weitere 20 000 aus Russisch-Polen stammende Nichtjuden aus Deutschland ausgewiesen wurden, waren viel umfangreicher gewesen.[75] In Frankreich unterschieden Angehörige der politischen Rechten noch schärfer die assimilierten französischen Juden von jüdischen Einwanderern, ohne indes Erstere anzugreifen.[76] Man hat die Zeit von den 1860er zu den 1910er Jahren die klassische Periode der europäischen Fremdenfeindlichkeit genannt, in der es immer wieder Unruhen gegen nichtjüdische Einwanderer wie italienische, irische oder polnische Arbeiter in Frankreich, Großbritannien und Deutschland gab.[77] Seit dem späten 19. Jahrhundert führten negative Stereotypen von christlichen und vor allem jüdischen Einwanderern aus dem Osten in die USA und nach Deutschland als Träger ansteckender Krankheiten auch zum Aufbau eines Systems verbindlicher ärztlicher Untersuchungen – einschließlich Entlausung –, besonders an den deutschen Ostgrenzen.[78]

Im Deutschland des 19. Jahrhunderts gab es mehrere, überwiegend nicht mörderische Pogrome – manche in den Jahren nach 1819, manche um 1848 und an einigen Orten in den 1880er und 1890er Jahren, jedes Mal nachdem neue staatliche Schritte zur Gleichstellung der Juden ergriffen worden waren.[79] Die Welle der Morde an jüdischen Politikern wie Rosa Luxemburg, Kurt Eisner, Gustav Landauer, Hugo Haase und Walther Rathenau (und die Hinrichtungen nach den Prozessen gegen andere) von 1919 bis 1922 war in der deutschen Geschichte vor 1933 eine Ausnahme.[80] Hunderttausende beteiligten sich im ganzen Land an Demonstrationen gegen den Mord an Außenminister Rathenau.[81] Auch nichtjüdische Linke und Politiker der Mitte wie Karl Liebknecht und Matthias Erzberger wurden ermordet (und Eisners Mörder hatte teils jüdische Vorfahren). Insgesamt gab es rund 400 politische Morde. In den meisten Fällen waren die Opfer anscheinend keine Juden.[82] Laut neueren Studien war die Gewalt gegen Juden in der Weimarer Republik nach 1922 weitverbreitet, aber meist nicht tödlich, und die meisten

Angreifer zeigten ein Mindestmaß an Zurückhaltung. Die Studien geben keine Schätzungen der Gesamtzahl getöteter Juden, aber zum Glück scheinen es nur sehr wenige gewesen zu sein.[83] Auf der politischen Rechten gab es ausführliche Debatten über Pogrome, aber bis auf die Lebensmittelunruhen Mitte 1919, die Pogrome vom Herbst 1923 und die von den Nazis organisierten Kurfürstendamm-Krawalle in Berlin 1931 waren Angriffe auf Juden in der Realität geringeren Umfangs oder Einzeltaten.[84] Nach 1848 blieben solche Ereignisse, bis auf die von 1923, lokal und marginal.

Einige Autoren sind der Meinung, Aggressionen seien in Krisenzeiten gegen Juden als ungeschützte Gegner kanalisiert worden; andere sehen diese Korrelation als weniger klar an.[85] Wieder andere argumentieren, dass allgemein *middlemen minorities* (ethnisch konnotierte Minderheiten, die eine wirtschaftliche Vermittlerrolle spielen), in Krisen besonders verwundbar sind.[86] Im Zusammenhang mit der Wirtschaftskrise und Hungersnot 1816/17 und den gefallenen Bodenpreisen der 1820er Jahre machte man Juden in Deutschland für die Lage der verschuldeten Bauern und anderer verantwortlich; Handwerksgesellen, Ladenverkäufer und Arbeitslose nahmen begeistert an den antijüdischen Unruhen von 1819 teil. Eine weitere Welle pogromartiger Ereignisse gab es 1848 in Verbindung mit Inflation, Hungersnot, der gescheiterten Revolution und Angriffen auf andere wirtschaftliche Eliten sowie auf Geistliche. Dies ähnelte den Berliner Unruhen während der Hyperinflation 1923.[87] Die Entstehung des selbsterklärten Antisemitismus in den 1870er Jahren fand mehr oder weniger parallel zur großen Wirtschaftskrise statt, die 1873 begann, als sich Kritik an Liberalismus und Finanzmanipulationen ausbreitete und infolge des Elends die natürliche Sterblichkeit einen Höhepunkt im modernen Deutschland erreichte. Militärische Niederlage, Revolution, Wirtschaftskrise und Inflation zwischen 1918 und 1923 und nach 1929 wurden jeweils von einer Zunahme antijüdischer Aktionen begleitet, und laut einem Autor führte die ökonomische Erholung 1924 bis 1928 zu einem Rückgang. Historiker haben auch Erlasse europäischer Staaten zur Beschränkung der jüdischen Einwanderung mit den «politischen oder wirtschaftlichen Krisen» von 1849, 1857, 1882, 1920 und 1929 in Verbindung gebracht.[88] Pierre Birnbaum hat gezeigt, dass Juden in Frankreich ebenfalls mit Dekadenz, Niedergang und Degeneration identifiziert wurden, vor allem in Zeiten politischer Unordnung: den 1890er, 1930er und 1950er Jahren.[89] Unruhen konnten auch Grenzen überschreiten. Möglicherweise trug die antijüdische Propaganda in Deutschland zur Welle der Pogrome in Russland 1881 bei und wurde danach in Form antijüdischer Feindseligkeit in Ungarn 1882 aufgenommen.[90]

Vorstellungen von «Lösungen»

Es wird oft gesagt, jeder habe vor 1933 wissen müssen, dass Hitler und die Nazis die Juden vernichten wollten. Die relevanten Dokumente lassen das aber weniger offensichtlich erscheinen. Laut dem Parteiprogramm der NSDAP von 1920, das später für «unabänderlich» erklärt wurde, sollten Juden die deutsche Staatsbürgerschaft verlieren und rechtlich als Ausländer gelten, wodurch man Deutsche bei Einstellungen bevorzugen konnte und es auch möglich sein sollte, jüdische Konkurrenten auszuweisen. Juden sollten aus dem Staatsdienst entlassen werden, nicht als Journalisten arbeiten und keine Zeitungen und Zeitschriften besitzen dürfen; jede Einwanderung sollte verboten und alle nach dem 2. August 1914 Eingewanderten (Juden und andere) ausgewiesen werden. «Wucherer» und «Schieber» seien «ohne Rücksichtnahme auf Konfession und Rasse» hinzurichten.[91] Ähnlich lauteten die Forderungen der NSDAP vor 1933 im Reichstag.[92] Bis auf den letzten Punkt und, wenn man so will, die Staatsbürgerschaft ähnelte das vielen 1933 bis 1935 tatsächlich getroffenen Maßnahmen. Im Mai 1932 sagte Hermann Göring einer italienischen Faschistenzeitung, alle jüdischen Einwanderer, die seit 1914 ins Land gekommen seien, würden ausgewiesen und alle Juden aus führenden Positionen in Kultur und Bildungswesen entfernt. 1931 brachte der *Völkische Beobachter* einen Artikel, der mit einem Verbot sexueller Beziehungen zwischen nichtjüdischen Deutschen und Juden drohte. Alfred Rosenberg schrieb 1920, Juden, die als fremdes Volk innerhalb Deutschlands zu betrachten seien, dürften nicht länger in der Armee dienen, kulturelle Einrichtungen leiten oder Politiker sein; Deutsche sollten zionistische Tendenzen unterstützen.[93] Klaus Holz hat argumentiert, Hitler selbst sei in seinen Reden der 1920er Jahre ambivalent über Vertreibung oder Ermordung der Juden geblieben.[94]

In *Mein Kampf* schrieb Hitler nicht explizit, er wolle die Juden ermorden. Sein Vergleich der Juden mit Ungeziefer an mehreren Stellen legte es nahe, war aber im antijüdischen Diskurs Deutschlands nicht gänzlich neu. Bekanntermaßen schrieb er von seinem Bedauern, dass man nicht

12–15 000 «dieser hebräischen Volksverderber» während des Ersten Weltkriegs «unter Giftgas gehalten» habe – so wie viele Frontkämpfer –, was seiner Meinung nach den Defätismus in Deutschland und die späteren Verluste an der Front reduziert hätte.[95] Wichtiger ist vielleicht, dass Hitler auch schrieb, «daß einst ein deutscher Nationalgerichtshof etliche Zehntausend der organisierenden und damit verantwortlichen Verbrecher des Novemberverrats [...] abzuurteilen und hinzurichten hat», d. h. der linken Revolution und des Waffenstillstands vom November 1918.[96] Laut Hitler waren viele dieser Personen Juden. In Wirklichkeit fanden aber nach 1933 keine solchen Massenprozesse statt. Vielleicht noch wichtiger (und weniger bekannt) ist Hitlers Äußerung, etablierte «Vorstellungen und Ideen» ließen sich nur mit Gewalt beseitigen, worauf die neuen Machthaber die entwerteten Ideen durch neue ersetzen müssten. «Die Anwendung von Gewalt allein» schaffe aber keine Abhilfe, «außer in Form einer restlosen Ausrottung aber auch des letzten Trägers und der Zerstörung der letzten Überlieferung». Solche Versuche, «eine Lehre und deren organisatorische Auswirkung auszurotten», führten aber fast immer «zu Mißerfolgen, ja enden nicht selten gerade mit dem Gegenteil des Gewünschten».[97] Wendet man diesen Gedanken auf ‹jüdische Ideen› an (was Hitler nicht explizit tat), lässt sich seine Bemerkung so verstehen, dass er Massenmord *in Betracht zog*, aber nicht zwangsläufig befürwortete. Für ihn wäre die Erwartung unrealistisch gewesen, die Vernichtung der Juden allein könne die erwünschte geistig-intellektuelle Säuberung hervorbringen; und wenn eine solche Säuberung durchgeführt werden sollte, hätte sie auch den Mord an allen nichtjüdischen Marxisten, Liberalen usw. umfassen müssen, was die Nazis nie versuchten. Umerziehung war mindestens ebenso wichtig wie Gewalt.

Viele der judenfeindlichen Forderungen der Nazis waren nicht neu. Manche griffen Praktiken der letzten 1500 Jahre[98] und Ideen früherer Denker der Rechten auf. So wurden im zaristischen Russland der 1880er und 1890er Jahre Quoten für jüdische Studenten eingeführt.[99] 1880/81 setzten sich Studenten und andere in Deutschland dafür ein, Juden aus den Lehrberufen und dem Staatsdienst zu entfernen.[100] In seinem populären Buch *Wenn ich der Kaiser wär'* schlug Heinrich Claß, der Vorsitzende des Alldeutschen Verbands, 1912 vor, Juden juristisch zu Ausländern zu erklären, ihnen öffentliche Ämter und Militärdienst zu verwehren, sie aus dem Rechtswesen, dem Bildungswesen und Theater auszuschließen, ihnen leitende Positionen in Banken und den Landbesitz zu verbieten, die Einreise zu verbieten und alle jüdischen Ausländer auszuweisen. Auch ihre Steuern sollten verdoppelt werden. All diese Vorschläge hatten das explizite Ziel, sie so schnell wie möglich aus Deutschland zu vertreiben.[101] Der pensionierte General Konstantin Freiherr von Gebsattel forderte 1913, sexuelle Beziehungen zwischen jüdischen und nichtjüdischen Deutschen zu verbieten und Juden die Auswanderung mit ihren Vermögenswerten unmöglich zu machen.[102] Im späten 19. Jahrhundert wandte sich Eugen Dühring gegen die Ehe zwischen Juden und Nichtjuden, forderte allerdings kein Verbot. 1924 setzte sich Artur Dinter vom Deutschvölkischen Schutz- und Trutzbund für das Verbot solcher Ehen und jedes sexuellen Kontakts ein.[103] Achim Gercke und andere Nationalsozialisten erklärten 1932, es sei wichtig, Juden von Deutschen zu segregieren. Juden sollten bis zu ihrer Auswanderung in Konzentrationslager gesperrt werden, obwohl ihre völlige Abschiebung ins Ausland laut Gercke nur dann möglich sei, wenn für sie «die Möglichkeit eines abgeschlossenen Nationalheims» gegeben sei.[104]

Deutsche Aktivisten standen nicht allein mit ihrem Wunsch nach einer Vertreibung der Juden aus ihrem Land oder aus ganz Europa. Eine Reihe öffentlicher Figuren in Europa trat dafür ein. Einige Intellektuelle hatten schon seit dem Ende des 18. Jahrhunderts über die Entfernung aller Juden aus Europa nachgedacht. Paul de Lagarde scheint im späten 19. Jahrhundert der erste gewesen zu sein, der explizit Madagaskar als mögliches Ziel vorschlug, ein Gedanke, der sich später verbreitete und 1940–41 von den Nazis aufgegriffen wurde.[105] In den 1930er Jahren diskutierte man aber schon viele andere Siedlungsgebiete für Juden.

Einige Intellektuelle wie Paul de Lagarde und Karl Paasch forderten in den 1880er und 1890er Jahren auch ausdrücklich die Vernichtung der Juden.[106] Es ist aber nicht immer sicher, ob solche radikalen Forderungen mehr waren als übersteigerte Drohungen.[107] In den 1930er Jahren dachten einige britische Verfechter des Madagaskarplans öffentlich über die Ermordung der europäischen Juden nach – einschließlich Ideen über sogenannte ‹sanfte› oder ‹humane› Mordmethoden wie Gaskammern.[108] Weder in Deutschland noch in Großbritannien gab es aber zwischen den 1850er Jahren und 1933 Massenmorde an Juden. Die mörderischsten Ereignisse für europäische Juden in dieser Epoche waren vermutlich die Pogrome in Russland 1903 bis 1905, die Zwangsevakuierung der Juden aus Westrussland zu Beginn des Ersten Weltkriegs, die Pogrome in der Ukraine und in Polen 1917 bis 1921, die im Zusammenhang mit dem russischen Bürgerkrieg stattfanden und bis zu 75 000 Menschenleben forderten, und die Ermordung mehrerer tausend Juden in Ungarn bei der antikommunistischen Repression von 1919.[109]

Deutschland vor dem Nationalsozialismus: eine extrem gewalttätige Gesellschaft?

Vor 1933 flohen Juden eher nach Deutschland als von dort. War Deutschland also bis 1933 nicht relativ zivilisiert und die darauffolgende Gewalt nur das Merkmal eines bestimmten Regimes: der Nationalsozialisten? Neben den Traumata der Weltkriegssoldaten, deren Folgen nicht völlig klar sind, sollte hier noch anderes betrachtet werden. Die massenhafte Vernichtung von Zivilisten durch Deutsche forderte zwischen 1900 und 1933 über eine Viertelmillion Menschenleben, aber nur wenige Opfer waren Juden.

Ein Gewaltkomplex war der Bürgerkrieg zwischen radikalen Linken und ihren Gegnern 1918 bis 1921.[110] Die meisten der 4000–5000 Opfer (ohne die Personen, die bei den Kämpfen an der polnischen Grenze getötet wurden) waren Arbeiter und linker Sympathien verdächtige Personen, die von rechtsextremen Freikorpskämpfern in Berlin, München und im Ruhrgebiet getötet wurden. Die Aufstände der Linken sowie der Nazis 1923 und die Straßenkämpfe zwischen Nazis und Kommunisten am Ende der Weimarer Republik – bei denen beide Gruppen um die Kontrolle öffentlicher Räume kämpften – forderten hunderte von Toten.[111] Nach 1929 gab es auch keinen spürbaren Anstieg der gewöhnlichen Kriminalität (im Gegensatz zu den Jahren nach der Revolution 1918). Die Mordrate war in der Weimarer Republik etwas höher als vorher.[112] Auch in Österreich gab es 1918 bis 1934 wenig inländische politische Gewalt; von den mindestens 217 getöteten Personen gehörten über zwei Drittel der Linken an. Wie in Deutschland gab es viel Gewalt unterhalb der Schwelle des Mordes. Beim gescheiterten NS-Putsch von 1934 starben mindestens 137 weitere Sozialisten.[113] Der Großteil der politischen Gewalt mit deutscher Beteiligung fand außerhalb Deutschlands statt: Bis zu 30 000 Freikorpskämpfer starben in den Bürgerkriegen im Baltikum 1918 bis 1920, und die Freikorps töteten bis zu 100 000 bolschewistische Soldaten und einheimische Zivilisten.[114] Manche Opfer antikommunistischer Vergeltungsmaßnahmen waren Juden. Deutsche Soldaten hatten schon 1914 ungefähr 6500 belgische Zivilisten bei Massenexekutionen wegen angeblicher Freischärlerangriffe hingerichtet.[115] Außerdem wurden zehntausende Belgier und Polen (einschließlich Juden) während des Ersten Weltkriegs als Zwangsarbeiter eingesetzt.[116]

Während des Krieges starben in deutschen psychiatrischen Anstalten 70 000 Patienten mehr als üblich und zwar an Hunger und Kälte. Das Anstaltspersonal akzeptierte den Mangel an Lebensmitteln und die daraus resultierenden Todesfälle und folgte dem Gedanken, die Nahrung solle unter den harten Lebensumständen der Kriegszeit den wertvolleren Mitgliedern der Gesellschaft vorbehalten bleiben.[117] Etwa ein Fünftel der deutschen Hungeropfer im Ersten Weltkrieg war geistig behindert.

Die deutsche Niederschlagung antikolonialistischer Aufstände in Afrika und China forderte zwischen 1900 und 1908 noch mehr Opfer.[118] Von 1904 bis 1907 töteten zutiefst rassistisch eingestellte deutsche Kolonialbehörden und Truppen direkt oder indirekt 70–100 000 Menschen in Deutsch-Südwestafrika (heute Namibia). Etwa zur selben Zeit forderte die deutsche Kriegführung in Deutsch-Ostafrika (heute Tansania) etwa 100 000 Todesopfer; in manchen Regionen erreichte die Todesrate jene in Deutsch-Südwestafrika, obwohl Deutsch-Ostafrika keine Siedlerkolonie war. Im ersten Fall richteten sich militärische Aktionen gegen Krieger und Zivilisten, einschließlich Frauen und Kindern. Menschen wurden in die Namib-Wüste gejagt; Männer hungerten in Gefangenenlagern, die dazu dienten, die Herero und Nama zu unterwerfen und von wandernden Hirten oder Bauern zu streng kontrollierten Arbeitern für Bergbauunternehmer und deutsche Großbauern zu machen. Obwohl der deutsche Militärkommandeur mehrere Monate lang eine Politik der totalen Ausrottung verfolgte, verhinderten Kolonialverwaltung und deutsche Regierung die völlige Vernichtung, weil sie Arbeitskräfte brauchten. In Deutsch-Ostafrika schlugen die Deutschen den Widerstand gegen Besteuerung und Zwangsarbeit nieder, die sie eingeführt hatten, um die Kolonie profitabel zu machen. Die meisten Toten fielen einer Politik der verbrannten Erde gegen Dörfer und Landwirtschaft zum Opfer.[119] Vor 1914 führte Deutschland auch Rassengesetze ein, die eine Ehe zwischen Deutschen und Afrikanern (nur in Deutsch-Südwestafrika) bzw. Samoanern verboten, nicht aber zwischen nichtjüdischen Deutschen und Juden.[120] Die Kolonialverbrechen der Deutschen gehörten zu den schlimmsten ihrer Zeit. Auch sie waren jedoch kein Einzelfall. Um 1900 starben 40–50 000 Buren und Afrikaner in sogenannten Konzentrationslagern in Britisch-Südafrika. Etwa 100 000 Menschen starben durch die spanische *reconcentración* während des kubanischen Unabhängigkeitskriegs 1895 bis 1898. Hunderttausende Filipinos starben bei der Niederschlagung von Aufständen durch das US-Militär. Millionen Afrikaner fielen der skrupellosen belgischen Ausbeutung des Kongo zum Opfer. In den 1920er und 1930er Jahren schlugen italienische Truppen den Widerstand in Libyen und Äthiopien nieder und töteten zehntausende von Menschen. Schließlich fielen auch der japanischen Eroberungspolitik in China Millionen zum Opfer.[121] In allen Fällen führten Internierung, Vertreibungen, Umsiedlung und Hunger in Verbindung mit direkter Gewalt zu einem Großteil der Todesopfer.

Vor 1933 war deutsche Massengewalt gegen mehrere Opfergruppen zugleich selten. Die massenhafte Ermordung Wehrloser war Deutschen aber nicht völlig unbekannt (obwohl Österreicher weniger Erfahrung damit hatten). Die Zusammenfassung der Ereignisse in diesem Kapitel zeigt, dass der Nationalsozialismus nicht der einzige wunde Punkt in der deutschen Geschichte ist. Obwohl eine umfassende Sozialanalyse dieser Ereignisse den Umfang dieser Studie sprengen würde, war die Beteiligung recht breit und vielfältig. Sie umfasste wehrpflichtige Soldaten und Freiwillige, Kolonialbeamte und Siedler (in Afrika), medizinisches Personal und politische Aktivisten. Bei den handelnden Personen gab es bemerkenswerte Parallelen vor und nach 1933, obwohl die während des Zweiten Weltkriegs begangenen Verbrechen weit größer waren als die vor der NS-Herrschaft. Wie nach 1939, so war auch der Großteil der früheren Gewalt imperialistischer Natur und fand als Teil der Unterwerfung eroberter Völker oder beim Angriff auf politische Feinde im Ausland statt. Außerdem richtete sich – wie auch später – ein Großteil der Gewalt innerhalb Deutschlands gegen geistig behinderte Patienten, die als minderwertig galten, um die Fortführung eines Angriffskrieges zu erleichtern. Und wie nach 1933 war auch vorher Gewalt und Unterdrückung gegen die linke Opposition im Inland hart, aber viel weniger mörderisch als die imperialistische Gewalt und die Ermordung von geistig Behinderten. Der große Unterschied, die große Diskontinuität, bestand im Massenmord an Juden.

3
Von der Zwangsemigration zu Territorialplänen: 1933 bis 1941

Seit Beginn der NS-Herrschaft wurden Juden zum Ziel feindseliger Propaganda in den deutschen Medien, auf Plakaten und Bannern und bei Massenveranstaltungen. Hitlers Reichsregierung wünschte diese Atmosphäre. Es gab aber keine einzelne Autorität, die für die Judenverfolgung zuständig war. Vielmehr verwirklichten unterschiedliche Akteure des Staates und der NSDAP auf nationaler, regionaler und kommunaler Ebene ihre eigene antijüdische Politik. Diese Maßnahmen standen mit anderen politischen Bereichen in Beziehung, denn keine Instanz und kaum ein Funktionsträger in Regierung oder Partei war ausschließlich mit Juden befasst. Es gab keine konsistente und unangefochtene Gesamtstrategie.[1] Darum beschäftigt sich dieses Kapitel mit den antijüdischen Maßnahmen in Deutschland und ihren jeweiligen Akteuren von 1933 bis Mitte 1941 auf verschiedenen Ebenen: Gesetzgebung und zentral gesteuerte Aktionen, vom Volke ausgehende Gewalt, kommunale Maßnahmen und jüdisches Verhalten. Das Kapitel behandelt auch die ersten Jahre der antijüdischen Maßnahmen in den von Deutschland annektierten und besetzten Ländern bis Mitte 1941, bevor die systematischen Massaker begannen.

Die NSDAP kam am 30. Januar 1933, auf dem Höhepunkt der Weltwirtschaftskrise, an die Macht. Binnen weniger Monate errichtete sie eine Diktatur, führte die Pressezensur ein, übernahm die Kontrolle über den Rundfunk, verbot die übrigen Parteien und unterdrückte die linke Opposition durch Massenfestnahmen und Inhaftierungen, teilweise in improvisierten Lagern. Bei den Reichstagswahlen vom 5. März 1933 erreichten die Nazis trotz ihrer Einschüchterungspolitik keine absolute Mehrheit. In den folgenden Monaten gewannen sie jedoch die häufig begeisterte Unterstützung der großen Mehrheit der Deutschen, die sich oft aus freien Stücken dem Nationalsozialismus anschlossen.[2] Diese Massenunterstützung wurde durch eine wirtschaftliche Erholung befördert, die stärker als in vielen anderen Ländern ausfiel, in nicht geringem Ausmaß auf dirigistischen Maßnahmen – und vor allem der massiven

Aufrüstung – beruhte und von einer Rhetorik des Klassenkompromisses begleitet war, die in Wirklichkeit den Unternehmern freie Hand gab. 1938 hatte Deutschland die Vollbeschäftigung erreicht. Die soziale Krise schien überwunden. NS-Organisationen und ihre Propaganda bestimmten den Alltag, gleichzeitig integrierte das Regime aber die meisten traditionellen Eliten und die Mittelschicht in seine Politik. Das Verhältnis der Partei zu Teilen der evangelischen und katholischen Kirchen blieb konfliktbeladen, die Einkommen waren bescheiden, und es gab wiederholt Unmut über knappe Konsumgüter und zu viel leere Propaganda.[3] Die Währungsschwäche schränkte den Außenhandel ein. Dennoch erholte sich die Geburtenrate, was auf eine wachsende Zuversicht hindeutet. Außenpolitische Erfolge wie die Rückkehr des Saargebiets zu Deutschland 1935, die Wiederbesetzung des zuvor entmilitarisierten Rheinlands 1936 und die Annexion Österreichs 1938, des Sudetenlands im Oktober 1938 und die Besetzung Böhmens und Mährens im März 1939 festigten die Beliebtheit des NS-Regimes.

Antijüdische Gesetze

Die landesweite antijüdische Gesetzgebung vor 1941 fand in drei Phasen statt. Schwerpunktmäßig im April 1933, kurz nach Hitlers Machtantritt, wurden Juden aus bestimmten Berufen ausgeschlossen: dem Staatsdienst, den Künsten, dem Journalismus und den Universitäten. Ihre Aktivitäten in anderen Bereichen, etwa als Steuerberater, Anwälte und Ärzte, wurden eingeschränkt. Die Zahl jüdischer Schüler und Studenten wurde begrenzt. Ab September 1933 durften Juden keine Landwirte oder evangelischen Pfarrer mehr sein.[4] Die Stoßrichtung dieser Gesetze war sozioökonomisch, um Stellen für Nichtjuden freizumachen. Sie hatten aber auch einen rassistischen Hintergrund, den Gedanken, dass Juden eine politisch-ideologische Bedrohung für die deutsche Gesellschaft darstellten und aus Medien und Öffentlichkeit entfernt werden müssten. Das Verbot des koscheren Schlachtens (Schächtens) im April war religiösen Charakters; Maßnahmen gegen osteuropäische Juden waren dagegen fremdenfeindlich geprägt.[5] Im Jahr 1935, als im Rahmen der deutschen Aufrüstungspolitik die Wehrpflicht wieder eingeführt wurde, wurden Juden aus dem Militär entfernt. Im September verboten die sogenannten Nürnberger Rassengesetze Heiraten zwischen jüdischen und nichtjüdischen Deutschen, machten sexuelle Beziehungen zwischen ihnen illegal und verboten es Juden, die deutsche Fahne oder die Hakenkreuzfahne zu hissen. Diese Gesetze waren offen rassistisch. Sie kamen nicht durch einen spontanen Impuls Hitlers zustande; Verwaltung und Partei hatten solche Gesetze seit Jahren gefordert und ihre genaue Form diskutiert, genau wie weitere Verbote von ‹Mischehen› und Vorschläge zur Zwangssterilisation[6], die nicht umgesetzt wurden. Wie wir sehen werden, waren die Gesetze Reaktionen auf die lokalen Gewaltaktionen vieler Nazis. Die neuen Gesetze lösten keine bestehenden jüdisch-nichtjüdischen Ehen auf. Die erste Verordnung zum Reichsbürgergesetz vom 14. November 1935 definierte Juden als Personen mit drei oder unter bestimmten Umständen zwei jüdischen Großelternteilen (der Religion nach). Sie führte auch die Kategorie des ‹jüdischen Mischlings› ein.[7] 1938/39 führte nach der Reichspogromnacht eine dritte Welle der Gesetzgebung (die aber schon vor den Ausschreitungen begann) zur Enteignung von Fabriken, Unternehmen und Geschäften in jüdischem Besitz und zur Erhebung einer Sühnezahlung von einer Milliarde Reichsmark, etwa einem Sechstel der Vermögenswerte der deutschen Juden. Juden durften nicht länger als Ärzte, Zahnärzte, Apotheker oder Anwälte arbeiten, außer für jüdische Patienten und Mandanten.[8] Fünf Jahre nach dem Machtantritt der Nazis verdrängten diese Maßnahmen Juden weitgehend aus der deutschen Privatwirtschaft, besonders nachdem der wirtschaftliche Aufschwung die Übernahme jüdischer Unternehmen attraktiver gemacht hatte.[9]

Auch andere Länder hatten antijüdische Gesetze.[10] Das nationalsozialistische Deutschland führte aber mehr landesweite antijüdische Gesetze und Verbote ein als jeder andere Staat – etwa 1500.[11] Und die meisten anderen Länder führten ihre Maßnahmen später als Deutschland ein. In einigen dieser Länder war der fremdenfeindliche Aspekt gegen die Juden stärker als in Deutschland, doch die frühe Stoßrichtung gegen Juden in den freien Berufen, im Staatsdienst und als Intellektuelle war ähnlich. Wie in anderen Ländern verdrängte die deutsche Regierung die Juden erst nach Jahren aus dem Wirtschaftsleben, als die Vollbeschäftigung erreicht war, aber finanzielle Schwierigkeiten auftraten. Auch andere Staaten ergriffen in unterschiedlichem Ausmaß spezifisch rassistische Maßnahmen gegen Juden. Rund zehn Länder definierten «Juden» mehr oder weniger nach ihrer Abstammung, ein halbes Dutzend verboten sexuelle Beziehungen zu Nichtjuden, und drei schrieben die äußere Kennzeichnung von Juden vor (wie Deutschland im September 1941). Manche Staaten setzten nicht all diese Gesetze rigoros um, aber in Deutschland war das der Fall. Diskriminierung trieb jedoch auch Juden aus Ländern wie Polen und Rumänien zur Auswanderung.[12]

Verfolgung durch Kommunalbehörden

Wer konnte Juden das Leben besser schwer machen als Mitbewohner am gleichen Ort? Die aktive Rolle von Stadt-, Kreis- und Ortsverwaltungen zeigt, dass Reichsregierung oder NS-Führung nicht alles im Detail vorschrieben und dass auch außerhalb der NSDAP ein nicht geringer Elan existierte. Kommunalbehörden ergriffen die Initiative, um Juden immer weiter aus dem öffentlichen Leben auszuschließen. Sie entließen örtliche Staatsdiener und stellten die berüchtigten Schilder auf, die Juden das Betreten bestimmter Städte oder Örtlichkeiten verboten. Solche Ausgrenzungen begannen 1933, wurden Mitte der 1930er Jahre auf Schwimmbäder, Sportplätze und Parkbänke ausgedehnt und umfassten später auch Theater, Kinos und öffentliche Bibliotheken sowie Marktstände. Im Zeitraum 1937 bis 1940 wurden Juden nur noch in staatliche Krankenhäuser aufgenommen, wenn sie in Lebensgefahr waren, und dort getrennt behandelt. Ab 1939 erhielten Juden keine Sozialunterstützung mehr, und viele Städte trieben die Segregation voran, indem sie sie in sogenannte Judenhäuser zwangen oder aus der Stadt vertrieben und ihnen vorschrieben, wann und wo sie einkaufen dürften. Auch Ausgangssperren wurden eingeführt. Jüdische Schüler wurden 1933 bis 1939 nach und nach aus den staatlichen Schulen verdrängt.[13]

Viele Badeorte verwehrten Juden binnen weniger Jahre den Zutritt. Vor 1933 entstanden solche Maßnahmen aus Initiativen nichtjüdischer Gäste, die Druck auf Hoteliers und Bürgermeister ausübten, nach 1933 durch wetteifernde Kommunalverwaltungen, in Norddeutschland stärker als im Süden aus dem Motiv, ‹judenrein› zu werden.[14] Manche Kommunalbehörden zögerten länger bei der Reglementierung von Schwimmbädern und Parks und ergriffen erst Jahre später als andere entsprechende Maßnahmen. Im Herbst 1939 griffen NS-Funktionäre in Wien ein anderes Thema auf: die schlechten Wohnverhältnisse in der Stadt. Sie forderten unter anderem, Juden auf bestimmte Stadtteile zu konzentrieren oder in Kellern oder oberen Stockwerken wohnen zu lassen, die stärker durch Luftangriffe gefährdet waren, sie in Barackenbauten außerhalb der Stadt zu verlegen oder ins besetzte Polen zu deportieren.[15] Hausbesitzer, die jüdische Mieter loswerden wollten, bekamen Hilfe von örtlichen Gerichten, vor allem ab Ende 1938, und am 30. April 1939 wurde ein entsprechendes Reichsgesetz erlassen.[16] Ende 1939 hatten Bürgermeister und Landräte schon «unzählige Anträge» in Berlin gestellt, um Grundstücke in jüdischem Besitz für den Bau von Straßen, Schulen, Krankenhäusern, Kindergärten und Beamtenwohnungen zu enteignen.[17] Wie bei den Juden gingen auch viele Maßnahmen gegen Sinti und Roma 1933–38 von kommunalen und Regionalbehörden aus, nicht den Berliner Ministerien.[18] Die antijüdischen Maßnahmen entsprangen manchmal der Zusammenarbeit mit den Zentralbehörden (mitunter gedrängt von örtlichen Stellen), wurden aber auch vom direkten Erfahrungsaustausch zwischen Kommunalvertretern oder über den Deutschen Gemeindetag beeinflusst.[19] Ideologisch ausgedrückt, waren die hier skizzierten Maßnahmen teilweise durch die angebliche ‹Unreinheit› der Juden motiviert, und griffen vor allem ihren sozialen Status an, indem sie ihnen immer mehr ‹Luxus› im weiten Sinne entzogen. Sie versuchten auch eine stärkere Segregation zu erzielen, als von den Gesetzen aus Berlin vorgegeben.

Gewalt: NS-Organisationen, Beiträge aus der Bevölkerung und deren Reaktionen

Die Verfolgung der deutschen Juden bestand nicht nur aus rechtlichen und administrativen Maßnahmen. Neuere Forschungen auf der Basis vieler Lokalstudien haben betont, wie viel direkte Gewalt gegen Juden es schon 1933 bis 1939 gab, meist unterhalb der Schwelle der Tötung. Das Niveau der Gewalt schwankte, so dass Peter Longerich von drei antisemitischen Wellen 1933, 1935 und 1938 gesprochen hat.[20] Mit dem Blick auf Kleinstädte sah Michael Wildt mehr Kontinuität als andere Forscher und relativierte ihre Wahrnehmung von ruhigeren Perioden 1934 und 1936/37.[21] Dennoch gingen den Olympischen Spielen von 1936 mehr Aktionen gegen Linke, Kriminelle, Obdachlose, Prostituierte und «Zigeuner» voraus als gegen Juden.[22] Es ist auch bemerkenswert, dass eine sehr geringe Zahl von Übergriffen gegen Juden aus den ersten sechs Wochen nach dem Machtantritt 1933 berichtet wurde[23] (ganz im

Gegensatz zu Österreich im Frühjahr 1938), einer Zeit als die Nationalsozialisten sich auf die Unterdrückung der Linken konzentrierten.

Als die Gewalt anrollte, richtete sie sich zunächst gegen jüdische Geschäfte, die an vielen Orten (auch angeheizt von örtlichen Konkurrenten) wiederholt boykottiert, mit Parolen beschmiert und manchmal geplündert und verwüstet wurden. Außerdem wurden Inhaber und Kunden auf viele unterschiedliche Arten eingeschüchtert. Aus Gerichten und Universitäten wurden Juden buchstäblich hinausgejagt. 1934/35 wurden Angriffe auf jüdische Einzelpersonen häufiger, besonders auf Männer. Immer öfter wurden sie aus Städten vertrieben, man verbot ihnen den Zuzug, griff sie wegen angeblicher sexueller Beziehungen zu nichtjüdischen Deutschen an und trieb sie mit demütigenden Schildern um den Hals durch die Stadt. In einigen Fällen brachen Plünderer auch in Häuser oder Wohnungen von Juden ein. Kleinere Angriffe auf jüdische Friedhöfe und Synagogen hatte es schon früher gegeben, aber im Pogrom vom November 1938 (ausgelöst von der Ermordung eines deutschen Diplomaten in Paris durch den deutschpolnischen Juden Herschel Grynszpan, dessen Eltern nach Polen vertrieben worden waren) wurden viele Synagogen zerstört. Tausende von Geschäften und Personen, auch Frauen, wurden attackiert und bis zu 30 000 jüdische Männer solange interniert, bis sie nachweisen konnten, dass sie auswandern wollten. Das Pogrom war ein klares Signal, dass nach der Verdrängung aus dem Staatsdienst, dem öffentlichen Leben und aus engen sozialen Kontakten mit Nichtjuden nun auch religiöse und wirtschaftliche Aktivitäten von Juden unmöglich wurden.[24]

Die Gewalt wurde vor allem von Mitgliedern der Parteiorganisationen organisiert. Bis etwa 1935 waren das SA-Männer in den Großstädten und Parteigenossen unter ihren örtlichen Führungen in Städtchen und Dörfern. Später gab es mehr Angriffe durch die Hitlerjugend. Meistens wurde die kollektive Gewalt örtlich organisiert, nicht aus Berlin befohlen. Mehr als einmal liefen die Ereignisse aus dem Ruder, und die Gewalt breitete sich weiter aus, als es innen- oder außenpolitisch für nützlich galt. Darum erließen Behörden (von der Ortspolizei aufwärts) oder zentrale Parteistellen manchmal mäßigende Anweisungen. Ein Grund dafür lag darin, dass sich häufig große Menschenmengen einschließlich Nichtnazis an den Aktionen von NS-Gruppierungen beteiligten, obwohl wir über sie nur wenig wissen.[25] So gehörten viele Plünderer beim Pogrom im November 1938 keinen Parteigruppierungen an. Sporadische pogromartige Ereignisse begannen, bevor sie am 9. November offiziell sanktioniert wurden, und dauerten einige Tage länger an.[26] Dagegen war die Rolle der SS damals begrenzt.[27] Die Ereignisse vom November 1938 zeigten auch, wie groß die Bereitschaft zur Gewalt gegen Juden war, vor allem in der NSDAP und unter Parteimitgliedern, besonders gerade unter denen mit guter Ausbildung und Arbeitsstelle, die der SA relativ spät beigetreten waren.[28] Die Zahl der Krawalle nach dem November 1938 schien gegenüber den Vorjahren aber stark abzunehmen.

Einige Historiker haben die Kontrolle und Manipulation dieser antijüdischen Ausschreitungen durch zentrale Instanzen betont, aber jüngere Forschungen legen nahe, dass die Randalierer autonom vorgingen und damit Druck auf politische Entscheidungsträger erzeugten, neue Gesetze und Verordnungen zu erlassen, womit sie den radikaleren NS-Politikern in die Hände spielten. Diese neuen Maßnahmen dienten dann *auch* dazu, die öffentliche Ordnung wiederherzustellen. Besonders die Nürnberger Rassengesetze und die härtere Vertreibungspolitik seit Ende 1938 waren auch Reaktionen auf Druck von unten.[29] Diese These wird noch plausibler, wenn man bedenkt, dass in vielen Provinzstädten alle Juden durch die ständige Gewaltandrohung vertrieben wurden.[30] Sporadische aber nicht abreißende feindselige Handlungen, nicht nur auf dem Land, zermürbte jüdische Ladenbesitzer so sehr, dass bis zu einem Drittel schon aufgab, bevor die Reichsregierung ihre Aktivitäten 1938/39 verbot. Je kleiner die Stadt, desto höher war der Prozentsatz geschlossener jüdischer Betriebe.[31] Zuerst wurden die öffentlich sichtbaren und darum häufig attackierten Einzelhandelsgeschäfte verkauft oder geschlossen, während die meisten anderen jüdischen Firmen bis 1938 bestanden; unterdessen missbrauchten deutsche Unternehmer die staatliche Verfolgung, um jüdische Konkurrenten zu verdrängen und sich zu bereichern.[32] Indirekter Druck auf jüdische Firmen kam von Personen, die Nichtjuden denunzierten, die noch Geschäfte mit ihnen machten – etwa im Viehhandel nach 1935 –, was die Durchsetzung von Konformität förderte.[33] Hitler und andere hohe NS-Führer, z. B. in der SS, hatten öffentlich den sogenannten Radau-Antisemitismus abgelehnt und einen «Antisemitismus der Vernunft» propagiert,[34] aber nicht jeder in der Bewegung war damit einverstanden. Die NS-Führer tolerierten Pogrome; manche fachten sie sogar an und instrumentalisierten sie, um ihre Politik voranzutreiben.[35]

In den ans Reich angeschlossenen Gebieten, wo Deutsche die Bevölkerungsmehrheit bildeten – wie in Österreich 1938 –, erzeugte kontinuierliche Gewalt auf niedrigem Niveau (die viel schwerer aufrechtzuerhalten war, wenn Deutsche eine Minderheit bildeten)[36] so viel Druck, dass die meisten Juden wenige Monate nach der Annexion emigrierten. Die «Entjudung» Österreichs verlief «in mancher Hinsicht sogar schneller, als ursprünglich vorausgesehen», wie ein zeitgenössischer Autor schrieb. Sogar Eichmann erwartete im Mai 1938 ein viel langsameres Tempo der Emigration als in Wirklichkeit. Im Juli 1938 schätzten ein Offizier, der die «Arisierung» in Österreich leitete, und eine lokale NS-Zeitung noch, binnen drei bis vier Jahren würden alle jüdischen Firmen in nichtjüdischer Hand sein; tatsächlich ging es schneller.[37] Unter den bis zu 70 000 Inhaftierten waren viele Nichtjuden, wenn auch die meisten nach Monaten freigelassen wurden; tausende weitere Nichtjuden flüchteten aus Österreich.[38] Gewalt, Plünderungen und öffentliche Demütigungen waren so heftig, dass sogar Heydrich wiederholt versuchte, sie zu bremsen, und eine nicht geringe Zahl österreichischer Juden floh ausgerechnet ins Altreich.[39] Dieselbe extrem judenfeindliche Stimmung herrschte im Herbst 1938 im Sudetenland, wo es nur wenige Wochen dauerte, bis alle Juden vertrieben oder geflohen waren. Außerdem wurden viele Linke und Nationalisten (die ebenfalls zum Ziel pogromartigen Volksterrors wurden) festgenommen oder flohen. Etwa zehnmal so viele Nichtjuden wie Juden verließen das Gebiet.[40] In Danzig, einer unabhängigen Stadt unter NS-Herrschaft, hatten Terror und die Übernahme der Nürnberger Gesetze am 23. November 1938 die große Mehrheit der Juden (1930 waren es 11 228, im Oktober 1937 7439) zur Flucht veranlasst, noch bevor das Reich die Stadt im September 1939 besetzte (als noch 1660 Juden dort lebten); Ende 1940 waren es nur noch 650, und 575 von ihnen wurden später deportiert.[41] Wenn es in den annektierten Gebieten Gegenstimmen gab, wurden sie zum Schweigen gebracht. Die einmarschierende Wehrmacht hatte keine Einwände; auf fremdem Boden war der Grad der Gewalt gegen Juden, der für die dort stationierten Soldaten vertretbar war, anscheinend höher als in Deutschland.

Es gab aber auch Anzeichen, dass keineswegs alle Deutschen die Judenverfolgung in Deutschland unterstützten. Da keine repräsentativen Meinungsumfragen aus dieser Zeit vorliegen, sind die Indizien verstreut und indirekt, so die Reaktionen von Nichtjuden auf landesweite Maßnahmen und Aktionen gegen Juden. Die meisten dieser Aktionen stießen auf ein gemischtes Echo. Der Boykott vom April 1933 fand nicht nur Unterstützung, sondern stieß auf so viel Widerstand – manche Deutsche stritten sich in aller Öffentlichkeit darüber –, dass hohe Nazis ihn nicht als Erfolg verbuchten (obwohl er vielleicht ein Signal für weitere Boykottmaßnahmen und Gewalttaten war).[42] Das Pogrom vom November 1938 stieß sogar innerhalb der NSDAP auf viel Kritik wegen der öffentlichen Gewaltausübung, die es begleitete, und der Zerstörung von Vermögenswerten. Obwohl der vorherrschenden Erinnerung zufolge viele der Gewalt schweigend und scheinbar unbewegt zusahen, legen die Indizien nahe, dass das Pogrom die Gesellschaft sofort und an den Tagen danach polarisierte.[43] Eine Welle örtlicher antijüdischer Ausschreitungen hatte 1935 eine ähnliche Wirkung, rief aber weniger Widerspruch hervor.[44] Die Zwangskennzeichnung von Juden mit dem gelben Stern ab September 1941 führte zu so vielen individuellen Solidaritätsbekundungen von Nichtjuden, dass das Regime Besorgnis zeigte; dagegen lösten die folgenden Deportationen nur bei kleinen Gruppen aus Bürgertum und Kirche erkennbaren Widerspruch aus.[45] Man kann aber sagen, dass es im Allgemeinen keine großen Unterschiede zwischen den Reaktionen unterschiedlicher sozialer Gruppen gab: Sie waren gespalten, wenn es um offene Gewalt ging, nahmen die gesetzliche Diskriminierung aber weitgehend hin oder unterstützten sie.[46]

Nichtjuden äußerten ihren Protest und Widerspruch jedoch individuell, nicht in organisierten Gruppen. So gab es in keinem dieser Fälle einen direkten, uneingeschränkten und öffentlichen Protest der evangelischen Kirche, nicht einmal seitens der eher oppositionellen Bekennenden Kirche.[47] Kritik wurde meist privat, nicht öffentlich geäußert – wo die Atmosphäre der Einschüchterung Mut erforderte, um sich zu äußern –, und richtete sich gegen einzelne Handlungen statt grundsätzlicher Ablehnung. Und die juristischen Schritte des Regimes vom Gesetz zur Wiederherstellung des Berufsbeamtentums 1933 und den Nürnberger Rassengesetzen 1935 (die viele Bürger begrüßten, weil sie die Gesetze entweder für nötig hielten oder erwarteten, sie würden die Welle örtlicher antijüdischer Gewalt stoppen) bis zu den Enteignungen von 1938/39 scheinen viel weniger umstritten gewesen zu sein.[48] Insgesamt erzeugte öffentliche Gewalt – trotz einiger Beteiligung aus der Bevölkerung – anscheinend viel mehr Unbehagen und sogar Opposition als die zunehmende gesetzliche Diskriminierung. Daraus erwächst eine wichtige Frage, die dieses Buch aber nicht ausreichend beantworten kann. Wenn Gewalt auf relativ niedrigem Niveau deutliche Kritik hervorrief, warum gab es so viel weniger kritische Äußerungen von Deutschen nach 1941 in besetzten Ländern, wo offener Massenmord betrieben wurde?

Die Politik der erzwungenen Auswanderung

Viele Zentralbehörden, Regional- und Kommunalverwaltungen und Parteiorganisationen verfolgten ihre eigene judenfeindliche Politik und trugen daher unterschiedlich zum Gesamtbild bei. Diese Vielfalt war nicht nur das Ergebnis einer rationalen, bewussten und wirksamen Arbeitsteilung innerhalb eines monolithischen Apparats, als der das NS-Regime oft beschrieben worden ist.[49] Vielmehr waren Anweisungen und Maßnahmen manchmal widersprüchlich. Wenn es nach 1933 aber ein übergeordnetes Ziel der Reichsbehörden gab, dann war es die Emigration. Alle Juden sollten Deutschland verlassen, und diesem Ziel sollten die Aktionen im Land dienen. Zwangsemigration war der gemeinsame Nenner vieler Schritte, verschiedene Politiker erklärten sie zum Ziel,[50] und bis 1940/41 war sie das wichtigste Ergebnis in Deutschland und Österreich.

Doch bestanden mehrere Hindernisse. Menschen verlassen ihr Land nicht leichthin, so dass die Zahl der jüdischen Emigranten aus Deutschland nach einem ersten Höhepunkt 1933/34 in den Jahren 1935 bis 1937 wieder zurückging. Eine deutsche Zeitung zitierte Nationalsozialisten, die sich 1938 beschwerten, «daß es bei gleichbleibenden Zahlen noch rund dreißig Jahre dauern werde, bis der letzte Glaubensjude Deutschland verlassen habe, von den Rassejuden gar nicht zu reden».[51] Die verstärkte Verfolgung von 1938/39 trieb die jüdische Emigration auf Rekordniveau. Gleichzeitig fehlte es an Auswanderungsmöglichkeiten, da viele Länder den Zuzug von Ausländern, besonders von Juden, beschränkten. Die internationale Konferenz von Evian im Juni 1938 änderte daran wenig. Die meisten Regierungen lehnten ein zusätzliches Engagement ab; selbst die ehrgeizigen internationalen Pläne von 1938/39 und Verhandlungen mit der deutschen Regierung drehten sich zunächst um die Verteilung der viel zu niedrigen Zahl von 65 000 und dann 100 000 meist jüdisch-deutschen Flüchtlingen pro Jahr.[52] Vor diesem Hintergrund begann die Reichsregierung im Herbst 1938 mit der Ausweisung polnischer Juden, die in Deutschland lebten (und denen Polen die Staatsbürgerschaft aberkennen wollte), nach Polen.[53] Diese Aktion trieb Herschel Grynszpan zum Attentat auf einen deutschen Diplomaten in Paris, was wiederum den Druck für weitere Emigration erhöhte. Das zweite Hindernis bestand darin, dass viele ältere (und ärmere) jüdische Deutsche und Österreicher blieben. Manche zeitgenössischen Schätzungen sahen ihre Zahl recht hochgegriffen bei 200 000. Sie waren weniger zur Auswanderung bereit und hatten auch keine realistische Chance, denn wegen ihres Alters bekamen sie für die meisten Länder kein Visum. Manche Pläne sahen vor, dass sie in Großdeutschland bleiben sollten, bis sie eines natürlichen Todes starben.[54]

Das «Reichskristallnacht» genannte Pogrom von 1938 ist als Wende in der antijüdischen Politik Deutschlands beschrieben worden,[55] brachte aber in Wirklichkeit nur einen graduellen Wandel. Dennoch waren die Ereignisse schockierend. Die Politik der Zwangsauswanderung blieb aber prinzipiell in Kraft. Sie wurde durch die massenhafte Festnahme jüdischer Männer während des Pogroms verstärkt, die freigelassen wurden, als sie Auslandsvisa nachweisen konnten, und durch die umfassendere Enteignung und ein Berufsverbot für Juden in den akademischen Berufen. Tatsächlich hatten diese wirtschaftlichen Maßnahmen schon im April 1938 begonnen.[56] Im Lauf des Jahres machte die Haushaltskrise des Regimes, das seine gewaltige Aufrüstung nicht mehr bezahlen konnte, diese Schritte noch dringender. Letztlich war sie aber nur durch territoriale Expansion und die Plünderung anderer Länder zu finanzieren. Aus dieser Sicht war die vielleicht wichtigste antijüdische Maßnahme die Sühnezahlung von einer Milliarde Reichsmark, die Göring den deutschen Juden am 12. November auferlegte. (In Wirklichkeit nahmen die Finanzbehörden sogar 1,1 Milliarden RM ein.)[57] Am zweitwichtigsten für die deutschen Kriegsvorbereitungen waren die Erlöse aus der Reichsfluchtsteuer. (Sie war 1931 in anderem Zusammenhang erlassen worden, richtete sich nun aber vor allem gegen Juden und erbrachte insgesamt 900 Millionen RM, davon 742 Millionen 1938–40.) Emigrierende deutsche Juden oder jene, die das Land verlassen wollten, wurden ganz offiziell zunehmend ausgeplündert.[58] Doch in gewisser Hinsicht behinderte dies, genau wie die Strafzahlung von einer Milliarde RM, die Emigration, weil die Chancen der Emigranten, von anderen Ländern aufgenommen zu werden, stark von ihrer finanziellen Situation abhingen. Aus einer anderen Perspektive konnte das Reich es sich nicht leisten, dass viele Emigranten ihr Geld ins Ausland schickten, denn das hätte die deutschen Währungsreserven zu stark belastet.[59]

Göring sah das Pogrom vom November 1938 als Verschwendung nationaler Vermögenswerte (denn nichtjüdischen Versicherungen entstanden Kosten und dem deutschen Staat ebenfalls für den Import neuer Schaufensterscheiben). Bei einer wichtigen Sitzung am 12. November 1938 erklärte Göring im Auftrag Hitlers, «die Judenfrage [solle] jetzt einheitlich zusammengefaßt werden» und er sei «vom Führer noch einmal darauf hingewiesen worden, jetzt die entscheidenden Schritte zentral zusammenzufassen».[60] Am 24. Januar 1939 wies Göring Reinhard Heydrich, den Chef der Sicherheitspolizei und des Sicherheitsdienstes (SD) an, eine «Reichszentrale für jüdische Auswanderung» einzurichten und zwar nach dem Vorbild der «Zentralstelle für jüdische Auswanderung» in Wien, die von dem mittelrangigen SS-Offizier Adolf Eichmann geleitet wurde und eine viel stärkere Emigrationswelle als in Deutschland erzwungen hatte. Diese Stelle sollte Aufnahmeländer finden, die Emigration durch Ausstellung von Dokumenten und Pässen erleichtern und die beträchtlichen finanziellen Probleme lösen, etwa die Visa- und Reisekosten für arme Juden, die von jüdischen Gemeinden bezahlt werden sollten (siehe Kapitel 10). Dass auch die Reichszentrale für jüdische Auswanderung keine unangefochtene Autorität ausübte, zeigt sich daran, dass sie einen Koordinierungsausschuss mit Vertretern anderer Behörden bildete, um eine «reibungslose Zusammenarbeit in allen Fragen der jüdischen Auswanderung bei den beteiligten staatlichen Zentralstellen» zu gewährleisten. Zwangsemigration war immer noch das Hauptziel der Politik, und um sie zu unterstützen, wurde im Februar die Reichsvereinigung der Juden in Deutschland gegründet, die der Reichszentrale für jüdische Auswanderung unterstand.[61] Bis dahin waren Sicherheitspolizei und SD nur Randakteure bei antijüdischen Maßnahmen gewesen, hatten die politische Entwicklung beobachtet und Vorschläge gemacht, ohne sich auf diesen Bereich zu konzentrieren. Nun wurden sie sehr einflussreich.[62] Auf der Ebene der Gesetzgebung gab es nicht deshalb so viele Gesetze, weil ‹*die* Nazis› alles auf koordinierte Art behandelten, sondern weil so viele NS-Funktionäre die Initiative ergriffen. Zentralbehörden aller Art hatten antijüdische Verordnungen und Regelungen erlassen. Auch dies wollte Göring beenden: «Zur Sicherstellung der notwendigen Einheitlichkeit in der Behandlung der Judenfrage» bat er alle Dienststellen, ihn über alle zukünftig geplanten Verordnungen und Bestimmungen zu informieren, um seine Zustimmung abzuwarten. (Dagegen hatte der Vorschlag hoher Beamter, als Koordinierungsstelle einen «Volkswart» einzusetzen, 1933 zu nichts geführt.)[63] In jedem Fall wurde durch die Ereignisse von 1939 keine vollständige Zentralisierung der antijüdischen Maßnahmen erreicht. Die Reichsministerien für Finanzen und Wirtschaft, Kommunalbehörden, Sicherheitspolizei und SD und andere blieben weiterhin wichtige Akteure.[64] Es sei darauf hingewiesen, dass in derselben Periode 1938/39 auch die Maßnahmen gegen Sinti und Roma stärker zentralisiert wurden, wenn auch eher unter Aufsicht der Kriminalpolizei als der Gestapo.[65]

Da es Ende 1938 und Anfang 1939 an Aufnahmeländern fehlte, drohten führende deutsche Politiker, die deutschen Juden würden ermordet, wenn kein Land sie aufnehmen wolle oder wenn ein neuer Weltkrieg ausbreche, wie Göring und Hitler voraussagten.[66] Doch der systematische Massenmord an deutschen und österreichischen Juden setzte nicht bei Kriegsbeginn ein, obwohl die Zahl der ermordeten jüdischen KZ-Häftlinge steil anstieg und in die tausende ging.[67] Die Auswanderungspolitik ging weiter. Noch im April 1940 befahl das RSHA: «Die jüdische Auswanderung aus dem Reichsgebiet ist nach wie vor auch während des Krieges verstärkt zu betreiben», und betonte, Juden sollten möglichst in außereuropäische Länder emigrieren.[68] Die Tatsache, dass die deutsche Führung an der Politik der Zwangsemigration festhielt, ist nicht mit der Behauptung vereinbar, deutsche Politiker, einschließlich Hitlers, hätten schon 1933, 1939 oder 1940 beschlossen, alle Juden zu ermorden – in diesem Fall wäre es kontraproduktiv gewesen, sie in Gebiete außerhalb der Reichweite der Nazis wie Palästina und Nord- und Südamerika flüchten zu lassen.[69] Von den deutschen und österreichischen Juden, die 1933 bis 1941 emigrierten, gingen 64 500 nach Palästina (etwa ein Drittel der dortigen jüdischen Einwanderer), etwa 110 000 in die USA, mindestens 40 000 nach Südamerika, 17 000 mitteleuropäische Juden nach Shanghai und 6000 nach Südafrika.[70] Solange die Emigration deutscher Juden aber Vorrang für die deutschen Behörden hatte, stellten diese zeitweise die Ausweisung polnischer, tschechischer und französischer Juden zurück, um den Prozess zu beschleunigen.[71]

Emigration als vorherrschende jüdische Reaktion

Die Propaganda, rechtliche Diskriminierung, direkte Gewalt und vor allem eine Atmosphäre der Bedrohung, die für manche (aber nicht alle) Juden den gesamten Alltag bestimmte, führten zu einem

Anschwellen der Emigration deutscher und später österreichischer und tschechischer Juden, wie von deutschen Politikern beabsichtigt. Diese gewalttätige Atmosphäre der späten 1930er Jahre bewog viele dazu, das Land zu verlassen, die zunächst dem Sturm trotzen wollten oder sogar Eingaben gegen die Diskriminierung machten oder vor Gericht zogen. Dass trotz der Emigration vieler junger Leute[72] die Geburtenzahl unter sogenannten ‹Volljuden› und ‹Vierteljuden› von dem niedrigen Niveau 1934 wieder etwas anstieg und bis 1938 stabil blieb, deutet auf dasselbe Muster versuchter Anpassung hin. Verhandlungen mit dem deutschen Staat waren eine weitere Strategie, wie am Haavara-Abkommen von 1933 abzulesen; es finanzierte jüdische Emigration durch einen komplexen Mechanismus, der die Überweisung einiger Vermögenswerte und sogar der Renten von deutschen Juden erlaubte, die nach Palästina gingen.[73]

Tabelle 3.1 Jüdische Emigration aus Deutschland (Altreich), 1933–41[74]

Jahr	1933	1934	1935	1936	1937	1938	1939	1940	1941
Flüchtlinge	37 000	23 000	21 000	25 000	23 000	46 000	78 000	15 000	8000

So lag nach dem ersten Höhepunkt die Zahl der Emigranten von 1934 bis 1937 niedriger und stieg dann bis zum Höhepunkt 1938/39 an. Sogar in den ersten Kriegsjahren ging die Emigration weiter. 1939 lebten noch 214 000 Juden im Altreich, im Oktober 1941 noch 160 000, verglichen mit einer jüdischen Bevölkerung von 500 000 Menschen Anfang 1933. Etwa 104 000 österreichische Juden emigrierten von März 1938 bis Ende Juli 1939, und 1939 bis 1941 wanderten weitere 24 500 aus. Rund 26 000 Juden verließen bis 1941 Böhmen und Mähren, die meisten von ihnen schon 1939.[75] Emigration war eine Strategie, die vor allem jüdische Deutsche wählten; 1933 bis 1939 verließen nur bis zu 40 000 deutsche Nichtjuden das Land, darunter viele politische Gegner des NS-Regimes, die 1933 emigriert waren.[76] Über 85 % der Flüchtlinge waren Juden. Für viele von ihnen ging es bei der Emigration vielleicht stärker darum, die eigene Würde zu wahren als um Flucht.[77] Sie alle ‹Opfer› zu nennen, könnte in diesem Fall zu falschen Schlussfolgerungen führen.

Außerdem stieg die Binnenwanderung von Juden aus kleinen und mittelgroßen Städten in die Großstädte steil an. Das war oft der erste Schritt zur Flucht ins Ausland. Da zwei Drittel der deutschen und österreichischen Juden bis 1941 emigriert waren, ist jeder Vorwurf, sie hätten sich wie Schafe zur Schlachtbank führen lassen, unangebracht. Die meisten, die flüchten konnten, taten es, wenn auch manche erst spät, 1938/39. Von den Dagebliebenen waren viele entweder zu arm, zu alt, als Frauen benachteiligt oder bekamen kein Auslandsvisum (häufig genau aus diesen Gründen). Einige wenige blieben aus hartnäckigem deutschem Patriotismus. Mehrere tausend Juden kehrten allerdings wieder nach Nazideutschland zurück, sogar aus Palästina.[78] Manche flohen nicht weit genug. (Von insgesamt 130 000 jüdischen Emigranten aus Österreich gerieten 15–16 000 später in deutsche Hand und wurden ermordet.) Doch die meisten entkamen. Schon 1934 blieben höchstens 40 % der jüdischen Emigranten in Europa, und dieser Anteil sank später weiter.[79]

Gewalt gegen Nichtjuden vor 1939

Juden waren nicht die einzige Gruppe, die von 1933 bis 1939 in Deutschland verfolgt wurde, und nicht zwangsläufig die am härtesten betroffene. Vor dem Zweiten Weltkrieg typisch waren *nicht-tödliche* Verfolgungen, die sich auf unterschiedliche Weise gegen verschiedene Bevölkerungsgruppen richteten. Juden sahen sich viel stärker als jede andere Gruppe dazu gezwungen, das Land zu verlassen; im Unterschied zu ihnen wurden Linke und soziale Außenseiter (sogenannte ‹Asoziale›) in großer Zahl und auf lange Zeit interniert. Außerdem wurden 300 000 Menschen, die als behindert oder ‹asozial› galten, bis 1939 zwangssterilisiert. Über die antijüdischen Maßnahmen hinaus, die ein großer Teil der deutschen Gesellschaft akzeptierte, führte das NS-Regime eine massive Kampagne gegen die Armen, gegen Vertreter der Arbeiterklasse und marginalisierte Gruppen mit niedrigem Status. Diese Armut gehört zu den Gründen, warum sie im Gegensatz zu vielen Juden nur selten emigrierten, um der Verfolgung zu entgehen.

Zunächst richtete sich die Gewalt hauptsächlich gegen Kommunisten, Sozialdemokraten und Gewerkschafter. 1933 wurden bis zu 100 000 Linke festgenommen und in Gefängnisse oder improvisierte Proto-Konzentrationslager geschickt; die Zahl der Ermordeten lag wohl zwischen 500 und 1000. Trotz ihres Absinkens blieb die Zahl solcher Festnahmen später hoch: 1936 waren es 13 000, 1937 9000 und 1938 3500.[80] Doch das Regime ließ die meisten politischen Häftlinge (einschließlich der meisten Juden unter ihnen) nach einigen Monaten oder Jahren frei, darum ging ihre Zahl bis 1938 auf unter 20 000 zurück.[81] 1938 hatten ‹Asoziale› die Linken als größte Gruppe unter den KZ-Häftlingen abgelöst, außer im November und Dezember 1938, als vorübergehend Juden in der Mehrzahl waren.[82] Der Pauschalbegriff ‹Asoziale› umfasste sogenannte Gewohnheitsverbrecher, Bettler, Obdachlose, Alkoholiker, ‹Arbeitsscheue›, sogenannte Meckerer, Zuhälter, Prostituierte und Frauen mit sonstwie abweichendem sexuellem Lebenswandel, Männer, die ihre Alimente nicht bezahlten, Eltern, vor allem mit großen Familien, die ihre Kinder angeblich nicht angemessen aufziehen konnten, und Sinti und Roma. Womöglich starben bis zu 50 % der 100 000 ‹Asozialen›, die in Lager gesperrt oder zum Tode verurteilt wurden, wobei die meisten dieser Todesfälle während des Krieges eintraten.[83] Die Behandlung der ‹Asozialen› ähnelte dem permanenten Arrest sogenannter Gewohnheitsverbrecher in anderen Ländern wie England, Norwegen, Italien und Finnland – dort wurde er aber im Vergleich zu Deutschland nach 1939 viel seltener verhängt und führte seltener zum Tod.[84] Obwohl angebliche Experten 1–1,6 Millionen Deutsche als genetisch belastet oder erbliche Kriminelle ansahen, hielt man es anscheinend für ausreichend, nur eine kleine Minderheit in Lager zu sperren, um den Rest einzuschüchtern, denn von 1938 bis 1945 fehlte es an Arbeitskräften. Gemäß dieser etwas widersprüchlichen Sicht ließen sich die meisten ‹Arbeitsscheuen› zur Arbeit in einer Industriegesellschaft umerziehen. Deutschlands Arbeitskräftemangel erklärt auch den gewaltigen Unterschied zwischen Nazideutschland und der Sowjetunion bei der Zahl der als ‹asozial› bzw. ‹antisozial› inhaftierten Menschen in den 1930er Jahren – in der UdSSR lag sie viel höher.[85]

Ein Großteil der Verurteilungen wegen Homosexualität (meist bei Männern), wie auch der Festnahmen von Linken und der Zwangssterilisationen fand vor dem Krieg statt, nämlich 1936 bis 1938. Trotz etwa 50 000 Gerichtsurteilen gegen Homosexuelle gelang es den meisten zu überleben, und manchen ging es unter dem NS-Regime sogar gut.[86] Die Massensterilisierungen geistig Behinderter und bestimmter Gruppen körperlich Behinderter, die aus noch stärkerer rassistisch-biologischer Besorgnis resultierten, beruhten auf einem Gesetz vom Juli 1933 und radikaleren Regelungen für Frauen von 1934.[87] Die Sterilisierungen erreichten 1935 bis 1938 ihren Höhepunkt; danach wuchs der Widerstand dagegen, und während des Krieges fehlte es an Mitteln oder Personal, um die notwendigen Operationen durchzuführen. Von den fast einer Million Menschen, deren Unfruchtbarmachung man empfahl, wurden 400 000 wirklich sterilisiert – meist wegen «Schwachsinn», Schizophrenie und Epilepsie.[88] Die Operation war riskant; schätzungsweise 5000 Menschen (meist Frauen) starben daran.[89] In Deutschland wurden etwa genauso viele Männer wie Frauen sterilisiert, dagegen waren beispielsweise in Schweden von 62 868 Menschen, die von 1935 bis 1975 sterilisiert wurden, 93 % Frauen. Auch in anderen Ländern gab es Sterilisationsgesetze, wenn auch eine weniger radikale Praxis.[90]

Das deutsche Sterilisierungsprogramm (das die International Federation of Eugenic Organizations 1934 als Modell für andere Länder empfahl) erfüllte den Traum einer Reihe einflussreicher Ärzte. Ärzte, Psychiater und anderes medizinisches Personal setzten das Gesetz oft sehr eifrig um. Ihr unterschiedliches Engagement scheint teilweise die deutlichen regionalen Unterschiede in der Zahl der Opfer zu erklären.[91] Wie bei der Judenverfolgung war die Unterstützung für die Gewalt gegen Linke, ‹Asoziale›, Sinti, Roma und Homosexuelle zwar nicht unberührt von biologischen Ideen, griff aber auch auf ältere Vorurteile zurück. Dazu gehörten eine repressive Arbeitsethik und strenge Kontrollen durch die Sozialdienste, die angebliche kriminelle Neigung von ‹Zigeunern› und der volkstümliche Rassismus gegen sie, christliche Regeln über Sexualität und Familienleben wie auch alte Stereotypen über Marxisten und Revolutionäre. Das Regime verbreitete eine umfassende Propaganda, bis hin zu Schulstunden über das Thema, um all diese Verfolgungen zu rechtfertigen.[92]

Der Beginn des Zweiten Weltkriegs und Gewalt gegen Nichtjuden

Am 1. September 1939 griff das Deutsche Reich Polen an und begann damit den Zweiten Weltkrieg in Europa. Polen war nach fünf Wochen besiegt, aber Frankreich und Großbritannien erklärten Deutschland den Krieg. Da sie es versäumten, in die Offensive zu gehen, gaben sie Deutschland die Gelegenheit, seine Gegner nacheinander in kurzen, heftigen Feldzügen niederzuwerfen. So konnte es umfassende Rüstungsanstrengungen und starke Einschränkungen des Konsums in der Heimat vermeiden. Die militärischen Verluste blieben gering, die alliierten

Luftangriffe begrenzt. Man könnte argumentieren, dass die deutsche Gesellschaft vor Mitte 1941 eine neuerliche tiefe Krise vermied. Die Stimmung in der deutschen Bevölkerung wandelte sich Mitte 1940 von Besorgnis zu Begeisterung, nachdem Dänemark, Norwegen, die Niederlande, Belgien und Luxemburg besetzt worden waren und Frankreich kapituliert hatte. Deutschland festigte seine Position durch ein Netz europäischer Verbündeter bestehend aus der Sowjetunion, Finnland, der neu gegründeten Slowakei, Rumänien, Ungarn, Bulgarien und Italien. Von April bis Juni 1941 eroberten deutsche Armeen und ihre Verbündeten Jugoslawien und Griechenland. In Norwegen, Frankreich und Griechenland wurden die Briten geschlagen, nur in Libyen, wo die Wehrmacht italienischen Truppen zu Hilfe kam, konnten sie sich behaupten. Durch die deutsche Niederlage in der Luftschlacht um England im Sommer 1940 blieb Großbritannien (mit Unterstützung der 400 Millionen Menschen seiner Mandatsgebiete und Kolonien) der einzige Gegner in Europa, was zu gegenseitigen strategischen Bombardierungskampagnen führte.

Mitte 1941 hatte Deutschland zwölf Länder ganz oder teilweise besetzt. Jedes hatte eine anders aufgebaute Besatzungsverwaltung, häufig mit unterschiedlichen Verwaltungszonen und Machtinstanzen innerhalb desselben Landes. Österreich wurde komplett annektiert. Luxemburg, Elsass und Lothringen (zuvor französisch) und Teile Sloweniens (in Jugoslawien) wurden den benachbarten deutschen Verwaltungsgebieten angegliedert, ebenso Teile von Nord- und Südwestpolen. Dagegen blieben das übrige Westpolen und das Sudetenland eigenständige zu Deutschland gehörige Verwaltungsgebiete. Zentralpolen, Norwegen und die Niederlande erhielten unterschiedliche Zivilverwaltungen. Dänemark blieb autonom, wenn auch unter der Kontrolle des deutschen Außenministeriums. Belgien, Nordfrankreich, Serbien und Teile Griechenlands fielen dagegen unter leicht unterschiedliche Formen deutscher Militärverwaltung. Das schuf unterschiedliche politische Hauptakteure und führte zu einer jeweils eigenen Besatzungspolitik, die in Polen und später in Jugoslawien am härtesten, in Westeuropa aber viel weniger konfrontativ war.

Abgesehen von den vielen tausend zivilen Opfern der deutschen Luftangriffe, besonders in Warschau, London und Belgrad, den etwa 3000 gefangen genommenen afrikanischen Soldaten in der französischen Armee, die massakriert wurden, und den beginnenden Vergeltungsmaßnahmen in Serbien und Kreta, fand deutsche Gewalt außerhalb des Schlachtfelds zwischen 1939 und Juni 1941 vor allem in Polen statt, dessen Bevölkerung als minderwertig galt. Während der Invasion schrieben Wehrmacht, SS und Polizei Beschuss schnell Partisanen oder verbotenen Kampfmethoden zu, was mit antipolnischen Stereotypen verknüpft war und durch drastische Befehle angefacht wurde. Zur Vergeltung erschossen deutsche Einheiten gefangen genommene Soldaten (etwa 3000), zivile Geiseln und in der Nähe wohnende Zivilisten in Gruppen von wenigen bis zu mehreren hundert Menschen. Besonders Zivilisten wurden auch beschimpft, gedemütigt, beraubt und gefoltert. Die Zahl der Todesopfer stieg in den ersten fünf Wochen des Konflikts auf bis zu 16 000.[93] Von Oktober 1939 bis Anfang 1940 wiesen regionale deutsche Zivilverwaltungen in Westpolen SS, Polizei und volksdeutsche Milizen unter SS-Führung an, rund 50 000 Mitglieder der breit definierten polnischen Führungs- und Bildungsschicht festzunehmen oder zu ermorden, um die Annexion zu erleichtern und potenzielle Führer des polnischen Widerstands zu beseitigen. Zu den Opfern zählten katholische Priester, Intellektuelle, Lehrer, Ärzte und Anwälte, politische Aktivisten und nach 1918 zugezogene Personen. Diese Aktionen konzentrierten sich auf die Region Danzig-Westpreußen (wo es 30–40 000 Opfer gab), deren Regionalverwaltung später eine Politik der Zwangsassimilierung der Polen verfolgte. Im Wartheland wurden 1939 weniger Menschen getötet, aber weit mehr vertrieben oder später nach Osten deportiert. Im Generalgouvernement (d. h. dem deutsch-besetzten Zentralpolen) wurden noch weniger Morde an Mitgliedern der Bildungsschicht organisiert; die Zahl erreichte 1940 ihren Höhepunkt.[94] Im Interesse der Germanisierungspolitik in Westpolen deportierten SS und Polizei von Ende 1939 bis Anfang 1941 bis zu 400 000 Polen (einschließlich einer unbekannten Zahl von Juden), besonders aus dem Wartheland, ins Generalgouvernement. Proteste der deutschen Zivilverwaltung und des Militärs im Generalgouvernement brachten Göring und Himmler wiederholt dazu, die Vertreibungen zu stoppen.[95] Mehrere hunderttausend sogenannte Volksdeutsche aus Ost- und Südosteuropa wurden nach Westpolen gebracht, um den Platz der Polen einzunehmen.

Bis Mitte 1941 war die später so mörderisch werdende Partisanenbekämpfung nicht notwendig, doch inzwischen waren bis zu drei Millionen Europäer als Zwangsarbeiter nach Deutschland gebracht worden.

Die polnischen Zivilisten als größte Gruppe wurden häufig misshandelt, sie mussten ein Kennzeichen «P» auf der Kleidung tragen und in geschlossenen Lagern leben.[96]

Nichtjüdische deutsche Opfergruppen erlitten 1939–41 unterschiedliche Schicksale. Die Verfolgung von Linken (die infolge des Hitler-Stalin-Pakts weitgehend verstummten) wurde kurz etwas intensiviert, aber immer wieder unterbrochen. ‹Asoziale› wurden weiterhin interniert, aber Ausländer – potenzielle oder echte Widerstandskämpfer und widerspenstige Arbeiter – lösten sie bald als größte Gruppe in den Gefängnissen und der wachsenden Zahl von Konzentrationslagern in Deutschland ab.[97] Die Jagd auf Homosexuelle ließ etwas nach. Während die Zwangssterilisierung von behinderten Menschen und sozialen Außenseitern unter anderem aus finanziellen Gründen zurückging,[98] wurden die Behinderten die größte zivile Opfergruppe von NS-Maßnahmen innerhalb der deutschen Bevölkerung, was sie bis zum Schluss bleiben sollten. Vom Herbst 1939 bis August 1941 wurden etwa 70 000 Patienten aus Nervenheilanstalten (und einige körperlich Behinderte), die dauerhaft arbeitsunfähig erschienen, ermordet – vor allem mit Hilfe von Gas. Diese straffe Geheimaktion organisierte eine Abteilung der Kanzlei des Führers (Hitlers Kanzlei als Führer der NSDAP) unter Viktor Brack, zusammen mit vielen Ärzten und medizinischem Personal, die vom Reichsinnenministerium koordiniert wurden. Regionale Mordeinheiten töteten 1939/40 weitere 20 000 geistig Behinderte im deutsch-annektierten Polen. Einerseits stimmten diese Mordaktionen mit eugenischen Ideen und der NS-Rassenideologie von der Stärkung des deutschen ‹Bluts› durch die Eliminierung von Menschen mit erblichen Belastungen überein. Andererseits dienten diese Morde im Gegensatz zu den früheren Sterilisierungen dazu, Geld zu sparen und Krankenhausbetten und -personal für Soldaten und die aus Osteuropa in deutsch-kontrollierte Gebiete umgesiedelten Volksdeutschen freizumachen, indem man unproduktive Menschen tötete, die als «lebensunwert» und solcher Ressourcen nicht würdig galten. Erst als die inoffizielle (aber heftige) Kritik zunahm und Mitte 1941 vor allem durch Kirchenvertreter öffentlich wurde, stoppte man das zentralisierte Mordprogramm, aber das dezentrale Morden durch Nahrungs- und Behandlungsentzug sowie Vergiftung mit Medikamenten wurde später wiederaufgenommen.[99]

Die Judenverfolgung: 1939 bis 1941

Als Hauptmerkmal der antijüdischen Politik Deutschlands von 1939 bis 1941 sind oft die Territorialpläne genannt worden, d. h. sie sei von der Idee bestimmt gewesen, alle Juden in deutscher Reichweite in ein einziges Gebiet zu bringen. Diese nie verwirklichten Pläne hatten aber vermutlich kaum Auswirkungen auf das Leben von Juden unter deutscher Herrschaft vor dem Juni 1941. Zwangsemigration (in Mitteleuropa), Ghettoisierung und Mangel (in Polen) wirkten sich weit stärker aus. Noch weniger als in den Jahren zuvor gab es eine einheitliche Verfolgungspolitik und eine einheitliche jüdische Erfahrung davon. Die neuen Elemente bedeuteten auch, dass antijüdische Maßnahmen keine bloße Fortsetzung der Maßnahmen vor 1939 waren.

Der Kriegsbeginn verschärfte die antijüdischen Maßnahmen in vieler Hinsicht, doch trotz früherer Aussagen von NS-Größen, was im Falle eines Krieges geschehen werde, führte er nicht direkt zu einer umfassenden Vernichtungspolitik. Ein Anzeichen für kommende härtere Maßnahmen waren die Erklärungen der Politiker, wegen der großen Zahl von Juden unter deutscher Herrschaft nach der Eroberung West- und Zentralpolens (über zwei Millionen) sei die ‹Judenfrage› nicht mehr durch Emigration allein zu lösen, obwohl die legale Emigration deutscher, österreichischer und tschechischer Juden weiterging. Stattdessen sollten die Juden umgesiedelt und in einem bestimmten Gebiet konzentriert werden. Von Herbst 1939 bis Mitte 1940 dachte man dabei an die Umgebung von Lublin in Ostzentralpolen, von Mitte 1940 bis Anfang 1941 an die französische Kolonie Madagaskar, und ab Anfang 1941 sollten es die bald zu erobernden sowjetischen Gebiete sein. Nicht nur in Deutschland gab es solche Ideen. Auch britische, französische, polnische, japanische und US-Politiker regten Umsiedlungspläne an. Der polnische Exilpremier Władysław Sikorski schlug noch im Januar 1942 dem britischen Außenminister Anthony Eden die Umsiedlung von 3,5 Millionen polnischen Juden vor. Andere erwogene Deportationsziele waren Alaska, Niederländisch-Guyana und andere südamerikanische Länder, die Mandschurei, Angola, Äthiopien, Nordrhodesien und die Philippinen.[100] Die jüdische Emigration nach Palästina war eine weitere Umsiedlungsoption. Bei der Konferenz von Evian drängten polnische und rumänische Diplomaten US-Präsident Roosevelt erfolglos, ihre jüdischen Staatsbürger in die Arbeit des Internationalen Komitees für politische Flüchtlinge einzubeziehen.[101]

Der erste konkrete deutsche Plan für eine Konzentration der Juden betraf die Region Nisko in Südostpolen. Gestapo-Chef Heinrich Müller befahl, 70–80 000 Juden aus den Regionen Kattowitz (in Ostoberschlesien) und Ostrava/Ostrau (in Mähren) sowie einige aus Wien dorthin zu bringen. In Wirklichkeit wurden Ende Oktober 1939 aber nur 4600 Juden nach Nisko deportiert. Die Aktion wurde gestoppt, weil sie die umfassenderen deutschen Umsiedlungspläne von West- nach Zentralpolen störte.[102] Die deutsche Zivilverwaltung im Generalgouvernement und teilweise auch die Militärverwaltung blockierten Deportationsversuche durch ständige Beschwerden und Einwände. Eichmann hatte die Nisko-Deportationen organisiert, um Hitlers Forderung zu erfüllen, alle 300 000 Juden aus Deutschland und Österreich binnen neun Monaten zu entfernen.[103] In der Nähe von Nisko wurden mehrere tausend Juden gezwungen, die Demarkationslinie zum sowjetisch kontrollierten Territorium zu überschreiten, und weitere 150–200 000 flohen anderswo ins sowjetisch annektierte Ostpolen. Ihre Aufnahme war zunächst freundlich, dann neutral, aber später wurden viele gleich wieder zurückgeschickt. Solche jüdischen Flüchtlinge stellten einen Großteil der 77 000 Menschen, die von den Sowjetbehörden Ende Juni 1940 festgenommen und weiter nach Osten deportiert wurden.[104] Im Februar 1940 wies die Regierung der UdSSR zwei Vorschläge der Umsiedlungsbüros der Sicherheitspolizei in Berlin und Wien zurück, die deutschen (und wahrscheinlich auch die österreichischen) Juden in der Ukraine und im autonomen jüdischen Gebiet Birobidjan in Sibirien anzusiedeln.[105]

Die Idee, alle Juden Europas nach Madagaskar zu deportieren, hatte unter Antisemiten, aber auch unter den Regierungen von Ländern wie Polen und Rumänien seit den 1920er Jahren kursiert.[106] Auch NS-Politikern erschien Madagaskar als geeignetes Ziel für alle europäischen Juden.[107] Hitler und andere zogen diese Idee in Erwägung, und nach der französischen Niederlage im Juni 1940 schlug das Auswärtige Amt Madagaskar ernsthaft als Umsiedlungsgebiet vor, worauf das RSHA den Plan mit gewissen Änderungen übernahm. Die letzte Fassung sah vor, vier Jahre lang täglich zwei Schiffe mit je 1500 Juden dorthin zu schicken – eine Gesamtzahl von vier Millionen Deportierten. Dies hätte den ständigen Einsatz von 120 Schiffen erfordert.[108] Die Juden sollten vor allem im

Hochland angesiedelt werden, wo die Lebensbedingungen für Europäer als besser galten; mit wachsender Zahl müssten sie aber auch die Sümpfe trockenlegen. Auch ein Statistiker und ein Geologe wurden herangezogen. Eine jüdische Selbstverwaltung sollte unter Aufsicht der deutschen Sicherheitspolizei stehen.[109] Im Dezember 1940 sprach Eichmann davon, sechs Millionen Juden zuerst nach Polen und dann nach Madagaskar zu bringen.[110] Im August 1940 wollte Hitler sogar noch eine Klausel in die Friedensverträge mit besiegten Ländern einfügen, nach der sie ihre jüdischen Bürger aus Europa zu deportieren hätten.[111] Später distanzierte er sich vom Madagaskarplan. Der französische Premierminister François Darlan war aber noch im August 1941 daran interessiert.[112]

Zu diesem Zeitpunkt hatten deutsche Planer bereits ein anderes Gebiet im Sinn. Unter Rückgriff auf den früheren Versuch, Juden in die UdSSR zu schicken, beabsichtigten sie – vielleicht schon Anfang 1941 – alle erreichbaren Juden in die zu erobernden Sowjetgebiete zu deportieren.[113] Dort sollten sie nach Geschlechtern getrennt Sümpfe trockenlegen und Straßen bauen; manche Planer wollten sie bis zum Eismeer treiben.[114] Jeder dieser Territorialpläne sah in zunehmendem Maß feindliche Lebensbedingungen mit wenig Infrastruktur in einem harten Klima vor mit dem Potenzial, einen Teil der deportierten Juden umzubringen; nur wenige Pläne erwähnten irgendwelche Vorkehrungen dagegen. Der Distriktgouverneur von Lublin hatte bereits sinniert, durch die Deportationen ins Nisko-Gebiet könnte man eine «starke Dezimierung» der Juden erreichen, und schon im Sommer 1939 dachte Rosenberg daran, die Juden an einen Ort mit «tödlichem Klima» zu schicken.[115]

Jeder dieser Territorialpläne war utopisch, und alle sollten erst nach Kriegsende ausgeführt werden.[116] Aber der Krieg endete nicht. Das Scheitern aller Pläne trug zu dem wachsenden Druck bei, der das Nachdenken über das Schicksal der Juden radikalisierte. Indirekt trug es auch zu ihrer regionalen Konzentration und immer schlechteren Behandlung bei.[117] Die Pläne hatten wenig direkten Einfluss auf das Leben der Juden, abgesehen von kleineren Vertreibungen aus bestimmten Regionen auf Initiative von Gauleitern und Verwaltungen. In diesen Fällen stimmten die Abschiebungsziele allerdings bemerkenswert mit dem jeweils angestrebten Territorialplan überein. 1938 wurden Juden vor allem nach Polen, aber auch in die Tschechoslowakei und nach Ungarn abgeschoben. Im Februar und März 1940 wurden über 1300 Juden aus Stettin und Schneidemühl in die Region Lublin deportiert. Im Mai erwartete der dortige Kommandeur der Ordnungspolizei irrtümlich die bevorstehende Ankunft von 100 000 deutschen Juden.[118] Im Juli 1940 begann man mit der Ausweisung von 3255 Juden aus dem annektierten Elsass, Lothingen und Luxemburg nach Frankreich (dazu kamen 17 893 jüdische Menschen, die vor den deutschen Truppen geflohen waren und nach dem Waffenstillstand nicht zurückkehren durften); im Oktober desselben Jahres wurden Juden aus Baden und der Pfalz westwärts ausgewiesen (6500 Personen). Die deutsche Militärverwaltung in Frankreich schob auch Juden aus ihrer Besatzungszone in den nicht besetzten Teil des Landes ab und ließ im Herbst keine Rückkehrer mehr zu. Durch ständige Proteste gegen die bereits durchgeführten Deportationen vereitelte die Vichy-Regierung zumindest die deutschen Pläne, alle 270 000 deutschen, österreichischen und tschechischen Juden nach Frankreich zu bringen, angefangen mit denen aus Hessen.[119] Es gab auch Versuche, Juden aus bestimmten Regionen des Altreichs abzuschieben.[120] Sobald die allgemeine Orientierung wieder nach Osten zeigte, wurden im Februar und März 1941 5000 Wiener Juden in die Region Lublin transportiert,[121] und auch die Deportation von 70 000 Juden nach Riga, Kaunas, Minsk und Łódź begann im Oktober und November des Jahres, obwohl der Krieg noch nicht zu Ende war. Man muss hinzufügen, dass die deutschen Behörden 1940/41 auch Angehörige anderer unerwünschter Gruppen deportierten (was genauso viel Widerstand der deutschen Verwaltung in den Aufnahmegebieten hervorrief wie die Deportation der Juden) – beispielsweise wurden Roma vor allem nach Polen geschickt. Im August 1940 träumte Hitler davon, alle «eigentlichen kriminellen Elemente später einmal auf eine Insel [zu] deportieren».[122] So wurden beispielsweise aus dem Elsass Sinti und Roma, Spanier, die gegen Franco gekämpft hatten, Kriminelle, ‹Asoziale›, französische Bürger, die nach 1918 zugezogen waren, und elsässische Nationalisten ausgewiesen. Die große Mehrheit der über 106 000 Deportierten aus dem Elsass und aus Lothringen, wie auch der etwa 170 000 Flüchtlinge, denen die Rückkehr verwehrt wurde, waren keine Juden.[123]

Gleichzeitig gab es auch andere politische Linien. In Deutschland und Österreich gehörte dazu, wie schon erwähnt, die weiterhin betriebene Zwangsemigration, die Konzentration in ‹Judenhäusern› und die kollektive Zwangsarbeit.[124] In Polen war die deutsche Politik weit brutaler. Im September 1939 betrafen Vergeltungsmaßnahmen, sadistische Folter und Plünderungen Polen aller Konfessionen, wobei Juden proportional etwas stärker litten – 7000 starben, vor allem durch SS und Polizeieinheiten.[125]

Dies war Massenmord, aber er hielt zunächst nicht lange an. Deutsche Militäranweisungen besagten, aus wirtschaftlichen Gründen sei «die Judenfrage [...] in Polen vorläufig noch nicht zu lösen».[126] Schläge, Demütigungen, Zwangsarbeit, Plünderungen und willkürliche Morde dauerten jedoch an.[127] Die Entrechtung ging für Juden weiter als für andere polnische Bürger, sie mussten Zwangsarbeit leisten, wurden enteignet und mussten ein Armband mit gelbem Stern tragen.[128] Es ist nicht sicher, wie viele Juden unter den von West- nach Zentralpolen Deportierten waren, einige Pläne legen aber nahe, dass sie proportional überrepräsentiert waren. Die Deportation machte Juden und andere zu verarmten Flüchtlingen ohne soziale Netzwerke in den Aufnahmegebieten.[129]

Keine Maßnahme vor 1941 war aber so schwerwiegend wie die Einrichtung von Ghettos. Es waren örtliche deutsche Behörden, keine Regionalverwaltungen oder Berliner Stellen, die als erste Juden aus unterschiedlichen Gründen in bestimmte Viertel zwangen, die sie nicht ohne Erlaubnis verlassen durften. An nur relativ wenigen Orten waren die Bewohner wirklich von Mauern oder Zäunen eingeschlossen.[130] Fünf bis zehn Menschen mussten sich ein Zimmer teilen, um Platz für Wehrmacht, Verwaltung, Umsiedler und auch polnische Nichtjuden zu schaffen, die von den Deutschen aus ihren Häusern vertrieben worden waren. Nach Ansicht deutscher Beamter verdienten Juden es auch nicht besser. Die Ghettoisierung wurde auch mit der Vermeidung von Seuchen und dem Kampf gegen den jüdischen Einfluss auf die öffentliche Meinung begründet. Sobald der Zugang zu einem abgetrennten Viertel kontrolliert war, ließ sich die Lieferung von Lebensmitteln, Brennstoffen und anderen notwendigen Gütern beschränken und Kontrolle über jüdische Arbeitskräfte ausüben. Geringe Essensrationen, mangelnde Heizung und Hygiene und Übervölkerung waren eine tödliche Mischung. Bis Juni 1941 starben über 13 000 Menschen im Warschauer Ghetto und bis zu 5000 in Łódź. (Das war zum Glück untypisch für die meisten anderen Ghettos, vor allem die kleineren, wo die Kontrolle weniger streng war.)[131] Anfang 1941 sagten Finanzexperten voraus, die Ghettos in Warschau und Łódź würden auf längere Sicht mit staatlichen Mitteln unterstützt werden müssen, und diskutierten ‹Lösungen› wie den Einsatz der Ghettobewohner bei produktiver Arbeit oder ihren Hungertod. Historiker haben diese Entwicklungen unterschiedlich interpretiert: als Versuch, die Juden in den Ghettos zur Übergabe ihrer angeblich gewaltigen Vermögenswerte zu zwingen; als Kampf zwischen den deutschen Befürwortern der Produktivierung und denen einer Vernichtung durch Hunger; als ersten Schritt auf dem Weg zur Planung der Ermordung unproduktiver Menschen oder als schon begonnene Vernichtungsmaßnahme.[132] In jedem Fall tötete diese skrupellose Politik aber Menschen, die von vielen Deutschen grenzenlos verachtet wurden. Die Ghettoisierung und die Verwaltung von Unterkunft und Ernährung unterstanden der Zivilverwaltung, die daher in erster Linie für die daraus folgenden Todesfälle verantwortlich war.

Deutschland ging bei der Umsetzung von Ideen für eine ‹Territoriallösung› weiter als andere Länder. Diese Absonderungspläne griffen auch auf die Kolonialpraxis des 19. Jahrhunderts zurück, in Siedlerkolonien ‹Reservate› für ‹Eingeborene› zu schaffen.[133] Auch stand die Einrichtung von Ghettos in einer Tradition, die bis ins Mittelalter zurückreichte. Keine dieser Strategien war historisch völlig neu, aber sie gehörten *nicht* zu den Standardideen von NS- oder rechten Denkern in Deutschland. Sie gingen über die früher angestrebten NS-Ziele hinaus. Außerdem wurden bis auf Amsterdam und Theresienstadt keine Ghettos außerhalb Osteuropas eingerichtet. Außer in Polen (und ab April 1941 in Serbien) wurden die Juden in besetzten Ländern bis Mitte 1941 rechtlich diskriminiert, aber sonst wenig behelligt. Aus all diesen Gründen reicht es nicht aus, die antijüdischen Maßnahmen der Deutschen in besetzten Ländern als bloße Fortsetzung der innerdeutschen Aktionen vor 1939 zu erklären. Vielmehr wurde das Ergebnis auch von Faktoren mitbestimmt, die aus Besatzung, Krieg, wirtschaftlichen Bedürfnissen und anderen Formen von Rassismus erwuchsen.

Bis Mitte Juni 1941 waren bis zu 200 000 Menschen den deutschen Massenmorden zum Opfer gefallen, darunter 70 000 deutsche und 20 000 polnische Insassen von Nervenheilanstalten, bis zu 70 000 Angehörige der polnischen Bildungsschicht, Geiseln, Opfer von Vergeltungsmaßnahmen, KZ-Häftlinge, Opfer von Bombardierungen und rund 30 000 Juden, von denen zwei Drittel in den großen polnischen Ghettos verhungerten. Die Mehrheit dieser Opfer waren Nichtjuden, doch in vieler Hinsicht waren Juden härter betroffen als andere. Im Verhältnis zu ihrem Bevölkerungsanteil waren Juden unter den Opfern von Vergeltungsmaßnahmen in Polen überrepräsentiert; die Juden unter den Behinderten und den erschöpften KZ-Häftlingen (Juden unter ihnen wurden ab Anfang 1941 systematisch umgebracht) hatten ein höheres Sterberisiko als andere Angehörige dieser Gruppen; eine unverhältnismäßig hohe Zahl von 1500

Juden war unter den ‹Asozialen›, politischen Gefangenen und Kriminellen, die 1938 in Konzentrationslager gesperrt wurden; und sobald der Krieg begann, war es für Juden unwahrscheinlicher als für andere, aus diesen Lagern entlassen zu werden, und wahrscheinlicher, ermordet zu werden.[134] Dagegen gibt es keine Indizien dafür, dass Juden unverhältnismäßig häufiger sterilisiert wurden als Nichtjuden. Die Idee, das ‹Judenproblem› durch Sterilisierungen zu ‹lösen›, wurde 1941 oberflächlich erwogen, aber nicht ernsthaft in Angriff genommen, und im März 1942 endete die Sterilisierung von Juden in Deutschland.[135]

4
Vom Massenmord zur umfassenden Vernichtung: 1941 bis 1942

Dieses Kapitel behandelt einen Zeitraum mit mehreren dramatischen Veränderungen in den deutschen antijüdischen Maßnahmen und Praktiken. Die Vernichtung wurde nicht auf einmal beschlossen. Im Zeitraum von anderthalb Jahren, vom Frühjahr 1941 bis zum Spätsommer 1942, gingen in die Vorstellungen über die territoriale Konzentration der Juden erst immer mehr Gewalt und auch Ideen zum selektiven Massenmord an Juden in der zu erobernden Sowjetunion ein. Dies führte zu der Absicht, nahezu alle sowjetischen Juden zu ermorden, und wurde dann durch Pläne zur Vernichtung aller als unproduktiv angesehenen polnischen Juden ergänzt. Schließlich wurde der Plan, *alle* europäischen Juden bis 1943 zu ermorden, entwickelt. Solche politischen Leitlinien erwuchsen aus einem komplexen Prozess, an dem unterschiedliche Zentral- und Regionalstellen und Organisationen – und darin verschiedene Hierarchieebenen – beteiligt waren, mit verschiedenen miteinander verknüpften Motiven. Entsprechend entwickelte sich die Praxis, wenn auch regional unterschiedlich, von selektiven Massenerschießungen zur fast völligen Vernichtung in den besetzten sowjetischen Gebieten 1941, obwohl viele Juden in einigen sowjetischen Regionen noch ein Jahr oder länger verschont wurden, und von selektiven Deportationen aus vielen Ländern in neu errichtete Vernichtungszentren zur fast völligen Auslöschung jüdischer Gemeinschaften 1942. Auch Politiken der Massengewalt gegen andere Gruppen entwickelten sich 1941/42, darunter das Verhungernlassen sowjetischer Kriegsgefangener und anderer, die Zwangsarbeit und die Guerrillabekämpfung, die alle in gewisser Hinsicht mit dem Schicksal der Juden verknüpft waren. All diese Entwicklungen waren eng damit verbunden, dass der Krieg zu einem mitleidlosen Kampf auf Leben und Tod geworden war, seit Deutschland im Juni 1941 die Sowjetunion angegriffen hatte und heftige Kämpfe folgten; verbunden auch mit den fieberhaften Anstrengungen der Deutschen, die Ostfront durch eine von Mangel gezeichnete Kriegswirtschaft zu unterstützen, und schließlich mit dem Beginn der Partisanenkämpfe in mehreren Ländern. Politik und Aktionen gegen Juden und andere von nichtdeutscher Seite müssen ebenfalls beachtet werden.

Die vielen Initiativen und Kurswechsel innerhalb der deutschen Entscheidungsprozesse zu untersuchen, ist wichtig, weil ihre Muster indirekt Einblicke in tiefer gehende Fragen nach den dahinter stehenden Motiven, den Antriebskräften und den politischen Strukturen erlauben, die für die Judenvernichtung verantwortlich waren. Je später beispielsweise Forscher die allgemeine Entscheidung zur Vernichtung ansetzen, desto stärker neigen ihre Interpretationen dazu, die Autonomie und Initiative unterer deutscher Funktionäre vor Ort zu betonen.[1]

Der Massenmord an den sowjetischen Juden

Im Juni 1941 war die Behandlung der Juden in den deutschbesetzten Teilen Europas unterschiedlich. Am schlimmsten war sie in Polen. Polnische Juden mussten ein Kennzeichen tragen, und viele wurden in Ghettos gepfercht. Sie hatten ihren Besitz, Berufe, Einkommen und Wohnungen verloren und kämpften darum, ihre Würde zu bewahren. Sie waren sozial isoliert und litten Mangel an Nahrung, Unterkunft, Heizmaterial, Kleidung und Medikamenten. Mitte 1941 verhungerten jeden Monat über 6000 Juden in den großen Ghettos von Warschau und Łódź. In den meisten anderen Gebieten unter deutscher Kontrolle trugen Juden kein Kennzeichen und lebten nicht in Ghettos – obwohl manche in sogenannten ‹Judenhäusern› wohnen mussten –, durften aber viele öffentliche Einrichtungen nicht benutzen und nur zu bestimmten Zeiten einkaufen. Direkte Massenmorde von der Art, wie sie im Herbst 1939 in Polen stattfanden, hatten aufgehört, aber die sporadische willkürliche Ermordung von Juden ging in einigen Teilen Polens weiter, und die jüdischen Behinderten und jüdischen KZ-Häftlinge, die als nicht arbeitsfähig galten, wurden zur Ermordung ‹selektiert›. An dieser Situation änderte sich weder in Polen noch anderswo viel, als die Wehrmacht am 22. Juni 1941 die Sowjetunion angriff und deutsche Einheiten mit den Massakern an sowjetischen Juden begannen.

Durch den Krieg gegen die UdSSR wollte die deutsche Führung Land für ein Reich im Osten gewinnen, die Heimat des Weltkommunismus zerstören, ihre strategische Position Großbritannien und potenziell auch den USA gegenüber verbessern und sich Rohstoffe aneignen, die Deutschland fehlten, etwa bestimmte Metalle, Erdöl, Getreide und Pflanzenöle. Um diese Ressourcen in Besitz zu nehmen, hatten militärische und wirtschaftliche Planer vor der Invasion eine Politik des selektiven Massensterbens der sowjetischen Bevölkerung vorgesehen. Dutzende Millionen sollten verhungern oder auf andere Weise getötet werden. Weil man einen kriegsbedingten Produktionsrückgang der sowjetischen Landwirtschaft annahm und es unmöglich schien, eine so große Bevölkerung streng genug zu kontrollieren, um den Nahrungsverbrauch aller zu reduzieren, sollten bestimmte Gruppen gewaltsam vom Verbrauch ausgeschlossen werden, nämlich die Bewohner der Großstädte und ‹Zuschussgebiete› in Nord- und Zentralrussland und in Weißrussland. Obwohl wichtige Dokumente über diesen Plan die Juden nicht gesondert erwähnen, waren viele davon als Großstadtbewohner in der westlichen Sowjetunion betroffen.[2]

Doch das war nicht der einzige Grund, warum Juden seine Auswirkungen spürten. Der Plan zielte nicht bloß darauf ab, Deutschlands Nahrungs- und Rohstoffdefizit zu beheben; tatsächlich sollte der größte Teil der Nahrungsmittel an die riesigen Armeen an der Ostfront gehen. Der Plan, in den militärisches, ökonomisches, politisches und ideologisches Denken einging,[3] war als Lösung des Problems gedacht, das deutsche Strategen beim Angriff auf die Sowjetunion sahen: Wegen deren gewaltiger Truppenstärke, militärischer Ausrüstung und des gewaltigen Territoriums musste sie rasch besiegt werden, bevor sie diese Ressourcen entfalten konnte. Aus diesem Grund wollten deutsche Strategen so viele Soldaten und Material wie möglich an der Front konzentrieren, so dass man die wenigen Bahnstrecken hinter der Front davon entlasten wollte,

Nahrungsmittel nach Osten zu transportieren. Stattdessen wollten sie ‹aus dem Lande leben›. Somit schien Scheitern oder Gelingen des Krieges von der Hungerpolitik abzuhängen, die darum Unterstützung im Militär fand. Außerdem würde die Truppenkonzentration an der Front nur schwache Kräfte für den rückwärtigen Raum übrig lassen. Diese würden ihre geringe Zahl durch Einschüchterungstaktik und Präventivmorde ausgleichen müssen und begrüßten deshalb den Einsatz von SS- und Polizeieinheiten. Kurz gesagt, der Feldzugsplan bedeutete, dass ein Sieg an der Front ein brutales Vorgehen im Hinterland zwingend erforderte. Deutsche Generäle erwarteten, die Hunger- und Unterdrückungsmaßnahmen würden auf sowjetischen Widerstand stoßen, vor allem in den Städten. Besonders Kommunisten und Juden schienen eine Gefahr für den deutschen Vormarsch darzustellen, was die antikommunistischen Ziele in diesem Krieg bestärkte. Juden galten als Schöpfer des Sowjetsystems (‹jüdischer Bolschewismus›), und von ihnen wurde erwartet, es am heftigsten zu verteidigen. Vor Beginn der Invasion befahl die deutsche Führung daher, sowjetische Politkommissare umzubringen, und SS und Polizei befahlen die Ermordung männlicher Juden aus der Bildungsschicht, wo immer man sie antraf.

SS und Polizei begannen am ersten Tag der Invasion mit der Erschießung von Juden hinter der Front. Zu diesen Einheiten gehörten vier Einsatzgruppen der Sicherheitspolizei und des SD mit insgesamt 3000 Mann, geführt von jungen Akademikern; eine wachsende Zahl von Bataillonen der Ordnungspolizei; SS-Brigaden, die auch als Kampfeinheiten dienen sollten; und bald auch einheimische Hilfseinheiten, meist Litauer, Ukrainer und Letten. Zunächst beschränkte sich die Mordkampagne mehr oder weniger auf jüdische Männer zwischen 15 und 60 Jahren aus dem Staatsdienst und den freien Berufen. Sie galten im weiteren Sinn als jüdische Intelligenz. Diese Einschränkung und der schnelle Vormarsch der Wehrmacht begrenzten zunächst noch etwas die Zahl der Opfer. Im Juli 1941 wurden in der Ukraine bis zu 39 000 und in Weißrussland etwa 26 000 Juden ermordet.[4] Zwar wurden auch Nichtjuden ermordet, aber sie stellten von Anfang an nur eine kleine Minderheit der zivilen Opfer (im Gegensatz zu den Verhältnissen unter sowjetischen Kriegsgefangenen). In Litauen massakrierten Einheimische im Juni und Juli womöglich noch mehr als die 8000 von deutschen Mordeinheiten getöteten Juden.[5] In den ersten Wochen der Invasion fielen insgesamt zehntausende von Juden Pogromen durch

Einheimische zum Opfer (die oft von den deutschen Truppen angestachelt wurden), von Lettland über Litauen, die Region Białystok, Ostgalizien, die durch Rumänien zurückeroberte Bukowina und Bessarabien bis nach Moldawien. In Verbindung damit ermordeten rumänische Soldaten und Polizisten zehntausende von Menschen, meist Juden. Der rumänische Mord an den Juden erreichte weitere Höhepunkte im Oktober 1941 in und um Odessa und von Dezember 1941 bis April 1942, wobei etwa 250 000 Menschen durch Massaker und Hunger starben (siehe Kapitel 14).

Ab August 1941 nahmen deutsche Einheiten in verschiedenen Sowjetgebieten immer breitere Gruppen von Juden ins Visier. So begannen sie beispielsweise mit der Ermordung von Frauen und Kindern und einige Wochen später mit der Vernichtung ganzer jüdischer Gemeinden in Kleinstädten. Manche Männer wurden immer noch ausgenommen, aber die Kriterien hatten sich geändert: Nun wurden jene verschont, die als Zwangsarbeiter nützlich waren.[6] Dementsprechend nahmen die Morde dramatisch zu. In der Ukraine war die Opferzahl bis Ende August explodiert, erreichte im September ihren Höhepunkt, blieb im Oktober extrem hoch und stieg im Dezember erneut an.[7] In Litauen erreichten die Morde im August und September 1941 mit über 40 000 Opfern pro Monat ihren Höhepunkt. Oktober und November 1941 waren die mörderischsten Monate in Weißrussland.[8] Die Tötungstechniken wurden angepasst, damit relativ kleine Einheiten viele Menschen in kurzer Zeit vernichten konnten. Juden wurden mit Gewalt zusammengetrieben. Oft wurden einige als nützlich aussortiert, die anderen an einen abgelegenen Ort getrieben oder gefahren, meist ein paar Kilometer außerhalb der Stadt, wo man sie mit großer Brutalität zwang, sich auszuziehen und ihre Wertsachen abzugeben. Dann wurden sie in Gruppen erschossen und in vorbereiteten Gruben verscharrt. Beim Warten litten die Opfer Todesangst. Viele blieben aber dennoch ruhig und nahmen Abschied von Verwandten und Freunden. Manche beteten. Andere weinten oder baten um ihr Leben. 1941 versuchten nur wenige zu entkommen. Soldaten oder einheimische Polizisten riegelten den Platz ab. In den ersten Wochen töteten die Mörder ihre Opfer von vorn mit Gewehrsalven wie bei einer Hinrichtung. Später schossen sie ihren Opfern einzeln mit Pistolen oder Gewehren in den Hinterkopf, so dass ihre Leichen in die Grube fielen, oder zwangen sie, sich in die Grube auf die Leichen der anderen zu legen und erschossen sie liegend. Immer häufiger stellten sie Juden in Reihen auf und erschossen sie mit Maschinenpistolen oder -gewehren.[9] Solche ausgeklügelten Erschießungstechniken waren aber auch schon 1939 von volksdeutschen Milizen und SS und Polizei in Westpolen angewandt worden.[10] Diese Massaker liefen nicht geordnet, sondern bestialisch und chaotisch ab. Um Zeit zu sparen, benutzten die Mordkommandos automatische Waffen und kümmerten sich nicht darum, dass viele Opfer in den Gruben noch lebten und darum lebendig begraben wurden. Oft gelang es einigen Menschen zu entkommen, wenn sie nicht von den wenigen Wachtposten erschossen wurden, die den Tatort noch einige Stunden nach dem Massaker bewachten.

Fast 900 000 sowjetische Juden wurden 1941 bei solchen Aktionen unter deutscher Kontrolle ermordet. In der Ukraine fielen fast doppelt so viele Juden der Waffen-SS und der angeblich unpolitischen Ordnungspolizei zum Opfer wie den Einsatzgruppen.[11] Das erreichte fast das Zahlenverhältnis im Baltikum und in Weißrussland.[12] Auch Wehrmachteinheiten ermordeten zehntausende von Juden.

Himmler behauptete später, er habe die Ermordung jüdischer Frauen und Kinder persönlich beschlossen.[13] Dass die Morde an Frauen und Kindern in unterschiedlichen besetzten Regionen der Sowjetunion zu verschiedenen Zeiten begannen, legt aber nahe, dass es Einflüsse auf unterer Ebene gab. Verhandlungen zwischen der Wehrmacht und SS und Polizei waren ein wichtiger Faktor.[14] Die ungleiche geographische Verteilung der Vernichtung 1941 zeigt ebenfalls die Bedeutung lokaler Faktoren. Deutsche und ihre Helfer ermordeten 80 % oder mehr der jüdischen Bevölkerung in der Ost- und weiten Teilen der Zentralukraine, in Ostweißrussland, Russland, Lettland und Litauen, aber nur 10–25 % in Westweißrussland und der Nordwestukraine. Etwa 900 000 Juden blieben in diesen westlichen Gebieten, die unter Zivilverwaltung standen, am Leben.

Für diese Unterschiede sind mehrere Gründe angeführt worden: Die Militärverwaltung im Osten drängte damals energischer als die Zivilverwaltung auf die rasche Eliminierung der Juden als Sicherheitsrisiko, auch um Nahrungsmittel zu sparen. Juden auf dem Vorkriegsterritorium der Sowjetunion galten als stärker dem Kommunismus verbunden und daher als gefährlicher als die in den jüngst sowjetisch annektierten Gebieten; außerdem wurden in einige westliche Gebiete nicht viele Einheiten der Sicherheitspolizei geschickt. Zudem war die gewerbliche Wirtschaft im früheren Ostpolen im Gegensatz zu den alten Sowjetgebieten von kleinen Werkstätten dominiert, und die meisten Handwerker waren Juden, die der Zivilverwaltung und den Einsatzgruppen als unverzichtbar galten. Weiter östlich war ein großer Teil der Wirtschaft (und des zivilen Wohnraums) durch den Krieg zerstört worden, darum herrschte wenig Nachfrage nach städtischen Arbeitskräften.[15] Die begeisterte Mitwirkung einheimischer Nichtjuden an den von Deutschen organisierten Morden war in manchen Gegenden ein weiterer Faktor. Litauische Einheiten verübten viele Massaker auf dem Land, ohne dass Deutsche dabei waren.[16] Die nähere Untersuchung örtlicher Ereignisse – die diese Muster enthüllt – legt nahe, dass SS und Polizei die meisten Morde begingen, aber nur manchmal selbständig handelten. Meist befahlen deutsche Zivil- und Militärinstanzen diese Aktionen oder bestimmten sie zumindest mit.

Der Massenmord an den sowjetischen Juden fand im Kontext des größten Krieges der Weltgeschichte statt. Millionen von Rotarmisten fielen 1941 im Kampf. Über 3 Millionen sowjetische Soldaten gerieten in deutsche Gefangenschaft, und bis Ende Januar 1942 waren ungefähr zwei Drittel von ihnen tot. Zu diesem Zeitpunkt waren sowjetische Kriegsgefangene – nicht Juden – die größte Opfergruppe der Deutschen, und sie starben überwiegend in der Obhut der Wehrmacht, nicht der SS. Die meisten ließ man zwischen Oktober 1941 und Januar 1942 verhungern, als die Wehrmacht die Hungerpolitik (deren allgemeine Version gescheitert war) im Rahmen der Versorgungskrise im Herbst und Winter 1941 gegen bestimmte Gruppen richtete (siehe Kapitel 9). Dieser Wandel in der Hungerpolitik, der auch zu Entschlüssen über den Mord an Juden beitrug, trat ein, nachdem deutsche Strategen im September 1941 erkannten, dass der Krieg gegen die UdSSR nicht bis Jahresende zu gewinnen sei.[17] Sollte der Krieg im Osten bis ins Jahr 1942 andauern, würden auch die sowjetischen Partisanen hinter den deutschen Linien eine viel größere Gefahr werden als vorher angenommen. Also verstärkten die Deutschen im September und Oktober 1941 die Partisanenbekämpfung (ebenso wie in Serbien). Als Resultat wurden zehntausende von Nichtjuden getötet. In den besetzten sowjetischen Gebieten argumentierten viele Offiziere entsprechend ihren Vorurteilen, man solle Juden – die kollektiv als Spione, Aufrührer und Agitatoren galten – aus Sicherheitsgründen in den Gebieten ermorden, wo es viele Partisanen gab, und auch in einigen Gebieten, wo das noch nicht der Fall war[18] (siehe Kapitel 11). Während deutsche Funktionäre und Politiker Juden zunächst nicht als wertvolle Arbeitskräfte angesehen hatten, änderte sich das teilweise, nachdem man im rückwärtigen Gebiet Produktionsstätten für die Ostfront eingerichtet hatte, wo aber nur wenige gesunde Kriegsgefangene zur Verfügung standen. Mehrere zehntausend jüdische Arbeitskräfte, meist Männer (einschließlich der anfänglichen Zielgruppe), wurden zeitweise dort eingesetzt (siehe Kapitel 8). Auf diese Weise war antijüdische Gewalt in allgemeinere politische Fragen eingebettet, die auch Gewalt gegen Nichtjuden betrafen.

Viele sowjetische Juden ahnten, dass die deutschen Truppen eine große Gefahr für sie darstellten, und versuchten, sich evakuieren zu lassen oder von allein zu fliehen. Auch dies war Teil einer größeren Bevölkerungsbewegung, nämlich der Evakuierung von 10–15 Millionen Sowjetbürgern nach Osten. Ob Juden die Flucht nach Osten gelang, hing von mehreren Faktoren ab: ob sie der deutschen antijüdischen Politik gewahr waren; wie erfolgreich die Evakuierungskampagne vor Ort war, was wiederum von der geographischen Lage und der Entwicklung der militärischen Operationen abhing; und wessen Evakuierung von den Sowjetbehörden beschlossen wurde. Unter den Evakuierten waren Juden überrepräsentiert, weil viele von ihnen Beamte und Funktionäre waren oder in kriegswichtigen Industrien arbeiteten; relativ viele lebten auch in Städten mit Bahnanschlüssen. Menschen aus dem annektierten Ostpolen wurde es dagegen manchmal verwehrt, das sowjetische Vorkriegsterritorium von vor 1939 zu betreten. Je länger der Krieg dauerte und je weiter die Front nach Osten vorrückte, desto weniger Juden fielen den Deutschen in die Hände. Man schätzt, dass etwa 1,6 Millionen sowjetische Juden ostwärts entkamen, mindestens 900 000 von ihnen aus der Ukraine.[19]

Herbst 1941: Die geographische Ausbreitung des Massenmords beginnt

In manchen Gebieten unter deutscher Besatzung begann der systematische Massenmord an den Juden in den Monaten nach dem Angriff auf die Sowjetunion. In Serbien fingen schon im April 1941 Massenverhaftungen an, doch die Ermordung von jüdischen (und anderen) Geiseln, die man zur Abschreckung von Partisanenangriffen festhielt, und von einigen Juden wegen angeblicher Beteiligung am kommunistischen Widerstand blieb bis Ende August begrenzt. Entweder im September oder wahrscheinlicher im Oktober begannen deutsche Militäreinheiten mit der Ermordung von 6000 jüdischen Männern; dies war ein Teil der 20–25 000 Morde, mit denen man den nationalen Aufstand niederschlagen wollte. Anfang 1942 ermordeten Sicherheitspolizei und SD die restlichen serbischen Juden, die nicht fliehen konnten, meist Frauen und Kinder.[20] In Frankreich gingen die Deutschen zu diesem Zeitpunkt weniger hart vor, aber am 13. Mai 1941 wurden 3710 Juden verschiedener Nationalität festgenommen und vom 20. bis 25. August mindestens 4232 polnische, tschechische und österreichische Juden (in beiden Fällen auch viele Nichtjuden). Manche wurden später freigelassen, andere zu Geiseln erklärt.[21] Da die deutsche Militärverwaltung aus politischen Gründen zunehmend Vorbehalte gegen die Erschießung französischer Geiseln als Reaktion auf die ersten Angriffe der Résistance hatte, schlug sie vor, stattdessen eine bestimmte Zahl von Juden nach Osten zu deportieren.[22]

Im Wartheland, einem Teil des annektierten Westpolen, herrschte besonderer Druck, viele der einheimischen Juden zu deportieren. Pläne zu ihrer Abschiebung ins Generalgouvernement – auch um Platz für die Ansiedlung von Volksdeutschen zu schaffen – waren 1940–41 weitgehend gescheitert.[23] Etwa 150 000 Juden wurden unter menschenfeindlichen Lebensbedingungen ins Ghetto von Łódź gepfercht, wo jeden Monat über 1000 Menschen an Hunger und Krankheiten starben.[24] Neuere Forschungen haben gezeigt, dass die Zivilverwaltung unter Gauleiter Arthur Greiser die treibende Kraft hinter dem Massenmord an Juden in dieser Region war, der im Sommer 1941 beschlossen wurde und – mit Himmlers Genehmigung – zum Bau des ersten deutschen Vernichtungslagers in Chełmno (Kulmhof) führte.[25] Ein Grund für die Absicht, die Juden «durch irgendein schnellwirkendes Mittel zu erledigen», war die Vermeidung von weiteren massenhaften Todesfällen durch Hunger (und daraus entstehende Seuchen).[26] SS und Polizei reaktivierten Männer, die in der Region an der Ermordung geistig behinderter Patienten mit Gas beteiligt gewesen waren. Von Ende September bis November 1941 wurden Juden an verschiedenen Orten erschossen oder durch andere Methoden ermordet.[27] Der Massenmord in Chełmno begann am 8. Dezember 1941. Ab Januar 1942 wurden dort auch Juden aus Łódź ermordet. Die Zivilverwaltung wollte bis Ende März alle Juden der Region bis auf die arbeitsfähigen ermorden lassen.[28] Tatsächlich dauerte die Ermordung der etwa 100 000 als unproduktiv geltenden Juden aber bis September 1942. Sie wurden in ein abgelegenes Gutshaus gebracht, wo man sie zunächst höflich bat, sich auszuziehen, und dann brutal in geschlossene Lastwagen zwängte, deren Abgase ins luftdichte Innere geleitet wurden, und in den Wald gefahren. Dort musste ein jüdisches Arbeitskommando die Lastwagen entladen und die Leichen in Massengräber werfen.[29]

Unterdessen wurde die antijüdische Politik auch im Generalgouvernement immer aggressiver. In Warschau und einigen kleineren Städten führte die Ghettoisierung zu Übervölkerung, Hunger und Seuchen. In der ersten Hälfte des Jahres 1941 stieg die Zahl der Opfer in Warschau steil an und blieb in der zweiten Jahreshälfte bei fast 5000 Toten im Monat.[30] Statt die Nahrungsrationen für Juden spürbar zu erhöhen (die in Warschau bei rund 200 Kalorien lagen), befahl die deutsche Verwaltung am 16. Oktober, alle ohne Erlaubnis außerhalb von Ghettos aufgegriffenen Juden seien zu erschießen. Am 13. Oktober wurde die Option, Juden aus dem Generalgouvernement in naher Zukunft in die besetzten Sowjetgebiete zu deportieren, ausgeschlossen. Am selben Tag erhielt Odilo Globocnik, der SS- und Polizeiführer des Distrikts Lublin, von Himmler den Befehl (den Ersterer wahrscheinlich selbst angeregt hatte), das erste Todeslager in der Gegend zu bauen. Der Bau von Bełżec begann um den 1. November. Am 17. März 1942 ging das Lager in Betrieb, reichte aber wegen seiner kleinen Gaskammern ‹nur› für die Dezimierung von Juden der Region aus, nicht für die Ermordung aller.[31] Im Distrikt Galizien – ehemals polnisches Gebiet, das die UdSSR 1939 besetzt hatte und die Deutschen im Sommer 1941 eroberten – begannen systematische deutsche Massenerschießungen von Juden am 6. Oktober 1941 und forderten bis zum Jahresende 70 000 Tote.[32] Die Praxis hier, die sich noch nicht auf andere Distrikte des Generalgouvernements ausdehnte, ähnelte der in den meisten besetzten sowjetischen Gebieten.

Im Altreich und in Österreich beschränkte sich der Mord an Juden 1941 auf einige tausend Behinderte und als arbeitsunfähig eingestufte KZ-Häftlinge.[33] Ansonsten konzentrierte sich das RSHA im Sommer 1941 weiterhin auf die politische Vorbereitung für verschärfte Maßnahmen gegen die Juden. Am 31. Juli wurde Heydrich von Göring angewiesen, einen Entwurf «für eine Gesamtlösung der Judenfrage im deutschen Einflußgebiet in Europa» oder, wie Göring es auch nannte, eine «Endlösung der Judenfrage» zu erstellen.[34] Eine Woche später begann das

RSHA Daten über die Zahl der Juden in verschiedenen europäischen Ländern zu sammeln (die später ins Protokoll der Wannsee-Konferenz eingingen). Der nächste Schritt war der Versuch, die Definition von ‹Jude› auch auf sogenannte ‹Halbjuden› auszudehnen. Diese Frage wurde im August von einer Arbeitsgruppe mehrerer Behörden besprochen, jedoch ohne Ergebnis.[35] Im August 1941 war Hitlers Verbot der Deportation deutscher Juden noch in Kraft, obwohl er sie später loszuwerden gedachte.[36] Aufgrund der Vorschläge vieler Gauleiter, des Innenministeriums und der schon erwähnten Arbeitsgruppe zwang ein Erlass vom 1. September alle Juden im Großdeutschen Reich dazu, einen gelben Stern zu tragen. Goebbels war der Meinung, das werde es Juden unmöglich machen, sich kritisch und defätistisch zu äußern, ohne ertappt zu werden.[37] Vorher waren nur die Juden in den besetzten sowjetischen und polnischen Gebieten (und nichtjüdische polnische Arbeiter in Deutschland) so gekennzeichnet worden. Für Menschen, die als Juden definiert wurden, war das ein traumatischer, demütigender Vorgang, der sie weiter in die soziale Isolation zwang.

Bald folgte der nächste, sehr viel schicksalsschwerere Schritt. Zwischen dem 14. und dem 18. September 1941 beschloss Hitler die Deportation der Juden aus dem Reich nach Osten. Ursprünglich hatte er das erst nach dem Sieg über die Sowjetunion tun wollen. Eichmanns Büro im RSHA begann mit der Koordinierung der Deportationen. Obwohl dies ein Schritt zur stärkeren Zentralisierung der Politik gegen die Juden war, war Hitlers Erlaubnis auch das Resultat von Initiativen verschiedener Instanzen und Behörden, darunter dem RSHA und den Gauleitern von Berlin, Wien und Hamburg, Goebbels, von Schirach und Kaufmann (die letzteren beiden wollten Wohnungen für Nichtjuden freimachen, Kaufmann speziell für die Betroffenen der britischen Luftangriffe). Der designierte Reichsminister für die besetzten Ostgebiete Rosenberg schlug vor, der Sowjetregierung mit solchen Deportationen zu drohen, um sie von Repressionen gegen die Wolgadeutschen abzuhalten. Tatsächlich wurden vom 13. bis 15. September 400 000 von diesen deportiert, und Hitler zeigte Interesse an einer Modifizierung von Rosenbergs Idee.[38] Angeblich strebte Hitler die Deportation aller deutschen Juden bis Ende 1941 an.[39] Für 1941 haben Historiker aber nur Genehmigungen zur Deportation von 70 000 Juden und 5000 österreichischen Lalleri (‹Zigeunern›) nach Łódź, Riga und Minsk entdeckt (diese Ziele hatte Hitler selbst ausgewählt). Von ihnen wurden zwischen dem 15. Oktober und dem Jahresende 42 000 Juden und 5000 «Zigeuner» nach Łódź, Minsk, Kaunas und Riga gebracht. Die meisten von ihnen blieben vorläufig am Leben. Proteste der deutschen Behörden in den Aufnahmegebieten schränkten die Zahl der Deportationen ein. Militärführer beschwerten sich über die Störung des Nachschubs für die Ostfront, Zivilverwaltungen wandten ein, sie hätten keine Unterkünfte für Juden aus dem Reich, und keine Verwaltung wollte ihr Territorium als Abschiebeort für Juden sehen.[40] Dennoch waren es die bis dahin größten Deportationen von Juden aus Großdeutschland.

Acht Jahre lang hatte Deutschland eine Politik der Zwangsemigration verfolgt. Das Land legal zu verlassen, blieb auch während des Krieges zunächst möglich, trotz verschiedener Pläne, die Juden nach Polen, Madagaskar oder auf sowjetisches Territorium umzusiedeln. Seit Dezember 1939 hatten deutsche Diplomaten im Ausland erfolglos vorgeschlagen, die Emigration zu stoppen, weil jüdische Emigranten das Naziregime im Ausland kritisierten.[41] Erst mit Beginn der Deportationen im Oktober 1941 wurde die Emigration von Juden aus Deutschland, Österreich und Böhmen und Mähren verboten.[42] Danach konnten Juden aus Großdeutschland nur noch in Ausnahmefällen emigrieren, meist mit Himmlers Erlaubnis (Emigration aus Vichy-Frankreich blieb aber möglich, und mindestens 2000 Menschen emigrierten 1942 legal).[43] Die Übrigen saßen in der Falle.

Bestimmte Kategorien (wie Veteranen mit Orden und Medaillen aus dem Ersten Weltkrieg) wurden offiziell von der Deportation ausgenommen. Grund war die große Zahl von Eingaben deutscher Nichtjuden zugunsten von Juden. Andere Kategorien wurden nach Theresienstadt geschickt, angeblich ein Lager für Menschen mit privilegierter Behandlung; Heydrich erklärte: «Mit dieser zweckmäßigen Lösung werden mit einem Schlag die vielen Interventionen ausgeschaltet.» Eichmann versandte die ersten Einschränkungen, welche Juden nicht zu deportieren seien, am 20. November 1941 und eine Ergänzung am 17. April 1942.[44] Sogar manche Instanzen in der NSDAP einschließlich Bouhlers Kanzlei des Führers unterstützten so viele Ausnahmeanträge – etwa bei ‹gemischtrassigen› Personen –, dass Hitler verärgert war.[45] Vor allem die erzwungene Kennzeichnung von Juden mit dem gelben Stern rief so viele Zeichen der Solidarität unter Menschen aus der Mittelschicht, Intellektuellen und Arbeitern in Berlin und in Böhmen und Mähren hervor, dass die Propagandamaschinerie gegen sie mobilisiert wurde und die Gestapo am 24. Oktober den Befehl erhielt, Personen mit «judenfreundlichem» Verhalten zu verhaften.[46] Andererseits schwiegen die meisten deutschen Augenzeugen, wenn Juden aus ihren Heimatstädten deportiert wurden; gelegentlich zeigte die Menge (zu der auch Kinder gehörten) Feindseligkeit; nur wenige Menschen zeigten Mitleid. Ein paar Geistliche, ältere Menschen und Angehörige des Bürgertums äußerten im Privaten Kritik an den Deportationen.[47] Doch private Kritik, individuelle Solidaritätsbekundungen und Eingaben für bestimmte Ausnahmen reichten nicht aus, um die NS-Hegemonie in Frage zu stellen, außer was relativ kleine ausgenommene Gruppen anging. Eine Forscherin hat die Haltung christlicher Kirchen als Grund dafür genannt, dass die Nazis bestehende Ehen zwischen Juden und Nichtjuden nicht annullierten.[48] Andere Deutsche empfanden kein solches Mitleid. So wollte das Personal der Reichsbahn den Deportierten manchmal nicht einmal Trinkwasser geben.[49]

Manche Historiker interpretieren den Beginn der Massenmorde in Serbien, die Pläne für Todeslager im Wartheland und im Generalgouvernement – zusammen mit dem Entschluss, die Juden aus dem Reich zu deportieren, und radikalen antijüdischen Aussagen von Hitler und anderen NS-Größen (alle vom Herbst 1941) – als Zeichen einer Gesamtentscheidung, die europäischen Juden zu vernichten.[50] Andere weisen dies zurück und sehen diesen Beschluss erst später.[51] Die Frage ist wichtig. Wenn die Judenvernichtung oder wichtige Vorbereitungsschritte dazu in verschiedenen Gebieten ohne vorherigen Grundsatzentscheid begann (und kein Dokument vom Herbst 1941 beweist, dass es einen gab), dann hatte der Massenmord einen stärker partizipatorischen Charakter und wurde von diversen Initiativen und Interessen vorangetrieben, die sich zu einem Angriff gegen Juden bündelten. Wie oben schon kurz ausgeführt, gibt es eine Vielzahl von Hinweisen auf solche Initiativen. Sowohl für Serbien als auch für das Wartheland und das Generalgouvernement gibt es auch Hinweise auf Kontakte mit zentralen Instanzen (Hitler, Himmler, RSHA, Auswärtiges Amt, Rosenberg und Kanzlei des Führers), aber in keiner dieser Regionen übernahm die Zentrale damals die Führung.[52]

Hitlers Grundsatzentscheidung, alle Juden Europas zu ermorden

Anfang Dezember 1941 gab es Massenerschießungen von Juden in den deutsch-besetzten sowjetischen Gebieten und in viel geringerer Zahl in Serbien. Auch im annektierten Wartheland hatten Massenmorde begonnen, ab dem 8. Dezember gab es Vergasungen im ersten Todeslager Chełmno. Das erste große Massaker an Juden aus dem Reich fand am 12. und 13. Oktober in Serbien statt, wo die 342. Infanteriedivision, nicht die SS, 400 männliche jüdische Flüchtlinge erschoss und den Leichen die Goldzähne herausbrach.[53] Große Deportationen deutscher, österreichischer, tschechischer und Luxemburger Juden begannen im Oktober, aber die meisten von ihnen wurden in Ghettos geschickt, nicht bei der Ankunft umgebracht. In Minsk und Riga wurden viele tausend einheimische Juden ermordet, um in den Ghettos Platz für Juden aus dem Reich zu schaffen. Ende November erschoss das Einsatzkommando 3 jedoch fast 5000 der Juden, die aus dem Reich nach Kaunas deportiert worden waren, und SS und Polizei erschossen am 30. November weitere 1000 bei Riga. Dann ordnete Himmler das Ende solcher Morde an, weil die Zivilverwaltung protestierte, dass auch Juden, die (etwa als ordensdekortierte Weltkriegsveteranen) ausgenommen werden sollten, erschossen wurden, und weil Einwände von Sicherheitspolizei und SD kamen.[54] Am nächsten Tag äußerte Hitler – der sich am 30. November mit Himmler getroffen hatte – inoffiziell, es gebe auch einige «anständig[e]» deutsche Juden.[55] Die umfassende Ermordung der deutschen Juden schien präzise Vorgaben zu erfordern, wer einbezogen werden sollte, und es gab Zweifel, ob der Mord an den deutschen (im Gegensatz zu den osteuropäischen) Juden insgesamt zulässig sei.

Zum größeren Zusammenhang gehörte der Beginn der ersten großen sowjetischen Gegenoffensiven bei Moskau und am Südende der Ostfront in den ersten Dezembertagen. Hitler verstand, wie wichtig diese Ereignisse waren. Am 2. oder 3. Dezember besuchte er sogar die nach ihm benannte SS-Division im ukrainischen Mariupol, um in dieser kritischen Lage ihren Kampfgeist zu stärken. Seine Untergebenen konnten ihn nur mit einiger Mühe davon abhalten, in Gebiete unter feindlichem Beschuss vorzudringen.[56] Außerdem erklärte Hitler am 11. Dezember den Vereinigten Staaten kurz nach dem japanischen Angriff auf Pearl

Harbor den Krieg. In seiner Reichstagsrede an diesem Tag stellte er Roosevelt als Marionette jüdischer Kriegstreiber dar. Die deutsche Führung betrachtete den Krieg nun als neuen Weltkrieg. Aus ihrer Sicht war die Lage Deutschlands noch ernster geworden als zuvor.[57]

Wie verschiedene Dokumente zeigen, verkündete Hitler seine Absicht, alle Juden Europas zu ermorden, am oder um den 12. Dezember 1941. An diesem Tag sprach er vor rund 50 Gauleitern und Reichsleitern der NSDAP, und Goebbels notierte:

> Bezüglich der Judenfrage ist der Führer entschlossen, reinen Tisch zu machen. Er hat den Juden prophezeit, daß, wenn sie noch einmal einen Weltkrieg herbeiführen würden, sie dabei ihre Vernichtung erleben würden. Das ist keine Phrase gewesen. Der Weltkrieg ist da, die Vernichtung des Judentums muß die notwendige Folge sein. Diese Frage ist ohne jede Sentimentalität zu betrachten.

Laut Goebbels fügte Hitler mit Bezug auf die militärischen Verluste Deutschlands hinzu, dass «die Urheber dieses blutigen Konflikts dafür mit ihrem Leben bezahlen müssen».[58] Am 16. Dezember teilte Hans Frank, der bei Hitlers Rede anwesend gewesen war, seiner Verwaltung in Krakau mit, es sei notwendig, die polnischen Juden in Polen zu «liquidieren», weil seine Gespräche mit den Reichskommissaren ergeben hätten, man könne sie nicht nach Osten auf sowjetisches Territorium deportieren. (Im Oktober hatte man ihm gesagt, solche Deportationen wären vielleicht später möglich.) Frank sagte mit Bezug auf Hitlers Äußerungen vier Tage zuvor, man werde im Generalgouvernement stattdessen zusammen mit den Reichsbehörden eine Organisation errichten, die auf noch zu bestimmende Weise einen «Vernichtungserfolg» gegen die Juden erzielen würde. Die Juden müssten während des Krieges verschwinden, weil die NS-Ideologie es erfordere und weil sie «außergewöhnlich schädliche Fresser» seien.[59] Am 14. Dezember sagte Rosenberg, der Minister für die besetzten Ostgebiete, zu Hitler, er wolle «jetzt nach der Entscheidung» nicht öffentlich über die Judenvernichtung sprechen. Laut Rosenberg stimmte Hitler zu und fügte hinzu, die Juden müssten die Verantwortung dafür tragen, Zerstörung über das deutsche Volk gebracht zu haben. Am 18. Dezember schrieb Rosenbergs Ministerium an den Reichskommissar für das Ostland (der Hitlers Rede vom 12. Dezember ebenfalls gehört hatte): «In der Judenfrage dürfte inzwischen durch mündliche Besprechungen Klarheit geschaffen sein. Wirtschaftliche Belange sollen bei der Regelung des Problems grundsätzlich unberücksichtigt bleiben.»[60] (In Wirklichkeit blieben aber hunderttausende von sowjetischen jüdischen Arbeitern mindestens sechs Monate am Leben und mehrere zehntausende im Ostland noch Jahre.) Am 18. Dezember traf Himmler mit Hitler zusammen und notierte später: «Judenfrage. | als Partisanen auszurotten» (Letzteres war vermutlich das Ergebnis, das Himmler nach dem Gespräch aufschrieb). Meiner Meinung nach bezog sich das auf die Juden allgemein, d. h. die sogenannte ‹jüdische Bedrohung›.[61]

Hitlers Richtlinien hatten sich also geändert. Statt dem Massenmord an den sowjetischen Juden und der Verbringung der übrigen in ein bestimmtes Gebiet zur langsamen Dezimierung *nach* dem Krieg forderte er nun die direkte Vernichtung der europäischen Juden *während* des Krieges und rechtfertigte das mit ihrer angeblichen Rolle als Feinde und Partisanen. Juden waren auch nicht länger als Geiseln nützlich, um die USA vom Kriegseintritt abzuhalten.[62] Wie schon erwähnt, verwiesen andere Politiker auf langfristige ideologische Ziele und Ernährungsprobleme. Diese neuen Entwicklungen führten zur Verkündung einer veränderten Politik gegenüber Juden durch die Verwaltungen, unter denen die meisten von ihnen lebten. Im Generalgouvernement änderte sich die antijüdische Politik stark, in den besetzten sowjetischen Gebieten in gewissem Maß. Wahrscheinlich sagte Himmler am 14. Dezember, als er sich mit Victor Brack traf, der die Massenvergasung von Behinderten organisiert hatte, die Ermordung der Juden müsse so schnell wie möglich ausgeführt werden. Am 13. Dezember gab es bereits Gespräche zwischen Bouhler (Bracks Vorgesetztem), Himmler, Hitler, von Ribbentrop und Rosenberg und am 14. Dezember zwischen Bouhler, Hitler, Himmler und Rosenberg. Als Resultat dieser Gespräche wurden vielleicht auch Experten aus Berlin zu den geplanten Standorten der Vernichtungslager geschickt.[63] Die Ereignisse vom Dezember 1941 spiegelten einen fundamentalen Politikwechsel wider, der weitergegeben wurde, aber nirgendwo sofort zum intensivierten Massenmord an Juden führte. Keine Vernichtungslager schossen aus dem Boden und keine großen Deportationen begannen (obwohl sie beabsichtigt waren, siehe unten). Einige Massenmorde waren schon begangen worden – aber trotz dieses Impulses, den Hitler der Vernichtung gab, vielleicht seinem stärksten überhaupt, entschied Hitler nicht alles und brauchte es auch nicht zu tun. Der Apparat war noch nicht so weit, die neue Politik sofort umzusetzen.

Richard Evans hat behauptet, ich hätte mich von der These, Hitler habe im Dezember 1941 den Entschluss zur Ermordung aller europäischen Juden verkündet, «später distanziert».[64] Das stimmt nicht, Evans Behauptung ist frei erfunden. Meine Interpretation wird gestützt durch neu aufgefundene Dokumente, besonders einen Bericht, der Mitte 1944 von einem nicht identifizierten früheren SD-Offizier geschrieben wurde, einem Mann mit umfassendem Wissen über die Maßnahmen des Völkermords, der in die Schweiz geflüchtet war. Laut diesem Autor gab es in der zweiten Jahreshälfte 1941

> grosse Aktionen zur Ausrottung der *gesamten* Ostjuden (z. B. in Galizien) und vollkommener Freimachung gewisser Landesstriche von der russischen Bevölkerung. Nach dem Kriegseintritt Amerikas wurde auf Führerbefehl die Ausrottung sämtlicher europäischer Juden veranlasst.[65]

Unter anderem erwähnte er die vier Einsatzgruppen (obwohl er ihre Kommandanten verwechselte) und dass die offizielle Begründung für die allgemeine Deportation der Juden – ihr Einsatz als Arbeiter – weitgehend nur ein Vorwand gewesen sei, der sich herumsprach, wobei einige Juden aber tatsächlich für die Zwangsarbeit selektiert worden seien. Der Autor lieferte weitgehend richtige Beschreibungen und Zeichnungen sieben verschiedener Techniken des Massenmords, darunter mehrere Erschießungsmethoden, «Nebe'sche Gaswagen», und Beschreibungen von Gaskammern, in die durch eine Deckenöffnung Gasbehälter geworfen wurden, und er listete die Nachteile der jeweiligen Methode auf. (Allerdings beschrieb er auch nicht existente Schiffe mit sich öffnenden Böden und Mord durch Säure.) Er schilderte die systematische nachherige Öffnung von Massengräbern und den Einsatz von Krematorien, vor allem nach der Entdeckung der Massengräber von Katyn. Er wusste von Nervenzusammenbrüchen und Alkoholismus unter den Angehörigen der Einsatzgruppen, vom Tod Walter Stahleckers (des Chefs der Einsatzgruppe A) im Antipartisanenkampf und dem Hungertod von Millionen sowjetischer Kriegsgefangener. Mit Bezug auf Max Thomas, den früheren Chef der Einsatzgruppe C, erklärte der Autor, bis Sommer 1943 seien «6 000 000 Menschen (Russen und Juden) ‹umgelegt› worden».[66] Angesichts dieser Kompetenz, die offenbar auf langen Gesprächen mit Personal des RSHA beruhte, gewinnt seine Bemerkung über den Zeitpunkt von Hitlers «Befehl» an Glaubwürdigkeit.

Ein Vertreter der deutschen Militärverwaltung in Frankreich interpretierte Hitlers Rede vom 11. Dezember, in der er den USA den Krieg erklärte, bereits so, dass «das Judenproblem auch fuer Frankreich neue, stark politische Bedeutung [gewinnt], waehrend bisher die Ausmerzung des juedischen Einflusses auf die Wirtschaft im Vordergrund stand».[67] Am 12. Dezember wurden 743 Juden in Paris festgenommen. Den französischen Juden eine Buße von einer Milliarde Francs aufzuerlegen, die Hinrichtung von Dutzenden jüdischer Geiseln und die Erlaubnis, 1000 Juden aus Frankreich zu deportieren, um Schrecken zu verbreiten, wurden von Hitler am 12. Dezember oder davor genehmigt, gingen aber auf frühere Vorschläge des Militärbefehlshabers in Frankreich zurück.[68] Julius Streicher, der Gauleiter von Franken, der Hitlers Rede am 12. Dezember wahrscheinlich angehört hatte, forderte am 25. Dezember in seiner Zeitschrift *Der Stürmer* die «Ausrottung» der Juden.[69] Einige Beobachter im Ausland merkten, dass in Berlin Wichtiges vorging. Der rumänische Diktator Ion Antonescu sagte in einer Rede vor Ministern am 16. Dezember:

> Die Sache wird in Berlin diskutiert. Die Deutschen wollen alle Jidden aus Europa nach Russland bringen und in einem bestimmten Gebiet ansiedeln, aber es wird einige Zeit dauern, um diesen Plan auszuführen. Was sollen wir inzwischen mit ihnen machen? Sollen wir auf eine Entscheidung aus Berlin warten? [...] Wir müssen uns um sie kümmern [...] Steckt sie in die Katakomben, werft sie ins Schwarze Meer, aber entfernt sie aus Odessa [...] Hundert können sterben, tausend können sterben, alle können sterben [...],

damit Juden nicht länger die rumänische Armee bedrohten.[70]

Damit benutzte Antonescu ein ähnliches Argument wie Hitler. Gerüchte über eine Veränderung der rumänischen Politik scheinen sich sehr schnell unter den Juden in Bukarest verbreitet zu haben. Ein Erlass über eine Zählung der Juden folgte am 16. Dezember, und große Massaker in Transnistrien begannen am 21. Diese forderten bis März 1942 70 000 Tote; und rumänische Regionalbehörden waren an der Entscheidung beteiligt gewesen. Volksdeutsche Milizen ermordeten etwa 28 000 dieser Juden.[71]

Auf dem Weg zu einem Plan für die rasche und direkte Vernichtung

Hitlers Grundsatzentscheidung führte nicht sofort zum Massenmord oder zum Bau neuer Vernichtungszentren. Die berüchtigte Wannsee-Konferenz vom 20. Januar 1942 – eine hochrangige Sitzung verschiedener Behörden über die Judenverfolgung – beleuchtet den Grund dafür. Sie gibt Einblicke in die Strukturen des politischen Prozesses. Weil die

Konferenz aber nicht gut in die Periodisierung vieler Historiker passt, hat sie manche peinlich berührt, und sie haben sie als nicht besonders wichtig dargestellt. Die meisten Forscher nehmen an, dass die Konferenz mehrere Ziele verfolgte. Nach konventioneller Meinung sollte die Federführung bei der «Lösung der Judenfrage» durch Sicherheitspolizei und SD bekräftigt werden, deren Chef Heydrich die Konferenz leitete. Er wollte die Ministerialbürokratie über die Verfolgungspläne informieren und ihre Unterstützung gewinnen.[72] Ein anderes (und vielleicht das ursprüngliche) Ziel war es, die zukünftige Behandlung der Juden speziell aus dem Deutschen Reich zu bestimmen, wofür man vor allem definieren musste, wer dabei einzubeziehen sei. Mehrere Behörden, die eine Änderung der Nürnberger Rassegesetze anstrebten, wollten, dass die Konferenz den Weg für die Einbeziehung der sogenannten deutschen ‹Halbjuden› in Verfolgung und Massenmord ebne.[73] Ein Großteil der Diskussionen am Wannsee drehten sich um dieses Thema.

Bei der Wannsee-Konferenz ging es tatsächlich um Kompetenzen und Zusammenarbeit, doch in anderer Weise als manchmal dargestellt. Verfolgung und Vernichtung der Juden waren nicht zentralisiert – weder vor noch nach Wannsee –, und Heydrich leitete nicht alle laufenden Morde.[74] Laut dem Konferenzprotokoll forderte er eine «Parallelisierung der Linienführung»,[75] was den Versuch zur Koordinierung und vielleicht Zentralisierung nahelegt. Die Konferenz war ein Schritt auf diesem Weg, was Heydrichs Zufriedenheit erklärt, dass «völlige Übereinstimmung» über «die Grundlinie hinsichtlich der praktischen Durchführung der Endlösung der Judenfrage» herrsche.[76] Vor allem äußerte niemand Einwände gegen den Plan zur Judenvernichtung. Eine vollständige Zentralisierung kam aber nicht zustande. Weder in Wannsee noch später wurde eine Übereinkunft über die Einbeziehung der deutschen ‹Halbjuden› erreicht, und die Nürnberger Gesetze wurden nie geändert. Wie Hitler und das Propagandaministerium lehnten auch einige Zentralbehörden es ab, ‹gemischtrassige› Personen so zu behandeln wie die Juden – vor allem, um einen Proteststurm ihrer Verwandten zu vermeiden.[77] Heydrich legte bei der Konferenz nur vage Pläne dafür vor, dass «Europa vom Westen nach Osten durchgekämmt» werden solle, um die gefangenen Juden nach Osteuropa zu bringen, wobei man die meisten während Transporten und Zwangsarbeit sterben lassen und den Rest ermorden wollte.[78] Auch zu diesen Prinzipien und Methoden gab es aber Widerspruch, diesmal von Vertretern der besetzten Gebiete im Osten.

Josef Bühler, Staatssekretär im Generalgouvernement, und Alfred Meyer, stellvertretender Minister für die besetzten Ostgebiete, forderten, die Vernichtung zuerst auf ihrem Territorium auszuführen – wie eine Bemerkung Bühlers zusammengefasst wurde, zumal da «arbeitseinsatzmäßige Gründe den Lauf dieser Aktion nicht behindern würden».[79] Tatsächlich setzten Bühler und Meyer sich durch, nicht Heydrich: Die meisten osteuropäischen Juden wurden 1942 vor denen aus West- und Mitteleuropa ermordet, obwohl es Hitler gewesen war, der besonders die Deportation der mitteleuropäischen Juden nach Osten gewünscht hatte.[80] Statt vollständiger Zentralisierung demonstriert die Wannsee-Konferenz also den partizipatorischen Charakter der Judenverfolgung. Die Konferenz definierte einige politische Grundlinien, aber Schritte zur konkreten Umsetzung wurden nicht geklärt und vereinbart.

Die Wannsee-Konferenz hatte noch ein weiteres Ziel, das bisher nicht genügend beachtet worden ist und das klar wird, wenn man ihre Nachwirkungen betrachtet. Für SS- und Polizeistrategen sollte sie das Signal bilden, sofort mit großangelegten Deportationen von Juden aus Großdeutschland zu beginnen. Am 19. Januar, einen Tag vor der Konferenz, hatte Eichmann einen dramatischen Auftritt in Theresienstadt, dem für tschechische und ältere deutsche Juden sowie potenziell kontroverse Fälle bestimmten Ghettolager, und befahl dem Judenrat des Lagers, den Bau mehrstöckiger Betten zu beschleunigen, an dem täglich in zwei Schichten gearbeitet werden sollte.[81] Anscheinend erwartete er binnen kurzem viele Neuankömmlinge. Am 26. Januar erklärte Himmler Richard Glücks, dem Chef der Inspektion der Konzentrationslager, statt sowjetischer Kriegsgefangener, die nicht zur Verfügung stünden, würden binnen vier Wochen 100 000 Juden und 50 000 Jüdinnen in diese Lager geschickt, um nicht näher definierte «große wirtschaftliche Aufgaben und Aufträge» zu übernehmen.[82] Drei Tage zuvor hatte Glücks sich nach der Zahl der sowjetischen Kriegsgefangenen erkundigt, die in den Lagern eingesetzt werden könnten, und hinzugefügt, er rechne mit einem geringen Bestand.[83] Fünf Tage nach Himmlers Nachricht deutete Eichmann am 31. Januar an, die Deportationspläne hätten an Dringlichkeit verloren, denn «zur Zeit werden neue Aufnahmemöglichkeiten bearbeitet».[84]

Hinter diesen Deportationsplänen standen verschiedene wirtschaftliche Vorhaben. Am 24. Januar, zwei Tage vor dem Telegramm an Glücks, sprach Himmler mit Feldmarschall Erhard Milch über den Einsatz mehrerer tausend Gefangener der SS für die Luftwaffe.[85] Am 31. Januar befahl

Himmler die Bildung von SS-Baubrigaden aus KZ-Häftlingen, Kriegsgefangenen, Juden und «ausländische[n] Hilfskräfte[n]».[86] Da es Mitte Dezember 1941 in den KZ nur 8900 Bauarbeiter gab, schätzte das neue SS-Wirtschafts- und Verwaltungshauptamt Anfang Februar, es brauche 175 000 Mann zusätzlich: 60 000 in den besetzten sowjetischen Gebieten, 67 500 im Reich und 47 500 im Generalgouvernement.[87] Es wäre wenig sinnvoll gewesen, Juden in deutsche und polnische Konzentrationslager zu deportieren, damit sie in den besetzten sowjetischen Gebieten arbeiteten.[88] Daher war die letztere Option nur ein Teil der Zielsetzung.

Wegen mangelnder Bahnkapazitäten und Baumaterialien wurden die Pläne für den raschen Transport mitteleuropäischer Juden in die Konzentrationslager (einschließlich Auschwitz, das noch kein Vernichtungszentrum war) nicht ausgeführt. Anfang 1942 musste Himmler auch das Vorhaben einer gewaltigen Erweiterung des KZ Majdanek aufgeben.[89] Außerdem wurden bis auf Stutthof bei Danzig keine neuen Konzentrationslager errichtet, wie noch Mitte Januar geplant.[90] SS-Pläne für zivile Bauvorhaben mussten ebenfalls zurückgestellt werden, weil die Rüstungsproduktion durch den Erfolg der sowjetischen Gegenoffensive im Winter Priorität erhielt. Mitte März 1942 erwarteten SS und Rüstungsministerium erneut einen «grösseren Zugang von Häftlingen» bis Monatsende, diesmal als Zwangsarbeiter für die Rüstungsindustrie. Unter ihnen sollten sowjetische Kriegsgefangene, Juden und andere sein, aber auch dies kam nicht zustande.[91] Die ersten deutschen Juden kamen nicht vor Juni 1942 nach Theresienstadt, dem ersten Monat, als die Zahl der Ankömmlinge über der vom Dezember 1941 lag.[92] All diese kurzfristigen Deportationspläne unterstreichen, wie naiv die Ideen Himmlers und anderer hoher SS- und Polizeiplaner für die Politik gegen die Juden waren. Im Dezember 1941 und Januar 1942 besaßen weder Himmler noch Heydrich und Eichmann einen umsetzbaren Plan zur Vernichtung der europäischen Juden, und wenn sie keinen besaßen, hatte ihn niemand. Himmlers kurzfristige Versuche wiesen immer noch «Züge der Zermürbung» auf, d. h. langsamer Vernichtung durch schlechte Lebensbedingungen.[93] Erst *nach* der Wannsee-Konferenz verbrachten Eichmann und sein Mitarbeiter Friedrich Bosshammer Wochen damit, einen Gesamtbericht über antijüdische Maßnahmen in ganz Europa, künftige Deportationen und Deportationsziele zusammenzustellen.[94]

Das Fehlen eines klaren Plans zeigen auch die Gespräche auf höchster Ebene, ob es machbar sei, Juden massenhaft in die russische Arktisregion zu schicken, wie schon 1941 in Betracht gezogen.[95] Im Februar 1942 hielt Heydrich dies für ein «ideales Heimatland», aber Hitler scheint skeptisch gewesen zu sein.[96] Mit einem solchen Plan stimmte auch Himmlers Absicht – kurz nach der Wannsee-Konferenz – überein, Holz für Bauprogramme der SS «durch Zuteilung von Holzkonzessionen im nordrussischen Raum» vom Reichsforstamt zu bekommen.[97] Anfang April lehnte Hitler die Idee ab, die SS könne ihre KZ-Häftlinge in ehemals sowjetische Straflager in der Arktis schicken, und am 15. Mai wandte er sich erneut dagegen, Juden – «der klimafesteste Mensch der Erde» – nach Sibirien zu schicken, denn das würde sie nur stärken. Zwei Wochen später äußerte Goebbels dieselbe Meinung.[98]

Im Februar dachten Heydrich und Himmler immer noch an einen relativ langsamen Vernichtungsprozess (in Gebieten, die dann aber nicht von den Deutschen erobert wurden) statt einer raschen und direkten Ermordung aller Juden. Einige ihrer Untergebenen teilten diese Meinung. Karl Jäger, der Chef des Einsatzkommandos 3, berichtete am 1. Dezember 1941, er «betrachte die Judenaktionen für das EK.3 in der Hauptsache als abgeschlossen» und erwartete, die meisten noch lebenden litauischen Juden würden langfristig als Arbeiter gebraucht und sollten darum sterilisiert werden.[99] Etwa zur gleichen Zeit berichtete auch die Einsatzgruppe A: «Die Judenfrage ist im Ostland als gelöst anzusehen.»[100] Im Juni 1942 erklärte Arthur Greiser, der Gauleiter des Warthelands, er glaube, «daß wir damit die Judenfrage in einer Form gelöst haben, wie man sich das vorher im Judentum selbst, aber wahrscheinlich auch im deutschen Volk nicht vorgestellt hat»; wie Jäger schlug er vor, die überlebenden Juden in großem Umfang als Zwangsarbeiter einzusetzen.[101] Dies waren keine Berichte von Gemäßigten, sondern von einigen der radikalsten Massenmörder an Juden, und doch hielten sie die «Judenfrage» ohne die Notwendigkeit totaler Vernichtung für gelöst. Die Zwangsarbeitsprogramme, die sie erwähnten, existierten wirklich: Es waren keine Vorwände oder Ausreden.

Zwei Beschleunigungen im Jahr 1942

Aus den im Folgenden besprochenen Gründen wurden die Maßnahmen gegen Juden im Frühjahr und Sommer 1942 in zwei Stufen beschleunigt. Auch ihr geographischer Wirkungsbereich wurde erweitert.

Tatsächlich wurden «Beschleunigung» und «beschleunigen» zu Schlüsselwörtern in wichtigen Dokumenten. Am 14. Februar notierte Goebbels nach einem Gespräch mit Hitler: «Die Juden haben die Katastrophe, die sie heute erleben, verdient. [...] Wir müssen diesen Prozeß mit einer kalten Rücksichtslosigkeit beschleunigen.»[102] Ende August 1942 forderte Generalgouverneur Hans Frank eine «Beschleunigung» der Judenvernichtung, da man außer 300 000 Arbeitern keine Juden mehr ernähren werde; auch der Kommandeur von Sicherheitspolizei und SD in Wolhynien forderte, den Judenmord zu «beschleunigen», um das Vorhaben binnen fünf Wochen abzuschließen – wobei er auf die Forderung des Reichskommissars für die Ukraine, Erich Koch, nach «hundertprozentigen Bereinigungen» verwies.[103] Und am 24. September wies Ribbentrop sein Außenministerium an, «die Evakuierung der Juden aus den verschiedenen Ländern Europas möglichst zu beschleunigen», wobei er Dänemark, Italien und Deutschlands Verbündete in Südosteuropa erwähnte.[104]

Ende März 1942 plante die Sicherheitspolizei immer noch, in diesem Jahr nur 6000 Juden aus Frankreich zu deportieren (und später mehr).[105] Am 10. April 1942 sagte Heydrich zum slowakischen Premierminister Vojtech Tuka, er werde die Deportation einer halben Million Juden aus dem Reich, dem Protektorat Böhmen und Mähren, der Slowakei, den Niederlanden, Belgien und Frankreich organisieren. (Das wären fast alle Juden Mitteleuropas sowie 100 000 aus Westeuropa gewesen.) Am 6. Mai äußerte er in Paris, über die europäischen Juden sei das «Todesurteil» gesprochen worden und es stünden für die Umsetzung jetzt fortgeschrittenere und effizientere Mittel als Gaswagen zur Verfügung.[106] Letztere Bemerkung stammt aus einer autobiographischen Nachkriegsdarstellung, doch definierte Theodor Dannecker, ein in Paris stationierter Spezialist der Sicherheitspolizei für antijüdische Maßnahmen, in einem zeitgenössischen Dokument nunmehr das Ziel als «Endlösung der Judenfrage mit dem Ziel restloser Vernichtung des Gegners».[107] Dem Mitte der 1930er Jahre entstandenen Begriff «Endlösung» waren verschiedene Bedeutungen zugemessen worden (zum Beispiel Zwangsemigration); oft war damit nicht totale Vernichtung gemeint. Nun, da dies so war, benötigte er eine besondere Präzisierung (wie Philipp Bouhlers Beschreibung als «einer bis in die letzte Konsequenz gehenden Lösung der Judenfrage»).[108] Etwa zur selben Zeit sprachen einige Politiker wie Robert Ley, der Chef der Deutschen Arbeitsfront, sogar öffentlich von der direkten Ermordung aller Juden.[109]

Im Mai hatten die Deportationspläne für 1942 immer noch einige Einschränkungen. Doch am 9. Juni, dem Tag von Heydrichs Begräbnis (er war einem Attentat aus Großbritannien entsandter tschechischer Agenten zum Opfer gefallen), sagte Himmler vor hohen SS-Offizieren: «Die Völkerwanderung der Juden werden wir in einem Jahr bestimmt fertig haben; dann wandert keiner mehr. Denn jetzt muß eben reiner Tisch gemacht werden.»[110] Kurt Daluege, der Chef der Ordnungspolizei, hatte sich zehn Tage vorher ähnlich geäußert, wenn auch ohne eine Frist zu nennen.[111] Der Plan, die europäischen Juden bis 1943 zu ermorden, den man in Berlin auch deshalb entwickelt hatte, weil Juden als Sicherheitsrisiko galten, wurde in den folgenden Monaten zur Richtlinie für die Aktionen von SS und Polizei.[112] Allerdings waren sie weiterhin von örtlichen und regionalen Interessen beeinflusst.

Mit den Diskussionen, wie die Juden Europas zu vernichten seien, wurden auch diejenigen über jüdische Zwangsarbeiter modifiziert. Die unmittelbar bevorstehende rasche Vernichtung erklärt die plötzliche Dringlichkeit, mit der Himmler nicht ganz neue Ideen zur Sterilisierung arbeitsfähiger Juden vorgeschlagen wurden, etwa am 23. Juni von Viktor Brack, dem Organisator der Morde an den Behinderten. Brack wollte 2–3 Millionen von insgesamt 10 Millionen Juden sterilisieren. Eichmanns Stellvertreter Rolf Günther forderte deswegen am 1. Juli diesbezügliche Akten an, und Himmler sprach am 7. Juli vor SS-Ärzten über die «Sterilisierung von Jüdinnen», die sie in großem Umfang durchführen wollten. Himmler sagte über die Sitzung, «dass es sich hier um geheimste Dinge handle». Weil aber billige Methoden zur schnellen Massensterilisierung fehlten, wurden diese Ideen nie verwirklicht.[113]

Am 28. Juli erwähnte Himmler, Hitler habe ihn damit beauftragt, die besetzten sowjetischen Gebiete «judenfrei» zu machen, und forderte freie Hand für SS und Polizei bei der Definition, wer Jude sei.[114]

Die Umsetzung einer raschen Vernichtungskampagne erforderte auch die Beseitigung anderer juristischer und politischer Hindernisse, vor allem bei den Vermögensregeln für ausländische Juden. Am 30. Juli einigte man sich bei einer Sitzung von Vertretern mehrerer deutscher Ministerien und Behörden auf das sogenannte Territorialitätsprinzip: Das Eigentum eines Juden sollte dem Staat zufallen, in dem er gelebt hatte.[115] Eichmann hatte schon am 1. Juli eine solche Klärung gefordert, weil er erkannte, dass Streit über jüdische Vermögenswerte zu außenpolitischen Komplikationen und Verzögerungen führen konnte, «die in

Durchführung des RF SS-Befehls [zur Deportation von 100 000 Juden aus Frankreich] auf jeden Fall vermieden werden müssen».[116]

SS-Offiziere im Generalgouvernement sagten den Rüstungsbehörden am 14. August, gemäß Hermann Görings «klar[en] und hart[en]» Befehlen dürften selbst jüdische Arbeiter in deutsch-besetzten Gebieten nicht das Kriegsende erleben.[117] Theodor Dannecker war schon im Juli zu dem Schluss gekommen, «daß die im deutschen Machtbereich befindlichen Juden ihrer restlosen Vernichtung entgegengehen».[118] Zum Glück konnten 1942 aber in Westeuropa relativ wenige Schritte in dieser Richtung unternommen werden (siehe unten).

Deportationen, Massenmorde und der Bau der Vernichtungslager entwickelten sich in Übereinstimmung mit diesen Planänderungen. Das war am deutlichsten und mörderischsten im Generalgouvernement. Im Frühjahr 1942 planten Zivilverwaltung, SS und Polizei gemeinsam die Ermordung arbeitsunfähiger Juden mit Gas (bis auf jene zwischen 16 und 45, vor allem Männer). Für die Zivilverwaltung gewannen diese Pläne Ende Juni noch an Dringlichkeit. Am 19. Juli befahl Himmler, am Jahresende dürften Juden im Generalgouvernement nur noch in fünf Arbeitslagern leben. Er hielt das für erforderlich «zu der im Sinne der Neuordnung Europas notwendigen ethnischen Scheidung von Rassen und Völkern», aus Sicherheitsgründen und weil Juden «einen moralischen und physischen Seuchenherd» darstellten.[119] Im August forderte die Zivilverwaltung erneut die Beschleunigung des Prozesses und plante, nur noch 300 000 jüdische Arbeiter bis 1943 überleben zu lassen. Das wurde zur düsteren Realität, obwohl die SS im Herbst 1942 zeitweise sogar nur etwa 100 000 Menschen am Leben lassen wollte. Hinter diesen Maßnahmen standen die komplexen Ziele der Zivilverwaltung, der SS und der Wehrmacht: Man wollte die von Juden verbrauchte Nahrung einsparen, den nichtjüdischen Polen etwas höhere Rationen geben, den verbreiteten Schwarzmarkt austrocknen (um die Zahl der arbeitsabwesenden nichtjüdischen Polen zu senken) und die gesamte regionale Wirtschaft unter Kontrolle bringen. Damit verbunden war der Wunsch, Seuchen einzudämmen und Widerstand durch hungrige polnische Nichtjuden zu verhindern. Ein solcher Pragmatismus spiegelte antijüdische Stereotypen und Haltungen wider: Juden seien Schwarzmarkthändler, schmutzige Menschen, die Seuchen, Unordnung und gefährliche antideutsche Stimmung verbreiteten und überhaupt am wenigsten Ressourcen verdienten. Im August verschärften plötzliche Forderungen aus Berlin, große Mengen Nahrungsmittel ins Reich zu liefern, die tödliche Dynamik (siehe Kapitel 9).[120] Die Zahlen zeigen dramatische Wendungen. Im Generalgouvernement wurden in der ersten Jahreshälfte 1942 etwa 160 000 Juden im Gas ermordet (ab Mitte März fast 50 000 im Monat) und im Juli 110 000; von August bis Oktober waren es aber fast 900 000 (oder 300 000 im Monat), dazu 200 000 im November und Dezember zusammen.[121] Zehntausende wurden außerdem erschossen, vor allem im Sommer.[122] Diese plötzlichen Anstiege verschärften die Schwierigkeiten, vor denen Juden standen, die sich retten wollten, und erschütterten und lähmten viele von ihnen.

Die Baugeschichte der Vernichtungslager spiegelt diese Veränderungen der Politik wider: Die Morde im Lager Bełżec (das seit Oktober geplant worden war) begannen am 17. März; der Bau von Sobibór begann im Februar 1942 und der von Treblinka im Mai. Die Morde in Sobibór begannen Anfang Mai und in Treblinka, wohin die Warschauer Juden deportiert wurden, am 23. Juli. Um eine weit größere Mordkapazität zu erreichen als in Chełmno oder an den Orten, wo Behinderte ermordet worden waren, wurden diese neuen Lager mit mehreren festen Gaskammern gebaut, in die man die Abgase von Verbrennungsmotoren leitete.[123] Wenn Juden zeitweise als Arbeiter verschont wurden, wurden sie am Heimatort ‹selektiert›. Die Übrigen wurden in verschlossene Güterwaggons gepfercht und an den Vernichtungsorten herausgeholt, die keine echten Lager waren und wo man fast niemanden zur Arbeit aussortierte. Männer und Frauen wurden bei der Ankunft getrennt, mussten sich ausziehen und wurden mit unaussprechlicher Brutalität in die Gaskammern getrieben, wo sie einen qualvollen Tod erlitten. Bald wurden Bełżec, Sobibór und Treblinka aber jeweils zeitweise geschlossen – obwohl der Massenmord anderswo weiterging –, um neue, größere Gaskammern zu bauen. Bełżec war im Mai und Juni inaktiv, Sobibór von Juli bis September und Treblinka im September.[124] Dies zeigt, dass die Pläne sich geändert hatten und dass der Umfang der Morde höher sein sollte als noch wenige Monate zuvor erwartet. Teilweise lag der Grund für die Schließung von Bełżec im Mai darin, dass man die Erfahrungen mit Vergasungen überprüfen wollte. Treblinka wurde von Ende August bis Anfang September eine Woche auch deshalb geschlossen, weil so viele Juden in kürzester Zeit aus Warschau deportiert worden waren, dass noch Massen von Leichen zu beseitigen blieben. Tausende Menschen verdursteten damals in den Zügen, die tagelang auf Abstellgleisen warten mussten, bevor sie entladen wurden.[125]

Parallele Ereignisse fanden in anderen Regionen statt. In Wolhynien, Podolien und im Südwesten Weißrusslands erschossen SS und Polizei im Jahr 1942 300 000 Juden. Diese Kampagne, die im Mai begann, wurde beschleunigt, als Ende August wie im Generalgouvernement zusätzliche Nahrungslieferungen ins Reich angefordert wurden, und sie dauerte bis Ende Oktober.[126] Im August fielen Zehntausende in kleineren Orten im Wartheland dem zum Opfer, was man den «schlimmsten Monat» für die dortigen Juden genannt hat. Es folgte eine Deportationswelle aus Łódź in der ersten Septemberhälfte.[127] Im KZ Auschwitz trafen im Mai 1942 7716 Juden ein, im Juni 21 496, im August 41 960 und danach bis Ende des Jahres etwa 20 000 im Monat.[128] Mangel an Nahrung und Obdach, eine Typhusepidemie und direkte Morde bedeuteten, dass sich die Umstände für die neu eintreffenden Juden verschlechterten, die *nicht* zur wachsenden Gruppe jener gehörten, die sofort nach der Ankunft im Gas ermordet wurden. In der Folge stieg die Sterberate. An neun (nicht aufeinander folgenden) Tagen zwischen 27. Januar und 28. März 1942, für die Zahlen vorliegen, starben in Auschwitz täglich 129 Gefangene (darunter 17 Juden). Im Juni lag die Zahl bei 123 am Tag, davon 76 Juden; im Juli waren es 133 Gefangene, davon 94 Juden; und in den ersten 19 Augusttagen starben täglich 216 Gefangene, davon 155 Juden.[129] In Theresienstadt – dem Ghettolager für umstrittene ‹Fälle›, ältere Juden aus dem Reich und tschechische Juden – trafen von Januar bis Mai 1942 3600–4600 Menschen im Monat ein, ausschließlich Tschechen. Als Deutsche und Österreicher hinzukamen, stiegen die Zahlen dramatisch an: 9215 im Juni, 25 078 im Juli, 13 469 im August und 18 639 im September. Die Zahl der Toten stieg vor allem infolge Hungers. Im September und Oktober schossen die Zahlen der aus dem überfüllten Theresienstadt in Vernichtungsstätten gebrachten Menschen in die Höhe.[130]

Doch Auschwitz war 1942 nicht das Zentrum des Mordes an den europäischen Juden. Bis zu 175 000 Juden wurden in diesem Jahr dorthin deportiert, aber nach Treblinka mindestens 713 000 und nach Bełżec 434 000.[131] 1942 wurden etwa ebenso viele west- und mitteleuropäische Juden in den Distrikt Lublin gebracht (fast 130 000) wie nach Auschwitz.[132] Und Juden wurden nicht nach Auschwitz gebracht, weil es größere Mordkapazitäten besaß, sondern wegen der vielen Neuankömmlinge wurden große Krematorien mit Gaskammern gebaut. Die SS-Bauleitung in Auschwitz äußerte später: «Mit dem Neubau des

Krematoriums mußte noch im Juli 1942 wegen der durch die Sonderaktionen geschaffenen Lage sofort begonnen werden.»[133]

Andere Teile Europas

Der erste Staat, der seine Juden nach Deutschland deportierte, war die Slowakei. Im November 1941 erklärte sie ebenso wie Rumänien und Kroatien ihr Desinteresse an ihren Bürgern, die auf deutsch-kontrolliertem Gebiet lebten.[134] Anfang 1942 forderte die deutsche Regierung 20 000 jüdische Arbeiter aus der Slowakei an. Die Slowaken stimmten zu und boten an, auch Frauen und Kinder zu schicken, d. h. die Slowakei wollte ohne Druck mehr jüdische Bürger deportieren als von Deutschland gefordert.[135] Nach acht Zügen mit arbeitsfähigen jungen Männern und Frauen folgte der erste Familientransport am 11. April.[136] Die Juden wurden von slowakischen Stellen festgenommen, inhaftiert und in Züge geladen. Wegen der brutalen Szenen, als slowakische Hlinka-Gardisten und andere die Juden in Züge pferchten, und weil sich Informationen über die Ermordung der Juden in Polen durch die Deutschen verbreiteten, wurden die Deportationen bei der slowakischen Elite – einschließlich einiger führender Regimevertreter – und in anderen Gesellschaftschichten unpopulär.[137] Bis Ende Juni waren 52 000 Juden nach Deutschland deportiert worden, dann ging das Tempo zurück. Viele der noch schätzungsweise 30 000 verbliebenen Juden wurden von der slowakischen Regierung als Arbeiter, Konvertiten und auf andere Weise geschützt. Insgesamt wurden von März bis Oktober 1942 57 752 Juden aus der Slowakei in deutsch-kontrollierte Gebiete geschickt (39 006 in den Distrikt Lublin und 18 746 nach Auschwitz).[138] Außerdem schob die Slowakei von März bis August 1942 8000 ungarische Juden nach Ungarn ab.[139] Einige slowakische Juden flohen nach Ungarn, weil es zu diesem Zeitpunkt sicherer war als die Slowakei.

Die Deportationen aus Frankreich im Jahr 1942, an denen die Regierung des halb besetzten Landes mitwirkte, gehören zu den am besten dokumentierten. In den ersten sechs Zügen nach Auschwitz von Juni bis Anfang Juli waren von 6078 Deportierten über 1000 französische Bürger, meist aus Paris.[140] Am 6. Mai vereinbarte der französische Polizeiminister René Bousquet mit Heydrich und Carl-Albrecht Oberg, dem Höheren SS- und Polizeiführer in Frankreich, dass die örtliche Polizei im besetzten Teil Frankreichs der Vichy-Regierung unterstellt würde – ein wichtiger Aspekt französischer Souveränität. Im Gegenzug würde die französische Polizei den Deutschen helfen, indem sie ausländische, aber keine französischen Juden in beiden Teilen Frankreichs festnahm.[141]

Das ebnete den Weg für größere Transporte. Ab dem 16. Juli wurden auch Frauen einbezogen und ab dem 20. Juli Kinder (von denen die Vichy-Regierung manche bereits zur Deportation angeboten hatte); auch alte Menschen wurden abtransportiert.[142] Doch die Sicherheitspolizei konnte ihre Züge nicht füllen, weil die französischen Behörden nicht genug Menschen festnahmen. In Nordfrankreich wie im von Vichy kontrollierten Gebiet verließen sich SS und deutsche Polizei weitgehend auf die französische Polizei und Gendarmerie, um Juden bei Razzien festzunehmen und zu internieren; französische Polizeibeamte zögerten aber immer stärker, diese Rolle zu übernehmen, als die Kritik an ihrer Brutalität und den Deportationen allgemein zunahm – wie in der Slowakei, doch in Frankreich war die Kritik teilweise öffentlich (siehe Kapitel 13). Und wie schon in der Slowakei sprach sich die Ermordung der Juden durch die Deutschen herum. Mehr und mehr Juden wurden vor bevorstehenden Aktionen gewarnt, manchmal direkt von Beamten.[143] Viele versteckten sich. Daraufhin sanken die Deportationszahlen im Herbst stark ab. Als Reaktion auf Eichmanns Forderung, die Deportationen aus Frankreich müssten «in Zeitkürze bedeutend gesteigert» werden «mit dem Ziel der ehebaldigsten restlosen Freimachung Frankreichs von Juden», planten Sicherheitspolizei und SD ab dem 6. Juli,[144] den Kreis der zu deportierenden Personen schrittweise zu vergrößern. Die zunehmende Passivität der französischen Polizei machte diese Pläne aber schließlich zunichte.[145] Dannecker, Eichmanns Vertreter in Frankreich und einer der aggressivsten Organisatoren der Verfolgung, stimmte mit Eichmanns Forderung überein.[146] Dagegen hielt der Höhere SS- und Polizeiführer Oberg Eichmanns Ziel, 1942 100 000 französische Juden zu deportieren, für unrealistisch. Er riet Himmler auch davon ab, die geplante weitreichende Annullierung der Einbürgerung von Juden durchzusetzen und gegen den (teilweisen) Schutz Vichys für französische Juden aufzutreten.[147] Am 28. August setzte Eichmann als Ziel, alle staatenlosen Juden bis Jahresende und alle ausländischen Juden bis Juni 1943 zu deportieren.[148] Schließlich deportierten die deutschen Behörden 1942 41 951 Juden aus Frankreich, die meisten im Sommer, etwas mehr als die 40 000, die Oberg und Bousquet am 2. Juli vereinbart hatten. Vichy lieferte auch mehr als die zunächst vereinbarte Quote von 10 000 Menschen aus seiner Zone, indem es rund 11 000 abschob. Doch nur wenige Deportierte waren französische Bürger.[149]

Die Deportationen von Juden aus den Niederlanden und Belgien entwickelten sich ähnlich wie 1942 in Frankreich in Wellen. Um Unruhe zu vermeiden, ging die deutsche Militärverwaltung in Belgien nur gegen ausländische Juden vor (die dort die Mehrzahl der Juden ausmachten). Wie in Frankreich trieben großangelegte Razzien (hier durch Deutsche) schon früh viele Juden in den Untergrund. In den Niederlanden war keine Rede davon, nur ausländische Juden zu deportieren, aber die Zusammenarbeit verlief trotzdem viel glatter zwischen SS und Polizei, deutscher und niederländischer Verwaltung, niederländischer Polizei, niederländischen Freiwilligen (meist einheimischen Faschisten) und dem Judenrat, der unangebrachten Optimismus zu verbreiten suchte. Dadurch versteckten sich nur wenige niederländische Juden, und als die Transporte in die Vernichtungszentren 1943 wieder begannen, wurden viel mehr Menschen aus den Niederlanden deportiert als aus Frankreich oder Belgien.[150] In Kroatien hatten Behörden und Ustasche 1941 mit brutalen Judenmorden begonnen und setzten das 1942 verstärkt fort. Als Reaktion auf ein deutsches Ersuchen wurden im August 1942 fast 5000 Menschen nach Auschwitz geschickt, doch die Mehrheit der Juden in Kroatien und Bosnien wurden von Kroaten ermordet.[151]

Einige Monate lang forderten Himmler und SS-Vertreter, arbeitsfähige Männer aus der Slowakei und Frankreich zu deportieren.[152] Slowakische und französische Juden, die anfangs in Auschwitz eintrafen, wurden ins Lager gebracht, und Ankömmlinge im Distrikt Lublin auf verschiedene Ghettos und Lager verteilt.[153] Die sofortige Ermordung im Gas nach der Ankunft begann später. Dennoch starben wegen der brutalen Behandlung in Auschwitz die meisten eingetroffenen Juden binnen weniger Monate. Die erste massenhafte ‹Selektion›, nach der 1000 Insassen im Gas ermordet wurden, fand am 4. Mai statt. Die erste ‹Selektion› neu antransportierter Juden (aus der Slowakei), nach der einige Deportierte sofort ermordet wurden, fand am 4. Juli statt. Das Gleiche geschah erstmals mit einem Transport niederländischer Juden am 17. und mit Juden aus Frankreich am 19. Juli. Zwischen Mitte Juli und Anfang August stieg der Anteil der sofort ermordeten jüdischen Neuankömmlinge steil an.[154] Im Distrikt Lublin waren unter den direkt in die Vernichtungszentren transportierten Menschen ab dem 14. Mai auch Juden aus

Deutschland und ab dem 1. Juni aus der Slowakei.[155] An anderen Orten (wie Chełmno und Maly Trostinez bei Minsk) wurden ab Anfang Mai Juden aus dem Reich bei der Ankunft massenweise ermordet.[156]

Im Gegensatz zu Polen fand aber in den meisten anderen von Deutschland besetzten oder mit ihm verbündeten Teilen Europas im August keine weitere Beschleunigung statt. Die Gesamtzahl der aus Frankreich, Belgien und den Niederlanden deportierten Juden erreichte Ende 1942 fast 100 000, wie Heydrich im Mai angestrebt hatte, doch die geplante Steigerung für den Herbst trat nicht ein – außer in Belgien.[157] Ende September verstärkte das Auswärtige Amt seine Versuche, Juden aus verbündeten oder neutralen Ländern (Ungarn, Bulgarien, Dänemark und Italien) nach Deutschland zu deportieren,[158] aber 1942 gab es keine Transporte aus diesen Ländern. Separate Verhandlungen der Sicherheitspolizei mit der rumänischen Regierung schienen Anfang August erfolgreich verlaufen zu sein, worauf Globocnik mehr Treibstoff für die Motoren anforderte, die das tödliche Kohlenmonoxid in Treblinka, Sobibór und Bełżec produzierten.[159] Die rumänische Regierung begann aber zu zögern, wie andere Regierungen auch, und stellte diese Pläne im Herbst zurück. Dagegen wurden über 700 norwegische Juden, ein großer Teil der dortigen jüdischen Bevölkerung, nach Auschwitz deportiert (siehe Kapitel 5).

Schlussfolgerungen

In diesem Kapitel habe ich die teilweise Dezentralisierung des deutschen Massenmords an den Juden betont. Dies zeigt sich auch im Prozess der Ghettoisierung. In einer klassischen Studie wurde die Konzentration als notwendiger verwaltungsmäßiger Schritt auf dem Weg zur Judenvernichtung dargestellt.[160] Organisatorisch war sie unverzichtbar. Doch die Konzentration nahm im deutsch-kontrollierten Europa viele verschiedene Formen an. Es gab keinen zentralen Befehl, in ganz Europa Ghettos zu errichten. In West- und Mitteleuropa gab es nur zwei Ghettos: in Amsterdam und im böhmischen Theresienstadt. Nicht zufällig lag die Sterberate bei Juden aus diesen Ländern höher als in Nachbarregionen (das Gleiche lässt sich über Saloniki im Vergleich zu anderen Orten in Griechenland sagen). Im deutsch-besetzten Osteuropa befahlen die Leiter regionaler Zivil- und Militärverwaltungen die Einrichtung von Ghettos oder jüdischen Wohnbezirken, aber tatsächlich blieb es oft deutschen Lokalverwaltungen vorbehalten, jüdische Ghettos oder Wohnbezirke einzurichten wie schon in verschiedenen Teilen Polens 1939 bis 1941.[161] Häufig geschah das nicht vor 1942, so im westukrainischen Wolhynien, im Südwesten Weißrusslands und in Teilen Nordpolens, und mancherorts wurde gar kein Ghetto eingerichtet.[162] In einigen Distrikten des Generalgouvernements wie Radom und Krakau wurden Juden hinter Zäune oder Mauern gesperrt, aber im Distrikt Lublin – Odilo Globocniks Zuständigkeitsbereich – lebten die meisten Juden Anfang 1942 nicht in abgeriegelten Ghettos;[163] es war ihnen ‹nur› verboten, ihre Wohnviertel zu verlassen. Dennoch gingen nur wenige in den Untergrund (siehe Kapitel 15). Entsprechend ihrer örtlich spezifischen Entstehung wurde die Ghettoisierung auch teils lokal, teils allgemein und eben verschieden begründet: mit der Trennung der Volksgruppen, Begrenzung des politischen und moralischen Einflusses der Juden, dem Schutz von Nichtjuden vor Krankheiten und Hunger, der Bekämpfung des Schwarzmarkts und dem Zugang zu besserem Wohnraum für Deutsche und einheimische Nichtjuden.[164]

1942 erreichte der Mord an den europäischen Juden seinen Höhepunkt. Unter deutschem Kommando wurden in diesem Jahr über 3 Millionen Juden ermordet.[165] Was aus regionalen Zusammenhängen und Initiativen entstanden war, wuchs 1942 zu einem Vernichtungsprogramm zusammen, das teilweise vom Zentrum gesteuert wurde. Obwohl regionale Instanzen weiterhin den Massenmord an polnischen und sowjetischen Juden organisierten, nahm die zentrale Koordination dort zu und lieferte im Sommer 1942 einige wichtige Impulse. Dagegen wurden die Deportationen aus anderen Teilen Europas von Berlin geleitet. Wie die Fälle Frankreich, Slowakei und Rumänien zeigen, hingen diese Transporte aber auch vom Ergebnis der Verhandlungen mit nationalen Regierungen und Bürokratien und von der Reaktion der Bevölkerung in besetzten oder verbündeten Ländern ab. Auch die Informationspolitik zeigte ein gewisses Maß an zentraler Kontrolle. Bemerkenswerterweise wurde die antijüdische Propaganda 1942 abgeschwächt, ganz im Gegensatz zur zweiten Jahreshälfte 1941 und einem Großteil des Jahres 1943. 1942 gab das Propagandaministerium mehrfach an Journalisten die Order aus, nicht über Maßnahmen gegen Juden zu berichten. In diesem Jahr erschienen auch nur wenige antijüdische Artikel im *Völkischen Beobachter*, dem Sprachrohr der NSDAP. Eine Ausnahme von dieser Zurückhaltung war nur die von der Partei plakatierte *Parole der Woche*.[166] Ob es auch im Rundfunk manchmal Ausnahmen gab, wie die Notizen eines Zuhörers nahelegen, wäre noch näher zu erforschen.[167] Ab und zu machten die Medien allgemeine – häufig mehrdeutige, aber zuweilen unmissverständliche – Anspielungen auf die Tatsache, dass alle Juden umgebracht werden sollten.[168] Es gab aber weder eine offizielle Erklärung noch detaillierte Berichte und darum keine Gewissheit. Die Vernichtung der Juden blieb offiziell ein Geheimnis, aber es waren so viele Deutsche an ihr beteiligt, dass Gerüchte darüber sich weit verbreiteten.

5
Die Ausweitung der Massenvernichtung: 1942 bis 1945

Wie in Kapitel 4 beschrieben, hatte Hitler die Ermordung der europäischen Juden im Dezember 1941 grundsätzlich beschlossen, im August 1942 hatte Göring zur Eile gedrängt, und im Juni 1942 hatte Himmler einen Plan gefasst, alle Juden binnen eines Jahres, d.h. bis Mitte 1943, zu ermorden. Nichts davon bedeutete aber, dass die Vernichtung automatisch oder reibungslos ablaufen würde. Weitere Massenmorde erforderten neue Impulse und institutionelle Unterstützung auf der Grundlage der Einstellungen und Interessen deutscher Funktionäre. Sie bedurften auch der Zustimmung von Regierungen, Bürokratien und in gewissem Maß auch der Bevölkerung anderer Staaten. Außerdem besetzte Deutschland in der zweiten Hälfte des Zweiten Weltkriegs ein befreundetes Land nach dem anderen, um es am Seitenwechsel zu hindern, und das brachte neue jüdische Gemeinschaften unter direktere deutsche Kontrolle. Dies erweiterte und verlängerte die Versuche zur Judenvernichtung mit ganz unterschiedlichen Ergebnissen.

Am Jahresende 1942 war die große Mehrheit der Juden im deutschen Einflussbereich bereits ermordet. Etwa 4,5 Millionen waren tot, rund 1,1 Millionen in deutsch-besetzten Ländern am Leben (vor allem Polen und Frankreich) plus etwa 1,2 Millionen in verbündeten, aber nicht besetzten Ländern (vor allem Ungarn und Rumänien).[1] Etwa 3 Millionen Juden starben von Mai bis Dezember 1942, davon allein 2 Millionen in den vier schrecklichen Monaten Juli bis Oktober.

Dieses Kapitel bietet einen Überblick über die Massenmorde in der zweiten Hälfte des Zweiten Weltkriegs und beruht auf der Annahme, dass sie nicht zufällig geschahen. Vielmehr erwuchs ihr jeweiliger Ort und Zeitpunkt daraus, dass bestimmte politische Gruppen und ihre Überlegungen die Oberhand über andere Gruppen und Erwägungen gewannen. Dass das Tempo des Massenmords sich nach Ende 1942 deutlich verlangsamte, ist gleichfalls das Ergebnis verschiedener politischer Faktoren. In deutsch-besetzten Ländern ohne abhängige Regierungen bremste der deutsche Bedarf an jüdischen Zwangsarbeitern die Vernichtung. In einigen Ländern mit nationaler Regierung, ob besetzt oder nicht, ging die Bereitschaft von Regimen, einheimischen Verwaltungen und nichtstaatlichen Akteuren, ihre jüdischen Landsleute auszuliefern, stark zurück. Eine solche Zurückhaltung hatte sich bereits von August bis November 1942 entwickelt, besonders – und bemerkenswert parallel – in Rumänien, Italien, Frankreich und der Slowakei, aber in gewissem Maße auch im besetzten Polen, allerdings aus anderen Gründen.[2] Diese Entwicklungen hingen mit der fast sofortigen Verbreitung der Nachricht, die totale Vernichtung der europäischen Juden habe begonnen, im Juni bis August 1942 zusammen.[3] In diesem Zusammenhang entstand «eines der Haupthindernisse für die Ausweitung der ‹Endlösung› […]: der Widerwillen vieler der wichtigsten Verbündeten Deutschlands, irgendetwas zu tun, was als Einschränkung der eigenen Souveränität verstanden werden konnte».[4]

Vernichtung: Initiativen und Stopps

Im ganzen Spätsommer und Herbst 1942 war der Massenmord an den Juden aus Deutschland, Österreich, Luxemburg, Böhmen und Mähren, Polen und der Westukraine – alles Gebiete unter direkter deutscher Kontrolle – in vollem Gange. Gleichzeitig gab es große Deportationen aus dem besetzten Teil Frankreichs, den Niederlanden, Belgien und aus der unabhängigen Slowakei sowie kleinere Transporte aus Kroatien. Ab August 1942 wurden die meisten nach Auschwitz-Birkenau geschickten Menschen bei der Ankunft ermordet, ebenso fast alle, die nach Sobibór kamen. Seit Juli 1942 diskutierte man, ob man Juden aus Rumänien ins deutsch-besetzte Polen deportieren solle, aber der Plan wurde Mitte Oktober von der rumänischen Regierung ad acta gelegt und nie umgesetzt. Im Oktober wandten sich deutsche Behörden mit unterschiedlicher Intensität und Dringlichkeit an andere Regierungen, so die italienische, ungarische und bulgarische, um sich die Juden aus diesen Ländern ausliefern zu lassen.

Diese Anstrengungen führten aber bis Frühjahr 1943 nur zur Deportation von schätzungsweise 11 000 Juden aus den von Bulgarien annektierten griechischen und jugoslawischen Gebieten. Fast gleichzeitig transportierten die Deutschen über 50 000 Juden aus dem benachbarten Nordgriechenland in Vernichtungslager. Massive Deportationen aus den Niederlanden wurden ebenfalls wiederaufgenommen. Ganz anders war es in der nicht besetzten faschistischen Slowakei, wo etwa 35 000 Juden verblieben, häufig in Arbeitslagern, oder in Nordafrika. Deportationen aus Frankreich und Belgien verlangsamten sich stark,[5] weil viele Juden sich versteckt hatten und weil die meisten, wenn auch nicht alle einheimischen Behörden sich weigerten, an der Festnahme jüdischer Landsleute mitzuwirken, und auch nicht mehr bei der Festnahme ausländischer Juden helfen wollten. Ähnlich war die Situation in Italien und den von ihm besetzten Teilen Frankreichs, Jugoslawiens, Albaniens und Griechenlands, nachdem deutsche Truppen die meisten dieser Gebiete im Oktober 1943 eroberten.[6] Die größten verbliebenen jüdischen Bevölkerungsgruppen im Europa der Achsenmächte – in Ungarn und Rumänien – wurden 1943 nicht in deutsche Todeslager deportiert, obwohl es in Transnistrien weiterhin Todesfälle wegen Hunger und manchmal wegen rumänischer Gewalttaten gab. Juden in Zwangsarbeitsbataillonen der ungarischen Armee wurden ebenfalls Opfer ungarischer Gräueltaten und einiger deutscher Massenerschießungen. Beides zusammen forderte viele tausend Opfer. Unter direkter deutscher Verwaltung war die Deportation der deutschen, österreichischen und tschechischen Juden, darunter vieler aus Theresienstadt, im August 1943 weitgehend abgeschlossen. Die meisten wurden in Auschwitz ermordet. Wiederholt wurden die Juden in den besetzten polnischen und sowjetischen Gebieten nach Berufen oder Arbeitsfähigkeit selektiert. Viele wurden dabei ermordet und der Rest nach und nach in Lager geschickt. Die meisten Ghettos wurden aufgelöst.

1944 gingen sporadische Transporte von Juden aus Deutschland, Polen, den Niederlanden, Frankreich, Belgien, Italien und Griechenland in Vernichtungslager weiter. In den Arbeitslagern erhielten Juden weiterhin zu wenig zu essen und fielen der Brutalität des SS-Wachpersonals zum Opfer, das besonders die arbeitsunfähig Gewordenen tötete. Rumänien und Bulgarien weigerten sich, Juden aus ihrem Kern-Staatsgebiet auszuliefern. Es gab aber große Deportationen aus zwei Ländern, die Deutschland erst vor kurzem besetzt hatte: aus der zwischen August und Herbst 1944 besetzten Slowakei und, weit wichtiger, aus Ungarn, vor allem zwischen Mai und Juli 1944. Die schätzungsweise 410 000 ermordeten ungarischen Juden aus einer Gesamtzahl von 530 000, die 1944 nach Großdeutschland gebracht wurden, waren die größte Gruppe von Juden, die nach dem Herbst 1942 ermordet wurde. 330 000 von ihnen galten als unproduktiv und wurden in Auschwitz sofort getötet. Die intensive Kooperation der ungarischen Behörden – und von Teilen der Bevölkerung – stand im Gegensatz zum allgemeinen Trend von Zögern und begrenzter, an Bedingungen geknüpfter Unterstützung angesichts der deutschen Deportationspläne in anderen Ländern nach dem Herbst 1942. Außerhalb Ungarns jedoch lief die Organisation des Massenmords – mit Ausnahme Norwegens im Herbst 1942 und Nordgriechenlands im Frühjahr 1943 – weniger reibungslos.

Deutsche Versuche, ausländische Zurückhaltung zu überwinden

In den meisten Ländern mit nationaler Regierung – ob von der Wehrmacht besetzt oder Verbündete – wurden nicht alle Juden deportiert und ermordet.[7] SS und Polizei hatten andere Pläne. Zunächst nahmen sie aus taktischen Gründen bestimmte Gruppen aus. Diese Ausnahmen sollten befristete Kompromisse sein, um auf einheimische Sorgen einzugehen. Doch dies unterstreicht, dass es unabdingbar war, im jeweiligen Land die Unterstützung von Behörden und Polizei, jüdischen Funktionären und anderen gesellschaftlichen Akteuren zu gewinnen. In den Niederlanden zum Beispiel berichtete der Höhere SS- und Polizeiführer, er wolle demnächst 6000 Juden aus kinderlosen ‹Mischehen› deportieren, aber 13 000 ‹gemischtrassige› Personen ausnehmen. Außerdem seien 20 000 Juden in Arbeitseinsatzorganisationen bisher noch nicht festgenommen worden, um sie in Sicherheit zu wiegen – später würde man sie aber deportieren. Letztlich sollten nur 6000 Zwangsarbeiter mit besonderen Fähigkeiten im Lande bleiben. Evangelische ‹Juden› würden im Gegensatz zu katholischen von der Deportation ausgenommen, weil lutherische Kirchenführer ihre Proteste gegen die Judendeportation nicht so öffentlich gemacht hätten wie die katholischen Bischöfe.[8] Auch in Frankreich wollte die Sicherheitspolizei schrittweise vorgehen, wie Dokumente zeigen, und sie begann Anfang Juli 1942 mit der Deportation jener Juden, deren Festnahme den geringsten politischen Widerstand auslösen würde. Nach und nach sollten so viele weitere Kategorien wie möglich einbezogen werden.[9] Der Judenreferent von Sicherheitspolizei und SD in Frankreich und Berater der Vichy-Regierung, Theodor Dannecker, bildete einen «Aktionsausschuss», dem französische Vertreter des Generalkommissariats für Judenfragen, der französischen Polizei und Verwaltung angehörten.[10] Doch Dannecker und seinem Nachfolger Heinz Röthke fehlte die volle Unterstützung ihrer deutschen Vorgesetzten, und das schränkte ihren Erfolg ein. Selbst der Befehlshaber der Sicherheitspolizei und des SD in Frankreich, Dr. Helmut Knochen, hielt die Unterstützung der französischen Verwaltung und Polizei beim Rekrutieren von Zwangsarbeitern für das Reich und beim Unterbinden politischer Unruhen für wichtiger als bei der Deportation von Juden. Noch ausgeprägter war diese Haltung beim Höheren SS- und Polizeiführer Oberg und speziell bei der deutschen Militärverwaltung.[11] Obwohl er gegenüber Laval im August 1943 betonte, «daß der Befehl des Führers zur Endlösung der Judenfrage im gesamten Europa eindeutig feststände», fand Röthke sich damit ab, dass die Vichy-Regierung sich weigerte, weiteren Gruppen eingewanderter Juden die französische Staatsbürgerschaft zu entziehen – letzteres hätte den Kreis der Menschen erweitert, die in die Todeslager transportiert werden konnten.[12]

Im Sommer 1942 planten deutsche und rumänische Instanzen, Juden aus bestimmten Teilen Rumäniens oder sogar dem ganzen Land nach Polen zu deportieren. Im September begann die rumänische Regierung aber zu zögern, und am 13./14. Oktober wurden die Pläne zurückgestellt – und zwar auf Dauer, wie sich zeigen sollte. Historiker haben eine komplexe Gemengelage von Umständen beschrieben, zu der die sich verschlechternde Kriegslage aus deutscher Sicht gehörte, Drohungen und Appelle ausländischer Politiker wie US-Außenminister Cordell Hull, die Erkenntnis, dass die Judenverfolgung Rumäniens Position bei künftigen Friedensverhandlungen mit den Westalliierten schaden könne, und die Tatsache, dass Deutschland Rumänien keine Hilfe dabei anbot, Nordtranssylvanien von Ungarn zurückzugewinnen. Mehrere Gruppen und Einzelpersonen wandten sich gegen die geplanten Deportationen, darunter Einwohner von Südtranssylvanien, Intellektuelle, ein Erzbischof, der König und die Königinmutter und der liberale Oppositionsführer.[13] Ab Oktober wurde die antijüdische Propaganda zurückgefahren, und es gab so wenige Anzeichen für eine Änderung der rumänischen Haltung, dass Himmler den Berater der Sicherheitspolizei bei der rumänischen Regierung in Judenfragen zurückrief.[14]

Vor dem Hintergrund zunehmenden ausländischen Zögerns bei der Unterstützung der deutschen Deportationen fällt die Deportation norwegischer Juden im November 1942 auf. Bei der Wannsee-Konferenz hatte der Unterstaatssekretär im Außenministerium Martin Luther vor möglichem Widerstand gegen Judendeportationen in Skandinavien gewarnt.[15] Die vorliegenden Dokumente legen aber nahe, dass die faschistische Regierung in Norwegen die Deportationen mit initiierte (siehe Kapitel 14). Auf deutscher Seite scheint Reichskommissar Josef Terboven zurückhaltend gewesen zu sein, und es gibt keine Indizien, dass das RSHA eine aktive Rolle spielte; dagegen scheint die Sicherheitspolizei vor Ort in Oslo eine treibende Kraft gewesen zu sein. Zwischen 740 und 761 Juden wurden nach Auschwitz deportiert, wo 97 % von ihnen ermordet wurden.[16] Die andere Hälfte der norwegischen Juden konnte mit Hilfe von Einheimischen fliehen. Die Verfolgungsanstrengung der norwegischen Regierung ist umso bemerkenswerter im Vergleich zum benachbarten (nicht besetzten) Finnland, wo die Deutschen keinen Druck auf ihren Verbündeten ausübten, seine Juden zu deportieren. Im August 1942 tat Himmler anscheinend nicht mehr, als anzubieten, mehrere hundert mitteleuropäische Juden ‹zurückzunehmen›, die nach Finnland geflüchtet waren – weitgehend ohne Erfolg.[17] Deutschlands Versuche, die dänischen Juden im Oktober 1943 zu deportieren, scheiterten weitgehend, weil Einheimische den meisten von ihnen bei der Flucht nach Schweden halfen (siehe Kapitel 13). Der deutsche Druck auf Italien – dessen Behörden sich weigerten, einheimische Juden wie auch solche aus den meisten italienisch-besetzten Gebieten auszuliefern – war etwas stärker, blieb aber ohne Wirkung, bis die Wehrmacht Italien im September 1943 besetzte.

Begrenzte deutsche Uneinigkeit: hausgemachte Hindernisse für den Plan zur totalen Vernichtung

Im Juni 1942 hatte Himmler intern verkündet, die Juden sollten binnen eines Jahres ausgerottet sein (siehe Kapitel 4). Laut einem mit der Judenverfolgung in Frankreich befassten Offizier der Sicherheitspolizei galt dieser Plan für alle deutsch-besetzten Länder Europas.[18]

Um die Erwägungen zu verstehen, welche die Massenvernichtung von Juden unter direkter deutscher Kontrolle beeinflussten, sind die folgenden Zusammenhänge zu beachten. Nach 1942, dem Jahr der größten Mobilisierung von Zwangsarbeitern, wurde es für die deutschen Behörden schwieriger, Nachschub an Arbeitskräften zu finden (siehe Kapitel 8). Nachdem die menschlichen Ressourcen der sowjetischen Großstädte und Kriegsgefangenen auf die eine oder andere Art erschöpft waren, gehörten zu den neuen Zielgruppen Westeuropäer, Sowjetbürger aus Gebieten, aus denen die Wehrmacht sich zurückzog, und Menschen vom Land – wiederum vor allem in den besetzten sowjetischen Gebieten. Das trieb jedoch viele junge Leute in den Untergrund und half bei der Ausbreitung der bewaffneten Partisanenbewegung. In Ost- und Südosteuropa wurde die Partisanenbekämpfung ihrerseits benutzt, um die produktiven Mitglieder der Bevölkerung ganzer Gebiete in Arbeitslager zu deportieren. Wehrmacht, SS und Polizei töteten hunderttausende von Partisanen und Menschen, die in der Nähe ihrer Stützpunkte lebten. Das hatte für die Behandlung von Juden eine Reihe von Konsequenzen. Einerseits wurden Juden ernsthafter als Zwangsarbeiter in Erwägung gezogen. Wie früher bei den sowjetischen Kriegsgefangenen, aber in noch begrenzterem Umfang (auch unter den sowjetischen Gefangenen starben 1942 bis 1945 eine Million), gab es einen Kurswechsel von der Vernichtung zur Ausbeutung. Andererseits wurden Juden verdächtigt, sich am Widerstand zu beteiligen, und galten als potenzielle Flüchtlinge in die Wälder (d. h. zu den Partisanen), was Absichten, sie zu töten, verstärkte. Dagegen trieb die Ernährungspolitik nach dem Herbst 1942 keine großen Vernichtungskampagnen mehr an, weil Deutschlands Versorgungslage sich 1943 stabilisierte; die Juden, die noch am Leben waren, waren kein großer Verbrauchsfaktor, und ihr Zugang zu Nahrung in den Lagern war kontrollierbar. Dort ließ man sie hungern. Für die meisten Juden in den Lagern (wohin die meisten 1943 gebracht wurden) blieb Hunger eine ständige Realität; die Unterernährung förderte ihre körperliche und moralische Erschöpfung und führte mit zur regelmäßigen Ermordung jener, die unproduktiv geworden waren. Auf diese Weise blieb die Ermordung als ‹unnütze Esser› bei einer gelegentlichen ‹kleinen› Aktion eine ständige Bedrohung für Juden.

Unter den deutsch-besetzten Gebieten war in der Ukraine (ohne Ostgalizien) die Judenvernichtung Anfang November 1942 weitgehend abgeschlossen. Etwa 300 000 Juden wurden erschossen, die meisten zwischen August und Oktober. Das stand klar mit der Ernährungspolitik im Zusammenhang (siehe Kapitel 9). Weniger als 4000 jüdische Zwangsarbeiter unter deutscher Kontrolle blieben übrig, und die meisten von ihnen wurden 1943 ermordet.[19] Auf weißrussischem Gebiet (in den Grenzen von 1945) fiel ein großer Anteil der jüdischen Bevölkerung den deutschen Massakern 1942 zum Opfer; am Ende des Jahres waren noch rund 60 000 am Leben und Mitte 1943 nur noch 16 000.[20] Zu dieser Zeit lebten in den baltischen Staaten noch mehrere zehntausend Juden.

Im Generalgouvernement sahen die im August und September 1942 entworfenen Pläne der SS vor, bis zum Jahresende nur noch wenig mehr als 100 000 Juden am Leben zu lassen. Doch das Tempo des Massenmords ging hernach zurück, und am 31. Dezember waren offiziell noch 297 314 Juden am Leben. Im Distrikt Radom waren es aber nur 7 % der früheren Bevölkerung von 360 000 Juden.[21] Weil große Industrieanlagen zwischen April und August 1942 ins Generalgouvernement verlegt wurden, wollten Wehrmacht, private Firmen und in gewissem Maße auch die Zivilverwaltung mehr Juden am Leben lassen als die SS. Ende September erzielte man einen Kompromiss.[22] Bis auf weiteres behielt man mehr jüdische Arbeiter da, wollte aber Nichtjuden ausbilden, um sie nach und nach zu ersetzen. Himmler akzeptierte mehr Produktionsstätten, die Juden beschäftigten, betonte aber, «auch dort sollen eines Tages dem Wunsche des Führers entsprechend die Juden verschwinden»; den Zeitpunkt ließ er offen.[23]

Am 19. Juli 1942 hatte Himmler befohlen, alle Juden im Generalgouvernement bis zum 31. Dezember zu ermorden oder in SS-Lager zu sperren. In Wirklichkeit existierten einige Ghettos aber noch bis 1943. Etwa 161 000 Juden – über die Hälfte der Ende 1942 noch im Generalgouvernement lebenden – waren in Ghettos und SS-Lagern im Distrikt Galizien untergebracht. Alle Ghettos wurden in der ersten Jahreshälfte

1943 aufgelöst und 140 000 dieser galizischen Juden ermordet, allein 80 000 von ihnen in den vier Wochen von Ende Mai bis Ende Juni. (So blieben noch mindestens 21 000 am Leben.)[24] Es war vermutlich kein Zufall, dass der regionale SS- und Polizeiführer Fritz Katzmann seinen berüchtigten Bericht über die Ermordung der galizischen Juden am 30. Juni 1943 schickte, dem Datum der zweiten Frist, die Himmler für die Vernichtung gesetzt hatte.[25] Wie in Wolhynien-Podolien und dem westlichen Weißrussland gab es in Ostgalizien wenig Industrie – bis auf die Ölfelder bei Drogobycz –, aber Juden waren für die lokale Wirtschaft wichtig, denn sie stellten die meisten Handwerker.[26] Diese wirtschaftliche Rolle verschaffte ihnen eine gewisse Frist, erzeugte aber später nicht genug Interesse, vor allem bei der Wehrmacht, um jüdische Arbeiter zu behalten. In allen drei genannten Gebieten organisierten SS und Polizei die Massenmorde weitgehend in Übereinstimmung mit der Zivilverwaltung. Das Gleiche galt für die getrennt verwalteten Bezirke Bialystok und Zichenau, als die dortigen fast 200 000 Juden ermordet wurden, die meisten zwischen November 1942 und Februar 1943. Eine kleine Zahl wurde zur Zwangsarbeit nach Auschwitz gebracht, aber kaum einer der nach Treblinka Deportierten. Das Ghetto Białystok, dessen 30 000 jüdische Bewohner als wichtig für die Textilindustrie galten, bestand bis August 1943.[27]

Im übrigen Generalgouvernement und in den baltischen Staaten war die Lage etwas anders. Die Zahl der im Generalgouvernement offiziell registrierten Juden Ende 1942 sank bis zum 1. März 1943 um fast ein Drittel.[28] Da es in dieser Gegend aber einige mittelgroße Industriebetriebe gab, wurde über das restliche Jahr ein geringerer Anteil von Juden ermordet. (Im Herbst 1942 hatten einige Wehrmachtsvertreter dagegen erwartet, ihre 50 000 jüdischen Arbeiter bis Anfang 1943 zu verlieren.[29]) Stattdessen brachte man Menschen, die als produktiv galten, in SS-Lager, oder Ghettos wurden in solche Lager umgewandelt. Himmler war bei einem Warschau-Besuch am 11. Januar 1943 erbost darüber, dass das Ghetto noch existierte. Eine Woche später scheiterte der erste Räumungsversuch weitgehend am jüdischen Widerstand. Die SS brauchte drei Monate – einschließlich Vorbereitungen zur Verlegung von Industrie und Arbeitern (vor allem Textil- und Lederarbeiter) –, bevor sie einen zweiten Versuch machte, und dieser löste den Warschauer Ghettoaufstand vom 19. April bis 16. Mai aus. Die verzweifelte Revolte wurde niedergeschlagen und das Ghetto dabei weitgehend zerstört. Von den danach entdeckten über 56 000 Juden wurden trotzdem etwa 42 000 als potenzielle Arbeitskräfte in SS-Lager gebracht und nicht sofort getötet.[30] Auf diese Weise erfüllte der Warschauer SS- und Polizeiführer Jürgen Stroop Himmlers zweite Frist, ließ aber viele Juden am Leben.

Tatsächlich entwickelten sich hohe SS-Führer im Generalgouvernement wie der HSSPF Krüger und der Lubliner SSPF Globocnik – der die Massenmorde der Aktion Reinhard geleitet hatte – im Jahr 1943 zu Fürsprechern und Organisatoren der Ausbeutung jüdischer Zwangsarbeiter (siehe Kapitel 8). Globocnik organisierte auch die ‹Liquidierung› des Ghettos von Białystok (das außerhalb des Generalgouvernements lag) vom 16.–20. August 1943 und schickte 11 000 seiner Bewohner in Arbeitslager seines Distrikts Lublin, während weitere 17–19 000 ermordet wurden.[31] Bei einer ähnlichen Reorganisierung und Ermordung von als unproduktiv geltenden Menschen in Litauen wurden im Herbst 1943 über 10 000 Juden ermordet; 19 000 blieben am Leben, und mindestens 7000 wurden zu Arbeitsstätten in Estland und Lettland deportiert.[32]

Himmler schien seine Untergebenen ermutigen zu wollen, indem er Meldungen aus der Auslandspresse über den Plan zur Vernichtung aller Juden und über die Beschleunigung ihrer Vernichtung an das RSHA, an Eichmann und andere schickte.[33] Am 9. April 1943 drängte Himmler den RSHA-Chef Kaltenbrunner, «daß jetzt an Juden nach dem Osten abgefahren wird, was überhaupt nur menschenmöglich ist», und nur ihm persönlich davon Bericht zu erstatten sei.[34] Durch das RSHA bekräftigte Himmler im Mai, alle Juden – einschließlich der Gebrechlichen, der Rüstungsarbeiter und Verwaltung der Reichsvereinigung der Juden in Deutschland – seien bis zum 30. Juni 1943 nach ‹Osten› oder nach Theresienstadt zu deportieren.[35] Hitler hatte bei einem Treffen mit hohen NSDAP-Funktionären am 7. Mai energisch bekräftigt, dass alle Juden Europas ermordet werden sollten, was Aktivitäten anderer auslöste.[36] Drei Tage später bemerkte Himmler, die Juden im Generalgouvernement sollten wegen ihrer Zusammenarbeit mit Partisanen ermordet werden,[37] die tatsächlich nur sporadisch während des Warschauer Ghettoaufstands aufgetreten war. Im Mai 1943 fingen große Deportationen von Juden aus den Niederlanden und kleinere aus Kroatien wieder an. Das Auswärtige Amt drängte die Slowakei, mehr Juden auszuliefern, und Himmler übte Druck auf die französische Regierung aus, der Auslieferung der nach 1927 eingebürgerten Juden zuzustimmen; beide Versuche blieben aber letztlich erfolglos (siehe zur Slowakei Kapitel 14).[38] In

Ostoberschlesien begannen im Juni 1943 große Deportationen, die bis August weitergingen, während noch eine kleinere Anzahl jüdischer Arbeiter in SS-Lagern dieser Region am Leben blieben.[39]

Am 19. Juni wies Hitler Himmler an, «daß die Evakuierung der Juden trotz der dadurch in den nächsten 3 bis 4 Monaten noch entstehenden Unruhen radikal durchzuführen sei und durchgestanden werden müßte».[40] Laut Himmler erkannte Hitler damit an, dass auch er die Hindernisse für groß und die Aufgabe für schwer hielt, und er stimmte einer Verlängerung der Frist zu. Himmler betonte, wie dringlich es sei, die verbliebenen Juden aus dem Generalgouvernement, deren Zahl er übertrieb, zu deportieren.[41] Am 21. Juni befahl er, alle Ghettos im Reichskommissariat Ostland bis 1. August zu räumen, dabei einen gewissen Anteil der Bewohner zu töten und die Übrigen in Konzentrationslager zu bringen. Das bedeutete nicht nur einen neuen Zeitrahmen, sondern damit endete auch das Vorhaben zur totalen Vernichtung. Auch diese Frist wurde überschritten, weil die Ersetzung jüdischer Arbeiter auf Widerstand und andere Schwierigkeiten stieß. Bis zum Oktober 1943 wurden Himmlers Pläne nur teilweise umgesetzt. In den sowjetischen Gebieten unter deutscher Militärverwaltung wurde sein Auftrag vom 13. August dagegen restlos erfüllt, alle verbliebenen Juden zu ermorden oder zu deportieren, da sich sowjetische Truppen näherten.[42]

Deutsche (und andere) verdächtigten Juden generell, Spione, Linke und Revolutionäre zu sein, die den bewaffneten Widerstand unterstützten. In manchen Gebieten und zu manchen Zeiten brachte ein solcher Verdacht unterschiedliche Stellen, vor allem in der Wehrmacht, dazu, ihre Ermordung zu unterstützen (siehe Kapitel 11). In Wirklichkeit waren jüdische Aufstände selten. Wenn es sie gab, handelte es sich meist um Verzweiflungsakte, ein letztes Mittel angesichts der unmittelbar drohenden Vernichtung. Sie begannen 1942 in kleinen Städten Westweißrusslands und der Ukraine und führten an manchen Orten zur Flucht von einigen Dutzend oder hundert Menschen.[43] Später wurden jüdische Aufstände größer und spektakulärer, so dass die Deutschen schwere Waffen einsetzen mussten, wie in Warschau (April bis Mai 1943) und in Białystok und Glubokoje (beide im August 1943). SS und Polizei verkündeten, sie wollten die meisten als Zwangsarbeiter deportieren – doch nicht alle in den Ghettos glaubten dies, oder sie leisteten sowieso Widerstand.[44] Revolten unter den jüdischen Hilfstrupps in den Vernichtungslagern Treblinka (am 2. August 1943) und Sobibór (am

14. Oktober 1943), die unter der ständigen Bedrohung lebten, selbst ausgetauscht und ermordet zu werden,[45] zwangen die SS, die Lager früher als geplant zu schließen. Sie führten auch zur Erschießung von über 40 000 jüdischen Zwangsarbeitern im Generalgouvernement als potenzielle Sicherheitsrisiken bei der «Aktion Erntefest» am 3. und 4. November 1943.[46] Dennoch waren im Sommer 1944 noch etwa 50 000 Juden als legale Arbeiter im Generalgouvernement am Leben, mit Unterstützung der Leiter von Zivilverwaltung und Rüstungsinspektion.[47] Wiederholt wurde Jagd auf versteckte Juden gemacht, was Zehntausenden den Tod brachte. Solche tagelangen Menschenjagden fanden anscheinend nach vielen Deportationen statt.[48] Im Juli und August 1944 – nachdem die Zivilverwaltung trotz Himmlers Drängen die Vernichtung des Ghettos von Łódź und seiner Arbeitskräfte über ein Jahr lang verzögert hatte – wurde die (irreale) Gefahr eines Aufstands der Ghettobewohner beim Anmarsch sowjetischer Truppen als Grund für die Deportation der Łódźer Juden angeführt. Man brachte sie zunächst in das vorübergehend wieder eröffnete Vernichtungslager Chełmno und dann, zwei Tage nach dem Beginn des Warschauer Nationalaufstands am 3. August, in größerer Zahl nach Auschwitz.[49] Nicht zuletzt durch das Sicherheitsargument, das mit alten antijüdischen Stereotypen verbunden war, konnte Himmler 1943/44 die Einwände von Unternehmern dagegen überwinden, auch jene in Osteuropa verbliebenen Juden zu ermorden, die man noch weiter hätte ausbeuten können.[50]

In Deutschland gab es nach der Deportation der jüdischen Rüstungsarbeiter aus Berlin im Februar und März 1943 nur noch wenige Juden. Die letzten nicht untergetauchten Juden (ausgenommen die in ‹Mischehen›), zu denen viele Funktionäre der jüdischen Gemeinden zählten, wurden in der zweiten Junihälfte 1943 deportiert, in Übereinstimmung mit Himmlers Fristsetzung.[51] Innen- und Justizministerium versuchten von Januar bis Mai 1943 ein Gesetz zu erarbeiten, das alle Ehen zwischen Juden und Nichtjuden auflöste. Letztlich blieben ihre Anstrengungen aber fruchtlos, weil eine solche Regelung zu viel Unruhe unter den vielen betroffenen nichtjüdischen Verwandten ausgelöst hätte.[52] Es gelang der Gestapo, sogenannte ‹Halbjuden› schrittweise in Zwangsarbeit und andere Verfolgungsmaßnahmen einzubeziehen, doch das führte meist nicht zu ihrer Ermordung.[53] Deutsche Behörden nahmen auch in anderen Ländern Juden, die mit Nichtjuden verheiratet waren, und Menschen gemischt jüdisch-nichtjüdischer Herkunft von der Vernichtung und bestimmten anderen Verfolgungsmaßnahmen aus, sogar in Osteuropa.[54] Diese Menschen blieben auch unter anderen Regimen geschützt, etwa in Kroatien und Norwegen, für gewöhnlich wegen des Einflusses der unterschiedlichen Kirchen.[55]

Ob Himmlers Vernichtungsfrist bis zum 30. Juni 1943 auch für Juden in besetzten Ländern mit eigenen Regierungen galt, blieb unklar. In jedem Fall ließen die Fristen sich nicht einhalten und wurden verlängert. Für Frankreich hatte Eichmann schon im August 1942 das Ziel gesetzt, alle staatenlosen Juden bis Ende des Jahres und alle Juden ohne französische Staatsbürgerschaft bis Ende Juni 1943 zu deportieren.[56] Das implizierte, dass es länger dauern würde, Juden mit französischer Staatsbürgerschaft abzutransportieren. Auch die Deportation der jüdischen Bürger von Drittstaaten aus Frankreich, Deutschland und anderswo gestaltete sich schwierig, weil neutrale Regierungen Einwände erhoben und entweder nicht klar ausdrückten, welche ihrer Bürger im Ausland sie beanspruchten oder solche Menschen nicht innerhalb der von Auswärtigem Amt und RSHA gesetzten Fristen nach Hause holten. Die erste dieser Fristen lief im Frühjahr 1943 ab.[57] So zeigte beispielsweise die türkische Regierung im Oktober 1943 endlich erhöhtes Interesse daran, dass ihre jüdischen Staatsbürger nicht aus Frankreich deportiert würden, holte aber weiter nicht viele in die Türkei zurück.[58] Anfang Oktober 1943 scheint Himmler führenden NS-Funktionären mitgeteilt zu haben, alle europäischen Juden könnten bis Ende des Jahres ermordet werden (wie man Vertretern Italiens schon vorher gesagt hatte).[59] Zum Glück war auch diese Frist unrealistisch.

Verfolgung in neu besetzten Gebieten

Ab Ende 1942 besetzte die Wehrmacht eine Reihe von Ländern, die mehr oder weniger mit Deutschland verbündet waren: im November 1942 Vichy-Frankreich, im September 1943 Italien und die italienisch besetzten Teile Frankreichs, Jugoslawiens, Albaniens und Griechenlands und 1944 Ungarn, die Slowakei und Kroatien. Für die Juden in diesen Gebieten bedeutete das eine tödliche Bedrohung. Dennoch hatten in vielen dieser Länder SS und Polizei erneut Probleme dabei, sich der Menschen jüdischer Herkunft zu bemächtigen, mit einer großen, schrecklichen Ausnahme: Ungarn.

In Italien wie schon in anderen Ländern war die Kooperation der einheimischen Polizei entscheidend für die deutsche Sicherheitspolizei, der es an Personal und lokalem Wissen fehlte.[60] Von September bis November 1943 führte die Sicherheitspolizei Razzien gegen Juden in Meran, Triest, Rom, Florenz, Genua und Mailand durch, doch diese erwiesen sich als wenig effizient.[61] Die meisten Juden versteckten sich mit Hilfe der Einheimischen. Einige flohen über die Grenze in die Schweiz oder schlossen sich den Partisanen an. Weil die faschistischen Staatsorgane in Italien auch beim Registrieren, Festnehmen und Konzentrieren von Juden langsam und manchmal zögerlich vorgingen und viele Bürger jüdischer Herkunft von der Verfolgung ausnahmen, konnte die SS nicht mehr als 8000 Juden deportieren (18 % der jüdischen Bevölkerung; von den Deportierten überlebte etwa ein Zehntel die deutschen Lager).[62] In Italien wurden trotzdem viele Juden von einheimischen Faschisten, Polizisten, Carabinieri und der Miliz festgenommen.[63] In Frankreich organisierte die Sicherheitspolizei 1943/44 wie zunächst in Italien eine Razzia nach der anderen, aber mit begrenztem Erfolg.[64] Das Resultat der Aktionen in Südgriechenland war unterschiedlich. Im Gegensatz zu den kleinen Inseln – wo Juden sich leicht konzentrieren ließen und die griechische Verwaltung kooperierte –, konnten sich die meisten Juden in Athen dank der Anonymität der Großstadt und der Hilfe von Nichtjuden verstecken.[65] Im seit 1940 besetzten Belgien machten die Festnahmen von Einzelpersonen und kleinen Gruppen über die Hälfte aller Internierungen und Deportationen aus. Die andere Seite dieses ungewöhnlich hohen Anteils war, dass 60 % der Juden entkommen konnten, weil Menschenjagden weniger effizient waren als systematische Konzentration. Die Razzien machten vielen Juden früh genug Angst, um unterzutauchen.[66] Als deutsche Truppen im November 1942 Südfrankreich besetzten, wies Hitler Himmler an, die Juden «und sonstige Feinde» zu deportieren, machte das aber von seinen (Hitlers) weiteren Verhandlungen mit dem französischen Premier Laval abhängig.[67] Diese Beispiele illustrieren, dass die deutsche Besatzung eines Landes keine Garantie darstellte, alle dortigen Juden festnehmen, deportieren und ermorden zu können, wenn dieses Land eine nationale Regierung besaß und seine Verwaltung und Polizei solche Aktivitäten nicht engagiert durchführte oder unterstützte.[68]

Im März 1944 besetzte die Wehrmacht Ungarn, um das Land – wie Italien wenige Monate zuvor – am Seitenwechsel zu hindern und es zu zwingen, seinen Beitrag zu den deutschen Kriegsanstrengungen zu erhöhen. Aus Sicht deutscher Politiker und hoher Offiziere war dieser Versuch, Ungarns wenig engagierte Haltung zu überwinden, eng mit der Deportation der ungarischen Juden verbunden. Angeblich hatten sie gegen die Achsenmächte konspiriert, Ungarns Armee und Wirtschaft sabotiert und sich für eine kommunistische Revolution eingesetzt, für die Ungarn, das noch während des Anmarschs der Roten Armee keine Sozialpolitik besaß, als anfällig galt.[69] Deutsche Politiker und SS waren entschlossen, die ungarischen Juden festzunehmen, doch war entscheidend, dass die ungarische Rechte diese Ziele teilte und die Deportation als nützlich für ihre eigenen ansah. Zu diesen Zielen gehörten die Eindämmung der Inflation, die Ausweitung der Sozialversicherung und die Verteilung von Konsumgütern, alles aus jüdischen Vermögenswerten finanziert. Außerdem wollte man Angehörige von Minderheiten, aber nur wenige Magyaren als Arbeiter nach Deutschland schicken, Luftangriffe vermeiden, Nahrungsexporte ohne Einschränkungen für Magyaren ermöglichen und schließlich volle Souveränität und Freiheit in der Außenpolitik wiedergewinnen, um die Zerstörung des Landes durch einen rechtzeitigen Waffenstillstand zu verhindern, ohne aber die jüngst annektierten Gebiete aufzugeben.[70] Großangelegte Deportationen begannen am 15. Mai 1944, nur zwei Monate nach der deutschen Invasion, und 430 000 ungarische Juden wurden in nur acht Wochen nach Auschwitz transportiert. Etwa 75 % wurden gleich nach der Ankunft ermordet. Neben dem Vorhandensein deutscher Infrastruktur für den Massenmord (und dem deutschen Bedarf an Zwangsarbeitern) war es die fast reibungslose Mitarbeit von ungarischen Politikern, Bürokraten und Gendarmen – ja ihr Eifer –, welche die Konzentration und Deportationen ermöglichte, während die in der Bevölkerung verbreitete Judenfeindschaft (teilweise aus Habgier) auf vielerlei Art ihr Entkommen verhinderte. Nur die vom ungarischen Militär beschäftigten Zwangsarbeiter und die Juden von Budapest genossen etwas Schutz durch verschiedene ungarische Eliten, die von Diplomaten aus neutralen Ländern unterstützt wurden. Dadurch überlebten etwa 120 000 Juden innerhalb Ungarns und etwas mehr in deutscher Hand, während fast eine halbe Million starben.[71] Doch Ungarn war weder der erste noch der letzte Verbündete, der von Deutschland besetzt wurde. Die Erklärung für diese schnellen Massenmorde liegt also in den besonders zynischen Kalkulationen der ungarischen Behörden und ihrer deswegen überaus starken

Kooperation. Unter diesen Bedingungen wurden die aggressivsten deutschen Verfechter antijüdischer Maßnahmen immer dreister.

Als am 29. August 1944 ein großer Aufstand in der Slowakei zur Unterstützung der herannahenden Roten Armee begann, besetzte die Wehrmacht das Land. Die Sicherheitspolizei ergriff die Gelegenheit, so viele Juden wie möglich festzunehmen und zu deportieren. Von den bis zu 25 000 slowakischen Juden wurden 12 000 deportiert, 2000 im Lande ermordet, 300 fielen als Aufständische und 10 000 überlebten in Verstecken. Des Aufstands verdächtige Personen, Demokraten und Roma wurden ebenfalls erschossen oder in deutsche Lager deportiert. Mindestens 7336 slowakische Juden kamen im Oktober und November nach Auschwitz (die meisten, nachdem die Morde mit Gas dort beendet worden waren), die Übrigen in andere Konzentrationslager, einschließlich Theresienstadt. Wahrscheinlich überlebte mehr als die Hälfte der Deportierten.[72]

Es gibt keine Indizien für deutsche Versuche, die 100–130 000 Juden in den italienischen und französischen Kolonien Libyen und Tunesien zu vernichten, als die Wehrmacht dort 1942/43 operierte. Das steht im Gegensatz zur Tatsache, dass auch die Juden in Französisch-Nordafrika im Protokoll der Wannsee-Konferenz als potenzielle Opfer genannt waren.[73] Die im November 1942 beginnenden Maßnahmen beschränkten sich in Tunesien weitgehend auf von Deutschen und Italienern organisierte Zwangsarbeit und Ausplünderung, in Libyen auf die Internierung von Juden aus dem Ausland und aus der Region Cyrenaika durch die Italiener.[74] Juden wurden auch Berufsbeschränkungen, teilweiser Enteignung, Internierung und Zwangsarbeit unter den von Vichy kontrollierten Verwaltungen in Algerien, Marokko und Tunesien unterworfen, bis Alliierte oder Achsenmächte diese Länder im November 1942 besetzten.[75] Vor allem wegen der schlechten allgemeinen Lebensbedingungen und auch der Internierung starben in Tunesien 1943 schätzungsweise 1500 Juden und in Libyen 1941/42 über 500; eine unbekannte Zahl internierter ausländischer Juden starb in Libyen und Algerien.[76] Diese Opferzahl lag weit niedriger als in anderen Ländern.

Maßnahmen, die ein Überleben ermöglichten

Im November 1944 änderte sich Himmlers antijüdische Politik, da er Juden als Verhandlungsmasse für geplante geheime Friedensverhandlungen benutzen wollte. Die Massenvergasungen in Auschwitz wurden gestoppt und die Krematorien bald darauf abgerissen. In den Lagern von Auschwitz wurden auch die Tötungen durch andere Mittel stark reduziert, und Gefangene begannen, sich freiwillig in die Krankenbaracken verlegen zu lassen, die zuvor den fast sicheren Tod bedeutet hätten.[77] Die zermürbende Ausbeutung von KZ-Häftlingen (und ungarischen Juden, die an Befestigungen an der österreichisch-ungarischen Grenze arbeiteten) und die Unterernährung gingen aber weiter, sie wurden sogar schlimmer. Dadurch starben weiterhin viele Gefangene – Juden wie Nichtjuden –, besonders im März und April 1945. Auch die Ermordung schwacher und kranker Gefangener – auch Nichtjuden – durch das KZ-Personal ging Anfang 1945 weiter. Zur selben Zeit wurde Auschwitz von der Roten Armee befreit.[78]

Hitler, für den befreite Gefangene eine entscheidende Rolle bei der linken Revolution 1918 gespielt hatten, hatte seit 1941 Himmler Anweisungen gegeben, die Konzentrationslagerhäftlinge zu liquidieren, wenn Deutschland in eine militärisch oder politisch verzweifelte Lage geraten sollte, oder sie zumindest nicht dem Feind in die Hände fallen zu lassen.[79] Aus diesem Grund wurden die Lager evakuiert, als fremde Armeen sich näherten. Mitte 1944 wurden solche Aktionen präzise geplant und organisiert und forderten vergleichsweise wenige Opfer, obwohl die mörderischen Lagerbedingungen und die Zwangsarbeit andauerten.[80] Bei den Evakuierungen 1945 dagegen erschoss das Wachpersonal viele zehntausende Gefangene, weil sie nicht mehr laufen konnten oder um sie einfach loszuwerden. Viele Wachleute verachteten sie.[81] Wegen unklarer oder widersprüchlicher Befehle (einschließlich einiger von Himmler, die Juden anständig zu behandeln) wurden viele Entscheidungen über die konkrete Durchführung von Organisation von Märschen und Transporten und über einzelne Morde und Massaker von unteren SS-Offizieren und einfachen SS-Männern getroffen, von denen einige 1944 von der SS zur Wehrmacht versetzt worden waren. Manche örtlichen Parteifunktionäre drängten auch, die Gefangenen irgendwie aus ihrem Gebiet zu entfernen.[82] Innerhalb der Konzentrationslager und vor allem auf den

Märschen glich sich die Behandlung von jüdischen und nichtjüdischen Gefangenen immer mehr an; für die deutschen Behörden verschmolzen sie zu einer gesichtslosen Masse, die von den Wachen wiederum als bedrohlich, schmutzig, abstoßend und nutzlos angesehen wurde. In der Folge wurden sie ohne klares politisches Ziel oder ein besonderes Programm ermordet.[83] Wenngleich der Prozess weitgehend «dezentralisiert»[84] war, führte er doch zur Tötung einer großen Zahl von Menschen. Möglicherweise starb bis zu einem Drittel der über 700 000 KZ-Insassen, die von Januar bis Mai 1945 evakuiert wurden.[85] Die meisten Nichtjuden unter diesen Gefangenen waren sowjetische und polnische Zwangsarbeiter in Deutschland und polnische und sowjetische Zivilisten, die in den besetzten Gebieten meist wegen Widerstand, Flucht und realem oder fiktivem Ungehorsam festgenommen worden waren. Auch Kriegsgefangene der Wehrmacht und Gefängnisinsassen wurden auf Evakuierungsmärsche geschickt. Manche starben an Erschöpfung und Kälte in Verbindung mit Unterernährung, und sowjetische Kriegsgefangene wurden auch erschossen, wenn sie nicht mehr laufen konnten.[86]

Als das NS-Regime im Mai 1945 endete, waren noch etwa 1,3 Millionen Juden am Leben, die einmal unter der Kontrolle Deutschlands und seiner Verbündeter gestanden hatten, darunter annähernd die Hälfte derer, die Ende 1942 unter Achsenmacht gelebt hatten. Rund 200 000 hatten ‹illegal› in Verstecken überlebt, etwa in den Niederlanden, in Belgien, Deutschland, Polen, den besetzten sowjetischen Gebieten, Italien, Jugoslawien, Griechenland, der Slowakei und Ungarn, meist mit Hilfe nichtstaatlicher Akteure. Etwa 300 000 unter NS-Herrschaft geratene mitteleuropäische Juden konnten bis 1941 emigrieren, solange die deutschen Behörden es noch erlaubten, und viele hunderttausend sowjetische Juden retteten sich durch die Flucht ins sowjetische Hinterland oder die Evakuierung vor der anrückenden Wehrmacht. Andere hatten durch eigene Anstrengungen überlebt, begünstigt von den Maßnahmen deutscher und nichtdeutscher Behörden. Alliierte Soldaten befreiten etwa 250 000 jüdische Zwangsarbeiter aus SS-Lagern. Mehrere zehntausend Juden waren als Geiseln festgehalten worden, um gegen Geld, Waren oder außenpolitische Ziele eingetauscht zu werden. Über 600 000 Juden waren von ihren nationalen Regierungen – häufig rechtsautoritären oder faschistischen Regimen – zwar verfolgt, aber ansonsten vor der Deportation mehr oder weniger bewahrt worden. Von ihnen überlebten

250 000 in Rumänien, 220 000 in Frankreich, 120 000 in Großungarn, mindestens 100 000 in Tunesien und Libyen, 50 000 in Bulgarien und über 30 000 in Italien.[87] In Frankreich und der Slowakei verbesserten staatliche Obstruktionsmaßnahmen die Überlebenschancen im Untergrund; in Ungarn und Bulgarien stiegen die Überlebenschancen durch den Wert von Juden als Zwangsarbeiter. In keinem dieser vier Länder stellte sich die Regierung stets prinzipiell gegen die Deportation oder Ermordung von Juden. Das gilt auch für Rumänien. Wie schon beschrieben, zwang in allen vier Ländern der Einfluss von Eliten und manchmal auch Druck von unten die Staatsführung aber auch dazu, keine totale Vernichtung anzustreben. Dieses Ergebnis illustriert ebenso wie das Schicksal der Juden in den letzten sechs Monaten der NS-Herrschaft erneut die wichtigsten politischen Ziele, die ein Überleben erlaubten: die Betonung nationaler Souveränität und die Nachfrage nach Zwangsarbeitern unter den Bedingungen kriegsbedingter Knappheit.

6
Strukturen und Akteure der Gewalt

Dieses Kapitel handelt von den miteinander verbundenen Themen der Organisationsstrukturen deutscher Massengewalt gegen Juden und andere und von den Menschen, die an diesen Prozessen beteiligt waren. Es widerspricht dem verbreiteten Bild, dass der Nationalsozialismus auf der Basis strikter Hierarchien, Befehle und Gehorsam funktionierte und dass die Judenvernichtung reibungslos fabrikmäßig organisiert wurde. In Wirklichkeit war das NS-System teilweise dezentralisiert und erlaubte eine gewisse Flexibilität, informelle Koordination und Autonomie, schuf aber auch Reibungen, weil es Einzelpersonen und Gruppen Raum gab, ihre jeweiligen Interessen zu verfolgen.

Ein teilweise dezentralisierter Prozess

Tabelle 6.1 ist in mehrfacher Hinsicht aufschlussreich. Sie zeigt, dass für die fünf größten deutschen Vernichtungslager[1] drei verschiedene Organe zuständig waren und sie drei verschiedene Mordtechniken anwandten. Vier dieser Lager oder eher Tötungsorte hatten eine regionale Funktion und wurden von regionalen Behörden geleitet. Sie dienten vor allem dazu, Juden aus den jeweiligen Gebieten zu ermorden. Fast jeder, der dort eintraf, wurde ermordet, im Gegensatz zu Auschwitz-Birkenau, wo das Personal eine große Zahl von Deportierten zur Zwangsarbeit auswählte. (Bei den anderen Mordzentren fanden ‹Selektionen› am Ausgangspunkt der Deportation statt.) Der experimentelle Charakter der frühen Vernichtungsmethoden ist bekannt. Doch obwohl die Planung dieser fünf Mordzentren sich über ein Jahr hinzog, folgten aus neuen Technologien oder Verfahrensweisen an einem Ort keine Veränderungen an den anderen. All dies zeigt, dass der Vernichtungsprozess nicht durchgehend zentralisiert war.

Tabelle 6.1. zeigt auch, dass etwa die Hälfte aller ermordeten Juden mit Gas getötet wurde, wenn man die Opfer der Gaswagen an anderen Orten als Chełmno und die Morde in anderen KZ als Auschwitz einbezieht. Etwa 2 Millionen Juden wurden erschossen, vor allem in den besetzten sowjetischen Gebieten. Die Einführung von Gaskammern und Gaswagen bedeutete kein Ende der Massenerschießungen, die 1942 und 1943 weitergingen und allein 1942 weit über eine halbe Million Opfer forderten.[2] Somit existierten 1942 vier in großem Umfang angewandte Mordtechnologien. Der angeblich reibungslose Ablauf des sogenannten ‹industriellen› deutschen Massenmords in den Vernichtungslagern hat viel Publizität erhalten,[3] aber dieses Bild ist ein wenig irreführend, wenn man bedenkt, dass die Hälfte der ermordeten Juden nicht in Gaskammern starben, dass drei der fünf erwähnten größten Vernichtungszentren keine Krematorien besaßen, dass einige hauptsächlich aus Holzhäusern bestanden und dass die Krematorien in Auschwitz wegen Pfusch am Bau häufig ausfielen.[4] Viele der Erschießungen 1941/42 wurden von Sicherheitspolizei und SD ausgeführt (geleitet vom RSHA, aber nicht von Eichmann, der oft als Hauptorganisator der Vernichtung dargestellt wird), aber auch von Einheiten der Ordnungspolizei, der Waffen-SS und in einigen Fällen der Wehrmacht. Also waren sogar noch mehr Organe beteiligt, als in Tabelle 6.1 genannt.

Tabelle 6.1: Ermordung von Juden in den größten deutschen Vernichtungslagern

Lager	Gebiet/Befehlsinstanz	Mordtechnologie	Planungs- oder Baustart	Zeitraum der Ermordung von Juden mit Gas	Ungefähre Zahl und Herkunft der ermordeten Juden
Chełmno	Wartheland/HSSPF Wartheland	Gaswagen	Standortsuche Juli 1941	8. Dez. 1941–April 1943 (abgerissen), wieder in Betrieb genommen April–Juli 1944	150 000 aus dem Gebiet von Łódź und Deportierte aus Deutschland
Bełżec	Distrikt Lublin, Generalgouvernement/ SSPF Lublin	Motorenabgase in stationären Gaskammern	Mitte Oktober 1941	17. März 1942–Dezember 1942	450 000 aus den Distrikten Lublin, Galizien und Krakau/GG
Sobibór	ebenso	ebenso	Unklar, zwischen Herbst 1941 und März 1942	Mai 1942–Oktober 1943	250 000 aus den Distrikten Lublin und Galizien und Deportierte aus Europa
Treblinka	Distrikt Warschau, Generalgouvernement/ SSPF Lublin	ebenso	Zweite Aprilhälfte 1942	22. Juli 1942–Oktober 1943	800 000 vor allem aus den Distrikten Warschau und Radom/GG
Auschwitz-Birkenau	Ost-Oberschlesien/ Inspektion der Konzentrationslager, SS-Wirtschafts- und Verwaltungshauptamt	Blausäure in stationären Gaskammern, Krematorien zur Beseitigung der Leichen	24. September 1941 als Kriegsgefangenenlager, Planung großer Krematorien im Oktober 1941; schrittweiser Übergang zum Vernichtungslager für Juden; Planung riesiger Krematorien im Juli 1942	In kleinem Rahmen ab Februar 1942, Zunahme im Mai und Juli 1942–Oktober 1944	900 000–1 Million aus Ost-Oberschlesien und ganz Europa

1942 bis 1944 versuchten Sicherheitspolizei und SD durch die sogenannte ‹Aktion 1005› alle Spuren der Morde zu beseitigen, indem sie Massengräber exhumierten und die sterblichen Überreste der Opfer (auch nichtjüdischer) verbrannten. Dieser Versuch, die mögliche Ausbreitung von Wissen über die Morde zu begrenzen, scheiterte, da die Aktion sich unter der einheimischen Bevölkerung und deutschen Funktionsträgern rasch herumsprach.[5] Mehr noch, die Verbrennungsteams übersahen viele Massengräber, weil so viele Einheiten und Organe so viele Gräber produziert hatten – eine weitere Illustration der Tatsache, dass die Vernichtung nicht durchgehend zentralisiert war und nur in gewissem Maße überhaupt als einheitliche Operation betrachtet werden kann. Daher fanden sowjetische und polnische Ermittler nach dem deutschen Rückzug in vielen Massengräbern unverbrannte Leichen. Ein in die Schweiz geflüchteter ehemaliger SD-Führer berichtete 1944 über die deutschen Exhumierungen: «Dieser Plan wurde zum Teil durchgeführt, zum Teil wusste man jedoch nicht einmal mehr[,] wo die Gräber lagen.»[6] Bei den mobilen Einsatzgruppen und ihren stationären Nachfolgern von Sicherheitspolizei und SD herrschte so viel Verwirrung über das Ausmaß ihrer Morde, dass das RSHA am 1. Juli 1942 neue Berichte über alle Zahlen der vergangenen Massaker anforderte, welche die unterschiedlichen Opfergruppen gesondert aufführen und keine Morde enthalten sollten, die «dem eigenen Arbeitserfolg nicht zugerechnet werden können».[7] Obwohl dieser Befehl als ein Versuch zur zentralen Organisation gelesen werden kann, illustriert Aktion 1005 das Scheitern solcher Versuche.

Dass die Massenmorde nicht vollständig zentralisiert waren, bestätigen auch weitere Tatsachen. Keines der fünf großen Todeslager stand unter dem Befehl des RSHA oder berüchtigter Figuren wie Heydrich oder Eichmann. Alle wurden aber von SS und Polizei geleitet. Wie schon gesehen, hatten Heydrichs Versuche, einschließlich der Wannsee-Konferenz, die antijüdischen Maßnahmen in der Hand des RSHA zu vereinigen, nur begrenzten Erfolg (siehe Kapitel 4).[8] Adolf Eichmann, der das Judenreferat des RSHA leitete, übte einigen Einfluss aus und koordinierte die Deportation von über einer Million Juden aus weiten Teilen Europas in Todeslager und Ghettos,[9] aber seine Koordination erfasste nicht die meisten Juden in Polen und den besetzten sowjetischen Gebieten, wo die Mehrheit der europäischen Juden lebte.[10] In diesen Gebieten koordinierten regionale Sicherheitspolizei und SD und die

Höheren SS-und Polizeiführer – nicht Eichmanns Referat – den Mord an den Juden, während andere Einheiten, vor allem die Ordnungspolizei, ebenfalls Mordaktionen ausführten. Einer Schätzung zufolge führten Einheiten der Ordnungspolizei, meist (aber nicht immer) als Helfer von Sicherheitspolizei und SD, die Ermordung von mindestens 975 000 Juden in den besetzten sowjetischen Gebieten und die Ermordung oder Deportation von 555 000 polnischen Juden durch.[11]

Es gab einen Mann, der fast alle Morde an Juden beaufsichtigte und koordinierte: den Reichsführer-SS und Chef der deutschen Polizei Heinrich Himmler. Er behauptete etwa, die Entscheidung getroffen zu haben, nicht nur jüdische Männer, sondern auch Frauen und Kinder zu ermorden (das bezog sich anscheinend auf die sowjetischen Juden im Sommer 1941, denn kein weiterer Beschluss dieser Art ist bekannt).[12] Dennoch war seine zentrale Aufsicht wahrscheinlich recht lose, denn sie lag eben allein bei einem Mann, und zwar einem, der seine meiste Arbeitszeit anderen Fragen als der Judenverfolgung widmete. Die Erforschung von Himmlers Rolle hat keinen Hinweis darauf erbracht, dass er einen besonderen Stab für antijüdische Maßnahmen außerhalb des RSHA besaß.[13] Eichmann füllte diese Lücke nicht aus. Himmler hatte von Eichmann einen «Tätigkeits- und Lagebericht 1942 über die Endlösung der europäischen Judenfrage» verlangt, war mit dem Ergebnis aber sehr unzufrieden.[14] Heydrich hätte zentraler Koordinator in Himmlers Auftrag werden können, doch seine Versuche, Kompetenzen zusammenzuziehen und einen Gesamtplan auszuarbeiten, endeten mit seiner Ermordung im Mai 1942.[15]

Bezogen auf die Opferzahl – etwa 1,5 Millionen – war Odilo Globocniks Stab für die Aktion Reinhard (oder ‹Reinhardt›) im Generalgouvernement, welche die Vernichtungslager Bełżec, Sobibór und Treblinka umfasste, von ähnlicher oder größerer Bedeutung als Eichmanns Judenreferat im RSHA. Obwohl Auschwitz-Birkenau in manchen Dokumenten als «Station 2 der Aktion Reinhard» bezeichnet wird und es einige verwaltungstechnische Beziehungen gab,[16] griffen die Aktivitäten von Globocnik und seinem Team in der Praxis nur selten über das Generalgouvernement hinaus. Der Kern des Personals der Aktion Reinhard unter Leitung von Hermann Höfle kam von einer Zentralstelle außerhalb der SS: der sogenannten Kanzlei des Führers (d. h. Hitlers Kanzlei als Vorsitzender der NSDAP).[17] Es ist nicht ganz klar, wann die Aktion Reinhard offiziell begann; sie wird anscheinend erstmals in einem Dokument vom

24. Mai 1942 erwähnt, wohingegen die Verschwiegenheitsverpflichtung, die jeder Beteiligte unterschreiben musste, auf den 18. Juli 1942 datiert ist.[18]

Lange Zeit setzten Historiker die Zahl der in Auschwitz ermordeten Menschen viel zu hoch an, wodurch sie den ihrer Meinung nach zentral organisierten Charakter der Vernichtung betonten.[19] Aber Auschwitz war für die Ermordung der europäischen Juden noch bis 1943, dem Jahr *nach* der größten Gesamtopferzahl, nicht zentral. Etwa 175 000 Juden trafen dort 1942 ein, und im ersten Quartal 1943 kam immer noch die Minderheit der Opfer aus Ländern außerhalb Deutschlands, Polens und Böhmens und Mährens. Etwa die Hälfte der jüdischen Opfer von Auschwitz (fast eine Million) traf erst 1944 ein, und erst dann überstieg seine Opferzahl die von Treblinka und Bełżec.[20] Die Tatsache, dass bis Oktober 1942 viele Juden aus dem Großdeutschen Reich zur Ermordung nach Minsk deportiert wurden, gemäß einer Zusage des Reichsministeriums für die besetzten Ostgebiete von 1941, illustriert ebenfalls, dass Auschwitz damals noch nicht der zentrale Tatort für den Mord an Juden war.[21] 1944 aber war es das. Im zweiten Quartal 1943 gingen große Krematorien in Betrieb. Historiker haben die Pläne, diese Krematorien (und jüdische Zwangsarbeiter) nach dem Ende der Massenvergasungen in Auschwitz im November 1944 in andere Konzentrationslager – Mauthausen und Groß-Rosen – zu verlegen, als mögliche Programme zur Fortsetzung der Massenvernichtung interpretiert. Zum Glück kam sie nicht so zustande wie in Auschwitz.[22]

«Die Vernichtung der Juden war nicht zentralisiert. Weder hatte man eine Behörde für Judenangelegenheiten gegründet noch ein Budget für den Vernichtungsprozeß bereitgestellt», schrieb Raul Hilberg. Er ging aber von einer stillschweigenden nationalen Übereinkunft aus: «Alle deutschen Organisationen wurden in das Projekt einbezogen. [...] und an der Umklammerung der Opfer waren durchweg alle Gesellschaftsschichten beteiligt.»[23] Es gibt viele Indizien für den teilweise dezentralen Charakter der Ermordung der europäischen Juden. Das reichte bis Ende 1942 bis zum Einschmelzen von Edelmetallen, die Juden gestohlen wurden, ebenso wie ins Feld der Ideologie. Auch der «wissenschaftliche Antisemitismus» wurde nie voll entwickelt und war «fast an jedem Punkt des Weges von Improvisation geprägt», so Alan Steinweis, der hinzufügt, es habe auch eine «dezentrale Institutionenstruktur der Judenforschung in Deutschland» geherrscht.[24] Solche Strukturen und ihre schreckliche Effizienz werfen viele Fragen auf.

Verantwortlichkeit jenseits von SS und Polizei

Als 1943 Juden im Juli 1942 aus den Gebieten Düsseldorf und Aachen deportiert wurden, gehörten zu den Organisatoren allein in der Stadt Essen neben der Gestapo auch Polizeipräsidium, Ordnungspolizei, Arbeitsamt, Einwohnermeldeamt, Finanzamt, Wohnungsamt, verschiedene örtliche Banken und Bahndienststellen und an der Sammelstelle in Düsseldorf die Kriminalpolizei, das Amtsgericht, 13 Gerichtsvollzieher, das Regierungspräsidium, das Personal am Hauptbahnhof, die Bahnpolizei, die Waffen-SS, das Oberfinanzpräsidium und die Commerzbank.[25] Auf nationaler Ebene machten zahlreiche Stellen antijüdische Politik.[26]

Diese weitverbreitete Beteiligung war aber nicht nur eine Frage der Organisation. Obwohl SS und Polizei die meisten Massenmorde an Juden begingen, bedeutet das nicht zwingend, dass sie die jeweilige Politik bestimmten, die solche Morde herbeiführte. Eine Reihe anderer Organisationen und Institutionen war an diesen Entscheidungen ebenfalls beteiligt, die überwiegend im weiteren Kontext von Besatzungspolitik stattfanden (96 % aller Opfer waren weder Deutsche noch Österreicher). Bevor wir diese anderen Instanzen kurz betrachten, wende ich mich den ähnlich diversen Stellen zu, die für das Elend und den massenhaften Tod nichtjüdischer Opfergruppen verantwortlich waren.

Sowjetische Kriegsgefangene waren die zweitgrößte Opfergruppe deutscher Politik. Die meisten starben in den Händen der Wehrmacht. Auch hier war nicht nur eine Stelle zuständig, sondern zwei: für die Lager in Großdeutschland und in Gebieten unter deutscher Zivilverwaltung die Abteilung für Kriegsgefangene des Allgemeinen Wehrmachtsamts beim Oberkommando der Wehrmacht;[27] und für die Gebiete unter deutscher Militärverwaltung[28] die Abteilung Kriegsverwaltung des Generalquartiermeisters des Heeres beim Oberkommando des Heeres.[29] Jeder dieser beiden leitenden Stellen unterstand ein hierarchischer Apparat, der den Leitungen der Kriegsgefangenenlager relative Autonomie einräumte. Dazu beeinflussten auch andere Instanzen das Schicksal sowjetischer Gefangener. Zentrale und regionale Ernährungs- und Landwirtschaftsbehörden und bestimmte Wehrmachtsversorgungsstellen – besonders Quartiermeister – bestimmten die Hungerrationen mit; Bahnbehörden waren für die Transportbedingungen verantwortlich; Heereseinheiten hinter der Front, die Gefangene auf dem Marsch bewachten, erschossen oft diejenigen, die nicht weitergehen konnten; verschiedene Wehrmachteinheiten und Privatfirmen beschäftigten die Gefangenen und misshandelten sie oft fürchterlich; und die Geheime Feldpolizei der Wehrmacht suchte und ermordete politisch Verdächtige. Innerhalb des Reichsgebiets beeinflussten auch NSDAP-Funktionäre auf allen Ebenen die Behandlung sowjetischer Kriegsgefangener.[30]

SS und Polizei waren für etwa die Hälfte der Opfer bei der deutschen Partisanenbekämpfung verantwortlich, rückwärtige Wehrmachteinheiten für die andere Hälfte. Militärverwaltungen oder in manchen Gegenden Zivilverwaltungen, vor allem Landwirtschafts- und Transportverwaltungen, beeinflussten den Ablauf dieser Aktionen. Angesichts ihres kleinen zentralen Stabes waren die Versuche von SS und Polizei, 1943 ihren Teil der Partisanenbekämpfung zu zentralisieren, wenig wirksam. Einheimische wurden dabei ebenso eingesetzt wie in den Lagern für sowjetische Kriegsgefangenenlager und den Einheiten und Vernichtungslagern, wo man Juden ermordete (Sowjetbürger in deutschen Diensten spielten bei diesen Verfolgungen eine besondere Rolle).[31] Für ein weiteres großes Programm zur Massengewalt, den Transport von 12 Millionen Zwangsarbeitern nach Deutschland, gab es ebenfalls keine einzelne verantwortliche Zentralstelle (geschweige denn bei der Organisation der Zwangsarbeit in den besetzten Ländern). Ab 1942 konkurrierten die Männer von Fritz Sauckel, dem Generalbevollmächtigten für den Arbeitseinsatz, mit regionalen deutschen Arbeitsbehörden in den besetzten Gebieten um die Organisation. Das Schicksal der Zwangsarbeiter in Deutschland wurde von Arbeitsämtern, Arbeitgebern, Lokalverwaltungen und Polizei bestimmt.[32]

Raul Hilberg hat das Fehlen einer zentralen Planung für die deutsche Besatzungspolitik und die Judenvernichtung miteinander in Verbindung gesetzt: «Weder gab es eine Landkarte, die zeigte, wie ein deutsches Europa nach dem ‹Endsieg› aussehen sollte, noch eine Planskizze für die Vernichtung der europäischen Juden.»[33] Die deutsche Besatzungspolitik in verschiedenen Ländern unterschied sich so sehr und war so unkoordiniert, dass Jan Gross es sogar ablehnte, eine Typologie der deutschen Besatzungssysteme zu konstruieren, weil den Deutschen «ein systematischer Plan für das Regieren der Länder fehlte, die sie eroberten».[34] Dementsprechend haben sich die von anderen Forschern angebotenen Typologien stark unterschieden.[35] Außer bei Hitler kann man von keiner «die gesamte Okkupationspolitik konzipierenden, koordinierenden und regulierenden Instanz» sprechen.[36] Die beiden Politiker, die ihm beim Entwerfen und Koordinieren der deutschen Besatzungspolitik am nächsten kamen, waren Werner Best (der Leiter der Abteilung Verwaltung im Verwaltungsstab des Militärbefehlshabers in Frankreich 1940 bis 1942 und deutsche Reichsbevollmächtigte in Dänemark 1942 bis 1945) und Wilhelm Stuckart (der Staatssekretär im Reichsinnenministerium und Koordinator für die annektierten Gebiete). Keiner von beiden konnte die Besatzungsmaßnahmen systematisieren oder viel Einfluss auf sie gewinnen. Best selbst empfahl für jedes Besatzungsgebiet taktischen Pragmatismus.[37]

Die Verantwortung für die Gewalt gegen Juden war oft geteilt. Historiker haben den Einfluss deutscher Diplomaten und der Wehrmachtsführung eingehender untersucht.[38] Ein weiteres Beispiel ist das Generalgouvernement, wo die Zivilverwaltung die Ghettoisierung und Ernährungs- und Gesundheitspolitik prägte, die zehntausende Opfer forderten. Die offizielle Übertragung der «Judenangelegenheiten» an SS und Polizei am 3. Juni 1942[39] setzte Arbeit und Einfluss der Zivilverwaltung auf diesem Gebiet kein Ende.[40] Bei Deportation und Ermordung der Juden reagierten SS und Polizei häufig auf Wünsche und Forderungen der Zivilverwaltung (siehe Kapitel 9 und 10)[41] und zogen oft Anträge auf das Ausnehmen von Arbeitskräften in Betracht, obwohl hierbei allmählich Meinungsunterschiede hervortraten. SS und Polizei mischten sich in politische Fragen ein, drängten die Zivilverwaltung aber nicht einfach an den Rand.[42] Letztlich blieb Generalgouverneur Hans Frank – der darauf bestanden hatte, die Polizei könne nichts anderes sein als der exekutive Arm seiner Regierung[43] – im Amt, nicht seine Rivalen von der SS. Der Höhere SS- und Polizeiführer Friedrich-Wilhelm Krüger, der Befehlshaber der Sicherheitspolizei und des SD Eberhard Schöngarth und der SSPF von Lublin Odilo Globocnik wurden dagegen alle versetzt. Im benachbarten Wartheland ist der starke Einfluss der Zivilverwaltung auf die antijüdischen Maßnahmen noch weniger zu bezweifeln. Gauleiter Arthur Greiser dankte Himmler für die von letzterem «genehmigte» Ermordung von 100 000 Juden in seinem Gebiet und schrieb ihm später, Hitler habe ihm (Greiser) «bezüglich der Juden gesagt […], ich möchte mit diesen nach eigenem Ermessen verfahren».[44] Wenn SS und Polizei einfach taten, was andere Instanzen von ihnen verlangten oder unter ihrem

Einfluss standen, ist der Begriff ‹Täter› problematisch, denn er kann implizieren, dass die Personen, die die Morde tatsächlich begingen, oder ihre Offiziere, ihre Entscheidungen über Massenmorde unabhängig trafen. Handlungsautonomie und ein System, das politische Beteiligung förderte, bedeutete in der Regel nicht, dass eine einzelne Instanz (wie SS und Polizei) alle anderen Beteiligten oder allgemeinere politische Gesichtspunkte ignorieren konnte. Das System war auf Zusammenarbeit angelegt.

Die an der Verfolgung Beteiligten

An den an der Judenverfolgung beteiligten Deutschen fällt vor allem ihre Vielfalt auf. Die Gewalt lässt sich nicht Menschen aus nur einem bestimmten sozialen Milieu, derselben Bildungsstufe oder Laufbahn, einer bestimmten Lebenserfahrung oder Alterskohorte zuordnen.[45] Manche waren hoch gebildet. Von den obersten Funktionären des RSHA hatten zwei Drittel studiert und ein Drittel promoviert.[46] Die Führer der Einsatzgruppen und Einsatzkommandos, die hunderttausende Menschen erschossen – vor allem sowjetische Juden –, waren ebenfalls meist gut ausgebildet. Zu ihnen gehörten unter anderem ein Opernsänger und ein Professor für Völkerrecht.[47] Dagegen waren viele Mitarbeiter in Eichmanns Judenreferat, das ab 1938 bestand, Arbeiter, Kaufleute oder Angestellte, die im früheren Berufsleben wenig Erfolg gehabt hatten.[48] Von den zehn sogenannten «Judenberatern» der Sicherheitspolizei und des SD in anderen Ländern waren sechs in kommerziellen Berufen ausgebildet, zwei waren Juristen und zwei weitere ohne Ausbildung.[49] Im Lauf des Zweiten Weltkriegs wurde die Gestapo mit einem Allerlei aus SS-Reservisten, Berufstätigen, Angehörigen der Hitlerjugend und Wehrpflichtigen aufgefüllt, was sowohl zur Entprofessionalisierung wie zu einer veränderten sozialen Zusammensetzung führte.[50] Bei dem Personal, das zunächst die Massenmorde von Behinderten mit Gas und dann von Juden in Vernichtungslagern in Polen durchführte, arbeiteten Ärzte, Polizisten und ehemalige Arbeiter und Handwerker nebeneinander.[51]

Ähnlich ist das Bild bei den Funktionären, die an der Gewalt gegen andere Gruppen beteiligt waren. Fast die Hälfte des leitenden Personals im Reichsministerium für die besetzten Ostgebiete hatte promoviert.

Dasselbe galt für die 90 höchsten Beamten der deutschen Zivilverwaltung in Warschau, und bei den hohen Wirtschaftsoffizieren der Wehrmacht in den besetzten sowjetischen Gebieten war es ähnlich.[52] Dagegen stammten die SS-Offiziere in den Konzentrationslagern meist aus der unteren Mittelschicht und besaßen keine höhere Bildung.[53] Es gibt Hinweise, dass die jüngeren Wächter in den Lagern für sowjetische Kriegsgefangene brutaler waren als die älteren, die später dort dienten.[54] Doch die Männer, die in rückwärtigen Wehrmachteinheiten Gräueltaten bei der Partisanenbekämpfung begingen, die Zwangsarbeiter deportierten und manchmal auch Juden jagten, waren im Durchschnitt 35–40 Jahre alt, verheiratet und Familienväter. Ihre Kommandanten waren noch erheblich älter.[55]

Auch ideologisch waren die deutschen Verfolger nicht einheitlich. SS- und Polizeioffiziere und die höheren Ebenen der Zivilverwaltung waren überzeugte Nationalsozialisten, unter ihnen viele ‹alte Kämpfer›.[56] Ideologisierte SS-Wirtschaftsführer konnten zugleich pragmatisch sein, idenfizierten sich mit ihren jeweiligen Aufgaben und taten, was sie als das Beste für die deutsche Gesellschaft ansahen (manche verfolgten das stärker als ihren persönlichen Nutzen).[57] SS-Leute mit einem «Hang zu theoretischen Erörterungen und philosophischen Betrachtungen» erklärten jüdischen Gefangenen in Treblinka anscheinend die Bedeutung der Vernichtung für die Zukunft Deutschlands.[58] Doch die Leitung der Haupttreuhandstelle Ost, die polnisches und jüdisches Eigentum im besetzten Polen enteignete und umverteilte, soll «keineswegs aus überzeugten NS-Anhängern» bestanden haben.[59] Forschungen in den 1990er Jahren zeigten, dass viele an der Verfolgung Beteiligte nicht der NSDAP angehörten. Das galt für die Mehrzahl der einfachen Rekruten in den Reservepolizeibataillonen und der Wehrmacht. Obwohl sie aber weder ideologische Eliten noch besonders ausgebildete Mordspezialisten waren,[60] führten sie dennoch viele Gräueltaten gegen Juden und andere Gruppen aus. Nicht alle dieser Taten sollten der NS-Indoktrinierung zugeschrieben werden.[61] Weniger als 23 % aus einer untersuchten Gruppe von Personal im KZ Auschwitz waren Mitglieder der NSDAP (bei denen man eine besondere ideologische Affinität erwarten könnte), und über 38 % des Personals, das 1944 kam, gehörte auch nicht der SS an, sondern wurde von der Wehrmacht dorthin versetzt.[62] Daher gab es anscheinend zwischen den Ansichten von Nazis und anderen Überlappungen. Die politischen Auffassungen deutscher Generale zum Beispiel überschnitten sich mit denen der NS-Führung oder waren damit zumindest kompatibel.[63] Das Gleiche lässt sich sogar von Angehörigen der Widerstandsbewegung sagen, die das Attentat vom 20. Juli 1944 auf Hitler ausführte. Viele von ihnen waren konservative Adlige. Einige von ihnen hatten der Massengewalt gegen Juden, sowjetische Kriegsgefangene oder Bauern bei der Partisanenbekämpfung zugestimmt oder daran teilgenommen oder befürworteten judenfeindliche Gesetze.[64]

Wenn man die Gewalt gegen weitere Opfergruppen einbezieht, waren die Täter sogar noch unterschiedlicher. Angehörige von Arbeitsverwaltungen wie öffentliche und private Arbeitgeber organisierten die Rekrutierung und mitleidlose Behandlung von Zwangsarbeitern. Polizisten, SA-Männer, betrieblicher Wachschutz, Arbeitsamtsmitarbeiter, Reservesoldaten und Zivilisten waren an der Jagd auf geflohene Zwangsarbeiter in Deutschland beteiligt.[65] Mörderische Ernährungspolitik und Landwirtschaftsplanung für die Partisanenbekämpfung wurden von zivilen und militärischen Funktionären und Wirtschaftsoffizieren festgelegt. In den besetzten Gebieten hatten viele Vertreter dieser Gruppen auch mit Juden zu tun, doch bestand darin nur ein Teil ihrer Aufgaben. Auch in SS und Polizei – einschließlich der Einsatzkommandos – waren nur wenige Männer ausschließlich mit Juden befasst.[66]

Obwohl deutsche Beteiligte an der Verfolgung aus allen Lebensbereichen kamen, unterstützten nicht alle Deutschen Verfolgung und Massenmord. Im Vergleich zu den Verfolgern war die dokumentierte Zahl der deutschen Helfer gering, aber auch sie entstammten «einem breiten Spektrum unterschiedlicher sozialer Milieus, religiöser Überzeugungen, politischer Zugehörigkeiten und Berufe», so dass die «Suche nach einer einzigen allgemeinen Erklärung [für ihre Handlungen] in die Irre führt».[67] Hitler warf vor allem dem Bürgertum vor, die Deportation deutscher Juden abzulehnen.[68] Protestantische Kirchenführer wandten sich besonders gegen die Maßnahmen gegen sogenannte ‹gemischtrassige› Personen und die Behandlung der jüdischen Partner in ‹Mischehen› als Juden, wenn auch nicht öffentlich. Dagegen protestierten katholische Bischöfe öffentlich gegen die Ermordung der Behinderten; allerdings begrüßten sie den deutschen Angriff auf die Sowjetunion.[69] Dies unterstreicht die Tatsache, dass nur wenige Protestierende sich gegen jede Form von Massengewalt wandten. Bisher gibt es keine Methode, um verlässlich die Zahl jener zu schätzen, die Verfolgungen unterstützten oder ablehnten.[70]

So, wie es viele Arten deutscher an der Verfolgung Beteiligter gab, unterschieden sich auch die Motive für ihr Handeln stark. Sie verbanden auf unterschiedliche Art «antisemitische Bigotterie, rachsüchtigen Antikommunismus, organischen Nationalismus», materielle Bereicherung, beruflichen Ehrgeiz, «Gefallen an der eigenen Macht», hierarchischen Zwang und Anpassungsdruck, wie Michael Mann bei der Beschreibung von Nichtdeutschen schreibt, die mit den Nazis kooperierten.[71]

Die Vorstellung, dass die Ermordung der Juden auf einer Arbeitsteilung beruhte, ist problematisch, denn sie kann zu dem Missverständnis führen, der Prozess habe eine monolithische Struktur gehabt.[72] Der deutsche Staat, seine Bürokratie und Organisation bleiben wichtig, aber NS-Gewalt beruhte nicht auf einer fabrikartigen Organisation.[73] Tatsächlich wurde die Abgrenzung der Kompetenzen zwischen unterschiedlichen Instanzen, Staatsorganen und der Partei systematisch im Unklaren gelassen.[74] Die Polykratie unter der NS-Herrschaft führte aber nicht zu einem lähmenden Chaos.[75] Vielmehr war auf dem Gebiet der Gewalt ihre Effizienz erschreckend. Es gab bewaffnete Formationen, deren Mitglieder auf Befehl Massenmord begingen, doch die Durchschlagskraft der Gewalt beruhte stark auf einem System und einer Philosophie, die zur Mitwirkung einluden.

Autonome Entscheidungsprozesse unter an der Verfolgung Beteiligten

Wie Forschungen aus den 1990er Jahren über an Verfolgungen beteiligte Deutsche zeigten, handelten viele auf eigene Initiative oder zumindest nicht gedankenlos. Hier ein paar eklatante Beispiele. Der bayerische Arbeitseinsatzfunktionär Graf von Spreti rühmte sich seiner «Spitzenleistung» dafür, dass er im Juni 1942 drei Züge pro Woche mit Zwangsarbeitern aus dem ukrainischen Uman nach Deutschland schickte. Er berichtete, er verabscheue Gewalt, habe aber beschlossen, die Eltern derjenigen, die sich der Zwangsarbeit entzogen, als Geiseln nehmen zu lassen.[76] Hanns Martin Schleyer, ein Besatzungsoffizier in Prag (und später Präsident des BRD-Arbeitgeberverbands) schrieb 1942 von der «uns in jungen Jahren in der Kampfzeit anerzogene[n] Bereitschaft, Aufgaben zu suchen und nicht auf sie zu warten».[77] Deutsche

Agrarbeamte, die in besetzte sowjetische Gebiete versetzt wurden, wurden von ihrem Chef angewiesen:

«Habt keine Angst vor Entscheidungen, die falsch sein könnten. Wer nichts tut, macht keinen Fehler. [...] Ich verlange von Euch echtes Führertum. [...] Stellt Euch hohe, selbst unerreichbar scheinende Ziele [...] Ihr seid vollkommen auf Euch gestellt, daher keine Beschwerden und Hilferufe nach oben. Hilf dir selbst, dann hilft dir Gott!»[78]

Der Fall Paul Raab ist exemplarisch. Raab bekleidete eine niedrige Position in der Arbeitsverwaltung der deutschen Zivilverwaltung von Wasilkow, einem ländlichen Gebiet bei Kiew in der Ukraine. Seine Handlungen wurden untersucht, nachdem ein Wehrmachtsoffizier sich beim Ostministerium beschwert hatte, Raab habe mehrere Häuser von Einheimischen, die sich der Zwangsarbeit entzogen, niederbrennen lassen. Raab antwortete in einem barschen Ton, in dem sich heute nur wenige an ihre Vorgesetzten wenden würden. Er gab diese Taten zu, begründete sie aber damit, es sei notwendig gewesen, die Bevölkerung einzuschüchtern, damit er 31 000 Zwangsarbeiter aus seinem Gebiet nach Deutschland schicken konnte, was «unbedingt kriegswichtig» gewesen sei. Raab betonte, er habe seine Aufgabe «gewissenhaft» erfüllt, obwohl sie ihm «unangenehm» gewesen sei. Die Verantwortung für die Rekrutierung von Zwangsarbeitern im Gebiet Wasilkow habe jedoch bei ihm gelegen, daher musste «die Wahl der Mittel, mit denen ich meinen Auftrag ausführte, [...] mir überlassen bleiben», und zwar im Rahmen einer allgemeinen Autorisierung durch seine Vorgesetzten in der Ukraine. Zusammenfassend schrieb Raab, diese hätten seine Maßnahmen gebilligt, «denn sie brachten Erfolge».[79] Hier beharrte ein junger Funktionär (der wahrscheinlich nicht mehr als drei oder vier deutsche Untergebene hatte) nachdrücklich auf seiner Entscheidungsfreiheit für Gewalt im Rahmen seiner allgemeinen Anweisungen auf der Grundlage von Effizienz und ‹Erfolg›.[80]

Ältere Vorstellungen, dass die meisten an Massengewalt beteiligten Deutschen bloß Befehle befolgten – Vorstellungen, die entweder auf Annahmen über einen angeblich autoritär geprägten deutschen Volkscharakter oder die angebliche Furcht vor der Befehlsverweigerung beruhten – sind heute überholt. In Wirklichkeit besagte Paragraph 47 des deutschen Militärstrafgesetzbuchs (das auch für Wehrmachtgefolge wie Polizeibataillone und bestimmte andere an Massengewalt beteiligte Einheiten galt), dass untere Ränge selbst juristisch verantwortlich waren, wenn sie auf Befehl eine kriminelle Handlung ausführten.[81] Dieses Gesetz galt während der ganzen NS-Zeit, und Soldaten wurden regelmäßig darüber unterrichtet. Im September 1942 schrieb Himmler an Erich Koch, den Reichskommissar für die Ukraine, er ziehe in der SS Untergebene vor, die keine Jasager seien.[82] Es war auch «typisch für Heydrichs Führungsstil», dass er «seine Männer immer wieder dazu aufforderte, selbst zu entscheiden und Eigeninitiative zu entwickeln».[83] Eine solche Praxis konnte ihre ideologische Rechtfertigung auch aus allgemeinen Erziehungsprinzipien herleiten, die Hitler in *Mein Kampf* niedergelegt hatte: Junge Männer sollten von «Entschlußfreudigkeit und Willenskraft» sowie Selbstbewusstsein durchdrungen sein; sie müssten «nicht nur gehorchen lernen, sondern dadurch auch die Voraussetzung zum späteren Befehlen erwerben»; und Erziehung sollte «Pflege der Verantwortungsfreudigkeit», «Mut zur Tat» und «die Kraft zu einem selbständigen Entschluß» entwickeln.[84]

Aus solchen Ideen entstand eine Kultur, in der Befehle häufig vage formuliert wurden, damit Soldaten und niederrangige Offiziere Raum für eigene Entschlüsse erhielten. Diese Art von Autonomie wurde in der Wehrmacht in wechselndem Maß praktiziert, obwohl sie Befehle und Gehorsam nicht völlig irrelevant machte.[85] Sie war auch aus früheren deutschen Kolonialkriegen[86] und den frühen Tagen der NS-Herrschaft bekannt. 1939 entschied das oberste NSDAP-Parteigericht, vage Befehle und die Freiheit ihrer Empfänger, sie zu interpretieren, seien ein allgemeines Parteiprinzip. Diese Entscheidung fiel in Bezug auf die Gewalt beim Novemberpogrom 1938.[87]

Organisatorische Notwendigkeiten bestärkten solche Ideen. Agrarbeamte oder Polizisten waren in den besetzten Gebieten (etwa auf sowjetischem Boden) oft die einzigen Deutschen weit und breit. Ohne Telefon- oder Funkverbindung musste die zentrale Kontrolle über sie locker sein und der Raum für eigene Entscheidungen groß.[88] Je mehr Länder Deutschland besetzte, desto weniger Besatzungstruppen, Polizisten und Verwaltungspersonal waren verfügbar. So umfasste die Militärverwaltung in Serbien im August 1941 kaum mehr als 700 Deutsche und in Frankreich keine 3000; in den Niederlanden waren es knapp über 3000 in der Zivilverwaltung, und in den annektierten polnischen Gebieten konnten nicht alle Stellen im Staatsdienst mit Deutschen besetzt werden.[89] Heydrich plante als Stellvertretender Reichsprotektor von Böhmen und Mähren, das deutsche Verwaltungspersonal drastisch von 14 100 auf 1800 zu reduzieren.[90] Dasselbe Problem herrschte beim Personal für den Mord an Juden und die Gewalt gegen andere Gruppen. Im März 1937 hatte die Gestapo 6500 Angehörige, im September 1941 fast 15 000. Innerhalb Deutschlands hatte ihre Zahl aber stagniert. 1944 waren drei Viertel aller Gestapoleute im Ausland eingesetzt.[91] Die deutsche Sicherheitspolizei in Frankreich war 1940–42 von 20 auf 200 Mann gewachsen, aber als Helmut Knochen, der Befehlshaber der Sicherheitspolizei und des SD in Frankreich, im Juli 1943 250 weitere Männer anforderte (unter anderem um Juden zu jagen), bekam er nur vier, weil Berlin nicht mehr zur Verfügung hatte. Im Dezember 1943 gab es insgesamt 2200 Gestapoleute in Frankreich, aber nur ein Viertel gehörte der Kriminalpolizei an, die für Razzien entscheidend war; die meisten Übrigen hatten kaum eine Ausbildung (und es gab wenig numerische Unterstützung durch die Ordnungspolizei).[92] Ein Autor kommt zu dem Schluss: «Die scheinbare deutsche Allmacht war ein Bluff, der von den Franzosen zunehmend durchschaut wurde.» Ohne die Hilfe der französischen Gendarmerie waren die deutschen Polizeiorgane «praktisch blind».[93] Eine ähnliche Argumentation liegt bezüglich der 2000 Männer von Sicherheitspolizei und SD im Generalgouvernement – dem Zentrum der Judenvernichtung – im November 1942 vor. Die unteren Ränge dieser Einheiten wurden in der Folge mit polnischen Männern aufgefüllt.[94] Die Kanzlei des Führers schickte dem SS- und Polizeiführer in Lublin gerade einmal 92 Männer für die Vernichtungslager der Aktion Reinhard.[95]

Neben der Entscheidungsfreiheit für deutsche Kräfte und Funktionäre vor Ort erforderte dieser Personalmangel auch die Kooperation mit Einheimischen in allen besetzten Ländern, eine Parallele zu Mechanismen während des europäischen Überseekolonialismus.[96] Die ‹Aufsichtsverwaltung›, d. h. das Prinzip, zumindest die Kommunalverwaltungen mit Einheimischen (unter deutscher Aufsicht) zu besetzen, war in allen deutsch besetzten Staaten die Realität, und sie galt auch für Polizeiaufsicht und antijüdische Maßnahmen.[97] In Frankreich wie in Kopenhagen verließ die deutsche Sicherheitspolizei sich bei Aktionen gegen Juden auf einheimische Polizisten.[98] Man hat die Auffassung vertreten, solche Mitwirkung von Einheimischen habe «den Charakter der Kolonialherrschaft» in Übersee und ihre Maßnahmen teilweise «bestimmt»[99] – das Gleiche könnte man auch für die deutsche Herrschaft in Europa sagen.

Das System vager Anweisungen, Ermächtigungen und Handlungsfreiheit gab Deutschen den Raum für Eigeninitiativen über ihre Befehle hinaus. Es war nicht ungewöhnlich, dass Männer sich auch in ihrer Freizeit an Massengewalt beteiligten.[100] In Polen und Transnistrien massakrierten volksdeutsche Milizen tausende von Juden und anderen Menschen, wenn auch unter dem Kommando von SS und Polizei.[101] Antijüdische Ausschreitungen von Zivilisten, die nicht der Partei angehörten, waren in Deutschland 1933 bis 1938 recht verbreitet (siehe Kapitel 3), allerdings später nicht mehr, und kollektive Übergriffe gegen Nichtjuden überhaupt selten. Staats- und Parteiinstanzen konnten diese Gewalt manipulieren, aber nicht völlig kontrollieren.[102] Bei einer Umfrage nach dem Krieg erklärten 30 % der befragten überlebenden deutschen jüdischen Männer und 11 % der jüdischen Frauen, sie seien von deutschen Zivilisten geschlagen worden – mehr als von Regimevertretern.[103] Im Juni 1941 machte jemand eine Eingabe mit seiner «Idee bzw. Erfindung, damit diese Brut [die Juden] geräuschlos ins Jenseits befördert wird» und fügte hinzu, man könne sie auch für Polen, Tschechen und Serben benutzen «bzw. die Intelligenz dieser Völker». Eine Dame riet dem Auswärtigen Amt, wo es die Juden von Budapest unterbringen solle, um sicher zu gehen, dass «die Feinde bei ihren Terrorattacken auch die *richtigen* Leute treffen».[104] Im Allgemeinen funktionierte die deutsche Beteiligung an Massengewalt aber durch den Staatsapparat, nicht an ihm vorbei, und die Gewaltakteure waren meist Funktionsträger von Staat oder Partei.

Wurzeln der Brutalität

Daniel Goldhagen erinnerte die Wissenschaft 1995 mit Recht daran, dass die Brutalität vieler an der Judenverfolgung beteiligter Deutscher ins Auge fiel, von der Forschung aber vernachlässigt worden war. Er war der Meinung, diese Grausamkeit habe keinem Zweck gedient, «es sei denn der Befriedigung und dem Vergnügen der Täter».[105] Beschimpfungen, öffentliche Demütigung, Schlagen und Foltern von Juden – und anderen – sind reich dokumentiert.[106] Kein Akt der Massenvernichtung war frei von Brutalität, ebenso wenig die Ereignisse in den Vernichtungslagern.[107] Wie sich solche Ereignisse angehört haben müssen! Häufig fanden sie in Osteuropa statt, aber auch bei Leibesvisitationen vor der Deportation aus Nürnberg 1941/42 wurden Juden geschlagen, man brach ihnen die Goldkronen heraus und misshandelte einige tödlich.[108] Die

Gründe für die Grausamkeit sind umstritten. Die meisten Forscher argumentieren, dass nur eine Minderheit deutscher Gewalttäter wirklich als klinische Sadisten bezeichnet werden können.[109] Viele, aber nicht alle, meinen, dass der Antrieb zur Brutalität «kollektiv empfundenen Ängsten und Hassgefühlen» entsprang, nicht dem «Seelenleben» des Einzelnen.[110] Christopher Browning sieht eine Zunahme der Brutalität mit dem wachsenden numerischen Ungleichgewicht zwischen deutschen Tätern und ihren Opfern vor Ort.[111] Für Raul Hilberg waren die brutalen Taten von Deutschen meist Zeichen ihrer Ungeduld.[112] Sicherlich spielte Ungeduld eine Rolle. Sie kann sich aber auf verschiedene Art ausdrücken, und was sich in diesen Fällen manifestierte, war eine spezielle Ungeduld mit angeblich Minderwertigen. Deutsche, die daran beteiligt waren, verbrachten oft nicht wenig Zeit mit Akten der Grausamkeit und Verhöhnung,[113] die nicht der Kriegsanstrengung und wohl nicht einmal der Judenvernichtung dienten. Freude am Misshandeln von Menschen spielte eine Rolle, aber die Indizien deuten darauf hin, dass es für diese Grausamkeit mehr als einen Grund gab.[114]

Brutalität diente bestimmten organisatorischen Zielen. Das Phänomen der erlernten Hilflosigkeit beleuchtet diese Tatsache.[115] Diesem Konzept zufolge hören Menschen manchmal auf, um einen Weg aus einer bedrohlichen Lage – oder sogar das Überleben – zu kämpfen, wenn sie wiederholt überwältigender körperlicher Gewalt ausgesetzt und dadurch systematisch entmutigt werden. Mit Blick auf die Nazigewalt ist dieses Phänomen kaum benutzt worden, um das Verhalten der Opfer von Massenerschießungen zu erklären. Man hat Erklärungen durch Begriffe wie «psychisches Gefrieren» – eine körperlich lähmende Alarmreaktion – versucht: In ihrem Schock mögen die Opfer geglaubt haben, «das Leben nach dem Tod müsse besser sein als dieser gegenwärtige Schrecken».[116] Solche Ansätze versuchten zu erklären, wie tausende von Juden von nur wenigen Dutzend Schützen unter Mitwirkung von einem Dutzend bis zu wenigen hundert Deutschen und ihren Helfern massakriert werden konnten, ohne dass es zum Chaos oder zum Versuch einer Massenflucht kam.[117] Juden leisteten auch deshalb keinen Widerstand, weil sie nicht wussten, wo sie sich verstecken sollten (siehe Kapitel 15). An vielen Orten wurden Juden und auch Roma mit Gummiknüppeln und Peitschen zu den Erschießungsorten getrieben. Unmäßige Schläge sollten ihren Widerstand brechen und ihnen Angst einflößen.[118] Dies half dabei, die Ordnung aufrechtzuerhalten, die die an der Verfolgung Beteiligten organisatorisch wie psychologisch brauchten. Es beschleunigte außerdem den Vorgang.[119] Insoweit sie Ordnung schuf und den Vorgang dadurch legitim erschienen ließ, war die Brutalität auch ein Instrument zur Rechtfertigung der Morde.[120] Die Opfer waren oft durch Gewalt und Einschüchterung zu gelähmt, um die schwachen Linien der Täter zu durchbrechen. Mit den Worten eines Teilnehmers an Massakern in der Nordukraine: «Auf dem Hinmarsch zur Richtstätte wurden die Opfer durch allerlei Misshandlungen [...] total mürbe gemacht.»[121] Anderenorts dauerten Schläge und Aushungern tagelang. Der Überlebende Leyb Konjuchowsky bemerkte, die litauische Polizei «machte die Juden ‹reif›, damit sie ‹widerstandslos starben›».[122]

Manchmal ersetzte Brutalität aber auch klare Organisationsstrukturen des Mordens, wie in der Frühphase von Treblinka.[123] Als die Ghettos geräumt und Juden massenhaft ermordet wurden, war das oft keineswegs ein geordneter Vorgang; diese Ereignisse konnten verworren und chaotisch sein. Zahlreiche Opfer weinten, einige entkamen, viele lagen halbtot da, und manche andere riefen noch tagelang um Hilfe.[124]

Brutalität, Demütigung und erniedrigende Lebensumstände für die Juden scheinen auch noch einem anderen Zweck gedient zu haben. Nichtjüdische Deutsche und Juden, zumindest assimilierte Juden, ähnelten einander. Beide waren häufig bürgerlicher Herkunft und kleideten sich im Privatleben ähnlich; viele Juden sprachen Deutsch oder das deutsche Anklänge enthaltende Jiddisch. Die angewandten Gewaltarten sollten eine mentale und emotionale Distanz zwischen Verfolgern und Opfern herstellen. Theodor Clausen, der 1941 eine Polizeikompanie befehligte, beschrieb die Szene kurz vor einem Massaker in Riga später folgendermaßen:

> «[Die Juden wurden vorwärts getrieben] wie wenn man Schweine zum Verladen oder Schlachten auf die Rampe trieb. Mit Knüppeln und Fußtritten und unter großem Lärm und mit der Pistole in der Hand wurden die Juden an die Erschießungsgruben getrieben.»[125]

Juden wurden häufig gezwungen, sich vor der Erschießung oder Ermordung im Gas auszuziehen – nicht unbedingt, um das Töten unpersönlich zu machen,[126] sondern um ihnen die Insignien der zivilisierten Gesellschaft oder ihren bürgerlichen Status zu nehmen.[127] Für den Treblinka-Kommandanten Franz Stangl waren Juden bloßes nichtmenschliches Fleisch, für seinen Untergebenen Gustav Münzberger «diese Nackten».[128] Derselbe Effekt trat ein, wenn Juden in Lumpen umherlaufen mussten, wie im Warschauer Ghetto, denn das ließ die Opfer hässlich, ununterscheidbar und vielleicht auch lächerlich erscheinen. Für die vielen Deutschen, die in die Ghettos strömten, um Juden anzuschauen – meist voller Abscheu –,[129] oder die Massaker beobachteten,[130] stellte dies Distanz her.

Menschen, die töten, brauchen dafür einen moralischen Rahmen. Die Massenmorde wurden so angelegt, dass sie einen solchen Rahmen schaffen oder verstärken sollten. Tatsächlich gab es mehr als ein solches Bezugssystem. Ein anderes, das mit dem eben erwähnten in Konflikt stand, galt, wenn Himmler, aber auch an der Verfolgung Beteiligte in niedrigen Positionen betonten, die Arbeit des Massenmords sei eine schwere psychische Belastung. Im Grunde stellten sie diese Morde als rational gerechtfertigt, wenngleich der menschlichen Natur zuwider dar. Diese Haltung erlaubte es dem Regime auch, die vielen Vollstrecker mit Nervenzusammenbrüchen fürsorglich zu unterstützen.[131]

Warum analysiert dieses Buch die Gewalt- und Tötungsmethoden nicht detaillierter? Ein Vergleich der Gewalt gegen unterschiedliche Gruppen mahnt hier aus folgenden Gründen zur Vorsicht. Erstens wurde ein breites Spektrum von Gewaltformen gegen dieselbe Gruppe angewandt (etwa die Juden in der Ukraine).[132] Zweitens wurde dieselbe Gewaltmethode gegen unterschiedliche Gruppen angewandt (so wurden zum Beispiel Behinderte, Juden, sowjetische Kriegsgefangene, Roma und politische Gegner aus Polen und der UdSSR gleichermaßen im Gas ermordet). Drittens konnte dieselbe Einheit oder Person unterschiedliche Gewaltmethoden anwenden.[133] Und insoweit andere Personen als die Angehörigen der Mordkommandos entschieden, wer ermordet oder deportiert werden sollte und wann, erklären die Tötungsarten nicht die Ereignisse. All das impliziert, dass die eingesetzten Gewaltmethoden nicht zwangsläufig viel über die Beziehung zwischen Täter und Opfer aussagen und wenig zur Erklärung beitragen, warum ein Gewaltakt stattfand.[134]

Das teilweise dezentralisierte Wesen der deutschen Gewalt gegen Juden und andere Gruppen steigerte ihre Effizienz, indem es Raum für Mitwirkung ließ. Viele Personen aus fast allen Lebensbereichen und den meisten staatlichen Organen beteiligten sich daran, wenn auch nicht jeder. Das brutale Handeln vieler Personen bedeutet nicht immer, dass sie auf eigene Initiative handelten, aber es zeigt, dass sie sich die Gewalt zu eigen machten.

Teil II

Logiken der Verfolgung

7
Rassismus und antijüdisches Denken

Häufig wird der NS-Ideologie eine große oder sogar bestimmende Bedeutung für die Ermordung der europäischen Juden zugeschrieben.[1] Viele Forscher sehen Rassismus und antijüdische Einstellungen als Kern dieser Ideologie. Manche Historiker argumentieren, antijüdische Ideen seien eine notwendige Voraussetzung der Vernichtung gewesen, könnten sie aber nicht allein erklären.[2] Einige haben den Judenhass ins Zentrum der nationalsozialistischen Ideologie gestellt, andere stellen ihn in einen größeren Kontext von Rassismus und Sozialutopien.[3] Tatsächlich ist «Antisemitismus» zwar wichtig, erklärt aber nicht «Eugenik, Geburtenförderung, Euthanasiemorde, Militarismus, Expansionismus oder Rassenpolitik gegen Sinti und Roma, Farbige, Slawen oder ‹Asoziale›».[4] Dieses Kapitel betrachtet das manchmal überraschende Funktionieren des nationalsozialistischen und deutschen Rassendenkens, um antijüdische Einstellungen zu lokalisieren und Unterschiede zwischen Rassentheorie und politischer Praxis zu erklären.

Rassismus als Form der Zuschreibung einer gemeinsamen Abstammung von Gruppen, die qualitative Unterschiede annimmt und auf dieser Grundlage soziale Hierarchien rechtfertigt, gibt es in vielen Kulturen und seit tausenden von Jahren.[5] Der ‹wissenschaftliche› Rassismus in Europa entstand im 17. Jahrhundert – zunächst als Legitimation europäischer Überlegenheit über außereuropäische Völker und im 19. Jahrhundert um die Idee erweitert, dass auch große Gruppen innerhalb Europas sich biologisch unterschieden.[6] In der zweiten Hälfte des 19. Jahrhunderts war ein bestimmtes Maß an Rassismus unter europäischen Denkern üblich.[7] Dieses Denken beeinflusste die Ausbreitung des Nationalismus in Europa (und darüber hinaus) und schuf das, was man «Ethnopolitik»[8] genannt hat. Bestimmte Aspekte dieses Rassismus sind als Aufstand gegen die Modernität dargestellt worden.[9] Das Rassendenken schien Orientierung in einer Zeit sozialer Umwälzungen zu bieten, die durch Industriekapitalismus und weltanschauliche Krise entstanden.[10]

Für nationalsozialistische Rassisten bestimmte die Rassenzugehörigkeit Alltagsleben und Politik. Sie erklärten die Geschichte als eine Folge von Kämpfen zwischen Rassen, zum Beispiel um Land für den Lebenserhalt. Zunehmend schrieb man Rassen und ihren Angehörigen unterschiedlichen Wert zu. Rassenkundler schrieben jeder Rasse besondere Denkformen, Charakterzüge, Verhaltensmuster und kulturelle Leistungen zu, wobei sie die eigene meist an die Spitze stellten. In Deutschland galt die ‹nordische› Rasse als wertvollste.[11] Ein deutsches Lehrbuch ordnete die Rassen folgendermaßen an: weiße Völker über farbigen; unter den weißen Völkern Arier über Juden und unter den Ariern «nordische» Rassen über östlichen.[12] Innerhalb Europas nahm man bei Skandinaviern (außer Finnen), Niederländern, Flamen und Briten den größten Einfluss der ‹nordischen› Rasse an und nannte sie ‹germanische› Völker (ein Ausdruck, der nicht zur Rassenterminologie gehörte). Rassenforscher wiesen den Rassen auch bestimmte körperliche Merkmale zu – etwa Gesichtsform, Schädelform, Hautpigmentierung, Haarfarbe und -konsistenz, Augenfarbe, Körpergröße, Beckenform, Blick, Körperhaltung, Gehstil, Armbewegungen, Gesten und Sprechweisen, aber auch Anfälligkeit gegenüber Krankheiten und möglicherweise auch Blutgruppen. Solche Überlegungen konzentrierten sich auf Männer, jüdische wie nichtjüdische.[13] Rassismus regte Maßnahmen an, um die Qualität der eigenen Gruppe durch Geburtenförderung und eugenische Programme höher zu entwickeln und weniger wertvolle Menschen zu sterilisieren oder zu ermorden. Auch territoriale Expansion sollte die ‹Rasse› heben, indem sie deren Lebensbedingungen auf Kosten sogenannter niederer Rassen oder Völker verbesserte, mit denen das eigene Volk sich nicht vermischen sollte.[14] Seit dem 18. Jahrhundert hatte es eine starke geistige Strömung in Europa gegeben, nach der niedere oder unzivilisierte Rassen im Lauf der Eroberung der Welt durch die überlegene weiße Rasse oder Rassen aussterben würden. Erstere hatten demnach kein Recht, den Letzteren im Wege zu stehen, welche die Ressourcen ihrer Länder zum Wohl der gesamten Menschheit und des Fortschritts ausbeuten würden.[15] Diese Diskussionen bezogen sich aber kaum auf Juden, zumindest bis zum Machtantritt der Nazis.[16]

Zwischen den rassentheoretischen Schulen gab es große Unterschiede. Während viele glaubten, Rasse sei eine Frage der Biologie, der Vererbung und des ‹Blutes›, behaupteten andere, sie bestehe in vererbten gemeinsamen Denkformen oder Einstellungen in Verbindung mit einem subjektiven Zugehörigkeitsgefühl. Nach dieser Ansicht war der Kampf gegen die Juden vor allem ein geistiger.[17] In der NS-Zeit war der Ideologe Alfred Rosenberg der einflussreichste Vertreter dieser Meinung, die aber auch von anderen einflussreichen Personen geteilt wurde, so dass Kompromisse bei der Formulierung der Rassenideologie notwendig wurden.[18]

Rassendenker sahen auch die Wurzeln sozialer und wirtschaftlicher Phänomene in der menschlichen Biologie. Für Hitler war die wirtschaftliche Ungleichheit innerhalb einer Nation wegen der erblichen rassischen Ungleichheit natürlich; andererseits stärkte eine blühende Wirtschaft die Bevölkerung.[19] Die Idee, dass Klassen auf Rassen beruhten, war aber sehr alt und verbreitet. Eroberer in Asien, Europa und Afrika schufen oft kastenähnliche Systeme, in denen Adel, Krieger und Geistliche von anderen sozialen Gruppen getrennt und ihnen übergeordnet zu bleiben suchten. In Frankreich führte das zu der Theorie, die Franzosen bestünden aus zwei Völkern, wobei die soziale Elite von den fränkischen Eroberern des Frühmittelalters abstamme, die Unterschichten dagegen von den Galliern.[20] Einer ähnlichen Theorie nach hatten Menschen der ‹nordischen› Rasse früher Deutschland erobert und die dort lebenden niederen Rassen unterworfen.[21] Der Rassenforscher Hans Günther war der Ansicht, fast jede soziale Hierarchie – selbst innerhalb großer Firmen – lasse sich durch rassische Unterschiede erklären.[22]

Natürlich gab es nur wenig Beweise für die Existenz von Rassen über die Tatsache hinaus, dass manche Menschen etwas anders aussahen als andere. DNA-Analysen standen noch nicht zur Verfügung (und hätten auch keine signifikanten Unterschiede zwischen ethnischen Gruppen ergeben, um die Existenz besonderer Rassen zu bestätigen). Was Rassenforscher stattdessen als Beweis für ihre Theorien nahmen, waren Stereotype über Charakter, Verhalten und Geschichte ethnischer Gruppen, die nun als Eigenheiten von ‹Rassen› gedeutet wurden.[23] Hier lag ein logischer Zirkelschluss vor: Stereotype galten als Beweis, dass Menschen von einer bestimmten ‹Rasse› beeinflusst waren, und Rassen- oder bestimmte Körpermerkmale wurden wiederum mit bestimmten geistigen Eigenschaften verbunden. Bei diesem Vorgang wurden alte Stereotype nicht revidiert, sondern bekräftigt und als gesetzmäßig hingestellt.[24]

Juden im Rahmen des Rassendenkens

Für moderne Rassisten und Rassenkundler waren Juden eine Rasse oder ein Volk mit außereuropäischem Ursprung. Als Fremde gehörten sie nicht zur Gruppe der europäischen Völker.[25] Schon zu Beginn des 19. Jahrhunderts argumentierte man, Juden seien nicht zu integrieren und hätten einen negativen Einfluss auf Staat, Gesellschaft und Kultur.[26] Mit Bezug auf den weitverbreiteten Anspruch, einen ‹Antisemitismus› der Vernunft zu vertreten,[27] waren einige Rassenforscher der Meinung, Konflikte zwischen Deutschen und Juden entstünden nicht aus jüdischer Minderwertigkeit, sondern aus jüdischer Andersartigkeit. Solche Spezialisten waren mit Zionisten in der Idee einig, dass eine räumliche Trennung notwendig sei.[28] Dagegen betonte Staatssekretär Wilhelm Stuckart, der sich sonst meist vorsichtiger äußerte, 1942 in einem Buch: «Die Judenvernichtung findet ihre Rechtfertigung daher nicht nur in der Andersartigkeit, sondern auch in der Anderswertigkeit des Judentums.»[29]

Rassenforscher behaupteten, Juden verbänden «die Leidenschaft, den Haß und die Grausamkeit» orientalischer Hirtenvölker mit der «Geschicklichkeit, Anpassungsfähigkeit, Schlauheit und Herrschsucht» der vorderasiatischen Staatsgründer und einem Fanatismus, der sich im Monotheismus ausdrückte. Ein Theoretiker schrieb jedoch, dass «die Juden im Durchschnitt intellektuell begabter sind als der Durchschnitt der deutschen Bevölkerung», und schrieb ihnen «ausgesprochenen Familiensinn, starkes Zusammengehörigkeitsgefühl und gegenseitige Hilfsbereitschaft» zu, dazu Nüchternheit, Willensstärke, Selbstbewusstsein, Unternehmergeist und «einen ausgesprochenen Herrenwillen», der den germanischen Völkern ähnelte.[30] Jüdische Religion und angebliche Rituale wurden als Erklärung für einen angeblichen jüdischen Willen zur Weltherrschaft und Mangel an Kreativität genannt.[31] Für Hitler fehlte den Juden jede «idealistische Gesinnung» oder Geist der Selbstaufopferung über die unmittelbare Familie hinaus; sie verkörperten für ihn den reinen «Selbsterhaltungstrieb», der sich in ihren Glaubenslehren zeige. Darum seien sie unfähig, eine Kultur zu schaffen oder einen Territorialstaat zu gründen.[32] NS-Ideologen verbreiteten auch den Mythos, Juden seien für einen Großteil der gewöhnlichen Kriminalität – beispielsweise Taschendiebstahl – und den internationalen

Drogenhandel verantwortlich. Nüchternere Rassisten behaupteten, Juden seien bei manchen Verbrechen wie Betrug überrepräsentiert, nicht aber bei Mord, Körperverletzung und Sachbeschädigung. Auch dies wurde mit ihrem rassischen ‹Charakter› erklärt.[33]

Neben dem religiösen Antijudaismus – dem traditionellen Bild ‹des Juden› als Mörder Christi oder christlicher Kinder für jüdische Rituale – waren traditionelle antijüdische Stereotype von Neid und ökonomischen Vorurteilen bestimmt und wurden in den 1930er und 1940er Jahren aktualisiert. Nach solchen Ansichten waren Handel und Geldverleih parasitär, Finanzkapital und Großfirmen von Juden angeregt oder geführt und jüdischer Wohlstand unrechtmäßig erworben. Der sogenannte soziale Antisemitismus hatte seit dem späten 19. Jahrhundert bei der Mobilisierung von Arbeitern und Handwerkern gegen Juden geholfen.[34] Doch das Bild ‹des Juden› als Betrüger, Ausbeuter und Parasit war in Deutschland schon vor 1870 verbreitet, und dies wurde mit Vorstellungen über Juden als Fremde oder Eindringlinge unter Bezug auf Blut und Unreinheit kombiniert.[35] 1911 pries Werner Sombart die Juden als Schöpfer des Kapitalismus, den er positiv sah.[36] Hitler sah das angebliche jüdische Machtstreben in der Wirtschaft als grundlegend und mit ihrem angeblichen Kampf um politische Vorherrschaft verbunden.[37] Dies verweist auf die Bedeutung, die Nationalsozialisten wirtschaftlichen Gründen für ihre Judenverfolgung beimaßen, und zeigt, dass antijüdische Einstellungen und das Wirtschaftsleben (und gesellschaftliches Leben allgemein) für Judenfeinde eng verbunden waren. In einer seiner frühsten Reden, «Warum sind wir Antisemiten?», erklärte Hitler das mit dem Konzept der Arbeit, um den angeblich destruktiven Charakter der Juden wie auch der ‹jüdischen› Idee des Marxismus zu zeigen.[38] Auch in anderen Ländern spielte ökonomischer Antisemitismus eine große Rolle.[39]

Laut Hitler versuchten Rassen einander rechtschaffen im Kampf um Land zu töten oder zu unterwerfen, während das Judentum, dem eigenes Land und staatsbildende Fähigkeit fehlten, seinen «Lebenskampf» mit anderen, quasi unfairen Mitteln führe: wirtschaftlicher Macht und Parasitentum, Schlauheit und Ideologien, die andere Rassen und Nationen untergraben sollten. Zu ihren zerstörerischen Ideen für die Eroberung der Weltherrschaft (angeblich durch Verschwörung) gehörten gleiche Rechte für alle, Liberalismus, (Finanz-) Kapitalismus und Kommunismus. Juden attackierten traditionelle Sitten, Moral, Ehe und die bestehenden Eliten und Nationen.[40] Die Nazipropaganda zählte auch Materialismus, Individualismus, Revolution und bürgerliche Demokratie zu den jüdisch inspirierten Ideen; frühere Judenhasser hatten Aspekte der Modernität wie das Großstadtleben hinzugefügt.[41] Rosenberg entwickelte die klarste Vorstellung, warum «rassenloser Universalismus» abzulehnen sei: Gemäß der Prämisse, dass jede Kultur auf der Rasse beruhe, seien Kulturen an Blutsgemeinschaften gebunden, also entstehe jede universale Idee aus Rassenmischung und sei daher abzulehnen.[42] Für Hitler war alle existierende Kultur arischen Ursprungs.[43]

Die in vielen Ländern wachsende Beliebtheit der Idee, Juden seien Verräter an der Nation, ist mit dem Aufstieg der Idee des Nationalstaates in Verbindung gebracht worden.[44] Rassisten erschien es logisch, dass Juden, wenn sie nicht biologisch zu einer Nation gehörten, deren Ziele entweder gleichgültig waren und sie sie nicht zuverlässig anstrebten oder aktiv untergrüben, weil Nationalismus den jüdischen Interessen zuwiderlaufe. Diese Schlussfolgerung passte zu älteren Behauptungen, wonach viele Juden Spione oder Revolutionäre seien. Hitler war der Meinung, Juden wollten jedes Volk rassisch verderben und entnationalisieren. Zum Teil täten sie das durch die Wanderung von Land zu Land. In der Zeit der deutschen Massengewalt gegen Juden führte die Idee, dass Juden gegenüber ihrer Nation Fremde seien, zu Ansichten wie denen, Vergeltungsmaßnahmen in Frankreich sollten sich nur gegen Juden und angebliche Agenten der UdSSR (d. h. Kommunisten) richten, um britische Propagandabehauptungen zu widerlegen, es gebe einen *französischen* Widerstand.[45] Die Vorstellung, der Kommunismus sei eine jüdische Schöpfung, war weitverbreitet. Die jüdische Herkunft von Revolutionsführern in der Sowjetunion, in Ungarn, Deutschland und Österreich schien das zu belegen. Nationalsozialisten hielten den Kommunismus für den letzten Schritt einer jüdischen Verschwörung zur Beherrschung der Welt. Der proletarische Internationalismus schien sich nicht nur gegen das ‹natürliche› System der Nationalstaaten zu richten, sondern zugleich gegen das Privateigentum und damit gegen die Essenz der inneren Sozialordnung der Staaten.[46]

Solche Denkformen entwickelten sich sogar in kleineren Ländern weit über die bloße Übernahme oder Kopie deutscher Ideen hinaus.[47] Dazu gehörte der Glaube, dass Juden die internationale Politik und bestimmte Regierungen manipulierten, vor allem die Sowjetunion und die USA, aber auch Großbritannien und Frankreich.[48] Außerdem glaubte man an eine jüdische Weltverschwörung oder «jüdische Internationale», die Kapitalisten und Kommunisten vereinte. Die bekannteste dieser Fälschungen, die *Protokolle der Weisen von Zion*, fand kurz nach dem Ersten Weltkrieg ein breites Echo, als der Glaube an die politische Macht der Juden auf dem Höhepunkt war.[49] Wenn die antijüdische Propaganda in einem bestimmten Gebiet anhielt, selbst nachdem die meisten Juden ermordet waren, dann wegen der Annahme, dass sie noch immer den Sowjetkommunismus lenkten, in Feindstaaten Einfluss ausübten und hinter den militärischen Anstrengungen gegen Deutschland stünden. Die Fortsetzung der Propaganda sollte zum einen die Deutschen und die von ihnen unterworfenen Völker an diese angeblichen Tatsachen erinnern, zum anderen richtete sie sich an die Bevölkerung von Feindstaaten.[50] Nach diesen Ansichten war die Vernichtung der Juden ein «Weltproblem», wie Goebbels 1943 schrieb, es gehe nicht um «naive Rachepläne», sondern ums Überleben.[51] Die meisten Artikel über Juden in der deutschen Presse während des Zweiten Weltkriegs hatten Feindstaaten zum Thema.[52] Nationalsozialisten hielten es auch für nötig, ernsthafte interdisziplinäre Forschung über Juden fortzusetzen, um Menschen darüber ‹aufzuklären›. Hierfür wurden gewaltige Mengen an geplündertem Material gesammelt, ein Museum in Prag gegründet und eine Bibliothek im Institut zur Erforschung der Judenfrage in Frankfurt am Main eingerichtet, um es zugänglich zu machen. 1943 nannten die Betreiber der Bibliothek sie die weltweit größte Büchersammlung zur Judaistik; mit über einer halben Million Bänden mag sie das damals durchaus gewesen sein.[53]

Juden galten manchmal als so mächtig und den vitalen Interessen anderer so entgegengesetzt, dass sie als «Gegenrasse» dargestellt wurden.[54] Dies implizierte, sie seien Feinde aller anderen Rassen und versuchten die Regierungen aller Staaten zu untergraben und zu stürzen.[55] Andere Forscher argumentieren, wegen der angeblichen rassischen Minderwertigkeit der Unterschicht ihrer eigenen Bevölkerung und der Bevölkerung der Nachbarländer hätten deutsche Rassisten den Juden gar nicht als Schreckbild gebraucht.[56] Hitler schrieb an einigen Stellen, Merkmale sogenannter Entartung wie Überbevölkerung, Verstädterung, Fehlen von Rassenstolz und Verfall von Kulturwerten seien nicht von Juden verursacht, würden dann aber von ihnen ausgenutzt.[57] In *Mein Kampf* forderte er die «letzten und brutalsten Mittel» gegen Verbrecher und die Sterilisierung behinderter Menschen. Andererseits schrieb er, die Welt gehe auf einen Entscheidungskampf zwischen Ariern und Juden zu, in dem Deutschland das entscheidende Schlachtfeld sein werde.[58] Jedenfalls darf man nicht übersehen, dass sich deutsche Rassendenker auch mit Rassenproblemen befassten, die keinen Bezug zu Juden hatten und nicht in eine einfache «binäre Formel» von Deutschen gegen Juden passen;[59] der Kampf gegen Juden fand für sie in einer Welt statt, in der es auch andere Konflikte gab. Für Rassisten führte selbst die Ermordung aller Juden nicht zwangsläufig zu Rassenreinheit oder Erlösung.[60] Ein Politiker wie Wilhelm Frick sah 1933 die Machtübernahme der Nazis erst als Beginn eines komplexen Prozesses der ethnischen oder ‹rassischen› Erneuerung.[61] Für Himmler war die Judenvernichtung «nicht das Endziel seiner Politik», sondern «der Ausgangspunkt für viel umfassendere Pläne zur blutigen ‹Neuordnung› des europäischen Kontinents».[62] Es mag stimmen, dass für antijüdisch eingestellte Deutsche im späten 19. Jahrhundert Aktionen gegen Juden alle Probleme der Gesellschaft zu lösen versprachen,[63] aber das galt nicht mehr für die NSDAP im Jahr 1933 und danach. Es ist wichtig zu verstehen, dass die Nazis nur deshalb Erfolg hatten, weil sie nicht nur *ein* Thema hatten. Sie wurden für unterschiedliche Bevölkerungsgruppen attraktiv, weil sie Maßnahmen für ein breites Spektrum sozialer Probleme entwickelten, von einer rentablen Landwirtschaft bis zu wirtschaftlicher Erholung, Gesundheitsfürsorge und Tourismus. Weil sie solche politischen Themen forcierten, konnten sie 1932–33 Wahlsiege feiern, als ihre antijüdische Propaganda zurückgefahren wurde. Nach 1933 versuchten sie all diese Maßnahmen umzusetzen, die mit ihren biologistischen Auffassungen verbunden waren, sich aber nicht auf die Judenfrage beschränkten.

Im Gegensatz zur gängigen Auffassung, aber auch zu einigen von Hitlers Reden, glaubten viele NS-Rassenforscher, Juden seien gar keine Rasse, sondern ein Rassengemisch, wenn auch ein ‹fremdes›. In Deutschland entstand diese Idee in den 1880er Jahren. Ab etwa 1920/21 (kurz bevor Hitler *Mein Kampf* schrieb) war dies die vorherrschende Ansicht bei deutschen Rassenkundlern.[64] Das Rassenpolitische Amt der NSDAP führte diese Auffassung 1941 an, um die Kennzeichnung deutscher Juden mit einem gelben Stern zu rechtfertigen, da viele wegen ihrer komplexen Rassenmischung sonst nicht leicht zu erkennen seien.[65] Andere einflussreiche Forscher verteidigten die Position, Juden seien eine Rasse, weil sie ihre Mischung aus orientalischen, westasiatischen, innerasiatischen, negroiden, hamitischen, westischen, ostischen, nordischen und ostbaltischen Rassen wieder zu einem neuen zusammenhängenden Ganzen verschmolzen hätten.[66]

Aus der Annahme, dass Juden enormen Einfluss besäßen, intelligent und in mancher Hinsicht überlegen seien[67] – die schon vor 1850 existierte –, folgte unter anderem die Idee, eine antijüdische Einstellung sei eine Frage der Selbstverteidigung,[68] was ihr besondere Dringlichkeit und Aggressivität verlieh. Manche Rassendenker glaubten, um Deutschlands Aussichten auf eine rassische Erlösung sei es schlecht bestellt.[69] Daher stellten sie sich den Kampf gegen die Juden als Kampf ums Dasein vor oder zumindest als entscheidend im Kampf gegen den rassischen Niedergang.[70] Diese Theorie wurde an wichtigen Punkten während des Zweiten Weltkriegs – der Deutschland angeblich von den Juden aufgezwungen war – und während der massenhaften Vernichtung der Juden bekräftigt. Im November 1943 erklärte Himmler: «Wir hatten das moralische Recht, wir hatten die Pflicht gegenüber unserem Volk, dieses Volk, das uns umbringen wollte, umzubringen.»[71] Er fuhr fort, deutsche Einzelpersonen hätten kein Recht, jüdisches Eigentum zu plündern, denn das wäre ein Sieg für den jüdischen Geist.[72] Hier borgte er vom Konzept der Rassenseelen. Nicht nur Himmler glaubte, dass der jüdische Einfluss über die körperliche Existenz von Juden hinausgehe. Juden hatten angeblich viele Ideen entwickelt – etwa Liberalismus, Kommunismus, Internationalismus und universelle Menschenrechte –, die nicht automatisch verschwinden würden, wenn sie alle ermordet wären. Im Sommer 1942 führte ein solches Denken den SS-Journalisten Gunter d'Alquen zur erfolglosen Forderung nach der Verstaatlichung des Einzelhandels in Deutschland, weil der «händlerische Instinkt» meist auch mit «rassischen Minderwerten» gekoppelt und Deutschen geistig fremd und unangemessen sei.[73]

Weil Juden die Schuld an vielen Übeln der Moderne zugeschrieben wurde, hat man den «Antisemitismus» einen «kulturellen Code» genannt, d.h. eine *Chiffre* für modernefeindliche Gefühle. Shulamit Volkov sieht «ein gemeinsames Ethos, ein Grundmuster von Werten und Normen» in dem Wunsch vieler Deutscher im späten 19. Jahrhundert nach «Wiederherstellung einer völkischen Gemeinschaft in Harmonie und Gerechtigkeit». Dieser Wunsch ging meist einher mit scharfem Nationalismus, Expansionsstreben, Militarismus, wirtschaftlichem Protektionismus und einer zunehmenden Ablehnung der bürgerlichen Demokratie, der Gewerkschaften und des städtischen Lebens.[74] Judenfeindliche Gefühle waren ein Teil dieser Einstellung, aber der Hass auf die Juden wurde wichtig als Emblem für die Ablehnung all dieser Ideen. «Antisemitismus» lehnte wörtlich nicht Juden, sondern den «Semitismus» ab, d. h. bestimmte Prinzipien und Charakterzüge, die ‹Semiten› angeblich eigen waren.[75] Der Gedanke, dass Juden für Liberalismus, Kapitalismus, Freimaurertum und Sozialismus verantwortlich seien, war nicht auf die Nationalsozialisten beschränkt; er war beispielsweise vom späten 19. bis zur Mitte des 20. Jahrhunderts auch unter katholischen Geistlichen in Europa verbreitet.[76] Unter Nazis und anderen Judengegnern gab es keine einheitliche, separate Denkweise namens Antisemitismus, die von allen anderen kulturellen, politischen, sozialen und wirtschaftlichen Fragen getrennt gewesen und ihnen zuwidergelaufen wäre. Wenn antijüdische Gefühle als kultureller Code funktionierten, war ihre Essenz vielmehr die enge und untrennbare Verbindung mit dem, was Nazis und andere Judenhasser als die Realität ansahen.[77] Dies zu erkennen, ist grundlegend, um zu verstehen, warum die Organisatoren und Ausführenden des Massenmords später die Gewalt gegen Juden mit politischen, sozialen, ökonomischen und kulturellen Interessen verbunden sehen konnten.

Im Gegensatz zum Marxismus (trotz dessen vielen Spaltungen) schuf der Nationalsozialismus niemals eine «einheitliche Weltsicht» mit theoretisch stimmiger Grundlage oder strenger Lehre.[78] Das überrascht nicht, denn «wenn die Abstammung allein es einem Mann erlaubte, wie ein Arier zu handeln, konnten Erziehung und Indoktrination logischerweise wenig ausrichten».[79] Der NS-Vordenker Alfred Rosenberg schrieb dazu: «[D]ie neue Anschauung der Welt ist kein Dogma, sondern innere Haltung», und SS-Obersturmführer Georg Wolff, ein SD-Offizier im besetzten Oslo, formulierte es so: «Ein Weltbild kann weder erlernt noch gelehrt werden, es muß vielmehr erlebt werden.»[80] In der NS-Pädagogik galt abstraktes Lernen wenig gegenüber einem ganzheitlichen Verständnis der eigenen Erfahrung, einschließlich des eigenen Handelns.[81] Dennoch gab es viel ideologische Indoktrination in SS, Polizei und Wehrmacht.[82] Für die breite Öffentlichkeit gab es Lehrgänge, Ausstellungen, Informationsblätter, propagandistische Stücke, Filme und Diavorträge, Präsentationen in Schulen, Kalender und Radiosendungen.[83] Wir sollten die dort vermittelten Inhalte – d. h. die Ideologie – aber nicht als statisch oder unveränderlich ansehen. In vieler Hinsicht war die sogenannte NS-Ideologie in Wirklichkeit Veränderungen, taktischen

Abwandlungen und Hindernissen unterworfen. Sie war auch inkonsistent, widersprüchlich, vage und flexibel und dadurch mit populären ethnischen Stereotypen kompatibel.

Überall Rassenmischung – und ihre Folgen

In den 1920er Jahren, während des Aufstiegs des Nationalsozialismus, und in den 1930er Jahren, als er an die Macht kam, führte das Wissen über historische Migrationsbewegungen, interethnische Ehen und sexuelle Vermischung zu der Ansicht, es gebe keine reinen Rassen mehr. Die Bevölkerung jedes Landes wurde als Rassenmischung angesehen, ebenso die meisten Einzelpersonen.[84] Demnach gab es weder eine deutsche noch eine arische Rasse und auch keine jüdische, da stimmten die meisten deutschen Rassenforscher überein.[85] Nach dieser Vorstellung waren Deutsche und Juden Völker, keine Rassen. Die politischen Implikationen dieser Form des Rassendenkens waren tiefgreifend und komplex.

Die Rassenmischung hatte sich im 19. Jahrhundert angeblich beschleunigt, vor allem in Großstädten.[86] Annahmen und Terminologie variierten etwas, aber die meisten waren der Meinung, das deutsche Volk setze sich aus den sogenannten nordischen, westischen (oder mediterranen), ostischen, fälischen, ostbaltischen und dinarischen Rassen zusammen.[87] Die Ansicht, dass alle Nationen gemischtrassig seien, blieb nicht unwidersprochen; für einige italienische Rassenforscher im Gegensatz zu Mussolini gab es eine italienische Rasse (der die meisten Volksgruppen im Lande außer den Juden angehörten). Dies wollten sie dem Konzept einer nordischen Rasse entgegensetzen, das Italiener in ein schlechtes Licht setzte.[88] In Schweden war die Auffassung populär, es gebe eine «schwedische Rasse», obwohl dafür eine zeitgenössische anthropologische Basis fehlte.[89] Auch einige deutsche Forscher, die annahmen, Rassen unterlägen ständig geschichtlichen und Umwelteinflüssen, postulierten die Existenz einer deutschen Rasse; aber sie wurden in den frühen Jahren der NS-Herrschaft zum Schweigen gebracht.[90] Am 24. Oktober 1934 verkündete das Rassenpolitische Amt der NSDAP als offizielle Parteilinie, dass es keine deutsche Rasse gebe und die Deutschen ein «Rassengemisch» seien.[91] Wenn es überhaupt eine Doktrin des NS-Rassismus gab, dann diese. Mit Bezug auf Juden erklärte also der offizielle Kommentar zu den Nürnberger Rassegesetzen von Wilhelm Stuckart und Hans Globke, es gebe keine jüdische Rasse, daher tauchte der Begriff in diesen Gesetzen nicht auf.[92] Also ging es um mehr als Theorie, dies hatte praktische Folgen. Und es wurde propagiert: Ein zeitgenössisches Foto zeigt den führenden NS-Ideologen Alfred Rosenberg bei einem HJ-Treffen vor einem Plakat mit Porträtfotos unter der Überschrift «Bilder deutscher Rassen» sitzend.[93]

Einflussreiche Vertreter des Rassendenkens wie Joseph Arthur de Gobineau, Friedrich Nietzsche und Friedrich Ratzel hatten schon relativ früh vertreten, es gebe gar keine reinen Rassen. Für Houston Stewart Chamberlain waren die meisten Völker, einschließlich Slawen und Juden, Rassenmischungen.[94] Überdies galten diese Mischungen selbst in den nördlichen Ländern nicht als positiv. In Norwegen und Schweden, deren Bevölkerung rassisch als relativ rein und wertvoll galt, nahmen Rassenforscher nur wenige Menschen von «hundertprozentig nordischer Rasse» an.[95] Hans Günther behauptete 1920, nur 6 % aller Deutschen seien von rein nordischer Rasse, obwohl nordisches Blut angeblich die Hälfte der deutschen Rassenmischung ausmachte; und ein Buch von 1933 erklärte, nicht mehr als 40 % aller deutschen Offiziere des Ersten Weltkriegs hätten der «nordischen Rasse» angehört.[96]

Hohe NS-Vertreter stimmten der Sicht zu, das deutsche Volk sei eine Rassenmischung. Innenminister Wilhelm Frick und sein Staatssekretär Wilhelm Stuckart sagten das öffentlich. Himmler glaubte es seit 1924. Auch Otto Ohlendorf, der zeitweise eine Einsatzgruppe befehligte, war dieser Ansicht.[97] Hitler sagte ebenfalls zu verschiedenen Zeiten, Deutsche, US-Amerikaner und auch Juden seien Rassenmischungen, und zeigte manchmal Kenntnisse der damals herrschenden Rassenlehre,[98] doch seine Aussagen zum Thema waren widersprüchlich. Im Februar 1945 scheint er gegenüber Bormann zugegeben zu haben: «vom genetischen Standpunkt aus gibt es keine jüdische Rasse», vielmehr hätten die Juden nur den Charakter einer «rassisch und geistig zusammengehörigen Gruppe».[99] Mit Bezug auf die Rassenmischung sagte er im September 1935 zum Leiter des Rassenpolitischen Amts der NSDAP, es gebe keine völlig befriedigende biologische Lösung für das sogenannte Judenproblem.[100] In *Mein Kampf* klärte Hitler nicht, ob Juden gemischtrassig seien, sondern nannte sie abwechselnd ein «Volk» und eine «Rasse».[101] Dasselbe galt für seine Reden und andere öffentliche Äußerungen.[102] SS-Männer lernten, dass Juden eine Rassenmischung mit einem gewissen Anteil nordischen Bluts seien.[103] Generalgouverneur Hans Frank sagte öffentlich, Juden seien eine Rassenmischung (asiatischen Ursprungs) – Roland Freisler hatte das schon 1933 vertreten.[104] Dagegen war es Rosenberg, der zweithöchste Parteiideologe, der auf der Grundlage angeblicher psychologischer Merkmale statt auf biologischer Basis Juden unzweideutig als Rasse, nicht als Volk definierte.[105]

Wenig überraschend sahen Rassenforscher sich zu dem Eingeständnis gezwungen: «Noch wissen wir nicht sehr viel über die Wirkungen der Rassenmischung», aber sie nahmen meist an, dass die Aufnahme des Bluts angeblich minderwertiger nichteuropäischer Rassen durch Europäer bei der Rassenmischung zum kulturellen Niedergang führte.[106] Für einige Rassenforscher waren nur Mischungen zwischen mehr oder weniger europäischen Rassen akzeptabel. So vertrat Eugen Fischer im Februar 1933, Menschen mit gemischtem, aber verwandtem rassischen Erbe oder aus «Mischzonen» könnten große kulturelle und moralische Leistungen vollbringen. Dagegen meinte Hitler, dass auch innereuropäische Vermischung zum Niedergang führe.[107] Wie Gobineau hielt er die Rassenmischung für ein allgegenwärtiges Phänomen, das die Menschheit in ihrer Existenz bedrohte. Es war für ihn gerade der rassisch heterogene Charakter des deutschen Volkes – die «blutsmäßige Zerrissenheit in höher- und minderwertige Rasseneinzelelemente», selbst über den Einfluss jüdischer oder afrikanischer Gene hinaus –, der problematische Konsequenzen für den deutschen Volkscharakter hatte und für die «außerordentlichen Extreme [...] im Leben unseres Volkes» verantwortlich war. Schon in *Mein Kampf* hatte er erklärt, die Tatsache, dass die Deutschen eine Rassenmischung seien, habe zu einem Mangel an innerem Zusammenhalt und ihrem Scheitern bei der Bildung eines einheitlichen Nationalstaats wie auch zum «Hyperindividualismus» geführt. Diese Fragmentierungen hätten aber wenigstens viele rein «nordische» Einzelmenschen erhalten.[108] In der Praxis stellten Ehen und Mischungen zwischen Deutschen verschiedener ‹verwandter› Rassen, die in Deutschland angeblich vorherrschten, jedoch kein Problem für den Nationalsozialismus dar. Puristische Einwände blieben marginal.[109] Wenn Hitler die deutsche ‹Volksgemeinschaft› propagierte, tat er es dennoch unter der Voraussetzung, dass sie nicht existiere und noch geschaffen werden müsse.[110] Innere Unterschiede implizierten auch, das deutsche Volk sei im Kampf gegen die Juden nicht zwangsläufig vereint.

Die Idee des Ariertums und innere Widersprüche des Rassendenkens

Führende Rassenkundler wie Hans Günther wiesen die Idee einer arischen Rasse zurück. Für sie war ‹arisch› ein Begriff, der in die Sprachwissenschaft gehörte.[111] Darum kam ‹arisch› weder in den Nürnberger Rassegesetzen noch in vielen anderen relevanten NS-Gesetzen ab der zweiten Jahreshälfte 1933 vor.[112] Historisch gesehen war die europäische Idee des Ariertums aus strukturellen Ähnlichkeiten zwischen indischen und europäischen Sprachen entstanden, die im späten 18. Jahrhundert entdeckt wurden. Fast das ganze 19. Jahrhundert über befeuerte die Theorie einer indogermanischen Sprache Vorstellungen von einer Blutsverwandtschaft zwischen den meisten europäischen und indischen Völkern und dazu einigen, die dazwischenlagen, wie den Iranern. Diese ‹arische› Völkerfamilie schloss beispielsweise ‹Semiten› wie Araber und Juden und ‹asiatische› Völker wie Türken, Ungarn und Samen (Lappen) aus.[113] Seit dem Ende des 19. Jahrhunderts war der arische Mythos im Niedergang gewesen,[114] aber auf populärer Ebene hielten sich Ideen von der relativ engen Beziehung zwischen bestimmten (europäischen) Rassen und ebenso der (häufig inoffizielle) Gebrauch des Begriffs ‹arisch›. Hitler benutzte ihn in *Mein Kampf*, ohne ihn zu definieren oder zu analysieren. In seinen späteren Reden sprach er abwechselnd von «arischen Völkern», «arische[n] Stämme[n]», «arischen Völkern und Rassen» und «europäisch-arischen Völkern».[115]

Die Erklärungen, wer arisch sei, soweit dieses Konzept benutzt wurde, gingen etwas auseinander. Vor dem diplomatischen Korps erklärte Reichsinnenminister Frick 1934, alle «nichtjüdischen Angehörigen aller europäischen Völker» seien arisch. Polen wurden als arisch definiert, aber «Zigeuner» und «Neger» nicht.[116] Die Ansicht, dass Polen arisch seien, findet sich auch in Dokumenten der Besatzungsbehörden, und nichtjüdischen Polen teilte man das auch mit.[117] Ersteres bezog sich auf Slawen allgemein – Russen, Ukrainer, Weißrussen und Serben –, die frühere Theoretiker auch schon als arisch angesehen hatten.[118]

Dass ‹arisch› ein populäres Schlagwort ohne präzisen Inhalt war, wird auch durch die stark differierende und ambivalente Einschätzung der Slawen durch Rassenforscher unterstrichen.[119] Selbstverständlich galten Slawen nicht als Rasse.[120] Selbst wichtige NS-Politiker und

-Ideologen stimmten nicht überein, wie sie zu bewerten seien. Himmler, der Deutschland als Führer im Kampf gegen Asien sehen wollte, trat für radikale Maßnahmen gegen Slawen und ihre rassische ‹Siebung› ein, aber er stellte auch slawische (und asiatische) Einheiten der Waffen-SS auf; dagegen sah Rosenberg bestimmte slawische Völker als potenzielle Verbündete, denen eine eigene, ihnen gemäße, getrennte und abhängige Entwicklung erlaubt werden sollte.[121] Erich Koch hatte vor 1933 die «jungen Völker des Ostens» gepriesen und sogar eine «Rassenvermischung» von Preußen und Slawen propagiert, und noch 1939 bis 1941 sah er positive Aspekte in der sowjetischen Gesellschaft, bevor er als Reichskommissar für die Ukraine eine brutale rassistische Unterdrückung praktizierte.[122] Wie Hitler hatten viele NS-Größen in ihren Frühschriften wenig (und wenig Negatives) über die Slawen zu sagen.[123] Nach allgemeiner deutscher Ansicht stellten sie eine Rassenmischung dar. Das polnische Volk bestand angeblich aus denselben Rassen wie das deutsche, aber in anderer Zusammensetzung. Russen sollten auch mongolisches Blut besitzen.[124] Antislawische Vorurteile waren in Deutschland alt und verbreitet, wurden aber beispielsweise auch von italienischen Diplomaten geteilt.[125] Manche Forscher argumentieren aber, die deutsche Wissenschaft habe nur selten slawenfeindliche Ansichten geäußert. Anscheinend gab es keine allgemeinen NS-Richtlinien für die Slawistik oder die osteuropäische Geschichte.[126] In einer Propagandabroschüre von 1944 mit dem Titel *Wofür kämpfen wir?* vermied das Oberkommando des Heeres offen antislawische Argumente und listete die Juden, den Bolschewismus, die USA und Großbritannien als Deutschlands Hauptfeinde auf.[127]

Trotz all dieser Ungereimtheiten beeinflussten alte Vorurteile – die auch von Intellektuellen kultiviert wurden – deutsche Maßnahmen stark. Slawen galten als kulturlos, dumm, Alkoholiker, unordentlich und undiszipliniert. Während der Weimarer Republik wurden sie auch als verräterisch, brutal und rachsüchtig dargestellt.[128] Als in Deutschland nach 1939 zahlreiche polnische Zwangsarbeiter eingesetzt wurden, stellte man Polen als faul, undiszipliniert, neidisch, hasserfüllt, rachsüchtig und nur scheinbar unterwürfig dar, ihr Land als vorindustriell.[129] Selbst der Schriftsteller Heinrich Böll, ein Bewunderer der russischen Literatur, nannte Russland damals «traurig und groß und dämonisch, das Land ohne Zäune».[130] Rassenkundlern galten Slawen als unfähig zur dauerhaften Staatsbildung und Landschaftsordnung. Einerseits erlaubten die alten Stereotypen kurz nach dem Hitler-Stalin-Pakt 1939 das Erscheinen einer relativ respektvollen Broschüre über Sowjetrussland, die den russischen Volkscharakter als natürlich, freundlich, fromm, bodenständig, leidenschaftlich, anpassungsfähig und ehrgeizig, wenn auch unproduktiv schilderte; andererseits betonte sie aber negative Vorurteile wie Passivität, Schwermut und das Fehlen individueller Persönlichkeit.[131] Selbst während des Krieges gegen Polen lobte Hitler 1939 öffentlich den Mut der polnischen Soldaten.[132] So ließ das Ariertum und damit das Rassendenken überhaupt einen gewissen Raum für solche widersprüchlichen Einschätzungen. Dennoch wurden nach 1943 Forderungen nach einer guten Behandlung der Slawen und die ‹Europa gegen den Bolschewismus›-Propaganda nur selten mit dem positiven ‹Rassenwert› der Slawen begründet.

Der antislawische Rassismus in Deutschland war auch Grundlage extremer Formen von rassistischer Entmenschlichung.[133] Nicht nur auf Bolschewisten, Politkommissare und Juden wurde das Konzept des «Untermenschen» angewandt, sondern kollektiv auf alle Sowjetbürger.[134] Und auch auf deutsche Kriminelle und Menschen mit angeblich geringer Intelligenz wurde der Begriff übertragen, wie auch auf ‹Neger› und ‹Mongoloide›.[135]

Von Differenzen zwischen rassenkundlichen Konzepten zu Widersprüchen zwischen Politik und Rassismus

Aus verschiedenen Gründen ließen sich nicht alle Maßnahmen im NS-Deutschland mit dem Rassendenken in Einklang bringen. Einer war theoretisch; ‹Rassenexperten› konnten sich über viele Aspekte ihres Themas nicht einigen, ihr politischer Einfluss war begrenzt, und politische Mechanismen wie auch das NS-Denken wirkten der Entwicklung starrer Dogmen entgegen. Auch waren politische Notwendigkeiten häufig wichtiger als Rassenideen; Letztere konnten sich wegen des oft flexiblen Charakters der Leitideen wenn nötig auch als anpassungsfähig erweisen. Manchmal handelten relevante Bevölkerungsgruppen auch dem Rassendenken zuwider, weil es sie nicht überzeugte.

Nicht einmal führende NS-Politiker und -Ideologen, die allesamt Juden hassten, waren einig darin, warum. Diese Unstimmigkeiten erwuchsen aus ihren unterschiedlichen Vorstellungen von Rasse. Hitler sah das Hauptproblem der Juden in ihrer biologisch begründeten Unfähigkeit, eine Kultur und einen Territorialstaat zu schaffen, was sie zu besonderen Strategien trieb, um sesshafte Völker durch Einführung oder Manipulation bestimmter Ideen zu unterwerfen. Rosenberg dagegen leitete die jüdische Minderwertigkeit aus ihrer Religion ab, ihrem angeblichen Fehlen metaphysischer Charakterzüge und ihrer Arroganz, sich für Gottes auserwähltes Volk zu halten. Für Walther Darré war die Geschichte ein Kampf zwischen ackerbauenden und nomadischen Rassen: Juden waren nur eine von letzteren, aber eine, die den Finanz- und Handelskapitalismus erschuf. Himmler konzentrierte sich vielleicht mehr auf den Kampf, den er zwischen Europa und Asien sah, als auf die Juden; für Goebbels, der wohl keinerlei systematische Vorstellung von Rassen oder geschichtsbewegenden Kräften hatte, mussten Juden als Hintermänner bürgerlicher Ideen und Verhaltensweisen und feindlicher Mächte (einschließlich des Kommunismus) bekämpft werden.[136]

Die deutschen Institute zur Erforschung der Juden waren verstreut, marginal und miteinander verfeindet.[137] 1934 beauftragte Rudolf Hess, Hitlers Stellvertreter als Parteichef, Walter Gross mit der Gründung des Rassenpolitischen Amts der NSDAP, um «das nationalsozialistische Rassendenken zu vereinheitlichen und zu popularisieren», aber Gross konnte das erste Ziel nicht erreichen. Damit wiederholte sich das Scheitern des Sachverständigenbeirats für Bevölkerungs- und Rassenpolitik, den Frick im Juni 1933 gegründet hatte und dem unter anderem Himmler, Walther Darré, Reichsgesundheitsführer Gerhard Wagner und der Rassenkundler Fritz Lenz angehörten. Die Debatten in dieser Theoriekrise der NS-Rassenpolitik, wie Claudia Koonz es genannt hat, endeten ergebnislos.[138] Kompromisse zwischen verschiedenen Fraktionen, z. B. über die Rolle der sogenannten nordischen Rasse und ob erbliche Merkmale automatisch Rassenmerkmale seien, wie Günther meinte, blieben punktuell und zerbrechlich.[139]

Im Gegensatz zu Autoren, nach denen die Rassenforschung direkt und lückenlos in NS-Politik umgesetzt wurde, argumentiert Koonz, dass die Forschung die Idee und die «Begründung» für Verfolgung und Morde lieferte, aber keinen klaren Rahmen, was Regimevertretern und Öffentlichkeit Handlungsfreiheit ließ.[140] Tatsächlich erleichterte das Fehlen einer strengen Rassendoktrin Veränderungen und Kurswechsel bei rassistisch inspirierten Maßnahmen. Vor 1933 machten die Nazis nur wenige Aussagen über Polen, und von 1934 bis 1939, als Deutschland mit

Polen verbündet war, gab es kaum antipolnische Forschung und Propaganda. Während der Spannungen 1939, dem folgenden Krieg und der Besatzung blühten sie aber. Die NS-Propaganda griff dabei auf alte Stereotype zurück. Solche Kehrtwenden hatten eine lange Tradition in den deutsch-polnischen Beziehungen.[141] Wenn es opportun schien, konnte noch 1940 ein Rassenkundler wie Hans Günther erklären, 80 % der Polen seien rassisch eng mit den Deutschen verwandt, womit er die Politik in Danzig-Westpreußen bekräftigte, wo man im Gegensatz zum benachbarten Wartheland eine Assimilierung der meisten Einheimischen anstrebte.[142] Ähnliche Kurswechsel gab es in den Ansichten über die Bewohner des besetzten Griechenland. Sie wurden zunächst mit den edlen Griechen der Antike identifiziert, aber nach der Hungersnot 1941–42 und dem Partisanenaufstand als korrupte, elende, kulturlose und unzuverlässige Nachkommen von Slawen beschrieben.[143] Wegen arabischer und afrikanischer Einflüsse hatten manche Deutsche die italienische ‹Rassenmischung› schon lange als problematisch angesehen, aber erst nach Italiens Waffenstillstand mit den Alliierten 1943 wandelte sich die Behandlung der Italiener von positiv zu feindselig.[144] Solange sie deutsche Verbündete waren, also bis 1944, stand man auch Slowaken, Bulgaren und Rumänen freundlich gegenüber; danach wurden Gefangene aus diesen Ländern als verräterische Slawen (eine fragwürdige Zuordnung für Rumänen) hart behandelt.[145] Die Haltung der Nationalsozialisten gegenüber Arabern blieb widersprüchlich,[146] obwohl jede Reaktion vor allem auf nationalen oder ethnischen Stereotypen beruhte, nicht auf dem sogenannten Rassenwert von Einzelpersonen oder Familien. Ähnliche Entwicklungen zeigen sich in anderen Ländern; so akzeptierten rumänische Politiker um 1940 plötzlich, es gebe ein ‹Romaproblem›.[147]

Auch die antijüdische Agitation war manchmal stark und wurde zu anderen Zeiten gebremst, etwa 1922/23. In Hitlers unveröffentlichtem Buchmanuskript von 1928 spielte die «Judenfrage» eine relativ kleine Rolle.[148] 1930 bis 1932 und auch 1933, in Hitlers erstem Jahr an der Macht, betonte er andere Themen als den expliziten Judenhass (den Versailler Vertrag, den ‹Novemberverrat› der Revolution 1918, das internationale Kapital, den Marxismus, die bürgerlichen Parteien), um neue Parteimitglieder und Wähler zu gewinnen – obwohl für ihn Juden indirekt mit diesen Themen verbunden waren. Vor Parteigenossen oder kleinen Ladenbesitzern zog er über Juden her (Arbeiter schienen weniger aufgeschlossen dafür zu sein), und in wenigstens einer Phase 1932 häufte sich die Nazipropaganda gegen Juden.[149] Dass die antijüdische Propaganda Ende der 1920er und Anfang der 1930er Jahre weitgehend im Hintergrund stand, war weder zufällig noch bloß taktisch, sondern eine logische Folge dessen, dass die NSDAP ein umfassendes politisches Programm entwickelt hatte, mit dem sie die Deutschen für sich gewinnen wollte. Von rund 2000 Filmen, die von 1933 bis 1939 in Deutschland gedreht wurden, waren anscheinend drei offen antijüdisch, und Wochenschauen brachten ebenfalls nicht viel zur «Judenfrage».[150] Wichtiger noch, folgt man Jeffrey Herf, drohte Hitler vor 1939 nicht öffentlich mit der kollektiven Ermordung der Juden, und von 1920 bis 1939 soweit bekannt überhaupt nicht.[151] Judenfeindschaft zu predigen, war vermutlich kein zentrales Element für Hitlers Wahlsiege vor seinem Machtantritt, und für die Erfahrung von nichtjüdischen Deutschen unter seiner Herrschaft auch nicht, zumindest bis 1938. Das lässt die Ansicht, Judenbeschimpfung sei wichtig gewesen, um die Massen von sozialen Problemen abzulenken, zweifelhaft erscheinen. Männer, die zu Stützen des NS-Regimes und später wichtigen Figuren bei der Judenvernichtung wurden – etwa Himmler, Göring und Hans Frank –, traten der Partei wohl nicht aus Judenhass bei.[152] Das gleiche galt vielleicht auch für viele, die der NSDAP vor 1933 beitraten, denn in einer Befragung von 1933 machten 60 % – vor allem jüngere, weniger gebildete Männer vom Land – «keinerlei Aussagen, die auf antisemitische Gefühle hindeuteten».[153] Himmler war schon seit 1922 umfassend antijüdisch eingestellt, erwähnte aber im Gegensatz zu Heydrich vor 1938 Juden kaum in seinen Reden.[154] Arthur Greiser, der später den Massenmord an den Juden im Wartheland steuerte, schimpfte über weite Teile seiner Karriere mehr auf Polen als auf Juden.[155]

Selbst in Zeiten starker und offener Feindseligkeit waren Juden aber nicht zwangsläufig ein häufiges Thema. In den SD-Berichten über die öffentliche Meinung im Reich während des Zweiten Weltkriegs wurden Juden besonders vor dem Juni 1941, aber auch danach selten erwähnt.[156] Während des Krieges gab es in 84 Nummern des offiziellen NS-Sprachrohrs *Völkischer Beobachter* antijüdische Vorwürfe auf der Titelseite (das sind etwas über 4 %). Jeffrey Herf schließt daraus: «Antijüdische Propaganda war kein alltägliches Phänomen.»[157] Das Gleiche gilt für den Rassismus allgemein: Von etwa 100 Büchern, die der parteieigene Eher Verlag 1933/34 veröffentlichte, trugen nur drei das Wort «Rasse» im Titel.[158] In seinen Reden der 1920er und 1930er Jahre sprach Hitler kaum je vom

Osten. Und das wissenschaftliche Interesse an russischer Geschichte, das seit 1933 marginal war, wuchs erst mit dem deutschen Angriff auf die Sowjetunion 1941. Das Gleiche gilt für das Interesse an polnischer Geschichte vor 1940.[159]

Jenseits der Rhetorik widersprachen eine Reihe politischer Entscheidungen in Bezug auf Juden und andere deutlich dem Mainstream der Rassentheorie. Dazu gehörte die durch den Arbeitskräftemangel der deutschen Kriegswirtschaft motivierte Politik, Millionen von slawischen Zwangsarbeitern nach Deutschland zu holen und 1944 auch mehrere hunderttausend jüdische Zwangsarbeiter (obwohl ihr Kontakt zu und ihre Vermischung mit Deutschen unerwünscht war). Zu Ersterem erklärte Göring im Januar 1941, dass «bevölkerungs- und rassepolitische Bedenken zur Zeit in den Hintergrund zu treten» hätten.[160] Sogar der bei Germanisierung und ethnischer Absonderung radikalste Gauleiter, Arthur Greiser im annektierten Wartheland, erklärte intern, niemand solle öffentlich von einer «Lösung der Polenfrage» reden (obwohl sie angestrebt war), weil solche Äußerungen die Arbeitswilligkeit der polnischen Bevölkerung senken könnten. Damit revidierte er seine frühere Haltung, nach der die von Polen ausgehende Gefahr schwerer wiege als ihre Arbeitskraft. Funktionäre auf unteren Ebenen teilten seine Ansicht. Auf der Grundlage ähnlicher Argumente wurde die Germanisierungspolitik im Protektorat Böhmen und Mähren gebremst, was der Höhere SS- und Polizeiführer Karl-Hermann Frank Ende 1940 befürwortete.[161]

Nicht nur wirtschaftliche Überlegungen konnten der Rassenpolitik im Wege stehen. Bei der Folgesitzung zur Wannsee-Konferenz erklärten die Teilnehmer, dass «eine biologisch völlige Lösung des Mischlingsproblems nur bei einer Sterilisierung der Judenmischlinge aller Grade erfolgen würde»; die meisten waren sich aber einig, eine Sterilisierung sei aus politischen Gründen und weil sie zu viel juristische Arbeit erfordere zu vermeiden.[162] Im November 1941 hatte Hitler laut Goebbels «eine energische Politik gegen die Juden, die uns allerdings nicht unnötige Schwierigkeiten verursacht», gefordert.[163] Gelegentlich nahm Hitler persönlich zumindest teilweise bestimmte Personen von der Verfolgung aus, die als Juden galten; juristisch war nur er allein dazu befugt.[164] Wie SD-Beamte mitteilten, monierten Deutsche, die politische Schulungsvorträge hörten, Widersprüche zwischen NS-Prinzipien und praktischen Maßnahmen einschließlich «der Errichtung des Protektorates [Böhmen und Mähren], der Eingliederung volksfremder Gebiete [und] der Einwanderung ausländischer Arbeiter ins Reich».[165]

Polen und Tschechen wurden als Slawen angesehen, die sich ‹rassisch› nicht sehr unterschieden,[166] aber Polen litten viel mehr unter deutscher Gewalt als Tschechen, weil die tschechische Industrie von zentraler Bedeutung für die deutschen Kriegsanstrengungen war.[167] Behandlung und Sterberaten von polnischen und sowjetischen Kriegsgefangenen waren extrem unterschiedlich, obwohl man ‹rassisch› kaum Unterschiede zwischen ihnen sah. Außerdem erklären rassische Hierarchien nicht, warum ab 1942 sowjetische Gefangene aus dem Kaukasus besser behandelt wurden als die anderen.[168] Ebenso gab es keine rassenkundliche Begründung, warum serbische Soldaten 1941 deutsche Kriegsgefangene blieben, während andere jugoslawische Nationalitäten (die ebenfalls Slawen waren) freigelassen wurden. Zum Teil wirkten sich hier ältere antiserbische Stimmungen aus.[169] Die Zahl der aus verschiedenen deutsch-besetzten Gebieten Frankreichs ausgewiesenen Personen ging weit auseinander – 2 % aus dem Elsass gegenüber 15 % aus Lothringen –, aber wegen unterschiedlicher politischer Strategien, nicht ‹rassischer› Unterschiede.[170] Als das Oberkommando der Wehrmacht schließlich anordnete, die (meisten) sowjetischen Kriegsgefangenen ausreichend zu ernähren, erklärte es, diese Maßnahmen seien «zweckbedingt und berühren nicht die geistige und politisch-weltanschauliche Einstellung zu den Sowjets an sich». Einen Monat später erklärten Arbeitgeber, die feindseligen Gefühle gegenüber sowjetischen Kriegsgefangenen seien zwar verständlich, «im totalen Krieg können aber solche gefühlsbetonten Momente keine Rolle spielen».[171] Allgemein wurden viele langfristige Ziele der Rassenpolitik aufgeschoben und niemals vollständig umgesetzt.

Es stimmte also nicht, dass «Nationalsozialismus nichts anderes als angewandte Biologie» sei, wie Hess bekanntermaßen sagte.[172] Obwohl der Rassismus aber deutsche Maßnahmen und individuelle Handlungen nicht allein bestimmte, prägte er sie doch spürbar. Und weil Rassismus und antijüdische Einstellungen nicht in einem Vakuum existierten, sondern als mit politischen, sozialen, wirtschaftlichen und kulturellen Aspekten verknüpft galten, ließen sie sich geistig damit verbinden.[173] Mehr noch, besondere rassistische Praktiken entstanden aus der Kombination ideologischer und pragmatischer Überlegungen. So widersprach es dem Rassendenken, Millionen von polnischen und sowjetischen Zwangsarbeitern nach Deutschland zu bringen, doch ihre Unterordnung und Isolierung in Deutschland verstärkte ethnische Hierarchien und half vielen Deutschen dabei, sich im Alltag überlegen zu fühlen. Am 7. Dezember 1942 befahl das RSHA, Ausländer in Deutschland seien nach folgender Hierarchie zu behandeln: A (beste Behandlung) für Italiener, B für germanische Völker (Flamen, Dänen, Niederländer, Norweger), C für «Angehörige nicht-germanischer Völker, mit denen wir verbündet sind oder mit denen wir aufgrund ihrer kulturellen und gesamteuropäischen Bedeutung verbunden sind» und D für Polen, Sowjetbürger, Serben, Tschechen und Slowenen. Diese Rangliste kombinierte rassistisch-ethnische Stereotypen mit kulturellen, militärischen und anderen strategischen Aspekten. In der Realität war eine so abgestufte Behandlung aber nicht machbar.[174] Dennoch konnten die Sterberaten eine solche Mischung unterschiedlicher Einflüsse einschließlich des (volkstümlichen) Rassismus spiegeln: Im großen KZ-Außenlager Ebensee, wo 30,2 % der Gefangenen starben, erreichte die Sterberate unter italienischen Gefangenen 53,6 %, nachdem Italien das Bündnis mit Deutschland im September 1943 beendet hatte. Diese Zahl übertraf die der ungarischen Juden (45,1 %), aller Juden (38,5 %), der Polen (36 %) und der Sowjetbürger; politische Gefangene aus der UdSSR starben häufiger als jede andere Gruppe (53,7 %), aber sowjetische Zivilisten sehr viel seltener.[175]

Ethnische Stereotype statt Rassenuntersuchungen

Angenommen, Menschen wären von unterschiedlichem ‹Rassenwert›, der innerhalb eines Volks von Sippe zu Sippe variiere, dann wären Pauschalurteile über ein Volk oder eine ethnische Gruppe wenig nützlich. Man sollte eher erwarten, dass eine Politik auf der Grundlage eines solchen wissenschaftlichen Rassismus vorsehen würde, Menschen auf Grund umfassender rassischer Untersuchungen zu bewerten, und dass ihre Behandlung vom Ergebnis abhängen würde. Im Großen und Ganzen blieb das aber aus. Insgesamt wurden rund vier Millionen Menschen von der SS rassisch durchleuchtet, darunter 2,5 Millionen deutsche SS-Angehörige und ihre Bräute sowie Volksdeutsche – die meisten im annektierten Westpolen, besonders im Wartheland – und 1,3–1,5 Millionen Nichtdeutsche.[176] Viele dieser Untersuchungen waren oberflächlich.[177] Untersuchungen zielten vor allem darauf ab, Menschen mit vermuteter deutscher Abstammung oder ‹nordischem Blut› außerhalb Deutschlands zu finden;[178] sie dienten nicht dazu, Ausländer von hohem ‹Rassenwert› vor Gewalt zu schützen. Die meisten Juden, Zwangsarbeiter, KZ-Gefangenen und sowjetischen Kriegsgefangenen wurden niemals einer Rassenuntersuchung unterzogen.[179]

Natürlich krankten die Untersuchungen auch daran, dass Biologen der NS-Zeit keinen wirksamen Test besaßen, um die Zugehörigkeit einer Person zu einer bestimmten Rasse zu verifizieren. Weder Blutgruppe, Geruch, Zehen- oder Fingerabdrücke, noch Schädelgröße und -form oder Nasenform bestätigten zuverlässig die Rassenzugehörigkeit, und Experten sagten dem Justizministerium, ein Durchbruch sei auf Jahre hinaus nicht zu erwarten.[180] Infolgedessen befanden Rassenkundler, dass sie die Rasse eines Individuums (oder vielmehr einer Sippe) nur durch die Interpretation einer komplexen Kombination aus verschiedenen körperlichen Merkmalen bestimmen konnten, was enorme Anstrengung erforderte (und natürlich willkürlich war).[181] Hieraus schloss der Justizminister, man könne bei der Bestimmung, wer von fremdem (z. B. jüdischen) Blut sei, «nicht anders als mit Genealogie arbeiten», eine «grobe Zimmermannsarbeit», die für Wissenschaftler vermutlich «etwas grausam Primitives» sei.[182] Eine Begründung dafür, dass Ärzte oder Anthropologen nicht alle Juden rassisch durchleuchteten, war die Annahme, in früheren Zeiten seien Angehörige der jüdischen Glaubensgemeinschaft auch biologisch jüdischer Abstammung gewesen, weil Juden vor der Emanzipation Ehen und Fortpflanzung mit Nichtjuden vermieden hätten.[183] Die Teilnehmer der Wannsee-Konferenz, wo Massenvernichtung und Abgrenzung der Juden von Menschen mit gemischtem Blut und anderen diskutiert wurden, scheinen beispielsweise nicht über Rassentests gesprochen zu haben.[184]

In der Nachfolge von Eugen Fischers Studien über die Rassenmischung in Deutsch-Südwestafrika vom Anfang des 20. Jahrhunderts wurde Ahnenforschung mit Kirchenbüchern zur Grundlage der Rassenkunde.[185] Anscheinend gingen die Kirchen – einschließlich der protestantischen Bekennenden Kirche – meist bereitwillig auf die Anfragen ein; das Gleiche taten 2000 private Vereine für Ahnenforschung.[186] Kirchenbücher standen auch in besetzten Ländern zur Verfügung, einschließlich der Sowjetunion, und sowjetische Nichtjuden, die mit Juden verheiratet waren, wurden häufig mit ihren Kindern von der Verfolgung ausgenommen, wenn die nichtjüdischen Ehepartner einer Scheidung zustimmten.[187]

Weil sie so arbeitsintensiv waren, wurden anthropologisch-medizinische Untersuchungen auch wegen fehlender Kapazitäten zur Ausnahme. Sie erforderten zu viel Zeit (zur Vermessung körperlicher Merkmale), Geld und Material (zum Beispiel Fotos),[188] und es gab zu wenige Experten, die zu ihrer Durchführung geeignet schienen. 1937 beispielweise konnten kaum mehr als 100 Fälle pro Monat in ganz Deutschland bearbeitet werden.[189] 1939 forderten Anthropologen und Rassenforscher die Gründung weiterer Institute und Wissenschaftlerstellen wegen der Belastung durch die angeforderte Zahl von Gutachten, doch 1942 gab es noch zu wenig qualifizierte Kandidaten, um auch nur die offenen Lehrstühle für Rassenbiologie und Genetik zu besetzen.[190] Und die meisten Abstammungsuntersuchungen innerhalb Deutschlands (von den besetzten Ländern zu schweigen) sollten keine Juden nachweisen, sondern waren anderweitige Vaterschaftstests.[191] Nach 1939 baute die SS größere, aber immer noch unzureichende Kapazitäten auf. Fünf bis sieben Kommissionen (mit zusammen maximal 80 Testern) konnten pro Tag rund 1000 Volksdeutsche politisch, medizinisch und rassisch untersuchen und 1941 noch einige mehr. Diese niedrige Kapazität trug zur Verzögerung der angestrebte Umsiedlungspolitik bei.[192]

Seit 1934 besaß das Reichssippenamt ein Monopol auf die Klärung der Abstammung deutscher Bürger, meist durch Ahnenforschung in Archiven. Auch dies erforderte aber so viel Anstrengung und so viele Dokumente, dass die Aktivitäten der Behörde begrenzt blieben. Beispielsweise forderte der ‹große Abstammungsnachweis›, den theoretisch jedes Parteimitglied erbringen musste, einen ganzen Arbeitstag.[193] Mit maximal 165 Mitarbeitern (wegen finanzieller Engpässe) und einem Jahresbudget von weit unter einer Million RM ließen sich Projekte wie eine landesweite Verwandtschaftskartei, eine Kartei aller NSDAP-Mitglieder (geschweige denn die Durchleuchtung aller Parteifunktionäre wie ursprünglich geplant) und das Fotokopieren aller erreichbaren deutscher Kirchenbücher – das für die Jagd nach Juden relevant war – nicht abschließen. Mit den sechs Fotokopierern des Amts hätte das letztgenannte Projekt 266 Jahre gedauert.[194] Im März 1941 wurden die deutschen Behörden aufgefordert, die Untersuchung, ob Beamte «deutschblütig» seien, für die Dauer des Krieges einzustellen. Jedes heiratswillige Paar war gesetzlich verpflichtet, einen Abstammungsnachweis zu erbringen, aber auch dafür gab es nicht genügend Personal.[195] Um 1938 führte die Dokumentenflut einige Kommunalbehörden dazu, für die

Ahnenforschung relevante Aktenbestände zu vernichten. Das Reichsfinanzministerium lehnte Pläne zur Schaffung von Kreissippenämtern ab.[196] All das weist darauf hin, dass Nazideutschland wenig in ‹rassische› Nachweise investierte.

Viele, wenn auch nicht alle Aktivitäten des Reichssippenamts bezogen sich auf die Erforschung jüdischer Abstammung, aber nur auf Anforderung. Über die Hälfte der Anträge von 1935 – nach den Nürnberger Rassegesetzen – bis 1939 stammten von Personen, die ihren ‹rassischen› Status anfochten.[197] Von September 1933 bis 1942 untersuchte das Reichssippenamt über 140 000 Fälle und stufte 24 000 Personen als «Fremdblütige» oder Mischlinge «ersten Grades» (meist sogenannte Halbjuden) ein, gewöhnlich auf der Grundlage von Ahnenforschung, nicht von einer körperlichen Untersuchung. Das bedeutet, die Herkunft von höchstens 15 % der deportierten deutschen Juden wurde genealogisch untersucht. Bemerkenswerterweise hielt Hans Ehlich, ein RSHA-Verfechter der gewaltsamen ethnischen Neuordnung Osteuropas, es für vorstellbar, im Zuge der kriegsbedingten Straffung der Behörden auch die Arbeit des Reichssippenamts noch weiter einzuschränken, «im Hinblick darauf, dass der Prozentsatz der im Laufe von 9 Jahren festgestellten Fremdblütigen relativ gering ist».[198] Tatsächlich stellte das Amt im September 1943 seine Arbeit ein.[199]

Abgesehen von einigen Deportationen aus dem annektierten Westpolen wurden die meisten ausländischen Zwangsarbeiter nicht auf der Basis von Rassenuntersuchungen nach Deutschland geschickt. Himmler, der den Ideen Hans Günthers anhing und gern dessen *Rassenkunde des deutschen Volkes* verschenkte, propagierte Vorstellungen über Rassenmischung und die Suche nach nordischem Blut in ganz Europa (einschließlich der Verschleppung von Menschen nach Deutschland),[200] konnte aber nur wenig davon in die Praxis umsetzen. Obwohl er genau wie SS-Offiziere Rassenuntersuchungen für Polen wünschte (er nannte sie «das Fundament in unseren Erwägungen» über Einzelpersonen in Polens «Völkerbrei»),[201] musste Himmler zugeben, dies sei unrealistisch: «Ich kann nicht in vier Wochen eine Million Menschen sieben».[202] So wurden Polen einer Pauschalbehandlung unterzogen. Neben dem Fehlen technischer und finanzieller Kapazitäten schränkten auch politische Gründe die rassische Überprüfung speziell von Nichtdeutschen ein. Untersuchungen wurden oft getarnt[203] und ohne Informierung der Testpersonen durchgeführt, um politischen Widerstand zu vermeiden.

Letztlich ließ der wissenschaftliche Rassismus sich nicht vollständig umsetzen.

Im Gegensatz zu den Juden wurde ein Großteil der deutschen Sinti und Roma (bis September 1942 18 904 oder zwei Drittel) rassisch untersucht, wie seit 1938 gesetzlich vorgeschrieben. Später wurden die Ergebnisse zu einem der Kriterien für die Deportation nach Auschwitz. Es gab aber auch politische, soziale und wirtschaftliche Erwägungen: So konnten Menschen ausgenommen werden, die seit langem eine feste Arbeit hatten, in der Rüstungsindustrie arbeiteten, mit deutschen Nichtsinti oder Ausländern verheiratet waren. Und die Zahl jener, die als ‹reine› Roma (d. h. Arier) – also aus ‹rassischen› Gründen – ausgenommen wurden, wurde niedrig gehalten, nachdem die Parteikanzlei protestiert hatte, einfache Menschen und Parteimitglieder würden eine solche Begründung nicht verstehen. Erneut erhielten populäre Stereotypen Vorrang vor der Rassentheorie. Ausländische Sinti und Roma wurden fast immer ohne rassische Durchleuchtung verfolgt. Der manchmal gemachte Unterschied zwischen sesshaften Roma, die am Leben gelassen werden sollten, und nomadischen Roma, die zu ermorden seien, war nicht rassisch begründet.[204] Es war eine Ausnahme vom Muster der Massenerschießungen bei anderen Gruppen, dass man während eines deutschen Massakers an Roma im russischen Alexandrowka bei Smolensk eine Reihe von Menschen, die behaupteten, russischstämmig zu sein, spontan und oberflächlich ‹rassisch› untersuchte (Haarfarbe, Oberkörper usw.) und einige auf der Basis der Ergebnisse verschonte.[205]

‹Rassische› Untersuchungen blieben in Deutschland begrenzt, und die, die durchgeführt wurden, hatten keine allgemeine rassische Entmischung zum Ziel. Die Opfer von Gewalt wurden also nicht durch eine konsequente Anwendung der Rassenkunde bestimmt, denn das hätte eine unterschiedliche Behandlung für die Mitglieder jeder ‹Sippe› erfordert, bei der zunächst die Bestimmung der ‹rassischen› Zugehörigkeit durch ausführliche Tests nötig gewesen wäre. Weit weniger sorgfältig wurden Nationalitäten und ethnische Zugehörigkeiten als feste Größen behandelt und üblicherweise kollektiver Entrechtung und Gewalt unterworfen. Nicht die Rasse – wie Hitler sie spätestens seit 1928 verstand – bestimmte, ob ein Jude oder Slawe ermordet oder ob jemand zur Zwangsarbeit nach Deutschland gebracht werden sollte.[206] NS-Gewalt war keine direkte Umsetzung des wissenschaftlichen Rassismus oder des Rassendenkens der NS-Führung. Man kann argumentieren, dass «Rassismus ein synkretistisches und kumulatives Phänomen ist, das sowohl wissenschaftliche Theorien als auch überlieferte religiöse Glaubensinhalte, soziale Stereotypen und hartnäckige kulturelle Vorurteile umfasst».[207] Es kann aber erhellend sein, zwischen diesen Faktoren zu differenzieren. Was das gewaltsame Handeln beeinflusste, war ein kruder Populärrassismus, weniger ein wissenschaftlicher.[208] Das unterstreicht die Tatsache, dass es eine rassistische Tendenz in Nationalismus und Fremdenfeindlichkeit gibt, nicht nur im Nationalsozialismus, sondern allgemein.[209]

Imperialistisches Denken und rassischer Chauvinismus

Volkstümlicher Rassismus war besonders in den besetzten Ländern spürbar, wo er sich mit deutscher imperialistischer Politik verband und die imperialistische Praxis mitbestimmte. (Siehe zu dieser Praxis Kapitel 8–11 und zur Praxis anderer Achsenmächte Kapitel 14.) Das deutsche imperialistische Denken ist hier von Interesse, weil die meisten Juden unter deutscher Kontrolle in besetzten Ländern lebten und weil die besondere Funktion eines Territoriums innerhalb der deutschen Machtsphäre auch die dortige Behandlung der Juden beeinflusste.

In Deutschland gab es zwei Traditionen imperialistischen Denkens. Die eine strebte Weltpolitik an, was die Ausbeutung einheimischer kolonialer Untertanen implizierte, die andere suchte Lebensraum, war mit Siedlerkolonialismus verbunden und enthielt die Tendenz, alle anderen Menschen auf einem Territorium zu entfernen. Diese Tendenz stand mit Ideen von Rassenreinheit im Einklang und wurde mit der Vorstellung legitimiert, ein industrialisiertes Land mit starkem Bevölkerungswachstum habe ein natürliches Anrecht auf mehr Territorium. Die erstere Tradition wurde vor allem vom Handelsbürgertum getragen, die letztere von Eliten wie Fabrikanten und Großgrundbesitzern, die Unterstützung im Kleinbürgertum suchten.[210] In den 1930er und 1940er Jahren wurde die meist auf Expansion im Osten konzentrierte Lebensraumvision von Theorien über die notwendige Teilung der Welt in kontinentale Einflusssphären beeinflusst, die sich seit dem späten 19. Jahrhundert entwickelt hatten. Dieses Großraumkonzept beeinflusste sowohl Richard Coudenhove-Kalergis paneuropäische Ideen in den 1920er Jahren[211] als auch weitreichende deutsche Expansionspläne während des Ersten Weltkriegs und später ähnliche Pläne auch abseits der Nationalsozialisten.[212]

Führende NS-Größen versuchten die Konzepte von Lebensraum und Weltpolitik zu verknüpfen.[213] Für Hitler bedeutete «Lebensraum», ein Begriff, der einige frühere Ideen des Alldeutschen Verbands mit einschloss, die geschlossene Besiedlung durch Deutsche, durch welche der ‹rassische› Niedergang des Volks aufgehalten und ein apokalyptischer Kampf gegen Judentum und Bolschewismus geführt werden konnte. Lebensraum war für ihn aber auch ein strategisch wichtiges Ergänzungsgebiet zur Ausbeutung von Rohstoffen und Märkten.[214] In Hitlers Augen war der Gewinn großer Märkte eine Voraussetzung dafür, in Deutschland ebenso große Industrien aufzubauen wie in den USA.[215] Dass er in *Mein Kampf* eine Expansion nach Osten, speziell auf sowjetisches Territorium propagierte – «Wir schliessen endlich ab die Kolonial- und Handelspolitik der Vorkriegszeit und gehen über zur Bodenpolitik der Zukunft»[216] –, könnte nahelegen, dass er allein Siedlerkolonialismus betreiben wollte. Doch er vertrat in seinem Buch auch, hohe Kulturleistungen (im weiten Sinne) seien unmöglich ohne Ausbeutung, ohne «Verwendung niederer Menschen».[217] Mit anderen Worten, in einem neuen Imperium würden Deutsche mit sogenannten niederen Rassen koexistieren müssen, weil sie ihre Arbeitskraft brauchten (trotz der Gefahr, die Hitler darin sah, dass Vermischung den deutschen ‹Rassenwert› senkte). 1937, bevor Deutschland stark expandiert hatte, verwies Hitler auf Japan und Italien, die es bereits getan hatten. Auch in diesen Ländern bilde «wirtschaftliche Not den Antrieb» für den Imperialismus. Nun sei ein «Zeitalter wirtschaftlicher Imperien» gekommen. Weder Handelsabkommen noch Rüstungsbooms könnten langfristig eine sichere ökonomische Grundlage schaffen. Bleibe es auf sein gegenwärtiges Gebiet beschränkt, so könne Deutschland sich nicht selbst versorgen. Nur die Expansion in Europa löse Deutschlands beide Hauptprobleme: Ernährung und Rohstoffe, sagte er zu führenden Militärs.[218] Die Bedeutung der Ernährungsautarkie könnte das deutsche und japanische Handeln als kalkulierte «zeitgemässe Lösung für die durch die Industrialisierung geschaffenen Probleme» und Probleme durch den «Weltmarkt bei Lebensmitteln» erscheinen lassen.[219] Um viele Länder ausbeuten zu können, hatte Hitler schon in den 1920er Jahren vorgeschlagen, die Industrieländer sollten dort nicht in Industrien investieren – dies ähnelt der Politik der De-Industrialisierung, die er später für die besetzten sowjetischen

Gebiete anstrebte.[220] Ernährung und Besiedlung waren aber nicht die einzigen *wirtschaftlichen* Motive für die Expansion. Infolgedessen waren die politischen Maßnahmen vielfältig und manchmal widersprüchlich.

Nicht nur Hitlers Ansichten zum Imperialismus waren facettenreich, auch die deutschen Eliten dachten nicht einheitlich über territoriale Expansion. Rosenberg war der Ansicht, Deutschland solle Ostexpansion und Weltpolitik verbinden.[221] Wenn wir andere Eliten wie Militär- und Wirtschaftsführer beiseitelassen, so verfolgten einige in der NSDAP wie Göring die traditionellen Ziele des deutschen Imperialismus in Mitteleuropa; andere wie Goebbels sahen neue Kolonien als Mittel zur Steigerung von deutscher Macht und Wohlstand; wieder andere wie Himmler konzentrierten sich auf Bauernsiedlungen im Osten, um einen menschlichen Schutzwall gegen asiatische Invasionen zu errichten.[222] Deutsche Vorstellungen von der Beherrschung Osteuropas, insbesondere der sowjetischen Gebiete, gingen schon vor der Besetzung auseinander.[223] Ein Purist, der auf geschlossene deutsche Siedlungsgebiete im Osten (statt verstreuten Siedlungs-«Inseln») bestand, fühlte sich aber gezwungen, seinen Posten in der SS-Behörde für Siedlungsplanung aufzugeben, weil er sich isoliert sah.[224] Dagegen stand Darré, der Minister für Ernährung und Landwirtschaft, großflächigem Kolonialismus skeptisch gegenüber und trat für eine koloniale Besiedlung im Osten erst in ferner Zukunft ein, nachdem eine innere Kolonisierung in Deutschland stattgefunden hätte.[225] 1933 riet das Propagandaministerium von Propaganda zur Kolonialfrage ab, weil es keine Übereinkunft gab, «es herrscht noch keine Klarheit», die auch nie eintrat.[226] Daher reichten die Visionen der NS-Größen von den sowjetischen Gebieten als Deutschlands Indien und ihrer Bevölkerung als ‹Neger› (was beides auf ökonomischen Kolonialismus deutet) bis zum Vergleich der eroberten Sowjetgebiete mit Nordamerika (einer Siedlerkolonie) und ihrer Bewohner mit den dezimierten ‹Indianern› (eine ältere deutsche Tradition).[227] Hitler bewunderte die indirekte Herrschaft der Briten, weil er darin eine Rassentrennung sah, die ihm als Quelle des kolonialen Erfolgs Großbritanniens erschien.[228] Darum hatte er in den 1920er Jahren gefordert, nach einer deutschen Eroberung Polens sollte die Bevölkerung entweder separiert oder entfernt werden, und 1941 stellte er sich vor, die Ukrainer sollten getrennt von ihren deutschen Herren leben.[229] Wie schon erwähnt, versuchte Deutschland in unterschiedlichem Ausmaß ebenfalls eine indirekte Herrschaft – einschließlich jüdischer Ghettoselbstverwaltung während des Zweiten Weltkriegs (siehe Kapitel 6). So hatte Edmund Veesenmayer, der führende deutsche Funktionär bei der Deportation von einer halben Million ungarischer Juden mit Hilfe ungarischer Behörden, einst «die indirekte Herrschaft, wie die Briten sie in ihren Überseekolonien anwandten, studiert und bewundert».[230]

Vor dem Zweiten Weltkrieg konzentrierten sich die NS-Siedlungsfantasien im Anschluss an Hitler auf die Sowjetunion. Das direkt benachbarte Polen spielte dabei eine geringere Rolle; wenn es überhaupt erwähnt wurde, sollte es als Staat eliminiert werden.[231] 1928 hatte Hitler erklärt, er wolle, dass Deutschland eine halbe Million Quadratkilometer Land im Osten erobere; diese Forderung hätte sich durch eine Besetzung Polens weitgehend befriedigen lassen. Gleichzeitig sagte er, Deutschland solle dieses Land von der Sowjetunion nehmen, was wiederum implizieren könnte, dass Deutschland einerseits Land für geschlossene Siedlungsgebiete (von der Sowjetunion) und andererseits zur Ausbeutung der Einheimischen (von Polen) wollte.[232] Als die Expansion während des Zweiten Weltkriegs wirklich stattfand, führte die Notwendigkeit, mit unterworfenen Völkern zusammenzuleben, zu Forderungen, dass nach Polen versetzte Deutsche Polnisch lernen sollten; auch Himmler befahl dem SS- und Polizeipersonal in den besetzten sowjetischen Gebieten, Russisch zu lernen. Dasselbe forderte die Zivilverwaltung von ihren Beschäftigten.[233]

Man muss beachten, dass es fast kein annektiertes oder besetztes Gebiet gab, wo die Mehrheit der Bevölkerung die deutsche Herrschaft nicht ablehnte.[234] Unter diesen Bedingungen erzeugte die mehr oder weniger offene Behandlung der Einheimischen als kolonisiertes Volk Zorn und Widerstand.[235] Maßnahmen, die vielen Europäern akzeptabel erschienen, wenn sie sich gegen Farbige richteten, galten gegenüber Europäern als nicht hinnehmbar – wie die Briten schon erfahren hatten, als die öffentliche Meinung ihre Behandlung der Buren in den Jahren 1899 bis 1902 ablehnte. Aimé Césaire hat geschrieben, was der «christliche Bürger» «Hitler nicht vergeben kann, ist nicht […] das Verbrechen gegen den Menschen als solchen, sondern gegen den weißen Menschen».[236] Obwohl der Philosoph Carl Schmitt die innereuropäische Kolonisierung zu rechtfertigen suchte, kritisierten viele deutsche Politiker eine zu offen koloniale Haltung gegenüber osteuropäischen Untertanen.[237] Und andere Regimevertreter wie Heydrich, die bestimmte Besatzungsmethoden wie die Hinrichtung von Geiseln für Osteuropa passend fanden, lehnten sie für Frankreich ab.[238] Der deutsche Nationalismus unterschied sich an sich nicht sehr von dem anderer europäischer Länder, aber wegen Deutschlands wirtschaftlicher und politischer Macht, seines geringen Kolonialbesitzes in Übersee und seiner geopolitischen Lage war sein Imperialismus innerhalb Europas besonders aggressiv.

Führende NS-Politiker und Organisatoren der Vernichtung verknüpften den Judenmord mit der Schaffung einer Neuordnung in Deutschlands Reich im Osten. Sie meinten, Deutschland habe seine Überseekolonien wegen einer jüdischen Verschwörung verloren, die die Westalliierten manipulierte.[239] In seinem Befehl zur Ermordung der meisten Juden in Polen an den Höheren SS- und Polizeiführer im Generalgouvernement erklärte Himmler neben Erwägungen zur Sicherheit und Gesundheit: «Diese Maßnahmen sind zu der im Sinne der Neuordnung Europas notwendigen ethnischen Scheidung von Rassen und Völkern[240] [...] erforderlich.»[241] Als Globocnik einen Bericht über seine Aktivitäten mit Bezug auf Juden vorbereitete, erklärte er dessen Namen «Mappe 3, Judenordnung» damit, dies sei «nur ein Teil der gesamten Bevölkerungsordnung».[242]

In den Augen deutscher Rassisten war es auch sinnvoll, die Juden zu eliminieren, weil Deutsche sie dann als Eliten ersetzen konnten (Juden galten ohnehin als illegitime Eliten). Das sollte auch in anderen Ländern als der Sowjetunion gelten, wo Juden angeblich die Kontrolle ausübten, weil die slawischen Eliten zur Staatsbildung unfähig waren.[243] Ein Beamter im Auswärtigen Amt stellte sich dies im großen Rahmen für den Madagaskarplan vor: «Der Leitgedanke ist, sozusagen auf einen Schlag den jüdischen wirtschaftlichen Einfluß in Europa durch den deutschen zu ersetzen.»[244] Der Rassenkundler Fritz Lenz hatte einmal geschrieben, Deutsche wie Juden drängten beide zur Herrschaft, und wie der Jude überlasse der germanische Mann «die körperliche Arbeit lieber anderen».[245] Die Vernichtung von Eliten und Intelligenz würde es bürgerlichen Kolonisatoren ermöglichen, sich in Lebensstil, Werten und Wissen den Einheimischen überlegen zu fühlen, denen angeblich bürgerliche Eigenschaften fehlten.[246] Und der daraus resultierende Abscheu vor den armen, schäbigen, schmutzigen und kindlichen Einheimischen[247] konnte die Gefühle der Siedler bestärken, eine zivilisierende Fortschrittsmission im eroberten Land zu erfüllen.[248] Deutsche Frauen als Sozialarbeiterinnen in die vom Reich annektierten polnischen Gebiete zu bringen, um dort die «bürgerliche Häuslichkeit»[249] zu schaffen, die anderen Völkern verwehrt war, war ein Element dieser Fantasie. Eine ähnliche Form rassistischen Arrangements hatte schon als Grundlage der sozialen Ordnung in deutschen und anderen Kolonien nach 1880 gedient, als die Abwendung von der Assimilierung kolonialer Untertanen als neue Methode diente, um die Kolonien in bürgerlich-industrielle Gesellschaften zu integrieren.[250] «Die Idee rassischer Überlegenheit diente offensichtlich als Rechtfertigung für die Ausbeutung von ‹Minderwertigen› zum Zwecke wirtschaftlichen und politischen Gewinns.»[251]

In einigen Ländern durften nichtjüdische Eliten indes ihre Stellung behalten. In Böhmen und Mähren etwa besetzten Deutsche im Großen und Ganzen nur die Elitepositionen der jüdischen Geschäftsleute, nicht die der nichtjüdischen Tschechen.[252] Da überdies die Einheimischen einen nicht geringen Teil des jüdischen Eigentums übernehmen durften (z. B. Wohnungen und Firmen, wie in Kapitel 10 beschrieben), blieben deutsche Ausbeutung und Herrschaft überwiegend indirekt, etwa durch die Zahlung von (angeblichen) Besatzungskosten. Selbst wo die deutsche Enteignung umfassend und die Ausbeutung direkt war wie in Polen, wurden große Anstrengungen unternommen, Länder durch Modernisierung und wirtschaftliche Rationalisierung in Wert zu setzen. Das war auch in Zentralpolen der Fall, wo keine größere deutsche Besiedlung stattfand. Die Ermordung fast aller Juden und die Umsiedlung von Millionen Nichtjuden ermöglichte diese Inwertsetzung.[253] Ob Deutsche nun den *Menschen* Fortschritt brachten oder nach Entfernung der einheimischen Bevölkerung nur dem *Land*, beides vertrug sich mit dem deutschen Selbstbild einer zivilisierenden Mission.

Die Idee, dass Menschen massenhaft sterben oder ganze Völker ausgerottet werden müssten, um ein Gebiet zu entwickeln, selbst wo dieser Tod nicht angestrebt war, war nicht neu.[254] Das Phänomen war aus dem kolonialen Kontext bekannt, und die Fälle der eingeborenen Völker Nordamerikas, Australiens, Neuseelands und Afrikas waren seit dem 18. Jahrhundert international diskutiert worden.[255] Selten waren das nur hypothetische Erwägungen. In vielen Kolonialgebieten – Mittelamerika und Karibik, Nordamerika, Patagonien, Australien und Neuseeland, Bengalen, Ceylon, Algerien, Kongo, Elfenbeinküste, Sudan, Tahiti und Neukaledonien – starb der größte Teil der Bevölkerung durch koloniale Eroberung und Transformation. Nichts davon waren deutsche Kolonien, aber die Bevölkerungsverluste in Deutsch-Südwestafrika und Deutsch-Ostafrika von 1904 bis 1908 waren ebenfalls enorm. Einige der anderen genannten Fälle lagen ebenfalls nur wenige Jahrzehnte zurück.[256] Was als Sozialdarwinismus bekannt geworden ist (obwohl einige der erwähnten Ereignisse Darwins Schriften vorausgingen), richtete sich gegen bestimmte Kategorien unproduktiver Menschen, die als Last galten, und nahm parallel zur Entwicklung des Wohlfahrtsstaats an Bedeutung zu. (Beide richteten sich primär an die neuen Unterschichten.) Sozialdarwinismus wurde somit zunehmend innerhalb Europas angewandt, in Deutschland verbal ab den 1920er Jahren, sogar von einigen Sozialdemokraten.[257] Solche Verbindungen zwischen imperialistischen und exterminatorischen Denktraditionen in der Epoche der europäischen Überseekolonisation erklären für sich noch nicht den Massenmord der 1940er Jahre.[258] Sie weisen aber auf ähnliche Einstellungen und Konstellationen in Überseekolonialismus und NS-Expansion hin. Beispielsweise gab es Heiratsverbote in Kolonien, aber solche Gesetze existierten vor 1914 nicht in allen deutschen Kolonien, Sex zwischen Partnern verschiedener Rassen war nirgends verboten, und die Zahl der Ehen mit Farbigen – vor allem von Deutschen – war sehr niedrig.[259] Außerdem knüpfte die frühe Partisanenbekämpfung von 1939 bis 1941 sprachlich wie inhaltlich in gewissem Maß an Formen der Aufstandsbekämpfung aus der deutschen Kolonialzeit an.[260]

Warum war Imperialismus populär, und wie populär war er?

Wie Deutsche, die nicht den Eliten angehörten, über Imperialismus dachten, ist schwer festzustellen. Im Allgemeinen stellen Erklärungen für die Massenunterstützung für den Imperialismus zwei Punkte heraus: Regierungsmanipulation über die Medien und Erwartungen wirtschaftlicher Vorteile. Auch nationale Sicherheit, Großmachtprestige und den Drang von Arbeitern, den eigenen sozialen Status indirekt durch die Unterwerfung anderer zu heben (sogenannter Sozialimperialismus), sind genannt worden.[261] Ich halte diese Erklärungen für unzureichend und unvollständig. Da sich das Interesse von Theoretikern auf Systeme statt auf Akteure konzentrierte, sind einige zu dem Schluss gekommen, der Imperialismus habe nur eine begrenzte Zahl von Nutznießern gehabt[262] – aber auch das ist fragwürdig. Der folgende Abschnitt füllt diese Forschungslücken nicht aus, versucht aber einige zusätzliche Einblicke in den Fall Nazideutschland zu geben.

Im späten 19. Jahrhundert wurde der deutsche Imperialismus vor allem von Adel und Großbürgertum unterstützt, wie die Mitgliedschaft des Alldeutschen Verbands nahelegt. Die Mitglieder des Ostmarkenvereins, der die Siedlung im Osten unterstützte, waren meist Lehrer und Pfarrer.[263] Vor allem seit Beginn der Wirtschaftskrise 1873 suchten Wirtschaftskreise die Unterstützung der Regierung für Investitionen im Ausland.[264] Erst nachdem Deutschland seine Kolonien durch den Ersten Weltkrieg und den Versailler Vertrag *verloren* hatte, gewann der Kolonialismus in Deutschland eine Massenunterstützung durch verschiedene soziale Gruppen. Eine Petition für die Rückgabe der früheren deutschen Kolonien sammelte Mitte 1919 4 Millionen Unterschriften und wurde sogar von Sozialdemokraten unterstützt.[265] Hinter der Tatsache, dass der Vertrag von Versailles von der großen Mehrzahl der Deutschen abgelehnt wurde, stand das Gefühl, Deutschland verdiene als wichtige europäische Macht mehr Territorium, als ihm übrig bleibe. In den 1920er Jahren drehte sich die Debatte unter bürgerlichen Eliten, ob Deutschland Kolonien brauche oder nicht, um die angebliche deutsche Überbevölkerung und den Bedarf an Rohstoffen und Märkten. (Die Interessen der zu kolonisierenden Menschen spielten keine Rolle.)[266] Auch politische Denker hielten die Massenunterstützung für wichtig, wenn auch auf unterschiedliche Art. Paul Rohrbach und in gewissem Maß auch Max Weber meinten, koloniale Expansion werde soziale Spannungen innerhalb Deutschlands reduzieren; für Arthur Moeller van den Bruck sollte sie den Wohlstand der deutschen Arbeiter steigern.[267] Nach 1873 und 1918 folgten die imperialistischen Wünsche in Deutschland auf sozioökonomische Krisen; das Gleiche geschah mit etwas Verspätung nach der Krise von 1932/33.

Die Eroberungen eines Landes erfüllen oft viele seiner Bürger mit Stolz. Deutschlands unblutige Expansion 1935 bis 1939 machte Hitler sehr viel populärer.[268] Der SD berichtete später, viele Deutsche hätten die eroberten sowjetischen Gebiete als Ersatz für die verlorenen Kolonien angesehen.[269] Das Publikumsinteresse an Vorträgen und Artikeln über Kolonialthemen und dann am sowjetischen Leben nahmen während des Krieges zu.[270] Manche sahen die sowjetischen Gebiete aber als ungeeignet für eine deutsche Besiedlung an, weil die Landschaft zu ungewohnt und rau sei oder zumindest eine großflächige Aufforstung erfordere.[271] Diese Meinung rührte zum Teil von dem verbreiteten Glauben her, Osteuropa sei kulturell minderwertig und schmutzig. Oft genügten solche traditionellen Stereotype – in denen sich ein vager Populärrassismus ausdrückte –, um unter bestimmten Bedingungen deutsche Massengewalt gegen eine Bevölkerung auszulösen, so in Polen 1939, wo die offizielle Propaganda auf alte Vorurteile zurückgriff.[272]

Rassistische Stereotypen waren aber weder unwandelbar noch unangefochten. Das Bild des Sowjetbürgers in den Augen der Volksmassen zeigt solche Veränderungen. Wie der SD berichtete, fanden deutsche Soldaten wie Zivilisten in der Heimat in den ersten Monaten des Krieges gegen die UdSSR die nazistische Sicht auf die Sowjetbürger bestätigt und betrachteten die Bevölkerung oft als untermenschliche und seelenlose Masse. Nach diesem Bericht forderten viele die Ermordung der sowjetischen Kriegsgefangenen oder sagten, sie sollten nur minimal ernährt werden.[273] Im Frühjahr 1942 besuchte binnen vier Wochen eine halbe Million Menschen die antisowjetische Ausstellung «Das Sowjet-Paradies».[274] Doch Nachrichten von der Front, Wochenschaubilder und das Erscheinen sowjetischer Zwangsarbeiter und Zwangsarbeiterinnen veränderte diese Sicht. Bilder großer Fabriken demonstrierten die Existenz einer sowjetischen Intelligenz, also konnten Bolschewisten und Juden sie nicht komplett umgebracht haben. Und sowjetische Städte zeigten die Leistungen der Kommunisten, also hatte das Sowjetsystem positive Leistungen aufzuweisen. Sowjetische Zwangsarbeiter wurden als diszipliniert, sauber, anständig und häufig fromm angesehen; sie hätten Familiensinn, zeigten Intelligenz und technische und sprachliche Kenntnisse; und sie sollten besser ernährt werden (wie Männer sagten) und wurden bemitleidet (angeblich von Frauen). Sowjetische Dienstmädchen erschienen als fleißig und ehrlich. Der Kampfgeist der Rotarmisten, sogar in aussichtslosen Situationen, deutete auf Mut und bolschewistischen Patriotismus hin und weckte sogar einigen Respekt für Politkommissare und Stalin. Für manche Deutsche erschienen die Sowjets wie die Japaner als fremdartig, aber lobenswert.[275] Einige Zeit lang berichtete der SD von diesem Trend ohne Missbilligung. Nach der Schlacht von Stalingrad warnte er aber, sowjetische Zwangsarbeiter seien aufsässig geworden, drohten mit Rache nach dem Krieg, und Frauen schmückten ihre Zimmer verschwenderisch. In dieser Periode verschlechterte sich das deutsche Bild der sowjetischen Kriegsgefangenen, die meist nur von weitem gesehen wurden, noch weiter.[276] Laut den SD-Berichten richteten sich aber Beschwerden über faule, widerspenstige zivile Zwangsarbeiter, die Züge und Läden verstopften und zu viel

Nahrung und Lohn erhielten, weitgehend gegen Polen, Griechen, Italiener und Westeuropäer, nicht gegen Sowjetbürger.[277] Dennoch besserte sich die Behandlung ziviler Zwangsarbeiter aus der UdSSR 1942/43 nicht spürbar, und das betonte wiederum ihr Anderssein.

Von Soldaten erwartet man üblicherweise, dass sie Nationalisten und daher vom Imperialismus angezogen sind. Doch Analysen von Kriegsbriefen deutscher Soldaten zeigen ungefähr die gleichen Meinungsschwankungen wie oben beschrieben. Obwohl sie stets über Schmutz, Ungeziefer und fehlende Kultur in den sowjetischen Gebieten berichteten, enthielten die Briefe relativ wenig abwertende Pauschalurteile über die sowjetische Bevölkerung, außer in den ersten Monaten des Feldzugs. Zunehmend differenzierten Soldaten zwischen sowjetischen Machthabern und der gewöhnlichen Bevölkerung. In keinem Brief einer Auswahl von 739 fiel der Begriff ‹Untermensch›. In der gleichen Briefauswahl wurden Juden selten erwähnt.[278] Weiterhin wichtig blieb aber der Kampf gegen den Kommunismus und das Bild eines halbasiatischen, bedrohlich expansionistischen Russland. Der Stereotyp des Untermenschen war jedoch stark genug, um von der deutschen Propaganda erfolgreich reaktiviert zu werden, als sie 1945 sowjetische Gräueltaten bei der Invasion Deutschlands anprangerte.[279] Zuvor war es vielleicht richtig, wenn ein deutscher Intellektueller erwartete, ihre Besatzungspraxis habe Millionen deutscher Soldaten zu einer politischen Basis für den Imperialismus gemacht.[280] Während manche Deutsche über den Imperialismus Sorge oder sogar Scham empfanden, kam für andere der Appetit beim Essen.

Nach SD-Berichten hatten auch die Beteiligten am Attentat auf Hitler vom 20. Juli 1944, die meist konservativen Eliten angehörten, widersprüchliche Einstellungen zum Imperialismus: Sie verurteilten (Mitte 1944) die Ermordung der sowjetischen Politkommissare, den Hungertod der sowjetischen Kriegsgefangenen, die Jagd auf Zwangsarbeiter und feindselige Politik in den deutsch-besetzten Gebieten allgemein. Sie traten für ein System freier Nationalstaaten in Europa ein, schienen aber nicht viele der annektierten Territorien zurückgeben zu wollen, und einige dachten über die Rückgabe früherer Überseekolonien an Deutschland nach.[281] Mit einigen Variationen drückte derselbe Personenkreis seine Scham über die deutsche Judenvernichtung aus, aber einige wollten nicht alle rechtlichen Einschränkungen gegen Juden aufheben (nämlich ihren Status als Ausländer und ihre Entfernung aus dem Staatsdienst; manche auch ihre Entfernung aus der Wirtschaft).[282]

Einige andere Hinweise auf den Charakter des deutschen Populärrassismus finden sich in Befragungen von Wehrmachtssoldaten mit unterschiedlichem Hintergrund, die in westalliierte Gefangenschaft gerieten. Diese Soldaten zeigten meist einen starken Nationalismus, waren überzeugt, es sei ihre Pflicht, für ihr Land zu kämpfen, und wollten die Demütigung des Versailler Vertrags rückgängig machen; sie fühlten sich vom Bolschewismus bedroht, meinten, eine Niederlage werde die Zerstörung Deutschlands bringen, und gaben den Juden die Schuld am Krieg.[283] Wie bei den Verschwörern gegen Hitler herrschte aber in vielen Punkten keine Einigkeit.

Rassistischer Chauvinismus – der auch dazu neigte, Aussagen über große Abstammungsgemeinschaften und damit Biologie zu treffen – war eine wichtige Triebfeder für die Verfolgung und Ermordung der europäischen Juden und anderer Gruppen. Dieser «gewöhnliche Rassismus», der sich gegen Juden, Slawen und Italiener richten konnte, war, wie Gerhard Schreiber argumentiert, nicht den Nazis allein vorbehalten.[284] Andere Autoren haben dies den deutschen «Alltagsnationalismus» genannt.[285]

Was die Juden anbetraf, so haben einige Autoren auf der Grundlage deutscher Geheimberichte über die öffentliche Meinung den Schluss gezogen, die antijüdische NS-Propaganda sei nicht besonders wirksam gewesen – obwohl traditionelle Negativbilder von Juden verbreitet waren –, dass die Unterstützung oder Ablehnung antijüdischer Maßnahmen von den persönlichen Interessen der Einzelnen abhing und Angriffe von Deutschen auf Juden nicht zwangsläufig das Resultat eines rassischen Antisemitismus gewesen seien.[286] Auch diese Schlussfolgerungen verweisen auf die Bedeutung des Populärrassismus, obwohl man andererseits nicht sagen kann, dass alle NSDAP-Mitglieder antisemitische Einstellungen hegten, zumindest nicht 1933.[287] Rassistischer Chauvinismus bestimmte die Handlungen von Beteiligten an Imperialismus und Massengewalt stärker als die Übernahme der Rassenbiologie, die ohnehin keine geschlossene Lehre besaß.

8
Zwangsarbeit, deutsche Gewalt und Juden

Viele Forscher haben die Ansicht vertreten, der Ermordung von Juden in Europa habe jede ökonomische Logik gefehlt, sie habe den wirtschaftlichen Interessen der Nazis geschadet und ihren Kriegsanstrengungen widersprochen. Pauschalurteile beispielsweise über den «grundsätzlich antiökonomischen Charakter des [NS-]Völkermords» sind populär, aber unhaltbar.[1] Andere haben willkürliche und widersprüchliche Deutungen angeboten, was Vorrang besaß – Kriegswirtschaft oder Rassenideologie. Das zeigt, wie problematisch es ist, in diesem Kontext simplifizierende Entweder-oder-Fragen zu stellen.[2] Fruchtbarer ist es, Wirtschaft und Ideologie nicht als Gegensätze darzustellen. Zwischen beiden gab es komplexe Beziehungen.

Dieses Kapitel behandelt den Faktor Arbeit in Bezug auf jüdische und andere Zwangsarbeiter. Es ist aber wichtig, dass sich wirtschaftliche Überlegungen in Hinsicht auf den Mord an Juden nicht nur auf das Thema Arbeit bezogen. Spätere Kapitel werden die Verbindungen zwischen Ernährungs-, Wohnungs-, Siedlungs-, Finanz- und Transportpolitik und der Verfolgung und Vernichtung der Juden darstellen. Sie werden zeigen, dass einige ökonomische Faktoren dazu tendierten, die Ermordung von Juden entscheidend anzutreiben, während andere wie Arbeit und Transport Hindernisse darstellten. Die Widersprüche zwischen wirtschaftlichen Interessen und Judenvernichtung waren geringer als oft angenommen. Auch traten starke Konflikte zwischen unterschiedlichen deutschen Wirtschaftsinteressen hervor (z. B. zwischen Arbeitseinsatz und Ernährung, Arbeitseinsatz und Wohnraumpolitik und zwischen Transport- und Wohnraumpolitik). Grundlegend für all diese Fragen war der Mangel. Moderne Volkswirtschaften in großen Kriegen sind keine Überfluss-, sondern Mangelwirtschaften und von Einschränkungen geprägt. Außerdem hat sich die Debatte bis jetzt auf eine volkswirtschaftliche Logik beschränkt, doch manches, was für eine Volkswirtschaft keinen Sinn ergab, konnte zur persönlichen Bereicherung dienen.

Dieses Kapitel beginnt mit einer Skizze des deutschen Arbeitskräftereservoirs, des Zwangsarbeiterprogramms und der Lage der Zwangsarbeiter als Kontext für die Entwicklung und Bedingungen der Zwangsarbeit von Juden und ihre Beschränkungen. Es behandelt die geographische Verteilung der Arbeitskräfte und die Entwicklung der Zwangsarbeit im Allgemeinen und der jüdischen Zwangsarbeit im Besonderen, weil sie eng miteinander verknüpft waren.

Das Zwangsarbeitsprogramm im Reichsgebiet

Anfang November 1941 erklärte Hitler: «Das Gebiet, das jetzt für uns arbeitet, enthält mehr als 250 Millionen Menschen, aber das mittelbar für uns arbeitende Gebiet umfaßt mehr als 350 Millionen Menschen.»[3] Diese Zahlen waren mehr oder weniger realistisch, und etwa 250 Millionen Menschen blieben bis zum Herbst 1944 unter deutscher Herrschaft.[4] Da deutsche Experten annahmen, man könne realistischerweise 40 % der Bevölkerung ausbeuten, bedeutete das 100 Millionen Arbeitskräfte. Das mag viel erscheinen, war aber viel weniger als das, worüber die Gegner Deutschlands verfügten, und viele dieser Menschen hatten nicht die Fähigkeiten oder waren am falschen Ort, um produktiv zu sein. Innerhalb der deutschen Einflusssphäre in Europa und Nordafrika gab es 1941 7 Millionen Juden, d. h. etwa 2,8 Millionen Arbeitskräfte, von denen die meisten in Teilen Osteuropas lebten, die nicht für eine größere industrielle Nutzung vorgesehen waren. 5–5,5 Millionen Juden kamen unter direkte deutsche Kontrolle. Somit war das jüdische Arbeitskräftepotenzial zwar nicht unwichtig, aber mit weniger als 3 % aller Arbeitskräfte eher ein Nebenfaktor. In manchen Ländern lag der Anteil der Berufstätigen an der jüdischen Bevölkerung unter 40 %: In Deutschland war es so, weil die meisten jungen jüdischen Männer emigriert waren, in den besetzten sowjetischen Gebieten, weil viele junge Männer zur Roten Armee eingezogen oder nach Osten evakuiert worden waren.

Die NS-Arbeitspolitik hatte mit Beschränkungen für ausländische Arbeitskräfte begonnen. Das war zum Teil durch rassistische Motive, aber vor allem durch gewöhnliche Fremdenfeindlichkeit bedingt.[5] International gesehen, war die Zwischenkriegszeit charakterisiert durch neue Einwanderungsquoten, strengere Passkontrollen und Visabestimmungen, die den Grenzübertritt und manchmal auch die Binnenwanderung einschränkten. (Es gab auch einen verstärkten Einsatz von Zwangsarbeitern in den Kolonien.) Die Notwendigkeit, Deutsche wieder in

Arbeit zu bringen, war dringend, als die NSDAP an die Macht kam. Die Weimarer Republik hatte unter der Arbeitslosigkeit gelitten; selbst 1929 – als es der Wirtschaft relativ gut ging – hatten nur 17,9 Millionen Menschen in Deutschland Arbeit, verglichen mit den 13,1 Millionen Ende 1932, 21,4 Millionen 1937, 22,7 Millionen Anfang 1941 und 24 Millionen Anfang 1942.[6] Wegen der Massenarbeitslosigkeit wurden in den ersten Jahren der NS-Zeit Juden aus Arbeitsstellen und aus dem Land gedrängt, ebenso einige Ausländer, obwohl die wirtschaftliche Erholung die Gesamtzahl ausländischer Arbeiter nach 1933 erhöhte. Als der Bedarf an Arbeitskräften wuchs, vor allem nach 1936, schloss die Reichsregierung Abkommen mit anderen Ländern, um Arbeitskräfte ins Land zu holen, aber 1938 arbeitete weniger als eine halbe Million Ausländer in Deutschland, meist Tschechoslowaken, Polen und Österreicher, vor allem in der Landwirtschaft.[7] Devisenknappheit beschränkte den Import freiwilliger Arbeitskräfte, weil Arbeiter einen Teil des Lohns an ihre Familien schicken wollten. Noch 1942 brachten Schwierigkeiten bei diesen Geldtransfers die italienische Regierung dazu, die Zahl der italienischen Arbeiter in Deutschland spürbar zu senken.[8] Während des Krieges löste die deutsche Regierung ihr Devisenproblem gewaltsam: Sie erlegte besetzten Ländern die Pflicht auf, Geldtransfers an die Familien von Arbeitern zu leisten. Deutsche Beamte erfanden so viele ‹Lohnabzüge› für polnische und sowjetische Arbeiter, dass ihnen oder ihren Familien fast nichts ausgezahlt wurde, und der deutsche Staatshaushalt nahm Milliarden Reichsmark an Lohnanteilen ein.[9] Mit anderen Worten, Besatzung und Zwang waren zunächst eine finanzielle Notwendigkeit und wurden später profitabel.

Wegen des gesteigerten Bedarfs an Arbeitskräften 1938/39 sah man Juden nun als Reservoir an, das mobilisiert werden müsse. Vorher war Zwangsarbeit kein wichtiges Element bei ihrer Verfolgung in Deutschland gewesen. Nach dem Novemberpogrom 1938 wurden Juden aber in verschiedenen Branchen in Arbeitskolonnen gezwungen. Da jedoch die meisten Mitglieder der jüdischen Gemeinden Alte und Frauen waren, lag die Zahl der jüdischen Zwangsarbeiter im Altreich und in Österreich im Mai 1939 bei nur 33 000 und erreichte 1941 mit rund 50 000 (0,2 % aller Arbeitskräfte) ihren Höhepunkt. Über die Hälfte dieser jüdischen Arbeiter wurden in Berlin eingesetzt.[10]

Bald wurde die Arbeitsgesetzgebung allgemein drakonischer, weil die deutsche Führung es sich nicht mehr leisten konnte, deutschen Arbeitern genügend wirtschaftliche Anreize zu bieten, um für die Aufrüstung zu arbeiten. Also griff sie zum Zwang.[11] Die Regierung konnte bestimmten Gruppen von Deutschen bestimmte Stellen oder die Arbeit in bestimmten Organisationen zuweisen: 1,5 Millionen fielen 1939 unter diese Regelungen, und bis 1941 stieg die Zahl auf 2,7 Millionen. Im Notfall konnten alle gesunden männlichen Bürger zur Arbeit gezwungen werden, und der Wechsel des Arbeitsplatzes wurde während des Krieges eingeschränkt.[12] Später wurde eine 56 Stunden-Woche für Deutsche eingeführt, in manchen Industrien waren es 72 Stunden.[13] Um andere Arbeiter einzuschüchtern, wurde die Verfolgung von ‹Asozialen› (d. h. sozialen Abweichlern, unproduktiven Menschen und sogenannten Arbeitsscheuen) 1938/39 intensiviert. Über 10 000 wurden im Frühjahr 1938 zur Zwangsarbeit in Konzentrationslager geschickt.[14] Im selben Zeitraum entdeckte man auch die über 100 000 Gefängnisinsassen in Deutschland als Arbeitskräftereservoir. Auch die Art ihrer Arbeit veränderte sich – vom Tütenkleben, Mattenweben und Recycling von Garn zur Arbeit meist außerhalb der Gefängnisse in Landwirtschaft, Bau- und Verkehrswesen sowie Industrie.[15] 1939–40 wurden sogenannte Arbeitserziehungslager – von der Gestapo betrieben – als weiteres Einschüchterungsmittel eingeführt. Dort waren die Bedingungen «im allgemeinen strenger als in einem Konzentrationslager» (Kaltenbrunner), und das Einsperren der Insassen wurde auf acht Wochen beschränkt, damit es nicht zu viele Tote gab. Nur eine Minderheit waren politische Gefangene. Viele Firmen standen in dieser Frage mit der Gestapo in engem Kontakt und denunzierten unerwünschte deutsche Arbeiter.[16] Ab 1941 waren die meisten Insassen aber Ausländer, vor allem aus Osteuropa, von denen manche nicht überlebten.[17]

Seit Kriegsbeginn 1939 wurden ausländische Arbeiter nach Deutschland gebracht, trotz rassistischer Einwände gegen den Zustrom von Polen und vor allem von Sowjetbürgern.[18] Nach neuen Berechnungen, die ältere ostdeutsche und polnische Schätzungen bestätigen, lag ihre Zahl insgesamt wohl bei 13–14 Millionen (Sowjetbürger und Polen waren die größten Gruppen).[19] Nur einige Hunderttausend kamen freiwillig.[20] Vor allem in den frühen Kriegsjahren konnten manche Westeuropäer legal zurückkehren, andere taten es illegal. Ende 1941 gab es 3,5 Millionen ausländische Arbeiter (Zivilisten und Kriegsgefangene) in Deutschland, Ende 1942 waren es 5,6 Millionen, Ende 1943 war die Zahl auf 7,3 Millionen gestiegen, und Ende 1944 waren es 8,2 Millionen (zu denen man die meisten der 700 000 KZ-Insassen hinzuzählen sollte).[21] Mit diesen Methoden war es möglich, die Zahl der Beschäftigten in der deutschen Landwirtschaft in der zweiten Kriegshälfte auf Vorkriegsniveau oder darüber zu halten und die Beschäftigtenzahl in der Industrie zu steigern, obwohl Millionen Männer zur Wehrmacht eingezogen waren.[22] Ab Mitte 1941 wurden Ausländer auch zunehmend in der Industrie eingesetzt.

Das bedeutete, dass Behörden und Firmen wenig Bedarf an deutschen Juden als Arbeitern hatten und die ersetzen konnten, die sie schon besaßen. Dies war auch relativ einfach, weil Juden meist als ungelernte Arbeitskräfte beschäftigt wurden, nicht in ihren früheren Berufen. Selbst von den jüdischen Rüstungsarbeitern, über die es von 1941 bis 1943 Auseinandersetzungen gab, hatten fünf Jahre zuvor nur wenige in solchen Berufen gearbeitet.[23] Deutsche Juden waren nur eine für den Arbeitsmarkt verfügbare (kleine) Gruppe; sie fügten sich leicht in das entstehende Kriegsproduktionssystem ein, in dem die Organisation der Arbeit viel unqualifizierte, körperlich schwere Jobs für Zwangsarbeiter schuf, und waren ebenso leicht zu ersetzen. Zu Beginn der NS-Zeit machte die Massenflucht von Juden viele Stellen frei, die oft attraktiv waren, andererseits verursachte sie eine Abwanderung von Hochqualifizierten. Jüdische Zwangsarbeit wurde in Deutschland erst zum Thema, als Arbeitskräfte knapp wurden, doch zu diesem Zeitpunkt war die verbliebene jüdische Bevölkerung überaltert. Andere Arbeitskräftereservoirs bedeuteten, dass es lange dauerte, bevor die Regierung es für nötig hielt, jüdische Arbeiter aus dem Ausland zu importieren. Darum lehnte Hitler es im Frühjahr 1941 und im Herbst 1942 ab, zehntausende Juden ins Land zu holen.[24] Erst 1944, als die Lage bei der Versogung mit Arbeitskräften angespannt war, wurden zehntausende von Juden aus Konzentrationslagern im Osten und fast 200 000 Juden aus Großungarn als Zwangsarbeiter nach Deutschland gebracht, was dem alten nationalsozialistischen Ziel eines judenfreien Deutschland – das 1943 mehr oder weniger erreicht worden war – zuwiderlief.[25]

Die Behandlung ausländischer Zwangsarbeiter

Unterschiedliche Gruppen von Zwangsarbeitern wurden unterschiedlich behandelt. Die Hierarchien ihrer Behandlung wurden durch staatlich vorgeschriebenen und volkstümlichen Rassismus vorgegeben, aber das waren nicht die einzigen bestimmenden Faktoren. Außenpolitische Erwägungen, das politische System der Heimatländer der Arbeiter, ältere Traditionen der Ausländerbeschäftigung (und ihre rassistischen Untertöne), die Institutionen zur Kontrolle der Arbeiter und die Art der Arbeitsstellen spielten ebenfalls eine Rolle. Arbeiter aus verbündeten Ländern (oft auf Grund zwischenstaatlicher Abkommen rekrutiert), standen oben: Italiener, Kroaten, Bulgaren, Rumänen, Slowaken, Spanier und Ungarn (ohne vom nationalsozialistischen Standpunkt aus unbedingt zu einer rassischen Elite zu zählen). Danach kamen Menschen aus ‹germanischen› oder westeuropäischen besetzten Ländern wie Norweger, Dänen, Niederländer, Belgier und Franzosen (manchmal kamen auch Tschechen und Griechen in diese Kategorie, dazu angloamerikanische Kriegsgefangene). Die Behandlung von Serben, italienischen Soldaten (nach 1943) und vor allem Polen war schlechter und die von sowjetischen Zivilisten noch schlimmer. Juden, Sinti und Roma standen in der Hierarchie ganz unten. Der Status als Kriegsgefangener bot manchmal etwas Schutz, aber sowjetischen Kriegsgefangenen erging es viel schlechter als sowjetischen Zivilisten. Noch schlimmer war es für KZ-Insassen. Wegen populären Drucks galten diese Unterschiede aber nicht immer und überall, besonders an der Spitze der Hierarchie. Behandlung und Ernährung in der Landwirtschaft waren meist besser als in Fabriken, noch übler war man im Straßenbau oder Bergbau dran.[26] So wurden Polen besonders in der Landwirtschaft eingesetzt, Italiener häufiger als andere auf Baustellen, wie schon im späten 19. Jahrhundert, und die meisten Westeuropäer und Sowjetbürger arbeiteten in der Industrie.[27]

Vor allem polnische und sowjetische Zwangsarbeiter litten in Deutschland unter brutaler Behandlung. Sie hatten sehr lange Arbeitszeiten und keine Rechte. Sie waren unterernährt, häufig erschöpft, in Baracken untergebracht (sowjetische Zivilarbeiter in Lagern hinter Stacheldraht), wurden kaum medizinisch versorgt und durften keine Luftschutzbunker betreten, was allein schon Zehntausende das Leben kostete. Viele mussten Holzpantinen tragen, auch im Winter. Zeitgenössische Berichte und Erinnerungen schildern häufige Beschimpfungen, Schläge, Brutalität und gelegentlich Erschießungen – nicht nur durch deutsche Polizisten, sondern auch durch Wachtposten in Lagern und an der Arbeit, wenngleich Überlebende auch eine ganz unterschiedliche Behandlung durch verschiedene Menschen bezeugen. Die Sichtweise der deutschen Arbeiter war nicht von Solidarität oder Hilfe geprägt, sondern lässt sich am besten als «Desinteresse und eine Art gleichgültiger Selbstverständlichkeit» beschreiben. Ebenso wie viele Aufseher von jüdischen Arbeitern benutzten auch die Aufseher von Polen und Ukrainern in Deutschland Peitschen.[28] Bis zu einer Million Zwangsarbeiter waren Kinder.[29] Ab März 1940 mussten polnische Zwangsarbeiter als erste Gruppe im Altreich ein besonderes Kennzeichen tragen. Wegen der langandauernden körperlichen und geistigen Belastung setzte bei vielen Frauen die Menstruation aus, wie auch bei weiblichen KZ-Häftlingen.[30] Gestorbene sowjetische Zwangsarbeiter wurden oft auf jüdischen Friedhöfen begraben.[31] 1945 wurden Zwangsarbeiter in vielen Gegenden des Reichs auch auf Evakuierungsmärsche geschickt, der Polizei übergeben und manche als Sicherheitsrisiko festgenommen und erschossen.[32]

Nachdem der erste Strom an Freiwilligen versiegt war, bediente sich auch die deutsche Rekrutierung gewaltsamer Methoden. Eine davon war die willkürliche Einkesselung von Menschenmengen auf Märkten und Bahnhöfen oder in Kinos und Kirchen, nicht selten als Sklavenjagden kritisiert. Diese Methode wurde vor allem in den besetzten sowjetischen Gebieten angewandt, Ende 1944 aber auch in den Niederlanden.[33] Andere Maßnahmen waren Quoten, die von den einheimischen Behörden zu erfüllen waren, das sogenannte Auskämmen überflüssiger Personen an bestimmten Arbeitsstellen und die Evakuierung ganzer Bevölkerungsteile aus Gebieten in der Nähe von Partisanenstützpunkten oder Frontgebieten, aus denen die Wehrmacht sich zurückziehen wollte.[34] In der Ukraine war die Rekrutierung in den Gebieten unter Militärverwaltung intensiver als in denen unter Zivilverwaltung.[35] Auf die potenziellen Arbeiter wurde starker Druck ausgeübt. Ihre Ausweise wurden beschlagnahmt, was das Leben in ihrer Heimat nahezu unmöglich machte. Sie und ihre Eltern wurden manchmal mit der Hinrichtung bedroht. Eltern wurden festgenommen, Vieh beschlagnahmt und die Häuser von Flüchtigen niedergebrannt.[36] Einheimische Funktionäre waren in den Vorgang oft eng eingebunden, was etwa in der Ukraine gesellschaftliche Spannungen erzeugte.[37]

Die Behandlung der Zwangsarbeiter im Reich führte zu hunderttausenden Toten, vor allem nachdem Arbeiter in Konzentrationslager verlegt worden waren, aber auch durch Luftangriffe. Schätzungen der Zahl polnischer Zwangsarbeiter, die in Deutschland starben, reichen von 20 000 bis 137 000 (letztere Zahl umfasst 1–6 % der Kriegsgefangenen).[38] Die Verluste unter sowjetischen Zivilisten, die in Deutschland arbeiten mussten, lagen vermutlich um 50 000 (2 %), obwohl eine nicht geringe

Zahl der 150–200 000, die als arbeitsunfähig zurückgeschickt wurden, ebenfalls starb.[39] Auch zehntausende Westeuropäer starben.[40] Insgesamt starben möglicherweise 250–300 000 ausländische Zwangsarbeiter,[41] eine auffällige Zahl, da die meisten zur Altersgruppe zwischen 15 und 30 Jahren gehörten, in der die Quote natürlicher Todesfälle gegen Null geht. Gleichzeitig lag die Sterberate sogar bei osteuropäischen Zwangsarbeitern weit unter der von jüdischen Zwangsarbeitern, KZ-Häftlingen und sowjetischen Kriegsgefangenen. Doch überlebende Osteuropäer lebten für den Rest ihres Lebens häufig verarmt, weil unter anderem ihre Ausbildung abgebrochen und ihre Gesundheit ruiniert war (beides galt auch für jüdische Überlebende aus der Ukraine).[42]

Angesichts der schrecklichen Lebens- und Arbeitsbedingungen wurde das, was deutsche Behörden ‹Arbeitsvertragsbrüche› nannten (d. h. Flucht, Arbeitsverweigerung, Sabotage) zum Massenphänomen. Die Deutschen regierten mit noch härterer Unterdrückung. Unternehmer wie Vorarbeiter zeigten viele Zwangsarbeiter – vor allem Sowjetbürger und Polen, aber auch andere – wegen langsamer Arbeit oder Widersetzlichkeit bei der Polizei an. Vor allem sowjetische Zwangsarbeiter wurden meist hart bestraft, Franzosen und Tschechen weniger.[43] Schon 1941 flohen Arbeiter massenweise aus ihren Lagern und zugewiesenen Arbeitsstellen;[44] Sowjetbürger und Polen versuchten Zwangsarbeit in Deutschland mit weniger inhumanen Bedingungen zu finden. 1941 wurden über 4600 ausländische Arbeiter pro Monat verhaftet, von Mai bis August 1942 waren es fast 20 000, von Januar bis September 1943 waren es monatlich über 29 000 (im dritten Quartal etwa 1 % pro Monat) und in der ersten Jahreshälfte 1944 über 31 000 pro Monat.[45] 1943 gab es jeden Monat durchschnittlich über 30 000 Fluchten; in einigen Gegenden flohen 1944 jeden Monat 1–1,5 % aller ausländischen Arbeiter und wahrscheinlich über 10 000 Kriegsgefangene.[46] Tatsächlich wurde die Jagd auf geflohene ausländische Arbeiter zur Hauptaufgabe von Gestapo und Gendarmerie in der zweiten Kriegshälfte, was ihr Personal weit überforderte[47] und ihre Kapazität zu anderen Repressionen beschränkte. Trotz Himmlers Befehlen, alle gefangenen sowjetischen und polnischen Zwangsarbeiter in Konzentrationslager zu sperren, reichte die Strafe für die Festgenommenen von Geldstrafen über 8 Wochen in einem «Arbeitserziehungslager» der Gestapo bis zu langer KZ-Haft, die aber selten war, besonders für Frauen.[48] Dennoch stellten Polen im März 1943 44 % der Insassen in Mauthausen, im Juli 57 % der Insassen in Buchenwald, und viele von ihnen waren wahrscheinlich festgenommene Zwangsarbeiter.[49] Zahlen zu den französischen Zwangsarbeitern in deutschen Konzentrationslagern legen nahe, dass 85 % für ‹Arbeitsvertragsbruch› bestraft wurden, aber bei weitem nicht alle selbst derjenigen, die von ihrem Arbeitsplatz flohen, kamen in Konzentrationslager.[50] Dennoch waren viele aus der wachsenden Zahl von KZ-Insassen frühere polnische oder sowjetische Zwangsarbeiter und sowjetische Kriegsgefangene, wie der Trend zu immer jüngeren Insassen zeigt.[51] Überraschenderweise konnten 91 % der über 25 000 sowjetischen Zwangsarbeiter im KZ Dachau überleben.[52] Mitte 1944 war die Inhaftierung von Zwangsarbeitern in KZs aber so verbreitet, dass Rüstungsminister Speer auf dieses Arbeitskräftereservoir zuzugreifen versuchte.[53]

Deutsche und österreichische Arbeitgeber oder andere Privatleute zeigten fast alle dieser hunderttausenden festgenommenen Arbeiter bei der Polizei an. Das bedeutet, dass ausländische Arbeiter die bei weitem größte denunzierte Gruppe in Nazideutschland waren; dies wird in der Forschung über Denunziationen kaum beachtet, da sie sich auf Denunziationen unter Deutschen und die (wegen ihrer geringen Zahl relativ seltene) Denunziation von Juden konzentriert. Werden Zwangsarbeiter in dieser Forschung erwähnt, geht es um den viel selteneren Vorwurf verbotener Kontakte, vor allem sexueller Art.[54] Daher basieren Erkenntnisse, dass nur wenige Deutsche andere bereitwillig denunzierten oder dass Denunziationen häufig von sozial niedriger gestellten Personen kamen,[55] auf einem kleinen Ausschnitt von Fällen. Sie beziehen sich nicht auf Deutsche, die Zwangsarbeiter bei der Polizei anzeigten. Diese Denunzianten kamen aus allen Schichten; viele wollten die Unterwerfung von Ausländern durchsetzen, handelten oft aber in der Hitze der Situation. So viele von ihnen waren Unternehmer oder Personalchefs großer Firmen, dass die Gestapo zu der Auffassung kam, sie zeigten Zwangsarbeiter zu schnell an.[56] Tausende von Polizisten, SA-Leuten, Wachschutzmännern, Arbeitsamtsmitarbeitern und Soldaten beteiligten sich an der Jagd auf entflohene Zwangsarbeiter, ab 1943 auch Zivilisten, weil Belohnungen ausgeschrieben wurden.[57]

Niemand in Deutschland konnte sagen, er wisse nichts von nichtjüdischen Zwangsarbeitern. Da sie bis zu einem Drittel der deutschen Arbeitskräfte stellten, gab es sie fast überall. Schätzungen zufolge gab es 30 000 Zwangsarbeiterlager im ganzen Reich: fast 1000 in Berlin, 560 in Hamburg, 300 in Essen und 131 in München. Oldenburg, eine Stadt mit

100 000 Einwohnern, hatte 40 Lager für Zivilisten, 11 für Kriegsgefangene, 5 unter Reichsbahnaufsicht und 3 Gestapolager.[58] Und Zwangsarbeiter arbeiteten fast überall. Die evangelische Kirche beschäftigte etwa 15 000.[59] Die meisten Lager wurden von Privatfirmen kontrolliert; ausländische Arbeiter waren auch auf Bauernhöfen untergebracht, dazu

> in Raumfluchten und Kellerräumen, in stillgelegten oder produzierenden Fabrikanlagen, in Verwaltungsgebäude[n], in Tanzsäle[n] und Gaststuben von Restaurationen, in Kammern von Kneipen, in Geschäftsräume[n], in Abrißhäuser[n], Scheunen und ähnliche[n] Wirtschaftsgebäude[n], auf Kohlen- und Sportplätze[n], auf Wiesen, Grünanlagen und Rasenflächen, in Kleingartenkolonien, [...] und auf Bahnhofsgelände.[60]

Der staatliche Druck auf deutsche Beschäftigte wuchs ebenfalls. Auch sie wurden manchmal in Arbeitserziehungslager geschickt (wenn auch seltener als Ausländer, vor allem Osteuropäer), auch sie waren durch Luftangriffe bedroht (obwohl sie leichteren Zugang zu Luftschutzbunkern hatten), und manche wurden erschossen, weil sie ihre Arbeitsstellen verließen oder aus stark bombardierten Städten flohen.[61] Neue Regelungen beschränkten 1942 bis 1944 die Freiheit des Arbeitsplatzwechsels (eine schwerwiegende Einschränkung, weil dies die Hauptstrategie war, um sich vor Schikanen des Unternehmens zu schützen, seit Gewerkschaften verboten waren), erhöhten die Strafen für langsame Arbeit und Abwesenheit und erklärten immer mehr Menschen als arbeitspflichtig, zum Schluss auch Mütter von kleinen Kindern.[62]

Arbeitskräftereservoire und Zwangsarbeit: In den besetzten Ländern

Die überwiegende Mehrheit der Juden unter deutscher Herrschaft lebte außerhalb Deutschlands. Bedingungen und Verteilung der Arbeit in ihrer Heimatregion waren für ihr Schicksal viel wichtiger als das, was in Deutschland geschah. In vielen besetzten Ländern, einschließlich der besetzten sowjetischen Gebiete, Frankreichs, Belgiens und Böhmens und Mährens wurden bis Herbst 1943 3–4 % der Zivilbevölkerung als Zwangsarbeiter nach Deutschland deportiert. In Polen lag der Anteil fast bei 7 %, im Wartheland bei 12 %.[63] Einschließlich Kriegsgefangenen wurden 13 Millionen Zwangsarbeiter nach Deutschland gebracht, das waren 5 % der fast 250 Millionen Europäer, die zu verschiedenen Zeiten unter deutscher Besatzung lebten, oder 13 % aller

Arbeitskräfte des Kontinents. Das hatte auch ernste Folgen *innerhalb* dieser Länder.

Es entstanden Konflikte, ob man Zwangsarbeiter in den besetzten Ländern oder im Reich einsetzen solle, aber die Ersteren hatten meist Priorität – wie deutsche Befehle und Anweisungen dokumentieren und die Zahlen bestätigen. So wurde etwa 1940 und nochmals im Herbst 1943 die lokale Verwendung in Frankreich zur Priorität erklärt, und 1944 arbeiteten weit mehr Menschen in Frankreich für die Deutschen als in Deutschland.[64] Das Gleiche galt für die besetzten sowjetischen Gebiete: Fast 22 Millionen Menschen wurden dort Ende 1942 beschäftigt, gegenüber 3 Millionen nach Großdeutschland deportierten Arbeiterinnen und Arbeitern.[65] In Griechenland war es für die deutsche Verwaltung viel wichtiger, Arbeiter für strategisch wichtige Projekte wie Bergbau, Hoch- und Straßenbau zu haben, als Zwangsarbeiter nach Deutschland zu schicken.[66] Man muss hinzufügen, dass die Wehrmacht, besonders an der Ostfront, viele hunderttausende Kriegsgefangene und Zivilisten zur Arbeit zwang und bis zur Erschöpfung ausbeutete. Die Verwendung von Zwangsarbeitern an der Front galt nach den deutschen Verlusten 1941 als militärische Notwendigkeit.[67] Andere Arbeiter wurden innerhalb der besetzten Gebiete verschoben und/oder in Lager gesperrt, häufig unter menschenunwürdigen Bedingungen. Allein im Distrikt Radom (Generalgouvernement) gab es mindestens 140 Zwangsarbeitslager.[68]

Die Rekrutierung von Zwangsarbeitern für das Reich erzeugte lokalen Widerstand und war einer der wichtigsten Faktoren bei der Stärkung der Partisanenbewegungen in verschiedenen Ländern.[69] Im Allgemeinen entfremdete sie den Deutschen den größten Teil der Bevölkerung (die Arbeiterdeportationen wurden manchmal mit denen nach Sibirien oder mit der Behandlung der Juden verglichen[70]) und betraf vor allem Familien, die ihre jüngeren Mitglieder zu verstecken versuchten. In Griechenland brachen Proteste von Eliten und friedliche wie gewaltsame Demonstrationen aus.[71] Die Judendeportationen erzeugten dagegen keine solchen Zeichen der Unzufriedenheit, und während die französische Polizei die Deportation von Zwangsarbeitern hintertrieb, gab es zwar auch Sabotage gegen die Deportation von Juden, aber viel seltener.[72] Bestimmte Formen der Rekrutierung trieben junge Menschen dazu zu fliehen, in den Untergrund zu gehen und sich Widerstandsgruppen anzuschließen. Das passierte am häufigsten, wenn ganze Jahrgänge junger Menschen (oft die Jahrgänge 1919 bis 1925) zur Arbeit einberufen wurden, weil solche Maßnahmen öffentlich angekündigt werden mussten. Dies gab jungen Leuten Zeit, um zu reagieren. In vielen Ländern begann das im Frühjahr 1943,[73] als die Kriegslage sich nach der Schlacht von Stalingrad und der alliierten Invasion in Nordafrika gegen die Deutschen gewendet hatte, was den Widerstand ebenfalls anheizte.

Jüdische Arbeitskräfte: Das Selektionsprinzip

Wie Deutschland ab den späten 1930er Jahren, so verdrängten auch viele Achsenmächte Juden aus ihren Berufen oder zumindest von attraktiven Posten in den freien Berufen, dem Handels- und Finanzwesen, den Universitäten, Medien und dem Staatsdienst und steckten sie später in Zwangsarbeitseinheiten (siehe Kapitel 3, 12, 14). Eine der besonderen Seiten der deutschen Praxis war das Aussortieren der nicht Arbeitsfähigen, um sie zu ermorden.

Das Jahr 1942 war der Höhepunkt der Arbeitsrationalisierung in den deutsch-beherrschten Teilen Europas. In diesem Jahr gab es auch die größten Deportationen von Zwangsarbeitern nach Deutschland, insgesamt wie auch für die besetzten sowjetischen Gebiete, die Niederlande und Belgien, wo sie die zur Wehrmacht eingezogenen Deutschen ersetzten.[74] Die Arbeiterdeportationen erreichten auch im Generalgouvernement ihren Höhepunkt, dort war aber wie in weiten Teilen des deutsch-kontrollierten Europas gleichzeitig auch die Judenvernichtung auf ihrem Höhepunkt. Das Prinzip, Juden, die noch weiter ausgebeutet werden konnten, von den unproduktiven und damit zur Vernichtung bestimmten zu trennen, entwickelte sich Mitte 1941 in den Konzentrationslagern, im August in den besetzten sowjetischen Gebieten und Ende 1941 in einigen annektierten Gebieten Polens. Es wurde auch in Zentralpolen angewandt, besonders ab Mai 1942.[75] Die Prozedur war bereits damals als ‹Selektion› bekannt, ein aus der Evolutionsbiologie entliehener Begriff, aber ohne die Darwinsche Konnotation einer Erhaltung der stärksten jüdischen Einzelpersonen für die Zukunft.[76] Dem Selektionsprinzip wohnte nicht nur die Idee inne, dass arbeitsunfähige Juden unwichtig seien, sondern schlimmer noch, dass sie aktiv vernichtet werden sollten. Ab Mitte 1941 debattierten deutsche Funktionsträger darüber, ob man jüdische Arbeiter töten solle,[77] aber kaum je über andere

Juden. Das Selektionsprinzip war nicht ganz neu; Entscheidungen über Leben und Tod behinderter Menschen waren nach ihrer Arbeitsfähigkeit getroffen worden, und dasselbe Prinzip wandte man im Herbst 1941 bei sowjetischen Kriegsgefangenen an (siehe Kapitel 3 und 9).

Die bekanntesten Selektionen fanden in Auschwitz statt, wo sie von SS-Ärzten und anderem SS-Personal durchgeführt wurden. Doch das Aussortieren nach Arbeitsfähigkeit oder Nützlichkeit fand auch anderswo tausendfach statt, häufig durch Beamte der Arbeitsverwaltung;[78] und die als unproduktiv geltenden Menschen wurden ermordet. 1944 wurde dieses System dadurch ersetzt, dass man Juden pauschal nach Alter und Geschlecht behandelte.[79] In Todeslagern wie Chełmno, Bełżec, Sobibór und Treblinka gab es so gut wie keine Sortierung der Neuankömmlinge, weil die ‹Selektion› vor Abfahrt der Deportationszüge stattgefunden hatte.[80] SS-Organisatoren hatten diese Prozedur zu Beginn des Massenmordprogramms empfohlen, weil sie selber oder Beamte der Zivilverwaltung es für nötig hielten, jüdische Arbeitskräfte zu behalten.[81] In vielen Groß- und Kleinstädten und Lagern gab es mehr als eine ‹Selektion›, und viele Überlebende erlebten mehr als eine. Sie beschrieben die ‹Selektionen› als ihre traumatischsten Erfahrungen, weil ihr eigenes Leben bedroht war und sie Verwandte und Freunde verloren, die sie nicht schützen konnten.[82]

Die direkte Konfrontation mit einem Funktionär, der eine Reihe von Menschen in die eine oder in die andere Richtung schicken konnte, in den Tod oder zum vorläufigen Überleben durch Zwangsarbeit, existierte auch in anderen, weniger dramatischen Formen: die Ausgabe von Dokumenten, deren Besitzer in Berufen arbeiteten, die für die Deutschen (oder die einheimischen Behörden) wichtig waren, und die Einrichtung von zwei oder drei Ghettos in einer Stadt, auf die Menschen nach ihrer Nützlichkeit verteilt wurden. Diese Praxis breitete sich aus den besetzten sowjetischen Gebieten, wo sie 1941 begonnen hatte, auf andere Gebiete aus.[83] Einige Zeit lang konnten jüdische Arbeiter ihre Ehepartner und zwei direkte Angehörige als abhängige Personen von der Deportation ausnehmen lassen. Da die andere Seite der vorübergehenden Ausnahmen die sofortige Ermordung der unproduktiven Menschen war, sind Forscher zu dem Schluss gekommen, dass ‹Selektionen› für den Arbeitseinsatz den Massenmord an den Juden eher beschleunigten und intensivierten als bremsten.[84]

Es ist auch wichtig, Veränderungen der Selektionskriterien zu analysieren. Häufig wurden bestimmte Altersgruppen von der Deportation ausgenommen, um sie als Arbeiter einzusetzen.[85] Slowakische Juden wurden ab März 1942 angeblich als Arbeiter nach Deutschland gebracht, und aus den ersten Zügen wurde niemand gleich ermordet. Wochen später wollte Himmler Juden, Männer wie Frauen, aus West- und Südosteuropa (besonders Rumänien) als Zwangsarbeiter in Auschwitz konzentrieren.[86] Kein jüdischer Insasse der ersten Transporte aus Frankreich nach Auschwitz Ende Juni 1942 wurde bei der Ankunft ermordet. Die regulären ‹Selektionen› in Auschwitz begannen am 4. Juli mit einem Zug aus der Slowakei.[87] Zwischen dem 19. Juli und 3. August wurden 12,2 % der eintreffenden französischen Juden sofort ermordet, nach dem 9. August stieg der Anteil aber auf über 85 %.[88] Dies stand im Zusammenhang mit Veränderungen der Selektionskriterien: Bis Mitte Juni sollten nur Menschen zwischen 16 und 40 Jahren deportiert werden (was auf Zwangsarbeitspläne hindeutet), im Juli wurde dies aber zunächst auf alle zwischen 15 und 50 ausgedehnt, dann bis auf 60 Jahre erweitert, und schließlich wurden auch Kinder einbezogen.[89] Von den aus Frankreich Deportierten wurden 1 % der 15jährigen oder Jüngeren, 9 % der über 51jährigen, 41 % der 16–40jährigen und 28 % der 41–51jährigen nicht bei der Ankunft in Auschwitz ermordet. Frauen hatten viel geringere Überlebenschancen als Männer.[90]

Im Gegensatz dazu sagen einige Quellen, es habe besondere Phasen gegeben, in denen unter den Neuankömmlingen in Auschwitz niemand zur Arbeit ausgesondert wurde, aber sie sind nicht leicht zu identifizieren. In einem Bericht über seine Polenreise im Mai 1943 schrieb SS-Sturmbannführer Franke-Gricksch, es seien bereits 500 000 Juden in Auschwitz ermordet worden und nannte dies den «bisherige[n] Erfolg dieser ‹Umsiedlungsaktion›». Er fuhr fort: «Die ‹Umsiedlungsaktion› älterer Art wird völlig abgelehnt, da man es sich nicht leisten kann, wichtige Arbeitsenergien laufend zu vernichten.»[91] Das bezog sich möglicherweise auf die Praxis im August 1942; damals gab es relativ wenige Deportationszüge, deren Passagiere alle sofort ermordet wurden, aber eine größere Zahl, bei denen der Anteil über 90 % lag.[92] Mitte September 1942 erklärte Pohl: «Die für die Ostwanderung bestimmten arbeitsfähigen Juden werden also ihre Reise unterbrechen und Rüstungsarbeiten leisten müssen.» Diese Juden sollte man «in Auschwitz aus der Ostwanderung abschöpfen», d. h. nicht sofort ermorden.[93] Noch Ende Juli gab es Pläne, als arbeitsfähig erachtete Juden aus den ankommenden Zügen auszusortieren, zum Beispiel bei den erwarteten rumänischen Juden.[94]

Im Allgemeinen wurden 20–25 % der nach Auschwitz deportierten Juden zunächst am Leben gelassen. Das bedeutete, dass nicht nur die als unproduktiv geltenden ermordet wurden, sondern auch ein Teil jener 40 % der normalen Bevölkerung, die deutsche Funktionsträger als arbeitsfähig angenommen hatten. Diese strengeren Standards spiegelten Hass und Verachtung wider, besonders gegenüber Frauen. Weniger als 14 % der Anfang 1943 aus dem Bezirk Bialystok nach Auschwitz deportierten Juden wurden von der sofortigen Ermordung ausgenommen. Etwa 11–22 % der gleichzeitig aus Theresienstadt eintreffenden Juden (Männer von 18–40 und Frauen von 18–33) wurden nicht sofort ermordet.[95] Von den griechischen Juden wurden 20–23 % der Ankömmlinge in Auschwitz vorübergehend zur Zwangsarbeit zurückgestellt. Unter den schätzungsweise 430 000 ungarischen Juden, die von Mai bis Juli 1944 nach Auschwitz geschickt wurden, wurde ein Viertel zur Arbeit selektiert; bei den 67 000 Juden aus Łódź im August 1944 waren es 28 % und bei den nach Auschwitz geschickten niederländischen Juden ebenfalls 28 %.[96]

Auf Juden wurde das Selektionsprinzip mit besonderer Skrupellosigkeit angewandt, aber es gab weitere Opfer, darunter nichtjüdische KZ-Insassen, speziell ab 1942. Ende 1941 selektierte man sowjetische Kriegsgefangene zur Zwangsarbeit und ließ die untauglichen sterben; aus der weißrussischen Bevölkerung, die von der Partisanenbekämpfung durch SS, Polizei und Wehrmacht unter Mitwirkung der Zivilverwaltung betroffen war, wurden in manchen Gebieten die gesunden Menschen deportiert und die Übrigen sofort ermordet (siehe Kapitel 9 und 11).

Verschiebung und Ersetzung von Arbeitskontingenten

Deutsche Behörden und Unternehmen behandelten Ausländer zunehmend als rechtlose Masse, die für die Kriegsanstrengung willkürlich benutzt, ersetzt oder verschoben werden konnte, egal welche Leiden das verursachte. Das betraf Juden in verschiedener Hinsicht. Eine davon war, dass ausländische Regierungen, denen die brutale Behandlung der Arbeiter durch Deutsche nicht entging, es zu vermeiden oder aufzuschieben suchten, Bürger ihrer dominierenden Volksgruppen zu schicken, oder ihre Zahl minimieren wollten. Stattdessen stellten sie Juden zur

Verfügung und kopierten damit die skrupellose deutsche Praxis der Gruppenersetzung (siehe Kapitel 14).

Jüdische Arbeiter wurden manchmal ermordet, ohne dass Ersatz für sie vorbereitet war. Meist wurde solcher aber wie in Weißrussland arrangiert, wo Nichtjuden für die besonderen Berufe ausgebildet wurden, in denen sie Juden ersetzen sollten.[97] Das Gleiche galt für ein zentrales Element der deutschen Kriegsmaschinerie – die Rüstungsindustrie in Berlin. Als im Herbst 1941 die Deportation von Juden im großen Maßstab begann, spielten die gut 50 000 Arbeiter landesweit, die der überalterten jüdischen Minderheit angehörten, keine große Rolle in der Volkswirtschaft oder im Arbeitskräftereservoir. Doch an einigen Orten, vor allem in Berlin, hielten viele Verwaltungsbeamte die jüdischen Arbeiter für unverzichtbar.[98] Nach anfänglichen Konflikten kamen Eichmann und das OKW am 23. Oktober 1941 überein, dass Deportationen durch Arbeitsämter und Rüstungsinspektionen genehmigt werden müssten.[99] Goebbels, der zugleich NSDAP-Gauleiter von Berlin war, hatte gefordert, die Berliner Juden zu deportieren und durch andere Arbeiter zu ersetzen; angesichts von 240 000 ausländischen Zwangsarbeitern in Berlin hielt er die 40 000 Juden der Stadt (von denen 17 000 arbeiteten) für verzichtbar.[100] Der Hintergrund seiner Forderung war, dass die Zahl ausländischer Zivilarbeiter in Berlin von 19 000 am 1. Januar 1941 über 68 480 Ende April auf 105 000 am 1. Januar 1942 dramatisch angestiegen war. Wenn man Kriegsgefangene hinzuzählte, waren es im April 1941 110 203 und im Januar 1942 178 560.[101] Hitler stimmte Goebbels am 29. Mai 1942 zunächst zu und drängte Rüstungsminister Speer, die jüdischen Arbeitskräfte zu ersetzen.[102] Im November 1942 befahl Sauckel, die sogenannten Berliner Rüstungsjuden und andere jüdische Arbeiter durch Polen aus dem Generalgouvernement zu ersetzen, zunächst die Ungelernten; im Januar wollte Hitler dafür zusätzliche Zwangsarbeiter in Frankreich und den Niederlanden einziehen.[103] Tatsächlich wurden die Berliner Juden im Februar und März 1943 deportiert und weitgehend durch Polen aus der Region Zamość ersetzt, die man vertrieben hatte, um Platz für die Ansiedlung von Volksdeutschen zu machen. In einigen Fällen transportierte derselbe Zug, der zuerst 1000 Polen aus Zamość nach Berlin gebracht hatte, dann die gleiche Zahl von Juden nach Auschwitz und fuhr dann leer nach Zamość zurück, von wo er 1000 ‹unnütze› polnische Zivilisten nach Auschwitz brachte.[104] Indem sie andere Gruppen nach Berlin deportierten, konnten die Behörden weitgehend den Produktivitätsabfall in der städtischen Industrie vermeiden, den die Ermordung der Berliner Juden sonst verursacht hätte. Die Zahl der ausländischen zivilen Zwangsarbeiter in Berlin stieg bis zum 1. August 1943 weiter auf 327378, mehr als dreimal so viele wie 17 Monate zuvor und einschließlich der Kriegsgefangenen auf über 400 000. Und später wuchs sie noch weiter.[105] Eine ähnliche Entwicklung lässt sich in der Umgebung Berlins beobachten, wo die jüdische Bevölkerung viel kleiner war,[106] und in der Industrieregion Oberschlesien, wohin man vor allem viel mehr sowjetische und britische Kriegsgefangene als Arbeiter brachte, als man jüdische Arbeiter zur Vernichtung deportierte.[107] Andererseits glich Berlins Import von Zwangsarbeitern, der die Zahl der deportierten Juden weit überstieg, den Verlust an deutschen Arbeitskräften in der ersten Kriegshälfte nicht aus.[108]

Zunächst hatte Goebbels Hitler vorgeschlagen, jüdische Arbeiter in Berlin durch sowjetische Kriegsgefangene zu ersetzen.[109] (Es ist recht bemerkenswert, dass Goebbels Letztere für ein kleineres Risiko in Bezug auf Sabotage, politischen Einfluss und interrassischen Kontakt hielt als Juden.) Angesichts des massenhaften Sterbens der Gefangenen zerschlug sich dieser Plan aber und wurde im Frühjahr 1942 aufgegeben. Ideen zum Ersetzen anderer Gruppen ausländischer Arbeiter in Deutschland durch sowjetische Kriegsgefangene mussten aus demselben Grund fallengelassen werden (siehe Kapitel 4).[110] So wurden sowjetische Zivilisten statt Kriegsgefangene zur Zwangsarbeit gepresst.[111]

Vorübergehend funktionierte das Ersetzen auch andersherum, indem Juden andere Gruppen ersetzten. In der zweiten Jahreshälfte 1941 ersetzten sie sowjetische Kriegsgefangene an vielen Arbeitsorten in Litauen und bei Straßenbauprojekten in Ostgalizien.[112] Das Lager Auschwitz II (Birkenau) wurde im Herbst 1941 für sowjetische Kriegsgefangene gebaut, aber es kamen nur rund 10 000, die bald zugrunde gingen.[113] Danach ersetzten Juden im Frühjahr und Sommer 1942 die sowjetischen Gefangenen als Arbeitskräfte in Auschwitz, obwohl dieser Plan im Lauf des Sommers zugunsten der Massenvernichtung durch Giftgas fallengelassen wurde. Im Sommer 1944 wurde das sogenannte ‹Zigeunerlager› in Auschwitz aufgelöst und seine Insassen ermordet oder in andere Lager geschickt, um Platz für Juden aus Ungarn und Łódź zu machen, die Zwangsarbeit verrichten sollten.[114]

In der zweiten Jahreshälfte 1942 stieß die Verschiebung von Gruppen zur Zwangsarbeit an gewisse Grenzen. In der Westukraine wurden von

August bis Oktober die letzten 250 000 Juden ermordet (siehe Kapitel 4 und 9), während die Zahl der in der Ukraine eingezogenen Zwangsarbeiter – Deutschlands wichtigste Quelle von Arbeitskräften – im August und September drastisch zurückging.[115] Gleichzeitig standen aber genügend Arbeiter zur Verfügung, damit mindestens 200 000 zwangsweise aus der Nord- in die Südukraine geschickt werden konnten, um die Ernte einzubringen.[116] Ab Frühjahr 1943 stieg die Zahl der nach Deutschland geschickten Arbeiter – auch in Westeuropa – wegen neuer Rekrutierungsmethoden wieder an, doch die lösten zugleich den schon erwähnten Widerstand aus.[117]

Facharbeiter fehlten häufig als erste, selbst wo deutsche Experten meinten, es gebe insgesamt genügend Arbeitskräfte. Das rettete vorübergehend vielen westukrainischen Juden bis zum Sommer 1942 das Leben, vor allem in Wolhynien und Podolien, und bis ins Jahr 1943 im Distrikt Galizien. In beiden Bereichen waren Handwerker für die lokale Wirtschaft unverzichtbar.[118] Generalgouverneur Hans Frank äußerte im September 1940 seine Zweifel, ob Polen wegen ihres angeblichen Mangels an «Tatkraft» und «Fähigkeit» jemals die jüdischen Handwerker ersetzen könnten.[119] Doch deutsche Ökonomen hielten Fabriken langfristig für wichtiger als kleine Werkstätten, und das machte Juden verzichtbar.

Die Arbeitspolitik im Generalgouvernement und die Juden

Mit fast 2 Millionen Juden ist das als deutsches Generalgouvernement regierte Zentralpolen ein wichtiges Beispiel für die Verbindungen zwischen der Arbeitspolitik und dem Schicksal der Juden. Vom Standpunkt der deutschen Zivilverwaltung war die Mehrheit der polnischen Juden ‹arbeitsunfähig›, und kaum ein Funktionär trat für ihr Überleben ein. Unterschiedliche wirtschaftliche Interessen konkurrierten miteinander: Lieferung von Nahrungsmitteln und polnischen Zwangsarbeitern nach Deutschland einerseits, Industrieproduktion im Generalgouvernement anderseits, vor allem für die Wehrmacht. Und viele zehntausende jüdische Facharbeiter schienen in den Fabriken unersetzlich.

Seit dem 19. Jahrhundert war Polen eine traditionelle Quelle von Saisonarbeitern für die deutsche Landwirtschaft gewesen. Während des Zweiten Weltkriegs weitete das NS-Regime diese Rolle stark aus. Der

Staatssekretär für Ernährung und Landwirtschaft, Herbert Backe, sagte im Dezember 1939, er erwarte, dass Polen «Arbeiter und Arbeiter und Arbeiter» liefere.[120] Tatsächlich kamen bis 1944 1,2 Millionen, von denen zwei Drittel in der deutschen Landwirtschaft arbeiteten. Ende 1941 hielt die deutsche Zivilverwaltung die Reserven an Arbeitskräften für erschöpft. Ab Mai 1942 forderte Berlin jedoch noch mehr Arbeiter als zuvor. Bis Ende 1941 wurden rund 565 000 nach Deutschland deportiert, und 1942 waren es weitere 398 000 – mehr als in jedem anderen Jahr –, wobei die zweite Jahreshälfte 1942 den Höhepunkt darstellte, parallel zum Massenmord an den Juden. (Über die Hälfte der 1942 deportierten Zwangsarbeiter stammten aus dem Distrikt Galizien.) 1943 und 1944 ging die Rekrutierung erheblich zurück.[121] 1942 vermutete die Zivilverwaltung, es gebe immer noch große Reserven an überflüssigen Arbeitskräften unter den nichtjüdischen Polen in den angeblich überbevölkerten ländlichen Gebieten.[122]

Die Zivilverwaltung im Generalgouvernement plante im Frühjahr 1942 etwa 60 % und Ende August 80 % (oder 1,2 Millionen) der Juden zu ermorden und den Rest als Arbeiter am Leben zu lassen.[123] Juden stellten aber einen nicht geringen Teil der städtischen Arbeiter und zugleich wuchs die Zahl jüdischer Arbeiter sogar an (wie gleichzeitig auch in Ost-Oberschlesien).[124] Das bedeutete eine Zuspitzung der Anwendung des Selektionsprinzips.

Im Juli 1941 sah Hans Frank noch viele Juden im Generalgouvernement als faul und unproduktiv an und schlug vor, sie nach Osten zu deportieren, auch ins Sumpfland von Polesien, das er unter seine Verwaltung zu bringen suchte.[125] Im Januar 1942 arbeiteten im Warschauer Ghetto nicht mehr als 27 000 von 400 000 Juden für die Deutschen; dagegen suchten 67 650 einen Arbeitsplatz.[126] Ab April 1942 planten Militär- und Zivilverwaltung jedoch, nichtjüdische Polen, die nach Deutschland deportiert wurden, durch jüdische Arbeiter zu ersetzen. In diesem Zusammenhang wurden Fabriken für die Rüstung – viele davon in der Textil- und Lederverarbeitung – aus Deutschland ins Generalgouvernement verlegt.[127] Deshalb befahl die Arbeitsabteilung der Zivilverwaltung am 9. Mai die Registrierung aller jüdischen Arbeiter. Am selben Tag traf sie ein Abkommen, 100 000 nichtjüdische Fabrikarbeiter durch Juden zu ersetzen.[128] Im Juni forderte der Leiter dieses Amts, Frauendorfer, die jüdischen Arbeiter für die Dauer des Krieges zu behalten. Die Zivilverwaltung argumentierte, 800 000 Zivilisten und 400 000 Kriegsgefangene aus dem Generalgouvernement seien schon im Reich.[129] Dann schaltete sich die SS ein. Ab dem 25. Juni musste die Zuweisung von Arbeitsplätzen durch die örtlichen SS- und Polizeivertreter genehmigt werden, und Mitte August widerrief die SS die frühere Übereinkunft zur Ausweitung der Beschäftigung jüdischer Arbeitskräfte.[130] Der daraus entstehende Konflikt zwischen SS und Wehrmacht wurde im September und Oktober zwischen Himmler und Keitel ausgetragen; am 22. September erhielten Sauckel und Rüstungsminister Speer von Hitler die Zusage, die jüdischen Facharbeiter im Generalgouvernement am Leben zu lassen. Die Militärverwaltung behielt die jüdischen Arbeitskräfte, stimmte aber als Kompromiss zu, sie nicht zu vermehren.[131] Daraus folgte, dass man 300 000 Juden vorläufig am Leben ließ, wie die Zivilverwaltung gewollt hatte, und nicht nur die 100 000, welche die Arbeitsverwaltung als jüdische Facharbeiter ansah, wie SS und Polizei mehrere Wochen lang angenommen hatten.[132] Einige große Firmen erhielten immer noch zusätzliche jüdische Arbeiter.[133]

Als von Juli bis September 1942 bis zu 320 000 Juden aus Warschau deportiert wurden, war es Berichten zufolge unmöglich, sie durch Nichtjuden zu ersetzen, von denen stattdessen Zehntausende als Zwangsarbeiter nach Deutschland geschickt wurden. Denn im September gab es zwei Arten von großen Razzien: im Ghetto für die Deportationen nach Treblinka und außerhalb des Ghettos für die Deportationen nach Deutschland.[134] Entgegen den Erwartungen der Rüstungsverwaltung wuchs die Gesamtzahl der Arbeiter in den von ihr kontrollierten Firmen während der Periode der intensivsten Vernichtung der Warschauer Juden aber noch an. Der Grund lag darin, dass SS und Polizei zustimmten, jüdische Arbeiter zwischen 16 und 38 Jahren auszunehmen.[135] Im Distrikt Galizien achteten SS und Polizei noch sorgfältiger darauf, keine jüdischen Arbeiter der Wehrmacht zu deportieren. Beide koordinierten ihre Aktionen, und die SS- und Polizeiführer ließen die Ausweise von arbeitsfähigen Juden abstempeln, «z. B. Alter von 16 bis 35 Jahren».[136] Im Oktober 1942 einigten sich Himmler und das Oberkommando der Wehrmacht darauf, jüdische Arbeiter in SS-Lager zu bringen und schrittweise durch Nichtjuden zu ersetzen, um die militärische Produktion nicht zu gefährden. Im Dezember berichtete die Wehrmacht, das Programm laufe «reibungslos».[137] Jüdische Arbeiter sollten ihre nichtjüdischen Ersatzkräfte anlernen, bevor sie in Vernichtungslager deportiert wurden. Man muss hinzufügen, dass militärische Stellen häufig die Zahl der von ihnen beschäftigten Juden übertrieben. In drei der fünf Distrikte waren es in Wirklichkeit weniger als 10 000 jüdische Arbeiter; insgesamt waren es im August 1942 50 000 und im September 1943 22 000.[138] Im Dezember 1942 kritisierte Hans Frank, selbst ein Befürworter der Ermordung der *meisten* Juden im Generalgouvernement, den Befehl: «*alle* Juden sind der Vernichtung anheimzustellen», der «von höherer Stelle» gekommen sei, und drückte die Hoffnung aus, der Befehl zur Deportation aller Juden aus Rüstungsfabriken würde noch zurückgenommen.[139]

Einige deutsche Vertreter von SS und Militär glaubten 1942, die Judenvernichtung werde die Lage bei den Arbeitskräften sogar *erleichtern*. Firmen im Generalgouvernement beschäftigten nämlich 20–30 % mehr Arbeiter als eigentlich notwendig, weil diese ein bis zwei Tage pro Woche abwesend waren, um für ihre Familien Lebensmittel auf dem Schwarzmarkt zu besorgen. Man argumentierte, der Massenmord an den Juden werde die Nachfrage und damit die Schwarzmarktpreise rasch senken und dadurch würden die offiziellen Rationen steigen, die direkt an nichtjüdische Arbeiter ausgegeben wurden. So werde die Abwesenheit nichtjüdischer Arbeiter zurückgehen, Fabriken bräuchten nicht länger zusätzliche Kräfte, und das Angebot an Arbeitskräften werde steigen.[140] Doch herrschte keineswegs Übereinstimmung über diese Sichtweise. Es war aber eine radikale Version der Überzeugung, der Massenmord an den Juden lasse sich mit den deutschen Kriegsanstrengungen in Einklang bringen. Nach dieser Meinung waren Nichtjuden die wichtigste Ressource Polens, nicht Juden, und es war nützlich, ihre Stimmung und Arbeitsmotivation zu verbessern, indem man sie besser ernährte (siehe Kapitel 9).

Die Folgen des unqualifizierten Einsatzes jüdischer Arbeitskräfte

Wenn Menschen – ob Juden oder Nichtjuden – skrupellos verschoben, ersetzt und über weite Strecken transportiert wurden, so hatte das mit der speziellen Gestaltung des deutschen Zwangsarbeitssystems zu tun. Besonders ab 1942 beruhte das System vor allem auf ungelernten oder angelernten Arbeitskräften. Arbeiter wurden hastig zwangsrekrutiert und schnell in großen Gruppen zu Fabriken transportiert, wo die Produktion um einen Kern von erfahrenen Facharbeitern organisiert war, ergänzt durch eine große Zahl von Handarbeitern. Letztere wurden für Transport, einfache Montage, Grabungs-, Bauarbeiten und Reinigung eingesetzt, Nichtjuden auch in Landwirtschaft und Bergbau. Unternehmer forderten bei den Arbeitsämtern oft Kräfte an, ohne besondere Fähigkeiten anzugeben.[141] Diese Organisation des Arbeitseinsatzes führte auch zu verschlechterten Arbeitsbedingungen.

Dieses System bedeutete, dass Juden leicht anzuheuern waren und hineinpassten, wenn keine anderen oder besseren Arbeitskräfte zur Verfügung standen.[142] Sie waren aber auch leicht zu ersetzen. Genau wie im Reich sahen die deutschen Behörden Juden als eine Reserve billiger ungelernter Arbeitskräfte, die vorübergehend zur Arbeit zur Verfügung standen, leicht zu mobilisieren waren, wenn man viele Arbeiter brauchte, und durch Angst und Brutalität zu hoher Leistung zu treiben waren.[143] Dementsprechend erzählten viele jüdische Überlebenden, dass man sie zu Arbeit, für die sie nicht qualifiziert waren, und zu häufigem Arbeitsplatzwechsel zwang.[144] Diese Wechsel in Verbindung mit der großen Zahl von Firmen und Institutionen (einschließlich Gestapo-Dienststellen), die Juden beschäftigten, zeigen, dass Juden als Lückenbüßer benutzt wurden. In einigen Gebieten wie Litauen waren auch einheimische Nichtdeutsche unter den Arbeitgebern.[145]

Es überrascht nicht, dass Juden als ungelernte Kräfte beschäftigt wurden, denn ihre typischen Qualifikationen waren meist nicht nachgefragt. Vor dem Zweiten Weltkrieg waren viele von ihnen Intellektuelle oder Büroangestellte in Handel, Finanzwesen, Staatsdienst und freien Berufen gewesen. Unter dem NS-Regime, der deutschen Besatzung und Regierungen anderer Achsenmächte wurden sie zugunsten von Nichtjuden aus diesen Berufen verdrängt. Während des Krieges wurden einige dieser Branchen auch verkleinert, etwa der Handel. Natürlich waren Juden nicht fauler als andere Menschen, aber viele waren für die Art körperlicher Arbeit nicht ausgebildet, die von ihnen gefordert wurde, besonders 1941 bis 1943.

Vielen Deutschen, nicht nur bei der SS, machte es Spaß, Juden, und vor allem die aus der Mittelschicht, körperliche Arbeit verrichten zu lassen, zum Beispiel Straßen- und Latrinenreinigung oder Schutt- und Schneeräumung. Dies waren öffentliche, diskriminierende und demütigende Handlungen, die häufig mit willkürlichen Misshandlungen oder Bestrafungen einhergingen. Eine solche Behandlung wurde zum Beispiel 1939 im deutsch-besetzten Polen verhängt, um zu signalisieren, dass Juden ihre angeblich hohe Position in der sozialen Hierarchie verloren hatten.[146] In Litauen gab es nach der deutschen Invasion 1941 ähnliche Maßnahmen.[147]

SS und Polizei als Organisatoren von Zwangsarbeit

Zwangsarbeit von Juden, die durch SS und Polizei organisiert wurde, wird häufig mit Konzentrationslagern assoziiert. Das traf besonders nach 1943 zu, doch davor setzten SS und Polizei jüdische Arbeitskräfte vor allem in anderen Lagerkomplexen ein. Ende 1939 begann die SS dies in Polen zu organisieren. Vorher hatte sie in Konzentrationslagern Zwangsarbeit als Strafe verhängt, ohne große wirtschaftliche Bedeutung. Arbeit war Teil des Versuchs, politische oder soziale Konformität zu erzwingen, indem man den Willen der Insassen durch Brutalität brach. Auch vorübergehend inhaftierte Juden mussten in diesen Lagern Strafarbeit leisten. (Bis Mai 1940 war die Entlassung von Juden aus KZs möglich, und viele kamen wieder frei.)[148] Die ersten großen SS-Projekte mit jüdischen Arbeitern, die vor allem von Globocnik im Distrikt Lublin des Generalgouvernements organisiert wurden, waren teilweise durch diese Praxis der Strafarbeit geprägt. Bis zu 70 000 Juden (auch aus anderen Distrikten herbeigebracht) mussten unter Androhung schwerer, manchmal tödlicher Misshandlungen arbeiten – sie bauten mehr oder wenige nutzlose Befestigungen, wurden aber auch unter Leitung der Zivilverwaltung im Straßenbau und bei der Bodenkultivierung eingesetzt.[149] Unter SS-Oberführer Albrecht Schmelt existierte von 1940 bis 1943 ein zweites System SS-geführter Lager im annektierten Industriegebiet Ost-Oberschlesien. Bis zu 50 000 Juden mussten dort (und in den angrenzenden Gebieten) auf stärker wirtschaftlich orientierte Art als im Distrikt Lublin arbeiten, meist in Fabriken und im Straßenbau, später aber auch beim Bau von Rüstungsfabriken. Auch sie mussten jedoch bis zur Erschöpfung arbeiten, und schon im November 1941, noch vor Globocnik, führte Schmelt ‹Selektionen› ein, aufgrund derer die Arbeitsunfähigen nach Auschwitz geschickt wurden. Von Mai bis August 1942 selektierte Schmelts Organisation auch mindestens 38 000 Juden aus Ghettos in der Region und schickte weitere 20 000 nach Auschwitz, wo die meisten ermordet wurden.[150] Die Zivilverwaltung in Ost-Oberschlesien scheint im Gegensatz zu der im Generalgouvernement im

Herbst 1942 noch vor der SS Zweifel am Wert jüdischer Facharbeiter bekommen zu haben.[151]

Zwei weitere Lagerkomplexe für jüdische Arbeiter gab es im Distrikt Galizien (Generalgouvernement) und in der Westukraine. Sie waren mit einem Projekt verbunden – einer wichtigen militärischen Nachschubroute namens Durchgangsstraße (DG) IV –, an dem etwa 25 000 Juden, aber noch mehr Nichtjuden unterschiedlicher Kategorien arbeiteten. Am schlimmsten waren die Arbeitsbedingungen aber für Juden und sowjetische Kriegsgefangene. Viele Menschen aus diesen Gruppen starben bei der Arbeit, oder die Erschöpften wurden aussortiert und erschossen. Die Arbeiter wurden von der SS bewacht, aber von Angestellten jener Privatfirmen an die Arbeit getrieben, die mit der Organisation Todt zusammenarbeiteten – echte Spezialisten für Zwangsarbeit, die auch in anderen Regionen jüdische Arbeiter ‹verbrauchten›.[152] Am westlichen Ende der Straße lagen die Lager im Distrikt Galizien, aber der regionale SS- und Polizeiführer verfügte auch über bis zu 50 000 Gefangene für andere Projekte. In allen fünf Distrikten des Generalgouvernements zusammen gab es bis zu 120 000 jüdische Arbeiter gleichzeitig (ein Höhepunkt, der von März bis Mai 1943 erreicht wurde) und zu verschiedenen Zeitpunkten über 200 000 Juden, die für verschiedene Arbeiten in SS-Arbeitslagern gehalten wurden. Die Behandlung der Arbeiter unterschied sich stark von Lager zu Lager, aber auch innerhalb desselben Lagers unter verschiedenen Kommandanten und je nach verrichteter Arbeit. So waren beispielsweise die Bedingungen für Fabrikarbeiter etwas besser. Nur wenige Frauen, geschweige denn Kinder, hatten die Chance, in diese Lager zu kommen. (Manche Juden, die zu überleben hofften, erkauften sich die Aufnahme.)[153] Die SS- und Polizeiführer jedes Distrikts und die ihnen unterstellten Lagerkommandanten konnten die Behandlung der Gefangenen weitgehend selbst bestimmen.[154]

Im Lauf des Jahres 1943 wurden Juden aus aufgelösten Ghettos und anderen Arten von SS-geführten Lagern in Konzentrationslager gebracht (oder solche Ghettos und Lager wurden zu KZ-Außenlagern erklärt). Aus diesem Grund erinnerten sich viele Überlebende an den Aufenthalt in einem Konzentrationslager, und deshalb erregten diese Lager die öffentliche Aufmerksamkeit späterer Generationen. Dennoch war das untypisch: Nur eine Minderheit von Juden war je in einem Konzentrationslager gefangen. Für diejenigen, die es waren, bedeutete es oft eine Wende zum Schlechteren, selbst im Vergleich zu anderen SS-Lagern, denn 1942/43 war in den KZs meist eine Mordeinrichtung in Betrieb, eine mörderische Praxis eingeschliffen, und es wurde regelmäßig nach Arbeitsfähigkeit ‹selektiert›. Die Überstellung in ein KZ war lebensbedrohlich, solange die Arbeit innerhalb der Lager selbst ausgeführt wurde, denn die KZ-Verwaltung entwickelte niemals wirklich Konzepte, um Arbeitskräfte produktiv zu organisieren. Für Gefangene war es darum entscheidend, an einen Arbeitsplatz außerhalb des Lagers und wenn möglich in ein Außenlager verlegt zu werden. Die Chancen dafür waren gering, bis im Lauf des Jahres 1944 eine größere Zahl von KZ-Insassen in Rüstungsfabriken eingesetzt wurde.[155]

Der häufig erwähnte Ausdruck ‹Vernichtung durch Arbeit› betraf kein allgemeines Mordprogramm für Lagerinsassen oder für Juden. Er wurde zeitgenössisch nur auf die Verlegung von etwa 20 000 Insassen deutscher Gefängnisse (bestimmter Polen, Straftäter, Juden und anderer) in Konzentrationslager von Oktober 1942 bis April 1943 angewandt. Die meisten von ihnen starben sehr schnell.[156]

Für viele bedeutete die Verlegung in ein KZ nicht den sofortigen Tod. Stattdessen folgte ein Prozess körperlichen Verfalls durch harte Arbeit, Unterernährung, das Fehlen anderer Versorgungsgüter und Misshandlung, wozu sich immer häufiger ‹Selektionen› nach Arbeitsfähigkeit gesellten. Dieses System zielte nicht zwangsläufig darauf ab, Insassen zu töten[157] – obwohl es das oft tat, meistens nach Monaten des Leidens –, aber es war auch nicht darauf ausgerichtet, sie am Leben zu halten. Als Himmler Ende 1942 jüdische Geiseln mit US-amerikanischen Verwandten sammeln wollte, hielt er es für notwendig, explizit zu sagen, sie sollten in den Lagern «zwar arbeiten, jedoch unter Bedingungen, daß sie gesund sind und am Leben bleiben».[158] In einer der ersten Anweisungen über wirtschaftliche Aktivitäten in Konzentrationslagern schrieb Oswald Pohl, der Chef des SS-Wirtschafts- und Verwaltungshauptamts, am 30. April 1942: «Dieser Einsatz [von Arbeitskräften] muß im wahren Sinn des Wortes erschöpfend sein, um ein Höchstmaß an Leistung zu erreichen.»[159] (Das Dokument erwähnte keine Juden, die damals eine Minderheit der KZ-Insassen darstellten, und die produktive Arbeit von Gefangenen hatte vor 1943 keine quantitative Bedeutung.)

Bei der Wannsee-Konferenz im Januar 1942, die eher eine Vision als einen klaren Plan hervorbrachte, stellte Heydrich sich eine große Zahl jüdischer Zwangsarbeiter mit hoher Sterberate vor, und wer das überlebte, sollte ermordet werden.[160] Doch nicht jeder SS-Führer teilte dieses Ziel.

SS-Standartenführer Karl Jäger, der in seinem Bericht über die Erschießung von 137346 Juden, vor allem in Litauen, genaue Tageszahlen auflistete, empfahl die Sterilisierung der übrigen jüdischen Männer und Frauen, weil diese Gruppen langfristig für die Arbeit gebraucht würden, und die Ermordung der Schwangeren.[161] Heydrich und Jäger waren unterschiedlicher Meinung, aber keiner von beiden glaubte, *alle* Juden würden *durch Arbeit* vernichtet werden, und Himmler ebenso wenig, als er im Oktober 1942 schrieb, auch im Generalgouvernement «sollen eines Tages dem Wunsche des Führers entsprechend die Juden verschwinden».[162]

Was hieß es, Juden bis zur Erschöpfung arbeiten zu lassen? Von einer kleinen Gruppe von Juden aus dem französischen Lens, die 1942 zur Arbeit in Auschwitz selektiert wurden, waren 24 % nach einem Monat tot, weitere 20 % der Ausgangszahl starben im zweiten, 24 % im dritten und 16 % im vierten Monat; nach sechs Monaten waren nur noch 7 % am Leben.[163] Auschwitz war eines der schlimmsten Lager, und Mitte 1942 war eine der schlimmsten Perioden für KZ-Insassen überhaupt, aber insgesamt überlebten viele Gefangene nicht einmal ein Jahr. Von Frühjahr 1943 bis Herbst 1944 wurden die Sterberaten in Konzentrationslagern erheblich gesenkt, um Gefangene effizienter ausbeuten zu können; einen zweiten Höhepunkt erreichten sie Anfang 1945 wegen Überbelegung, brutaler Behandlung und sinkender Nachfrage nach Arbeitskräften.[164] Schließlich überlebten nur 3 % der französischen Juden, die in Konzentrations- oder Vernichtungslager gebracht wurden, und etwa 5 % der niederländischen und belgischen Juden, vor allem jene, die 1943/44 in andere Lager als Auschwitz deportiert wurden.[165] Von den etwa 1400 Juden, die im Juli 1944 aus dem Arbeitslager Starachowice nach Auschwitz geschickt wurden, überlebte ungefähr die Hälfte; und von den rund 200 000 ungarischen Juden, die 1944 in deutsch-kontrollierte Gebiete deportiert wurden, überlebten etwa 63 %.[166] In vielen KZs führten die Lebensbedingungen zu Sterberaten von 25–40 % aller Gefangenen, und von den insgesamt 2 Millionen (jüdischen und nichtjüdischen) Toten in Konzentrationslagern starb etwa die Hälfte im Lagersystem Auschwitz.[167] Die allgemeine Sterberate bei allen KZ-Gefangenen lag womöglich über 60 %. Bezieht man all jene Insassen ein, die sofort nach der Ankunft in Auschwitz ermordet wurden, die also keine *Gefangenen* wurden, liegt die Zahl bei 75 %.[168] Wichtige Gründe, warum die Strategie des Überlebens durch Arbeit[169] für so wenige Menschen funktionierte, waren das Selektionsprinzip und die Tatsache, dass selbst die wenigen, die zur Arbeit aussortiert wurden, meist in Konzentrationslager kamen.

Die Behandlung der jüdischen Zwangsarbeiter entsprach oft der Art der Arbeit, die sie verrichteten. Straßenbau war besonders brutal und die Arbeit an Befestigungen vielleicht noch schlimmer – etwa an der österreichisch-ungarischen Grenze, wo zehntausende jüdische Arbeiter Ende 1944 und Anfang 1945 starben.[170] (Auch Nichtjuden litten an diesen Standorten; so ließ die Wehrmacht viele sowjetische Kriegsgefangene und in geringerem Maße auch Zivilisten bis zum Tod bei Befestigungen an der Ostfront arbeiten.[171]) Die Behandlung jüdischer Handwerker oder Fabrikarbeiter war meist besser als die ungelernter Arbeiter. An manchen Orten war es verboten, Erstere zu schlagen. Gelegentlich wurden jüdische Gefangene mit unterschiedlicher Qualifizierung getrennt untergebracht.[172] Privatfirmen bemühten sich aber nicht immer, die jüdischen Arbeiter am Leben zu erhalten. Ihr Profitinteresse konnte mit einer relativ guten oder auch einer rücksichtslosen Behandlung der Arbeiter einhergehen,[173] darunter Selektionen und direkte Morde durch Vorarbeiter oder Wachschutz.[174] Juden wurde oft die entwürdigendste und anstrengendste Arbeit aufgebürdet. Viele starben nicht an der sinnlosen, rein strafenden Arbeit, die oft erwähnt wird,[175] sondern an erbarmungsloser Ausbeutung besonderer Art, die tief mit Rassismus durchsetzt war.[176]

SS- und Polizeifunktionäre schenkten dem Thema Arbeit durchaus Beachtung. So gehörte Rudolf Höß während seiner Zeit als Lagerkommandant von Auschwitz auch der Gauarbeitskammer Oberschlesien an. Als er Ende 1944 in Österreich war, um die ungarischen Juden zu übernehmen, die zur österreichisch-ungarischen Grenze getrieben wurden, war sein offizieller Titel «Leiter Judeneinsatz» der Region Niederdonau, und er erklärte, nur an arbeitsfähigen Juden interessiert zu sein, die anderen wollte er zurückschicken.[177] Auch Himmler war sich des Arbeitskräftemangels bewusst, bevorzugte aber nichtjüdische Arbeiter. 1940 sagte er vor hohen SS-Führern über die polnischen Zwangsarbeiter: «Es wäre besser, wenn wir sie nicht [in Deutschland] hätten – das wissen wir – aber wir brauchen sie.» Als Hitler Ende Juli 1943 vorschlug, italienische Soldaten heimzuschicken, falls Italien aus dem Krieg austrete, bestand Himmler darauf, sie festzuhalten und als Arbeiter einzusetzen.[178]

Bemerkenswert viele hohe SS- und Polizeioffiziere entwickelten ein Interesse daran, eine begrenzte Zahl von Juden als Zwangsarbeiter für die

Kriegsproduktion zu behalten, obwohl das ihrer Vernichtung entgegenstehen würde. Das galt für alle Führungsfiguren im Generalgouvernement – den Höheren SS- und Polizeiführer Krüger, den SS- und Polizeiführer Katzmann im Distrikt Galizien, seinen Kollegen Globocnik in Lublin, der als Hauptorganisator der Aktion Reinhard-Vernichtungslager wirkte, und den Befehlshaber von Sicherheitspolizei und SD im Generalgouvernement, Schöngarth, der an der Wannsee-Konferenz teilnahm. Und dies, obwohl sie alle treibende Kräfte des Massenmords gewesen waren. Gleiches galt für Wilhelm Altenloh und Herbert Zimmermann, die nacheinander Sicherheitspolizei und SD im Bezirk Bialystok leiteten. Globocnik, der Arbeiter aus den geräumten Ghettos von Warschau, Białystok und anderen Städten in seine Lager im Distrikt Lublin schicken ließ, drückte sein Bedauern aus, dass seine sogenannte Aufbauarbeit mit jüdischen Zwangsarbeitern geendet habe, als Himmler ihre Ermordung befahl.[179] Um den Widerstand dieser Offiziere wie auch des SS-Lagerpersonals zu umgehen, versetzte Himmler sie auf andere Posten und holte zu verschiedenen Anlässen SS- und Polizeikräfte aus anderen Gegenden, um jüdische Arbeiter zu ermorden. Dies geschah etwa für die Aktion ‹Erntefest›, bei der am 3.–4. November 1943 40 000 Juden im Generalgouvernement ermordet worden, und zweimal für Massaker und Deportationen, um 1943 das Ghetto von Białystok zu räumen.[180] Auch die Aktion Erntefest war aber nicht das Ende der Lager im Generalgouvernement. Anfang 1944 gab es noch mindestens 70 000, vielleicht bis zu 100 000 jüdische Arbeiter, die weniger brutal behandelt wurden als zuvor üblich.[181]

Schlussbemerkung

Nach einer Schätzung wurden 2,4 Millionen arbeitsfähige Juden und 2,4 Millionen arbeitsfähige Nichtjuden von den Deutschen ermordet.[182] Das bedeutet, dass die Sterberate für Juden proportional viel höher lag. Für Juden spielte der Arbeitseinsatz eine kleinere Rolle beim Überleben als für andere große Opfergruppen.[183] Sowjetische Kriegsgefangene erlebten im Winter 1941/42 eine Wende von der Vernichtung zur Ausbeutung durch Zwangsarbeit, obwohl diese Wende zum Besseren relativ war, denn eine weitere Million von ihnen (fast 30 %) starb von Frühjahr 1942 bis 1945 (siehe Kapitel 9). Für Juden war der Prozess komplexer, da ihr zunehmender Arbeitseinsatz parallel zum intensivierten Massenmord stattfand – nicht vorübergehend, wie bei den sowjetischen Kriegsgefangenen von November 1941 bis etwa Januar 1942, sondern durchgehend. Dies und die Verlegung der Juden in Lager unter SS-Kontrolle 1943 durchkreuzte die Strategie vieler Judenräte, möglichst viele Juden zu retten, indem man sie als Arbeiter unersetzlich machte (siehe Kapitel 15). 1944/45 näherte sich das Schicksal von Angehörigen vieler Opfergruppen an, als sie Teil der wachsenden Zahl von KZ-Gefangenen wurden.[184] Diese Lager gehörten zu den besten Optionen, die Juden zur Verfügung standen; für andere Insassen waren sie meist die schlechteste. Juden waren am härtesten betroffen, aber es wäre falsch zu sagen, ihre Arbeitsfähigkeit habe ihr Schicksal unter den Deutschen nicht beeinflusst. Infolgedessen gelang es einigen Hunderttausend, als Zwangsarbeiter zu überleben.

9
Hungerpolitik und Massenmord

Während des Zweiten Weltkriegs waren Nahrungsmittel ein knappes Gut von großer politischer Bedeutung. Im Unterschied zur EU von heute gab es keine großen Getreideüberschüsse, Butterberge und Weinseen. Europa – und besonders seine größten Industriestaaten Deutschland und Großbritannien – war vielmehr von großen Importen aus Übersee abhängig. Für Deutschland, seine Verbündeten und die von ihm besetzten Länder wurden diese Lieferungen jedoch 1939 durch die britische Seeblockade abgeschnitten. Das ähnelte der Situation im Ersten Weltkrieg, darum bereitete sie deutschen Politikern – und besonders Hitler – Sorgen. Sie glaubten, Deutschland habe diesen Krieg verloren, weil 1918 Kampfgeist und politische Willenskraft zusammenbrachen, und die Hungersnot (die angeblich 300 000 Todesopfer in Deutschland forderte) habe eine zentrale Rolle bei diesem Zusammenbruch gespielt und die Arbeiter für die Revolution 1918/19 mobilisiert. Eine Wiederholung wollten sie um jeden Preis vermeiden.[1] NS-Größen gaben 1939 bis 1945 die Schuld am Hunger in Europa der alliierten Blockade, hinter der angeblich die Juden standen, die dadurch verantwortlich für den Hungertod arischer Kinder waren, wie Hitler in seinem Testament schrieb.[2] Vor dem Krieg hatte Hitler schon betont, für die Selbstversorgung Deutschlands mit Nahrungsmitteln sei eine territoriale Expansion notwendig.[3] In *Mein Kampf* hatte er den Hunger als entscheidende persönliche Erfahrung wie auch als große Bedrohung für die deutsche Nation und ihre Kultur dargestellt.[4]

Das Potenzial, die heimische Nahrungsmittelproduktion zur Ersetzung der verlorenen Importe zu steigern, war gering. Wie zu erwarten, ging die Produktion in den meisten Ländern wegen des Mangels an Ressourcen zurück: Die Zahl der Arbeitskräfte sank, weil das Militär Männer vom Land einzog; man konnte weniger Maschinen einsetzen, weil Treibstoff fehlte und Traktoren für Kriegszwecke beschlagnahmt wurden, ebenso Pferde; es gab weniger Kunstdünger, weil er aus Phosphat und Stickstoff hergestellt wurde, die für Munition gebraucht wurden; und Naturdünger war knapp, denn das Fehlen von importierten Futtermitteln bedeutete, dass die Zahl des Viehs reduziert werden musste, weil Weideflächen in Äcker umgewandelt wurden.[5] Die Ablösung der Tierhaltung durch Getreideanbau für den direkten menschlichen Verbrauch und von Getreide durch kalorieeffizientere Kartoffeln oder Zuckerrüben konnte das Problem nur zum Teil lösen. Also musste der Verbrauch gesenkt werden, und damit stellte sich die Frage der Verteilung und wer mehr bekommen würde und wer weniger.

Lebensmittelknappheit beeinflusste das Leben von Europäern empfindlich, vor allem im Ostteil des Kontinents, dem wir uns gleich zuwenden, aber auch im besetzten Westen. Steigende Sterberaten waren der größte Faktor in dem vielschichtigen Prozess, der dort ein schwächeres Wachstum oder einen Rückgang der Bevölkerung verursachte. Europäer vermerkten im Privaten, dass sie abnahmen, und erinnerten sich Jahre später daran, aber das wurde auch öffentlich diskutiert, wie in Frankreich, wo viele städtische Arbeiter 4–14 Kilo abnahmen.[6] Bei Kriegs- und anderen Gefangenen sowie Lagerinsassen war der Gewichtsverlust besonders drastisch.[7] Die Sterberaten in West- und Mitteleuropa waren schon von 1935 bis 1938 auf erhöhtem Niveau, wahrscheinlich wegen der Wirtschaftskrise und der sich verschlechternden Gesundheitsfürsorge.[8] Diese Bedingungen verschlechterten sich während des Krieges. In italienischen Großstädten stieg die Kindersterblichkeit 1941 bis 1943 (vor allem 1943) steil an, speziell durch TBC.[9] Die

Bruttosterberate in Belgien, Frankreich und den Niederlanden stieg in der ersten Kriegsphase an, besonders 1940 und 1941, blieb dann bis 1944 konstant oder sank und stieg 1945 wieder steil an. In einem durchschnittlichen Kriegsjahr starben 16 000 oder 0,2 % mehr Belgier als üblich; und vielleicht 100 000 Niederländer mehr als im langjährigen Mittel zu erwarten starben vor der Hungersnot 1944/45.[10] In über der Hälfte der vornehmlich ländlichen französischen Départements sank die Sterblichkeit unter der deutschen Besatzung, weil die Bauern von günstigen Schwarzmarktbedingungen profitierten. Dagegen waren die Lebensbedingungen für Arbeiter in den Städten sehr hart, vor allem in Paris und an der Mittelmeerküste. 1941 streikten 100 000 Bergarbeiter in Nordfrankreich, um gegen den Hunger zu protestieren.[11] In richtiggehenden Hungersnöten starben etwa 300 000 Menschen 1941 bis 1943 in Griechenland, 20 000 1944/45 in den Niederlanden und eine unbekannte Zahl 1942 in Französisch-Algerien.[12]

Nahrung mag wenig bemerkenswert, sogar banal erscheinen, aber sie ist Grundlage des Lebens und wird dafür benutzt, soziale Hierarchien und kulturelle und ethnische Unterschiede auszudrücken. Während des Krieges bestimmten unterschiedlich hohe Rationszuweisungen für unterschiedliche Gruppen deren Lebensqualität und Überlebenschancen. Die Hierarchie der Konsumenten wurde eine machtvolle Triebfeder für die Ermordung von Millionen Menschen – Juden und anderen – durch Hunger oder andere Mittel, um sie als Verbraucher auszuschalten. Nahrungsmittel hatten einen starken Einfluss auf die deutsche Besatzungspolitik.[13] Global gesehen, führten das Herausziehen von Ressourcen durch Besatzer, Masseninternierung, sinkende Nahrungsproduktion und unterbrochene Wirtschaftsbeziehungen zu einer weltweiten Welle der Hungersnöte, besonders in besetzten Ländern und Kolonien. Einer hoch angesetzten Schätzung zufolge starben während des Zweiten Weltkriegs weltweit 20 Millionen Menschen an Hunger und damit verbundenen Krankheiten.[14] Das würde bedeuten, dass eines von drei Kriegsopfern an Hunger starb. Themen im Lebensmittelbereich hatten auch einen starken Einfluss auf die deutsche Politik. In einer Reihe von Ländern unter deutscher Kontrolle oder der anderer Achsenmächte wüteten Hungersnöte. Die deutsche Führung versuchte sogar eine gigantische Hungersnot in der UdSSR herbeizuführen. Dieses Kapitel skizziert diese Politik und ihre Folgen für sowjetische Juden. Dennoch kamen Ende 1941 und Anfang 1942 politische und militärische Instanzen zu dem Schluss, das Aushungern ganzer Zivilbevölkerungen sei kontraproduktiv und solle gestoppt werden. Dieses Kapitel erklärt, warum deutsche Behörden zuerst Millionen sowjetische Kriegsgefangene durch systematisches Aushungern ermordeten, es dann bei den meisten Juden aber *nicht* taten – obwohl die Weigerung, sie zu ernähren, stark zu ihrer Vernichtung beitrug, wie ich am besetzten Polen 1942 zeigen werde – und warum manche Juden dennoch Hungers starben.

Die Hungerpolitik von 1941

In Osteuropa war die Wirkung der deutschen Ernährungspolitik härter. Das galt besonders, nachdem die deutsche Reserve von 6–8 Millionen Tonnen Getreide im Winter 1940/41 aufgebraucht war.[15] Ein Land nach dem anderen zu besetzen, hatte die Lage nicht verbessert, da die meisten, sogar Polen (mit Ausnahme Ostgaliziens) und Frankreich, normalerweise insgesamt Nahrungsmittel importierten. Auch Belgien, Norwegen, Finnland und zeitweise das Protektorat Böhmen und Mähren waren während des Krieges auf deutsche Lebensmittellieferungen angewiesen, um Teile ihres Defizits zu decken.[16]

Deutsche hatten immer noch genug zu essen, aber die schwindenden Reserven ließen NS-Politiker an Deutschlands Fähigkeit, den Krieg weiterzuführen, zweifeln. Darum kürzten sie im April 1941 die Fleischrationen in Deutschland, und vor dem Angriff auf die Sowjetunion im Juni entwickelten Ernährungs- und Agrarfachleute zusammen mit Militärstrategen einen Plan, Teile der sowjetischen Bevölkerung binnen eines Jahres auszuhungern. «Hierbei werden zweifellos zig Millionen Menschen verhungern, wenn von uns das für uns Notwendige aus dem Lande herausgeholt wird», hieß es in einer Notiz über eine Sitzung von Staatssekretären und Generalen am 2. Mai.[17] Zwei Bevölkerungsgruppen waren die Hauptziele: Großstädter und die Bewohner der angeblichen Zuschussgebiete in Weißrussland und Nord- und Zentralrussland, die abgeschnitten werden sollten, um «ein Absterben sowohl der Industrie wie eines großen Teils der Menschen» zu erzielen. Eine bloße Senkung der Nahrungsrationen für alle Sowjetbürger sei zu wenig, weil es unmöglich sein würde, genug Nahrungsmittel zu beschlagnahmen, bevor sie auf den Schwarzmarkt kamen.[18] Hitler, Göring und andere führende Politiker genehmigten diese Politik im Wesentlichen. Das war der Ursprung der Diskussionen unter SS- und Wehrmachtsvertretern in dieser Phase, die sowjetische Bevölkerung um 30 Millionen Menschen zu reduzieren.[19]

Neben dem allgemeinen deutschen Lebensmitteldefizit beruhte dieser Plan auch auf militärstrategischen Erwägungen. Die geplante Invasion in der UdSSR war eine gewaltige logistische Herausforderung. Die Wehrmacht sollte die mindestens gleich große Rote Armee soweit westlich wie möglich angreifen, darum musste sie schnell vorstoßen. Es war geplant, ein bis zu 2000 Kilometer tiefes und 1600 Kilometer breites Gebiet zu erobern. Aus Gründen der Transporteffizienz konnte der Nachschub nur auf der Schiene, nicht auf der Straße gewährleistet werden, doch es gab nur wenige Ost-West-Bahnverbindungen. Dieser Mangel an Transportkapazitäten hieß, dass sich die Lieferungen aus Deutschland auf Soldaten, Waffen und Munition beschränken und alles Verzichtbare weglassen mussten, vor allem Lebensmittel. Nahrungsmittel aus den besetzten sowjetischen Gebieten sollten in erster Linie den Wehrmachttruppen im Osten zugutekommen, nicht der deutschen Heimat. Dieses Denken verband die Hungerpolitik direkt mit den Militäroperationen und Erfolg oder Scheitern im Kampf gegen einen Todfeind. Sie konnte darum als im Interesse der Armee gelten, weshalb der Plan von vielen hohen Offizieren unterstützt wurde. Der für Nachschub, Besatzungspolitik und Kriegsgefangene gleichermaßen zuständige Generalquartiermeister des Heeres, Generalmajor Eduard Wagner, spielte dabei eine Schlüsselrolle.[20]

Diese Aushungerungspolitik, einer der größten Mordpläne in der Weltgeschichte, wurde früher entworfen als alle konkreten Pläne zur Ermordung der europäischen Juden und strebte den Tod von weit mehr Menschen an. Obwohl sie tief in pragmatischen Überlegungen wurzelte, war sie vereinbar mit wichtigen Elementen der NS-Ideologie: rassistischer Verachtung und Versklavung der Slawen, Zerstörung des Kommunismus und langfristigem Gebietsgewinn für deutsche Siedler im Osten. Somit basierte die Hungerpolitik auf militärischer Notwendigkeit, war aber nicht frei von Ideologie. Für Hitler war der Krieg die Antriebskraft der Geschichte: Rassen kämpften um Raum, um ihren Lebenserhalt zu sichern – eine Philosophie, die er 1928 in einer Rede als «Kämpfen um das tägliche Brot» zusammenfasste. Schon 1922 hatte er seine Absicht verkündet, «sich der Getreidegebiete Polens und der Ukraine zu bemächtigen». Goebbels fügte in einem Artikel vom 31. Mai

1942 hinzu, der Krieg gegen die Sowjetunion werde auch geführt «für Getreide und Brot, für einen vollgedeckten Frühstücks-, Mittags- und Abendbrottisch, einen Krieg für die Erringung der materiellen Voraussetzungen für die Lösung der sozialen Frage».[21] Kurzfristig widersprachen die Ziele einer Ausbeutung der Landwirtschaft und der Ansiedlung von Deutschen jedoch einander. Weder aus rassistischen noch siedlungstechnischen Gesichtspunkten gab es einen Grund, Ukrainer sehr viel besser (relativ gesehen) zu behandeln als Russen oder Weißrussen, was zeigt, wie viel Gewicht wirtschaftliche Aspekte hatten.

Im Hungerplan ging es um weit mehr als Juden. Sie gehörten aber automatisch zu seinen Zielen, weil sie einen wichtigen Teil der Stadtbevölkerung im Westen der Sowjetunion ausmachten, die ausgelöscht werden sollte. Praktisch sollte die Hungerpolitik also auch die meisten sowjetischen Juden töten. Wenn Großstädte und Industrie verschwänden, wäre das zugleich ein Schlag gegen den dort politisch verwurzelten Kommunismus. Juden standen sowieso unter dem Verdacht, sie würden das kommunistische Regime fanatisch unterstützen, die NS-Herrschaft bekämpfen und als Schwarzmarkthändler auftreten – drei Aktivitäten, die die deutschen Ziele gefährden konnten.

Nach dem deutschen Einmarsch in der Sowjetunion versuchten Truppen, Militär- und Zivilverwaltungen diese pauschale Hungerpolitik umzusetzen, doch bald kam es zu Unstimmigkeiten. Hohe Kommandeure wandten ein, das Heer brauche ein Reservoir einheimischer Arbeitskräfte in den Städten und habe weder genug Soldaten, um ausgedehnte Hungerunruhen niederzuschlagen, noch um Großstädter davon abzuhalten, sich Lebensmittel vom Land zu besorgen. Außerdem wären Seuchen in der Bevölkerung eine Katastrophe für das deutsche Heer. Im Spätsommer und Frühherbst 1941 führten diese Besorgnisse zum Übergang vom ursprünglichen utopischen Charakter der Hungerpolitik zu handhabbaren Massenmordprogrammen gegen bestimmte Gruppen durch Hunger (sowjetische Kriegsgefangene) oder direkte Ermordung (vor allem Juden).[22] Für Stadtbewohner wurden Lebensmittelrationen eingeführt, doch waren sie so niedrig, dass Millionen Hunger litten und viele aus den Städten aufs Land abwanderten.

Historiker haben beschrieben, wie ernährungspolitische Überlegungen den Mord an den sowjetischen Juden in verschiedenen Gebieten beeinflussten. In Litauen waren die Nachschubprobleme der Heeresgruppe Nord im Juli 1941 bereits so groß, dass die deutsche Zivilverwaltung

Druck auf die Lokalverwaltungen ausübte, die Zahl der Nahrungsempfänger und ‹unnützen Esser› unter den Juden zu senken. Das führte zur Erschießung auch von Frauen und Kindern ab Mitte August und erklärt zum Teil, warum 80 % der litauischen Juden bis Ende 1941 ermordet waren.[23] In Weißrussland erreichte der Massenmord an Juden im Oktober und November 1941 seinen Höhepunkt. Er ging in der östlichen Hälfte unter deutscher Militärverwaltung – wo 1941 fast 90 % ermordet wurden – viel weiter als unter der Zivilverwaltung im Westen, wo im selben Jahr ein Viertel der Juden oder weniger starb. Dies erklärt sich durch eine Reihe von Faktoren, darunter der gefährdete Nachschub für die Heeresgruppe Mitte, eine besonders angespannte Ernährungslage und Politik der Nahrungsverweigerung sowie eine niedrige Nachfrage nach Industriearbeitern in den stark zerstörten Groß- und Kleinstädten im Osten. Auf dem Land machten Heereseinheiten Jagd auf Zugewanderte, darunter Hungerflüchtlinge aus den Städten und Juden, die sie als potentielle Partisanen verdächtigten. Das Personal der Zivilverwaltung war zwar viel stärker nationalsozialistisch geprägt als das der Militärverwaltung, doch kooperierte die Wehrmacht beim Mord an den Juden stärker mit SS und Polizei als die Zivilverwaltung – oder forderte ihn sogar –, um die Lebensmittelversorgung für militärische Operationen zu sichern und Widerstand niederzuschlagen.[24] Ähnliche Darstellungen gibt es zur Ukraine.[25] Jüdische Arbeiter und Beamte erschienen in großen Gebieten, die deindustrialisiert und entsowjetisiert werden sollten, überflüssig. Im Westen Weißrusslands und der Ukraine (die vor 1939 zu Polen gehört hatten), wo das Wirtschaftsleben vom Kleinhandwerk dominiert war, brauchte man mehr jüdische Arbeitskräfte, und die Mehrzahl der jüdischen Gemeinschaften wurde vorläufig verschont.[26]

Solche Verbindungen zeigten sich auch ganz konkret. An vielen Orten – darunter Kiew und Charkow – forderten Zivil- und vor allem Militärverwaltungen Massaker an Juden wegen der Ernährungskrisen oder des Gesundheitsrisikos, das verhungernde Juden darstellten. SS- und Polizeieinheiten sagte man vor Massenerschießungen, es sei besser, Juden zu erschießen, als sie verhungern zu lassen. Einige Einheiten protestierten dagegen, Menschen ermorden zu müssen, die von der Wehrmacht ausgehungert wurden.[27]

Das deutsche Vorgehen war recht systematisch und wurde in den besetzten sowjetischen Gebieten von einer ausgeklügelten Agrarverwaltung aus über 20 000 deutschen und mindestens einer halben Million einheimischen Angestellten umgesetzt. Die Agrarverwaltung organisierte Lebensmittelbeschaffung und -verteilung, war aber auch für die Beschaffung von Maschinen und anderen Agrarressourcen aus Deutschland zuständig, sowie für die Durchführung von Maßnahmen wie der Agrarreform 1942/43, die Kolchosen und Sowchosen teilweise auflöste und etwa 2 Millionen bäuerliche Familien betraf. Rumänien führte in Transnistrien ganz ähnliche Maßnahmen durch. Die Bedeutung der Ernährung zeigt sich auch darin, dass etwa die Hälfte des deutschen Verwaltungsapparats in der Sowjetunion mit der Landwirtschaft befasst war.[28]

Trotz des Kurswechsels im Sommer und Herbst 1941 verhungerten viele Sowjetbürger infolge deutscher Maßnahmen. Die größte Gruppe (neben den 3 Millionen sowjetischen Kriegsgefangenen, die ich weiter unten betrachte) war die Zivilbevölkerung im belagerten Leningrad, wo zwischen 600 000 und 1,3 Millionen Menschen vor allem 1941/42 an Hunger und Kälte starben – weniger als von deutschen Strategen angestrebt. Der Überlebenskampf führte dort zu Kriminalität und Korruption unter der Bevölkerung, darunter Diebstahl, bewaffneter Raub, Unterschlagung, Fälschung von Lebensmittelkarten, Patronage, Schwarzmarkt und Kannibalismus, selbst unter nahen Verwandten.[29] Vielen gelang es, aus anderen sowjetischen Großstädten unter deutscher Besatzung zu fliehen, darum war die Zahl der dortigen Hungertoten viel niedriger: 11 000 in Charkow von Januar bis August 1942; eine unbekannte Zahl in Kiew und 9500 in Puschkin, einem Vorort Leningrads unter deutscher Kontrolle. Ein Autor schätzt, dass allein im Bereich der Heeresgruppe Mitte 200 000 sowjetische Zivilisten verhungerten.[30] Wenn mehr Stadtbewohner – besonders aus Kleinstädten – überlebten, als von vielen Deutschen erwartet, dann weil sie Zugang zum Schwarzmarkt fanden, Felder nach Nahrung absuchten und auf Verwandte und Freunde auf dem Land zurückgriffen.[31] Eine weitere gefährdete Gruppe waren Flüchtlinge und Zwangsumgesiedelte, vor allem wenn sie in Lager gesperrt waren. 1943/44 evakuierten die Deutschen fast 2,5 Millionen Sowjetbürger, die häufig zu Fuß gehen und unter brutalen Bedingungen in Lagern leben mussten. Laut den Zahlen zu einzelnen Orten starben bis zu 30 000 Evakuierte im litauischen Alytus, 9000 bei Osaritschi und 6000 bei Baranowitschi in Weißrussland.[32]

In drei Jahren der Besatzung beschlagnahmten die Deutschen große Mengen Nahrungsmittel in der Sowjetunion, darunter über 9 Millionen

Tonnen Getreide. Allein das entsprach dem geschätzten Vorkriegsverbrauch von 12 Millionen Sowjetbürgern in drei Jahren. «Dass Deutschland den Zweiten Weltkrieg ohne Ernährungskatastrophe überstand, war teilweise der Ausnutzung der landwirtschaftlichen Ressourcen der besetzten sowjetischen Gebiete geschuldet.»[33] Viele Deutsche glaubten, das Reich brauche Land im Osten, um sich zu ernähren. Die Zahl deutscher Soldaten, die Mitleid mit der sowjetischen Bevölkerung empfanden, war immerhin so groß, dass Kommandeure es für nötig hielten, Befehle gegen solches Mitleid zu erlassen und weit zu verbreiten, um darauf hinzuweisen, Lebensmittel, die man Sowjetbürgern gab, würden der deutschen Heimat fehlen.[34] Dieses Denken wurde so einflussreich, dass Offizielle später vor einer «Haltung, dass wir zu viele Menschen in dem Raum hätten und dass deren Ausrottung ein[en] Segen für das Germanentum bedeute», warnten.[35] Wie der Rest dieses Kapitels zeigen wird, führten Maßnahmen, die zu dieser Einstellung passten, zum Massenmord, vor allem an sowjetischen Kriegsgefangenen und Juden.

Sowjetische Kriegsgefangene

Mit etwa 3 Millionen Toten von ungefähr 5,7 Millionen (einer Sterberate von über 50 %) waren sowjetische Kriegsgefangene die zweitgrößte Opfergruppe der deutschen Herrschaft.[36] Die meisten starben an Hunger und Unterversorgung mit anderen Gütern (darum bespreche ich ihr Schicksal in diesem Kapitel). Ihrer Behandlung ähnelt in vielem der von Juden oder war mit antijüdischen Maßnahmen verbunden. Um nur einige Beispiele zu nennen: Die ersten Gaskammerexperimente mit Blausäure wurden 1941 in Auschwitz an hunderten sowjetischen Kriegsgefangenen ausgeführt (und dazu einer kleineren Zahl von Lagerinsassen einschließlich Juden).[37] Sowjetische Kriegsgefangene waren anscheinend auch die ersten, denen in Auschwitz Nummern eintätowiert wurden.[38] Als sie im Sommer und Herbst massenweise auf deutschem Boden starben, ließen die örtlichen Behörden viele auf jüdischen Friedhöfen begraben.[39] Auf Anraten eines Arztes dachte Himmler 1942 nicht nur über die Massensterilisierung von Juden, sondern auch von gefangenen Rotarmisten nach.[40] SS und Wehrmacht führten auch medizinische Versuche an sowjetischen Kriegsgefangenen durch, die in KZs verlegt worden waren, ebenso wie an anderen Insassen.[41] Das SS-Sonderkommando 1005 exhumierte und verbrannte die Überreste von zehntausenden sowjetischen Kriegsgefangenen zusammen mit denen ermordeter Juden (und nichtjüdischer Polen), um die Spuren zu verwischen.[42] Und ähnlich wie die KZ-Insassen (einschließlich Juden) wurden sowjetische Gefangene, die noch am Leben waren, Anfang 1945 auf Evakuierungsmärsche geschickt, auf denen jene erschossen wurden, die nicht mehr weitergehen konnten. Die Begründung für die Evakuierungen war ähnlich: Furcht vor Aufständen und die Weigerung, dem Feind Gefangene zu übergeben. Verstreute Angaben legen nahe, dass das Risiko, erschossen zu werden, für Sowjetbürger höher war als für andere Kriegsgefangene, freilich am höchsten für KZ-Insassen (einschließlich Juden).[43]

Wie bei den Juden wurde auch die Ermordung der sowjetischen Kriegsgefangenen voller Hass und Brutalität ausgeführt. Direkte Massenhinrichtungen forderten das Leben von Hunderttausenden, wie weiter unten beschrieben. Lagerwachen, Begleitsoldaten auf Märschen und Arbeitgeber begingen unaussprechliche Grausamkeiten an sowjetischen Gefangenen. Solche Misshandlungen wurden 1941 von so vielen Deutschen begangen, dass sie vielleicht zum Modell für andere wurden. Überlebende beschrieben detailliert Schläge und Folter. Zusammen mit Hunger und schwerer Arbeit waren dies die am häufigsten genannten Gründe für Fluchtversuche. Es gibt auch deutsche Berichte über brutale Misshandlungen.[44] Leider wurden nur wenige Schilderungen von sowjetischen Kriegsgefangenen je veröffentlicht, vor allem aber hat es kaum Forschungen auf ihrer Basis gegeben.[45] Eine Folge davon ist, dass die Misshandlung der sowjetischen Kriegsgefangenen heute kaum bekannt ist. Es gibt keine Analysen der Lagergesellschaft oder der Psychologie der Gefangenen, insbesondere in Verbindung mit ihrem Durchhaltewillen, keine Studien der langfristigen Folgen und kaum Arbeiten zum Verhältnis von Wachen, Gefangenen und Anwohnern. Kurz gesagt, es gibt keine Forschung über die Opfer als Persönlichkeiten. Anders als andere Kriegsgefangene fehlten ihnen nach dem Krieg auch Verbände und Lobbygruppen.[46] Wie verheerend die Auswirkungen der deutschen Gefangenschaft gewesen sein müssen, wird durch die Tatsache illustriert, dass trotz der enormen Verluste und traumatischen Erfahrungen sowjetischer Soldaten an der Front Ende der 1990er Jahre nur noch 1 % der ehemaligen sowjetischen Kriegsgefangenen am Leben waren, gegenüber immerhin rund 5 % aller Kriegsveteranen.[47]

Eine solche Behandlung wurzelte unter anderem in den rassistischen und politischen Einstellungen gegenüber sowjetischen Kriegsgefangenen. Die meisten waren Slawen, einige waren Zentralasiaten, und damit gehörten sie Gruppen an, die weithin als kulturell niedrigstehend und minderwertig galten. Wegen der Flucht der KP-Funktionäre beim Vormarsch der Wehrmacht waren die Kriegsgefangenen fatalerweise fast die einzigen Vertreter des Sowjetstaats, die in deutsche Hand fielen. Dadurch wurden sie mit dem Kommunismus und einem dämonisierten Regime identifiziert, das angeblich von Juden gelenkt wurde. 1941 und vor allem 1942 stellte die deutsche Propaganda in Printmedien und Wochenschauen sowjetische Kriegsgefangene als bestialische Untermenschen und Mörder dar.[48]

Diese Einstellungen trugen zur niedrigen Zahl sowjetischer Soldaten bei, die von den Deutschen überhaupt gefangen genommen wurden. Es gibt zahlreiche Zeugnisse, dass deutsche Truppen Rotarmisten erschossen, die sich ergaben, vor allem im Sommer 1941, aber auch später.[49] Der stärkste Hinweis ist das ungewöhnlich niedrige Verhältnis von gefangenen Rotarmisten gegenüber Gefallenen, etwa 1 zu 1,5.[50] Das mag auch ein Zeichen für den erbitterten Widerstand sowjetischer Soldaten sein – der selbst vielleicht eine Reaktion auf Gerüchte und Propaganda über die schreckliche Behandlung war, die denen bevorstand, die sich den Deutschen ergaben; ein Zeichen auch für deutsche Rache wegen sowjetischer Kriegsrechtsverletzungen, für die drakonischen Gesetze in der UdSSR gegen Kapitulation und dafür, dass sowjetische Kommandeure ihre Soldaten oft bei Frontalangriffen opferten. Doch das Zahlenverhältnis spricht auch dafür, dass die Deutschen oft keine Gefangenen machen wollten.

Dass schon vor Beginn der deutschen Invasion am 22. Juni 1941 die Absicht bestand, sowjetische Kriegsgefangene gemäß der Hungerpolitik nicht ausreichend zu ernähren, ist gut dokumentiert.[51] Die meisten Gefangenen sollten auf sowjetischem Territorium bleiben, das für Massenhunger vorgesehen war. Transporte nach Westen sollten weitgehend zu Fuß stattfinden, um die Bahnstrecken für die Wehrmacht freizuhalten.[52] Eilig wurden improvisierte Lager in den besetzten Gebieten und im Reich errichtet; viele hatten noch bis weit in den sehr kalten Winter 1941/42 hinein keinerlei Gebäude.[53] Wegen vorübergehender Knappheit und Desorganisation – aber auch weil die Rationen bewusst klein gehalten waren und Lieferungen an die deutschen Truppen Vorrang hatten –

erhielten Gefangene wenig oder nichts zu essen, und was sie bekamen, war häufig Buchweizen und Hirse, woran deutsche Soldaten nicht gewöhnt waren. Zehntausende starben an Unterernährung, aber einige Faktoren hielten die Sterberate einstweilen weit unter der im Herbst erreichten.[54] Der menschliche Körper kann wochenlangem Hunger widerstehen. Die Soldaten waren *vor* der Gefangennahme oft ausreichend ernährt worden, und ihre Zahl verdreifachte sich im September und Oktober.

Ein entscheidender Faktor bei der höheren Sterberate im Herbst war aber, dass nach Diskussionen unter führenden Politikern (einschließlich Göring und Goebbels) und hohen Funktionären, die für Ernährung und militärischen Nachschub zuständig waren, letztere sich am 21. Oktober über die Senkung der Rationen – vor allem für nichtarbeitende Gefangene – um 27 % der Kalorien und 46 % des Eiweißes einigten, kurz vor Beginn der kalten Jahreszeit. Nicht nur die Größe der Rationen unterschied sich stark zwischen Menschen, die arbeiteten, und Arbeitsunfähigen, an vielen Orten wurden Letztere auch in besonderen Bereichen oder Lagern abgetrennt, wo man sie sterben ließ.[55] Bei einer Sitzung der Stabschefs aller deutschen Armeen und Heeresgruppen an der Ostfront am 13. November erklärte Generalquartiermeister Wagner in einer Diskussion über die Möglichkeiten, sowjetische Kriegsgefangene ausreichend zu ernähren: «Nichtarbeitende Kriegsgefangene in den Gefangenenlagern haben zu verhungern.» Selbst arbeitende Gefangene sollten laut Wagner nur in Ausnahmefällen aus Armeebeständen ernährt werden, weil die Versorgung deutscher Truppen absoluten Vorrang hatte.[56] Diese Wendung im Herbst markierte eine zweite Phase der Hungerpolitik. Während der allgemeine Hungerplan für große Teile der Sowjetbevölkerung an diesem Punkt aufgegeben werden musste, wurde die Strategie für die sowjetischen Kriegsgefangenen intensiviert, eine Gruppe, in der man realistischerweise die Unproduktiven dem Hungertod überliefern konnte. Dies wurde als Kriegsnotwendigkeit angesehen, da die Nachschubprobleme für die deutschen Truppen an der Ostfront noch größer geworden waren als ohnehin erwartet.

Infolgedessen starben von Oktober 1941 bis Januar 1942 jeden Monat 300–500 000 Gefangene,[57] eine der höchsten Raten der Menschenvernichtung in der Weltgeschichte. Eine vergleichbare Rate wurde dann bei der Judenvernichtung von Juli bis Oktober 1942 erreicht. Das implizierte 10–16 000 Tote pro Tag – in vielen Kriegsgefangenenlagern 300–400 am

Tag. Besonders hoch war die Sterberate im Generalgouvernement, im Gebiet der Heeresgruppe Mitte während der Schlacht um Moskau und im Reichskommissariat Ostland.[58] Da stets der Grundsatz galt, Nahrungsmittel für die Gefangenen dürften erst dann aus den besetzten Gebieten kommen, wenn die Bedürfnisse der deutschen Truppen befriedigt seien, bekamen die Gefangenen meist nur wässrige Suppe und etwas Brot aus Ersatzstoffen, das schwer verdaulich und darum ein weiterer Faktor bei vielen Todesfällen war. Solche Nahrung enthielt kaum Fett, Eiweiß oder Vitamine.[59] Obwohl Ruhr und Typhus ausbrachen, waren die meisten Todesfälle direkt durch Hunger und zunehmend durch Hunger und Kälte verursacht, denn in vielen Lagern gab es keine Heizung und nicht einmal genug Gebäude.[60] Grausige Massengräber wurden in den Lagern notwendig, auch innerhalb Deutschlands.[61] Andere KZ-Insassen sahen zu ihrer Verwunderung, dass sowjetische Kriegsgefangene, die im Herbst 1941 eintrafen, noch weit weniger Nahrung bekamen als sie selber, und versuchten ihnen zu helfen.[62]

Eine große Zahl sowjetischer Kriegsgefangener ließ man als Teil des Plans, die UdSSR in einem einzigen gewaltigen Ansturm zu besiegen, verhungern. Dieser Hungerplan sollte dem Vorstoß so viel Durchschlagskraft wie möglich verleihen. Die Kriegsgefangenen waren ein großes Arbeitskräftereservoir, aber das war zweitrangig, solange Deutschland keine großen neuen Rüstungsanstrengungen zu brauchen schien. Im Herbst 1941 wurde aber allmählich klar, dass eine solche Anstrengung nötig sein würde, denn der Sieg über die Sowjetunion war nicht mehr bis Jahresende zu erwarten. Ab Ende Oktober und Anfang November, nur Wochen nach Senkung der Rationen für Arbeitsunfähige, befahlen Hitler und Göring, sowjetische Kriegsgefangene massenweise zur Arbeit in der deutschen Industrie zu holen.[63] Der Zeitraum, in dem die meisten Kriegsgefangenen starben, lag zum großen Teil schon nach der Verkündung der Befehle, sie in großem Umfang als Zwangsarbeiter einzusetzen. Das war das Ergebnis einer Reihe von Faktoren. Die Befehle der Wehrmacht, die Gefangenen am Leben zu halten, blieben bis Dezember ambivalent, denn bis dahin versuchte man noch, die Gesunden deutlich anders als die Arbeitsunfähigen zu behandeln. Erstere waren aber ebenfalls unterernährt und wurden zu schwerer Arbeit gezwungen, und die Wachmannschaften neigten dazu, beide Gruppen gleich brutal zu behandeln. Auch lehnten es Vertreter der Ernährungsverwaltung ab, die notwendigen Ressourcen zu liefern. Überdies stellten wegen des Beschlusses von Anfang November, nicht nur viele sowjetische Kriegsgefangene, sondern auch *Zivilisten* nach Deutschland zu bringen, Letztere das größere Arbeitskräftereservoir.[64] Bis Kriegsende versuchten Truppen an oder nahe der Front zudem eine größere Zahl von sowjetischen Gefangenen als Arbeiter, Diener und später auch als Hilfstruppen zu behalten. Zu keinem Zeitpunkt vor 1945 befand sich die Mehrheit der sowjetischen Kriegsgefangenen in Deutschland.[65]

Es gibt seit langem eine Debatte, inwieweit der Massentod der sowjetischen Kriegsgefangenen eine Folge gewollter Politik oder der Umstände war.[66] Obwohl offensichtlich ist, dass nicht jeder deutsche Offizier, Soldat und Funktionär den Tod von Kriegsgefangenen wollte, existieren genug Belege, dass viele von ihnen dies als ihre Pflicht oder als wünschenswert ansahen. Offiziere in einem Kasino in Riga sprachen über ihre Mission, Kriegsgefangene verhungern und erfrieren zu lassen.[67] Wie einige Beobachter mit Bedauern vermerkten, war besonders, aber nicht nur in hohen Offizierskreisen die Meinung verbreitet, es sei im deutschen Interesse, so viele Sowjetbürger wie möglich verhungern zu lassen, speziell Kriegsgefangene.[68] Am 27. März 1942 äußerte der Chef des Kriegsgefangenenwesens im OKW, Generalmajor von Graevenitz, mit Bezug auf einen Befehl Hitlers, Kriegsgefangene arbeitsfähig zu halten: «Die Formulierung – der Russe sei eine Bestie, er müsse verrecken – müsse daher verschwinden», was indirekt dokumentiert, dass er diese destruktive Einstellung für weitverbreitet hielt.[69] Man hat argumentiert, es könne keine Absicht gewesen sein, hunderttausende sowjetische Kriegsgefangene verhungern zu lassen, weil die Hälfte von ihnen (nämlich die dem OKW unterstehenden) sorgfältig einzeln registriert wurden.[70] Doch Existenz, Deportation und Besitz vieler Juden wurden trotz ihrer bevorstehenden Ermordung ebenfalls sorgfältig namentlich dokumentiert.

Die deutsche Führung wusste vom massenhaften Tod der sowjetischen Kriegsgefangenen. Als Raoul Wallenberg im Winter 1941/42 ein Bankett in Berlin besuchte, sprach man von den 10–20 Millionen Russen, die bei der Hungersnot unter anderem in Leningrad sterben würden.[71] Göring prahlte vor dem italienischen Außenminister mehr oder weniger, dass sowjetische Gefangene verhungerten und einander auffräßen. Goebbels wurde von Backe informiert, dass viele Tote zu erwarten seien, und wollte Hitler sagen, dies sei notwendig. Am 14. Dezember informierte auch Rosenberg Hitler, täglich stürben 2500 sowjetische

Kriegsgefangene im Reichskommissariat Ukraine und «man müsse damit rechnen, dass nicht mehr viel übrig blieben».[72] In einer öffentlichen Rede am 8. November verkündete Hitler überdies, der Feind werde in Leningrad verhungern. Wenn überhaupt, konnten diese Führungspersonen höchstens *leicht* abweichende Zahlen von Toten und Überlebenden erwarten. Auch nicht direkt beteiligte Heeresgeneräle glaubten, eine Million oder mehr Gefangene, also rund ein Drittel, seien gestorben.[73]

Von der Führungsebene abgesehen, haben Debatten über die Verantwortung für den massenhaften Tod sowjetischer Kriegsgefangener sich auf militärische Lagerverwaltungen, Lagerwachen und Bewacher auf Märschen und Transporten konzentriert. Ihre Einstellungen und ihr Verhalten lassen sich nicht alle über einen Kamm scheren, und manchmal waren individuelle Handlungen widersprüchlich. Aus diesem Grund haben einige Forscher argumentiert, dass gutwillige Lagerkommandanten, die sich ernsthaft bemühten, die Bedingungen zu verbessern, wegen des Versorgungssystems und der herrschenden Ideologie nicht viel tun konnten, um die Gefangenen zu retten.[74] Andere haben gegenüber dem massenhaften Sterben der sowjetischen Kriegsgefangenen «weitgehende Gleichgültigkeit» bei den Verantwortlichen ausgemacht.[75] Man hat «die irritierende Gleichzeitigkeit von Vernichtungskrieg und Arbeitseinsatz» als Ergebnis des Zusammenspiels verschiedener Interessen und Ziele unterschiedlicher deutscher Institutionen erklärt, unter denen die Wehrmacht sich «inkonsequent» verhielt.[76] Doch das Militär war sicherlich kein Monolith; es bestand aus unterschiedlichen Gruppen und Fraktionen mit widerstreitenden Zielen. Die Verluste unter den sowjetischen Gefangenen waren so hoch und die von den Lagerorganisatoren ergriffenen Maßnahmen von solcher Art, dass viele Historiker einen Teil der Verantwortung bei ihnen sehen.[77]

Ich schätze die Gesamtzahl der Toten unter den sowjetischen Kriegsgefangenen auf etwa 3 Millionen (52–53 % von insgesamt 5,7 Millionen).[78] Die Mehrzahl von ihnen starb in Osteuropa: möglicherweise 1,3 Millionen in der Ukraine, 700 000 in Weißrussland und 400–600 000 in Polen.[79] Der größte Teil, etwa 2 Millionen, war bis Januar 1942 tot, das sind über 60 % der bis dahin gefangen genommenen Soldaten; bei einigen Gruppen war der Prozentsatz noch höher.[80] Zum Vergleich: bis Januar 1942 wurden in Europa etwa 900 000 Juden ermordet. Die Sterberate der an SS-Lager abgegebenen etwa 30 000 sowjetischen

Kriegsgefangenen war noch höher als in denen der Wehrmacht (auch ohne jene mitzuzählen, die der SS als politisch verdächtig zur sofortigen Hinrichtung überstellt wurden): etwa 80 % waren bis Februar 1942 verhungert oder hingerichtet worden.[81] Das überstieg zu diesem Zeitpunkt auch die Sterberate anderer Gruppen von KZ-Insassen.[82] Ähnlich atemberaubende Sterberaten gab es auch in den Kriegsgefangenenlagern der Waffen-SS in den besetzten sowjetischen Gebieten.[83] Die große Mehrzahl der Gefangenen starb aber nicht von der Hand der SS, sondern in der Obhut der Wehrmacht. Eine Million sowjetischer Kriegsgefangener oder 27 % von 3,7 Millionen Gefangenen starben noch in den 39 Monaten zwischen Februar 1942 und April 1945 durch Wehrmacht und SS.[84] Die Sterberaten von polnischen und sowjetischen *Zivil*arbeitern in Deutschland lagen deutlich unter 10 %. Sowjetische Kriegsgefangene wurden also zu jedem Zeitpunkt weit schlechter behandelt als diese Zivilisten.

Wie bei fast jeder Bevölkerung während einer Hungersnot traten im Überlebenskampf auch Ungleichheit und Konflikte zwischen sowjetischen Kriegsgefangenen hervor. Lebensmitteldiebstahl war häufig, und einige wenige gingen bis zum Kannibalismus. Gefangene konkurrierten um die ‹beste› Arbeit. Manche sicherten sich eine bessere Behandlung, indem sie ‹Lagerpolizisten› wurden, Mitgefangene verrieten oder Juden, Politkommissare, Kommunisten und Offiziere denunzierten.[85] Über eine halbe Million schloss sich deutschen Einheiten (Wehrmacht, Waffen-SS oder anderen SS- oder Polizeikräften) an, nicht zwangsläufig aus Überzeugung, sondern um zu überleben, selbst auf kurze Zeit. Nach 1942 erreichten viele sowjetische Kriegsgefangene einen niedrigen Grad an sozialer Einbindung, indem sie Beziehungen zu Deutschen an ihren Arbeitsplätzen anknüpften, Mitleid erregten oder handgemachten Schmuck oder Spielzeug an Deutsche in der Gegend verkauften.[86] Wir wissen relativ wenig über die allgemeine Solidarität unter sowjetischen Gefangenen. Viele Historiker haben die Offiziere unter ihnen als besonders gefährdet beschrieben, auch wegen vieler Hinrichtungen,[87] aber vielleicht ist das eine Fehlinterpretation. Nach den Daten über die Kriegsgefangenen in deutscher Hand, die in die Sowjetunion zurückkehrten, hatten Offiziere und Unteroffiziere eine viel höhere Überlebensrate als gewöhnliche Soldaten. Von 1,826 Millionen Rückkehrern waren 20,8 % Offiziere (379 666) und 10,7 % Feldwebel.[88] Wenn es stimmt, dass 400 000 sowjetische Offiziere gefangen genommen wurden,[89] dann hätten fast alle überlebt. Dies scheint unwahrscheinlich, aber wahrscheinlich machten sie weniger als 20 % der Gesamtstärke der Truppen aus. Anscheinend besaßen also Sowjetoffiziere in deutscher Gefangenschaft – von denen sehr wenige ihren Status den Deutschen offenbarten – viel Macht innerhalb der Gefangenengemeinschaft und soziales Kapital, das ihnen bessere Überlebenschancen eröffnete als einfachen Soldaten. Aus deutscher Sicht war das unerwünscht. Zu diesem Thema scheint es keine Forschungen zu geben, aber es wirft Fragen über die Gefangenengesellschaft und die Macht der Deutschen in den Lagern auf.[90]

Die direkte Ermordung sowjetischer Kriegsgefangener und die Verbreitung des Wissens um ihr Schicksal

Unter den sowjetischen Kriegsgefangenen waren für die direkte Ermordung besonders Juden, Politkommissare, Offiziere (wenn auch weniger systematisch) und asiatisch aussehende Personen vorgesehen. Gemäß Hitlers Befehl ermordete die Wehrmacht 1941/42 an der Front gefangen genommene Politkommissare (bis zu 10 000; mindestens 85 % aller Frontdivisionen meldeten solche Hinrichtungen); das Gleiche taten Sicherheitspolizei und SD hinter der Front oder in Deutschland, wo 1941/42 etwa 38 000 Gefangene (7–8 %) aussortiert wurden, die meisten als Politkommissare oder Juden.[91]

Oft führten Heereseinheiten, Sicherheitspolizei oder Kommissionen des Ostministeriums Kontrollen durch, bei denen sie nach allen erwähnten Gruppen zugleich suchten. Juden wurden häufig abgesondert und rasch erschossen, manchmal nach Folterungen.[92] Manchmal mussten Juden bei Märschen der Kriegsgefangenen in eigenen Kolonnen gehen, bekamen nur die Hälfte der ohnehin geringen Rationen und mussten laut rufen, sie verdienten diese Behandlung, weil sie am Krieg Schuld seien.[93] Bis 1944 wurden als Juden geltende Gefangene von den anderen getrennt und gefoltert. Beweise dafür sind Striemen, Knochenbrüche, gerissene Trommelfelle und Verletzungen durch Elektroschocks.[94] Laut den aktuellsten Schätzungen fielen insgesamt 80–85 000 jüdische Rotarmisten (1,5–1,8 % der Roten Armee waren Juden) in deutsche Hand, von denen zwischen 4457 und 20 000 (5,5–25 %) überlebten. Die meisten Juden wurden durch ärztliche Untersuchungen entdeckt, andere von

Mitgefangenen verraten, wieder andere gerieten wegen ihrer Gesichtszüge in Verdacht. Den Überlebenden gelang es, eine andere Identität anzunehmen, oder sie gaben sich als Zivilisten aus und wurden als zivile Zwangsarbeiter eingesetzt.[95] Obwohl sie in ihren Einheiten als Juden registriert waren und vor der Gefangennahme manchmal zum Ziel von Feindseligkeiten oder Witzen geworden waren, scheint ihre Überlebensrate darauf hinzudeuten, dass sie unter ihren Mitgefangenen einen gewissen Schutz genossen.[96] Wenn 15 000 (18 %) von ihnen überlebten, war das eine niedrigere Überlebensrate als bei sowjetischen Kriegsgefangenen insgesamt, aber bemerkenswerterweise war ihre Überlebensrate höher (oder jedenfalls nicht niedriger) als bei jüdischen Zivilisten in den sowjetischen Gebieten unter deutscher Besatzung.

Die größte Gruppe der direkt ermordeten sowjetischen Gefangenen wurde aber nicht aus politischen Gründen ausgesondert. Deutsche Wachsoldaten töteten wahrscheinlich Hunderttausende auf Märschen, weil sie nicht länger gehen konnten, an Bahnhöfen, weil sie Waggons nicht schnell genug bestiegen oder verließen, oder in Lagern und an Arbeitsstätten, weil sie zu schwach zur Arbeit waren; oder sie warfen sie halb tot auf Leichenhaufen. Andere erfroren oder brachen auf Märschen und Transporten einfach zusammen.[97] Damit folgte die größte Zahl direkter Tötungen von sowjetischen Kriegsgefangenen der Logik von Arbeitskraft und Ernährung (in Verbindung mit politischen Vorurteilen, rassistischen Einstellungen und militärischer ‹Notwendigkeit›): Ermorde die Schwachen und Erschöpften, die sich nicht länger ausbeuten lassen. Man bedachte auch, welche Kriegsgefangenen zu viel Zeit und Nahrung brauchten, um sich zu erholen, Letztere wurden von den übrigen Gefangenen getrennt und erhielten kaum noch Nahrung, bis sie starben. Verwundete wurden ähnlich behandelt und häufig erschossen.[98] Es gab also schon 1941 einen Selektionsprozess für sowjetische Kriegsgefangene und sowjetische Juden, bevor er auf Juden im größten Teil Polens und vielen anderen Gebieten Europas angewandt wurde. Die meisten zur Vernichtung bestimmten sowjetischen Kriegsgefangenen sonderte man aber von den Übrigen im Lager ab und ließ sie durch unzureichende Rationen verhungern.

Nach 1945 behaupteten viele Deutsche, nichts von der Ermordung der Juden gewusst zu haben, die weit weg stattgefunden hatte. Sie konnten kaum die riesige Zahl ausländischer Zwangsarbeiter in ihrer Heimat übersehen haben, doch ihr Schicksal erschien vielleicht nicht tödlich.

Sowjetische Kriegsgefangene starben 1941 aber in großer Zahl in Lagern *innerhalb* Deutschlands[99] – was weithin bekannt war und geschah, bevor die meisten Juden deportiert und ermordet wurden. Wir haben keine Berichte über deutsche Wachtposten, die durch die Beobachtung dieses massenhaften Sterbens traumatisiert gewesen wären. Viele Deutsche pilgerten 1941 zu Lagern, um sich die sowjetischen Kriegsgefangenen anzusehen; die meisten mit Abscheu, weil sie in ihnen keine Menschen sahen, aber andere verspürten Mitleid.[100] Beobachter bemerkten, dass die Gefangenen in selbst gegrabenen Gruben lebten, weil die meisten Lager vor dem ersten Winter keine Baracken hatten.[101] Ein Foto mit frierenden Kriegsgefangenen in einem offenen Viehwaggon erschien Anfang November auf dem Umschlag der weitverbreiteten Soldatenzeitschrift *Die Wehrmacht*.[102] Einheimische beobachteten, dass viele Kriegsgefangene in den Zügen nach Deutschland gestorben waren, dass andere geschlagen wurden, viele verhungerten und manche Gras, Blätter und Rinde aßen. Kinder fanden bekleidete oder nackte Leichen auf der Straße, nachdem sie erschossen worden oder bei einem Marsch zusammengebrochen waren. Fotos gingen von Hand zu Hand, um jene zu überzeugen, die den Schilderungen nicht glaubten.[103] Arbeitgeber und Kollegen bemerkten, dass Gefangene so schwach waren, dass sie selbst bei leichter Arbeit zusammenbrachen.[104] Bei Bremen hörte man Gefangene kilometerweit nach Essen rufen – tagelang. Christen, die in der Umgebung von Lagern wohnten, wussten genug vom Massensterben der Gefangenen, um gegen ihre Beerdigung auf demselben Friedhof wie Deutsche zu protestieren.[105] Es war auch bekannt, dass sowjetische Kriegsgefangene erschossen wurden, und manche wussten, dass ausselektierte Gruppen zur Ermordung in Konzentrationslager gebracht wurden. Die Bevölkerung in der Nähe des Lagers im schlesischen Groß-Rosen redete so viel über die systematische Erschießung sowjetischer Kriegsgefangener, dass die Mörder zu tödlichen Injektionen übergingen.[106] Eine Deutsche, die einen Wachtposten fragte, warum man ihnen nicht mehr zu essen gebe, bekam zur Antwort: «Dann haben wir ja selbst nichts.» Funktionäre ermutigten solche Einstellungen.[107] Zunächst hatten mehr Menschen Mitleid mit Gefangenen (was einige deutsche Dienststellen beunruhigte) und halfen sogar manchmal Entflohenen, was sich allerdings änderte, nachdem die NS-Presse im Winter 1941/42 vor dem Ausbruch von Seuchen in den Lagern warnte. Die anfängliche gelegentliche Hilfe von Einheimischen – etwa indem sie den Gefangenen Kartoffeln zuwarfen – wurde von Passivität oder Beschimpfungen abgelöst, und auch die Behandlung durch die Wachtposten wurde härter.[108] Kriegsgefangenenlager befanden sich oft auf dem Land, vielleicht um sie Blicken zu entziehen, aber schon 1941 sah man Gefangene in kleinen Gruppen an hunderten von Orten arbeiten, wo viele von ihnen starben.[109] Kurz gesagt, diese Massenvernichtung fand bereits 1941 innerhalb Deutschlands statt, gleichzeitig mit dem Beginn der Judendeportation. Sie war kein Geheimnis.

Überdies berichtete der Sicherheitsdienst schon seit dem zweiten Tag des Krieges, dass viele Deutsche sich Sorgen machten, ihre eigenen Rationen könnten wegen der Versorgung sowjetischer Kriegsgefangenenmassen gekürzt werden. Bürger forderten genau aus diesem Grund wiederholt den Tod der Kriegsgefangenen, so der SD.[110] Wenn diese häufigen Berichte auch nur annähernd zutrafen, forderten viele Deutsche von Anfang an eine Hungerpolitik.

Die Behandlung anderer Kriegsgefangener

Viele andere Kriegsgefangene litten unter ähnlichen Bedingungen wie die Rotarmisten in deutscher Hand, darunter Hunger und Vorenthalten von Nahrung. Es gab jedoch wichtige Unterschiede, und die Sterberaten der meisten Gruppen waren niedriger. Von den annähernd 35 Millionen Kriegsgefangenen des Zweiten Weltkriegs überlebten rund 5 Millionen (14 %) die Gefangenschaft nicht – oder mehr, abhängig von der unbekannten Zahl chinesischer Gefangener, die in japanischer Hand starben.[111] Kriegsgefangenschaft war im Zweiten Weltkrieg lebensbedrohlicher als im Ersten, als etwa 750 000 von 6,6 bis 8,4 Millionen Gefangenen starben (etwa 10 %). Während des Ersten Weltkriegs gab es die meisten toten Gefangenen in den Ländern, wo die Ernährungslage am schwierigsten, staatliche Strukturen am wenigsten entwickelt und der politische Konflikt zwischen den Gegnern am erbittertsten war, d. h. in Russland, Rumänien, dem Osmanischen Reich und Bulgarien (aber auch an der österreichisch-italienischen Front).[112] Zu jener Zeit behandelte Deutschland seine Gefangenen meist anständig, und ihre Überlebenschance war sehr hoch.[113] Im Zweiten Weltkrieg war die Zahl der Gefangenen viel höher, es gab mehr Versorgungsprobleme, politisch motiviertes Vorenthalten von Nahrung, harte Arbeit, direkte Gewalt und höhere Sterberaten. Viel davon ähnelte dem Leiden gefangener Afrikaner und Chinesen in den deutschen Kolonialkriegen vor dem Ersten Weltkrieg.[114]

Dennoch behandelte die Wehrmacht im Zweiten Weltkrieg ihre Gefangenen bis auf jene aus der UdSSR weitgehend nach dem internationalen Kriegsrecht. Fast 5 Millionen nichtsowjetischer Kriegsgefangener befanden sich in deutscher Hand.[115] Gefangene aus vielen Ländern wurden nach kurzer Zeit entlassen, und Hitler lobte manche von ihnen (Norwegen, Griechen und auch Polen) öffentlich für ihre Tapferkeit. Die Wehrmacht entließ bestimmte Gruppen von sowjetischen und jugoslawischen Gefangenen wegen ihrer Volkszugehörigkeit und viele Franzosen, Polen und Italiener, weil die deutsche Führung diese Völker als zivile Zwangsarbeiter einsetzen wollte. Die Sterberaten waren niedrig: 2–4 % bei Polen, 1–2,8 % bei Franzosen, etwa 1 % bei britischen und US-amerikanischen Gefangenen, 2–2,5 % bei Belgiern, 2–3 % bei Niederländern und 3–6 % bei Jugoslawen. Nur das Schicksal der italienischen Militärinternierten nach 1943 hat Ähnlichkeit mit dem der sowjetischen wegen vieler Massenerschießungen, Misshandlungen, der Verweigerung des regulären Kriegsgefangenenstatus und der Zwangsarbeit. Allerdings gab es bei den Italienern eine weit niedrigere Sterberate (40–50 000 oder 6–7 %).[116]

Viele jüdische Kriegsgefangene in NS-deutscher Hand, die nicht aus der UdSSR stammten, genossen den Schutz des Völkerrechts. Juden unter den britischen und US-amerikanischen, aber auch den französischen und jugoslawischen Kriegsgefangenen wurden (bis auf gelegentliche Schikanen) weitgehend so behandelt wie Nichtjuden und überlebten meistens.[117] Während Juden unter den polnischen Kriegsgefangenen 1939–40 zwangsweise entlassen und in den Folgejahren ohne ihren Kriegsgefangenenstatus zusammen mit anderen jüdischen Zivilisten ermordet wurden, konnten jüdische Gefangene aus Jugoslawien zwischen Entlassung und Gefangenschaft wählen – und fast alle von denen, die Kriegsgefangene blieben, überlebten.[118] Kriegsgefangenenlager boten Juden relative Sicherheit wegen des Reziprozitätsprinzips: Die Wehrmacht fürchtete Vergeltungsmaßnahmen gegen deutsche Gefangene der Alliierten. Dennoch erklärt das kaum die Behandlung jüdischer Kriegsgefangener aus Jugoslawien, dessen Armee gar nicht in der Lage war, nach dem April 1941 deutsche Gefangene zu machen. Sich hier sichtbar an das Kriegsrecht zu halten, hatte für die deutsche Militärführung anscheinend so viel Propagandawert, dass diese außenpolitische Überlegung wichtiger war als staatliche Vernichtungsmaßnahmen gegen Juden.

Dagegen wurden sowjetische Soldaten in finnischen Kriegsgefangenenlagern fast ebenso behandelt wie in deutschen: über 18 000 von 64 000 (28 %) starben, besonders in der ersten Jahreshälfte 1942 und meist an Hunger. Politkommissare und Kommunisten wurden abgesondert und einige nach Deutschland abgeschoben. Nahrungsmittel waren knapp und Schläge häufig, und viele sowjetische Gefangene versuchten zu fliehen. Etwa 1000 wurden hingerichtet.[119] Rund 5000 der etwa 91 000 Rotarmisten in rumänischen Lagern starben, was ein relativ geringer Anteil war. Es scheint aber einige direkte Tötungen gegeben zu haben.[120] Zu den über 11 000 sowjetischen Kriegsgefangenen, die aus Deutschland in die Schweiz flohen und dort interniert wurden, gibt es Berichte, dass sie in separaten Lagern gehalten wurden, täglich 9–11 Stunden arbeiten mussten, unzureichend ernährt und einige sogar getötet wurden.[121]

Das Schicksal von Soldaten in sowjetischer Kriegsgefangenschaft ähnelte in vieler Hinsicht dem von sowjetischen Kriegsgefangenen in deutscher Hand. Nach offiziellen sowjetischen Zahlen starben etwa 518 000 Europäer (15 %), aber Forscher aus den Heimatländern dieser Gefangenen schätzen Sterberaten von 30–35 % und eine Gesamtzahl von fast 1,5 Millionen Toten.[122] Italienische Gefangene hatten die höchste Sterberate: 56,5 % laut sowjetischen, 85,6 % laut italienischen Quellen. Wie die Rotarmisten in deutscher Gefangenschaft hatten Italiener die höchsten Sterberaten zu Beginn; ihre größten Probleme waren Unterernährung verbunden mit Kälte, schwerer Arbeit, unzureichender Unterbringung und schlechter Hygiene. Es gab viele Misshandlungen italienischer Soldaten gleich nach ihrer Gefangennahme und auf dem Transport in Internierungslager, wofür es keine offiziellen sowjetischen Befehle gab.[123] Das Schicksal von Deutschen, Rumänen, Ungarn und Japanern in sowjetischer Gefangenschaft ähnelte dem.[124] Für all diese Gefangenen war 1943 das bei weitem tödlichste Jahr. Die Sowjetregierung versuchte allerdings, die Zahl der Toten durch die Umorganisierung der Lager und des Zwangsarbeitersystems zu senken.[125]

Ähnliche Muster von hohen Sterberaten wegen Hunger, harter Arbeit, Misshandlungen und Hinrichtungen, manchmal in Verbindung mit Rassismus zeigten sich anderswo: bei republikanischen Soldaten, die von Francos nationalistischen Truppen im spanischen Bürgerkrieg gefangen genommen und nicht als Kriegsgefangene anerkannt wurden, bei deutschen Gefangenen in Südosteuropa, bei britischen, australischen und US-amerikanischen, aber vor allem chinesischen und philippinischen Kriegsgefangenen in japanischer Hand.[126] Sehr wenige Japaner wurden vor 1945 von US-Truppen gefangen genommen; viele kämpften bis zum Tod, viele wurden aber auch massakriert, als sie sich ergaben. Rassismus auf beiden Seiten ist als Teilerklärung für die niedrigen Gefangenenzahlen genannt worden.[127]

Das Schicksal von Kriegsgefangenen im Zweiten Weltkrieg zeigt die überragende Bedeutung der Ernährung oder Nichternährung für das Überleben. Nahrungsmangel war aber nicht bloß eine abstrakte Notwendigkeit wegen allgemeiner Knappheit, die zu gleichem Leiden für alle führte. Vielmehr wurden aus politischen Gründen Versorgungshierarchien aufgestellt, welche die Überlebenschancen bestimmter Gruppen senkten. Das gleichgültige Hinnehmen ungleichen Leidens war ein Faktor beim massenhaften Sterben der sowjetischen Kriegsgefangenen in deutscher Hand 1941/42 und von Gefangenen in sowjetischer Hand während der allgemeinen Hungersnot und schwierigen militärischen Lage 1942/43. Der Populärrassismus hinter dieser Hinnahme führte auch zu harter Arbeit für erschöpfte Gefangene und zu Beschimpfungen und Misshandlungen durch Wachtposten, die die Gefangenen oft desto schlechter behandelten, je schwächer und kränker sie wurden und je zerlumpter sie aussahen. Manchmal verhängten Wachen Strafen, indem sie Arbeit zuwiesen, Nahrung zurückhielten und Transportbedingungen verschlechterten. Direkte und strukturelle Gewalt waren miteinander verbunden. Viele Verbrechen aus Hass gegen Kriegsgefangene geschahen zwischen ihrer Gefangennahme und ihrer Registrierung in großen Lagern.[128] Doch es ging neben Rassismus auch um andere politische Aspekte. Wenn zum Beispiel die Deutschen Gewalt nur gemäß einer rassistischen Hierarchie angewandt hätten, warum starb dann die Hälfte der nichtjüdischen Rotarmisten in Gefangenschaft, während fast alle Juden unter den britischen, US-amerikanischen, französischen und jugoslawischen Kriegsgefangenen überlebten?

Andere Insassen totaler Institutionen

Sowjetische Kriegsgefangene waren dem Hunger besonders ausgesetzt, weil sie in totale Institutionen[129] gepfercht waren, deren Organisatoren sie nicht ausreichend ernährten. Da sie im Lager und bei der Arbeit streng bewacht wurden, konnten die meisten auch keine zusätzlichen Nahrungsmittel finden und waren fast völlig von den Rationszuweisungen abhängig. Wie wir sehen werden, war ihre Lage noch schlimmer als die der Juden in den meisten Ghettos. Wie erging es den Insassen anderer totaler Institutionen?

Wie bekannt, wurden etwa 70 000 arbeitsunfähige Patienten deutscher Nervenheilanstalten von 1939 bis 1941 ermordet, meist durch Gas. Das entsprach dem NS-Rassendenken in Verbindung mit der Vorstellung, die Opfer seien «unnütze Esser».[130] Rund 40 000 polnische und sowjetische Patienten wurden im selben Zeitraum von deutschen Einheiten erschossen. Dass die Exzessmortalität von Psychiatriepatienten unter deutscher Kontrolle insgesamt bei 220 000 lag – von denen die Hälfte verhungerte – und dass die Zahl besonders 1942 und 1944 stieg, in Parallele zu den Konzentrationslagern, als Hunger oft mit der Anwendung tödlicher Injektionen kombiniert wurde, ist weniger bekannt. Nur wenige Heilanstalten waren ausgenommen. Rassistisches und Nützlichkeitsdenken verbanden sich, wenn Ärzte und Anstaltsleitungen für Menschen, die als minderwertig galten, weder Nahrung noch Geld aufwenden wollten. Der Ruf «Hunger, Hunger!» hallte durch deutsche Heilanstalten.[131] Manche Ärzte weigerten sich zunächst, Patienten durch Gas zu ermorden, organisierten später aber selbst ihren langsamen Tod. Dass im pittoresken bayerischen Kaufbeuren die direkten Morde noch 1945 einige Wochen unter US-amerikanischer Besatzung weitergingen und dass über 60 000 Patienten während des Ersten Weltkriegs in deutschen Nervenheilanstalten verhungerten,[132] zeigt, dass der Nationalsozialismus leider nicht das einzige Problem der deutschen Geschichte war.

Der Hunger in französischen Nervenkliniken war fast derselbe. Die *extermination douce* tötete mindestens 40 000 Patienten und erreichte ihren Höhepunkt im Winter 1941/42, früher als in Deutschland. Vernachlässigung durch die Vichy-Behörden und gleichgültiges Personal sind als Ursachen genannt worden. Wer alt, männlich, Langzeitpatient und evakuiert war oder keine Lebensmittelpakete erhielt, hatte ein erhöhtes Sterberisiko.[133] Wie in Deutschland (wo das Ende des zentralisierten Massenmords an Patienten 1941 erzwungen wurde) beendeten öffentliche Proteste diese Praxis 1942 in Frankreich; doch hier waren auch einige Ärzte unter den Protestierern und zettelten eine Debatte innerhalb ihrer Zunft an, was die Zahl der Hungertode senkte.[134]

Auch in deutschen Gefängnissen wurde die Ernährung vor allem ab 1942 schlechter, scheint aber besser gewesen zu sein als in den schlimmsten Phasen des Ersten Weltkriegs. Dennoch verloren Gefangene an Gewicht, und viele waren arbeitsunfähig. Möglicherweise bis zu 20 000 Menschen starben an Unterernährung und dadurch verursachten Krankheiten. Bei einer Gefangenenzahl von gewöhnlich mehr als 120 000 in der zweiten Kriegshälfte und angesichts einer erheblichen Fluktuation lag diese Sterberate wahrscheinlich unter 10 %. Die Mehrheit der Gefangenen waren Ausländer aus Osteuropa und daher nicht hoch angesehen, doch bei der Ernährung ging es ihnen deutlich besser als denen in Lagern für sowjetische Kriegsgefangene, in KZs und Nervenkliniken.[135] In einigen Gefängnissen unter deutscher Leitung im besetzten Polen und der Sowjetunion verhungerten hunderte Insassen.[136] Im von den Deutschen belagerten Leningrad überlebte kaum ein Insasse der sowjetischen Gefängnisse.[137] Doch auch in französischen Gefängnissen und Nervenheilanstalten nahmen die TBC-Fälle stark zu, ebenso die Sterberate. Das galt auch für Athener Gefängnisse.[138] Von 1940 bis 1942 starben etwa 3000 von 100 000 Insassen (3 %) in Lagern der Vichy-Regierung in Frankreich an Hunger, Mangel an anderen Gütern und damit verbundenen Krankheiten. Darunter waren rund 1000 Juden (5 % der jüdischen Insassen, meist aus Deutschland deportiert) und 300 Sinti und Roma (eine Sterberate von 10 %). Juden in italienischen Lagern in Jugoslawien erhielten mehr Essen als Slowenen, das war besonders im Lager Rab augenfällig. Hier starben bis zu 7000 Slowenen; zugleich wurde von Mangel, aber nicht von Todesfällen unter Juden berichtet. Die Rationen in Italien waren sehr klein, aber das erklärt nicht allein die offenbaren Ernährungshierarchien – anscheinend wollten italienische Militärführer die Slowenen kollektiv bestrafen.[139]

Die Ernährungspolitik und der Mord an 2 Millionen polnischen Juden

Massenvernichtung, zum Teil durch Ernährungspolitik verursacht, war 1941 zur Realität geworden, vor allem für sowjetische Kriegsgefangene. Zu dieser Zeit war die polnische Bevölkerung noch nicht stark betroffen. 1939 teilten deutsche Behörden Polen auf: die Westgebiete wurden annektiert, der Rest blieb als Generalgouvernement besetzt. Wirtschaftlich gesehen, sollten die annektierten Gebiete Siedlungsraum, Arbeiter und Nahrungsmittel für Deutschland liefern – «Getreide, Getreide und nochmals Getreide, ‹eine Getreidefabrik›», wie Gauleiter Arthur Greiser Hitlers und Görings Erwartungen im Februar 1941 zusammenfasste.[140] Doch das war, nachdem die deutschen Reserven zusammengeschmolzen waren; im Dezember 1939 sollte Polen selbst laut Staatssekretär Backe (vom Ernährungs- und Landwirtschaftsministerium) «etwas Brot und Getreide», aber vor allem «Arbeiter und Arbeiter und Arbeiter» (für die deutsche Landwirtschaft) liefern.[141]

Das Generalgouvernement dagegen konnte kaum die eigene Bevölkerung ernähren.[142] Es wurde indirekt ausgebeutet, indem man ihm Nahrungsmittellieferungen von außen verwehrte und es zur Ausfuhr kleiner Mengen von Agrarprodukten nach Deutschland zwang. Anfang 1941 verschlimmerte sich die Lage wegen der gewaltigen Konzentration deutscher Truppen für den Aufmarsch gegen die UdSSR. Im Sommer 1941 erhielt die nichtjüdische Bevölkerung Rationen von 600 Kalorien pro Tag, Juden etwa 200 Kalorien. Im Lauf des Jahres starben über 40 000 Bewohner des Warschauer Ghettos an Hunger und Krankheiten.[143] Im Herbst spitzte sich die Lage zu, als selbst Kartoffelschalen zwei Złoty das Kilo kosteten. Im September senkte die Zivilverwaltung zusammen mit dem OKW die Rationen für sowjetische Kriegsgefangene in den Lagern im Generalgouvernement. Das verursachte den Tod von 290 000 Männern, 85 % der Gefangenen, binnen sechs Monaten.[144] Die Ernährungspolitik, an deren Entscheidungsprozessen SS und Polizei nur am Rande beteiligt waren, hatte auch den Massenmord im Generalgouvernement in Gang gesetzt. Ein schweizerischer Beobachter in Warschau sah Hunger unter nichtjüdischen Polen, aber sehr viel mehr in einem sowjetischen Kriegsgefangenenlager und vor allem im Ghetto.[145]

Für die 2 Millionen Juden im Generalgouvernement brachte die deutsche Verfolgung bis 1941 den Verlust ihrer Rechte und ihres Eigentums und die Ghettoisierung. Lebensmittel zu besorgen, wurde zum größten Problem und Hunger zur Schlüsselerfahrung. Weder Juden noch Nichtjuden konnten von den offiziellen Rationen leben, darum musste jeder am Schwarzmarkt teilnehmen, um zu überleben. Juden waren noch stärker vom Schwarzmarkt abhängig als andere, aber sie hatten weniger Zugang dazu. Sie erhielten offiziell weniger Nahrung, hatten weniger Gelegenheiten, Geld zu verdienen, sahen ihr Geld und sonstige Wertsachen zusammenschmelzen und durften sich nicht frei bewegen – die meisten waren unter schrecklichen Bedingungen in Ghettos gepfercht. Sie hatten keine andere Wahl, als die Gesetze der Besatzer zu brechen, indem sie die Ghettos verließen und Lebensmittel hineinschmuggelten.

Vom deutschen Standpunkt hatte der Massenhunger mehrere negative Auswirkungen. Die Produktivität der Arbeiter ging zurück, und der Schwarzmarkt, den der Hunger unausweichlich machte, verursachte die Massenabsenzen polnischer Arbeiter von ihren Arbeitsstellen, um Nahrung zu besorgen oder durch illegalen Kleinhandel Geld zu verdienen. Im Durchschnitt waren Arbeiter ein oder zwei Tage pro Woche abwesend, wodurch Firmen 25–30 % mehr Arbeiter beschäftigen mussten, als sie eigentlich brauchten.[146] Bauern verkauften ihre Produkte lieber profitabel auf dem Schwarzmarkt, statt sie zu niedrigen Festpreisen an die deutschen Behörden zu liefern. 1941 wussten deutsche Instanzen keine rasche Lösung für diese Lage. In ihren Augen waren Juden die aktivsten Teilnehmer am Schwarzmarkt und auch für die Ausbreitung von Seuchen verantwortlich. Tatsächlich verbreitete sich der Typhus, der zuerst in sowjetischen Kriegsgefangenenlagern ausgebrochen war, in der zweiten Jahreshälfte 1941 innerhalb und außerhalb der Ghettos. Mitte Oktober bestand die Zivilverwaltung mitten in der Krise auf einem neuen Befehl für die Polizei, alle Juden, die sich ohne Genehmigung außerhalb des Ghettos aufhielten, zu erschießen.[147] Juden erhielten noch weniger als die übrige Bevölkerung, damit sich die Lage für Nichtjuden etwas verbesserte. Hunger und Krankheiten, die daraus folgten, zwangen Juden, auf den Schwarzmarkt zu gehen – was erneut antijüdische Stereotypen bestärkte[148] –, und die einzigen Gegenmaßnahmen, die den feindseligen deutschen Besatzungsbehörden zur Lösung einfielen, bestanden in Gewalt gegen Juden. Nützlichkeitsdenken und Ideologie waren untrennbar verknüpft, und die Konsequenz war Vernichtung, auch ohne großen Plan.[149] Der Leiter der Gesundheitsabteilung im Generalgouvernement, Jost Walbaum, sagte über den Schießbefehl:

> Natürlich wäre es das beste und einfachste [sic], den Leuten ausreichend Ernährungsmöglichkeiten zu geben. Das geht aber nicht. Das hängt eben mit der Ernährungs- und Kriegslage im allgemeinen zusammen. [...] es gibt nur zwei Wege, wir verurteilen die Juden im Ghetto zum Hungertode oder wir erschießen sie. Wenn auch der Endeffekt derselbe ist, das andere wirkt abschreckender. [...] wir haben einzig und allein die Aufgabe, daß das deutsche Volk von diesen Parasiten nicht infiziert und gefährdet wird, und dafür muß uns jedes Mittel recht sein.[150]

Eine mit der Ernährungslage verbundene Entwicklung sind die Massenerschießungen im Distrikt Galizien, die ebenfalls im Oktober 1941 begannen. Sie fanden in Lwow und im südlichen Teil des Distrikts statt, genau da, wo eine Überschwemmung zu Hungersnot geführt hatte, die über den stillen Hunger im übrigen Generalgouvernement hinausging. Der Massenmord – den zeitgenössische Dokumente als Methode zur Bekämpfung des Schwarzmarkts feierten – wurde in denselben Gebieten im Frühjahr 1942 wiederaufgenommen.[151]

Die zynische Hoffnung von Generalgouverneur Hans Frank, alle polnischen Juden kurzfristig nach Osten deportieren zu können, endete am 13. Oktober nach seinem Treffen mit Rosenberg, dem Minister für die besetzten Ostgebiete. Am selben Tag beauftragte Himmler Globocnik mit dem Bau des ersten Vernichtungslagers im Generalgouvernement mit begrenzter Mordkapazität in Bełżec. Dokumente aus dem Winter 1941/42 zeigen Pläne für einen Prozess des Massenmords, der im Vergleich zum späteren langsam abgelaufen wäre. Als Frank seine Verwaltung am 16. Dezember informierte, man habe ihm in Berlin empfohlen, die Juden im Generalgouvernement zu ermorden, statt sie in die besetzten Ostgebiete zu deportieren, betonte er, sie seien «schädliche Fresser», die getötet werden müssten, fügte aber hinzu, er wisse noch nicht, wie man dabei vorgehen solle (siehe Kapitel 4). Das löste nicht den sofortigen Bau weiterer Vernichtungszentren aus, aber bei der Wannsee-Konferenz drängte Staatsekretär Josef Bühler aus dem Generalgouvernement dazu, die polnischen Juden schneller umzubringen als vom RSHA geplant, weil das Projekt nicht durch Arbeitskräftebedarf gefährdet sei, nur geringe Transportprobleme bereite, und «weil gerade hier der Jude als Seuchenträger eine eminente Gefahr bedeutet und er zum anderen durch fortgesetzten Schleichhandel die wirtschaftliche Struktur des Landes dauernd in Unordnung bringt. Von den in Frage kommenden etwa 2½ Millionen Juden sei überdies die Mehrzahl der Fälle arbeitsunfähig.»[152] Damit beharrte Bühler darauf, diese Art von Einsparung durch Massenmord, um Seuchen als Folge des Hungers zu verhindern, werde die allgemeine Lage entspannen. Ab März 1942 wurden in den Gaskammern von Bełżec zunächst Juden aus den Distrikten Lublin und Galizien ermordet. Das Vernichtungszentrum sollte arbeitsunfähige Menschen töten – etwa 60 % der jüdischen Bevölkerung, ausgenommen die 16–35 Jahre alten. Die Vernichtung der meisten Juden aus Lublin, die Berichten zufolge die Schwarzmarktsituation entspannte, diente als Pilotprogramm und schien zu beweisen, dass sich diese Form des Massenmords im ganzen Generalgouvernement durchführen ließ. Im April wurde der Standort für das Todeslager Treblinka ausgewählt, und im Mai begannen die Morde durch Gas in Sobibór. Gleichzeitig wurden alle jüdischen Arbeiter im Generalgouvernement registriert, und die Zwangsarbeit für Juden wurde ausgeweitet.[153]

Bis Mitte Juli 1942 waren 160 000 Juden durch Gas ermordet oder erschossen worden. Die plötzliche und schreckliche Ausweitung des Massenmords danach war stark von zwei Zielen der Ernährungspolitik angetrieben: die Ordnung in der Wirtschaft Polens wiederherzustellen und sie für Exporte nach Deutschland auszubeuten. Die deutsche Zivilverwaltung glaubte, eine Beschlagnahmung der neuen Ernte werde entweder zu Verbesserungen oder zum wirtschaftlichen Zusammenbruch führen. Entweder ließen sich die Rationen von 150 Gramm Brot pro Tag für nichtjüdische Polen steigern und damit die politische Lage entspannen oder die Lebensmittel würden ihren Weg auf den Schwarzmarkt finden. Angesichts dieser Alternative erklärten Zivilverwaltung, SS, Polizei und Wehrmacht in den Distrikten Galizien, Lublin und Krakau wiederholt, der Massenmord an den Juden verbessere die Lage auf dem Schwarzmarkt. Einige Zivil- und Militärvertreter glaubten sogar, die Ermordung der Juden werde die Lage bei den Arbeitskräften verbessern, denn wenn polnische Arbeiter nicht so viel Zeit auf dem Schwarzmarkt verbringen müssten, könne man mit weniger Arbeitern auskommen. Im Mai 1942 wurden der Verwaltung des Distrikts Warschau – der gewöhnlich von Nahrungsmittelimporten abhängig war – die höchsten Abgabequoten auferlegt. Als sie ihr Erstaunen über diese Entscheidung ausdrückte, verwies Karl Naumann, der Hauptabteilungsleiter Ernährung und Landwirtschaft im Generalgouvernement, auf die erwartete Reduzierung der Ghettobevölkerung um über 400 000 Menschen. Naumann versuchte aber seinerseits, eine Senkung der Quote zu erreichen, die Berlin für das Generalgouvernement beschlossen hatte, und Backe (der sich am Vortag mit Himmler getroffen hatte) begann seine Antwort mit den Worten: «Im G. G. befinden sich noch 3,5 Mill. Juden. Polen soll noch in diesem Jahre saniert werden.»[154]

Am 18. Juni 1942 wurde diese Verbindung bei einer Regierungssitzung in Krakau über Polizeiangelegenheiten offen ausgesprochen. Es war die Zivilverwaltung – die Leiter der drei Distriktverwaltungen von Lublin, Krakau und Warschau zusammen mit Staatssekretär Bühler –, die die SS drängte, den Massenmord an «arbeitsunfähigen» Juden zu beschleunigen, um den Schwarzmarkt zu bekämpfen. Der Höhere SS- und Polizeiführer Krüger verteidigte sich, indem er auf fehlende Züge hinwies, bekräftigte aber die Punkte der Zivilverwaltung:

> Das Problem der Judenaussiedlung dränge zu einer Entscheidung. Die jetzigen Maßnahmen hätten gezeigt, daß die Ausschaltung von Juden Preissenkungen der Schleichhandelspreise im Gefolge habe. Der Erfolg einer möglichst günstigen Ernteerfassung habe die Beseitigung des Schleichhandels und diese wiederum die Ausschaltung der Juden zur Voraussetzung.

Der Vertreter der Zivilverwaltung im Distrikt Radom, Alfons Oswald, war aber gegen die Pläne von SS und Polizei, die Judendeportationen aus Radom in sechs bis acht Wochen beginnen zu lassen. Er forderte einen früheren Beginn, denn in sechs bis acht Wochen kämen sie «zu spät für die Ernteerfassungsaktion».[155] Für diesen Funktionär war die Ernährungslage kein bloßer Vorwand für die Ermordung von Juden. Wäre Oswald ein bloßer Judenhasser gewesen, so hätte er ein paar Wochen warten können. Er war zwar ein Judenhasser, aber einer, der sein drängendstes politisches Problem lösen wollte – das die beschleunigte Vernichtung erforderte.[156]

Die Zivilverwaltung ergriff auch weniger gewaltsame Maßnahmen für die «Ernteerfassungsaktion», und dazu gehörte die Verkündung eines allgemeinen «Ernteausnahmezustand[s]» am 11. Juli 1942. Die Zivilverwaltung drohte polnischen Bauern mit der Todesstrafe, wenn sie Agrargüter zurückhielten, verkaufte ihnen Industriegüter, um die Nachfrage auf dem Schwarzmarkt zu senken, konzentrierte Polizeikräfte für den ‹Schutz› der Ernte vor der ‹Plünderung› durch Partisanen und schnitt Warschau vom Lande ab, um illegale Lebensmittellieferungen zu verhindern. Bei der Kampagne ging es um viel mehr als den Massenmord an Juden.[157] Die Ermordung von Juden sollte die Deutschen in die Lage versetzen, die polnische Bevölkerung und den Umlauf von Geld und Waren unter Kontrolle zu bekommen – und das zentrale Instrument dieser Kontrolle war die Lebensmittelrationierung. Bauern drohte seit 1939 die Todesstrafe, wenn sie sich weigerten, zu arbeiten. Die Bedeutung der Landwirtschaft wird dadurch illustriert, dass 60–70 000 Polen und Ukrainer (und 2000 Deutsche) in der Agrarverwaltung des Generalgouvernements arbeiteten.[158]

Bald schalteten sich Himmler und die SS- und Polizeiführung im Reich ein. Ereignisse wie das Attentat auf Heydrich beschleunigten die Judenvernichtung. Nach Gesprächen am 9. Juli 1942 mit SS- und Polizeiführern aus Osteuropa über die Partisanenbekämpfung und mit Krüger und Globocnik über Maßnahmen gegen Juden bot Himmler an, die Verantwortung für die Ernteeinbringung in der Ukraine von der Wehrmacht zu übernehmen. Das OKW stimmte rasch zu. Am 17. Juli besichtigte Himmler Auschwitz und beobachtete die Ermordung jüdischer Frauen aus den Niederlanden durch Gas. Am 19. gab er Krüger schriftlich den berüchtigten Befehl, alle Juden im Generalgouvernement zu ermorden, bis auf Arbeiter in bestimmten Lagern. Laut diesem Befehl war dies zur «ethnischen Scheidung von Rassen und Völkern», angesichts der Sicherheitslage und für die Verhinderung von Seuchen notwendig und da Juden einen «moralischen und physischen Seuchenherd» darstellten. Am selben Tag wies er Krüger an, die «Durchführung der Ernteaufbringung» im Generalgouvernement umfassend zu unterstützen und Zwangsarbeiter für Projekte im Generalgouvernement und im Reich zu sammeln. Seltsamerweise war der zweite Befehl streng geheim, obwohl man die «Durchführung der Ernteaufbringung» öffentlich angekündigt hatte und die Einziehung von Zwangsarbeitern allgemein bekannt war. Im Juli begann der Massenmord an den Juden in zuvor unbekanntem Ausmaß, und ab dem 5. August war er in allen Distrikten im Gange. Dennoch beschränkte sich das Programm immer noch auf Menschen, die nicht für die Zwangsarbeit gebraucht wurden, eine Einschränkung, die laut manchen Quellen noch einige Zeit in Kraft bleiben sollte.[159]

Bis dahin hatte die Hauptaufgabe der Zivilverwaltung im Generalgouvernement darin bestanden, im deutschen Interesse die Lage nichtjüdischer Polen zu verbessern. Ab August 1942 bekamen aber große Nahrungsmittellieferungen nach Deutschland Priorität. Im Mai 1942 war klar geworden, dass ein erheblicher Teil des ausgesäten deutschen Getreides durch den harten Winter vernichtet worden war. Aus Berichten des

Sicherheitsdiensts erfuhr die deutsche Führung, die größte Sorge der Bürger sei die Lebensmittelversorgung, und die Angelegenheit wurde von März bis August 1942 zur wichtigsten politischen Frage. Defätismus, Kritik am Naziregime und Schwarzmarkthandel breiteten sich aus. Deutsche waren neidisch auf ausländische Arbeiter wegen ihrer angeblich hohen Rationen und ebenso auf die eigene Oberschicht. Menschen nannten die Ernte eine «Schicksalsfrage».[160] Seine alarmierenden Berichte hatten Staatssekretär Backe geholfen, Nachfolger von Ernährungs- und Landwirtschaftsminister Darré zu werden. Bis Ende Juni erreichte Backe aber nur geringe Zugeständnisse bei den Getreidelieferungen aus dem Generalgouvernement an das Reich (von 85 000 auf 150 000 Tonnen), weil Frank die Wirtschaft seines Herrschaftsgebiets «sanieren» wollte.

Da er befürchtete, die deutschen Brot- und Fleischrationen müssten erneut gesenkt werden, drängte Backe in Berlin weiterhin auf große Lieferungen aus dem Generalgouvernement. Auf Grund dieser Vorschläge erlegte Göring bei einem Gipfeltreffen mit allen Chefs der deutschen Zivil- und Militärverwaltungen in Europa den meisten besetzten Gebieten sehr viel höhere Abgabequoten auf, vor allem dem Generalgouvernement, den besetzten sowjetischen Gebieten und Frankreich. Göring sagte, Hitler habe ihm «Generalvollmachten gegeben von einem Ausmaße, wie er bisher Vollmachten nicht erteilt hat im Vierjahresplan», und drohte, die Verwaltungschefs ihrer Posten zu entheben, wenn sie die neuen Quoten nicht erfüllten. Dabei sei es ihm «gleichgültig, ob Ihre Leute wegen Hungers umfallen». Die Bedrohung für Moral und Produktivität des *deutschen* Volkes habe Vorrang. Das Generalgouvernement sollte nun 600 000 Tonnen Getreide, dazu Kartoffeln und Fleisch liefern – zwölfmal so viel wie im Vorjahr. Diese Getreidemenge reichte, um 3 Millionen Menschen zu ernähren. Teilnehmer an der Sitzung verbanden in Bezug auf das Reichskommissariat Ostland auch explizit die Lebensmittelversorgung mit der Ermordung der Juden.[161]

Nach anfänglichem Unglauben bereiteten Frank und Naumann einen Notfallplan vor, den sie bei einer dringenden Regierungssitzung am 24. August 1942 vorlegten. Nach Naumanns Plan sollte die Abgabequote für polnische Bauern um ein Viertel erhöht und ihr Eigenverbrauch um ein Sechstel gesenkt werden. Die Tagesration für nichtjüdische Polen würde auf 150 Gramm Brot heruntergesetzt, dann am 1. Januar auf 100 Gramm und von März bis Juli auf Null. Naumann fügte hinzu, 1,2 Millionen Juden würden keine Nahrungsmittel mehr erhalten, einzig die 300 000 Juden, die «noch im deutschen Interesse» arbeiteten, sollten ernährt werden und leicht erhöhte Rationen bekommen. Generalgouverneur Frank sagte ernste Folgen für die öffentliche Ordnung Anfang 1943 voraus, die man akzeptieren müsse, «denn bevor irgendwie das deutsche Volk verhungert, müssen selbstverständlich andere daran glauben». Er sagte weiter: «Daß wir 1,2 Millionen Juden zum Hungertod verurteilen, sei nur am Rande festgestellt. Es ist selbstverständlich, daß ein Nichtverhungern der Juden hoffentlich eine Beschleunigung der antijüdischen Maßnahmen zur Folge haben wird.» Mit anderen Worten, die meisten Juden sollten so schnell wie möglich ermordet werden, damit sie sich nicht auf dem Schwarzmarkt versorgen konnten.[162]

Mehrere Gespräche Backes mit Hitler, Himmler und Göring Ende August und Anfang September 1942 über die Ernährungspolitik im Generalgouvernement unterstreichen deren Wichtigkeit. Im Dezember drückte Backe Himmler erneut seinen Dank für «den bereitwilligen Einsatz und die Hilfe Ihrer Organe» beim Beschlagnahmen der Ernte im Generalgouvernement aus. Himmler klassifizierte Backes Brief als «geheime Reichssache».[163]

Durch Görings und Backes Initiativen waren auch jüdische Zwangsarbeiter nicht länger von der Ermordung ausgenommen. Bei einer Sitzung am 14. August teilten SS-Vertreter der Rüstungsinspektion des Generalgouvernements mit:

> Nach Auffassung des Reichsmarschalls [Göring] müsse davon abgegangen werden, daß der Jude unentbehrlich sei.
>
> Weder Rü.-In [Rüstungsinspektion] noch die sonstigen Dienststellen im GG. werden die Juden bis Kriegsende behalten. Die gegebenen Befehle seien klar und hart. Sie hätten Geltung nicht nur für das GG., sondern für sämtliche besetzte[n] Gebiete.
>
> Die Gründe für sie müßten außergewöhnlicher Natur sein.[164]

Das Todesurteil für die jüdischen Arbeiter war neu und vermutlich bei der Sitzung am 6. August in Anwesenheit von Krüger gefallen. Im einzigen bekannten Exemplar des Sitzungsprotokolls fehlt ein wichtiges Blatt mit einer Bemerkung Görings über die Juden.[165] Es ist auch bemerkenswert, dass die Gründe für die totale Vernichtung für die SS «außergewöhnlicher Natur» waren, d. h. jenseits ihres gewöhnlichen Verständnisses, warum Juden zu ermorden seien. Ernährungspolitik in Verbindung mit ideologischen Motiven erhielt zu diesem Zeitpunkt Priorität über die Arbeitspolitik.

Dieser Prioritätenwechsel fand parallel zu Befehlen statt, die Judenvernichtung in anderen Teilen Europas auszuweiten (siehe Kapitel 4). Im Großen und Ganzen passt dieses Szenario auch zu den Informationen, die der deutsche Firmendirektor Eduard Schulte in die Schweiz mitbrachte, wo Gerhard Riegner, der Vertreter des Jüdischen Weltkongresses, sie im Juli und Oktober 1942 den Westalliierten übermittelte. Laut Schulte war ein Plan zur Ermordung aller europäischen Juden in Gaskammern im besetzten Polen im Juli 1942 in Hitlers Hauptquartier diskutiert worden. Backe habe den Plan angestoßen und Hitler ihn schließlich wegen der deutschen Ernährungslage akzeptiert, angeblich gegen die Einwände von Generalgouverneur Frank.[166]

Als schreckliche Konsequenz wurden von Ende Juli bis Ende September 1942 im Generalgouvernement über 750 000 Juden ermordet und in den letzten drei Monaten des Jahres noch einmal fast 400 000, diese meist aus dem Distrikt Radom. Zu Jahresende waren nur noch 297 914 Juden am Leben. Das entsprach – kaum zufällig – fast genau der «angenommenen Bevölkerungsmenge», die Naumann und Frank am 24. August vorausgesagt hatten.[167] Jene zehn Wochen im Sommer und Herbst 1942 waren der Höhepunkt des Massenmords im Generalgouvernement. Die deutsche Ernährungspolitik trägt zur Erklärung bei, warum die Vernichtung ihren Gipfel zu diesem Zeitpunkt erreichte, warum eine Deportation nach der anderen aus dem Warschauer Ghetto stattfand – unerwartet für Opfer, die an ihr Überleben glaubten – und warum so viele Menschen nach Treblinka deportiert wurden, dass sein mörderischer Betrieb am 28. August zusammenbrach und zahlreiche Opfer tagelang in den Deportationszügen ausharren mussten, wo viele verdursteten. Vermutlich war es auch diese neue Politik, fast alle Juden im Generalgouvernement zu ermorden, die ab September 1942 zum raschen Bau mehrerer neuer Gaskammern in Treblinka und Sobibór führte.[168]

Während dieser schrecklichen Monate berichtete die Zivilverwaltung über das ständige Sinken der Schwarzmarktpreise und die Entspannung der Ernährungslage (obwohl großangelegte Beschlagnahme und Export zu den politischen Hauptzielen geworden waren).[169] Polizisten sagte man zur Begründung, die Juden müssten ermordet werden, weil sie die Preise auf dem Schwarzmarkt nach oben getrieben hätten.[170] Der neue Kurs benutzte sogar die Künste als Waffe: Ab August 1942 wurde das polnische Stück *Quarantäne*, das sich besonders an Bauern und Arbeiter mit der Botschaft richtete, Juden würden Seuchen verbreiten, in Warschau, Krakau, Tarnów und anderen Städten aufgeführt. Die

Deutschen verliehen dem Autor einen Preis, subventionierten die Eintrittspreise und vergrößerten das Publikum, indem sie Studenten und Beamte hineinschickten.[171] Der Propagandatopos, der Juden mit Läusen und Krankheiten assoziierte, war früher schon benutzt worden, aber die Propaganda, die Nichtjuden vom Kontakt und speziell dem Schwarzmarkthandel mit Juden oder der Hilfe für sie abhalten sollte, wurde 1942/43 verstärkt.[172]

In einer bemerkenswerten Parallele wurde die Ernährungspolitik auch zur treibenden Kraft bei der Ermordung von 300 000 Juden in der Westukraine von August bis Anfang November 1942. Im Generalkommissariat Wolhynien-Podolien hatte man die im Frühjahr 1942 dort noch lebenden 330 000 Juden behalten, denn sie galten als wichtig für das örtliche Handwerk, das die deutsche Zivil- und Militärverwaltung im deutschen Interesse erhalten wollten. Bei den Massenmorden ab Mai 1942, um ihre Zahl zu senken, hatten SS und Polizei binnen drei Monaten 60 000 Menschen erschossen. Wie schon erwähnt, galt die Sorge über die Beschlagnahmung der Ernte auch für die Ukraine; und genau wie im Generalgouvernement konnte die Zivilverwaltung des Reichskommissariats zunächst Görings Forderungen vom 6. August nicht glauben. Die Situation änderte sich abrupt, als Reichskommissar Koch am 28. August von einem Besuch bei Hitler zurückkehrte und erklärte, sofortige und umfangreiche Nahrungsmittelexporte nach Deutschland – für die Hitler ihn persönlich verantwortlich gemacht hatte – seien von größter politischer Bedeutung, um den Krieg zu gewinnen. Drei Tage später informierte der Kommandeur von Sicherheitspolizei und SD für Wolhynien-Podolien seine Außenposten über «Judenaktionen»:

> Die Aktionen sind so zu beschleunigen, dass sie auch im dortigen Bereich innerhalb 5 Wochen beendet sind.
>
> Auf der Gebietskommissarstagung in Luzk 29.–31. 8. 1942 ist generell geklärt worden, dass grundsätzlich hundertprozentige Lösungen durchzuführen sind. Den Gebietskommissaren ist dabei durch den Anwesenden [sic] Vertreter des Reichskommissars – Regierungspräsident Dargel – verkündet worden, dass diese hundertprozentigen Bereinigungen auch nachdrücklicher Wunsch des Reichskommissars persönlich sei[en].[173]

Erneut sehen wir, dass die Zivilverwaltung eine plötzliche Beschleunigung der Massenmorde im Kontext der Ernährungspolitik anstieß. Dazu gehörten Bahntransporte in improvisierte Todeslager. Dort und anderswo in der Region starben im September und Oktober 1942 271 000 Juden bei Massenerschießungen. Die Vernichtung war im Gegensatz zu

Polen mehr oder weniger total, und das letzte Massaker, das in Pinsk stattfand, wurde unter dem Motto «Ukraine judenfrei» durchgeführt. Zur selben Zeit rollten große Nahrungsmitteltransporte ins Reich.[174]

Die zynische deutsche Ernährungspolitik war ein beängstigender Erfolg. Im Landwirtschaftsjahr 1942/43 lieferte das Generalgouvernement 504 000 Tonnen Getreide und 237 000 Tonnen Kartoffeln nach Deutschland – weit mehr als in den drei Vorjahren zusammen und fast genau die von Göring geforderte Menge. Da Transport- und Lagerkapazitäten nicht ausreichten, wurde ein Teil der Erzeugnisse provisorisch in polnischen Synagogen gelagert. Im Jahr 1942, das den Höhepunkt des Massenmords an den europäischen Juden darstellte, verzeichnete Deutschland auch die höchsten Getreide-, Fleisch-, Fett- und Öleinfuhren während des Zweiten Weltkriegs (als Anteil an der Gesamtversorgung). Das Generalgouvernement trug über 50 % zu den Roggen-, Hafer- und Kartoffeleinfuhren bei (die Lieferungen an Truppen in den besetzten Gebieten nicht mitgerechnet). Im August 1942, als Warschau vom Land abgeriegelt und das Ghetto durch Transporte nach Treblinka geräumt wurde, kam Goebbels in die Stadt, um die Gemüseversorgung für seine Berliner zu sichern (er war auch Gauleiter von Berlin). Es gelang der deutschen Führung damit, die Nahrungsmittelversorgung der deutschen Bevölkerung bis Ende 1944 zu sichern, indem sie Europas Ressourcen ausbeutete, Massenmorde durchführte und andere Völker hungern ließ. Hierin lag einer der Gründe für den populären Rückhalt des NS-Regimes in Deutschland bis zum Ende.[175]

Dagegen war die Politik, die polnische Bevölkerung ab Anfang 1943 nicht mehr mit Brot zu versorgen, nicht durchzuhalten. Obwohl Reichsbehörden keine größeren Zugeständnisse machen wollten, beschlossen die Zivilverwaltung und der Höhere SS- und Polizeiführer im Generalgouvernement, den Plan nicht umzusetzen. Krüger erklärte, man hätte sonst 2 Millionen Polen der Widerstandsbewegung in die Arme getrieben und der explodierende Schwarzmarkt wäre mangels deutscher Polizisten nicht mehr zu kontrollieren gewesen. Tatsächlich bedeutete die gute Ernte, dass die Brotrationen für nichtjüdische Polen nicht gesenkt wurden und im Herbst 1943 sogar merklich anstiegen, obwohl die großen Exporte nach Deutschland weitergingen.[176] Die Deutschen glaubten, sich zwar keinen Massenmord an Nichtjuden leisten zu können, aber an Juden. Hier befürchteten sie weder eine Solidarisierung der Bevölkerung noch Unruhen. Es schien ihnen möglich, diese bereits isolierte, gut kontrollierte, unterdrückte, sozial benachteiligte und fast hilflose Gruppe – die sie verachteten – von der allgemeinen Bevölkerung abzusondern und zu vernichten.

Ohne den Einfluss der Ernährungspolitik hätte die Dynamik vom Sommer 1942 vielleicht nicht stattgefunden, und die Massenmorde hätten länger gedauert, d. h. das Antlitz der Vernichtung hätte anders ausgesehen. Außerdem war es die Zivilverwaltung, die wiederholt SS und Polizei zur Beschleunigung der Morde drängte, gerade auf den wichtigen Sitzungen: der Wannsee-Konferenz, der Sitzung über Polizeifragen im Juni 1942 und der Sitzung über Ernährungspolitik im August 1942. SS-Führer übernahmen ihre Motive, und diese Übereinstimmung der politischen Ziele intensivierte die Vernichtung. Die Ernährungspolitik war natürlich nur ein Faktor unter mehreren. Keineswegs *ersetzten* Erwägungen über Nahrungsmittelversorgung die antijüdischen Einstellungen als Triebkraft, vielmehr verstärkten beide einander und gingen bemerkenswert leicht Hand in Hand. Die Ernährungsfrage mobilisierte örtliche Funktionäre, die sich sonst vielleicht nicht damit befasst hätten, den Massenmord an den Juden zu unterstützen.

Warum ließ man nicht alle Juden verhungern?

Wenn sich aber die Absicht zur massenhaften Ermordung von Juden in Verbindung mit der Absicht entwickelte, Nahrungsmittel einzusparen, warum ließ man sie nicht ebenso rasch verhungern wie fast 2 Millionen sowjetische Kriegsgefangene? Die Antwort ist, dass dafür die Kapazität fehlte. Die Ghettos waren keine totalen Institutionen, darum konnten große Mengen von Lebensmitteln eingeschmuggelt werden. Trotz aller Schärfe der Judenverfolgung wurden die Kriegsgefangenen in viel strengerer Isolation gehalten und noch schärfer bewacht als jüdische Ghettobewohner. Nur in riesigen Lagern wäre es möglich gewesen, die meisten Juden verhungern zu lassen, aber die SS hatte nie so große Lager und auch nicht genug Personal, um die Juden zu bewachen, im Gegensatz zu den Kriegsgefangenenlagern der Wehrmacht. Im September 1942, als die Konzentrationslager 110 000 Insassen hatten (unter denen Juden in der Minderheit waren), konnte die SS nicht 4–5 Millionen Juden in Lagern halten.[177] Direkte Formen des Tötens in Vernichtungsstationen boten eine viel leichter zu handhabende und billigere Mordmethode.

Es gibt viele Belege, dass die polnischen und sowjetischen Ghettos keineswegs völlig abgeriegelt waren. Viele waren nicht einmal von einer Mauer oder einem Zaun umgeben. Im östlichen Oberschlesien wurden jüdische Wohnviertel erst zwischen Oktober 1942 und März 1943 zu geschlossenen Ghettos.[178] Zweifellos wurden in die meisten Ghettos genügend Lebensmittel geschmuggelt, damit die meisten Bewohner trotz der extrem kleinen Rationen der deutschen Behörden überleben konnten.[179]

Unterernährte Menschen, die nicht isoliert wurden, konnten Krankheiten verbreiten. Ghettos wurden zuerst als Maßnahme zur Eindämmung von Seuchen präsentiert, aber angesichts der Überfüllung und der elenden hygienischen und medizinischen Bedingungen in Verbindung mit den vielen Kontakten nach draußen erschienen sie zunehmend als bedrohliche Krankheitsherde. Deutsche Ärzte, die zuerst die Ghettoisierung und später die Ermordung der Juden propagierten, trugen nicht wenig zum Massenmord bei.[180] Das Ministerium für die besetzten Ostgebiete und das Reichskommissariat Ostland wiesen ihre Zivilverwaltungen an, das Übergreifen von Seuchen aus jüdischen Ghettos zu verhindern, was einerseits bedeutete, den Juden wenigstens etwas Nahrung zu geben, und andererseits Forderungen nach Vernichtung anheizte. Auch im Generalgouvernement stoppte die Zivilverwaltung die Lebensmittelversorgung der Juden nicht völlig.[181] Unterdessen verbargen jüdische Selbstverwaltungen den Ausbruch von Seuchen in den Ghettos vor den Deutschen oder gaben nur wenige Fälle zu.[182]

Die Forderung, Juden zu ermorden, statt *andere* Gruppen unzureichend zu versorgen, ist bereits von Wehrmachteinheiten bekannt.[183] Dass man Juden ermorden solle, statt sie verhungern zu lassen, steht in bekannten Dokumenten wie dem Brief von Rolf-Heinz Höppner von der Sicherheitspolizei im Wartheland an Eichmann vom 16. Juli 1941. Man hat diesen Brief als einen der Ursprünge der Idee gewertet, Menschen durch Gas zu ermorden; Höppner fasste die Überlegungen in der Zivilverwaltung so zusammen:

> Es besteht in diesem Winter die Gefahr, dass die Juden nicht mehr sämtlich ernährt werden können. Es ist ernsthaft zu erwägen, ob es nicht die humanste Lösung wäre, die Juden, soweit sie nicht arbeitseinsatzfähig sind, durch irgendein schnellwirkendes Mittel zu erledigen. Auf jeden Fall wäre dies angenehmer, als sie verhungern zu lassen.[184]

Diese Politik führte zum Mord an fast 100 000 Juden bis Mitte 1942, und gleichzeitig steigerte das Wartheland 1941/42 (und nicht erst ein Jahr später wie das Generalgouvernement) seine Nahrungsmittelexporte nach Deutschland beträchtlich.[185] Die Hungerpolitik gegen die Unproduktiven entstand aus einem komplexen Prozess, der 1940 begann und schrittweise zur Idee ihrer Ermordung führte.[186]

Wegen dieser Maßnahmen starben die meisten Juden nicht an Hunger oder damit verbundenen Ursachen. Natürlich war Unterernährung für die meisten von ihnen zeitweise eine tägliche, korrumpierende und schwächende Realität. Im kroatischen Lager Jasenovac «waren die Insassen vor allem mit dem Gedanken an Essen beschäftigt und wie sie es bekommen könnten», und riskierten, erschossen zu werden, wenn sie sich um ein Stück Brot prügelten, das auf der Erde lag.[187] Selbst in Drogobycz in Ostgalizien, wo die Lage besonders ernst war, verhungerten in acht Monaten wohl ‹nur› 5 % der Ghettoinsassen. In anderen Ghettos dieser Region und auch im polnischen Ost-Oberschlesien war der Anteil niedriger.[188]

Obwohl Hungeropfer aus vielen Ghettos gemeldet wurden,[189] ging ihre Zahl nur an wenigen Orten außerhalb von Warschau, Łódź und Theresienstadt in die tausende oder erreichte einen hohen Prozentsatz.[190] In Warschau starben 16–18 % der Bewohner, in Łódź 25 %. In Warschau lagen die Rationen von Januar bis August 1941 bei 169–219 Kalorien täglich (und später etwas höher; der tatsächliche Konsum lag bei 800–1600 Kalorien), und die Sterberate war von Mai 1941 bis Juli 1942 besonders hoch. Von fast 92 000 dokumentierten Todesfällen wurden die meisten direkt oder indirekt durch Hunger verursacht – ebenso wie die über 43 000 Todesfälle in Łódź. In Theresienstadt starben 33 600 Menschen in deutscher Gefangenschaft an den Folgen von Unterernährung.[191] In diesen Ghettos waren die Chancen, Kontakt zur übrigen Bevölkerung aufzunehmen und Lebensmittel zu bekommen, viel geringer als in kleineren Orten. Unter den hungernden Juden entwickelte sich ein heftiger Überlebenskampf, wie in praktisch jeder Bevölkerung in einer Hungersnot zu erwarten. Die größten Gruppen, die dabei an den Rand gedrängt und zum Hungertod verurteilt wurden, waren Flüchtlinge und Rückkehrer, die oft während ihrer Entwurzelung fast allen Besitz verloren hatten, sich wenig auskannten, keine sozialen Netzwerke besaßen und weniger auf die Solidarität der einheimischen Bevölkerung zählen konnten. In Warschau waren die meisten der Hungertoten Zwangsmigranten; ‹nur› 100 000 Menschen waren von Suppenküchen abhängig und sie «waren dazu bestimmt, früher oder später zu verhungern». Innerhalb des Ghettos von Łódź starben 25 % aller Insassen – aber 37 % der aus dem Ausland deportierten – an Hunger und Krankheiten.[192] Am wenigsten von Hunger betroffen waren jene, die für die jüdische Selbstverwaltung arbeiteten, und ihre Angehörigen[193] – eine Parallele zu den Offizieren unter den Kriegsgefangenen in deutscher Hand.

Sehr viele Juden in den deutsch-organisierten Ghettos litten Hunger, aber relativ wenige starben daran.[194] Rumänisch-geleitete Ghettos, wo trotz einer relativ guten allgemeinen Versorgungslage vielleicht über 100 000 Menschen verhungerten, waren etwas anderes. Die Rumänen versuchten ebenfalls Seuchen durch Massenmord zu verhüten, aber nicht überall, und viele Ghettoinsassen waren als Flüchtlinge besonders durch Hunger gefährdet.[195] Vor Ort beschwerte sich die deutsche Polizei, «dass die rumänische Regierung die Juden dort dem Hungertod preisgibt», und forderte, Deutschland solle die rumänische Regierung dazu drängen, «die Judenfrage so zu lösen, wie dies im besetzten Osten (durch Erschießen) geschieht» – offensichtlich, um den Ausbruch von Seuchen in der Nähe des deutschen Hauptquartiers zu verhindern.[196] Zum Zeitpunkt dieser Beschwerde waren aber schon seit über drei Wochen Massenerschießungen im Gange, um die Ausbreitung von Typhus zu verhindern. Sie kosteten 70 000 Juden aus der Region Odessa und dem nördlichen Transnistrien das Leben.[197] Das hielt deutsche Offiziere nicht von weiteren Warnungen ab, die rumänische Politik gefährde das Leben von Volksdeutschen und deutschen Soldaten durch Seuchen, weil sie nicht alle notleidenden Juden ermorde.[198] Unter den Deutschen starben in ganz Europa rund 150 000 Juden an Hunger und dadurch ausgelöste Krankheiten in Ghettos und abgesonderten Wohnvierteln. Das Risiko, an Hunger und Entkräftung zu sterben, war für Lagerinsassen viel höher; weil sie strenger bewacht wurden, hatten sie weniger Möglichkeiten, an Lebensmittel zu kommen, um ihre Rationen zu ergänzen, oder Hilfe von ihren Familien zu erhalten, die nicht länger zusammen waren. Ich schätze, dass es in den Konzentrationslagern 200 000 jüdische Hungeropfer gab, in anderen Lagern 100 000 (vor allem in Arbeitslagern in Polen) und vielleicht 50 000 unter den sowjetischen Kriegsgefangenen in deutscher Hand, womit die Gesamtzahl jüdischer Hungeropfer unter deutscher Kontrolle fast eine halbe Million erreicht.[199] SS und Polizei hatten die Möglichkeit, einen großen Teil jüdischer Lagerinsassen verhungern zu lassen, und sie ergriffen entweder diese Möglichkeit (oft in Verbindung mit Entkräftung durch Zwangsarbeit) oder ermordeten abgemagerte Gefangene. Man muss aber anmerken, dass auch nichtjüdische Gefangene dieser Politik zum Opfer fielen. Auffälligerweise erreichte die Sterberate von jüdischen und nichtjüdischen KZ-Insassen sowohl in absoluten Zahlen wie prozentual ihren ersten Höhepunkt (vor der Überfüllung von 1944/45) in der zweiten Jahreshälfte 1942, zur selben Zeit als der Massenmord an Juden (der teilweise auch das angebliche Ernährungsproblem lösen sollte) auf dem Höhepunkt war. Zu dieser Zeit starben 70 000 KZ-Gefangene an Hunger und Erschöpfung. Im Januar und Mai 1942 wurden ihre Rationen gekürzt. Etwa 10 % aller KZ-Insassen (ausgenommen nach Auschwitz und Majdanek Deportierte, die sofort ermordet und so nie zu Gefangenen wurden) starben jeden Monat, und wenn die Sterberate an Hunger in der ersten Jahreshälfte 1943 sank, dann teilweise weil die Entkräfteten und Abgemagerten ermordet wurden.[200]

Ernährung und Überlebenschancen von Juden: Das Beispiel Westeuropa

Der Nahrungsmangel hatte noch andere Folgen für das Schicksal von Juden, wie ein vergleichender Blick auf Westeuropa zeigt. Die niedrige Überlebensrate der Juden in den Niederlanden während des Zweiten Weltkriegs ist oft mit den höheren Raten in Frankreich und Belgien verglichen worden. Bei der Suche nach einer Erklärung haben Forscher auf Deutschlands direktere Herrschaft in den Niederlanden und den stärkeren Einfluss von SS und Polizei verwiesen, auf die engere Kooperation der einheimischen Verwaltung und Polizei beim Registrieren und Festnehmen von Juden und auf die selteneren und später entstehenden Möglichkeiten für Juden, sich zu verstecken (im Vergleich zu Frankreich und Belgien). In den Niederlanden schienen Juden besser integriert zu sein und verließen sich darum stärker auf die Hilfe ihrer Mitbürger als französische und belgische Juden.[201] Ernährung spielt in diesen Erklärungen keine Rolle,[202] aber ein kurzer Vergleich zeigt die besonderen Schwierigkeiten, welche sie für niederländische Juden darstellte, die der Verfolgung zu entkommen versuchten.

Verstreute Hinweise legen nahe, dass es für Juden, die sich versteckten oder verstecken wollten, schwer war, an Nahrungsmittel zu kommen, was bedeutet, sie brauchten neben falschen Ausweisen und gefälschten amtlichen Eintragungen in Einwohnerlisten auch Lebensmittelmarken.[203] Doch der niederländische Ernährungs- und Landwirtschaftsbereich war von der Verwaltung viel besser organisiert und strenger kontrolliert als in Belgien und Frankreich.[204] Aus deutscher Sicht erlaubte die niederländische Organisation die Beschlagnahme von mehr Agrarprodukten als in Frankreich und Belgien, wo sehr viel mehr Lebensmittel auf den Schwarzmarkt kamen (schon 1942, als viele Juden sich zu verstecken begannen) und die Ablieferungsquoten sehr viel niedriger waren.[205] Dementsprechend waren die Lebensmittelrationen in den Niederlanden höher. Auch in Frankreich und Belgien war es für versteckte Juden wichtig, gefälschte Lebensmittelmarken zu haben,[206] aber die Chance war größer, durch den Schwarzmarkt zu überleben, speziell in Südfrankreich, besonders wenn Juden in Geschäften oder Büros arbeiteten. Manche Polizisten und Einwohner in Südfrankreich waren aber gegen jüdische Flüchtlinge aus dem Norden eingestellt und argumentierten, weil sie nicht arbeiteten, würden sie auf dem Schwarzmarkt aktiv, und die resultierende höhere Nachfrage nach Lebensmitteln und anderen Konsumgütern treibe die Preise hoch.[207] Andererseits wurden Juden zu geschätzten Kunden von französischen Bauern und Kaufleuten. In vielen Fällen schuf das auch menschliche Bindungen, wegen der Letztere manchmal auch dann noch Juden halfen, wenn sie von Deportation bedroht waren und ihnen das Geld ausgegangen war.[208]

Der starke Gewichtsverlust und das schon erwähnte Ansteigen der Sterberate in den Niederlanden, in Belgien und Frankreich wegen des Nahrungsmangels legt nahe, dass es sehr schwierig war, eine versteckte Person mit der eigenen Lebensmittelkarte zu ernähren. Wegen der höheren Abhängigkeit vom Markt in Frankreich und der unterschiedlichen Kaufkraft der Einzelnen war der Hunger dort ungleicher verteilt. Am schlimmsten traf es die Armen in den Städten, vor allem im Süden, und die Insassen totaler Institutionen (die völlig von Rationen abhingen), etwa Gefängnissen, Lagern und psychiatrischen Kliniken. Was aber die Lebenschancen einer Gruppe minderte, konnte Möglichkeiten für eine andere eröffnen. Die anders gelagerten Ernährungswirtschaften in Frankreich und Belgien schufen proportional mehr Möglichkeiten für Juden, sich zu verstecken, als in den Niederlanden. Der unterschiedliche Anteil von Menschen, die in den Untergrund gingen, erklärt den Großteil des Unterschieds bei den Überlebensraten zwischen diesen Ländern.[209] Angesichts der überwältigenden Schwierigkeiten in den Niederlanden scheinen weniger niederländische Juden eine Chance gesehen zu haben unterzutauchen. Außerdem war das Angebot auf dem belgischen und französischen Schwarzmarkt höher, und Juden in den Niederlanden waren abhängiger von professioneller Hilfe und größeren Netzwerken (zur Fälschung von Lebensmittelkarten und Einwohnerlisten) als in anderen Ländern. Diese Netzwerke entwickelten sich in den Niederlanden später als anderswo. Schließlich machte die strenge Kontrolle des niederländischen Ernährungssektors ein Verstecken gerade in den Städten langfristig schwieriger, und das trieb viele Juden dazu, in die ländlichen Provinzen im Osten wie Friesland, Groningen und Drenthe zu fliehen, wo sie nicht nur weiter von der deutschen Sicherheitspolizei und Menschen weg waren, die sie wiedererkennen konnten,[210] sondern auch näher bei Bauernhöfen.

Allgemein legen diese Vergleiche nahe, dass die Auswirkungen der reibungslosen niederländischen Verwaltung über die von vielen Forschern so stark betonten Polizeiangelegenheiten hinausgingen. Jenseits des Handelns des Staatsapparats zeigen sie aber auch, wie wichtig die gesellschaftliche Umgebung für die Überlebenschancen unterschiedlicher Gruppen waren, darunter die verfolgter Juden.

Ernährung und Vernichtung

Ernährungspolitik konnte die Überlebenschancen von Juden stark einschränken, aber nicht überall in Europa. So haben wir beispielsweise keine Hinweise, dass die Ernährungsfrage bei der Deportation von Juden aus Deutschland eine wichtige Rolle spielte. Bei der Deportation der ungarischen Juden spielte sie nur eine Nebenrolle.[211] Dagegen förderte eine prekäre Versorgungslage für die griechische Bevölkerung und teilweise damit verbundene Sicherheitsaspekte die Unterstützung der Wehrmacht für die Deportation der Juden von Rhodos, Kreta und Korfu 1944, die oft allein auf ideologische Motive zurückgeführt worden ist. Ohne militärische Unterstützung wäre es Gruppen von weniger als einem Dutzend Sicherheitspolizisten nicht möglich gewesen, auf diesen Inseln Deportationen zu organisieren.[212] Andererseits trug die Ernährungspolitik vielleicht indirekt dazu bei, dänischen Juden das Leben zu retten, weil deutsche Entscheidungsträger, darunter Herbert Backe, das deutsche Hauptinteresse an diesem Land – die Milch- und Fleischproduktion – nicht gefährden wollten, indem sie die Dänen zu sehr gegen sich aufbrachten.[213]

Dennoch gab es zwei Zeitpunkte – im Herbst und Winter 1941 (bei den sowjetischen Kriegsgefangenen) und im Sommer und Herbst 1942 (bei den Juden in Polen und der Westukraine), als die Ernährungspolitik mit antijüdischen Einstellungen im Einklang stand und darum Vorrang vor dem Interesse an Arbeitskräften erhielt. Beide Male trug sie stark zur grauenhaften Beschleunigung des Mordens und zum Tod von jeweils fast 2 Millionen Menschen bei. Und beide Male reagierte das Morden auf die in Berichten festgehaltene Stimme der deutschen Bevölkerung, das erste Mal direkt, das zweite Mal indirekt.

Nahrungsversorgung wurde auch durch soziale Bedingungen und Beziehungen im besetzten Europa beeinflusst. In diesem Kontext wurden Juden – ebenso wie Migranten, Flüchtlinge und Widerstandskämpfer – in Konflikte wie die zwischen Stadt- und Landbewohnern hineingezogen (Letztere profitierten von günstigen Handelsbedingungen und wurden ihre Schulden los), besonders während Hungersnöten.[214] Solche Konflikte waren Teil einer größeren Krise. Europäische und nordafrikanische Gesellschaften waren starken Belastungen ausgesetzt. Eine wachsende Kriminalität gehörte zum Hintergrund dieser sozialen und politischen Konflikte. Im rumänisch-besetzten Transnistrien umfasste dies Schiebung, Bestechung, Unterschlagung und illegalen Handel als Methode der «primären Akkumulation» von Wohlstand für einige Einheimische und den Aufstieg neuer Eliten. Es schloss aber auch Denunziationen aller Art und Alkoholismus ein, dazu eine steigende Zahl von Morden, sogar durch Beamte und Intelligenzler.[215] Dänemark illustriert, wie die Kriminalität unter besonderen Bedingungen ansteigen konnte. Als die Deutschen einen großen Teil der einheimischen Polizisten im September 1944 deportierten oder entließen, folgte ein steiler Anstieg von Diebstahl, Lebensmittelkartenfälschung, Raub, Entführung und Mord. Zudem verschwammen die Grenzen zwischen gewöhnlichen und politischen Vergehen immer mehr.[216] Im Gegensatz zu Dänemark waren Juden anderswo besonders gefährdet durch die Art von Entsolidarisierung und Brutalisierung, die zum Hintergrund für ihre Verfolgung, Erpressung, Denunzierung und sogar Schändung nach dem Tod wurde, wie in Polen.[217] Zumindest in einigen Gebieten Polens war bewaffneter Raub ab 1940 verbreitet (auch hier waren gewöhnliche Verbrechen und politischer Kampf nicht leicht zu unterscheiden), was von der schwachen Polizeigewalt unter der quasikolonialen Herrschaft der Deutschen befördert wurde. Wenn Juden sich versteckten, wurden sie von Gangstern ausgeraubt oder von Bauern gejagt, die ihre Suche nach Lebensmitteln als Verbrechen ansahen.[218] Eine Politik der Nahrungsverweigerung gegenüber Juden, wie in diesem Kapitel beschrieben, war ein weiterer Ausdruck dieser Entsolidarisierung.

10 Die Ökonomie von Absonderung, Enteignung, Zusammendrängung und Deportation

Der Einfluss der Siedlungspolitik

Für manche NS-Ideologen, auch für Hitler, war es ein wichtiges langfristiges Ziel, in weiten Teilen Osteuropas Deutsche anzusiedeln. Das widersprach dem ausbeuterischen oder ökonomischen Imperialismus, den einige derselben Ideologen propagierten (siehe Kapitel 7). Manche Historiker sind der Auffassung, die Siedlungspolitik habe die deutschen Gewaltmaßnahmen in Osteuropa bestimmt; sie sehen die Bevölkerungsverschiebungen und den Massenmord an Juden und Slawen als relativ direkte Umsetzung eines ideologischen Germanisierungsplans.[1] Angesichts des eben erwähnten ideologischen Widerspruchs müssen die deutschen Siedlungspläne und ihre Auswirkungen betrachtet werden.

Dieses Thema wird oft unter der Überschrift ‹Generalplan Ost› besprochen. Forscher verstehen unter dem Generalplan Ost eine Reihe miteinander verbundener Pläne von verschiedenen SS-Dienststellen, so dem Planungsamt des Reichskommissars für die Festigung deutschen Volkstums (RKF) – die federführende Behörde – und dem Reichssicherheitshauptamt (RSHA). Andere Instanzen wie die Deutsche Arbeitsfront und einige Zivilbehörden erstellten ebenfalls weniger detaillierte oder umfassende Pläne.[2] Ein erster RKF-Entwurf vom Juni 1941 bezog sich auf das besetzte Polen. Eine spätere Version des RSHA sah Ende 1941 die Verschiebung von 31 der 45 Millionen Bewohner Polens, des Baltikums, Weißrusslands und der Nordwestukraine sowie aller Juden nach Osten vor. Binnen 30 Jahren sollten sie durch 4,5 Millionen Deutsche ersetzt werden, die sich später vermehren würden.[3] Laut einem RKF-Plan vom Mai 1942 sollten 5,5 Millionen germanische Siedler (einschließlich etwa 700 000 germanisierter Einheimischer, vor allem aus dem Baltikum) binnen 20 oder 25 Jahren Westpolen, große Teile Zentralpolens, zwei Streifen aus insgesamt 22 kleinen Siedlungsgebieten im Baltikum und der Ukraine sowie größere Gebiete um Leningrad, auf der Krim und nördlich davon besiedeln.[4] Ein überarbeiteter «Generalsiedlungsplan» des RKF vom Dezember 1942 betraf Polen, Böhmen und Mähren, Elsass, Lothringen, Luxemburg, Teile Sloweniens und Siedlungen in den baltischen Ländern. Die dortige nichtdeutsche Bevölkerung sollte innerhalb von 30 Jahren um 25 Millionen Menschen auf 11 Millionen reduziert und durch 12 Millionen deutsche Siedler ersetzt werden, das Baltikum nicht gerechnet.[5] All diese Pläne sahen die Assimilierung unterschiedlicher Anteile von Nichtdeutschen in den Siedlungsgebieten vor.

Doch nur wenige Deutsche siedelten je in diesen Gebieten. Sie beschränkten sich weitgehend auf etwa 500 000 Volksdeutsche, die von 1939 bis 1941 aus Osteuropa geholt und hauptsächlich nach Westpolen geschickt wurden.[6] Weiter östlich gelegene Siedlungsprojekte blieben begrenzt: Rund 20 000 Volksdeutsche wurden in zwei Kreisen in der Region bei Lublin angesiedelt, die gleiche Zahl zurück nach Litauen gebracht, und Volksdeutsche aus der Ukraine wurden in ländlichen Gegenden bei Saporoshje und Shitomir konzentriert – alles in den Jahren 1942/43. Im November 1939 hatte Hitler es Reichsdeutschen verboten, sich im Osten anzusiedeln, weil er befürchtete, Frontsoldaten – die die Mehrzahl der Siedler stellen sollten – würden es übelnehmen, wenn die Beute bereits hinter ihrem Rücken verteilt würde.[7] Somit konnten nur Volksdeutsche dort siedeln, bis der Krieg gewonnen war. Sogar in vielen Gebieten mit deutschen Siedlungsprojekten, ganz abgesehen von den anderen besetzten sowjetischen Gebieten oder dem Generalgouvernement, bestimmte die Siedlungspolitik nicht die allgemeine Besatzungspolitik.[8] Mitte 1942 lebten nicht mehr als 73 000 Reichsdeutsche und 131 000 Volksdeutsche (1,2 % der Bevölkerung) im Generalgouvernement.[9] Hitlers Befehl von 1942, Russen und andere Nationalitäten von der Krim zu vertreiben und diese mit Deutschen zu besiedeln, wurde nie verwirklicht.[10] Siedlungspolitik ist ein weiterer Bereich, in dem die NS-Planung nicht ohne die Praxis untersucht werden sollte. Auch in anderen Ländern gab es ehrgeizige Pläne, Millionen angeblich fremdstämmiger Menschen von ihrem eigenen oder von annektiertem Territorium zu vertreiben; und in Rumänien, Ungarn und Kroatien wurden solche Pläne nicht zwangsläufig zurückgeschraubt, nachdem ihre Verwirklichung sich als unmöglich herausgestellt hatte (siehe Kapitel 14).

Der Generalplan Ost sollte nicht mit dem Hungerplan von 1941 gegen bestimmte Gruppen der sowjetischen Bevölkerung (siehe Kapitel 9) zusammengeworfen werden, wie es wegen der gewaltigen Dimensionen und geographischen Überschneidung von beiden manchmal geschieht.[11] Sie hatten unterschiedliche und widerstreitende Ziele, zielten auf unterschiedliche Bevölkerungsgruppen und Gebiete ab, wurden von verschiedenen Personen zu unterschiedlichen Zeiten entworfen und betrafen sehr unterschiedliche Zeitrahmen.[12]

Wie im größten Teil Osteuropas war die Wirkung der Siedlungs- auf die Besatzungspolitik insgesamt begrenzt und die Verbindung zwischen Siedlungspolitik und Judenverfolgung schwach. Wichtige Rahmenrichtlinien wie Himmlers Befehl an Krüger vom 19. Juli 1942, die meisten Juden im Generalgouvernement zu ermorden, nannten als ein Ziel eine neue ethnische Ordnung. Als Himmler aber zehn Monate später anscheinend vorschlug, die «3–400 000» Juden im Generalgouvernement zu «entfernen» werde Platz für nichtjüdische Polen machen – die ihrerseits durch die Ansiedlung zusätzlicher Deutscher verdrängt werden würden – war das bloße Rhetorik.[13] Himmler wie Globocnik waren gleichzeitig damit befasst, Juden zu ermorden und Deutsche anzusiedeln, aber diese Aufgaben waren nur lose miteinander verknüpft, wie zum Beispiel bei Vorschlägen, man solle Juden aus den Großstädten entfernen, damit deutsche Siedler sich dort wohler fühlten.

Gewiss war die Verbindung zwischen deutscher Besiedlung und Judenvernichtung in annektierten Gebieten wie Westpolen wichtiger, wo die meisten Volksdeutschen angesiedelt wurden. Menschen in großen Massen anzusiedeln ist teuer, und während des Krieges war das nicht anders zu verwirklichen als durch die rücksichtslose Vertreibung anderer Menschen und die Aneignung ihrer Häuser und Wohnungen. Bis 1944 waren fast 1 Million Menschen entweder nach Osten (fast 400 000) oder als Zwangsarbeiter ins Altreich deportiert oder innerhalb ihrer Provinz vertrieben worden, und der Bevölkerungsanteil der als deutsch geltenden Bewohner stieg auf ein Viertel an.[14] Nach einer einflussreichen Studie erzeugte die Unfähigkeit Himmlers und der SS, Unterkünfte und Arbeit für volksdeutsche Umsiedler zu finden, Druck, Juden zu ermorden.

Es erwies sich als immer schwieriger, nichtjüdische Polen und Juden aus Westpolen ins Generalgouvernement abzuschieben, wo schon die zuvor nach Osten gebrachten aufgenommen werden mussten. Das Scheitern bei der Umsetzung der Siedlungspolitik (z. B. der Stopp geplanter Deportationen im Frühjahr 1941) führte demnach zum Massenmord.[15] Eine Variante dieses Arguments besteht darin, dass Deportationen von Juden aus Mitteleuropa im Herbst 1941 ins Wartheland und den Raum Lublin eng mit dem Beginn des Massenmordprogramms in diesen Regionen verknüpft waren.[16]

Für keines der beiden Argumente hat sich auf der lokalen Ebene viel Bestätigung gefunden. Sogar in der Umgebung von Auschwitz lag über ein Jahr zwischen dem Scheitern der Vertreibung von Polen und dem Beginn des Massenmords an Juden.[17] Der Zustrom von jüdischen Deportierten war im Generalgouvernement von geringerer Bedeutung, abgesehen von einigen Gebieten im Distrikt Lublin,[18] und wirkte sich weniger aus als die Weigerung des Ostministeriums zur Aufnahme polnischer Juden im Oktober 1941. In jedem Fall ist das ‹Scheitern der Umsiedlung› als Erklärung nur auf bestimmte Gebiete anwendbar, nicht allgemein.

Nicht einmal auf ganz Westpolen ist es anwendbar, weil die Formen der Siedlungspolitik sich dort stark unterschieden. Es war wichtig im Wartheland als dem Zentrum der (volks)deutschen Besiedlung, wo nur wenige Einheimische für das Germanisierungsprogramm der Deutschen Volksliste zugelassen wurden und 1939 bis 1941 große Deportationen von Polen ins Generalgouvernement stattfanden.[19] Dagegen betrieb Albert Forster, der Gauleiter und Reichsstatthalter in Danzig-Westpreußen – wo es von Anfang an mehr Menschen gab, die sich als Deutsche identifizierten, und relativ wenige Juden (23 000 im Herbst 1939) –, eine Eindeutschungspolitik für die meisten Polen, die bekanntermaßen zum Konflikt mit Himmler und der örtlichen SS führte.[20] Die andere Seite dieses Vorgangs hat weniger Aufmerksamkeit erregt. Forster hatte seine Herrschaft mit einer viel umfangreicheren Ermordung der polnischen Intelligenz begonnen, als sie irgendwo anders stattfand (siehe Kapitel 11). Das gab ihm offenbar die Zuversicht, den Rest der Polen in seinem Bereich assimilieren zu können. In Ost-Oberschlesien verfolgten die Regionalbehörden einen ganz ähnlichen Kurs der umfassenden Germanisierung der Polen, wenn auch mit weniger Morden an Intellektuellen und weniger Protesten der SS. Ein Grund dafür war die sehr hohe Nachfrage nach Arbeitskräften für die Schwerindustrie der Region, die auch die Judenverfolgung bremste.[21] Die Ansiedlung von Deutschen hing eng mit der Rekrutierung von Zwangsarbeitern zusammen, weshalb 12 % der Bevölkerung des Warthelands als Zwangsarbeiter deportiert wurden, aber nur 3,5 % aus Danzig-Westpreußen und Ost-Oberschlesien.[22] Selbst nach den Plänen von SS und Parteiführung in Westpolen – einschließlich des Warthelands – sollten die Polen noch für die nächsten 20 bis 30 Jahre mindestens die Hälfte der Bevölkerung stellen. Ein Mangel an deutschen Siedlern bedeutete, dass die Region sich nicht ohne polnische Arbeitskräfte ausbeuten ließ.[23] In Anspielung auf den letzteren Punkt sagte Generalgouverneur Hans Frank öffentlich: «Wir können den Kampf nicht etwa dadurch erledigen, daß wir für 16 Millionen Polen 16 Millionen Nackenschüsse vollführen und damit das polnische Problem lösen.»[24] Aus all dem geht klar hervor, dass ökonomischer und Siedlerimperialismus miteinander versöhnt werden mussten, und Letzterer wurde oft zurückgestellt.

Unterschiedliche Umsiedlungsprogramme standen auch miteinander in Konflikt, und manchmal musste die Deportation von Juden – wie die von 300 000 deutschen und österreichischen Juden nach Polen in den neun Monaten nach dem Herbst 1939 – zugunsten der von Polen verschoben werden.[25] Es gibt keinen Hinweis darauf, dass Juden im Zeitraum 1939 bis 1941 mit mehr Dringlichkeit aus Westpolen abgeschoben wurden als nichtjüdische Polen.[26] Viele Deportationsprogramme scheiterten an den Protesten deutscher Zivil- und Militärbehörden in den geplanten Zielgebieten. Somit hatte die gewaltsame Entfernung ethnischer Minderheiten aus Siedlungsgründen im Allgemeinen keine Priorität vor anderen Zielen.

Gewinn von privatem Lebensraum: Wohnungsmangel und Judenverfolgung

Während die Wirkung großer Siedlungsprogramme auf die Judenverfolgung manchmal überschätzt worden ist, hat man die Bedeutung der Frage des Wohnraums unterschätzt. Wohnraum war vor und während des Zweiten Weltkriegs ebenfalls Mangelware. Wohnungen waren winzig und von niedrigem Standard, besonders für die Unterschichten in den Großstädten, was politische Unruhe auslösen konnte und 1942/43 zu Ressentiments gegen das Bürgertum führte. In Wien hatten 1934 72 % aller Wohnungen weniger als zwei Zimmer, und 60 % hatten kein fließend Wasser.[27] Solche Wohnbedingungen waren das Ergebnis verbreiteter Defizite im Urbanisierungsprozess seit dem 19. Jahrhundert, wurden aber durch eine starke Verlangsamung der Neubautätigkeit während der Wirtschaftskrise der 1930er Jahre, weiteren Rückgang im Bausektor durch den Krieg und schließlich die Zerstörung von Wohnraum durch Bombenangriffe und Kampfhandlungen verschärft.[28] Weder die deutschen Behörden noch die anderer europäischer Länder konnten ihre Versprechen halten, die Wohnungskrise zu beenden. In diesem Kontext konnte die Beschlagnahme jüdischer Wohnungen als Ersatz für eine Sozialreform dienen.[29] Raul Hilberg hat darauf hingewiesen, dass es den Deutschen gelang, weit über 1 Million Wohnungen in Europa frei zu machen, indem sie 6 Millionen Juden hinauswarfen, in Ghettos pferchten und dann deportierten.[30] Der folgende Abschnitt geht kurz auf diesen Vorgang ein.

Deutsche Hausbesitzer und NSDAP-Ortsgruppen hatten seit 1937 gefordert, Wohnraum zu ‹arisieren› und jüdische Mieter heraussetzen zu dürfen. Bis 1939 waren aber nur Wohnungsbaugenossenschaften diesem Ziel nahegekommen, und Göring teilte den Reichsministerien mit, Immobilien sollten erst am Schluss des ‹Arisierungs›-Prozesses enteignet werden.[31] Darum waren anfangs unter den wenigen genehmigten Deportationen jene, bei denen die Freimachung von Wohnraum eine Rolle spielte.[32] Anderswo – etwa in Wien – hatten die Ideen unterer Funktionäre, Juden in Lager außerhalb der Stadt zu stecken oder nach Polen abzuschieben, 1939 wenig direkte Folgen.[33] Der Druck von Parteifunktionären in verschiedenen Gegenden Deutschlands war im Sommer und Herbst 1941 aber gestiegen, und der SD berichtete von Unzufriedenheit mit der Wohnungslage und öffentlicher Kritik am Bürgertum, weil es zu große Wohnungen belege.[34] Diese Instanzen versuchten Juden in den Städten aus ihren Wohnungen zu entfernen und in sogenannte ‹Judenhäuser› zu pferchen oder sie in weit außerhalb der Städte gelegene Quartiere abzuschieben. In Hannover wurde der Bürgermeister flugs entlassen, weil er gezögert hatte, Gauleiter Hermann Lauterbacher dabei zu unterstützen.[35] In Breslau begannen Deportationen von Juden in die Umgebung der Stadt, die seit 1940 gefordert worden waren, im Juni 1941 und gingen 1942 weiter, auch als die Deportationen aus Breslau nach Osten schon begonnen hatten.[36] Wo Juden aus Mangel an Transportmöglichkeiten nicht nach Osten deportiert werden konnten, zum Beispiel in Göttingen, wurden sie zusammengepfercht, um ihre Wohnungen für Nichtjuden frei zu machen. Dies ist ein weiterer Hinweis, dass die Räumung von Wohnungen nicht einfach ein Vorwand für Deportationen war, sondern in den Augen örtlicher Politiker auf starkem öffentlichem Druck basierten. In Mainz beschwerten sich Bürger, dass Juden viel besser wohnten als Nichtjuden. In den Kneipen von Münster war es Stadtgespräch, daß ein Ziel der Judendeportation die Freimachung von Wohnungen sei.[37]

Ab August 1941 bestand Heydrichs Priorität darin, Juden aus den Großstädten zu entfernen.[38] Eine Initiative des Hamburger Gauleiters Karl Kaufmann zur Deportation jüdischer Einwohner – die er mit dem Schaden an Wohnungen durch einen Luftangriff im September begründete – war eine der Initiativen, die Hitler um den 16. oder 17. September 1941 nach Monaten des Zögerns dazu bewogen, umfangreiche Deportationen von Juden aus Großdeutschland nach Osten zu erlauben.[39] Im Herbst 1941 empfahl Hitler auch dem Gauleiter von Wien, er solle die Wohnprobleme der Stadt durch die Entfernung aller Juden und später aller «Fremdvölkischen» (z. B. Tschechen) lösen, statt ein unrealistisches Bauprogramm zu planen.[40] Die Gestapo erklärte auch den Oberhäuptern der jüdischen Gemeinden in Berlin und Nürnberg, Juden müssten nach Łódź deportiert werden, damit Wohnungen frei würden, um die Folgen der Luftangriffe zu mildern. Ähnliche Argumente wurden aus Köln berichtet. Eine von Eichmanns Sekretärinnen hatte zuvor für die Planungsbehörde von Generalbauinspektor Speer für die Neugestaltung Berlins gearbeitet.[41]

Einige Autoren haben die Auffassung vertreten, die Wohnfrage sei ein wichtiger Antrieb für die Deportation der deutschen Juden gewesen, aber man braucht mehr Belege, um etwa zu zeigen, dass Versuche, Juden aus bestimmten Vierteln zu verdrängen – um Wohnungen frei zu machen oder Neubaumaßnahmen für eine neuen Stadtplanung zu erleichtern –, die Auswahl der im Herbst 1941 Deportierten beeinflusste.[42] In jedem Fall wurden Juden im Herbst 1941 aus Städten wie Hamburg, Bremen und Köln deportiert, die alliierten Bombardements ausgesetzt waren.[43] Das Oberkommando der Wehrmacht empfahl dies im Oktober 1941 ebenfalls.[44] Allerdings wurden damals auch aus Großstädten wie Berlin, Wien, Prag, München und Breslau, wo die Wohnungskrise andere Ursachen hatte, Juden deportiert.

Das Freimachen von Wohnraum wurde 1942 weiterhin als Motiv für die Deportation von deutschen und österreichischen Juden genannt. Auf der Wannsee-Konferenz am 20. Januar verkündete Heydrich, Europa solle von West nach Ost durchkämmt werden, dies müsse aber «allein schon aus Gründen der Wohnungsfrage und sonstigen sozial-politischen Notwendigkeiten» in Deutschland, Österreich und Böhmen und Mähren beginnen.[45] Die Wohnsituation schien wichtig genug zu sein, um die Abfolge der Deportationen zu beeinflussen. Als der Befehlshaber der Sicherheitspolizei und des SD in Prag Mitte August 1942 gegen geplante Deportationen nach Theresienstadt protestierte – die er für viel zu umfangreich hielt –, argumentierte er:

> «Wenn ich auch die Notwendigkeit der Freimachung der luftgefährdeten Gebiete verstehe, so muss ich bitten, eine Zuweisung aus Wien und anderen nichtluftgefährdeten Gebieten vorläufig zurückzustelle, bis neuer Raum durch Aufstellung von Baracken geschaffen ist.»[46]

Doch über die nächsten acht Wochen brachten 50 Transporte – darunter sechs Züge aus Wien und je einer aus Breslau, Königsberg und Dresden (wo die Wohnlage ebenfalls problematisch war, wenn auch nicht durch Bombardements) – 22 300 Menschen nach Theresienstadt.[47] Die Bedeutung der Wohnungsfrage und die durch sie erzeugte Dynamik werden dadurch unterstrichen, dass Übervölkerung im August 1942 die Sterberate in Theresienstadt hochtrieb und das Problem im Oktober teilweise dadurch ‹gelöst› wurde, dass man fast 8000 Menschen nach Auschwitz und in andere Vernichtungsorte deportierte.[48]

Es gibt noch weitere Belege für öffentlichen Druck auf deutsche Behörden, Juden zu entfernen, um die Wohnsituation zu verbessern. In Wien nahmen tausende von Bürgern die Sache in die eigene Hand und eigneten sich Wohnungen an, indem sie Juden gewaltsam hinauswarfen oder sie zwangen, Scheinverträge zu unterschreiben. Nach einer Schätzung wechselten drei Viertel der rund 65 000 Wohnungen in Wien, die Juden 1938/39 an Nichtjuden verloren, illegal den Besitzer.[49] Obwohl die dortige Situation vielleicht außergewöhnlich war, würde sich eine Untersuchung lohnen, ob die Übernahme jüdischer Wohnungen im ganzen Deutschen Reich tatsächlich der geordnete Verwaltungsakt war, den man sich vielleicht vorstellt. In manchen Städten besetzter oder verbündeter Länder gab es ebenfalls Massenbesetzungen von jüdischen Wohnungen (siehe S. 338).

In einigen besetzten Gebieten waren die Wohnbedingungen in den 1930er Jahren noch schlechter als in Deutschland und Österreich.[50] Die

Schaffung von Ghettos und ihre spätere Verkleinerung oder Eliminierung durch Massenmord waren oft politische Mittel, um die Wohnsituation von Einheimischen zu verbessern, die von Kriegszerstörungen betroffen waren, und um deutsche Wohnviertel zu konsolidieren, so in Kiew, Krakau und Lublin.[51] Kettenumsiedlungen waren nicht ungewöhnlich. Beispielsweise wurden 62 000 Polen 1940/41 aus dem Wartheland nach Warschau deportiert, um Platz für Volksdeutsche aus Rumänien zu machen; die Polen wurden wiederum in den Wohnungen von 72 000 Juden einquartiert, die ihrerseits ins Ghetto gepfercht wurden. Polen bekamen manchmal etwas bessere Wohnungen als zuvor, aber die wirklichen Profiteure waren Deutsche.[52] In Simferopol auf der Krim plante die Einsatzgruppe D zunächst, 14 500 einheimische Juden im März 1942 zu ermorden, führte die Hinrichtungen aber schon im Dezember 1941 aus, auf eine Bitte vom Hauptquartier der 11. Armee hin, das die örtliche Wohnungs- und Ernährungskrise lindern wollte.[53] In Gebieten, die zur sofortigen deutschen Besiedlung vorgesehen waren, wurden geräumte jüdische Wohnungen nur für Deutsche reserviert; in Posen wurden im Februar 1940 6000 Wohnungen (möglicherweise auch einige von Polen) an Reichsdeutsche (2150), einheimische Volksdeutsche (2000) und volksdeutsche Umsiedler aus dem Baltikum (1850) vergeben.[54]

Kriegszerstörungen hatten keine großen Auswirkungen auf die Wohnsituation in Deutschland im Herbst 1941, als die großen Deportationen begannen.[55] Es brauchte vier Jahre Luftangriffe, um so viele Wohnungen zu zerstören, wie vor dem Krieg aus anderen Gründen gefehlt hatten.[56] Dennoch erschien es politisch wichtiger, Kriegsopfer zu unterstützen als die Opfer einer falschen Wohnungsbaupolitik, und Erstere wurden bei Diskussionen über die Deportation von Juden häufiger erwähnt. Das Ressentiment gegen Juden war untrennbar mit dem Wunsch verbunden, das echte soziale Problem zu lindern, das beide Gruppen plagte. Nichtjüdische Bürger, die argumentierten, dass Juden nicht besser wohnen sollten als sie selber, und die ihre eigene Lage verbessern wollten, beharrten auf einer Rassenhierarchie mit Andeutungen, der Wohlstand der Juden sei womöglich illegal auf Kosten von Nichtjuden angehäuft. Das NS-Regime wagte es dagegen nie, eine zentral geplante Umverteilung von Wohnraum durchzuführen, weil es die Entfremdung des Großbürgertums fürchtete (wenn auch die Einquartierung von Ausgebombten in Wohnungen ihrer Mitbürger 1943 gängige Praxis wurde). Auch das zeigt, dass antijüdische Aktionen als «Ersatz nationalsozialistischer Sozialpolitik» dienten.[57]

Auch andere Argumente, die auf den Bombardierungen selbst basierten, gewannen Einfluss. Juden waren angeblich Strippenzieher ausländischer Regierungen, unterstützten den Feind oder sympathisierten zumindest mit der anderen Seite, verbreiteten deren Propaganda und waren dadurch für die Luftangriffe mitverantwortlich. Diese Anschuldigung war für Hitler wichtig genug, dass er sie 1945 in seinem politischen Testament erwähnte, wo er die Leser daran erinnerte, die Juden seien unter anderem dafür bestraft worden, dass «Hunderttausende an Frauen und Kindern in den Städten verbrannt und zu Tode bombardiert» worden seien.[58] In diesem Kontext sahen Bürger die Judendeportation als Form der Bestrafung, die deutsche Bombenopfer entschädigen sollte. Andere Deutsche diskutierten, wo man Juden unterbringen solle, um ihre Chance, bei Bombenangriffen getroffen zu werden, zu erhöhen, etwa in den oberen Stockwerken von Wohnhäusern oder in der Nähe von Fabriken – damit «die Feinde bei ihren Terrorattacken auch die *richtigen* Leute treffen», wie eine Deutsche an das Auswärtige Amt schrieb, als das Ghetto in Budapest geplant wurde. Tatsächlich beeinflussten solche Ideen die ungarischen Pläne für die Ghettoisierung.[59] Umgekehrt nahm man auch an, Juden würden feindlichen Bombern Signale geben, darum solle man sie aus der Umgebung bestimmter Einrichtungen entfernen. In Deutschland liefen solche Gerüchte auch über ausländische Zwangsarbeiter um.[60] Ab 1943 äußerten manche Deutsche aber Bedauern über die Deportation der Juden, weil sie annahmen, die Alliierten würden mehr Zurückhaltung bei Luftangriffen zeigen, wenn noch Juden in deutschen Städten lebten. Diese Idee tauchte auch in den Memoiren eines Gauleiters lange nach dem Krieg auf.[61] Viele Deutsche trieben diese Verbindung noch einen Schritt weiter und betrachteten die Luftangriffe laut den Berichten von Informanten als Rache für die Judenverfolgung.[62]

All diese Varianten basierten auf dem Bild der Juden als Erzfeinde, die feindliche Bombardierungen unterstützten. Auch politische Gefangene wurden mit Bombardements in Verbindung gebracht. Im September 1942 befahl Himmler, Einheiten aus KZ-Insassen (wahrscheinlich auch Juden, aber mehr Nichtjuden) zu bilden, um Trümmer zu räumen.[63] Es war eine verachtete, abstoßende, gefährliche und ermüdende Arbeit. In Köln erschossen SS-Wachleute erschöpfte Gefangene am hellichten Tag.[64] Zwangsarbeiter mussten schon vorher und in größerer Zahl Trümmer wegräumen und Gräber graben.[65] Diese ‹Bestrafung› ignorierte die Tatsache, dass auch ausländische Arbeiter oft den Flächenbombardements zum Opfer fielen.[66]

Ab Januar 1942 wurden Möbel und Haushaltsgegenstände von staatlich beraubten Juden zur Unterstützung für ausgebombte Deutsche verwendet. Sie wurden auch versteigert, um die Kosten für die Vertreibung von Juden auszugleichen (etwa die entgangenen Einnahmen ihrer früheren Hauswirte).[67] Allein in Hamburg und Umgebung kauften Menschen (vor allem Frauen) aus schätzungsweise 30 000 Familien Güter, die Juden geraubt worden waren, bei staatlich organisierten Auktionen.[68] Die Deutsche Reichsbahn deportierte nicht nur Juden und beutete einige als Zwangsarbeiter aus, sondern sicherte sich auch 1576 Waggonladungen mit Möbeln von Juden zur Verteilung unter ausgebombten Beamten.[69] Kindergartenlehrerinnen in den annektierten Gebieten Westpolens verteilten an ihre Schützlinge beschlagnahmte Kleidung, Spielzeug, Geschirr und Kochtöpfe von Juden.[70] Für die wenigen Juden, die nach dem Krieg zurückkehrten, verstärkte der Verlust des persönlichen Eigentums, das Sehen der Möbel und anderer Güter ihrer Familien in fremdem Besitz, der Kampf um die Rückgabe ihres Besitzes und der endgültige Verlust ihrer Vorkriegswohnungen das Gefühl der Entwurzelung.[71] Es war buchstäblich schwer, heimzukehren.

Enteignung, Finanzen und Gewalt

Die finanziellen Auswirkungen der Verfolgung und Ermordung von Juden hatten viele Seiten. Hier stelle ich kurz folgende dar: die Finanzierung von Deportation und Massenmord, den deutschen Handel mit dem beweglichen und unbeglichen Besitz von Juden und die Verteilung von zuvor jüdischen Arbeitsstellen.

Die Annahme, dass es den deutschen Staat gewaltige Summen kostete, Juden und andere Europäer zu ermorden, ist ein Irrtum. Es ist schon lange erwiesen, dass die Vernichtung sich selbst finanzieren sollte.[72] Deportierte Juden mussten für ihre Bahnfahrt bezahlen, und jüdische Organisationen mussten jene finanzieren, die nicht selber zahlen konnten.[73] Im Protektorat Böhmen und Mähren übernahm die von der Gestapo organisierte Zentralstelle für jüdische Auswanderung die Kontrolle über jüdische Vermögenswerte und finanzierte damit Emigration und Deportation.[74] Das RSHA tat dasselbe mit den Geldern der Reichsvereinigung der Juden in Deutschland und einem Teil der Vermögenswerte von Juden, die deportiert werden sollten.[75] Wie schon beschrieben, unterlag die jüdische Emigration von 1933 bis 1941 genau deshalb Einschränkungen, weil die deutschen Behörden den Verlust von Devisen verhindern und die jüdische Ausreise profitabel für den Staat machen wollten. Juden aus Großdeutschland mussten nahezu ihr gesamtes Eigentum im Reich zurücklassen.[76] Das Haavara-Abkommen von 1933 zwischen jüdischen Organisationen und dem Reichswirtschaftsministerium sollte dieses Problem teilweise lösen. Ihm zufolge wurde das Vermögen jüdischer Emigranten nach Palästina vom deutschen Staat auf Sperrkonten einbehalten und die Hälfte bei der Ankunft ausgezahlt, was durch deutsche Exporte nach Palästina und in andere Länder des Nahen Ostens mit Hilfe jüdischer Mittelsmänner finanziert wurde.[77] Ein Funktionär im Auswärtigen Amt schlug später vor, dieses Modell auf die Gründung einer neuen gesamteuropäischen Bank auszudehnen, welche die Deportation aller europäischen Juden nach Madagaskar und ihre Ansiedlung finanzieren sollte.[78] Später versuchte die Gestapo das Prinzip durchzusetzen, wohlhabende Juden sollten ihren ärmeren Glaubensbrüdern die Emigration finanzieren. Als die SS im November 1941 auf einen großen Teil der Vermögenswerte deutscher Juden verzichten musste, versuchte sie ihre Operationen zu finanzieren, indem sie Juden besondere Gebühren auferlegte und die wohlhabenden zuerst deportierte.[79]

Die in den Vernichtungszentren erzielten Erträge überstiegen ihre Kosten bei weitem, weil Juden der Wertsachen beraubt wurden, die sie bei sich trugen. Globocniks Verwaltung, die die Lager der Aktion Reinhard – Bełżec, Sobibór und Treblinka, in denen mindestens 1,6 Millionen Juden ermordet wurden – von Lublin aus leitete, nannte Einnahmen von über 178,7 Millionen Reichsmark, hauptsächlich durch Bargeld, Wertsachen und Kleidung.[80] (Man beachte aber, dass dieser Durchschnitt von rund 110 RM pro Menschenleben relativ niedrig war im Vergleich zu den 1,1 Milliarden RM, die deutsche und österreichische Juden nach den Pogromen vom November 1938 bezahlen mussten.[81]) Die Baukosten lagen weit unter 178 Millionen, weil alle neu errichteten Gebäude in den drei Zentren aus Holz waren, bis auf die mit den Gaskammern und den Quartieren der deutschen Wachtposten. Globocnik gab Kosten von 11,89 Millionen RM an, davon 40 % für den Bahntransport.[82] Dies waren keine «riesigen, kostspieligen Vernichtungsfabriken»,[83] sondern kleine Mordstationen mit jeweils wenigen hundert Insassen. In Sobibór wurden Juden mit Auspuffgasen ermordet, aber die Gaskammern verbrauchten bloß vier Kanister Benzin pro Tag.[84] Die Arbeitskosten für diese drei Vernichtungszentren waren ebenfalls niedrig. Treblinka als das größte beschäftigte höchstens 43 deutsche SS-Leute gleichzeitig; in Sobibór arbeiteten durchschnittlich 18 Deutsche. Bełżec, Sobibór und Treblinka zusammen beschäftigten weniger als 1000 ‹ukrainische› Hilfskräfte und weniger als 3000 vorübergehend am Leben gelassene jüdische Gefangene.[85] Das deutsche Personal in Chełmno zählte 85 Mann. In Theresienstadt arbeiteten maximal 29 deutsche SS-Leute und 120–150 tschechische Polizisten.[86] Das Personal in Auschwitz und anderen KZs war viel größer (40 000 im Jahr 1944),[87] ebenso die Bauinvestitionen. Dagegen hatte Generalgouverneur Hans Frank im Januar 1940 einen Vorschlag Heydrichs abgelehnt, 90 Millionen RM in den Bau von vier gigantischen Zwangsarbeitslagern für Juden zu investieren.[88] Die Mörder von Bełżec, Sobibór und Treblinka waren stolz auf ihre billigen und effizienten Operationen; die SS in Auschwitz hielt die eigene Tätigkeit für ausgeklügelter und zuverlässiger, wenn auch viel teurer.[89]

Diese Argumente sind mit einigen Modifikationen auch auf andere Elemente der antijüdischen Politik anwendbar. Personalkosten sind schwer zu ermitteln, weil nur wenige Deutsche außerhalb der Mordzentren Chełmno, Bełżec, Sobibór und Treblinka allein dafür angestellt waren, die antijüdische Politik umzusetzen. Die Personalkosten wurden etwa durch die Selbstverwaltung in Ghettos und Lagern und die Anstellung nichtdeutscher Hilfskräfte niedrig gehalten. Auschwitz und Majdanek waren große Lager, die höhere Bauinvestitionen erforderten. Auschwitz als das größte wuchs 1942/43 durch einen Ausbau, der große Krematorien umfasste und 13,7 Millionen RM kostete.[90] Dennoch war das immer noch viel weniger als der Wert des bei den ankommenden Juden beschlagnahmten Besitzes. Ein Autor schätzt, dass die SS pro Gefangenem in Auschwitz 1231 RM Gewinn machte, wenn man den Wert ihrer Arbeit, Wertsachen und ihres sonstigen Eigentums den Verbrennungskosten gegenüberstellt.[91]

Innerhalb einiger Monate, nachdem die Juden in große Ghettos wie in Warschau und Łódź gepfercht worden waren, war den Gemeinschaften das meiste Geld abgenommen, und sie wurden von öffentlichen Zuwendungen abhängig. Deutsche Zivilverwaltungen hatten viele Methoden, um hier zu sparen: Hungerrationen, Zwangsarbeit und später Ermordung der Unproduktiven.[92] Tatsächlich scheinen diese Einsparungen so wirksam gewesen zu sein, dass das Warschauer Ghetto nie staatlich finanziert werden musste. Das berichtete die Zivilverwaltung und forderte zugleich, dass Warschau «in absehbarer Zeit von der arbeitsunfähigen Judenlast befreit werde».[93] Fünf Wochen später begannen die Massendeportationen nach Treblinka. Die Zivilverwaltung listete Verluste von 155,9 Millionen Złoty (78 Millionen RM) auf, nachdem das Warschauer Ghetto durch Deportationen weitgehend geräumt worden war, aber die bestanden vor allem aus Schäden durch frühere mangelhafte Instandhaltung und unbezahlte Mieten.[94]

Wie all dies zeigt, führte die Vertreibung und Ermordung von Juden zu finanziellen Gewinnen, nicht Verlusten. Finanzen waren ein Faktor, der die Verfolgung antrieb, kein Hindernis. Die in den Vernichtungszentren aufgehäufte Beute war nur ein Bruchteil des Ganzen. Die verbleibenden Fragen betreffen die Art des generierten Gewinns, die Nutznießer und ob die Beschlagnahme von Vermögenswerten ein Kausalfaktor beim Massenmord war und wenn ja, durch welche Mechanismen.

Direkte Plünderung war nur ein Aspekt der Enteignung von Juden. Nach der deutschen Annexion Österreichs konfiszierten oder übernahmen verschiedene Personen Firmen in jüdischem Besitz und das Eigentum von Juden und politischen Oppositionellen.[95] Bei späteren Besetzungen wurden Juden und Nichtjuden gleichmäßiger geplündert. In den ersten Monaten der deutschen Besatzung Westpolens waren es besonders deutsche Funktionäre der mittleren Ebene wie Landräte, Kreisleiter, Bürgermeister, Polizeidienststellen und Wehrmachtoffiziere, aber auch Reichsdeutsche und Volksdeutsche ohne Amt, die sich «in 10-tausenden von Fällen» das Eigentum Einheimischer aneigneten.[96] Nach der deutschen Eroberung ging wie zuvor in Polen eine riesige Plünderungswelle über die besetzten sowjetischen Gebiete hinweg. Häufig waren Juden die Opfer,[97] aber die ganze Bevölkerung war stark betroffen. Soldaten durchsuchten Wohnungen nach Lebensmitteln, Kleidung, Schuhen und Wertsachen, und auch Vandalismus war nicht selten.[98] Ein einheimischer Witz war, man könne einen deutschen Soldaten fangen, indem man eine Gans sichtbar anbinde, denn rasch würde einer kommen, um sie zu stehlen. Angeblich testeten einige Rotarmisten diese Hypothese im September 1941 erfolgreich.[99] Auch in Jugoslawien und Griechenland plünderten deutsche Soldaten, oft in kleinen Gruppen, alles von Lebensmitteln bis zu Uhren, Schmuck und Möbeln.[100] Wehrmachtdivisionen von der Ostfront, die zur Erholung nach Frankreich geschickt wurden, brachten diese Gewohnheiten mit, wie aus den Beschwerden deutscher Besatzungsbehörden hervorgeht.[101] Aber auch nah an der Kampflinie der Ostfront gruben Soldaten in Hausruinen, weil sie annahmen, Sowjetbürger hätten ihre Wertsachen dort vergraben.[102] Tief im Hinterland beraubten und erpressten Deutsche die Bevölkerung, häufig auf der Suche nach Lebensmitteln oder Alkohol.[103] Ebenso im besetzten Griechenland: Auf das Konto der 1. Gebirgsdivision gingen Diebstahl, offene Plünderung, Angriffe auf Hotels und andere Einrichtungen, sexuelle Nötigung und bandenmäßige Angriffe auf Einheimische, aber auch (wie ebenfalls in Warschau) der Verkauf von Wehrmachteigentum.[104] Die Bevölkerung klagte häufig, dass Wohnungsdurchsuchungen oft mit Plünderungen einhergingen, entweder durch die deutsche Sicherheits- oder Schutzpolizei, die weißrussische Schutzmannschaft in Brest oder die deutsche Kriminalpolizei im oberschlesischen Kattowitz.[105] In mindestens einem Lager scheinen deutsche Soldaten den Leichen sowjetischer Kriegsgefangener auch die Goldzähne entfernt zu haben.[106] Innerhalb Deutschlands gingen schon 1941 nach Luftangriffen Männer vom Reichsarbeitsdienst und in Aachen vielleicht auch Soldaten gelegentlich auf Plünderung.[107]

Das massenhafte Ausplündern besetzter Länder – meist durch Deutsche in offiziellen Funktionen – widerspricht dem Bild vom disziplinierten deutschen Militär und einer wie ein Uhrwerk laufenden Bürokratie. Es zeigt vielmehr einen anarchischen Kampf um persönliche Bereicherung, welcher die Effizienz der staatlich organisierten Ausbeutung untergrub.[108] Oft ging dieser Kampf mit Mord einher. Das Beutemachen war aber so verbreitet, dass auch viele Nichtjuden betroffen waren.

Das ging über den gewaltlosen, ungleichen Austausch hinaus, den eine neuere Studie betont, bei dem künstlich niedrig gehaltene Umtauschkurse es deutschen Soldaten Funktionären und Privatleuten erlaubten, alles von Wert in den besetzten Ländern aufzukaufen.[109] Es war ein extrem verbreitetes Phänomen, dass Deutsche Gegenstände auf dem Schwarzmarkt anboten, die ihnen Verwandte zu diesem Zweck geschickt hatten, und im Austausch alles von Fleisch und Eiern bis zu Pelzen erwarben. Diese von einigen deutschen Instanzen erleichterte Praxis durchdrang auch die SS in den besetzten sowjetischen Gebieten, obwohl einige Offiziere sie ablehnten.[110] Viele Einwohner der besetzten Länder – etwa Juden aus dem Łódźer Ghetto – verkauften ihr Eigentum aus

Armut. 1940/41 kauften deutsche Behörden ihren Besitz – Pelzmäntel, Teppiche, Porzellan, Gläser, Juwelen und Uhren – auf und verkauften ihn in öffentlichen Geschäften.[111]

Man könnte die eben beschriebene Form der Plünderung ‹gewaltsame Korruption› nennen, aber diese Klassifizierung soll nicht heißen, dass andere Formen der Korruption keine Rolle spielten. Mangelnde Kontrolle, fehlende Rechtsstaatlichkeit, die ständige Behauptung, die Handlungen in besetzten Ländern geschähen im Interesse höherer deutscher Ziele, Macht, Herrenstandpunkt und fast völlige Straflosigkeit machten Korruption zum Massenphänomen in den besetzten Ländern.[112] Besonders schlimm war diese Situation im Generalgouvernement und den besetzten sowjetischen Gebieten. SS, Wehrmacht und Zivilverwaltung beraubten Juden wie Nichtjuden ihrer Wertsachen.[113] Nach Hermann Göring war der korrupteste Mann im Dritten Reich anscheinend Erich Koch, der Gauleiter und Chef der Zivilverwaltungen von Ostpreußen sowie der Bezirke Bialystok und Zichenau in Polen sowie Reichskommissar der Ukraine.[114] Eichmanns Mitarbeiter Alois Brunner und andere genossen ihr Leben in Saloniki mit besten Möbeln, Tafelgeschirr und Lebensmitteln und nötigten einheimische Frauen sexuell, als sie die Deportation der jüdischen Gemeinde der Stadt organisierten.[115] SS-Männer in den Vernichtungszentren behielten einen ansehnlichen Teil des Goldes der ermordeten Juden und anderer für sich.[116] Odilo Globocnik, gegen den schon 1938 in Österreich von Partei und SS wegen schwerer Korruption ermittelt worden war, eignete sich den Besitz der Juden an, deren Tod er in Lublin organisierte, benutzte ihre Kleidung und Teppiche und genoss bei üppigen Partys ihre Lebensmittel, Getränke und Zigarren.[117] Selten wurde dieses Verhalten bestraft, obwohl es gegen den Chef des Judenreferats der Breslauer Gestapo und andere deutsche Beamte in der Stadt und im KZ Auschwitz Untersuchungen gab. In Auschwitz deckte die Untersuchung aber nur einen kleinen Teil der Hinterziehungen, des Schwarzhandels und der Erpressungen auf, die sich gegen Juden wie Volksdeutsche richteten.[118] Leiter vieler SS-Organisationen unterhielten illegale Fonds, auch das Personal der Aktion Reinhard und Höhere SS-und Polizeiführer. Die Tatsache, dass viele Polizeibehörden stahlen oder Geld hinterzogen, illustriert den allgemeinen Verfall von Recht und Ordnung.[119] Als der noch existierende Rechnungshof des Deutschen Reiches in Potsdam am 31. Juli 1945 eine gründliche Buchprüfung der Zentralstelle für jüdische Auswanderung in Prag und eine Überprüfung der Bücher für die «Judentransporte» und die «Judenlägerwirtschaft» forderte, berieten Stalin, Truman und Attlee bereits seit zwei Wochen auf der Potsdamer Konferenz über die Zukunft Europas.[120] Das war ein bisschen spät, die SS-Korruption zu bekämpfen.

Die vielen Personen, die an Plünderungen, Schwarzhandel und anderen Formen der Korruption beteiligt waren, scheinen nicht mit ihrem potenziellen Profit aus der offiziellen Politik zufrieden gewesen zu sein, dem wir uns nun zuwenden. Das Plündern jüdischen Eigentums und die erzwungene «Sühnezahlung» der deutschen Juden waren 1938/39 wichtig, um einerseits Deutschland auf den Krieg vorzubereiten und andererseits den sozialen Frieden (unter Nichtjuden) zu erhalten. (Siehe Kapitel 3.) Alles jüdische Eigentum wurde als unrechtmäßig erworben eingestuft.[121] Der deutsche Staat und auch verbündete Staaten versuchten den meisten jüdischen Besitz auf öffentlichem Wege umzuverteilen. Also wurde er verkauft, nicht verschenkt, und zwar meist durch die Zivil- oder Militärverwaltung, nicht die SS. Der Erlös half den aufgeblähten Staatshaushalt auszugleichen und so die Inflation zu senken.[122] Anders als die Rechtsregelungen war die Praxis der Beschlagnahme in Deutschland und anderen Ländern: Die Erlöse aus dem von Juden und Nichtjuden eingezogenen Besitz betrugen oft weniger als die Hälfte seines festgestellten Werts. In Westpolen wurden diese Einnahmen hauptsächlich durch den Verkauf großer Firmen erzielt, während die ehrgeizigen Besitzer kleiner Geschäfte stark subventioniert wurden.[123]

1940 konnte das Auswärtige Amt noch diesen naiven Vorschlag machen: «Der Leitgedanke ist, sozusagen auf einen Schlag den jüdischen wirtschaftlichen Einfluß in Europa durch den deutschen zu ersetzen, ohne daß Störungen in den Wirtschaften der einzelnen Länder durch Stillegen jüdischer Großfirmen eintreten.»[124] Doch nur in annektierten Gebieten und in Ländern, die durch die deutsche Besatzung machtlos waren – Polen, die Sowjetunion, Böhmen und Mähren – fiel aller oder fast aller jüdische Besitz in deutsche Hände. Für die übrigen besetzten und verbündeten Länder wurde im Juli 1942 das «Territorialitätsprinzip» akzeptiert, nach dem jüdische Vermögenswerte dem Staat zufielen, von dessen Gebiet die früheren Besitzer, egal welcher Staatsangehörigkeit, deportiert wurden.[125] In begrenztem Maße galt das sogar für das besetzte Serbien.[126] In Deutschland und einem großen Teil des besetzten Europa erleichterte dieses Prinzip die soziale Last der Kriegskosten und verhinderte damit noch mehr Unruhe unter der Bevölkerung. Dies war ein Ziel von größter politischer Bedeutung. In den besetzten Ländern halfen jüdische Vermögenswerte dabei, die enormen Besatzungstribute zu zahlen, die Deutschland jeden Monat forderte. In den Niederlanden wurden 10 % der Besatzungskosten durch den beschlagnahmten Besitz von Juden im Wert von 1,5 Milliarden RM bezahlt, wobei Juden nur 1,8 % der Bevölkerung ausmachten.[127] Dagegen erbrachte der jüdische Besitz in den besetzten sowjetischen Gebieten nur ungefähr 20 Millionen RM.[128] Götz Aly hat gezeigt, dass öffentliche Finanzen, Inflationsbekämpfung und der Ersatz für Sozialpolitik wichtige Faktoren bei Deportation und Ermordung von ungarischen und griechischen Juden waren.[129] Ein wichtiger Aspekt bei der früheren Rechtfertigung der Ermordung geistig Behinderter war auch die Senkung der Ernährungs- und Heizungskosten bei ihrer Pflege gewesen. Laut einer zeitgenössischen Berechnung sollte die Ermordung von etwa 70 000 Patienten im Lauf von zehn Jahren 885,4 Millionen RM einsparen. Schon Jahre zuvor hatte die NS-Propaganda betont, wie viel Geld die Behinderten den Staat kosteten.[130] Dagegen belasteten Massensterilisierungen den Staatshaushalt kurzfristig (und wurden daher während des Krieges reduziert).[131]

Die größten enteigneten Vermögenswerte von Juden waren Immobilien und Firmen; der Wert von Bankkonten war meist geringer, und Bargeld, Schmuck und bewegliche Güter spielten nur eine Nebenrolle.[132] Immobilien und Firmen ließen sich dem Staatshaushalt zuschlagen, auch wenn sie nicht verkauft wurden. Die meisten jüdischen Firmen wurden nicht verkauft, sondern von staatlichen Treuhändern verwaltet, die meist versuchten, etwas für sich selbst abzuzweigen. Diese Personen waren offensichtliche Nutznießer. Viele warteten aber nicht auf eine staatliche Erlaubnis, sondern bemächtigten sich der Firmen gewaltsam zu Beginn der Besatzung. In Österreich wurden viele dieser illegalen Übernahmen rasch gestoppt.[133] Viele jüdische Geschäfte – und manchmal auch Werkstätten – in Ländern unter deutscher Kontrolle wurden aber geschlossen, weil deutsche Experten glaubten, das allgemeine Geschäftsklima sei ungesund, besonders für den Einzelhandel. Diese Maßnahmen nützten vor allem den übrig gebliebenen Geschäftsinhabern und Treuhändern. Industriebetriebe waren weniger von Schließungen betroffen.[134] Im besetzten Polen hatten solche Geschäftsauflösungen gewaltige Folgen: Vom Herbst 1939 bis zum 1. Oktober 1943 wurden im Generalgouvernement 74 % der 195 000 Geschäfte (davon 112 100 in jüdischem Besitz) liquidiert. Nur

25 000 der ehemals jüdischen Geschäfte existierten noch im Herbst 1941, ein Jahr später keines mehr.[135] Die meisten jüdischen Geschäfte wurden also geschlossen, und diese stellten die Mehrheit aller Geschäfte dar, die zugemacht wurden. Im annektierten Polen wurden 100 000 von 130 000 Geschäften liquidiert; die übrigen (die sämtlich Deutschen übereignet wurden) hatten eine «enorme Konjunktur».[136] Im Allgemeinen trafen deutsche Enteignungen polnische Juden härter als Nichtjuden (die auch oft ihr Ackerland behielten). Es wird debattiert, ob Großfirmen, kleinere Firmen oder die deutsche Regierung am meisten von der Enteignung jüdischer Firmen profitierten.[137] Tatsächlich taten sie es alle in wechselndem Maße.

Ein ebenso wichtiger Anreiz für die Verdrängung der Juden war die Tatsache, dass viele attraktive Stellen besaßen, die nichtjüdische Deutsche für sich wollten (zu ähnlichen Tendenzen in anderen Ländern siehe Kapitel 12 und 13). Dies wurde bewusst in eine Politik einbezogen, die den sozialen Aufstieg erleichterte. Wie Hitler 1944 in einer Rede betonte, hätten seine antijüdischen Maßnahmen «Hunderttausende von Stellen» frei gemacht, damit «Hunderttausende Proletarier- und Bauernkinder in der Zukunft laufend in [diese] Stellen hineinwachsen können». Er hatte dies schon in seiner berüchtigten Rede vom 30. Januar 1939 erwähnt.[138] Und er hatte sein Interesse an solchen Auswirkungen der Ausschaltung der Juden aus dem «Kultur- und Geistesleben Deutschlands» schon bei einer Diskussion mit Ärzten kurz nach seinem Regierungsantritt erklärt.[139] So verloren in Deutschland nach 1933 1500 Professoren, 4000 Rechtsanwälte und 3000 Ärzte ihre Stellen aus politischen Gründen, die meisten aber wegen ihrer jüdischen Abstammung.[140] Deutsche Funktionäre vertraten auch die Meinung, die Entfernung der Juden werde in den besetzten Ländern Stellen für Einheimische frei machen.[141] Deutsche Anwälte wiederum hofften auf Stellen in den Besatzungsverwaltungen im Ausland, wurden darin aber oft enttäuscht.[142]

Kleidung war vielleicht weniger wertvoll als andere Güter, aber von symbolischer Bedeutung, und von Juden beschlagnahmte Kleidung wurde an Bedürftige verteilt. So gingen 60–70 % der Habseligkeiten der Bochumer Juden an das örtliche Sozialamt.[143] Erlöse aus dem Verkauf von beschlagnahmtem jüdischem Besitz wurden dazu verwendet, Familien von SS-Leuten und Divisionen der Waffen-SS zu helfen. Aus dem besetzten Weißrussland und westlichen Zentralrussland schickte der Höhere SS- und Polizeiführer wiederholt große Mengen von Kinderstrümpfen und -handschuhen sowie Damenstrümpfe an Himmler, die von ermordeten Juden und den Opfern der Partisanenbekämpfung stammten. Himmler schickte sie an Frauenheime der SS und als Weihnachtsgeschenke an Familien von SS-Leuten.[144] Am Weihnachtstag 1942 erhielten 235 000 Volksdeutsche in Polen Koffer mit einem Anzug oder einem Kleid, einem Mantel und anderer Kleidung, die man ermordeten Juden abgenommen hatte.[145] Weniger attraktive Kleidung wurde an nichtjüdische Einheimische in den besetzten Ländern verteilt; so schickte Globocnik nach einer direkten Bitte der Wehrmacht 25 000 Anzüge, Mäntel und Stiefel «aus Judenaktion» an die Berg- und Kraftwerksarbeiter im ukrainischen Saporoschje.[146] In Zeiten der Knappheit konnten Kleider auch auf den Markt geworfen werden; so wurde mehrere Wochen nach der Deportation der Juden von Saloniki ein Teil ihrer Kleidung auf dem Peloponnes verkauft.[147] Auch beschlagnahmte Möbel von Juden wurden oft entsprechend einer ethnischen Rangfolge verteilt. Manche Einheimische gingen aber soweit, deutsche oder andere Instanzen um bestimmte Möbelstücke ihrer Nachbarn zu bitten.[148]

Die Enteignung jüdischen Besitzes sollte die Inflation senken (in Rumänien wurde er wahrscheinlich dafür verwendet[149]), aber in keinem der betreffenden Länder wurde dieses Ziel erreicht, auch nicht in Deutschland, und in Ungarn und Griechenland kam es sogar zur Hyperinflation. Dies zeigt, dass die organisierte Plünderung jüdischen Eigentums für viele eher ein Mittel gegen die kriegsbedingte *Verschlechterung* des Lebensstandards war als ein Mittel zu seiner *Verbesserung*. Selbst in Deutschland überstiegen die Kriegskosten alles, was aus den besetzten Ländern gepresst werden konnte, und davon wiederum war jüdisches Eigentum nur ein Teil. Obwohl die Besatzungstribute vielleicht höher waren als die wirklichen Militärausgaben und man in besetzten Industrieländern Profit machen konnte,[150] deckten die Einnahmen in den beiden finanziell wichtigsten Regionen nicht die Ausgaben – in den besetzten sowjetischen Gebieten und in Deutschland selbst. Nur wenigen gelang es, langfristig von jüdischem Eigentum zu profitieren, und der Nutzen war unterschiedlich verteilt. Aus diesem Grund mag der Begriff «Beutegemeinschaft» in die Irre führen.[151] Doch der staatliche und private Wunsch nach diesem Besitz trieb die Verfolgung und Ermordung der Juden mit an. Und die historischen Akteure verfolgten nicht *entweder* nationalistische und rassistische Ideen *oder* ihr persönliches Interesse und Fortkommen – es gab eine logische Verbindung zwischen *beiden* Zielen, und die Profiteure waren oft glühende Nationalisten.[152]

Untergruben Judendeportationen in Eisenbahnzügen die deutsche Kriegsanstrengung?

Das häufigste Argument, um die vermeintliche Irrationalität der Judenvernichtung zu illustrieren (neben der Frage der jüdischen Zwangsarbeiter, siehe Kapitel 8), bezieht sich auf den Transport. Juden mit dem Zug in den Tod zu schicken, so das Argument, schadete der deutschen Kriegsanstrengung, weil es den militärischen Operationen knappe Ressourcen entzog.[153] Das Argument soll beweisen, dass Ideologie wichtiger war als wirtschaftliche Erwägungen. Doch obwohl es Interessenkonflikte beim Transport gab, zeigt ein genauerer Blick, dass solche Konflikte begrenzt und punktuell waren, und dass militärische Notwendigkeiten in Wirklichkeit häufig die Verschiebung von Deportationstransporten erzwangen oder sie sogar ganz stoppten.[154]

Die Eisenbahn war das Rückgrat des Transportwesens für die deutsche Wirtschaft, das Militär und die Gesellschaft. Juden wurden in Sonderzügen deportiert, die nicht in den Fahrplänen standen – innerhalb des Reichs und westlich davon meist in Passagierwaggons, östlich davon in Viehwaggons. Im Vergleich zur Gesamtzahl der Züge war die Zahl der Deportationszüge aber sehr gering. So gab es im April 1942 37 Deportationszüge für Juden im Deutschen Reich, das waren 1,05 % aller *Sonderzüge* in jenem Monat (oder 0,005 % der mindestens 750 000 Züge im Jahr 1942). Den rund 2000 Zügen, die Juden während des *gesamten Zeitraums* der Judenvernichtung in Todeslager transportierten, stehen 20 000 Zugbewegungen *täglich* in den deutsch-kontrollierten Gebieten gegenüber.[155]

Wenn man außerdem das Transportwesen für sich betrachtet, brauchte man 73 Waggons am Tag, um die knapp 500 000 Menschen im Warschauer Ghetto mit minimalen Rationen zu versorgen. Die Deportation von 400 000 Juden aus Warschau ins rund 80 Kilometer entfernte Treblinka – wo sie 1942/43 ermordet wurden – erforderte 80 Züge mit je 50 Waggons, das waren so viele Waggons, wie man brauchte, um das Ghetto zwei Monate lang zu versorgen.[156] Der Gedanke ist unmenschlich, aber die Ermordung dieser Männer, Frauen und Kinder stellte tatsächlich eine Einsparung, keine Verschwendung von Transportkapazitäten dar.

Deportationszüge hatten *nicht*, wie manchmal behauptet, höchste Priorität;[157] diese lag bei militärischen Transporten. Wiederholt unterbrach oder verschob die Sicherheitspolizei die Deportation von Juden wegen Transportsperren, d. h. kurzfristiger Verbote nichtmilitärischen Zugverkehrs. Einige dieser Stopps fielen in die Zeit großer Deportationen aus dem Generalgouvernement, wie in der zweiten Junihälfte und der ersten Septemberhälfte 1942. (Diese Zeiträume wurden genutzt, um in Sobibór und Treblinka neue Gaskammern zu bauen.)[158] Noch Ende Juli 1942, in der intensivsten Deportationsphase, musste Himmler den Staatssekretär im Reichsverkehrsministerium um mehr Züge bitten.[159] Die Deportationspläne berücksichtigten, dass Arbeiten an der Strecke zwischen Lublin und Cholm im Oktober 1942 die Deportation nach Sobibór unmöglich machen und die Zahl der nach Bełżec gebrachten Menschen senken würden. Nachdem die Arbeiten abgeschlossen waren, hingen neue Transporte vom Vorhandensein von Viehwaggons ab.[160] Ein weiteres Verbot von Transporten mit geringer Priorität (wie die Deportation von Juden) im Generalgouvernement galt vom 15. Dezember 1942 bis zum 15. Januar 1943 während der Schlacht von Stalingrad.[161] Dieser Stopp des Bahnverkehrs verzögerte auch die Deportation von 45 000 Juden aus dem Bezirk Bialystok nach Majdanek und Auschwitz.[162] Dass von November 1942 bis März 1943 keine Judendeportationen aus Frankreich stattfanden, lag teilweise daran, dass die Reichsbahn von November bis Januar keine Züge bereitstellen konnte. Ein Bahnengpass war auch der Grund, warum 1000 «Juden und Jungkommunisten», die im Dezember 1941 in Frankreich festgenommen worden waren, nicht vor März 1942 nach Osten verschleppt werden konnten.[163]

Solche Schwierigkeiten hatten Deportationen aus Deutschland von Anfang an behindert. Ein Mangel an Zügen gehörte zu den Ursachen für die Pause bei den Deportationen österreichischer Juden ins Gebiet von Lublin Ende 1939 und erneut im März 1941.[164] Vertreibungen nichtjüdischer und jüdischer Polen wurden im März 1941 auf Antrag der Wehrmacht gestoppt, die die Züge für die Vorbereitung des Angriffs auf die Sowjetunion brauchte.[165] Als die Heeresgruppe Mitte während der Schlacht um Moskau im November 1941 eine Transportkrise erlebte, ließ die Wehrmacht die Judendeportationen aus dem Reich ins Minsker Ghetto nach dem siebenten Zug stoppen. (Die übrigen 18 fuhren ab Mai

1942.)[166] Am 26. Januar 1942 informierte Speer Rosenberg, dass «die Evakuierung von Juden aus eisenbahntechnischen Gründen vorübergehend bis etwa April abgestoppt ist».[167] Im Dezember und Januar wurden Transporte ebenfalls zugunsten deutscher Soldaten und Zivilisten beschränkt, die zu Weihnachten nach Hause und dann wieder zurück fuhren.[168] Schließlich dauerte der Bau des KZ Lublin (Majdanek) in der ersten Jahreshälfte 1942 mit Himmlers Erlaubnis länger als geplant, weil das Reichsverkehrsministerium die Züge zurückstellte, die das Baumaterial transportieren sollten.[169]

Obwohl ihre Zahl relativ klein war, kamen die Züge, die Juden aus Mitteleuropa nach Osten brachten oder innerhalb Polens deportierten, häufig Militärtransporten in die Quere – vor allem 1942, als die Judendeportation auf dem Höhepunkt war und die Lage an der Ostfront kritisch erschien. So wurde die Situation des Bahnverkehrs im Generalgouvernement im März 1942 als katastrophal bezeichnet,[170] und dennoch trafen einige Deportationszüge aus dem Westen ein. Anfang Dezember 1942 waren die Bahnen ins Generalgouvernement für militärisch relevante Wirtschaftszwecke verstopft. (Deswegen wurden Transporte mit niedriger Priorität ab dem 15. Dezember verboten.)[171] Doch die Zahl der aus Frankreich zu deportierenden Juden wurde 1942 von 100 000 auf 40 000 gesenkt, weil zu wenige Züge zur Verfügung standen und die Deportation nichtjüdischer Zivilarbeiter nach Deutschland Vorrang erhielt.[172] Deutsche Experten bemerkten mit Befriedigung, dass die Slowaken die zur Deportation ihrer Juden nötigen Züge selbst bereitstellten.[173]

Transporte in andere Richtungen gerieten weniger mit militärischen oder wirtschaftlichen Notwendigkeiten in Konflikt. Dazu gehörten die Deportationen aus Griechenland, die bis Ende August 1944 andauerten, und die aus Ungarn 1944. Beide werden oft fälschlich angeführt, um zu beweisen, dass die Ermordung von Juden Vorrang vor ökonomischen Erwägungen hatte.[174] Die Unterlagen von Bahnfunktionären zeigen ein anderes Bild. Im Fall Griechenlands gab es einen Engpass beim Transport, der aber Nachschubzüge *nach* Griechenland betraf; dagegen blieben Züge auf der Rückfahrt (die man mit Juden füllen konnte) häufig leer.[175] Was Ungarn anbetrifft, war die Transportlage während der Hauptperiode der Deportationen von Mai bis Anfang Juli 1944 relativ unproblematisch, ebenso in Deutschland und bis Mitte Juni auch an der Ostfront. Die Züge wurden durch die Slowakei geleitet – etwas westlich von der direkten Route nach Auschwitz durch Galizien –, um keine

Frontoperationen in der Westukraine zu behindern. Nachdem der umfangreiche deutsche Rückzug aus Rumänien, Griechenland und Südjugoslawien Ende August 1944 begonnen hatte, konnten weitere Deportationen von ungarischen Juden meist nur zu Fuß stattfinden, weil keine Züge zur Verfügung standen, wie Eichmann und Novak bestätigten.[176]

Ein weiteres Anzeichen für die niedrige Priorität der Deportationszüge von Juden ist ihre Langsamkeit, weil sie üblicherweise Militär- und fahrplanmäßigen Zügen den Vorrang lassen mussten.[177] Zahllose Überlebende haben berichtet, dass die Züge, in denen sie fuhren, unerträglich lange brauchten und viele lange Stopps einlegten.[178] Viele Züge aus Großdeutschland in die Ghettos, Arbeitslager oder Vernichtungszentren im Osten brauchten zwischen 1941 und 1943 über einen Tag. (Für den Weg ins deutsch-besetzte Polen brauchten sie oft zwei bis drei Tage und in die besetzten sowjetischen Gebiete zwei bis fünf Tage.)[179] 1944 brauchten die meisten Züge mit Juden aus Großungarn drei Tage nach Auschwitz.[180] Obwohl dies zeigte, dass die Bedürfnisse der Passagiere ignoriert wurden, von denen viele unterwegs starben, geschah es nicht, weil die Organisatoren die Deportierten foltern wollten; vielmehr lag die Langsamkeit an der niedrigen Priorität der Deportationszüge (derselben Stufe, die aus technischen Gründen die meisten Sonderzüge besaßen).

Natürlich zeigen die geschlossenen Viehwaggons, die außerhalb West- und Mitteleuropas eingesetzt wurden, dieselbe Missachtung. Passagierwaggons blieben weitgehend denen vorbehalten, die als ihrer würdig galten. Geschlossene Viehwaggons waren zuvor schon für den Transport polnischer Zwangsarbeiter nach Deutschland benutzt worden,[181] und sowjetische Kriegsgefangene wurden bis November 1941 in offenen Viehwaggons transportiert, wo sie häufig erfroren. Die Viehwaggons einiger Judentransporte waren allerdings besonders überfüllt, vor allem im Generalgouvernement.[182]

Das war nur ein Beispiel dafür, wie scheinbar banale Interessen Verfolgung und Ermordung der Juden und Brutalität gegen sie förderten, aber auch wie diese Interessen mit Ideen über jüdische Minderwertigkeit verbunden waren. Wie zuvor bei Arbeits- und Ernährungspolitik gezeigt, sahen deutsche Instanzen oft wenig Widersprüche zwischen Siedlungs-, Wohn-, Eigentums, Berufs- und Transporterwägungen einerseits und der Ermordung von Juden anderseits, oder sie versuchten solche Widersprüche zu minimieren.

11 Widerstandsbekämpfung und Judenvernichtung

Während des Zweiten Weltkriegs gerieten über 200 Millionen Menschen in 17 Ländern unter deutsche Besatzung.[1] Deutschland eroberte diese Länder aus miteinander verknüpften politischen, strategischen und wirtschaftlichen Gründen. Die Kontrolle über sie diente militärischen Zwecken, war aber auch Voraussetzung für ihre Ausbeutung.[2] Wegen geographischer Überdehnung und der Truppenkonzentration an der Front konnten die Deutschen meist nur relativ schwache Armee- und Polizeikräfte für die besetzten Gebiete abstellen.[3] Das führte zu der Auffassung, man müsse sich erstens auf einheimische Kräfte und zweitens auf furchteinflößende Gewalt verlassen. Dafür entwickelten die Deutschen systematische Strategien, die weit über ziellose Vergeltungsmaßnahmen hinausgingen. Dennoch entstanden in vielen Gebieten bewaffnete Widerstandsbewegungen und Partisanenkrieg. In ganz Europa forderten deutsche Unterdrückungsmaßnahmen etwa eine Million Todesopfer (die meisten keine Juden), häufig unbewaffnete Zivilisten, besonders auf dem Land.[4]

Im Vergleich zu den Studien über die Auswirkungen der Repression auf dem Land gibt es wenig systematische Untersuchungen zu den deutschen Terrormaßnahmen gegen den städtischen Widerstand. Obwohl klar ist, dass Tausende festgenommen,[5] in deutsche Lager deportiert und häufig ermordet wurden,[6] sind die Zahlen der städtischen Opfer des Terrors nicht klar von anderen Formen der Verfolgung (wie Zwangsarbeitsrekrutierung) abgegrenzt worden, und auch die Muster der Gewaltmaßnahmen in den Städten sind nicht ganz klar.

Das Schicksal der Juden war in vieler Hinsicht mit der Verfolgung von Widerstandskämpfern und ihren mutmaßlichen Unterstützern verknüpft. Den Juden Partisanentätigkeit zuzuschreiben, war oft der Auslöser für ihre Ermordung, aber der Partisanenkampf erzeugte auch Räume, in denen Juden überleben konnten. Um diese Bezüge zu verstehen, muss in diesem Kapitel Phase für Phase erklärt werden, wer die Partisanen waren, worin ihre Aktivitäten bestanden und welche Strategien die Deutschen wo gegen sie entwickelten. Diese Konflikte hatten manchmal mehr als zwei Seiten. Auch andere Achsenregierungen töteten in diesem Kontext hunderttausende von Menschen (siehe Kapitel 14). Als Folge der deutschen Praxis indirekter Herrschaft trug der Partisanenkrieg von Anfang an auch Züge innenpolitischer Konflikte, und angesichts sich vertiefender sozialer Spannungen mündete er oft in einen Bürgerkrieg. Das Ende dieses Kapitels diskutiert den Einfluss des Partisanenkrieges auf die Überlebenschancen von Juden. Die Verbindung, die deutsche Politiker und Funktionäre zwischen Juden und Widerstand sahen, war wichtig, aber bei weitem nicht ihr einziger Grund für die Ermordung von Juden.[7]

Juden mit Widerstandskämpfern und Partisanen zu assoziieren, hatte mit älteren, weitverbreiteten Vorurteilen über Juden als unzuverlässig, Verbreiter von Gerüchten, Saboteure, Spione, Agitatoren, Defätisten, Aufständische und Kommunisten zu tun (siehe Kapitel 7). Als Juden daher ab September 1941 in Deutschland einen gelben Stern tragen mussten, glaubte Goebbels vorab, dies werde der Gefahr jüdischer «Miesmacher und Stimmungsverderber» entgegenwirken.[8] Hitlers Äußerungen gegenüber Himmler vom 18. Dezember 1941 – der daraufhin notierte: «Judenfrage. | als Partisanen auszurotten» – waren wahrscheinlich auch eine allgemeine Beschuldigung, die die kollektive Vernichtung rechtfertigen sollte.[9] Später nannte Hitler die Juden die «Telefonstrippe» der Partisanen.[10] Im Herbst 1941 und erneut im Frühjahr 1942 befahl Hitler Himmler, im Fall einer Revolte in Deutschland alle früheren Oppositionsführer, Kriminellen und KZ-Insassen (die zu diesem Zeitpunkt meist keine Juden waren) zu erschießen.[11] Den KZ-Wachmannschaften sagte man im Juli 1943, alle Gefangenen seien gefährlich, weil sie die nationale Einheit gefährden und einen Aufstand wie am Ende des Ersten Weltkriegs auslösen könnten.[12] Im Herbst 1942 sagte Himmler zu Mussolini, die Juden würden aus Deutschland und allen besetzten Ländern als Saboteure und Spione «herausgenommen», und nach seinen Angaben fand er beim italienischen Diktator Zustimmung, als er hinzufügte, viele sowjetische Juden, auch Frauen und Kinder, würden aus solche Gründen erschossen.[13] Ein paar Wochen zuvor hatte Außenminister Ribbentrop seinen Vorstoß für Judendeportationen aus anderen europäischen Ländern damit begründet, dass «feststeht, daß die Juden überall gegen uns hetzen und für Sabotageakte und Attentate verantwortlich gemacht werden müssen».[14] Später sagte Himmler wiederholt, die frühere Vernichtung der Juden habe einen moralischen Zusammenbruch in einer Situation verhindert, in der Deutschland unter dem Druck alliierter Bombenangriffe und sowjetischer Armeen an der polnischen Grenze stehe.[15]

Nicht nur Deutsche identifizierten Juden mit gegnerischen Staaten. In Polen, dem Baltikum und Bessarabien assoziierten viele Einheimische sie mit den Sowjets, in der Slowakei und großen Teilen Rumäniens mit Ungarn, in Ungarn verdächtigten viele die transsylvanischen Juden der Sympathie für Rumänien, und in Böhmen und Mähren und der nördlichen Bukowina galten Juden als mit den Deutschen verbunden.[16] Während des nationalen Aufstands in der Slowakei 1944 stellte die faschistische Presse die Juden als sowjetische Verbündete dar.[17]

Den meisten nationalen Partisanenbewegungen gehörten auch Juden an. In verschiedenen Ländern (z. B. Jugoslawien, Bulgarien, der Slowakei und Litauen) war der Anteil von Juden an diesen Bewegungen höher als an der Gesamtbevölkerung, in der Ukraine und Weißrussland (mit Ausnahme Wolhyniens) war er niedriger. In einigen Gebieten wie Italien und Wolhynien stellten Juden zu Beginn einen relativ großen Anteil der Widerstandskämpfer, der aber mit der Zeit zurückging.[18] Man muss aber im Auge behalten, dass sich in jedem Land, sogar in Partisanenhochburgen wie Jugoslawien und Weißrussland, nur ein Bruchteil der Bevölkerung – weit unter 10 % – dem bewaffneten Widerstand anschloss. Und nur kleine Minderheiten unter den Juden wurden Partisanen, deshalb konzentriert sich dieses Kapitel nicht auf diesen Aspekt.

Vier Phasen der Partisanenbekämpfung

Viele der gerade genannten Argumente bezogen sich auf Deutschland, wo es nie einen Aufstand gegen die Nationalsozialisten gab. In den besetzten Ländern, denen wir uns nun zuwenden, lagen die Dinge anders. In der ersten Phase von 1938 bis Mitte 1941 gab es allerdings fast keinen bewaffneten Widerstand im besetzten Europa. Während der ersten 18 Monate der deutschen Besatzung Frankreichs zum Beispiel, so ein Forscher, wurde nicht ein einziger Deutscher von einem Franzosen getötet und nur ein französischer Zivilist hingerichtet.[19] Diese Ruhe hatte viel mit dem deutsch-sowjetischen Bündnis und dem Drängen der UdSSR zu tun, die Kommunisten in anderen Ländern sollten sich nicht gegen die Deutschen erheben. Da es keine Aufstände gab, griffen die deutschen Behörden in annektierten Territorien hauptsächlich zu präventiven Einschüchterungsmaßnahmen und Vertreibungen, die Juden in unterschiedlichem Maße berührten.

In den zuerst annektierten Gebieten (Österreich und Böhmen und Mähren) wurde das Vorgehen gegen Juden nicht mit einer angeblichen jüdischen Bedrohung der deutschen Herrschaft begründet. Ein anderes Bild ergibt sich in den annektierten polnischen Gebieten. Nach dem Ende des Feldzuges und der folgenden Hinrichtung von tausenden polnischen Soldaten, angeblichen Freischärlern und Geiseln[20] wurde eine kombinierte Politik der Massenhinrichtung von Mitgliedern der polnischen Intelligenz in weitem Sinne einerseits und der Massenvertreibung von West- nach Zentralpolen andererseits verfolgt, die je nach Region unterschiedlich intensiv war. Dies sollte Widerstand gegen die deutsche Einverleibung durch die Neutralisierung der polnischen Führungsschicht verhindern.[21] In Danzig-Westpreußen mobilisierten NS-Funktionäre unter Leitung von Gauleiter Albert Forster SS-Einheiten und örtliche Milizen für einen großangelegten Massenmord an Adligen, führenden Parteipolitikern, Priestern, Akademikern, geistig Behinderten und anderen Gruppen. Zwischen 30 000 und 50 000 Menschen wurden ermordet, 87 000 weitere vertrieben. In anderen annektierten Teilen Polens war die Zahl der Morde niedriger, aber immer noch furchtbar. Schätzungen zufolge waren es im Wartheland 10 000, im Regierungsbezirk Zichenau 4000 und in Schlesien 2000.[22] Die Zahl der Deportierten war aber Ende 1940 teils genauso hoch wie in Danzig-Westpreußen (81 000 aus Ost-Oberschlesien) oder höher (mindestens 236 000 aus dem Wartheland).[23] (Präventivmorde an Intellektuellen fanden auch im Generalgouvernement statt, aber vergleichsweise wenige.[24]) Unter den bis Anfang 1940 ermordeten 60–80 000 polnischen Zivilisten waren vielleicht 7000 Juden,[25] was leicht über dem jüdischen Bevölkerungsanteil lag. Obwohl die Zahl der Juden unter den bis Frühjahr 1941 nach Osten deportierten Menschen nicht bekannt ist, war es nur eine Minderheit, und die meisten Juden in Westpolen blieben dort. Anders war die Lage im Elsass und in Lothringen, die Deutschland im Sommer 1940 von Frankreich annektierte. Der Massenmord begann nicht gleich, aber französische Nationalisten, Kriminelle, Roma und alle Juden wurden massenweise deportiert.[26] Allerdings war die Repression in den meisten besetzten Ländern begrenzt, und Präventivschläge gegen den Widerstand richteten sich in den meisten annektierten Gebieten bis zum Sommer 1941 nicht primär gegen Juden.

Eine zweite Phase des bewaffneten Widerstands begann in jenem Sommer, als die Situation sich grundlegend veränderte. Kommunistische Parteien gaben ihre Vorbehalte auf, nachdem Deutschland die Sowjetunion angriff, und riefen ihre Landsleute dazu auf, sich gegen die deutschen Besatzer zu erheben, etwa in Jugoslawien und Frankreich.[27] Mit den deutsch-besetzten Gebieten der Sowjetunion gab es einen wichtigen neuen Schauplatz des Partisanenkampfs, obwohl der Widerstand sich nur langsam aufbaute, weil Sowjetbehörden und KP sich nicht darauf vorbereitet hatten. In der UdSSR und in anderen Ländern bildeten Kommunisten und Soldaten, die sich hinter den deutschen Linien wiederfanden, zusammen mit kleinen Gruppen von Menschen, die vor rassischer Verfolgung flohen, den Kern der neuen Partisanenbewegung.[28] Ihre Hochburgen waren Weißrussland, Jugoslawien und Griechenland. In späteren Jahren sank der Prozentsatz von Kommunisten in der Widerstandsbewegung, während sich mehr Menschen vom Lande und junge Leute anschlossen.[29]

Um die noch schwachen Partisanenbewegungen zu vernichten, verstärkten deutsche Truppen ihre Widerstandsbekämpfung, obwohl manche neue Taktiken schon vor dem Angriff auf die Sowjetunion entwickelt worden waren. Da die Ausbeutung der besetzten sowjetischen Gebiete mittels einer Hungerpolitik gegen Millionen durch eine kleine Zahl rückwärtiger Einheiten im Rückraum bewerkstelligt werden sollte, forderte die Wehrmachtführung große SS- und Polizeiformationen und die Anwendung massiver Gewalt.[30] Dabei wurden verschiedene Maßnahmen kombiniert. Als Reaktion auf Partisanenangriffe wurden Geiseln erschossen oder gehenkt, um Schrecken in der Bevölkerung zu verbreiten. Die Angehörigen bestimmter Gruppen (vor allem Mitglieder einer unscharf definierten jüdischen Intelligenz und kommunistische Funktionäre), besonders in größeren Städten, die kollektiv als Feinde galten, wurden präventiv interniert oder ermordet. Kollektive Vergeltung für Sabotageakte wurde gegen ganze Dörfer geübt, wenn die Urheber nicht zu finden waren. (Dies wurde 1941 aber noch deutlich seltener angewandt als später.[31]) Und weil Reisende und Nichteinheimische besonders verdächtigt wurden, Partisanen zu unterstützen oder ehemalige Soldaten zu sein, wurden ‹Wanderer› auf Landstraßen und Menschen, die weit von ihrer Heimatstadt entfernt lebten, bei großen Razzien festgenommen und zu Tausenden ermordet, vor allem ab September 1941.[32] Die Zahl der Opfer war hoch und stieg im Herbst 1941 weiter an. Deutsche Truppen in Serbien töteten von August bis Anfang Dezember 11 522 angebliche Aufständische und 21 809 Geiseln, darunter 7000 Juden und Angehörige der Belgrader Intelligenz. Im rückwärtigen Heeresgebiet der Heeresgruppe Mitte in Weißrussland und Westzentralrussland waren es bis Ende 1941 über 59 000 angebliche Partisanen.[33]

So standen unterschiedliche Gruppen – darunter Kommunisten, Roma, Schwarzmarktteilnehmer, Flüchtlinge aus den Städten und Juden – im Zentrum der deutschen Widerstandsbekämpfung. Sofort nach der deutschen Invasion wurden Lager eingerichtet und Männer aller Altersstufen tage- oder wochenlang interniert, um nicht nur Rotarmisten, sondern alle irgendwie verdächtigen männlichen Sowjetbürger herauszufiltern. SS und Geheime Feldpolizei erschossen tausende von Gefangenen, aber die meisten Insassen wurden schließlich entlassen, auch die meisten Juden.[34] In Frankreich gab es Massenverhaftungen von Kommunisten (1941 nahm das Vichy-Regime über 10 000 fest), die in die besetzten sowjetischen Gebiete deportiert werden sollten.[35] In mehreren Ländern stellten diese Festgenommenen einen großen Teil der ermordeten Geiseln. Allein in Estland wurden etwa 8000 Menschen getötet, vor allem 1941.[36] Am 16. September befahl das Oberkommando der Wehrmacht, hinter jedem Aufstand Kommunisten zu suchen und als Vergeltung für jeden getöteten Deutschen 100 Einheimische hinzurichten.[37] Obwohl sich, wie schon erwähnt, viele Kommunisten am bewaffneten Widerstand beteiligten, waren die meisten Hingerichteten pauschal verhaftet worden, ohne dass man ihnen eine persönliche Verantwortung nachwies. Dagegen war die Verbindung von Juden oder Roma zu den Partisanen weitgehend ein Produkt deutscher Fantasie. Traditionelle Vorurteile gegen Roma als unzuverlässig, asozial oder als Spione wirkten gegen sie, und viele – vor allem ohne festen Wohnsitz – wurden entweder sofort erschossen oder als Geiseln genommen.[38]

Entsprechend der oben skizzierten Strategie wurden Juden auch als Flüchtlinge und als Mitglieder einer Gruppe, die zur präventiven Dezimierung vorgesehen war, zu Opfern. Schließlich warf man ihnen vor, den Kommunismus erfunden zu haben. Die Verbindung zwischen Juden und Partisanen galt als eng. «Wo der Partisan ist, ist der Jude, und wo der Jude ist, ist der Partisan», war eine der Grundregeln, die SS-Offiziere in einem Kurs für Partisanenbekämpfung lehrten, den der Befehlshaber des rückwärtigen Heeresgebiets der Heeresgruppe Mitte Ende September mit der SS veranstaltete. Höhepunkt des Kurses war die Durchsuchung eines Dorfs einschließlich der realen Schauerschießung von etwa 30 Juden und Nichtjuden.[39] Hier sollte man zwischen zwei Argumentationsebenen unterscheiden. Einerseits wusste jeder, dass viele Partisanen keine Juden waren. Die Juden unter ihnen waren häufig Flüchtlinge, die kaum eine andere Wahl hatten, als sich ihnen anzuschließen, «auf Grund der teilweise durchgeführten Massenerschießungen» gegen jüdische Gemeinschaften, wie eine deutsche Einheit klarsichtig berichtete.[40] In Serbien und Kroatien waren anfangs relativ viele Juden unter den Aufständischen, und viele wurden in den ersten Monaten – Überlebendenaussagen zufolge – nicht als Juden, sondern als Widerständler festgenommen oder hingerichtet.[41] Andererseits galten Juden kollektiv als Anstifter und Unterstützer des Widerstands, darum wurden ganze jüdische Gemeinschaften entweder massakriert (in den besetzten sowjetischen Gebieten) oder Juden wurden massenweise ermordet, nachdem man sie als Geiseln genommen hatte (in Serbien[42]). Die Vernichtung jüdischer Gemeinden wurde mit Anschuldigungen gerechtfertigt, ihre Mitglieder hätten Partisanen und (meist imaginären) Fallschirmspringern geholfen, Angriffe auf Bahnlinien unterstützt und Gerüchte und antideutsche Propaganda verbreitet.[43] Das Hauptargument war ‹der Jude als Partisanenhelfer›. Andere Meinungen – sogar innerhalb der Einsatzgruppen –, nach denen die Ermordung von Juden vom Hauptproblem ablenkte, den Widerstand niederzuschlagen, blieben weitgehend ohne Einfluss.[44]

Deutsche Besatzungstruppen in Frankreich sahen etwas andere Verbindungen zwischen Juden und dem bewaffneten Widerstand. Es gab nur wenige Untergrundgruppen und auch nur einzelne Sabotageakte oder Attentate. Auch hier bildeten Kommunisten den Kern des schwachen französischen Widerstands, aber nur wenige Juden beteiligten sich. Juden, die als Widerstandskämpfer identifiziert oder festgenommen wurden, galten als Beweise einer starken jüdischen Beteiligung.[45] Der französische Kontext wurde durch eine andere Vorgeschichte bestimmt. Während deutsche Truppen in Osteuropa sehr viel brutaler vorgingen als im Ersten Weltkrieg, wollte das deutsche Militär in Belgien und Frankreich *zurückhaltender* erscheinen als im vorigen Krieg und eine Wiederholung der Exzesse vom Herbst 1914 vermeiden, als tausende Zivilisten als angebliche Freischärler erschossen wurden.[46] Darum versuchten deutsche Kommandeure entgegen den Forderungen aus Berlin im Herbst 1941 die Zahl der erschossenen Geiseln niedrig zu halten, um die französische Öffentlichkeit nicht vor den Kopf zu stoßen. (Siehe Kapitel 4; dennoch wurden bis Oktober 600 Geiseln erschossen, die meisten von ihnen Kommunisten.) Sie stießen auch auf starken Widerstand der Vichy-Behörden, die gern tausende von Kommunisten *einsperrten*, aber ihre Hinrichtung ablehnten.[47] Stattdessen schlugen deutsche Generale unter anderem vor, jüdische (und kommunistische) Geiseln aus Frankreich zu deportieren, um von Widerstandsakten abzuschrecken. Im Dezember 1941 stimmte Hitler zu, 1000 Juden nach Osten zu deportieren, was im März 1942 geschah. Heute sehen Historiker dies als ersten Schritt zu größeren Judendeportationen aus Frankreich.[48] Es schien politisch günstiger, französische Juden als Sündenböcke für Nichtjuden und in gewissem Maße sogar für Kommunisten zu nehmen. (Dennoch bewog der Wunsch, Unruhen zu vermeiden, die Wehrmacht dazu, sich den Forderungen der Sicherheitspolizei nach Deportation der letzten 40 000 Juden aus Paris 1944 entgegenzustellen.[49] Diesmal wirkte das Sicherheitsargument andersherum.)

In manchen Teilen Europas war die brachiale deutsche Unterdrückung im Herbst 1941 insoweit erfolgreich, als sie Guerrillaaktivitäten für Monate oder sogar Jahre stark reduzierte, so in Serbien, Nordwestrussland und in gewissem Maße in Frankreich. (Gleichzeitige Unterdrückungsmaßnahmen der Bulgaren in den besetzten griechischen Gebieten waren ähnlich erfolgreich.[50]) Diese Erfolge wurden vielleicht teilweise den gewaltsamen Methoden gegen die Juden zugeschrieben und mögen dadurch das Stereotyp der Juden als linke Aufrührer verstärkt haben. Bis zum Frühjahr 1942 wurden die Partisanenbewegungen in anderen Gebieten aber stärker und sozial vielfältiger – sie waren besser organisiert und hatten ihre Aktivitäten aufs Land verlagert, was die Verbindung zwischen Juden und Partisanen weniger plausibel machte.

Armee, SS und Polizei entwickelten neue Strategien zur Partisanenbekämpfung auf dem Land, weil sie die Guerrilla weniger als militärische denn als politische Bedrohung begriffen. Die Partisanen begannen die Bevölkerung zu beeinflussen und davon abzuhalten, Agrargüter an die Deutschen zu liefern. Stattdessen boten Teile der Bevölkerung mitunter den Partisanen Lebensmittel, Obdach, Informationen und Rekruten. Langsam schlossen sich immer mehr Männer aus der Landwirtschaft dem Widerstand an. Um die Aufständischen von solchen Hilfsnetzwerken abzuschneiden, richtete sich die neue deutsche Strategie (die auch von Ungarn und Italienern angewandt wurde, wie ich in Kapitel 14 zeige) stärker gegen die Landbevölkerung in der Nähe von Partisanenstützpunkten als gegen die Partisanen selbst. Darüber hinaus besaßen Dörfer, die keine Lebensmittel lieferten, wenig Wert für die Deutschen, darum wurden sie niedergebrannt und Zivilisten in ihren Häusern, auf der Flucht und am Rand hastig ausgehobener Gruben erschossen oder in Scheunen und Ställe gesperrt und lebendig verbrannt. Andere wurden verjagt oder gewaltsam umgesiedelt. Eine einzige Großaktion mit mehreren tausend Soldaten konnte viele tausend Menschen das Leben kosten. Diese neue Strategie wurde zuerst in Jugoslawien und einigen besetzten sowjetischen Gebieten, vor allem in Weißrussland, angewandt.[51] Viele Menschen wurden fast aus heiterem Himmel angegriffen und starben nicht nach Inhaftierung und Deportation, sondern in oder nahe bei ihren Dörfern und manchmal im eigenen Haus.[52] Das Niederbrennen von Dörfern mag sadistische Freude bereitet haben, diente aber auch dazu, Überlebende an der Flucht zu hindern, Spuren zu verwischen und Partisanen den Unterschlupf zu verwehren.[53] In den besser zur landwirtschaftlichen Ausbeutung geeigneten Gebieten wie der Nordukraine und Zentralpolen lehnten die Zivilverwaltungen, aber auch SS und Polizei, eine so destruktive Taktik ab.[54] Das soll auch heißen, solche Aktionen waren nicht allein das Werk von Polizei und Wehrmacht, sondern auch Zivilverwaltungen und damit politische und wirtschaftliche Interessen waren an dem Prozess beteiligt. Vor März 1943 gab es in Griechenland keine großangelegten Aktionen, weil die Partisanen, einschließlich der Kommunisten, ihre Aufmerksamkeit auf italienische Truppen konzentrierten und meist keine Deutschen angriffen.[55]

Diese Strategien verstärkten in den Großstädten den Druck zur Judenvernichtung nicht weiter, führten aber deutsche Instanzen dazu, Ghettos in Kleinstädten in der Nähe von Partisanengebieten aufzulösen. Ihre einigermaßen realistische Überlegung war, die Todesdrohung mache es wahrscheinlicher, dass Juden, besonders junge Männer, in die Wälder fliehen und viele sich den Partisanen anschließen würden. Während dieser sogenannten Randghettoliquidierungen von September 1942 bis März 1943 wurden jüdische Gemeinschaften bei Antipartisanenaktionen ausgelöscht, vor allem im westlichen Weißrussland. Mindestens 16 000 Juden wurden im Lauf dieser Aktionen ermordet, darunter eine relativ kleine Zahl von Flüchtlingen, die in den Wäldern aufgegriffen worden waren. Deutsche Truppen verfolgten jüdische Partisanen wie Nichtpartisanen mit besonderem Eifer, der zu einer höheren Sterberate bei Juden führte, und Juden wie Roma wurden als sogenannte «Banditenhelfer» sofort erschossen. Dennoch ist es wichtig festzuhalten, dass die große Mehrheit der Opfer von Antipartisanenaktionen in dieser Periode unbewaffnete, nichtjüdische bäuerliche Zivilisten waren. Mit anderen Worten, die Aktionen waren nicht bloß ein Vorwand, um Juden zu ermorden.[56] Vielmehr führte echte Besorgnis über Partisanenaktivitäten – und ihre potenzielle politische Wirkung – zu brutalen deutschen Strategien, die auch Juden erfassten.

1943 verband sich die Partisanenbekämpfung mit der Rekrutierung von Zwangsarbeitern auf dem Land. Wo ganze Jahrgänge sich als Zwangsarbeiter melden sollten, gingen junge Leute in den Untergrund, und das verstärkte in verschiedenen Ländern die Reihen der Aufständischen und ihren Rückhalt in der Bevölkerung. Dies hat man zu Recht einen «wichtigen, oft den Ausschlag gebenden Faktor» bei der Entwicklung von Partisanengruppen zu Massenbewegungen genannt.[57] Im Jahr 1943 rückte die Entvölkerung ganzer Gebiete, manchmal so groß wie Landkreise, in den Mittelpunkt der großen Antipartisanenaktionen, verbunden mit der Deportation aller als arbeitsfähig geltenden Menschen. Da die Rekrutierung von Zwangsarbeitern zu einem wichtigen Aspekt der Partisanenbekämpfung wurde, führte man das Selektionsprinzip (siehe Kapitel 8) in abgelegenen ländlichen Gebieten ein, begleitet von noch intensiverer Zerstörung. (In Weißrussland wurden 63 % der vielen hundert zerstörten Dörfer 1943 niedergebrannt.[58]) Bei einzelnen Aktionen konnte es 12 000 Opfer oder mehr geben.[59] Sogenannte ‹Großaktionen› und die Zerstörung von Dörfern breiteten sich nach der Verlegung deutscher Einheiten und Offiziere aus den besetzten sowjetischen Gebieten und Jugoslawien in einige Gebiete Westeuropas und Griechenlands aus.[60] Im Juli und August 1943 veränderten sich die Mordkriterien. Keitel befahl, bewaffnete Partisanen als Kriegsgefangene zu behandeln[61] und die übrige Bevölkerung zur Zwangsarbeit heranzuziehen; wer als Jude erkannt wurde, wurde dennoch meist ermordet. Auf dem Balkan sollten alle arbeitsfähigen Männer deportiert werden. Anfang 1944 wurde diese Methode auf französische Gebiete angewandt, die zur Verhinderung eines Aufstands während der bevorstehenden Invasion der Alliierten evakuiert wurden. Dies wurde nach der Invasion intensiviert, als die gestärkte Partisanenbewegung das deutsche rückwärtige Gebiet direkt bedrohte; und ab Mitte 1944 wurde sie in Italien auf Partisanen, Verdächtige und 1914 bis 1927 geborene Männer angewandt. 1944 wurde die Massendeportation von Zivilisten aus Partisanengebieten in Griechenland systematischer.[62] In bestimmten Teilen Italiens wurden festgenommene Männer, die als arbeitsunfähig galten, zu Geiseln, die im Fall eines Partisanenangriffs zu erschießen waren.[63] Ein ähnlicher Sortierungsprozess begann nach dem Warschauer Aufstand 1944: Wahrscheinlich wurden bei der Zerstörung der Stadt 170–180 000 Menschen getötet (meist Zivilisten) und 600 000 Einwohner evakuiert. Gesunde und arbeitsfähige Menschen (etwa 70 000) wurden nach Großdeutschland transportiert, 60 000 weitere in Konzentrationslager deportiert und die Alten und Kranken in entfernte Orte auf dem Land geschickt.[64]

Mehrere Aspekte davon sind bemerkenswert. Die ‹Selektion› von Arbeitern in den weißrussischen Wäldern 1943/44 ähnelte den Selektionen in Auschwitz. Im internationalen Vergleich waren großangelegte Massaker, Deportationen aus Gebieten in der Nähe von Partisanenaktivität und das Verfolgen wirtschaftlicher Interessen dabei keine ungewöhnlichen Seiten des Antipartisanenkampfes im 20. Jahrhundert, doch dass 1943/44 in Weißrussland wohl mehr Frauen und Kinder als Männer direkt getötet wurden, war ungewöhnlich.[65] Somit hatten die Kriterien für die Selektion zur Hinrichtung jene erfasst, die mit der *geringsten* Wahrscheinlichkeit Partisanen waren. Viele Opfer wurden lebendig in großen Gebäuden verbrannt. Die großangelegten Razzien von 1943/44 betrafen Juden in mehrfacher Hinsicht. Da war das Risiko, dass deutsche Truppen (und ihre Helfer) bei solchen Aktionen ihre Verstecke finden konnten. Das geschah besonders in den Wäldern an der weißrussisch-litauischen Grenze, während des slowakischen Aufstands und bei der Niederschlagung des Warschauer Aufstands 1944 – die letzteren beiden Ereignisse kosteten 7000–8000 bzw. 5000 Juden das Leben.[66] Wenn es Juden gelang, ihre Identität zu verbergen, konnten sie die Aufstände überleben. Anders war die Lage bei den Ghettoaufständen in Warschau und Białystok zwischen April und August 1943. Diese Revolten gehören nicht nur in diesen Zusammenhang, weil sie parallel zu großangelegten Antipartisanenaktionen und Zwangsarbeiterjagden stattfanden, sondern weil viele Einwohner als Zwangsarbeiter deportiert und nicht sofort umgebracht wurden. SS und Polizei hatten solche Deportationen zusammen mit der Zivilverwaltung vor Beginn der ‹Liquidierung› dieser Ghettos geplant, was defensive Aufstände auslöste. Rund 42 000 der 56 000 Warschauer Juden und 11 000 der 30 000

Juden von Białystok überlebten vorläufig.[67] In beiden Fällen wurde die Politik der Rekrutierung von Einwohnern bekannter Aufstandszentren als Zwangsarbeiter auch auf Juden angewandt.

Verzweifelte jüdische Revolten gegen die Liquidierung von Ghettos wie in Warschau 1943, in einigen Todeslagern und unter Kommandos, die Leichen verbrennen mussten,[68] verstärkten erneut das Bild der Juden als Träger des Widerstands und potenzielle Revolutionäre. Das mag auch für die angeblichen oder realen jüdischen Aufstände gegolten haben, die beim Vormarsch alliierter Truppen in Algier im November 1942 und im rumänischen Jassy 1944 ausbrachen, die beide Hitlers Besorgnisse zu bestätigen schienen.[69]

Aufstandsfurcht und Judendeportation aus Westeuropa

Ähnliche Denkmuster wie die bei der Niederschlagung des Widerstands in der Sowjetunion, Jugoslawien und Frankreich 1941 und in den besetzten sowjetischen Gebieten 1942 erzeugten Unterstützung für die Deportation von Juden auch in anderen besetzten Regionen und späteren Zeiträumen. Deutsche Instanzen glaubten oft, Widerstand und Unruhen beruhten auf ausländischer, speziell sowjetischer und britischer Unterstützung, und Juden würden solchen ausländischen Interessen als Spione und durch die Verbreitung defätistischer Gerüchte helfen. Ihre Deportation sollte deshalb die Bevölkerung einschüchtern, die Opposition gegen die deutsche Herrschaft schwächen und Unterstützer möglicher Feindangriffe ausschalten. Das galt auch für Gebiete, die in diesem Zusammenhang nur selten betrachtet werden. Im Herbst 1942 erwarteten der örtliche Wehrmachtsbefehlshaber Nikolaus von Falkenhorst, Reichskommissar Josef Terboven und Hitler eine britische Invasion in Norwegen. (Sie fielen damit auf ein Ablenkungsmanöver der Alliierten im Vorfeld der Landung in Nordafrika herein.) Zwischen dem 6. und dem 12. Oktober erklärten Falkenhorst und Terboven einen sogenannten zivilen Notstand in Nordnorwegen. Hunderte von Menschen, darunter alle Juden in der Region, wurden festgenommen. Mindestens 84 Menschen, darunter zehn Geiseln und ein jüdischer Mann, wurden erschossen. Nach der Niederschlagung des von den Briten mit Waffen versorgten Widerstands in Südnorwegen von April bis Juni gelang den Deutschen nun dasselbe von Oktober bis Dezember 1942.[70] Massenverhaftungen von Juden hatten in Oslo bereits im September 1942 begonnen; sie wurden intensiviert, nachdem eine Gruppe von Juden auf der Flucht nach Schweden einen norwegischen Polizisten erschoss.[71] Alle Festnahmen waren von der norwegischen Regierung und Polizei organisiert. Einiges deutet sogar darauf hin, dass Terbovens deutsche Zivilverwaltung nicht erpicht darauf war, die norwegischen Juden deportieren zu lassen, und dass die Initiative von der faschistischen norwegischen Regierung und der deutschen Sicherheitspolizei in Norwegen ausging.[72] Die norwegische Regierung wollte der britischen Bedrohung ihrer (schwachen) Herrschaft entgegenwirken; sie nahm Juden auf der Grundlage ihres Gesetzes zur Inhaftierung von Personen fest, die staatsfeindlicher Aktivitäten verdächtig waren, und Ende 1942 rechtfertigte Ministerpräsident Quisling unter Anspielung auf das Sicherheitsriko, das Juden angeblich darstellten, ihre Deportation mit der Behauptung, die Juden stünden als «international destruktives Element» hinter der britischen Kriegsanstrengung.[73]

Der deutsche Versuch zur Deportation der dänischen Juden geschah ebenfalls im Kontext der Bekämpfung einer Widerstandsbewegung, die von Großbritannien angeregt, versorgt und auch erzwungen wurde. Diese Bewegung war aber stärker als in Norwegen, und die dänische Regierung kooperierte zwar generell in begrenztem Maße, willigte aber nie in antijüdische Maßnahmen der Deutschen ein. Im August 1943 erlebte Dänemark eine Welle von Streiks, Demonstrationen und Sabotageakten.[74] Als die Wehrmacht den Notstand verkündete, dänisches Heer und Marine entwaffnete, auflöste und Offiziere zu verhaften begann, trat die dänische Regierung zurück.[75] In diesem Fall kam der Druck, Juden zu deportieren, aus Berlin, besonders von Hitler und Ribbentrop. Auch Goebbels war dafür, die dänischen Juden zu entfernen, weil sie angeblich für die Zunahme der Partisanenaktivitäten verantwortlich waren.[76] Der deutsche Reichsbevollmächtigte, SS-Gruppenführer Werner Best, und der Wehrmachtsbefehlshaber Hermann von Hanneken hatten versucht, die deutsche Führung von einer solchen Maßnahme abzubringen, doch angesichts der politischen Krise gaben sie im September 1943 dem Druck nach. Für Best war es vielleicht ein taktischer Schritt, um seine politische Stellung zu stärken. Beide deutschen Repräsentanten änderten rasch wieder ihre Meinung und kehrten zu der Auffassung zurück, eine Judendeportation werde den dänischen Widerstand gegen die Besatzung weiter anheizen und mehr Probleme schaffen als lösen. Sie entschieden sich vielmehr dafür, die Juden entkommen zu lassen, statt sie zu deportieren, und organisierten Patrouillen, Durchsuchungen und Festnahmen nur halbherzig. Das erlaubte es den meisten Juden, mit Hilfe einer dänischen Massenrettungsaktion und begleitet von öffentlichen deutschfeindlichen Protesten nach Schweden zu entkommen (siehe Kapitel 13).[77] Best selbst erklärte öffentlich, die dänischen Juden müssten deportiert (oder ins Exil vertrieben) werden, weil sie die Widerstandsbewegung moralisch und materiell unterstützten; er gab aber Berlin gegenüber zu, dafür keine Beweise zu haben, erklärte aber auch, die Juden seien nun nicht mehr in der Lage, die politische Atmosphäre in Dänemark zu vergiften.[78] Gestapoagenten (die meist neu im Land waren) scheinen an eine solche Verbindung geglaubt zu haben, denn sie misshandelten sogar die jüdischen Insassen eines Altersheims in Kopenhagen, während sie die Rentner «über ihre Kenntnis von Sabotageaktionen» verhörten.[79]

Die Unterstützung dänischer Juden für die Untergrundbewegung war vermutlich gering, aber die deutsche Repression ab Ende August 1943 wie auch die Tatsache, dass die Widerstandsbewegung ihre Energie im September und Oktober anscheinend darauf konzentrierte, Juden zu retten, ließ die Zahl öffentlicher Aktionen und Sabotageakte eine Weile sinken. Während die deutschen Deportationsversuche in Dänemark die Nation eher gegen die Besatzer vereinten, erwies sich eine solche Taktik in Norwegen und (zumindest 1944) in Griechenland als entzweiender und erfolgreicher (siehe Kapitel 13).

In Griechenland war die Judendeportation auf die Unterstützung der Wehrmacht angewiesen, weil die kleinen Einheiten der Sicherheitspolizei nicht dazu in der Lage waren. Militäroffiziere halfen der Sicherheitspolizei, etwa auf Korfu, Kreta und Rhodos, aus verschiedenen Gründen. Wie in Norwegen war einer davon die Furcht, Juden könnten die Engländer und die mit jenen gemeinsam operierenden Partisanen bei der erwarteten Landung unterstützen. Auch hier sahen Offiziere die Juden als feindliche Gruppe und verdächtigten sie militärischer Spionage. Wehrmachteinheiten ordneten Festnahme und Konzentration der Juden an und wirkten an ihrer Deportation mit.[80] Die Juden von den erwähnten Inseln wurden 1944 deportiert, ein Teil starb auf einem unterwegs versenkten Transportschiff, die anderen in deutschen Vernichtungslagern.

Die vermutete Verbindung zwischen Juden und welchem Feind auch immer war stark genug, um auch die britischen Behörden auf Mauritius im Indischen Ozean zu beeinflussen, wenn auch mit weniger mörderischen Folgen. Hier saßen seit Ende 1940 rund 1500 österreichische, tschechische, polnische und deutsche Juden fest. Als japanische U-Boote im August 1943 in der Umgebung der Insel Schiffe torpedierten, wurden die Juden interniert, weil britische Offiziere es für möglich hielten, dass sie mit den Japanern im Bunde seien.[81] Im selben Jahr argumentierten britische Regierungsvertreter im Parlament gegen eine größere Aufnahme von Juden nach Palästina, weil deutsche Spione unter den Flüchtlingen sein könnten.[82]

‹Sicherheitserwägungen› spielten bei deutscher Gewalt gegen Juden keineswegs immer eine wichtige Rolle. Im Generalgouvernement zum Beispiel wurde die Unterstützung für Partisanen 1942 – auf dem Höhepunkt der Vernichtung – nur selten als Grund für die Ermordung von Juden genannt. Deutschen Polizisten, die an den Deportationen beteiligt waren, wurde aber mancherorts anscheinend gesagt, ein Grund sei die Spionage der Juden für die Sowjets.[83] Die Begründung Himmlers in seinem Befehl an Krüger vom 19. Juli 1942, die meisten polnischen Juden zu ermorden, enthielt nur einen allgemeinen, nicht sehr starken Bezug auf die «Sicherheit» des Reichs. Ab Herbst 1942 wurde das Sicherheitsargument für die Ermordung der polnischen Juden einflussreicher; es kam vor allem von Himmler.[84] Auch als die Sicherheitspolizei etwa zur selben Zeit die Deportation der französischen Juden begründete, stellte sie sie in ähnlicher Weise allgemein dar als erfolgend «im Rahmen der allgemeinen Lösung der Judenfrage und zur Sicherung der Besatzungstruppen in den besetzten französischen Gebieten».[85] Dennoch bleibt die Tatsache, dass in wichtigen Regionen zu verschiedenen Zeiten Massengewalt gegen Juden als notwendig galt, um politischen Widerstand zu verhindern oder zu bekämpfen. Dieses Argument öffnete die Tür für die weitere Verfolgung. SS und Polizei waren nicht die einzigen, die Juden mit Unruhen und Partisanenaktivität assoziierten; auch andere Instanzen und Besatzungsstellen übernahmen diese Vorstellung. Neben NSDAP-Mitgliedern fand dieser Gedanke besonders bei vielen Wehrmachtoffizieren und -soldaten Anklang und verbreiterte damit die Unterstützungsbasis für Massaker und Deportationen. Niemand war deutschen Soldaten verhasster als ein Partisan. Es ist kein Zufall, dass Serbien und der östliche Teil der besetzten sowjetischen Gebiete, wo der Massenmord an Juden 1941 besonders weit ging, unter Militärverwaltung standen. Solche mörderischen Aktionen wären ohne Initiative oder

Zustimmung und ohne Richtlinien und Personal des Militärs unmöglich gewesen.

Eine Tendenz zum Bürgerkrieg

Auch andere Aspekte des Partisanenkriegs außer deutschen Strategien und Aktionen betrafen Juden. Einige dieser Gesichtspunkte hatten mit den komplexen Binnenkonflikten der Gesellschaften zu tun, in denen sie lebten. Vor allem in den letzten Jahren des Zweiten Weltkriegs führten sie zu mehreren Bürgerkriegen in Ländern unter deutscher (und italienischer) Besatzung. Sie drehten sich um unterschiedliche Visionen, wie Gesellschaft und Nation nach ausländischer Besatzung und Krieg aussehen sollten. Häufig bekämpften mehr als zwei oder sogar drei Seiten einander, was die Zersplitterung mancher Bevölkerungen verdeutlicht.

Erstens bezogen deutsche Maßnahmen viele Einheimische als Akteure ein. Die örtliche Polizei in Osteuropa tat Wachdienste, sammelte Informationen und führte viele kleine Razzien, Durchsuchungen und Festnahmen von Aufständischen und anderen durch, etwa Juden und Personen, die sich der Zwangsarbeit entzogen.[86] Viele Einheimische dienten auch in mobilen Hilfseinheiten unter dem Kommando von Wehrmacht, SS oder Polizei und nahmen an Großaktionen gegen Partisanen teil. Örtliche Verwaltungen hielten die Bevölkerung durch verschiedene Registrierungsmethoden unter Kontrolle, organisierten die Beschlagnahme von Agrarprodukten und die Rekrutierung zur Zwangsarbeit.[87] Da sie wussten, dass die deutsche Besatzung nicht ohne den einheimischen Apparat funktionieren konnte, nahmen Partisanen – wie es Guerrillakämpfer auch in anderen historischen Zusammenhängen getan haben – häufig in erster Linie örtliche Polizisten und Verwaltungsbeamte aufs Korn.[88] Die Kämpfe unter der Bevölkerung waren erbittert. Nikolai Wassiljewitsch Mogilny, der während des Zweiten Weltkriegs Partisan in Weißrussland gewesen war, sagte mir daher entgegen dem in seinem Lande herrschenden Narrativ: «Es war ein Bruderkrieg.»[89]

Zweitens war das Leben der Zivilisten streng eingeschränkt. Ausweise und Arbeitspässe mussten jederzeit mitgeführt werden.[90] Es gab Ausgangssperren, Sperrgebiete, Einschränkungen im Post- und Telefondienst, Verbote zur Benutzung von Autos und Fahrrädern und Beschränkungen für Bahnreisen. Um den eigenen Landkreis zu verlassen, brauchte man eine offizielle Erlaubnis, und es gab viele Kontrollposten. Jeder musste bei den örtlichen Behörden registriert sein, und in vielen Gebieten musste eine Liste aller Hausbewohner am Eingang angeschlagen werden. Hausälteste und Bürgermeister waren für ihre Korrektheit verantwortlich. Fremde aufzunehmen war verboten und wurde streng bestraft. An einigen Orten zwangen Polizei oder Armee die Einwohner, nummerierte Passmarken um den Hals zu tragen, oder führten fälschungssichere Ausweiskarten mit Fingerabdrücken der Besitzer ein.[91] Manche dieser Maßnahmen ähnelten denen von Kolonialmächten in Afrika.[92] Sie schufen eine Atmosphäre des Verdachts und Misstrauens. Die Menschen wurden unsicher und wussten nicht mehr, auf wen sie sich verlassen konnten. Drakonische Strafen der Deutschen verbreiteten Angst.

Drittens erhielten ausländische Zivilisten manchmal auch eine aktivere Rolle: die Deutsche erleichterten den Aufbau örtlicher Milizen, wenn keine ausreichenden Polizeikräfte zur Verfügung standen. Dies war in Serbien, Bosnien und Griechenland und auch während der ersten Monate der deutschen Besatzung in Litauen und der Westukraine der Fall. Obwohl einige Deutsche einen Bürgerkrieg herbeiführen wollten,[93] entsprangen diese Milizen nichtdeutscher Initiative; sie waren ortsgebunden, verfolgten ihre lokalen Interessen und weigerten sich oft, einem zentralen Kommando zu gehorchen.[94] Auch die allermeisten Ustasche in Kroatien begannen als anarchistische «wilde» Gruppen.[95]

Der Weg in den Bürgerkrieg war kurz. Im durch Besatzung und ad hoc neu gebildete Staaten gespaltenen Jugoslawien kämpften radikale kroatische Ustasche, kommunistische Partisanen, nationalistisch-serbische Četniks, bosnisch-muslimische Milizen, slowenische Heimwehr und serbische und albanisch-kosovarische Milizen gegeneinander und gegen deutsche, italienische, bulgarische und ungarische Besatzungsmächte.[96] So wechselte die Stadt Foča zehnmal die Herrschaft; Ustasche töteten Serben, Četniks töteten Muslime (wogegen die meisten katholischen Kroaten flohen), und Kommunisten töteten Četniks, wohlhabende Bauern und Gendarmen.[97] Deutsche und italienische Beobachter schätzten, dass 200–600 000 Menschen, vor allem Serben, allein von kroatischen Einheiten ermordet wurden.[98] Ana Šomlo, eine geflüchtete Jüdin, versteckte sich mit ihrer Familie noch zwei Monate nach dem

Abzug der Deutschen aus Serbien in den Bergen, weil sie Kämpfe zwischen Kommunisten und Četniks für die deutsche Front hielten.[99]

Im westukrainischen Wolhynien (später auch im benachbarten Ostgalizien und in begrenztem Maße um Lublin herum) gab es 1942 Spannungen zwischen ukrainischen und polnischen Nationalisten, die sich 1943 in einem bewaffneten Konflikt entluden. Als im Sommer 1943 Sowjetpartisanen in das Gebiet kamen und es auch unterschiedliche ukrainische Fraktionen gab, wurde auch dies ein Kampf zwischen vielen Parteien. Einheiten der ukrainischen Nationalisten griffen vor allem im Sommer 1943 polnische Dörfer an, töteten viele Einwohner und zwangen schätzungsweise 350 000 zur Flucht. Polnische Partisanen schlugen zurück. In Ostgalizien erreichten die ukrainischen Angriffe ihre größte Intensität Anfang 1944; Zehntausende starben, vor allem Polen, weitere 35 000 flüchteten. Ein ukrainischer Historiker behauptet, ab 1942 hätten Polen im Distrikt Lublin 2000 Ukrainer getötet, was ebenfalls zu einer Massenflucht führte. Laut polnischen Historikern wurden vielleicht 80 000 Polen (40–50 000 in Wolhynien) und 20 000 Ukrainer in diesen Regionen getötet.[100] Im Distrikt Lublin wurde dieser Konflikt teilweise dadurch ausgelöst, dass die Deutschen Ende 1942 und Anfang 1943 Ukrainer in gewaltsam geräumten ‹polnischen› Dörfern ansiedelten, und dann durch polnische Flüchtlinge aus dem Osten weiter verschärft.[101] Die Konflikte in Südostlitauen und dem westlichen Weißrussland waren weniger mörderisch. Im ehemals polnischen Teil Litauens um das deutsch-besetzte Vilnius herum kämpften litauische Nationalisten gegen die polnische Vorherrschaft. Die litauische Polizei drängte auf die Verfolgung der polnischen Intelligenz, und bis zu 1000 Menschen wurden ermordet.[102] In Weißrussland verfolgten Hilfspolizisten und Bürgermeister, die sich als Weißrussen bekannten, Polen und wurden ihrerseits von der nationalistischen polnischen Heimatarmee angegriffen. Hunderte mögen gestorben sein, noch bevor der Konflikt sich 1943 verschärfte, als prosowjetische Partisanen in die Region kamen und die drei Gruppen einander wie in Litauen bekämpften. Im September 1943 erging an Einheiten der polnischen Heimatarmee der Befehl, alle sowjetischen und jüdischen Partisanengruppen anzugreifen.[103] Neben ihren ethnischen und politischen Aspekten, etwa dem Konflikt um den Kommunismus, hatten beide Kämpfe eine Klassendimension. Viele Polen entstammten der sozialen Elite – Verwaltungsbeamte in den Städten und Grundbesitzer auf dem Land –, während die meisten Ukrainer, Litauer und Weißrussen Kleinbauern oder Landarbeiter waren.

Historiker haben auch einige der damaligen Konflikte in anderen Ländern als Bürgerkriege beschrieben, was manchmal aber umstritten ist. Der Guerrillakrieg in Italien ist als Kampf zwischen Aufständischen und einheimischen Faschisten dargestellt worden.[104] Bekannte nach dem Krieg geschriebene Memoiren entwerfen dieses Bild, aber Äußerungen der Partisanen während des Krieges deuten ebenfalls in diese Richtung; vor diesem Hintergrund traf die Wehrmacht manchmal Nichtangriffsabkommen mit den Partisanen, die sich dann auf den Kampf gegen die Faschisten konzentrierten.[105] Doch der antifaschistische Kampf in Italien war nicht homogen. Unter den Partisanengruppen gab es Kommunisten, Monarchisten und andere. Die Verwendung des Begriffs ‹Bürgerkrieg› für Polen ist weniger umstritten. Dort wenden Historiker ihn auf den Kampf zwischen der nationalistischen Heimatarmee und den rechtsextremen Nationalen Streitkräften an, die wiederum beide die kommunistische Volksarmee angriffen – alles Untergrundkräfte. Bei diesen Scharmützeln starben mehrere tausend Menschen.[106] Untergrundkämpfer nahmen auch jene aufs Korn, die mit den Deutschen kooperierten. Im Generalgouvernement wurden allein 1943 über 1000 angebliche Spitzel für die deutsche Polizei getötet.[107] In Albanien begannen im März 1943 Scharmützel zwischen der konservativ-nationalistischen Nationalen Front und der kommunistisch-beherrschten Nationalen Befreiungsfront, die sich nach dem Beginn der deutschen Besatzung im September 1943 verschärften. Die albanischen Verluste durch Bürgerkrieg und Besatzungstruppen waren geringer als in den Nachbarländern.[108] Im Kosovo, der von Albanien unter der deutschen und italienischen Besatzung annektiert wurde, lag die Sterberate höher. Albanische und serbische Banden bekämpften einander (und zehntausende Serben flohen aus der Region), doch die meisten Opfer waren Monarchisten und ehemalige Angehörige der beiden lokalen Waffen-SS-Divisionen. Auch etwa 40 % der wenigen Juden des Kosovo wurden 1943 von der Waffen-SS-Division «Handschar» festgenommen und ermordet.[109]

Zusammenfassend lässt sich sagen, dass die Bürgerkriege während des Zweiten Weltkriegs meist mehrere Opponenten hatten. Oft waren dies bewaffnete Organisationen politischer Parteien, was nahelegt, dass Vorkriegsspaltungen und militante Rhetorik durch die Kriegsbelastungen verstärkt wurden. Eine wichtige Frontlinie verlief zwischen Kommunisten und Konservativen. Letztere hatten unterschiedliche und unbeständige Beziehungen zu den Deutschen. Manchmal kämpften Verfechter eines multiethnischen Staats gegen Separatisten, aber der Nationalismus war tiefgreifend, und sogar die Kommunisten waren oft stark nationalistisch eingestellt. Wichtige ethnische Trennlinien waren häufig mit Klassenkonflikten verbunden. Dass diese Bürgerkriege tiefsitzende autochthone Wurzeln hatten, wird auch dadurch illustriert, dass einige nach dem Ende der deutschen Besatzung und des Weltkriegs weitergingen, etwa in Griechenland und der Westukraine. In beiden Gebieten forderten die Kämpfe nach Kriegsende jeweils mindestens 100 000 Opfer, in Polen mindestens 10 000.[110]

Die Vorurteile der an den Bürgerkriegen Beteiligten – und es wurde immer unklarer, wer nicht beteiligt war – assoziierten häufig Juden mit der einen oder anderen Seite. Man verdächtigte sie linker Sympathien und des Schürens sozialer Uneinigkeit. Viele Bürgerkriege drehten sich um die Definition der Nation, und rechtsgerichtete Nationalisten sahen Juden nicht als zuverlässige Teile ihrer Nationen an. Juden wurden auch in die Spannungen zwischen Stadt und Land hineingezogen. Bauern waren manchmal misstrauisch gegenüber Flüchtlingen aus der Stadt (und Partisanen), da Menschen auf dem Land eher vom Hunger in den Städten profitierten und die herrschenden rechtsgerichteten Regime unterstützten; doch das Misstrauen war gegenseitig.[111] Das spiegelte eine größere soziale Krise wieder, in der materieller Mangel zur Migration, zur Lockerung von verwandtschaftlichen Beziehungen[112] und zur Entsolidarisierung unter der Bevölkerung führte. Die Menschen reagierten darauf, indem sie Schutz in eng verbundenen, angeblich naturgegebenen Gemeinschaften suchten, aus denen Juden häufig ausgeschlossen blieben.

Partisanenbekämpfung und Bürgerkrieg schufen für Juden eine Realität aus Razzien, Straßensperren und Bespitzelung; eine Lage, in der es schwieriger war, sich zu verstecken, als wenn sie die einzige verfolgte Gruppe gewesen wären. Hunderte von Juden wurden 1943/44 von der polnischen Heimatarmee in Litauen und Weißrussland den Deutschen übergeben oder ermordet; Tausende fielen 1943 in Wolhynien der rechtsnationalistischen Ukrainischen Volksarmee zum Opfer.[113] Noch viel mehr Juden gaben den Gedanken auf, sich überhaupt zu verstecken, und blieben, wo sie waren. In diesem Zusammenhang ist es auffällig, dass die polnisch-ukrainischen Kämpfe um die Kontrolle der Region 1942 in den Kreisen Cholm und Hrubieszów des Distrikts Lublin begannen, als die Todeslager Sobibór und Bełżec dort in Betrieb waren, und bis 1944 weitergingen.[114] Das reduzierte die Überlebenschancen für jüdische Flüchtlinge noch weiter; tatsächlich waren die Überlebensraten von Juden in einigen Bürgerkriegsgebieten besonders niedrig. In Wolhynien und dem Westen Weißrusslands lag die jüdische Überlebensrate niedriger als in Litauen – obwohl Weißrussen als tolerant und Litauer als extrem feindlich gegenüber Juden galten.[115] In manchen Fällen fanden Juden aber Nischen zum Überleben, indem sie sich etwa großen Untergrundbewegungen in den serbischen, bosnischen und griechischen Bergen anschlossen oder Schutz durch sie genossen. In den Wäldern Weißrusslands und in Wolhynien wurden sie von kommunistischen Partisanen bzw. von polnischen Dorfbewohnern und der Heimatarmee unterstützt, denen sie jeweils im Kampf gegen ukrainische Nationalisten geholfen hatten. Manchmal übten diese Gruppen Vergeltung an den Mördern von Juden.[116] Im Allgemeinen heizte aber die präventive Gewalt der Deutschen gegen potenzielle Widerstandkämpfer und ihre weiteren Maßnahmen gegen reale Aufstände den Mord an Juden, auch an jüdischen Flüchtlingen, stark an. Die von der deutschen Aufstandsbekämpfung beförderte Gewalt zwischen unterschiedlichen Gruppen von Einheimischen wurde häufig zu einer weiteren Bedrohung für das Leben von Juden.

Teil III
Die europäische Dimension

Am 25. November 1941 fand die größte politische Machtdemonstration von Hitlers internationaler Koalition in Berlin statt. Hohe Vertreter der 13 Mitgliedsstaaten des Antikominternpakts – Deutschland, Italien, Japan, Ungarn, Mandschukuo, Spanien, Bulgarien, Nanking-China, Kroatien, Dänemark, Finnland, Rumänien und die Slowakei – kamen zusammen, um ihre Beteiligung am Kampf gegen die Kommunistische Internationale und ihre gegenseitige politische Unterstützung im Allgemeinen zu demonstrieren. Die letztgenannten sieben Staaten unterzeichneten an diesem Tag den überarbeiteten Vertrag.[1] Die deutsche Presse nannte die Konferenz eine «Weltsensation».[2] Doch was für eine seltsame Koalition! Trotz ihrer offiziellen Verurteilung des Kommunismus hatten diese Staaten sehr unterschiedliche politische Systeme und Volkswirtschaften und waren auch sehr unterschiedlich in den Zweiten Weltkrieg involviert. Dänemark, das laut seinem Außenminister Eric Scavenius ein neutrales und besetztes Land war, hatte die Kommunistische Partei verboten, wollte aber keinem Staat den Krieg erklären (auch nicht der Sowjetunion), weil die Bevölkerung das nicht unterstützen würde. Das spanische Franco-Regime, das nach eigener Darstellung in einem weitgehend antikommunistischen Bürgerkrieg an die Macht gekommen war, erklärte, es müsse im Weltkrieg neutral bleiben, weil es schon so große Verwüstungen erlitten habe. Finnlands Außenminister Rolf Witting war dafür, dass sein Land gegen die UdSSR kämpfte, wollte aber Großbritannien nicht den Krieg erklären. Das wiederum tat Bulgarien im Dezember 1941, während es sich gleichzeitig trotz seiner stark antikommunistisch eingestellten Regierung weigerte, der Sowjetunion den Krieg zu erklären, weil es alte kulturelle Bindungen an Russland besaß. Ungarn und Rumänien, die beide mit Truppen an der Ostfront standen, hatten auch Truppen an der gemeinsamen Grenze zusammengezogen, und binnen weniger Wochen standen sie kurz vor einem bewaffneten Konflikt. Bei der Konferenz in Berlin intrigierte Rumäniens Diktator Antonescu gegen Ungarn.[3] Und der japanische Vertreter, Botschafter General Nagisa Oshima, enthüllte weder öffentlich noch in Geheimgesprächen, dass sein Land binnen zwei Wochen die Vereinigten Staaten angreifen würde,[4] geschweige denn, dass Japan die Sowjetunion nicht angreifen würde. Von den 13 Mitgliedsstaaten des Antikominternpakts von Ende 1941 traten nur sieben jemals in den Krieg mit der UdSSR ein.

Diese Episode zeigt, dass nationale Interessen stärker den politischen Kurs dieser Länder bestimmten als die Interessen Deutschlands oder anderer Partnerstaaten. Das widerspricht der Idee, die Regierungen von Ländern wie Bulgarien oder dem besetzten Dänemark seien bloße deutsche Marionetten gewesen; neuere Studien über die Frustration und relative Erfolglosigkeit offizieller deutscher Berater in der Slowakei deuten in dieselbe Richtung.[5] Dennoch waren seine Verbündeten sehr wichtig für Deutschland, weil sie unter anderem 1941 etwa eine Million Soldaten an der Ostfront stellten (gegenüber drei Millionen deutschen) und 1942 zwei Millionen.[6] Die Konferenz vom November 1941 zeigt auch, dass trotz aller Manipulation der öffentlichen Meinung bestimmte Einstellungen der eigenen Bevölkerung für diese Regime wichtig waren. Dies gilt auch für Politik und Aktionen gegen Juden.

Manche europäische Länder waren von anderen Achsenmächten besetzt, andere nicht. Manche dieser besetzten Länder besaßen nationale Regierungen (Vichy-Frankreich, Dänemark, Griechenland, Norwegen ab 1942 und die besonders schwachen Regime in Serbien, Albanien und dem «Protektorat Böhmen und Mähren»), andere nicht (beispielsweise die besetzten polnischen und sowjetischen Gebiete). Manche Länder standen im Krieg, andere blieben neutral (darunter Schweden, die Schweiz und die Türkei). Manche wurden von faschistischen Parteien im engeren Sinne regiert (Italien, Kroatien, Slowakei und das besetzte Norwegen), andere von autoritären rechtsgerichteten Regimen (Ungarn bis Oktober 1944, Rumänien und Bulgarien), wieder andere hatten einigermaßen funktionierende Parlamente oder sogar Sozialdemokraten in ihren Regierungskoalitionen (Dänemark und Finnland). Auch wenn ein Regime von einer dominierenden Regierungspartei kontrolliert wurde, war es oft durch heftige politische Konflikte gespalten, genau wie die von ihm regierte Gesellschaft. Diese Konflikte fanden häufig hinter den Kulissen statt, führten aber manchmal zu heftigen und offenen Kämpfen. Wegen dieser Unterschiede von Land zu Land und innerhalb von Gesellschaften soll der Titel dieses Buchabschnitts keine einheitliche kollektive europäische Haltung oder Verantwortlichkeit nahelegen.

Bei allen Unterschieden teilten die mit Deutschland verbündeten und die meisten von ihm besetzten Länder weitgehend bestimmte politische

Merkmale. Dazu gehörten glühender Nationalismus, ein biologisches oder organisches Verständnis des Volkes oder der eigenen ethnischen Gruppe (was oft zu Einparteienstaaten, eingeschränktem politischen Diskurs und nichtöffentlichen Entscheidungsprozessen führte) und ein korporatives Gesellschaftsbild (das auch der Vatikan unterstützte).[7] Familie und Bauerntum wurden als heilig angesehen, und es gab staatlich kontrollierte paramilitärische Organisationen, eine zentralisierte Verwaltung, Entmachtung von Legislative und Gerichten, Einschränkung der Bürgerrechte, Pressezensur, staatliche Kontrolle der Gewerkschaften und ein Verbot von Streiks und linken Parteien bei gleichzeitigem Leugnen oder Herunterspielen von Klassengegensätzen.[8] Viele dieser Merkmale verhärteten sich im Lauf des Krieges wegen des Kriegsrechts. Somit teilten viele Akteure in diesen Ländern, vor allem viele Politiker und Intellektuelle, bestimmte Ideen über eine Neuordnung von Gesellschaft und Politik, in der Juden keinen Platz mehr zu haben schienen. Viele dieser Länder wurden aber nicht von Faschisten im engeren Wortsinne regiert – nicht einmal Rumänien und Ungarn, die Massenmorde an Juden begingen. (Genauer gesagt war Ungarn nicht vor dem Oktober 1944 faschistisch.) Andererseits bedeutete der Hypernationalismus vieler dieser Regime, dass sie zu Konflikten mit ihren Nachbarstaaten neigten, was enge und dauerhafte Bündnisse verhinderte. Aus diesem Grund führte eine von Mussolini angeregte internationale Konferenz der faschistischen Parteien 1934 zu nichts, nicht einmal zu einer weiteren Tagung.[9]

Sozioökonomisch gesehen, gehörten zu Kontinentaleuropa einige Industrieländer (wie auch Deutschland, manche davon mit harten Währungen – im Gegensatz zu Deutschland), etwa Frankreich, die Niederlande, Belgien, Dänemark, Schweden, die Schweiz und Böhmen und Mähren; vor allem in Osteuropa besaßen die meisten jedoch wenig Industrie, eine weitgehend ländliche und wenig gebildete Bevölkerung, kleine Städte und eine mangelhafte Infrastruktur.

Rechter Autoritarismus und pseudoorganischer Nationalismus waren Reaktionen auf das Gefühl, die Nation sei in der Krise. Es gab drei wichtige Krisenvorstellungen. Die erste war der langfristige Umbruch durch Industrialisierung, Urbanisierung und Säkularisierung – «die große Weltkrise, die unsere Zivilisation durchmachen muß», wie der norwegische Faschistenführer und Premierminister Quisling es ausdrückte.[10] Die zweite war die Weltwirtschaftskrise der 1930er Jahre, die

Bauern und Mittelschicht zu gefährden schien, soziale Konflikte schuf und den Liberalismus diskreditierte, während Führungspersönlichkeiten der Mittel- und Oberschicht den Kommunismus als Bedrohung ansahen (umso mehr wegen seiner Erfolge). Und drittens erzeugte der Weltkrieg in allen diesen Ländern Entbehrungen, Mangelwirtschaft, staatliche Interventionen und Rationierung. Viele, die ihre Nationen in der Krise sahen, propagierten einen Neuaufbau von Gesellschaft und Werten.[11] In vielen Ländern führte dies zu Forderungen nach nationaler Einheit und einer sogenannten «neuen Ordnung» – obwohl diese meist nicht klar definiert war.

In einer Rede vom 16. Dezember 1941, kurz nach der Konferenz des Antikominternpakts und der Kriegserklärung mehrerer Staaten an die USA, beschrieb Reinhard Heydrich die Weltlage als Kampf zweier einander unversöhnlich gegenüberstehender Welten: «Der Welt des Judentums, des Bolschewismus, des skrupellosen Profits steht ein einiges Europa gegenüber.»[12] In Wirklichkeit waren nicht einmal die europäischen Achsenmächte vereint, und das galt auch für die antijüdische Politik. Es scheint keine Methode zur vergleichenden Einschätzung antijüdischer Einstellungen (d. h. zur Messung von ‹Antisemitismus›) zu geben, obwohl manchmal behauptet wird, sie seien in einem Land stärker gewesen als in einem anderen (etwa in Frankreich vor dem Ersten Weltkrieg stärker als in Deutschland[13]). Oft wird gesagt, antijüdische Gefühle seien in verschiedenen ost- und südosteuropäischen Ländern wie Polen, Rumänien und Ungarn stärker gewesen als in Skandinavien, Italien, Bulgarien und den Niederlanden, während die Situation in der Sowjetunion, Kroatien und Frankreich unklar bleibt.[14] In Hinsicht auf die populärsten Formen von Judenfeindschaft scheint es weniger produktiv, für jedes Land eine einzige beherrschende Form zu suchen (wie den rassischen ‹Antisemitismus› in Deutschland oder die religiöse Version in Teilen Polens), als zu erkennen, dass gleichzeitig verschiedene Stränge existierten und überall miteinander verwoben waren. Ich kann in diesem Teil meines Buches keine umfassende Analyse antijüdischen Denkens in Dutzenden von Ländern über lange Zeiträume hinweg liefern. Stattdessen konzentriere ich mich auf Handlungen, die sich gegen Juden richteten oder ihnen gelegentlich halfen, vor allem die Gesetzgebung und andere staatliche Maßnahmen sowie Handlungen weiterer gesellschaftlicher Akteure, und interpretiere sie in Hinblick auf die sie motivierenden Ideen.

12
Gesetzgebung gegen Juden in Europa: ein Vergleich

Die Forschung hat uns ein solides Inventar antijüdischer Gesetzgebung in Europa während der 1930er und 1940er Jahre an die Hand gegeben. Es gibt jedoch nur wenige grenzüberschreitende Analysen. Das zeigt erneut, wie viel von der Geschichte der Verfolgung der europäischen Juden aus getrennten *National*geschichten besteht, die in erster Linie der nationalen Identitätsbildung dienen. Entsprechend gibt es in nahezu jedem Land eine Diskussion darüber, in welchem Maße antijüdische Gesetze und Vorschriften auf deutscher Herrschaft, politischem Einfluss oder NS-Ideen beruhten oder ob sie einheimische Wurzeln hatten. Ja diese Diskussionen beherrschen das Feld.

Nur eine Handvoll Werke – einige Artikel und kurze Buchabschnitte – versuchen eine umfassende Analyse der antijüdischen Gesetzgebung außerhalb Deutschlands. Auch ihre Autoren nehmen entweder deutsche Vorschriften zum Maßstab, wie zum Beispiel Raul Hilberg, der aber betonte, dass die Intensität und Form der Verfolgung durch nichtdeutsche Regierungen von ihren unterschiedlichen und wechselnden Interessen abhingen,[1] oder sie schätzen den deutschen Einfluss entweder als klein (wie Asher Cohen) oder groß ein (wie Randolph Braham).[2] Donald Bloxham stellt die Verfolgung von Juden außerhalb Deutschlands in den von ihm sogenannten ethnopolitischen Kontext anderer Gewalt.[3] All diese Autoren haben festgestellt, dass die wirtschaftlichen Aspekte solcher Gesetze wichtig waren, behandeln sie aber nur relativ kurz. Die ganze Debatte konzentriert sich auf Länder, die entweder von Deutschland besetzt waren, politisch von ihm abhingen oder von rechtsgerichteten autoritären oder faschistischen Regimen regiert wurden: Vichy-Frankreich und Norwegen; Slowakei, Kroatien, Ungarn und Rumänien; Bulgarien und Italien.

Meiner Meinung nach sollte eine vergleichende Analyse auch Länder einbeziehen, die in diesem Zusammenhang oft beiseitegelassen werden, wie auch Aspekte (besonders Fremdenfeindlichkeit), die nicht viel Aufmerksamkeit erfahren haben. Das führt zu einer Reihe neuer Schlussfolgerungen. Meine Absicht ist hier einerseits ein verallgemeinernder und andererseits ein Variationen suchender Vergleich staatlichen Handelns, dem ich mich auf drei Wegen nähere: nach Ländern, nach historischen Phasen und schließlich nach verschiedenen Themen, die sich im Inhalt der Gesetzgebung ausdrücken.

Dieses Kapitel beschränkt sich auf Gesetze in nichtdeutschen Ländern im weiteren Sinne. Deutsch-besetzte Gebiete ohne eigene Regierungen werden hier nicht betrachtet. Mit rein exekutiven Maßnahmen und Anweisungen beschäftige ich mich in späteren Kapiteln, dazu mit Boykotten, Pogromen und anderen Handlungen nichtstaatlicher Akteure. Es geht mir hier aber nicht um rein juristische Überlegungen, und die vollständige Analyse jedes relevanten Gesetzes ist unmöglich. Außerdem bestand natürlich ein Unterschied zwischen juristischen Konstruktionen und der Praxis. Beispielsweise wurden Ungarns antijüdische Gesetze nicht vollständig umgesetzt.[4] Andererseits wird dieses Kapitel zeigen, dass einige Länder Gesetze erließen, die, ohne Juden zu erwähnen, sich dennoch weitgehend oder ausschließlich auf sie bezogen. Manche Staaten – die Sowjetunion, Dänemark, Griechenland und von 1939 bis 1940 Frankreich – besaßen Gesetze gegen antijüdische Hetze, Dänemark sogar unter deutscher Besatzung.[5]

Länder

Wo gab es außer in den bereits genannten Ländern noch antijüdische Gesetze und Vorschriften? Es überrascht nicht, dass dies zunächst unter anderen rechtsgerichteten autoritären Regimen geschah. Francos Spanien beschränkte die Einreise ausländischer Juden und erschwerte Juden mit spanischer Staatsbürgerschaft die Wiedereinreise. Dies begann nach dem Ende des Bürgerkriegs im März 1939. Vor diesem Datum flohen mehr Menschen aus Spanien als dorthin. Während des Bürgerkriegs geschlossene Synagogen wurden danach nicht wieder eröffnet. Die Grundlage für diese antijüdischen Maßnahmen ist «mehr diffuses Ressentiment als Bestandteil einer konsistenten Weltanschauung» genannt worden.[6] Die juristische Verfolgung von Juden in Kroatien, die gleich nach der Staatsgründung im April 1941 begann, ist oft beschrieben worden; weniger bekannt ist die Tatsache, dass der Vorgängerstaat Jugoslawien schon im Oktober 1940 Juden weitgehend aus dem

Lebensmittelhandel ausgeschlossen und den Anteil jüdischer Studenten und Schüler an Universitäten, Ober- und Mittelschulen beschränkt hatte, was sofort umgesetzt wurde. Ausländische Juden durften solche Bildungseinrichtungen überhaupt nicht mehr besuchen. Der jugoslawische Staat soll auch ausländische Juden angewiesen haben, das Land zu verlassen. Diese Maßnahmen im Verein mit anderen, wie der Einführung einer staatlich kontrollierten Einheitsgewerkschaft und zusätzlicher Rechte für die deutsche Minderheit, wurden als ideologische Zugeständnisse – ein Ersatz für ein Bündnis – zu einem Zeitpunkt gesehen, als Jugoslawien sich noch gegen einen außenpolitischen Schulterschluss mit Deutschland wehrte.[7] Im faschistischen Österreich stoppte Kanzler Kurt Schuschnigg 1937 ein geplantes Verbot des koscheren Schlachtens. Mehrere gesetzliche Bestimmungen betrafen Juden jedoch indirekt. Das Handelsgesetz von 1934 verbot Händlern Verkaufsbesuche bei Kunden, stärkte die Rolle von Verbänden und schränkte Ratenverkäufe ein, wodurch das Geschäft aus Osteuropa stammender jüdischer Händler geschwächt wurde. Das Sozialversicherungsgesetz, ebenfalls von 1934, führte dazu, dass viele Juden ihre Stelle verloren. Von den 58 Ärzten, die nach dem neuen Gesetz gegen Sozialdemokraten im Staatsdienst entlassen wurden, waren bis auf zwei alle Juden. Außerdem war schon seit 1923, während der ersten österreichischen Republik, die Zahl ausländischer Juden an der Universität Graz und der Technischen Universität Wien beschränkt worden.[8]

Auch andere nationalistisch-autoritäre Regime sind hier zu nennen. Litauen verabschiedete Gesetze, um Juden aus dem wichtigen Holz- und Flachshandel und aus dem Transportwesen auszuschließen. Sprachprüfungen in Litauisch hielten viele Juden vom Studium an der Universität Kaunas ab.[9] In Polen gab es nicht nur heftige antijüdische Propaganda und Gewalt, auch die Gesetze gegen Juden gingen weiter als in Litauen. Als 1919 zahlreiche Beamte entlassen wurden, um die Verwaltung abzubauen, waren Juden überdurchschnittlich oft betroffen. Ab 1937 mussten jüdische Studenten abgesondert auf sogenannten Ghettobänken sitzen. Ein Jahr später machte ein Gesetz es Juden praktisch unmöglich, eine Karriere im Rechtswesen anzustreben, und auch die Zahl jüdischer Studenten in anderen Fächern – vor allem der Politologie – ging zurück. Das koschere Schlachten war seit 1937 beschränkt, und ab 1936 durften Juden nicht mehr in der Milchwirtschaft arbeiten.[10] Ein Erlass machte im März 1938 bekannt, dass zehntausende im Ausland lebende jüdische Polen binnen weniger Monate ihre Staatsbürgerschaft verlieren würden. Dies provozierte Nazideutschland dazu, im Oktober 1938 – kurz vor Ablauf der Frist – 17 000 polnische Juden abzuschieben, doch an manchen Orten verwehrten die polnischen Behörden ihnen die Einreise. Im Juli 1939 mussten immer noch tausende dieser polnischen Juden in Lagern auf der polnischen Seite der deutsch-polnischen Grenze ausharren.[11]

Ab Februar 1939 erlaubte das diktatorisch regierte Königreich Albanien nur noch jenen ausländischen Juden die Einreise, die gültige Pässe und Visa sowie den Gegenwert von 250 Goldfrancs vorweisen konnten. Unter der italienischen Herrschaft sollten Juden ab 1940 ausgewiesen werden, was aber nur selten umgesetzt wurde.[12] Auch die neutrale Türkei hatte seit 1938 die Einreise ausländischer Juden und ebenso wie Spanien die Rückkehr türkischer Staatsbürger jüdischen Glaubens erschwert. Die türkischen Behörden gingen sogar noch weiter als die spanischen, indem sie jüdischen Bürgern im Ausland – vor allem in Frankreich – die Staatsbürgerschaft entzogen. Das kostete wahrscheinlich weit über 2000 jüdische Türken das Leben, die von den Deutschen aus Frankreich deportiert wurden. Ein Gesetz von 1938, das ausländische Juden ausweisen sollte, wurde bald aufgehoben, doch die freien Berufe waren seit 1932 weitgehend auf Muslime beschränkt worden, und zwischen 1932 und 1934 wurden ‹Ausländer›, darunter hunderte von Juden, aus dem Staatsdienst entfernt. Die Pogrome, die im Sommer 1934 zur Flucht fast aller Juden aus Thrakien führten (siehe S. 332), waren die Folge eines Gesetzes, das die Zwangsumsiedlung von Minderheiten im nationalen Interesse erlaubte. Außerdem wurden Vorschriften aus dem Ersten Weltkrieg, die das Einziehen von nichtmuslimischen Männern zwischen 25 und 45 zu Arbeitsbataillonen der Armee vorschrieben, 1941 wieder in Kraft gesetzt. 1942 führte die Türkische Republik auch eine Sondersteuer auf das Vermögen von Nichtmuslimen ein (zehnmal so hoch wie die Vermögenssteuer für Muslime), um die Wiederaufrüstung des Landes zu finanzieren und kriegsbedingten Wirtschaftsproblemen zu begegnen. Das ruinierte viele jüdische Firmen, und bis zu 2000 Männer, die die Steuer nicht bezahlen wollten, wurden in Lagern interniert.[13] Trotz der genannten Maßnahmen werden Albanien und die Türkei aber manchmal als Retternationen dargestellt.

Auch bürgerliche Demokratien schreckten nicht vor gesetzlichen Maßnahmen gegen Juden zurück. Das betraf meistens die Einwanderung. Wie die USA, Japan, Südafrika und mehrere südamerikanische Länder beschränkten auch Polen, Ungarn, Italien, Frankreich (schon

1935), Großbritannien, Belgien und Schweden die Einreise ausländischer Juden.[14] Viele Länder, etwa Dänemark, bewilligten jüdischen Ausländern nur Touristenvisa, damit sie keine Arbeit suchen und im Land bleiben konnten. Es war vor allem die Welle von Flüchtlingen aus dem deutsch-annektierten Österreich 1938, welche die Behörden in einer Reihe von Staaten wie Finnland zuerst dazu trieb, jüdischen Flüchtlingen die Einreise zu verweigern.[15] Das galt besonders für die Schweiz. Erst unter dem Druck der schweizerischen und in geringerem Maße der schwedischen Behörden begann Deutschland im Herbst 1938, in die Pässe deutscher Juden ein «J» zu stempeln. (Das war nicht im Interesse der NS-Regierung, da es die Pläne zur Emigration von Juden aus Deutschland erschwerte.)[16] Im August 1942 schränkte die schweizerische Regierung die Einwanderung noch weiter ein und reagierte damit auf eine Welle jüdischer Flüchtlinge aus Frankreich nach dem Beginn von Massendeportationen der Deutschen von dort in Vernichtungslager. Sie erklärte die meisten Einreisen für illegal und schickte auch Menschen, deren Leben und Gesundheit gefährdet waren, zurück, selbst Flüchtlinge, die aus explizit rassischen Gründen verfolgt wurden. Insgesamt wiesen die schweizerischen Behörden mindestens 24 000 Flüchtlinge an der Grenze zurück, darunter viele Juden. Solche Zurückweisungen fanden besonders in kritischen Perioden statt (Juden, die im August 1942 aus Frankreich und im September 1943 aus Italien kamen). Allerdings nahm die Schweiz während des Zweiten Weltkriegs auch 21 000 Juden auf. Außerdem wurden 14 500 der 24 100 in diplomatischen Vertretungen gestellten Einwanderungsanträge abgelehnt.[17] Die Schweiz hatte eine längere Tradition der staatlichen Feindseligkeit gegen ausländische Juden. Seit 1926 war die vorgeschriebene Wartezeit für die Einbürgerung osteuropäischer Juden länger als für andere Einwanderergruppen, und ab 1941 war die Quote für Juden, die in der Schweiz eingebürgert wurden, winzig – gerade einmal 12 Personen pro Jahr. Ab November 1941 verloren schweizerische Frauen, die mit Ausländern verheiratet waren, ihre Staatsbürgerschaft, was für jüdische Schweizerinnen im Ausland tödlich sein konnte.[18] Seit 1933 durften Flüchtlinge in der Schweiz keine Arbeit mehr suchen, und dies betraf häufig Juden. Nach 1940 wurde das Beschäftigungsverbot mit der Arbeitspflicht verbunden, wodurch tausende von Flüchtlingen, darunter viele Juden, Zwangsarbeit leisten mussten. Eine Steuer auf zurückkehrende schweizerische Bürger, die 1944 eingeführt wurde, richtete sich in erster Linie gegen Juden.[19]

Vorschriften, die von früheren bürgerlich-demokratischen Regierungen erlassen worden waren, wurden zum Muster für autoritäre Nachfolgeregime. Nachdem das Münchner Abkommen die deutsche Annexion des Sudetenlands im Oktober 1938 festgeschrieben hatte, entließ die Tschecho-Slowakei (so der damalige Name des Staates) jüdische Beamte, schränkte die Einwanderung ein, wies Juden aus, die nach 1914 eingewandert waren, plante Internierungslager für angeblich Arbeitsscheue und verbot das koschere Schlachten.[20] Die Verfassung der Tschechoslowakei wurde abgeschafft, die meisten Parteien einschließlich der Kommunistischen Partei verboten, das Parlament entmachtet und die Pressezensur ausgeweitet.[21] Im März 1939, in den ersten Tagen nach der deutschen Besetzung Prags, verbot die noch existierende tschechische Regierung unter Rudolf Beran jüdischen Ärzten und Anwälten die Berufsausübung, entfernte Juden aus dem Gesundheitswesen und von hohen Posten in Privatunternehmen und Sozialverbänden und kennzeichnete bestimmte Läden als ‹arisch›. Später entwickelte sich ein ungleicher Machtkampf zwischen dem deutschen Reichsprotektor und der tschechischen Regierung des deutschen Protektorats Böhmen und Mähren über die Frage, wer von enteignetem jüdischem Eigentum profitieren solle. (Hitler hatte zunächst gesagt, es solle den Tschechen überlassen werden.) Die tschechische Presse debattierte lebhaft über dieses Thema.[22] Die Dritte Republik in Frankreich internierte 1939 unter den Ausländern aus Feindstaaten auch viele mitteleuropäische Juden und verbot es im April 1940 aus Sicherheitsgründen Nichtsesshaften, vor allem Roma, das Land zu durchreisen.[23] Das erleichterte es Vichy-Frankreich und den Deutschen, diese Gruppen unter ihre Kontrolle zu bekommen. Von den rund 600 000 Zivilisten, die zwischen 1938 und 1946 auf französischem Territorium interniert waren, befand sich etwa ein Viertel in Vichy-Lagern, mehr als in deutsch-kontrollierten Lagern.[24] Das bedeutete auch, fast drei Viertel befanden sich in Lagern, die von der französischen Dritten und Vierten Republik verwaltet wurden,[25] ein Vorgeschmack auf die schreckliche Masseninternierung, die während des französischen Krieges in Algerien 1954 bis 1962 Hunderttausende das Leben kostete.

In den Ländern, die sonst am häufigsten wegen ihrer juristischen Judenverfolgung genannt werden, sind etwas andere Muster zu erkennen. Ich behandle sie im Kontext von Themen der Gesetzgebung. Gewöhnlich erließen Länder viele antijüdische Gesetze – 350 in der Slowakei, über 150 in Frankreich, mindestens 315 im deutsch-besetzten Protektorat Böhmen und Mähren[26] –, deren Verabschiedung Jahre dauerte. Der Schwerpunkt war entweder zuerst fremdenfeindlich und wirtschaftlich, und politisch-rassistische Elemente wurden später hinzugefügt – etwa das Verbot von Mischehen, die Kennzeichnung von Juden mit Abzeichen, oder die Einschränkung ihrer Bewegungsfreiheit – oder beide Arten von Maßnahmen wurden ungefähr gleichzeitig ergriffen. Italien ist ein Beispiel für Letzteres.[27]

Somit führten viele Länder innerhalb und außerhalb Europas antijüdische Gesetze und Vorschriften ein, nicht nur wenn sie sich unter deutscher Herrschaft oder politischer Dominanz befanden, sondern auch wenn sie andere politische Systeme hatten. Staaten, an die man zunächst nicht denkt, wie Polen, die Türkei und die Schweiz, besaßen eine recht umfangreiche Gesetzgebung gegen Juden. Antijüdische Vorschriften existierten auch in Ländern, die manchmal wegen ihres Schutzes für Juden gelobt werden, zum Beispiel Albanien, die Türkei, Dänemark und Bulgarien.

Phasen der antijüdischen Gesetzgebung

Während bestimmter Perioden beschleunigte sich die antijüdische Gesetzgebung. 1938 bis 1942 wurden in Ungarn vier wichtige antijüdische Gesetze erlassen, zu denen noch mehr Vorschriften kamen, nachdem Deutschland das Land 1944 besetzt hatte. Die wichtigsten Gesetze in Italien traten 1938/39 und 1943 in Kraft. In Vichy-Frankreich stammten die meisten Vorschriften von 1940 bis 1942,[28] in Bulgarien von 1940 bis 1943. Rumänien hatte früher begonnen, Ende 1937 unter der Regierung Goga, und der Gesetzgebungsprozess ging bis 1943 weiter. In Kroatien traten die meisten antijüdischen Gesetze und Vorschriften 1941/42 in Kraft und in der Slowakei von 1939 bis 1942, bald nach der Gründung des slowakischen Staates. Rumänien, Ungarn, Italien und Bulgarien erließen die ersten antijüdischen Gesetze vor ihrem Kriegseintritt. Das Gleiche gilt für Länder wie Polen.

Antijüdische Gesetze in Europa häuften sich in den Jahren 1938 bis 1942. Das war deutlich später als in Deutschland. Dass Gesetze gegen Juden nicht Mitte der 1930er Jahre massenhaft erlassen wurden, deutet an, dass sie, sofern sie mit Entwicklungen in Deutschland verbunden waren, nicht allein aus deutschen Ideen entstanden, sondern dass eine starke deutsche Machtposition nötig war. Dementsprechend äußerte Emil Schumburg, ein Beamter des Auswärtigen Amts im Januar 1939: «Zugleich mit dem in Versailles zur Niederhaltung Deutschlands geschaffenen Staatensystem in Mitteleuropa brach 1938 auch die jüdische Machtposition in Wien und Prag zusammen.» Diese Entwicklungen stellte er in denselben Kontext wie die antijüdischen Gesetze in Italien, Rumänien, Ungarn und Polen.[29] Zwischen 1943 und 1945, als Deutschlands Macht schwächer wurde, kamen nur noch wenige antijüdische Gesetze hinzu. Andererseits waren antijüdische Gefühle auch ein hausgemachtes Problem; feindselige Propaganda gegen Juden in Ländern wie Polen, Jugoslawien, Litauen, Frankreich und Österreich nahm ab Mitte der 1930er Jahre zu. Solche verbreiteten Einstellungen brauchten anscheinend eine gewisse Zeit, bevor sie in der Gesetzgebung wirksam werden konnten.

Obwohl man die kurzlebige rumänische Regierung von Premierminister Octavian Goga «das zweite offen antijüdische Regime in Europa» genannt hat,[30] wurden gesetzliche Maßnahmen gegen Juden in Rumänien und anderen Staaten schon früher getroffen, manche sogar vor dem Machtantritt der Nazis in Deutschland, wenn auch wenige vor 1930. Gewiss, die meisten dieser Gesetze richtete sich nur implizit gegen Juden, so in der Türkei, in Österreich und der Schweiz (oder Italien[31]); in Polen hatte man dagegen schon 1936/37 explizit antijüdische Vorschriften erlassen. Mit Ausnahme Rumäniens erließen Länder, die zu deutschen Verbündeten wurden, nur selten vor 1938 Gesetze gegen Juden (das ungarische Gesetz zur Beschränkung der Zahl jüdischer Studenten wurde allerdings 1920 verabschiedet[32]).

Noch als die deutsche Macht in der zweiten Hälfte des Zweiten Weltkriegs zurückging, wurden aber neue Beschränkungen für Juden in Rumänien (gegen die Rückkehr von Juden aus Transnistrien[33]) sowie in Bulgarien, Ungarn und der Schweiz (Arbeitspflicht für Juden und andere Flüchtlinge) erlassen. Wenn im Gegensatz etwa zu Polen oder Bulgarien die Wiederherstellung gleicher Rechte für Juden nach der Rückeroberung eines Landes durch die Alliierten Monate (wie im Italien Badoglios) oder ein Jahr brauchte (wie in Französisch-Algerien),[34] lässt sich das kaum mehr dem politischen Einfluss der Nazis zuschreiben. Obwohl antijüdische Gesetze in Französisch-Tunesien gleich nach der Eroberung durch die Alliierten aufgehoben wurden, bleibt die Tatsache, dass der Besitz italienischer Juden beschlagnahmt und 200 jüdische Anwälte, Ärzte und Würdenträger in einem Lager interniert wurden.[35] In vielen Ländern, zum Beispiel Ungarn, Griechenland, Italien, Frankreich und Polen, wurde das Eigentum überlebender jüdischer Bürger nach dem Krieg nie auch nur annähernd ganz zurückgegeben; dies war ein Ergebnis der Privatinitiative von Profiteuren, aber mit Hilfe staatlicher Vorschriften.[36] In Italien waren rund 90 Gesetze und 44 Jahre nötig, bis 1987 alle antijüdischen Maßnahmen der Faschisten aufgehoben waren.[37]

Themen

Aus thematischer Sicht standen Vorschriften religiöser Art oder mit Bezug zur Rassenideologie im engeren Sinne nicht zwangsläufig im Zentrum der antijüdischen Gesetze in Europa. Im Bereich der Religion waren die wichtigsten Maßnahmen Gesetze gegen das koschere Schlachten, die 1929 in Norwegen, 1937 in Schweden und Polen und 1939 in der Tschecho-Slowakei sowie in Italien und Rumänien eingeführt wurden; in der Schweiz war es schon 1893 durch eine Volksabstimmung verboten worden.[38] In Norwegen hatte die Judenfeindschaft starke religiöse Wurzeln. In Spanien waren Beschneidungen, jüdische Hochzeiten und Beerdigungen verboten, und Synagogen und jüdische Friedhöfe wurden während des Zweiten Weltkriegs geschlossen.[39] Von Mai bis August 1941 versuchte der kroatische Staat die Zwangskonversion, vor allem der Orthodoxen, aber auch von Juden, zum Katholizismus unter seine Kontrolle zu bringen, gab diese Regulierungsversuche aber bis Mitte 1942 wieder auf.[40]

Zur Gesetzgebung, die auf eine spezifisch rassistische Ideologie hindeutet, gehörten Vorschriften, die definierten, wer Jude war, die Ehen und sexuelle Beziehungen zwischen Juden und Nichtjuden verboten und die eine Kennzeichnung von Juden durch Abzeichen oder Aufnäher vorschrieben. Raul Hilberg sah darin entscheidende Etappen im Vernichtungsprozess.[41] Doch nur Italien, Ungarn, Bulgarien, Vichy-Frankreich, das deutsch-besetzte Norwegen, Kroatien und die Slowakei führten relevante Definitionen ein – die meist von der deutschen und auch untereinander abwichen. In Rumänien fanden verschiedene Definitionen im Kontext verschiedener judenfeindlicher Gesetze für Teilbereiche Verwendung. Wo Definitionen von ‹Jude› existierten, beruhten sie manchmal auf Religionszugehörigkeit (sogar bei der radikalen kroatischen Regierung). Die Definitionen waren für den Geschmack deutscher Beobachter häufig zu eng gefasst, die sich gern über angebliche Mängel in den antijüdischen Gesetzen anderer Länder im Allgemeinen beschwerten, besonders wegen weitreichender Ausnahmen in der Definition, wer Jude sei.[42] 1941 verschärften die Slowakei und Ungarn ihre Definitionen, 1942 Bulgarien. Individuelle Ausnahmen, die meist vom Staats- oder Regierungschef genehmigt wurden (auch in Deutschland, wo diese Macht bei Hitler lag), konnten qualifizierte Vertreter der freien Berufe, Geschäftsleute (die, wenn auch manchmal nur zeitweise, gebraucht wurden, um Schaden von der Volkswirtschaft abzuwenden), Facharbeiter, jüdische Gemeindeoberhäupter, Kriegsveteranen, Künstler, Wissenschaftler und frühere Mitglieder von rechten Parteien betreffen.[43] In seltenen Fällen ging die Definition von ‹Jude› in anderen Ländern weiter als in Deutschland, etwa in Ungarn (noch vor der deutschen Besatzung), Kroatien, Bulgarien ab 1942 und im deutsch-besetzten Norwegen.[44] Heirat und sexuelle Kontakte zwischen Juden und Nichtjuden waren in einigen Ländern verboten, darunter Italien, Kroatien, Rumänien, Ungarn, Bulgarien und Norwegen. Die Zahl der Staaten, in denen Juden ein Kennzeichen (oft einen Stern) tragen mussten, war noch geringer: die Slowakei, Kroatien und ab 1944 Ungarn. Bulgarien verabschiedete ein solches Gesetz, setzte es aber außerhalb der annektierten Gebiete nie um. In einigen rumänischen Provinzen mussten Juden zeitweise einen gelben Stern tragen, in Frankreich gab es das nur im deutsch-besetzten Landesteil und im faschistischen Italien überhaupt nicht.[45] Im Deutschen Reich wurde der gelbe Stern für Juden zuerst Ende 1939 in den annektierten polnischen Gebieten und im Generalgouvernement eingeführt, im Altreich erst im September 1941.[46]

Die Existenz einer spezialisierten Zentralbehörde für Maßnahmen gegen Juden ist ebenfalls als Zeichen einer kohärenten rassistischen Politik zu verstehen. Solche Institutionen wurden aber nur in Vichy-Frankreich und Bulgarien eingerichtet, und selbst dort mussten sie mit anderen Behörden konkurrieren. Die Autorität des französischen Generalkommissariats für Judenfragen war in der Realität begrenzt; sie konzentrierte sich auf das Vorschlagen und Vorbereiten gesetzlicher Maßnahmen gegen Juden (einschließlich der Polizeimaßnahmen zu ihrer Umsetzung) und den Umgang mit jüdischem Eigentum, ein zentraler Tätigkeitsbereich.[47]

In Kroatien und Rumänien waren neugegründete staatliche Agenturen für Verwaltung und Umverteilung jüdischen Eigentums zuständig, in der Slowakei auch für Zwangsarbeit.[48] Man sollte nicht vergessen, dass NS-Deutschland selbst keine *zentrale* Behörde für die alleinige Umsetzung antijüdischer Politik besaß.[49] Wie in Deutschland legen die unterschiedlichen tätigen Strukturen nahe, dass auch in anderen Ländern verschiedene Behörden Maßnahmen gegen Juden verfolgten – manchmal kooperativ und manchmal konkurrierend –, ohne strenge Zentralisierung.

Statt sich auf Fragen der Rassenideologie im engeren Sinne zu konzentrieren, zielte die antijüdische Gesetzgebung auf zwei andere Bereiche ab: Einwanderung und wirtschaftliche Aspekte. Wie schon erwähnt, schlossen viele Länder soweit wie möglich ihre Grenzen für jüdische Flüchtlinge, vor allem 1938/39 als Reaktion auf die Massenvertreibungen von Juden aus dem deutsch-annektierten Österreich und Deutschland selbst. Das betraf in unterschiedlichem Maße Schweden, Dänemark, die Türkei, die Schweiz, Italien, Albanien, Frankreich, Großbritannien, Belgien, Spanien und andere Länder. Im Herbst 1938 wiesen die tschechoslowakischen Behörden manchmal gewaltsam zahlreiche deutsche Flüchtlinge aus (die meisten von ihnen Juden), und nur einem kleinen Teil der 100 000 österreichischen Antragsteller (darunter viele Juden) wurde in den fünf Monaten nach der deutschen Inbesitznahme Österreichs die Einreise erlaubt.[50] Ein großer Teil der antijüdischen Gesetzgebung richtete sich gegen jüdische Einwanderer; und in Ländern wie Italien 1938 und Bulgarien 1939 (von wo besonders Juden aus Griechenland und der Türkei vertrieben wurden) war ihre Ausweisung vorgeschrieben.[51] Solche Fremdenfeindlichkeit führte zur Organisierung wie zum Scheitern der internationalen Konferenz über jüdische Flüchtlinge aus Deutschland, die im Juli 1938 in Evian stattfand. Die USA wollten keine Einreise einer großen Zahl von Juden, Länder in Südosteuropa schlossen ihre Grenzen für sie fast völlig, und Frankreich und Großbritannien legten sich nicht fest.[52] Die grenzüberschreitende Welle des Nationalismus und das Abschotten jedes Landes gegen Ausländer (zum großen Teil durch die Weltwirtschaftskrise verursacht) konnte keine internationale Einigung überwinden.

Die Gewalt in Palästina von 1936 bis 1939 lässt sich in diesen Kontext stellen, obwohl es dort zunächst nicht um antijüdische Gesetzgebung ging. Viele der aus Europa vertriebenen Juden suchten Zuflucht in Britisch-Palästina, doch die Einwanderung von über 160 000 Juden zwischen 1933 und 1936 weckte unter einheimischen Muslimen die Furcht vor jüdischer Landnahme. Bei gewaltsamen Zusammenstößen 1936 bis 1939 wurden 547 Juden und ein Mehrfaches an Muslimen getötet, darunter wiederum fast 500 durch andere Muslime. Als Reaktion auf die blutigen Proteste im Mai 1939 schränkte Großbritannien kurz darauf die jüdische Einwanderung nach Palästina für die nächsten fünf Jahre auf 15 000 Menschen jährlich ein.[53]

In vielen Ländern waren ausländische Juden im Vergleich zu anderen Ausländern besonders unwillkommen. Einerseits sollten Restriktionen bei der Einreise von Juden ihnen den Zugang zum Wirtschaftsleben des Gastlands verwehren, andererseits sollten sie sie als Konkurrenten für einheimische Geschäftsleute ausschalten. Die vielen Interventionen von Berufs- und Unternehmensverbänden bei den Behörden zu diesem Zweck belegen ihre aktive Rolle. Auch Gewerkschaften forderten Einreisebeschränkungen für ausländische Juden (siehe Kapitel 13). So führte gewerkschaftlicher Druck die französischen Behörden dazu, vielen jüdischen Flüchtlingen 1932 bis 1936 eine Arbeitserlaubnis zu verweigern (obwohl die Welle der Fremdenfeindlichkeit auch Nichtjuden betraf).[54] Häufiger wurde das Draußenhalten von Juden aber mit der Sorge begründet, ihre Einreise werde deutsches Missfallen erregen (wofür nur selten Beweise angeführt wurden) und ausländische Juden könnten der staatlichen Wohlfahrt zur Last fallen. Noch im Herbst 1940 führten unter anderem diese Überlegungen die Vichy-Regierung dazu, die Idee einer weiteren Deportation aller deutschen, österreichischen und tschechischen Juden nach Frankreich abzulehnen.[55]

Es herrschte ein starkes Klima kultureller Ablehnung besonders gegenüber osteuropäischen Juden, die angeblich nicht zu integrieren seien und darum das Leben im Gastland negativ beeinflussen würden. Beispielsweise gibt es die Ansicht, es habe in den 1930er Jahren zwei Arten von Judentum in Frankreich gegeben, wobei jüdische Einwanderer nicht in denselben Vierteln wohnten, dieselbe Sprache sprachen, zur selben Klasse gehörten oder denselben wirtschaftlichen Aktivitäten nachgingen wie jüdische Franzosen. (Dieselbe Ansicht scheint etwas weniger prononciert auch in Italien existiert zu haben.[56]) Dennoch waren Juden relativ sicher, sobald sie französische Staatsbürger geworden waren; trotz deutschen Drucks 1942/43 verloren relativ wenige Juden ihre Staatsbürgerschaft.[57] Dagegen erkannte Rumänien zwischen 1937 und 1939 35 % der rumänischen Juden (die erst vor einiger Zeit aus Russland emigriert waren) die Staatsbürgerschaft ab,[58] obwohl das 1941/42 nicht zu ihrer

Deportation führte, sofern sie im alten Königreich lebten. Gesetzliche Maßnahmen gingen aber über ‹Ostjuden› hinaus und richteten sich oft auch gegen jüdische Flüchtlinge aus Mitteleuropa – ein soziales ‹Problem›, für das natürlich vor allem der deutsche Staat und die deutsche und österreichische Gesellschaft verantwortlich waren.

Natürlich spielten auch andere Elemente eine Rolle bei der Ablehnung ausländischer Juden, darunter angebliche Sicherheitsbedenken. Solche Ideen führten 1940 in der französischen Republik zur Internierung deutscher und österreichischer Juden (neben anderen Zivilisten aus Feindstaaten), 1942/43 im faschistischen Italien zur Internierung ausländischer Juden (neben anderen ausländischen Zivilisten, vor allem Slowenen) und 1940/41 in der UdSSR zur viel härteren Gulag-Internierung von Juden, vor allem aus Mitteleuropa und aus den sowjetisch-annektierten polnischen Gebieten, die keine Sowjetbürger geworden waren, sondern nach Polen oder in einen anderen Staat zurückkehren wollten. Während der sowjetischen Internierung wurden Juden mit anderen als unzuverlässig geltenden Personen gefangen gehalten – etwa ‹bürgerlichen Elementen›, Parteiaktivisten, polnischen Siedlern und Staatsvertretern sowie Geistlichen.[59] Auch in der UdSSR verbanden sich Fremdenfeindlichkeit und Misstrauen gegenüber Juden, obwohl an der sowjetischen Regierung ungewöhnlich war, dass sie ausländische Juden zur raschen Annahme der Staatsbürgerschaft drängte. In anderer Hinsicht reagierte die UdSSR sehr ähnlich wie andere Staaten: sie nahm Juden auf, nach einer Schätzung 150–200 000, schickte dann aber Tausende zurück nach Deutschland, wies weitere an der Grenze ab und lehnte im Februar 1940 eine Bitte der deutschen Sicherheitspolizei ab, massenhaft deutsche Juden aufzunehmen.[60]

Beschränkungen für ausländische Juden hatten trotzdem meist einen wirtschaftlichen Schwerpunkt; das galt auch für die Gesetzgebung gegen Juden im Allgemeinen, einschließlich jüdischer Staatsbürger. Gewöhnlich standen nicht zuallererst Enteignungen im Zentrum, sondern der Ausgangspunkt waren Einschränkungen der Zahl oder des Anteils jüdischer Oberschüler oder Studenten, vor allem in Jura und Medizin.[61] In der Zwischenkriegszeit lag der Anteil jüdischer Studenten meist viel höher als der jüdische Bevölkerungsanteil. Zum Teil mit Billigung des Staates schlossen nun Berufsverbände von Ärzten, Anwälten, Ingenieuren und Journalisten Juden aus, besonders in Südosteuropa. Berufsverbände und Studenten übten manchmal monate- oder jahrelang Druck auf Regierungen aus, um diese Ziele zu erreichen.[62] (Nicht zu vergessen, in den USA beschränkten vor allem in den 1930er und 1940er Jahren Universitäten wie Columbia und Harvard ebenfalls die Zahl jüdischer Studenten.[63]) Der nächste Schritt war meist das Berufsverbot für Juden als Anwälte, Ärzte und, mit gewissen Variationen, auch für andere Berufe.[64]

Weitere gesetzliche Beschränkungen (wie die schon erwähnten in Polen, der Türkei und der Tschecho-Slowakei) sollten Juden aus dem Staatsdienst entfernen und aus bestimmten Branchen verdrängen, vor allem dem Handel. Auch dies nützte den Interessen nichtjüdischer Konkurrenten. So beschränkte das erste wichtige antijüdische Gesetz in Ungarn «Bezüglich der wirksameren Gewährleistung eines ausgeglichenen Wirtschafts- und Sozialsystems» 1938 die Zahl der Juden in den freien Berufen, und das Gesetz «Bezüglich der Einschränkung der Teilnahme von Juden am öffentlichen und Wirtschaftsleben» verschärfte 1939 die früheren Vorschriften und schloss Juden aus dem Staatsdienst aus. Ehen zwischen Juden und Nichtjuden wurden erst zwei Jahre später verboten.[65] Italien schloss Juden 1938 aus dem Staatsdienst aus; im litauischen Vilnius entließ ein Bürgerkomitee am 26. Juni 1941, einen Tag vor der Ankunft der deutschen Truppen, alle Juden und Kommunisten aus der Stadtverwaltung.[66] Rumänien verbot Juden ab 1937/38 den Handel in ländlichen Gebieten und entzog vielen Juden die Staatsbürgerschaft. 1940/41 enteigneten rumänische Vorschriften jüdischen Immobilienbesitz auf dem Land und später in den Städten und schlossen Juden von staatlichen Schulen und aus vielen Berufen aus, erlaubten es aber vielen Personen, ihre Berufe in Industrie und Handel weiterhin auszuüben.[67] Eine nahezu totale Enteignung (bis auf Synagogen und Friedhöfe), die im September 1941 begann, galt nur für das wiederannektierte Bessarabien und die Bukowina.[68] Die französische Regierung übertrumpfte die Deutschen 1941, indem sie Juden mehr wirtschaftliche Aktivitäten verbot als die deutsche Militärverwaltung.[69]

Außerhalb Deutschlands und der von ihm verwalteten Territorien wurden Juden vor 1941/42 kaum Sondersteuern auferlegt (zu diesem Zeitpunkt wurden sie in Bulgarien und der Slowakei eingeführt, und Rumänien zwang jüdische Bürger, eine besondere Anleihe zu zeichnen).[70] Speziell die Enteignung jüdischen Eigentums kam spät (außer in Frankreich und Kroatien[71]). Ähnlich war es in Deutschland, wo die meisten dieser Maßnahmen 1938/39 ergriffen wurden, sechs Jahre nach dem Machtantritt der Nazis. Wie in Frankreich und Kroatien kamen die meisten Enteignungen in der Slowakei und (teilweise) in Rumänien 1941. In Ungarn fanden Enteignungen außerhalb von Land- und Forstwirtschaft (wo sie als Ersatz für eine Landreform 1940 bis 1943 durchgeführt wurden) erst 1944 statt. Im selben Jahr wurden die italienischen Juden enteignet.[72] In Bulgarien gab es 1941/42 eine Teilenteignung von Juden, dagegen wurden im bulgarisch-besetzten Mazedonien Läden und Werkstätten erst im Februar und März 1943 vor dem Hintergrund der Deportation der Juden enteignet.[73] Wenn die ‹Arisierung› aufgeschoben wurde – trotz der weitverbreiteten Propagandabotschaft, aller jüdische Besitz sei unrechtmäßig durch die Ausbeutung der Mehrheitsbevölkerung oder Betrug erworben[74] –, dann zögerten sogar faschistische Regierungen (wie die deutsche) jahrelang, bevor sie Juden enteigneten, um die Volkswirtschaft nicht zu schädigen.

Enteignete Firmen wurden entweder auf längere Zeit von staatlichen Treuhändern übernommen oder an Nichtjuden verkauft; in einigen Ländern wurden die meisten vormals jüdischen Geschäfte und Firmen aber aufgelöst, wie auch in den Gebieten unter deutscher Verwaltung.[75] In Rumänien bestand Ion Antonescu darauf, die Rumänisierung jüdischen Eigentums müsse legalisiert werden, selbst wenn das eine Klausel zur Entschädigung der jüdischen Eigentümer erforderte, weil er die negative Reaktion des internationalen Kapitals gegen solche Enteignungen bei künftigen Friedensverhandlungen vorausahnte.[76]

In besetzten Ländern (im Unterschied zu nicht besetzten Verbündeten) sollten manche Enteignungsgesetze der nationalen Regierungen sicherstellen, dass enteignete jüdische Firmen einheimischen Nichtjuden zugutekamen und nicht Deutschen. Solches Konkurrenzdenken stand hinter Gesetzen in Norwegen, wo die Initiative weitgehend Erfolg hatte, und den in den ersten Tagen des Protektorats Böhmen und Mähren im März 1939 erlassenen, wo dieser Versuch scheiterte.[77] Die Enteignung jüdischer Firmen stellte einen großen Teil der französischen Gesetzgebung 1941/42 dar und folgte rasch auf die ersten Maßnahmen der Vichy-Regierung (die Definition, wer Jude sei, und Vorschriften zur Internierung ausländischer Juden). Die nach internationalem Maßstab ungewöhnlich schnelle Verabschiedung der Enteignungsgesetze wurde anscheinend durch Konkurrenz mit den Deutschen ausgelöst.[78]

Die Reihenfolge, in der gesetzliche Maßnahmen ergriffen wurden, legt ebenfalls bestimmte Prioritäten nahe. Nachdem Norwegen Anfang

1942 eine eigene Regierung unter Vidkun Quisling und der faschistischen Nasjonal Samling-Partei erhielt, war deren erster Schritt die Wiedereinführung eines Einwanderungsverbots für Juden (Februar); dann verabschiedete sie im Oktober ein Gesetz, das die Beschlagnahme jüdischen Eigentums durch den norwegischen Staat erleichterte, und im November ein weiteres, das die Registrierung von Juden vorschrieb (und auch festlegte, wer als Jude galt). Ehen zwischen Juden und Nichtjuden wurden erst im Dezember verboten, als bereits viele nach Deutschland deportiert worden und die meisten anderen nach Schweden geflüchtet waren.[79] Das faschistische Italien ergriff im September 1938 zuerst Maßnahmen gegen ausländische Juden und verbot dann im November gleichzeitig Ehen zwischen sogenannten Ariern und Nichtariern (einschließlich Afrikanern) und entfernte Juden aus dem Staatsdienst und dem Bildungswesen; all dies ging mit dem Ausschluss aus dem Wirtschaftsleben einher.[80]

Die meisten dieser Maßnahmen bedienten die Interessen der Mittelschicht. Obwohl das manchmal das Kleinbürgertum einschloss,[81] betrafen Gesetze eher Stellen und Firmen für die Elite, die Intelligenz und die Bourgeoisie. Organisationen, mit denen diese Gruppen verbunden waren, wirkten eifrig auf die Annahme gesetzlicher Vorschriften hin. Äußerungen rumänischer und ungarischer Politiker belegen, dass ihr Ziel die Beschwichtigung dieser Gruppen war.[82] Man muss bedenken, dass zu jener Zeit nur ein sehr geringer Prozentsatz von Menschen die Chance hatte, an einer Universität zu studieren, eine qualifizierte berufliche Stellung zu bekommen, Unternehmer oder auch nur Beamter zu werden. Dagegen bot das Muster der antijüdischen Gesetzgebungen wenig an wirtschaftlicher Umverteilung zugunsten von Arbeitern oder der Landbevölkerung (abgesehen von Enteignungen in Land- und Forstwirtschaft in Rumänien, Ungarn und der Slowakei[83]). Nur wenn persönliche Habseligkeiten von Juden als Konsumgüter verteilt wurden, erreichte ein Teil des «Nutzens» der Enteignung die unteren Schichten.

Ein Deportationsgesetz zu beschließen wie in der Slowakei blieb aber die Ausnahme.[84] Außerdem führte keine nichtdeutsche Regierung eine systematische Ghettoisierungspolitik durch (auch Deutschland nicht). Sicherlich erließen die Slowakei (1942), Bulgarien (1943), Vichy-Frankreich (vor allem 1942), Rumänien (1941) und Ungarn (1944) Vorschriften für die teilweise Konzentration ihrer jüdischen Bevölkerung, zum Teil in Lagern. In Französisch-Marokko führte ein Gesetz vom August 1941 zur

Ausweisung der Juden aus europäischen Wohnvierteln.[85] Die relativ spät im Krieg ergriffene Maßnahme der Konzentration von Juden diente oft dazu, städtische Wohnungen in Zeiten von Luftangriffen frei zu machen, sollte aber auch die Auswirkungen der seit Beginn der Wirtschaftskrise der 1930er Jahre begrenzten Neubauprogramme ausgleichen.[86] Andererseits war Internierung häufig mit Zwangsarbeit für Juden verbunden (nachdem sie nicht mehr in ihren ursprünglichen Berufen arbeiten durften), und dies wurde gegen Ende des Krieges ausgeweitet (siehe Kapitel 13). Gesetze, die Zwangsarbeit (in vielen Ländern auch für nichtjüdische Minderheiten) vorschrieben, wurden in Italien, Vichy-Frankreich, der Slowakei und Rumänien eingeführt; die Türkei erließ solche Vorschriften 1941/42, Ungarn verschärfte die seinen 1942 (und noch einmal 1944), und in Bulgarien erreichten sie die größte Ausdehnung 1943. Auch in der Schweiz kam der Höhepunkt der Zwangsarbeit erst spät: 1945.[87]

Betrachtet man die antijüdischen Vorschriften in jedem Land insgesamt, so lassen sich grob zwei Muster unterscheiden. In einigen Ländern wurden rassistische Vorschriften zugleich mit oder kurz nach solchen mit wirtschaftlichem und fremdenfeindlichem Schwerpunkt erlassen, wie in Italien, Frankreich, Norwegen, der Slowakei und Kroatien – und auch in Deutschland. In anderen Staaten kamen Gesetze mit fremdenfeindlichem und wirtschaftlichem Schwerpunkt deutlich zuerst, wie in Rumänien, Ungarn und Bulgarien, oder es gab überhaupt keine klar rassistischen Schritte, wie in Polen, Jugoslawien, der Tschechoslowakei, der Türkei und der Schweiz. Es ist auch argumentiert worden, in einigen Ländern sei nach einer Frühphase 1938/39 die Gesetzgebung gegen Juden 1940/41 rassistischer im engeren Sinne geworden.[88] Fraglos ist jede Unterscheidung zwischen ‹wirtschaftlich›, ‹fremdenfeindlich› und ‹rassistisch› bis zu einem gewissen Punkt künstlich. Rassismus im allgemeinen Sinne (wie in Kapitel 7 beschrieben) war in der Fremdenfeindlichkeit und der wirtschaftlichen Benachteiligung bestimmter Gruppen bereits enthalten. Kein Land führte ‹rein› rassistische gesetzliche Maßnahmen gegen Juden ein, die nicht auch starke materielle Interessen enthielten.

Schlussfolgerungen

Antijüdische Gesetze und Vorschriften in Europa waren keineswegs einheitlich. Sie unterschieden sich von denen in Deutschland und auch untereinander, sogar innerhalb derselben Länder. Im selben Land konnten sich Rechte für Juden nach Untergruppen und Regionen unterscheiden. Zum Beispiel war der rechtliche Status von Juden in den von Rumänien (wieder) annektierten Gebieten noch niedriger als im rumänischen Kernland.[89] Was Gruppen anbetraf, so schlossen Definitionen von Juden häufig Christen jüdischer Herkunft aus, und es gab noch weitere weitreichende Ausnahmen. Die Rechte ausländischer Juden wurden noch weiter und häufig früher eingeschränkt, was jene besonders angreifbar machte, die aus ihren Heimatländern flohen. Antijüdische Propaganda stellte Juden (auch einheimische) oft als volksfremd dar, doch abgesehen von der Rhetorik differenzierte die Gesetzgebung häufig zwischen im Land geborenen und kürzlich eingewanderten Juden. Die Behauptung, Staaten wie Vichy-Frankreich und Bulgarien hätten Juden relativ geschützt, indem sie ihnen die Staatsbürgerschaft gaben, lässt sich auch umkehren: In vielen Ländern, auch in diesen beiden, gab es eine längere Tradition der Diskriminierung gegen kürzlich eingewanderte Juden.[90]

All dies zeigt, dass ein deutscher Einfluss existierte, aber begrenzt blieb. Man könnte sagen, dass die Nazis die Agenda bestimmten. Die Gesetze gegen Juden in Ungarn 1938/39 lassen sich als Widerspiegelung deutscher Macht und ungarischer Dankbarkeit für Gebietsgewinne mit deutscher Hilfe verstehen. Die erste antijüdische Gesetzgebung der Slowakei 1939 – und ihre spätere Verschärfung 1941 –, wie auch die in Ungarn 1944 waren zum Teil das Ergebnis des deutschen Einflusses bzw. der deutschen Besatzung. Der polnische Justizminister Witold Grabowski dachte 1937 darüber nach, die Nürnberger Gesetze zum Vorbild zu nehmen. Doch einige wirtschaftliche Maßnahmen gegen Juden in Ungarn und Italien gingen ähnlichen deutschen Schritten voraus. Auch studierte eine geheime polnische Regierungsdelegation Ungarns antijüdische Vorschriften, und die Polen interessierten sich ebenfalls dafür, Maßnahmen in Gogas Rumänien und das schwedische Verbot des koscheren Schlachtens zu übernehmen.[91] Das slowakische Regime orientierte seine ersten antijüdischen Gesetze an ungarischen Maßnahmen; dagegen sah es die radikale Politik Rumäniens unter Goga als Negativbeispiel. Vichy-Frankreich ahmte einige italienische Gesetze gegen Juden nach, und die bulgarischen Behörden übernahmen Ideen aus der rumänischen, ungarischen und französischen Gesetzgebung.[92] Und bestimmte gesetzliche Regelungen in Bulgarien und der Türkei ähnelten sich bemerkenswerterweise. Abgesehen von einem möglichen deutschen Modell lässt sich also sagen, dass unterschiedliche Staaten einander in ihrer antijüdischen Gesetzgebung beeinflussten. Dies wurde aber weitgehend von nationalen Parteien und Interessengruppen angetrieben und beruhte auf Vorstellungen von der Entwicklung einer Nationalwirtschaft – deren Produktivität angeblich Juden hemmten – und von nationalen Interessen.[93] Dadurch waren solche Maßnahmen umso fester verwurzelt. Manchmal rechtfertigte man antijüdische Gesetze (die oft unter nichtfaschistischen Regierungen verabschiedet wurden) sogar explizit damit, sie sollten einheimischen Faschisten den Wind aus den Segeln nehmen.[94]

Da sie in national definierten Interessen verwurzelt waren, stimmten antijüdische Gesetze nicht zwangsläufig mit deutschen Interessen überein. 1938/39 liefen Einwanderungsbeschränkungen für jüdische Flüchtlinge in vielen Ländern Europas (und darüber hinaus) den Versuchen von Sicherheitspolizei, Auswärtigem Amt und anderen zuwider, so viele Juden wie möglich aus Großdeutschland zu vertreiben, um die deutsche ‹Judenfrage› zu ‹lösen›. Aus diesem Grund machten Hitler, Rosenberg und auch Außenstaatssekretär Ernst von Weizsäcker drohende Prophezeiungen über die künftige Vernichtung der Juden, wenn sich keine Aufnahmeländer für sie fänden.[95] Reale Gewalt folgte umgehend. Der Versuch der polnischen Behörden, 1938 polnischen Juden im Ausland – vor allem in Deutschland und Frankreich – die Staatsbürgerschaft zu entziehen, führte zur Ausweisung von 17 000 polnischen Juden aus Deutschland, bevor das Gesetz in Kraft trat (und diese Menschen als Staatenlose nirgendwo anders mehr hätten einreisen können, auch nicht in Polen). Dass viele von ihnen an der deutsch-polnischen Grenze festsaßen, trieb Hershel Grynszpan, den Sohn zweier Betroffener, dazu, einen hohen deutschen Konsulatsbeamten in Paris zu ermorden, was wiederum als Vorwand für das landesweite Pogrom in Deutschland am 9. und 10. November 1938 diente.[96] Zur gleichen Zeit konnten Hitler und andere Propagandisten befriedigt feststellen, die jüdische Einwanderung habe in anderen Ländern zu wachsender Feindseligkeit gegenüber

Juden geführt. Ein weiteres Beispiel, bei dem die Interessen anderer Länder mit denen Deutschlands kollidierten, war die Beschlagnahme jüdischen Eigentums. Eine scheinbar schwache Regierung (wie die von Vichy-Frankreich), sogar eine extrem schwache (etwa die norwegische), konnte erfolgreich den Besitz von Juden für ihre eigenen Bürger beanspruchen und damit die Interessen deutscher Einzelpersonen und Firmen teilweise blockieren. Es gab aber deutsche Finanzexperten und Besatzungsfunktionäre, denen es sinnvoll erschien, die finanzielle Last der deutschen Besatzung durch solche Mittel zu erleichtern.[97] Eine gemeinsame Sitzung deutscher Behörden beschloss im Juli 1942, der Besitz deportierter Juden solle dem Staat zufallen, aus dem die Besitzer deportiert worden seien.[98] So übergaben deutsche Behörden das Eigentum von Juden dem griechischen Staat, obwohl die griechische Regierung, soweit bekannt, keine solche Forderung gestellt hatte.[99] Auch hier konkurrierten relevante Interessen, nun auf deutscher Seite.

Natürlich lässt sich Geschichte nicht nur aus der Untersuchung von Gesetzen und Vorschriften ableiten, nicht zuletzt deshalb, weil häufig ein Unterschied zwischen Absicht und tatsächlicher Praxis besteht. Wie schon angedeutet, wurden manche Gesetze nicht umgesetzt, während andere, die nicht ausdrücklich Juden erwähnten, gegen sie angewandt wurden. Und nicht jede Verfolgung entstand aus staatlichem Handeln. Beispielsweise erlaubten verschiedene Länder trotz sehr ähnlicher Vorschriften über jüdische Einreise und Einwanderung einer höchst unterschiedlichen Zahl von Juden die Einreise (allerdings drängten die Landesbehörden Juden meistens, das Land nur zur Durchreise zu benutzen): Italien ließ über 120 000 herein, Jugoslawien 55 000, Spanien 40 000, die Schweiz 21 000 (24 000 wurden zurückgewiesen), die Türkei über 13 000 (vor allem ab Juni 1944) und Schweden bis 1942 etwa 2000. Finnland hielt die Zahl meist bei oder unter 200, dasselbe galt für Norwegen. 1939 schätzte der in London sitzende Council for German Jewry, es gebe 12 000 jüdische Flüchtlinge in Belgien, 10 000 in der Schweiz, 5000 in ganz Skandinavien und über 20 000 in den Niederlanden.[100] Diese Differenz zwischen Gesetz und Praxis rechtfertigt die weitere Untersuchung realer Maßnahmen, Handlungen und nichtstaatlicher Akteure in den folgenden Kapiteln.

13 Gespaltene Gesellschaften: Populäre Unterstützung für die Judenverfolgung

Zwischen der offiziellen Politik und dem Handeln nichtstaatlicher Akteure herrschte in Deutschland wie auch anderswo ein komplexes Zusammenspiel. Bürger wurden von Regierungspropaganda beeinflusst, versuchten aber auch ihrerseits, staatliche Politik im eigenen Interesse zu beeinflussen. Eine saubere Trennung zwischen offizieller und privater Beteiligung ist meist unmöglich; staatliche Vertreter und Bürger kooperierten auf zu viele Arten. Das Handeln gewöhnlicher Menschen wurde nicht nur vom Staat beeinflusst, sondern auch von ihrer sozialen Situation, den Ideen und Aktionen von ausländischen Feinden und Verbündeten und tief verwurzelten Einstellungen (gegen Juden und gegenüber verschiedenen diesbezüglichen politischen Fragen).

Eine sehr häufige Frage in diesem Kontext – oft die erste – ist die, wie antisemitisch die Bevölkerung eines bestimmten Landes gewesen sei. Aus mehreren Gründen wird dies nicht im Zentrum dieses Kapitels stehen. Erstens existiert keine überzeugende Methode zur Messung antijüdischer Einstellungen. Mit einer wichtigen Ausnahme (siehe unten) besitzen wir keine zeitgenössischen Meinungsumfragen, geschweige denn eine Serie über längere Zeit hinweg. Retrospektive Umfragen nach dem Zweiten Weltkrieg über antijüdische Einstellungen vor 1945 sind unzuverlässig, weil der moralische Rahmen sich radikal verändert hatte. Zweitens sind Antworten auf die Frage «Wie antisemitisch war ein Land?» meist spekulativ, vage und zu allgemein[1] – auch deshalb, weil sie auf die nationale Ebene bezogen sind. Ähnlich wie veraltete und unwissenschaftliche Untersuchungen über den ‹Volkscharakter› ignorieren sie große Unterschiede zwischen Gruppen (und Einzelpersonen) innerhalb von Ländern. Tatsächlich ist eine wichtige Einsicht, dass es sehr viele Unterschiede gab. Natürlich reicht es nicht aus, dies zu sagen, denn allgegenwärtige Widersprüche erklären die sehr unterschiedlichen Ergebnisse bei Verfolgung und Überleben von Juden nicht. Dennoch mag es drittens tröstlich sein, dass populäre Einstellungen gegenüber Juden zwar wichtig waren, aber nur ein Faktor bei diesen Ergebnissen. Rumänien gilt als damals sehr antisemitisches Land, aber die Überlebensrate von Juden war dort höher als in Kroatien, der Slowakei und Ungarn. Viele Forscher schätzen antijüdische Einstellungen in Frankreich stärker ein als in Norwegen, Griechenland oder den Niederlanden, dennoch war die Überlebensrate in Frankreich viel höher. Das mag unterstreichen, wie fragwürdig Urteile über den nationalen Grad des Judenhasses sind, aber es deutet auch darauf hin, dass aus Haltungen nicht zwangsläufig Handlungen folgen.

Auf der Basis dieser Überlegungen wird sich dieses Kapitel auf das Handeln, weniger auf die mentale Einstellung von nichtstaatlichen Akteuren konzentrieren. Es wird Propaganda gegen Juden betrachten, antijüdische Lobbyarbeit unterschiedlicher gesellschaftlicher Gruppen bei Regierungen, direkte Aktionen gegen Juden durch nichtstaatliche Akteure, Hilfe für Juden und Unterschiede im Handeln ihnen gegenüber innerhalb relevanter großer Gruppen (zum Beispiel christlicher Kirchen und verfeindeter bewaffneter Gruppen).

Lobbyarbeit: Verdrängung jüdischer Konkurrenten

Wenn Regierungen die höhere Bildung und die beruflichen und wirtschaftlichen Aktivitäten von Juden beschränkten, war dies oft eine Reaktion auf öffentlichen Druck. Die Behörden wurden zu solchen Schritten meist von Gruppen gedrängt, deren Angehörige Vorteile für ihre Karrieren oder Firmen suchten. Ein Beispiel sind Studentenverbände. In vielen Ländern waren die Universitäten Treibhäuser der extremen Rechten. 1938 war die Hauptforderung der rechtsextremen rumänischen Studenten die Begrenzung der Zahl jüdischer Kommilitonen.[2] In Polen führten Studenten 1935/36 gewalttätige Aktionen in Universitäten und auf der Straße aus, bis die polnische Regierung ihrer Forderung nachgab und 1937 «Ghettobänke» einführte. Die Warschauer Anwaltskammer und die Warschauer Hochschule für Zahnmedizin zwangen Juden, ihre Abschlüsse in getrennten Kursen zu machen.[3] Studenten in Budapest zwangen ihre jüdischen Kommilitonen 1941, Abzeichen zu tragen.[4] Bis zur Durchsetzung der Forderungen dauerte es aber mitunter Jahre. In Zagreb und Bosnien hatten Studenten schon 1920 eine Beschränkung der Zahl jüdischer Studenten gefordert;[5] erst 20 Jahre später wurde sie eingeführt. Im faschistischen Österreich blieb die Forderung von Burschenschaften – die bereits ‹Nichtarier› ausgeschlossen hatten – nach solchen Beschränkungen (vor allem in Jura und Medizin) erfolglos, bis Österreich seine Unabhängigkeit an Deutschland verlor.[6]

Neben Studenten waren es Wirtschafts- oder Berufsverbände, die oft ähnliche Forderungen stellten, obwohl sie direkte Gewalt meist vermieden und lieber ihren politischen Einfluss nutzten. Die wirtschaftliche Rivalität zwischen Personen, die sich als Nichtjuden definierten, und Juden nahm während der Weltwirtschaftskrise der 1930er Jahre stark zu, etwa in Polen.[7] Das bereitete den Boden für antijüdische Forderungen. Ein häufiges Mittel, um solchen Forderungen Nachdruck zu verleihen, waren Boykotte jüdischer Firmen, wie der vom Gewerbebund im faschistischen Österreich organisierte.[8] In Polen führte dies zu Unruhen und pogromartigen Übergriffen (gelegentlich auch zu Gegengewalt), die 1936/37 ihren Höhepunkt erreichten und hunderte von jüdischen Geschäften zerstörten.[9] In Ungarn bereitete Jószef Haracsek, der Präsident der Baross-Vereinigung (christlicher Kaufleute) und Mitglied der Pfeilkreuzler-Partei, Listen von Juden aus Nagybánya vor und schickte sie 1942 an den Zwangsarbeitsdienst der Armee, half 1944 bei der Konzentration von Juden und der Suche nach versteckten Wertsachen und wirkte nach der Deportation bei der Neuverteilung der Geschäfte und Praxen der aus dem Wirtschaftsleben verdrängten Juden an «verschiedene ungarische Faschisten» mit.[10] Als österreichische Juden im August 1938 nach Finnland zu fliehen versuchten, protestierten die Verbände potenzieller Konkurrenten – Handwerker, Schneider, Textilhändler und Juweliere – gegen Aufenthaltsgenehmigungen für ausländische Juden.[11]

In vielen Berufen wurde die Stellensituation während der Wirtschaftskrise angespannter. Um 1937 schlossen verschiedene Berufsverbände in Polen (Architekten, Ingenieure, Universitätsassistenten, in manchen Gegenden auch Juristen, Ökonomen, Bankangestellte und Tierärzte) jüdische Mitglieder aus, auch die zum Katholizismus Konvertierten. Auf Initiative der Rechtsanwälte wurde die Juralaufbahn 1937/38 durch verschiedene Vorschriften praktisch Juden versperrt. In manchen Berufsverbänden gab es allerdings interne Konflikte, wie bei den Anwälten und den Ärzten, deren Verbände sich spalteten.[12] Ähnliche Tendenzen, darunter teilweise erfolgreicher Druck auf die Regierung, lässt sich vom Oktober 1938 bis in die ersten Monate des Jahres 1939 bei den tschechischen Anwalts- und Arztverbänden beobachten.[13] Dasselbe wurde von verschiedenen Unternehmens- und Angestelltenverbänden berichtet, und Akademiker und Künstler verdrängten jüdische Kollegen von ihren Posten.[14] Im Frankreich der 1930er Jahre betrieben Berufs- und Studentenverbände mit einigem Erfolg Lobbyarbeit gegen jüdische Einwanderer.[15] Als die schweizerischen Behörden sie um Rat fragten, empfahlen Berufsverbände, vor allem der Schweizerische Schriftstellerverband, vielen eingewanderten Kollegen keine Arbeitserlaubnis zu geben oder sogar die Einreise zu verbieten; jüdische Emigranten waren noch stärker betroffen als nichtjüdische Flüchtlinge.[16] In Rumänien fanden die Berufsverbände über ihre Feindseligkeit zu größerer Einigkeit: angefangen mit dem Bukarester Anwaltsverband, der ab 1935 keine neuen jüdischen Mitglieder mehr aufnahm, wurden jüdische Anwälte, Ingenieure, Architekten, Journalisten, Schriftsteller und Ärzte bis Oktober 1940 aus ihren Berufsverbänden ausgeschlossen. Im Sommer 1941 gelang es den Lehrer- und Ärzteverbänden, die Schließung jüdischer Privatschulen und Krankenhäuser und die Entlassung jüdischer Studenten und Ärzte aus anderen Einrichtungen durchzusetzen.[17] Vier Monate vor den ersten antijüdischen Maßnahmen der deutschen Besatzer erklärte die Handelskammer im belgischen Liège im Juni 1940, sie habe die Liquidation von 30 Firmen polnischer Juden, die aus der Stadt geflohen waren, initiiert und zum Teil bereits abgeschlossen.[18] Das litauische Rote Kreuz ging noch weiter und verteilte während der Welle mörderischer Pogrome im Sommer 1941 Flugblätter mit der Aufschrift «Juden helfen wir nicht.» Polnische (und nicht nur deutsche) Ärzte weigerten sich, beim Transport zu helfen, als die deutsche Verwaltung im eisigen Februar 1940 bettlägerige Patienten zwang, ins Ghetto von Łódź umzuziehen.[19]

Ungarische Berufsverbände von Ingenieuren, Ärzten und Anwälten – zum Beispiel Ärzte in Budapest – stellten sicher, dass ihre jüdischen Kollegen 1942 von der Armee zur Zwangsarbeit eingezogen und 1944 in deutsch-kontrollierte Gebiete deportiert wurden. Aus diesem Grund war die Sterberate unter diesen Gruppen höher als unter der übrigen jüdischen Bevölkerung. Nicht überall war das Bild so düster. Die Anwaltskammer blockierte antijüdische Gesetzgebung bis 1941, und Nichtjuden – die sich oft als politisch rechts verstanden – dienten als Strohmänner in Firmen, die formal Nichtjuden übertragen waren, aber weiterhin von Juden geleitet wurden. In Nordtranssylvanien ließen mehrere Berufsverbände mit dem Argument, ihre jüdischen Kollegen hätten sich für ungarische Interessen eingesetzt, als das Gebiet zu Rumänien gehörte, ihre regionalen Abgeordneten im ungarischen Parlament die Aufhebung von Beschränkungen für Juden in Medizin, Rechtswesen, Journalismus, Theater und Film fordern.[20] Auch die bulgarischen Anwalts-, Ärzte- und Schriftstellerverbände wandten sich 1941 gegen das antijüdische Gesetz zur Verteidigung der Nation, und zahlreiche Kultur-, Berufs- und Unternehmensverbände in Griechenland appellierten an den griechischen Premierminister Logothetopoulos, gegen die rassische Verfolgung von Juden durch die Deutschen zu protestieren, kurz bevor die Deportationen aus Saloniki begannen. Ein Autor beharrt aber darauf, dass sich die Eliten in dieser Stadt selbst nicht am Protest beteiligten.[21]

Unabhängig vom Verhalten der Berufsverbände eröffnete der Tod von Juden berufliche Chancen. In Jugoslawien machten die ermordeten Juden 20 % der toten Geschäftsleute und 22 % der Toten in den freien Berufsgruppen aus.[22] Da die deutsche Verwaltung im Generalgouvernement zeitweise plante, Juden im Handel durch nichtjüdische Polen zu ersetzen, schossen von Deutschland angeregte Handels- und Handwerkskooperativen 1940 bis 1942 wie Pilze aus dem Boden; sie bestanden aus Nichtjuden, die ihre «Marktposition» für die Zeit nach einem alliierten Sieg stärken wollten.[23] Die Ersetzung jüdischer Kaufleute und Handwerker war das erklärte Ziel westukrainischer Nationalisten im Sommer und Herbst 1941, als erst Pogrome und dann deutsche Massenmorde an Juden in der Region wüteten.[24]

In einigen Ländern plädierten auch Gewerkschaften für die Abweisung jüdischer Flüchtlinge oder schlossen jüdische Mitglieder aus. Ein Beispiel ist der schweizerische Gewerkschafter Robert Grimm, ein Anführer des berühmten landesweiten Generalstreiks vom November 1918, der im September 1943 die Sorge äußerte, Flüchtlinge aus Italien (darunter viele Juden, die ihr Leben bedroht sahen) würden Arbeitslosigkeit im Land schaffen. Die finnischen Sozialdemokraten lehnten 1938 die Einwanderung von Juden ab. Manchmal argumentierten auch die Behörden im Namen von Arbeitern und anderen, die jüdische Einwanderung solle beschränkt werden.[25] Unter der deutsch-italienischen Besatzung Tunesiens 1942/43 forderten muslimische Angestellte der Straßenbahngesellschaft die Entlassung ihrer jüdischen Kollegen, weil sie deren bessere Posten übernehmen wollten.[26] Solcher Neid ging in Budapest besonders weit, wo 1944 «katholische Prostituierte» in einem Brief an den ungarischen Justizminister István Antal die Entfernung (d. h. Deportation) ihrer jüdischen Kolleginnen forderten.[27] Insgesamt hatten aber Handels-, Bildungs- und Berufseliten einen viel stärkeren Einfluss auf antijüdische Maßnahmen als Arbeiter- oder Bauernverbände.

Pogrome und Plünderungen

Die unteren Gesellschaftsschichten hatten relativ wenige Mittel, ihre Interessen zu fördern. Frustriert durch den wirtschaftlichen Erfolg von Juden und jenen Personen, die deren Stellen oder Geschäfte übernahmen, wandten sie sich direkten Aktionen zu, auch verschiedenen Formen der Gewalt. Obwohl die wirtschaftlichen Motive hervorstechen, wenn man sich die Aktionen ansieht, lassen sich ihre Motive aber nicht darauf reduzieren.

Die Zeit der Herrschaft der Eisernen Garde in Rumänien vom September 1940 bis Januar 1941 (eine Zeit nationaler Krise nach Gebietsverlusten mit chaotischen Zuständen und hoher Inflation) ist ein Beispiel. Wenn man die größeren Massaker der Eisernen Garde im November und Januar beiseitelässt, gab es bei kleinen Aktionen Fälle von Folter, Misshandlung und öffentlicher Kastration sowie Ertränken und andere Arten des Mordes an Juden. Die meisten Aktionen richteten sich aber gegen jüdisches Eigentum: 88 jüdische Privathäuser und -wohnungen wurden verwüstet und 65 Fälle von mutwilliger Zerstörung registriert, verglichen mit 260 gewaltsamen Betriebsbesetzungen, 1081 Beschlagnahmen, 1162 Fällen von Erwerb durch Zwangsverkauf und 323 Entführungen von Juden. Beim Aufstand der Legion vom 21. bis 23. Januar 1941 wurden viele jüdische Geschäfte geplündert, dazu gab es Vergewaltigungen, angezündete Synagogen, Folter und Morde. Insgesamt starben laut den offiziellen Berichten 118 Juden (sowie 256 andere Zivilisten und 21 Soldaten); die jüdischen Gemeinden nannten die Zahl von 630 jüdischen Todesopfern.[28]

Es lassen sich mehrere Wellen antijüdischer Gewalt identifizieren. Sie fanden in Zeiten der Krise und Umwälzung statt. Eine schwappte am Ende des Ersten Weltkriegs über Teile Osteuropas hinweg. In Polen und der Ukraine, wo zehntausende Juden ermordet wurden, war die Gewalt hauptsächlich mit Plünderungen verbunden, nahm aber auch Formen an, die Beobachtern von NS-Gewalt im Zweiten Weltkrieg vertraut sind: Bärte wurden abgeschnitten, Juden zu «Gymnastik» gezwungen, Synagogen gestürmt und religiöse Artefakte gestohlen.[29] Der weiße Terror in Ungarn forderte viel mehr Opfer als der rote; ein Großteil der 5000–6000 Toten waren Juden, und es gab viele Fälle von Folter, Vergewaltigung und Kastration.[30] Während des griechisch-türkischen Konflikts von 1918 bis 1922 wurden Juden von beiden Seiten angegriffen und beraubt, wodurch die jüdische Bevölkerung von Istanbul, Izmir und Edirne um die Hälfte zurückging (meist durch Flucht).[31] In Jugoslawien gab es 1918/19 viele antijüdische Zwischenfälle, darunter Angriffe auf jüdisches Eigentum, Synagogen und Friedhöfe. Eine feindselige Propaganda behauptete, Juden hätten sich während des Ersten Weltkriegs auf Kosten der Bauern bereichert[32] (doch eher hätte man sagen können, die Bauern hätten von den Städtern profitiert). Ähnliche Attacken gab es in der ganzen Tschechoslowakei, besonders den slowakischen Regionen, die kurze Zeit von Truppen der ungarischen Räterepublik besetzt gewesen waren.[33]

Wirtschaftskrisen lösten vor und während des Zweiten Weltkriegs weitere Unruhen gegen Juden aus. Im Juni und Juli 1934 führten große Pogrome, die durch rassistische Propaganda aus Deutschland angeheizt und offensichtlich, wenn auch heimlich von lokalen und vielleicht zentralen türkischen Behörden gefördert wurden, zur Vertreibung von 3000–10 000 Juden (sowie Bulgaren) aus dem türkischen Thrakien. Banden griffen jüdische Geschäfte und Personen an, plünderten und vergewaltigten Frauen in einer Stadt nach der anderen. Kein Jude wurde getötet. Jüdische Geschäfte wurden von Nichtjuden übernommen und muslimische Flüchtlinge aus Kreta und anderen Gebieten in dieser strategisch wichtigen Region angesiedelt, um den Nationalstaat zu festigen.[34] Im August 1934 wurden 23 Juden und drei Muslime bei einem Pogrom in Constantine (Französisch-Algerien) getötet. Antijüdische Unruhen gab es in Griechenland im Juni 1931 in Saloniki und 1934 in Kastoria.[35] Der Höhepunkt der Pogrome während der Wirtschaftskrise in Polen, die um 1933 begannen, war 1936/37 erreicht; dazu gehörten auch Sperrposten vor jüdischen Geschäften, Boykotte und Angriffe auf sie. Die Position der polnischen Regierung, die Boykotte und andere wirtschaftliche Maßnahmen gegen Juden unterstützte, aber Gewalt verurteilte, war bestenfalls zwiespältig.[36] Im September 1938 zerstörte ein Pogrom in der bulgarischen Hauptstadt Sofia viele Geschäfte; im November griff eine gewalttätige Menge im tschechoslowakischen Bratislava Juden an.[37] Noch heftiger waren die Pogrome in Rumänien von 1937 bis Anfang 1941.

Schon in den ersten Jahren des Zweiten Weltkriegs sehen wir antijüdische Unruhen in mehreren osteuropäischen Ländern, wenn auch nicht so weitreichend wie die Ereignisse von 1941. Neben Rumänien fanden sie in der zweiten Jahreshälfte 1939 in Bulgarien statt, waren aber weniger heftig als die zwischen 1880 und 1910, und die Regierung stoppte sie.[38] Auch die lokale rechtsextreme Organisation Vlajka (Banner) im deutschbesetzten Böhmen und Mähren organisierte in der zweiten Jahreshälfte 1939 in mehreren Städten antijüdische Unruhen, die aber von der tschechischen Polizei unterbunden wurden. Schon im Februar 1939, nach dem Münchener Abkommen, gab es in der noch unabhängigen Tschecho-Slowakei Bombenattentate auf jüdische Geschäfte in Prag, Pilsen, und Hradec Králové; im März brannten Deutsche und radikale Tschechen gemeinsam eine Synagoge nieder.[39] Im September 1939, dem Monat der polnischen Niederlage, gab es einige Pogrome mit Todesopfern in nordostpolnischen Städtchen.[40] Im Frühjahr 1940 griffen Jugendbanden – unter dem Einfluss polnischer Judenhasser und von Deutschen toleriert, gefilmt und fotografiert – im besetzten Warschau und benachbarten Städten Juden an, plünderten Geschäfte und zerschlugen Fensterscheiben.[41] Bei den Zerstörungen und Plünderungen jüdischer Geschäfte in Französisch-Tunesien in den Monaten nach der französischen Niederlage vom Juni 1940 waren keine Deutschen anwesend. (Es gab auch kleinere Unruhen gegen Juden in Frankreich selbst, etwa in Toulouse.) Im August und September folgte eine Welle von Angriffen auf Juden durch Europäer und Araber in mehreren Städten und Dörfern Französisch-Marokkos. Bei Unruhen im tunesischen Gabès wurden im Mai 1941 mindestens sieben Juden getötet. 1941 gab es auch wiederholt antijüdische Unruhen in Regionen Libyens unter italienischer und britischer Kontrolle.[42] Nachdem britische Truppen nach einem kurzen Krieg im selben Monat den Irak besetzt hatten, wurden mindestens 110 Juden (darunter 28 Frauen) getötet und 586 Geschäfte und 911 Wohnungen und Häuser während eines neuntägigen Pogroms geplündert.[43] 1941 oder später kamen albanische Landbewohner nach Priština im Kosovo und drangsalierten und plünderten Serben und Juden.[44] 1941 bis 1943 griffen italienische Faschisten in mehreren Städten Juden und ihre Geschäfte und Synagogen an.[45] Ein weiteres Pogrom gab es in Casablanca (Französisch-Marokko), das unter alliierter Verwaltung stand, etwa zur Zeit der Konferenz zwischen Roosevelt und Churchill Anfang 1943, und auch am 30. Juli 1944 nicht weit entfernt in Sefrou.[46]

Die schlimmste Pogromwelle nach 1920, die vielleicht 50 000 Todesopfer forderte, ging im Sommer 1941 über ein Gebiet von Lettland bis zum Schwarzen Meer hinweg. Die meisten fanden an Orten statt, welche die UdSSR 1939/40 von Polen, Rumänien und den baltischen Staaten annektiert hatte.[47] Die Epizentren lagen in Litauen, der Region Białystok in Nordostpolen, Ostgalizien, Nordwolhynien, Bessarabien und der Bukowina. Die Pogrome fanden nach dem deutschen Angriff auf die Sowjetunion statt, kurz vor der Ankunft der deutschen oder rumänischen Truppen oder kurz danach.[48] Obwohl viel diskutiert worden ist, inwieweit diese antijüdischen Unruhen von den Deutschen (oder Rumänen) inszeniert wurden,[49] werden sie allgemein als Akte echten Judenhasses angesehen. Meistens wurden sie von einer ethnischen Gruppe ausgeführt, die eine dominante Stellung innehatte oder anstrebte: Litauer (nicht Polen) in Litauen, Polen (nicht Weißrussen) im Gebiet von Białystok, Ukrainer (nicht Polen) in Galizien und Wolhynien und Rumänen und Ukrainer in der Bukowina.[50] Manche litauische Banden wollten Juden terrorisieren, um sie aus dem Land zu verjagen, andere wollten nicht, dass Juden sich durch die Flucht in die Sowjetunion in Sicherheit brächten, wo man sie nicht umbringen könnte.[51] Dass es in anderen Regionen wie dem westlichen Weißrussland deutlich weniger und auch weniger mörderische Pogrome gab,[52] hat man mit dem stärkeren Wunsch nach Rache für sowjetische Gewalt (zum Beispiel Massendeportationen und Massaker an politischen Gefangenen) anderswo erklärt. Durch die Idee des ‹jüdischen Bolschewismus› wurden Juden kollektiv mit kommunistischen Gräueltaten in Verbindung gebracht.[53] Man muss hinzufügen, dass die sowjetische Unterdrückung an allen Schwerpunkten der Pogrome überhaupt hart gewesen war, weil es dort besonders starke nationalistische, antikommunistische Bewegungen gab.[54] Dagegen war Weißrussland für seinen schwachen Nationalismus bekannt. Nationalismus war eine treibende Kraft für die antijüdischen Massaker. Und trotz all ihrer nationalistischen und antikommunistischen Motive waren diese Pogrome keine Ausnahme darin, dass es auch hier verbreitete Plünderungen und die Behauptung gab, man würde den Handel von fremder Kontrolle befreien.[55]

Das Gebiet von Janow bei Lublin im Generalgouvernement lag außerhalb des Pogromgürtels. Während der deutschen Besatzung von

September 1939 bis Juli 1944 wurden dort 275 bis 500 Juden von Polen ermordet (und 15–17 000 von Deutschen); von ersteren starben mindestens 100 von der Hand von «Banditen», d. h. kriminellen Banden, 75 durch Kommunisten, 50 durch antikommunistische Nationalisten und weitere 50 durch Einheimische, die mit den Deutschen kooperierten. Mindestens 14 weitere Juden wurden von August 1944 bis 1947 ermordet.[56] Die Fakten aus diesem Gebiet allein legen nahe, dass Pogrome – spektakuläre Großereignisse mit gewalttätigen Menschenmengen, die Juden wie Nichtjuden lebhaft im Gedächtnis blieben – in vielen Gebieten vielleicht weniger Opfer forderten als die Serien kleinerer Attacken durch Banden oder andere Gruppen, obwohl solche kleinen Attacken weniger gut erinnert und erforscht wurden. So vertrieben Bauern in der Region Zamość im Generalgouvernement einheimische und versteckte Juden vom Land in die Städte oder töteten sie vor Ort, wie im November 1942 berichtet wurde.[57] Viele taten es aus Habgier und folterten auch jüdische Flüchtlinge. Nichtjuden brachten einander im Kampf um die Beute um.[58] Die schreckliche Wirkung all dieser Geschehnisse über die direkten Opfer hinaus war der Eindruck auf Juden, dass sie sich nirgends verstecken könnten, und dies ermutigte sie nicht nur in Polen, sondern auch in den deutsch-besetzten sowjetischen Gebieten, zu bleiben, wo sie waren, und darauf zu hoffen, die deutsche Verfolgung werde sie oder ihre Familien nicht das Leben kosten. Angriffe wie die im Landkreis Janow wurden durch die Existenz kleiner, inoffizieller Gruppen bewaffneter Männer ermöglicht, die gewaltbereit waren (oft auch in politischen Konflikten mit anderen Gruppen). Es waren nicht nur polnische Beamte, die 1942 an der Jagd auf Juden und den Massakern und Deportationen teilnahmen; auch Privatpersonen beteiligten sich an antijüdischen Massakern der Deutschen, wie die polnische Untergrundpresse beklagte, manche sogar noch vor den großen deutschen Vernichtungskampagnen.[59]

Pogrome fanden in mehreren unterschiedlichen Phasen und in vielen Ländern statt, obwohl es aus Westeuropa relativ wenige Berichte über Massen- oder Bandengewalt gegen Juden gibt. Diese Unruhen hatten verschiedene Aspekte, wie ihre spezifischen Ziele und Aktionen zeigen. Nichtjuden richteten ihren Zorn gegen Orte wirtschaftlicher Aktivitäten (zum Beispiel Geschäfte und Märkte), der Religionsausübung (wie Synagogen und Friedhöfe) und – wenn auch seltener – gegen Orte des Privatlebens (so bei Angriffen auf Wohnungen und Vergewaltigungen von Frauen), und ihre Aggressionen richteten sich gegen als ‹jüdisch› geltende Bräuche (etwa das Abschneiden von Bärten). Juden wurden auch wegen ihrer angeblichen politischen Einstellung angegriffen, meist als Linke und dann eher durch Banden- als durch Massengewalt, ausgenommen Mitte 1941. Manchmal konzentrierten Pogrome sich auf Grenzregionen mit großem jüdischem Bevölkerungsanteil oder blieben auf diese begrenzt.[60]

Dennoch gehörten immer wieder auch Plünderung und Raub zu den kollektiven und individuellen Aktionen von Bürgern gegen Juden. Im rumänisch-regierten Distrikt Mogilew in Transnistrien griffen ukrainische Banden «die Konvois von [durch Rumänen deportierte, C. G.] Juden an, beraubten und töteten sie und nahmen manchmal ihre Kleider mit, womit sie hunderte von nackten Juden dem Erfrierungstod aussetzten». Nach Massakern in Transnistrien gruben Ukrainer nachts zwischen den Leichen nach Gold und Wertsachen. Rumänische Gendarmen und Beamte verfolgten unterdessen die Lebenden, indem sie jüdische Überlebende erpressten.[61] Erpressung bot Staatsbeamten wahrscheinlich bessere Möglichkeiten, ihren Privatinteressen nachzugehen als Privatleuten. Dennoch gab es eine gewisse Zusammenarbeit. Rumänische Truppen und die Bevölkerung plünderten im Sommer 1941 in Herţa jüdische Wohnungen und Läden, und Zivilisten zerrten jüdische Mädchen auf die Straße und übergaben sie rumänischen Soldaten zur Vergewaltigung.[62] Rumänische Wachen von Deportationskonvois erschossen manchmal die am besten gekleideten Juden und ‹verkauften› ihre Leichname an benachbarte Bauern, die die Kleidung verkauften oder selber benutzten.[63] Rumänische Soldaten, Gendarmen und Polizisten (sowie deutsche Funktionäre) hatten 1941 im moldawischen Chişinău bessere Chancen, an Geld oder Wertsachen von Juden zu kommen; sie beraubten sie, kauften billig auf, was Juden wegen der bevorstehenden Deportation verkaufen mussten, oder plünderten später ihre Häuser und Wohnungen.[64] Bewaffnete Einheiten besaßen mehr Waffen als Zivilisten, so auch die rumänischen Soldaten, die etwa 200 Juden in Storozynets in der Bukowina ermordeten, als sie die Stadt Anfang Juli 1941 plünderten.[65] In Bessarabien wurden die Möbel deportierter Juden unter Militäroffiziellen und Zivilfunktionären verteilt. Soldaten, die nicht zu den Eskorten gehörten, wie auch Bauern griffen Juden an und beraubten sie während der Märsche durch die Dörfer, manchmal unter Mithilfe der Wachen; wahrscheinlich fanden sie aber nicht viel, denn Gendarmen schlugen, beraubten, vergewaltigten und ermordeten häufig die Juden in den Deportationskolonnen, die sie ‹bewachten›. Dennoch konnten Fuhrwerksbesitzer hohe Preise für ihre Dienste fordern, und manche stahlen das Gepäck der Deportierten.[66]

Im wieder von Rumänien annektierten Bessarabien nahmen Plünderungen und Chaos so überhand, dass die Behörden genau wie im deutsch-annektierten Wartheland das Plündern unter Todesstrafe stellten (Letztere im November 1939, Erstere im September 1941).[67] Die staatliche Kontrolle über die Aneignung des Besitzes von Juden und Nichtjuden wurde auch deshalb illusorisch, weil Verwaltungs- und Polizeibeamte ebenfalls oft den eigenen Vorteil suchten, statt bloß Regierungsmaßnahmen umzusetzen.[68] Bulgaren nannten Kaufleute und Berufstätige, die damals nach Thrakien und Mazedonien gingen, «Wucherer» und «Profiteure»; die Bukowina erhielt 1941 in Rumänien den Spitznamen «Kalifornien» und Personen, die dorthin gingen, «Goldgräber». Auch ein deutscher Funktionär kritisierte die «Goldgräberideologie» von Reichsdeutschen, die ins annektierte Ost-Oberschlesien kamen.[69]

Der verbreitete Wunsch, Juden zu berauben, ließ sich schon zu Beginn des Zweiten Weltkriegs beobachten. Als Wiener Juden im Oktober 1939 von der deutschen Sicherheitspolizei ins Gebiet von Nisko/San in Polen deportiert und auf die sowjetischen Demarkationslinien zugetrieben wurden, wurden sie «wiederholt von der Landbevölkerung überfallen und ausgeraubt».[70] Das war für polnische Juden eine häufige Erfahrung.[71] Im Oktober 1942 prangerte der Pressedienst der illegalen polnischen Heimatarmee «Fälle von massenhaftem kollektiven Raub ehemals jüdischem Eigentums» durch Polen an.[72]

Wie jedoch das rumänische Beispiel zeigt, waren nichtjüdische Privatleute aus der Unterschicht im Nachteil, wenn es um die Verteilung jüdischen Eigentums ging. Wer stärker von seiner (oft durch den Krieg verschärften) Not als vom Wunsch nach sozialem Aufstieg angetrieben wurde, profitierte relativ wenig. In diesem Sinne war die soziale Mobilität begrenzt. In der Slowakei berichtete der Geheimdienst im Juni 1943 in diesem Zusammenhang, gewöhnliche Leute «haben bis jetzt nichts bekommen und sind überzeugt, dass sie auch [in Zukunft] nichts bekommen werden».[73] In Bulgarien, wo staatliche Stellen versuchten, eine ‹geordnete› offizielle Plünderung jüdischer Vermögenswerte im annektierten Mazedonien und Thrakien zu organisieren, eigneten Beamte sich viel selbst an.[74] Bei anderen Gelegenheiten ging die Beute an die Bourgeoisie. In Saloniki wurden einige Stadtviertel, in denen Juden gewohnt hatten, abgerissen, weil Bauunternehmer in den Mauern nach Wertsachen suchten, statt den Wohnraum griechischen Flüchtlingen aus dem von Bulgarien besetzten Norden zu geben.[75] Gewöhnlich mangelte es nicht an Menschen, die bereit waren, jüdische Firmen zu übernehmen; belgische Bürger und 1944 ungarische Anwälte waren Ausnahmen.[76] Wenn Haushaltsgegenstände und Kleidung von Juden versteigert wurden, wie es litauische Behörden zu Beginn der deutschen Besatzung eigenständig taten, [77] waren die Wohlhabenden erneut in einer besseren Position, sich die besten Artikel zu verschaffen. In den besetzten polnischen und sowjetischen Gebieten erhielten Reichs- und Volksdeutsche den besten beweglichen Besitz von Juden; Polen und Weißrussen konnten den Rest billig aufkaufen.[78] Dagegen konnte die Stadtbevölkerung in der Südbukowina (die im Juni 1941 von Rumänien erobert wurde) die Häuser deportierter Juden plündern, ohne dass die Polizei einschritt; manchmal nahmen sie sogar Fenster, Türen und Blechdächer mit.[79]

Nur ganz bestimmte Arten von Aktionen (die auch vom Standort abhingen) standen den unteren Gesellschaftsschichten offen. Viele davon waren illegal, vor allem unter deutscher Herrschaft, und waren mit schweren Strafen belegt. Im besetzten Wolhynien in der Ukraine (zuvor Ostpolen) beraubte die Bevölkerung Juden selbst nach der ‹Liquidierung› aller Ghettos. Einheimische verlangten von jüdischen Flüchtlingen Wucherpreise für Lebensmittel, ukrainische Polizisten forderten Gold und Schmuck für ein bloßes Glas Wasser, Einwohner versteckten Juden gegen Bezahlung und stellten sie als billige Arbeitskräfte an, und Menschen, denen Juden ihre Habe zur Aufbewahrung anvertraut hatten, ermordeten die Besitzer oder denunzierten sie bei den Deutschen.[80] Als sowjetische Truppen Budapest nach der Eroberung 1945 plünderten, schlossen sich viele Einheimische den Plünderungen von meist jüdischen, aber auch anderen Wohnungen an.[81]

Kollektive Unruhen in Form von Pogromen waren eine weitere illegale Aktivität der unteren Schichten der einheimischen Bevölkerung, um sich einen Teil der Beute zu sichern. Außerdem besetzten sie manchmal Wohnungen und Häuser, in denen früher Juden gewohnt hatten. In Ungarn wurde dies 1944 zum Massenphänomen, es fand aber auch massenhaft im erneut von Rumänien besetzten Czernowitz, im griechischen Saloniki und im rumänisch-besetzten Odessa statt, wo die Besetzer Volksdeutsche waren.[82] Ebenso verbreitet war das Erpressen von Juden.

Man schätzt, dass es 1000–4000 professionelle christliche Erpresser gab, als *szmalcownicy* (Beutejäger) bekannt, die 1942 bis 1944 in Banden auf die schätzungsweise 50 000 in Warschau versteckten Juden Jagd machten, um sie entweder zu erpressen oder, seltener, gegen Belohnung an die Deutschen zu verraten. Manche von ihnen wurden vom polnischen Widerstand getötet. Laut Gunnar Paulsson berichteten fast alle überlebenden Warschauer Juden, sie seien von der Polizei oder privaten Erpressern entdeckt worden. Manche Banden stellten ausführliche Listen von versteckten Juden mit ihren persönlichen Daten zusammen.[83] Die *szmalcownicy* kamen aus allen Gesellschaftsschichten; unter ihnen waren Beamte, Lehrer, Kaufleute und Studenten wie auch Lumpenproletarier.[84] In der Slowakei war die Erpressung durch die faschistischen Hlinka-Garde verbreitet.[85]

Einheimische ohne offizielle Funktionen oder Verbindungen mussten sich oft mit den Resten begnügen. Das galt für die polnischen Bewohner von Dörfern in der Nähe der Vernichtungslager, die Gold, Wertsachen und Geld durch den Handel mit Lagerwachen oder deren Beziehungen zu örtlichen Frauen oder Mädchen erwarben. Manche Einwohner gruben später nach Gold und Diamanten unter den Leichen und der Asche der im Vernichtungslager Bełżec ermordeten Juden, nachdem die Deutschen es geräumt hatten. An mehreren Orten in Polen (und noch Jahrzehnte später an den Standorten von Schlachten oder Massakern in der Sowjetunion) ging dies nach dem Krieg weiter. Die Umgebung von Treblinka wurde als «polnisches Colorado» bekannt.[86]

Während des Zweiten Weltkriegs und der unmittelbaren Nachkriegszeit gab es viel soziale Mobilität. Während Juden aus Elitepositionen verdrängt und einige alte Eliten (wie in Teilen Osteuropas der Klerus) ebenfalls angegriffen wurden, gelang anderen Gruppen ein Aufstieg. Solche Entwicklungen wurden durch Regierungspolitik gefördert, um eine loyale Elite zu schaffen, vor allem eine nationale Bourgeoisie. Häufig nahm dies die Form eines chaotischen Kampfes an. Zumindest zeitweise konnte ein Posten in der deutsch-kontrollierten Verwaltung als Basis zur eigenen Bereicherung dienen, wie in Polen, der den Inhaber vor der Deportation als Zwangsarbeiter und in gewissem Maß vor Verfolgung durch die deutsche Polizei schützte.[87] In den von Rumänien (und Deutschland) besetzten sowjetischen Gebieten gehörten ehemalige Manager und Techniker der unteren Ebene zu diesen Neureichen.[88] Einige profitierten von der Ausbeutung von Juden. Natürlich gab es auch ethnische Eliten, die von den Besatzern gefördert wurden.[89] Viele Juden, vor allem aus Bessarabien, aber auch einheimische, verhungerten 1941/42 in Transnistrien; zur selben Zeit entstand eine Schicht nichtjüdischer «Neureicher», von denen viele durch den Verkauf des Eigentums evakuierter Juden und Sowjetbürger profitierten.[90] Probleme (aus staatlichem Blickwinkel) wurden sichtbar, wenn inkompetente Personen Treuhänder von ehemals jüdischen Firmen wurden, was nicht selten vorkam, und diese rasch ruinierten oder nicht den vereinbarten Preis oder ihre Schulden bezahlten.[91] Soziale Mobilität verlief nicht wie geplant (soweit sie überhaupt geplant war).

Propaganda, Denunziationen und Einverständnis mit Gewalt gegen Juden

Judenfeindliche Agitation griff verschiedene Themen auf und ging von unterschiedlichen Akteuren aus. Im deutsch-besetzten Litauen verschob sich der Fokus der nationalistischen Propaganda gegen Juden von ihrer angeblichen Unterstützung für den Bolschewismus zu ihrer angeblichen wirtschaftlichen Ausbeutung und grundlegenden Differenz zu Nichtjuden.[92] Auch kurz nach dem Zweiten Weltkrieg verband in Polen inoffizielle Propaganda Juden mit dem Bolschewismus (der Ideologie des sowjetischen Erzfeinds); das Gleiche geschah im Finnland der Kriegszeit, aber anscheinend mit viel weniger Erfolg, außer in den Reihen der finnischen Sicherheitspolizei. Doch auch christlicher Antijudaismus spielte eine öffentliche Rolle, etwa in Schweden.[93] Wie in Finnland standen Juden in der Schweiz im Zentrum des öffentlichen Diskurses über Einwanderer, obwohl sie nur einen kleinen Anteil ausmachten. Das Gleiche geschah in Frankreich, das die größte Zahl mitteleuropäischer Flüchtlinge aufnahm. Fremdenfeindliche Themen waren ein wichtiges Element bei der Zurückweisung von Juden in anderen Ländern Westeuropas und im industrialisierten tschechischen Gebiet, obwohl dort auch viele Stimmen des Mitgefühls zu hören waren.[94] Mitte der 1930er Jahre war in polnischen Ostseebadeorten die Feindseligkeit gegenüber jüdischen Mitbürgern (meist geprägt von Ideen über reiche und unreine Juden) so groß, dass manche von ihnen lieber ins NS-regierte Danzig zum Baden fuhren.[95] Wo antijüdische Gefühle relativ schwach waren, hat man sie der Propaganda kleiner radikaler Gruppen zugeschrieben, von denen manche die Nazis bewunderten.[96] Wo diese

Einstellungen stark und tiefgreifend waren, spielten entweder die christlichen Kirchen und einheimische Milizen[97] oder politische Parteien eine Hauptrolle bei ihrer Verbreitung.[98] Ein Teil dieser Propaganda hatte unzweifelhaft Erfolg. Die Ausstellung «Der Jude in Frankreich», die vom Institut zur Erforschung der Judenfrage in Paris gezeigt wurde, verkaufte im September 1941 binnen weniger Tage 300 000 Eintrittskarten.[99]

Juden bei den Behörden zu denunzieren, war eine viel stärkere Form antijüdischen Handelns. In weiten Teilen der von Deutschland und Rumänien besetzten sowjetischen Gebiete war die Denunziation von Juden ein Massenphänomen, wie die Fälle Odessa, Transnistrien allgemein und die Region Kiew zeigen, wo der deutsche SD mit Anzeigen überschwemmt wurde.[100] Nach dem Massaker von Pinsk im Oktober 1942 verrieten Polen, die das Ghetto plünderten, den Deutschen die Verstecke von Juden, worauf diese erschossen wurden.[101] Litauer denunzierten auch massenhaft Rotarmisten, die sich vor den Deutschen versteckten.[102] Ein Vergleich der Memoiren überlebender Juden in Jugoslawien, wo es anscheinend viel weniger Denunziationen gab,[103] illustriert, wie unausweichlich sie für Juden in den sowjetischen Gebieten im Gegensatz zu anderen Ländern waren. Das Ausmaß dieser Feindseligkeit wird dadurch beleuchtet, dass die (sehr niedrigen) Überlebenschancen sowjetischer Juden in deutschen Kriegsgefangenenlagern mindestens ebenso hoch, wahrscheinlich aber höher waren wie die von Zivilisten in den besetzten sowjetischen Gebieten.[104] Aber auch im besetzten Polen hatten Berichte über Denunziationen eine «bedrohliche Dimension». In Ungarn soll es zehntausende von Denunziationen gegeben haben und in Frankreich angeblich Millionen davon gegen verschiedenste Gruppen.[105]

In allen Ländern, von Litauen bis Frankreich, waren anscheinend Hausmeister besonders aktive Denunzianten versteckter Juden; manche waren sogar fast stolz darauf.[106] Forscher betonen den Neid (zum Beispiel auf Wohnungen oder Möbel) als ein Motiv.[107] Aus Sicht des Staates ist Denunziation vielleicht «die Möglichkeit, [soziale] Partizipation gewalttätig werden zu lassen, ohne das Gewaltmonopol in Frage zu stellen».[108] Aus anderem Blickwinkel kann man Denunziation – besonders unter der Naziherrschaft – selbst als Form der Gewalt ansehen. Die Erfahrungen überlebender polnisch-jüdischer Kinder, allem voran im ländlichen Polen, zeigen, dass sie seltener direkt bei der Polizei oder den deutschen Behörden denunziert als vielmehr beschimpft oder zum Ziel boshaften Geschwätzes wurden. Was ihr Überleben gefährdete, waren

Gerüchte und unverantwortliches Gerede.[109] Wie Stephanie Abke an der ländlichen Gegend von Stade gezeigt hat, dienten solche Praktiken dazu, örtliche Machtverhältnisse zu verhandeln, Anpassung an Rollenerwartungen zu erreichen und imaginierte Ordnungs- und Wertsysteme zu reproduzieren. Damit er die örtliche Meinung beeinflussen konnte, musste dieser aggressive Klatsch weitverbreitet sein,[110] und das machte ihn nach 1941 zur tödlichen Gefahr für Juden, da er oft den Polizeiapparat in Bewegung setzte. Selbst wenn das nicht passierte, sahen sich Juden (und andere, die in Verstecken lebten) häufig zur Flucht gezwungen.

Die Wirkung öffentlich geäußerter Sympathie für Gewalt gegen Juden war weniger direkt als die von Klatsch, aber genauso folgenschwer, weil sie eine feindselige Atmosphäre erzeugte, in der Juden nicht wussten, wo sie Schutz suchen sollten. In mehreren litauischen Orten mussten Juden im Sommer 1941 in ihre Häuser zurückkehren, weil die Bevölkerung sich weigerte, ihnen zu helfen oder sie zu tolerieren, und sogar einige von ihnen tötete.[111] In einigen Ländern bejubelten Menschenmengen die Folterung oder Hinrichtung von Juden oder beschimpften die Opfer.[112] Asher Cohen nannte die Deportationen aus Ungarn 1944 ein «weitverbreitetes soziales Phänomen, an dem sich viele Ungarn beteiligten, während andere zusahen, ohne einzugreifen».[113]

Wachsende Feindseligkeit gegen Juden nach dem Krieg

Die Tatsache, dass Beobachter in mehreren Ländern eine Zunahme antijüdischer Einstellungen nach der Befreiung von den Deutschen oder anderen Achsenmächten ausmachten, deutet ebenfalls auf die lokalen Wurzeln des Hasses hin. Praktisch immer ist diese Zunahme dadurch zu erklären, dass Teile der nichtjüdischen Bevölkerung die Posten und gesellschaftlichen Positionen oder die Wohnungen und Besitztümer verteidigen wollten, die sie von Juden übernommen hatten.[114] Der bekannteste Fall ist Polen, wo Nichtjuden den «sozialen Raum» von Juden eingenommen hatten und sich weigerten, den zurückkehrenden Überlebenden die neugewonnenen Positionen zurückzugeben. Die zunehmende Feindseligkeit ging weit über das emblematische Pogrom von Kielce im Juli 1946 hinaus.[115] Zwischen 600 und 3000 polnische Juden wurden zwischen 1944 und 1947 bei Unruhen und kleineren Angriffen getötet (die Motive waren häufig, aber nicht immer, Raub, zum Beispiel in Zügen).[116] Bereits in der zweiten Jahreshälfte 1943, nachdem die große Mehrzahl der polnischen Juden in deutschen Vernichtungslagern ermordet worden war, gab es in der polnischen Untergrundpresse eine lebhafte Debatte darüber, wem das ehemals jüdische Eigentum in Zukunft gehören solle. Man befürchtete, viele Juden könnten überlebt haben und würden zurückkehren, um ihren Besitz oder ihre Posten zurückzufordern. Mitglieder des polnischen Untergrunds betonten im August 1943, die Ersetzung von Juden durch polnische Nichtjuden sollte in den Städten als unumkehrbar gelten.[117] Die meisten dieser Nachkriegspogrome fanden in Zentralpolen (beispielsweise in Kielce) statt, wo die Zahl jüdischer Rückkehrer relativ niedrig war; tatsächlich gingen die meisten Überlebenden nach Westpolen (z. B. Schlesien und Łódż), wo nur wenige Angriffe dokumentiert sind.[118] Antijüdische Propaganda und Gerüchte, die während der Nachkriegspogrome häufig verbreitet wurden, enthielten bekannte Motive wie die hohe Konzentration von Juden im Handel und Finanzbereich, die Behauptung, jüdische Rückkehrer ohne Arbeit (die häufig in schlechtem körperlichem Zustand waren) seien Parasiten, die angeblichen Aderlässe jüdischer Ärzte bei polnischen Kindern und auch die Verbindung antijüdischer mit deutschfeindlichen und antiukrainischen (oder in der Ukraine antipolnischen und antirussischen) Gefühlen.[119] Dass viele Polen die neue kommunistische Herrschaft nach 1944 ablehnten und Juden mit dem Kommunismus assoziierten, spielte eine wichtige Rolle, ebenso Propaganda über angebliche Ritualmorde durch Juden.[120] Juden scheinen allerdings an anderen Orten und aus anderen Gründen attackiert worden zu sein als nichtjüdische linke Opfer rechter Gewalt, die in vielleicht noch größerer Zahl anfielen.[121] Zehntausende von Juden flohen aus Polen, viele in Lager in Deutschland, wo sie keine Ermordung befürchten mussten wie in Polen 1946/47.[122] Viele Nichtjuden, die bei der Rettung von Juden geholfen hatten, hielten dies geheim, weil sie Rache und Beraubung befürchteten.[123]

In Rumänien wuchsen Ressentiments gegen Juden nach 1944 an, als sie wieder volle Bürgerrechte erhielten; es schien, sie sollten ihren Besitz zurückerhalten, und die politische Linke (mit der Juden assoziiert wurden) beherrschte die Regierung. Man munkelte, viele ausländische Juden ohne Loyalität gegenüber Rumänien seien ins Land gekommen; außerdem behinderten Juden angeblich die Bildung einer nationalen Mittelschicht durch ihre unfairen Praktiken. In Wirklichkeit wagte keine Partei, auch nicht die Kommunisten, eine vollständige Rückgabe jüdischen Eigentums, um die Öffentlichkeit nicht zu entfremden und an Unterstützung zu verlieren. Das ähnelt den Ereignissen in Ungarn, Jugoslawien und Griechenland, wo die Profiteure von ehemals jüdischem Eigentum (Häuser und Firmen) eigene Verbände gründeten, um ihre ‹Rechte› zu verteidigen, und weniger als 10 % der Immobilien an ihre früheren jüdischen Besitzer zurückgegeben wurden. In Griechenland waren viele Juden bei ihren früheren Nachbarn nicht willkommen, was allerdings auch für Emigranten galt, die Jahrzehnte später nach dem griechischen Bürgerkrieg zurückkehrten.[124] Nach dem März 1938 wurden in Österreich 60–70 000 Wohnungen von Juden von Nichtjuden übernommen; so verwundert es nicht, dass 46 % der Österreicher 1946 gegen eine Rückkehr jüdischer Überlebender waren.[125] Es gab aber auch Fälle in Westeuropa, etwa im französischen Lens, wo es Nichtjuden gelang, jüdisches Eigentum für lange Zeit zu behalten, obwohl es ebenso wie auch in Griechenland keine Pogrome gab.[126] Noch während der Besatzung gründeten französische Treuhänder von enteigneten jüdischen Firmen einen Verband, um ihre Interessen für den Fall der möglichen Rückkehr der wahren Besitzer zu schützen (nach einer lokalen Studie waren die meisten dieser Treuhänder wie auch die Aufkäufer jüdischer Firmen Nachbarn in denselben Städten).[127] Sogar im ukrainischen Dnepropetrowsk und in Kiew, wo es 1941 keine Pogrome gegeben hatte und die sozialen Unterschiede gering waren, brachen 1945 Unruhen aus, als jüdische Überlebende vom Kriegsdienst oder von ziviler Evakuierung zurückkehrten und ihre Möbel, Besitztümer und Wohnungen zurückforderten. Der Einfluss von NS-Judenhass und Vorwürfe, Juden hätten sich nicht am militärischen Kampf gegen den Faschismus beteiligt, spielten ebenfalls eine Rolle.[128]

Ein kurzer Überblick über Mitgefühl, Hilfe, Protest und Schutz

Natürlich waren nicht alle Europäer während oder nach dem Zweiten Weltkrieg an Aktionen gegen Juden beteiligt. Viele hegten auch gar keine antijüdischen Einstellungen. Gesellschaften waren in dieser Frage gespalten, es gab keine einheitliche Gemeinschaft von Judenhassern. So existierte zum Beispiel laut Michele Sarfatti eine «klare

Konfrontation» zwischen Italienern über die Behandlung von Juden.[129] Bevor wir uns diesen Spaltungen zuwenden, ist ein Überblick über Akteure und Formen projüdischen Handelns angebracht.

Deutsche Quellen berichteten über Mitleid mit dem Schicksal der Juden von Lettland bis Griechenland und in der Slowakei, wo die Deportation von Juden unpopulär war und die deutsche Gewalt gegen Juden und Sowjetbürger eine wachsende Zahl von Slowaken zur Desertion aus der Armee trieb.[130] In Litauen kursierte eine Petition für den Stopp der Massaker (obwohl der Metropolit sich weigerte, sie zu unterzeichnen).[131] In Böhmen und Mähren gab es kurzlebige Solidaritätsbekundungen mit Juden, nachdem sie zum Tragen des gelben Sterns im September 1941 gezwungen wurden, wie auch in Belgien und Frankreich im Juni 1942.[132]

Manchmal, aber nicht immer, war solche Sympathie durch die Angst motiviert, die nichtjüdische Mehrheit könne als nächste bedroht sein.[133] Im August 1944 schrien Menschen, die aus der Region Pskow in Russland zur Zwangsarbeit nach Deutschland deportiert worden waren, als sie ein Badehaus betreten sollten, weil sie fürchteten, durch Gas ermordet zu werden. Im Frühjahr 1942 verbreitete ein Gerücht, man werde unproduktive Menschen aussortieren und durch Gas ermorden (wirklich bemerkenswert zu diesem frühen Zeitpunkt), unter den Passagieren eines Zuges mit Zwangsarbeitern aus Nordrussland Panik bei der Ankunft in Danzig, besonders bei den Kindern. Anscheinend war das nicht der einzige Fall.[134] Nachdem Juden und Behinderte auf der Krim ermordet worden waren, gingen im März 1942 Gerüchte um, slawische Zivilisten über 50 Jahren sollten erschossen und zu Seife verarbeitet werden.[135] In der polnischen Untergrundpresse nahmen solche Gedanken die Form einer Anklage an: polnischen Polizisten und Arbeitsamtsangestellten wurde vorgeworfen, nichtjüdische Polen ebenso zu jagen wie zuvor Juden.[136]

In Bulgarien bewegten Interventionen von Politikern und anderen Eliten (auch im Parlament) und öffentliche Demonstrationen gegen die geplante Deportation der bulgarischen Juden (von denen einige bereits festgenommen worden waren) im März 1943 die Regierung dazu, ihre Zustimmung zur deutschen Initiative zurückzuziehen. Fast 50 000 Juden wurden gerettet. Im bulgarisch-besetzten Mazedonien und Thrakien gab es jedoch keine solche Bewegung der Solidarität, darum wurden von dort fast alle Juden deportiert und Wochen später ermordet.[137] Anscheinend besaßen diese Juden weniger einflussreiche Fürsprecher und erweckten darum weniger Mitgefühl in Sofia. Und als der Zar zwei Monate später anordnete, die Juden von Sofia auf dem Land zu konzentrieren, konnte weder eine Demonstration vor seinem Palast noch ein von 53 Würdenträgern unterschriebener Appell ihn zur Rücknahme des Befehls bewegen.[138] Etwa zur selben Zeit – d. h. im März und August 1943 – organisierten Linke im benachbarten Griechenland große und manchmal gewalttätige Demonstrationen gegen die Deportation von Zwangsarbeitern nach Deutschland; die gleichzeitige Deportation von Juden stand nicht im Mittelpunkt der Demonstrationen (allerdings bat die Kommunistische Partei in Athen um Mitgefühl mit Juden als unschuldigen Opfern des Faschismus, beschrieb ihre rassische Verfolgung als «absurd» und bot an, Kinder zu verstecken und junge Männer als Partisanen aufzunehmen).[139] Ein Appell von Persönlichkeiten aus dem Kultur-, Religions-, Berufs- und Wirtschaftsleben an Premierminister Logothetopoulos vom März 1943 gegen die Verfolgung (und bevorstehende Deportation) von Juden blieb ohne Erfolg, und zwei Wochen später musste Logothetopoulos zurücktreten, obwohl er zwei Protestbriefe an den deutschen Bevollmächtigten Altenburg schrieb.[140] Predigten in griechisch-orthodoxen Kirchen zur Steigerung der öffentlichen Aufmerksamkeit, Lektionen im Schulunterricht und ein Appell des Verbands der verwundeten Veteranen und zivilen Kriegsopfer halfen ebenso wenig.[141] In Frankreich berichtete der deutsche Militärbefehlshaber, die Proteste aus allen Bevölkerungsschichten (auch vom hohen Klerus, von Politikern und sogar einem General) gegen Festnahmen und Deportation von Juden hätten sich ab Anfang 1942 in Wellen verstärkt und im August und September ihren Höhepunkt erreicht. Demnach führten sie dazu, dass die Vichy-Regierung (und ihre Polizei) ihre Unterstützung stark einschränkten.[142] Danach verzichtete die deutsche SS und Polizei darauf, bei dem Thema noch starken Druck auszuüben.

Der Erfolg einiger Proteste beruhte auf der Mitwirkung der Zivilgesellschaft: in Rumänien im September 1942 gegen die geplanten Deportationen von Juden aus dem Kerngebiet des Landes nach Deutschland, in der Slowakei etwa zur selben Zeit gegen die Deportation des letzten Viertels der jüdischen Bevölkerung (darunter vor allem Eliten und Zwangsarbeiter) und in Ungarn im Juni und Juli 1944 gegen eine Ausweitung der Deportationen auf die Hauptstadt Budapest und auf Mitglieder des Zwangsarbeitsdiensts. Wie in Bulgarien hing der Erfolg aber stark vom politischen Einfluss der Eliten ab.[143] In Rumänien ebenso wie in der Slowakei oder in Ungarn reagierten diese Eliten unter anderem auf Druck aus dem Ausland. Dies und die Tatsache, dass große Teile der jüdischen Bevölkerung bereits deportiert und ermordet worden waren, deutet an, dass dieser späte Widerstand gegen die Judenverfolgung keine Prinzipienfrage war. Für den Erfolg von Oppositionsaktionen brachten Appelle nichtstaatlicher Akteure an deutsche Dienststellen aber nur wenig, der Druck musste auf die eigene Regierung ausgeübt werden.

Während die Ereignisse in Bulgarien, Rumänien, Ungarn und der Slowakei sich um den politischen Einfluss auf nationale Regierungen drehten, basierte die Rettung fast aller dänischen Juden auf einer breiten Aktion der Bevölkerung. Seit Beginn der deutschen Besatzung hatte die dänische Regierung antijüdische Maßnahmen abgelehnt und als politisch inakzeptabel für sich und das dänische Volk erklärt (vgl. S. 387 für eine Ausnahme). Ende August 1943 war das dänische Kabinett aber kein politischer Faktor mehr, weil es aus Protest wegen deutscher Repressionen gegen die immer häufigeren Proteste und Sabotageakte gegen die Besatzer zurückgetreten war. Als die deutschen Besatzungskräfte kurz darauf damit begannen, Juden zuerst zu internieren und dann zu deportieren, arbeiteten tausende von Dänen in einer rasch organisierten Kollektivaktion zusammen, um Juden zu warnen, zu verstecken und dann übers Meer nach Schweden zu bringen. Fast alle Berufsverbände – Juristen, Rechtsanwälte, Polizisten, Lehrer, Ingenieure und Staatsbeamte – wie auch der Oberste Gerichtshof, mehrere Gewerkschaften und der dänische Jugendverband äußerten ihren Protest. Die Rettung von Juden wurde zu einem Symbol nationaler Freiheit, und ihre Flucht wurde durch deutsches Wegsehen erleichtert, das seinerseits eine Reaktion auf dänische Opposition war (siehe Kapitel 11).[144] Der ausdrückliche politische Wille der dänischen Regierung, Juden zu schützen, dazu die Anstrengungen von Einzelpersonen und dem dänischen Roten Kreuz führten dazu, dass nur 474 Juden nach Theresienstadt deportiert wurden, wo sie bevorzugt behandelt wurden, Lebensmittelpakete vom Roten Kreuz bekamen und nicht weiter deportiert wurden. Etwa 416 dieser 474 überlebten. Andere Dänen in deutschen Konzentrationslagern wurden ebenfalls bevorzugt behandelt, und 90 % überlebten.[145]

Das ähnelt den Ereignissen in Norwegen. Als eine große Zahl norwegischer Juden festgenommen wurde, berichtete die deutsche Sicherheitspolizei von wachsendem Unmut unter den Einheimischen (sogar in Teilen der faschistischen Nasjonal Samling) und massiven Protesten aus den christlichen Kirchen, von einigen Eliten und Berufsverbänden; insgesamt war diese weitverbreitete Opposition «die stärkste Erschütterung seit [dem Beginn der] Besatzungszeit».[146] Wie in Dänemark gab es eine spontane Welle der Hilfsbereitschaft unter gewöhnlichen Norwegern, die Juden versteckten und ihnen halfen, über die schwedische Grenze zu kommen. Die Fluchtaktion war ebenso improvisiert wie in Dänemark (sie benutzte allerdings Fluchtrouten, die zuvor schon tausende Nichtjuden benutzt hatten), aber kleiner – die ‹größte› Organisation, die Juden bei der Flucht half, besaß nur zwei Lastwagen[147] –, und im Gegensatz zu Dänemark waren auch viele Mitbürger an der Verfolgung beteiligt, darunter Polizisten, 100 Taxifahrer und andere Nichtfunktionäre, die bei den Deportationen halfen.[148] Das erklärt die niedrigere Erfolgsquote: etwa 1000 Juden, d. h. die Hälfte, wurden gerettet im Vergleich zu 6000 Menschen oder 90 % in Dänemark (wo insgesamt 99 % überlebten).

In Norwegen löste das Schicksal der Juden die größte Unruhe während der Besatzungszeit aus. In vielen anderen Ländern war das nicht so, wie die antideutschen Streiks in den Niederlanden illustrieren. Im Februar 1941 streikten Arbeiter gegen antijüdische Maßnahmen und die Einrichtung eines Ghettos in Amsterdam; im April und Mai 1943 streikten sie gegen die Einziehung zur Zwangsarbeit in Deutschland; und im Herbst 1944 unterstützten die Streiks den Vormarsch der Alliierten. Luxemburger streikten Anfang September 1941 – als der gelbe Stern zur Kennzeichnung von Juden eingeführt wurde –, um gegen die Einziehung zur Wehrmacht zu protestieren.[149]

Die Existenz großer jüdischer wie nichtjüdischer Rettungsorganisationen erhöhte die Überlebenschancen für vergleichsweise große Gruppen von Juden. Man schätzt, dass Anfang 1944, vor dem nationalpolnischen Aufstand, von den 17 000 in Warschau versteckten Juden die Hälfte vom Jüdischen Nationalkomitee, dem polnischen Rat für die Unterstützung der Juden (Żegota), dem linken Bund und anderen politischen Parteien unterstützt wurden. Die Lage der im Untergrund lebenden Juden, die keine Hilfe von solchen Organisationen bekamen oder in Regionen lebten, wo sie nicht aktiv waren, war schwieriger.[150] In Frankreich retteten Hilfsorganisationen viele Juden; die Jüdische Auswanderungshilfsorganisation (HICEM) half zwischen Herbst 1941 und 1943 24 000 Juden aus Frankreich zu emigrieren.[151] Dass es in den Niederlanden bis 1942 keine großen und erfahrenen Organisationen zur Unterstützung versteckter Juden gab und die politische Linke schwach war, sind unter den Gründen genannt worden, warum im Vergleich zu Belgien und Frankreich so wenige Juden in den Untergrund gingen und überlebten. Ab 1943 halfen Untergrundorganisationen den niederländischen Juden.[152]

Die soziale Zusammensetzung von Rettern und Helfern ist weniger klar als die von Verfolgern. In Frankreich und Belgien hat man die Hilfe (neben dem jüdischen Widerstand) vor allem Linken sowie Nationalisten und frommen Christen zugeschrieben.[153] Das allgemeine Bild in anderen Ländern ist politisch gesehen ähnlich, aber bei gesellschaftlichen Gruppen unklar. Inmitten eines Meeres heftiger Judenhasser in Litauen halfen mindestens 2500 Menschen Juden, darunter viele aus der städtischen Intelligenz.[154] Das Bild Italiens als Nation von Judenhelfern ist nicht unumstritten; Renzo de Felice argumentiert, dass Juden vor allem auf dem Land Obdach und Hilfe fanden.[155]

Die deutschen Behörden drohten Osteuropäern, die Juden halfen, mit der Todesstrafe.[156] Es wird darüber debattiert, wie viele Hinrichtungen von Helfern tatsächlich ausgeführt wurden.[157] Das Risiko für Nichtjuden, die Juden unterstützten, scheint in Mittel- und Westeuropa geringer gewesen zu sein. In Italien war solche Hilfe nicht illegal.[158]

Zwischen antijüdischem Eifer, Protest und Schutz: Christliche Kirchen und Partisanen

Die christlichen Kirchen sind über das religiöse Interesse hinaus von besonderer Bedeutung für die Untersuchung des sozialen Verhaltens während der Verfolgung von Juden und anderen. Nachdem Gewerkschaften, politische Parteien und Verbände aufgelöst und Zeitungen durch Zensur eingeschüchtert worden waren, blieben die christlichen Kirchen als eine der wenigen organisierten Strukturen übrig. Das war umso wichtiger «in einer Zeit, als sich das gesamte Land immer stärker sozial spaltete», wie Bob Moore über die Niederlande schrieb,[159] aber diese Situation bestand auch in allen anderen betroffenen Gesellschaften.

Doch auch die Kirchen erwiesen sich als gespalten. (Das trifft auch auf die deutschen Kirchen zu, zumindest theologisch.[160]) Zunächst einmal gab es keine gemeinsame internationale Position. Der Vatikan verurteilte die Verfolgung und Vernichtung von Juden oder anderen Gruppen nicht klar und offiziell (billigte sie aber auch nicht), ganz zu schweigen von der Möglichkeit einer internationalen ökumenischen

Bewegung. So wurde Christen die Sache selbst überlassen, aber in den meisten Ländern nahm keine Kirche, ob katholisch, evangelisch oder orthodox eine offizielle Haltung zur Judenverfolgung ein.[161] Christen, auch auf den höchsten Ebenen der Kirchenhierarchien, waren in der Frage gespalten, was zu sehr unterschiedlichem Handeln führte und jede kanonische Übereinstimmung verhinderte. In gewissem Maße spiegelte das Ausweichen vor einer offiziellen Position einen christlichen politischen Opportunismus wider, der dem Selbstschutz der Kirche als Institution diente (ebenso wie für andere Einzelpersonen und Gruppen Selbstschutz wichtiger war als die Rettung von Juden oder anderen). Kirchen waren also nicht als politische Organisationen wirksam, manche aber als Wohlfahrtsorganisationen. So führten Meinungsdifferenzen dieser Art in Litauen dazu, dass der Metropolit, Erzbischof Juozapas Skvireckas, und andere 1941 den Massenmord an Juden unterstützten; dagegen boten 143 litauische Priester unterschiedlicher Glaubensrichtungen und Herkunft Juden während des Krieges Zuflucht oder ermutigten andere dazu.[162] Die Kirchen und ihre aktiven Mitglieder spiegelten somit die tiefe Spaltung der Gesellschaft als Ganzer wider.

Die weitaus stärksten Maßnahmen der Kirchen betrafen den Schutz von Menschen, die vom Judentum zum Christentum konvertiert waren.[163] Selbst hier herrschte jedoch keine völlige Übereinstimmung. Wenn Juden der akuten Bedrohung durch Deportation oder Tod zu entgehen suchten, indem sie konvertierten, versuchten einige Kirchenorganisationen ihnen den Weg in die Kirche zu versperren, indem sie darauf beharrten, solche Konversionen müssten Akte reinen Glaubens sein und daher das Resultat eines längeren Prozesses.[164] Dieses Beharren führte zum Tod vieler Juden, denen der Übertritt verwehrt wurde. Die slowakischen Kirchen, vor allem die nichtkatholischen, und der Exarch der orthodoxen Kirche in Bulgarien setzten ein anderes Beispiel.[165]

In vielen Ländern kam von den Kirchen stark antijüdische Propaganda. Dazu gehörten Kroatien in den 1930er Jahren, wo Katholiken großen Einfluss in der radikalen Ustascha-Bewegung ausübten, und Bosnien, wo sich auch muslimische Geistliche beteiligten.[166] Wie in vielen Ländern verband sich katholischer Antijudaismus in der Schweiz, Polen und Italien mit starken antisozialistischen Tendenzen und der Ablehnung der modernen Gesellschaft; er war auch von rassistischen Vorstellungen beeinflusst.[167] Kirchenvertreter waren oft keineswegs traditionalistisch, sondern verwoben christlichen Antijudaismus mit wirtschaftlichen, fremdenfeindlichen und antikommunistischen oder antiliberalen Argumenten gegen Juden, selbst wenn sie explizit rassistische Äußerungen ablehnten. Die katholische Presse in Nordostpolen (einer Region, die wegen des Pogroms von Jedwabne berüchtigt ist) verbreitete viele antijüdische Stereotype, die mit einem vermeintlichen Verfall von Kultur und christlichen Werten, mit wirtschaftlichen Fragen und einer angeblichen Bedrohung der Nation verbunden waren. Wie aktiv katholische Geistliche Pogrome in Nordostpolen förderten, ist umstritten, aber der Anteil von Priestern, die jüdische Kinder versteckten, war hier niedriger als im Rest Polens.[168] Allgemein waren katholische Intellektuelle eine starke Strömung im rechten Radikalismus Europas in der Zwischenkriegszeit, wozu auch antijüdische Einstellungen gehörten.[169] Radikale christliche Propaganda gegen Juden ging sogar während der Massenmorde weiter, mehr im westukrainischen Wolhynien als im benachbarten Ostgalizien. Dennoch gehörten einige Priester in Wolhynien noch zu den aktivsten unter den wenigen Menschen, die Juden zu retten versuchten, und der kleinen baptistischen Minderheit der Region gelang es, mehrere hundert Juden zu retten.[170] Als eine der radikalsten Figuren am anderen Extrem führte Pater András Kun eine Todesschwadron der Pfeilkreuzler an, die im Winter 1944/45 Juden in Budapest entführte und ermordete; bei Hinrichtungen gab er den Befehl: «Im Namen Gottes – Feuer!»[171]

Die meisten Interventionen zugunsten von Juden blieben inoffiziell und vor der Öffentlichkeit verborgen. In der Slowakei trugen Interventionen des Päpstlichen Nuntius und Druck von den katholischen Bischöfen des Landes stark zum fast gänzlichen Ende der Deportationen im Sommer 1942 bei.[172] Auch die Drohungen ungarischer Kirchenführer, einen Hirtenbrief zu verbreiten, halfen zusammen mit einer Intervention des Papstes beim Stopp der Deportationen aus Ungarn Anfang Juli 1944.[173] In Bulgarien waren die Meinungen der Kirchenführer etwas geteilt, zumindest bis die allgemeine Frage der Deportation aller Juden im März 1943 diskutiert wurde.[174] Starke Proteste griechischer Bischöfe zugunsten von Juden verhinderten nicht die Deportationen aus Saloniki, aber wenigstens die von der kleinen Insel Zante.[175] Nicht untypisch war der Wandel der Einstellung des Mainstreams der katholischen Kirche in Frankreich vom Akzeptieren der ersten antijüdischen Gesetze hin zu unterschiedlich starker Kritik, die Premierminister Laval beeinflusst haben mag, 1943 ein Gesetz zurückzunehmen, das Juden die Staatsbürgerschaft aberkannte, wenn sie nach 1927 erworben war.[176]

Christliche Meinungen über Gewalt gegen *nichtjüdische* Gruppen waren oft ebenso geteilt. In Kroatien rechtfertigten einige katholische Kirchenführer sogar noch 1943 die Verfolgung von Serben, die in den zwei Jahren zuvor hunderttausende Menschenleben gefordert hatte.[177] Dagegen halfen viele Imame und islamische Kulturorganisationen in Bosnien und Herzegowina bei der Rettung muslimischer Roma vor der Deportation durch ständige Interventionen (ebenso wie muslimische Tataren 30 % der Roma auf der deutsch-besetzten Krim vor der Erschießung retteten).[178] Die katholische Kirche im kroatischen Staat organisierte 100–240 000 Konversionen, vor allem von verständlicherweise verängstigten orthodoxen Christen (die als Serben verfolgt wurden), aber auch von mehreren tausend Juden.[179]

Traditionell hatten europäische Juden Unterstützung bei der politischen Linken gefunden. Viele Partisanen standen links, und die meisten kämpften gegen die Deutschen oder andere Regime, die Juden verfolgten. Partisanengruppen boten Juden eine potenzielle Zuflucht. Andererseits stammten Partisanen aus unterschiedlichen gesellschaftlichen Gruppen, darum ist die Frage nach ihrer Reaktion interessant. Erneut können Ereignisse in der ukrainischen Region Wolhynien als repräsentativ für die Erfahrung vieler jüdisch-sowjetischer Untergrundkämpfer gelten, denn es gab unter den prosowjetischen Partisanen auch antijüdische Tendenzen. Manche Einheiten nahmen keine Juden auf und kritisierten sie, weil sie passiv und unbewaffnet seien oder ihren Besitz den Deutschen preisgegeben hätten; in anderen Fällen wurden sie aufgenommen, aber bei Fehlverhalten härter bestraft als andere Mitglieder. Prosowjetische Partisanen töteten auch einige Juden. Die Lage verbesserte sich aber Anfang 1943, als die Partisanenbewegung stärker wurde, unter zentrale Kontrolle kam und ihre Disziplin zunahm. Für viele Juden, die im Herbst 1942 geflüchtet waren, kam das aber zu spät.[180] In derselben Region jagten fast alle ukrainisch-nationalistischen Partisanen Juden und ermordeten tausende von ihnen; das Verhalten polnisch-nationalistischer Partisanen war ambivalenter und reichte vom Mord an Juden über ihre Tolerierung (auch als vorübergehende Verbündete im Kampf gegen ukrainische Nationalisten) bis zur seltenen Aufnahme von Juden in ihre Einheiten.[181]

Unter prosowjetischen Guerrillagruppen in Litauen gab es nur wenige

Angriffe auf Juden, und einige davon wurden bestraft. Für jüdisch-litauische Partisanen waren polnisch-nationalistische Untergrundkämpfer und litauische Bauern die größere Gefahr. Manche der Einheiten, die ins benachbarte Weißrussland flohen, wurden aber von prosowjetischen Partisanen entwaffnet, wodurch ihre Mitglieder in Gefahr gerieten; dagegen half die sowjetische Partisanenbewegung auch dabei, große Gruppen jüdischer Flüchtlinge zu schützen.[182] Die weißrussischen Partisanen, die Juden manchmal ablehnten, nannten neben anderen Gründen die Furcht vor Spionage, was auf ein altes antijüdisches Stereotyp zurückgriff. Viele Partisanen in Weißrussland verschwiegen, dass sie Juden waren.[183] Unter den italienischen Partisanen gab es dagegen offenbar keine antijüdischen Einstellungen.[184] Keine der gesammelten Erinnerungen jüdischer Überlebender aus Jugoslawien erwähnt, dass es antijüdische Einstellungen unter den linken Partisanen gab oder dass jemand sich gezwungen sah, seine oder ihre jüdische Identität zu verbergen.[185] Unter den jugoslawischen Partisanen waren viele Juden, und sie schützten mindestens 5000 weitere und halfen vielen bei der Flucht nach Italien, als der Faschismus im Herbst 1943 zusammenbrach, oder in andere Länder.[186] Als die Juden von Saloniki akut durch die Deportation gefährdet waren, schickten griechische Partisanen Boten, um die Juden aufzufordern, sich ihnen anzuschließen, was einige auch taten.[187] Rechte Partisanengruppen oder Milizen in Jugoslawien und Griechenland standen Juden weniger positiv gegenüber; serbische Četniks waren sehr gefährlich. Dies zeigt, dass auch Partisanen in ihren Reaktionen auf das Schicksal von Juden, das nicht im Zentrum ihrer Aktivitäten stand, gespalten waren.

Durch innere Konflikte geprägte Gesellschaften

Wie in Kapitel 11 beschrieben, charakterisierten tiefe Brüche, manchmal sogar Bürgerkrieg, die europäischen Gesellschaften während des Zweiten Weltkriegs. Einer der Konfliktbereiche war die Behandlung von Juden, wie wir bei der Betrachtung der Kirchen gesehen haben. Wir können das auch am Funktionieren von Regierungen sehen: Beamte setzten nicht bloß die Maßnahmen der Regierung um. Sogar Polizisten handelten gegenüber Juden höchst unterschiedlich.[188] In keiner Gesellschaft (einschließlich der deutschen) war aber die Ermordung oder Rettung von Juden der Hauptpunkt des inneren Konflikts. Die dänischen Juden hatten das seltene Glück, dass ihre Rettung zu einem Symbol nationaler Selbstbehauptung wurde.[189] Während der Besatzung Norwegens sah ein Großteil der Bevölkerung die Deportation der Juden 1942 als schlimmstes deutsches Verbrechen an, aber das änderte sich nach dem Krieg, als die Judenverfolgung während der Kriegszeit der Fiktion einer Nation widersprach, die vereint gegen die Deutschen gestanden habe.[190] Wie gespalten die Bevölkerung wirklich war, zeigt sich daran, dass 32 % der norwegischen Männer und 22 % der Frauen es 1947 bei einer Umfrage für falsch hielten, dass Norwegen 600 jüdische Vertriebene aufgenommen hatte.[191]

Belege für tiefe Meinungsunterschiede über antijüdische Maßnahmen wie auch für Gleichgültigkeit finden sich auch in der einzigen bekannten zeitgenössischen Umfrage, die das französische Generalkommissariat für Judenfragen in den ersten vier Monaten des Jahres 1943 durchführte.[192] Die Umfrage war nicht repräsentativ, sie bezog nur wenige Frauen und Leute vom Land an. Außerdem antworteten manche der Befragten vielleicht so, wie sie glaubten, dass man es von ihnen erwarte. Dennoch diente die Umfrage als scheinbar wissenschaftliche Grundlage für weitere antijüdische Maßnahmen. Auf die Frage: «Mögen Sie Juden?» antworteten 51,4 % mit «nein», 12,1 % (23 % der Frauen) mit «ja», und 36,5 % waren gleichgültig. Arbeiter hatten den niedrigsten Anteil von negativen Aussagen (43,45 %), die höchsten Einkommensgruppen waren am gleichgültigsten. Studenten (81,48 %) und Bauern (62,02 %) waren am negativsten gegenüber Juden eingestellt. Doch die antijüdischen Maßnahmen der Vichy-Regierung provozierten mehr negative Reaktionen und weniger Gleichgültigkeit: 51,2 % der Befragten unterstützen sie (ebenso viele wie die Zahl der erklärten Judenhasser), 30,1 % (48 % derer aus der untersten Einkommensgruppe) waren dagegen, und 17 % hatten keine Meinung. Es ist etwas widersprüchlich, dass 66,32 % weitere Maßnahmen befürworteten, speziell Ausweisungen und die Aberkennung von Bürgerrechten. Auf die Frage nach ihren Gründen gaben erklärte Judenhasser an, Juden seien Ausbeuter, Schuld am Unglück Frankreichs und könnten sich nicht assimilieren. Sympathisanten sagten, antijüdische Maßnahmen seien faschistisch und von den Deutschen inspiriert, Juden hätten gute Eigenschaften und seien Menschen – diesen Grund gaben auch Meinungslose an. Da Personen ohne klare Position auch häufig erklärten, es gebe keinen Grund, die Juden zu verfolgen, waren viele von ihnen vielleicht gar nicht so gleichgültig. Ich glaube, die Ergebnisse dieser Umfrage, durchgeführt sechs Monate, nachdem die französische Verwaltung ihre Unterstützung für die Deportationen stark zurückgefahren hatte, ermutigten die französischen Zentralbehörden, weitere Maßnahmen aufzugeben, denn sie befürchteten, dass viele Bürger die Festnahme (oder Schlimmeres) von Juden ablehnen oder gar sabotieren könnten.[193]

Die großen Meinungsunterschiede zwischen Bürgern über die Behandlung von Juden erklären, warum es in vielen Ländern parallele Geschichten von Rettung und Verfolgung gibt, so dass selbst die Geschichtsschreibung gespalten ist.[194] Sie können koexistieren, ohne sich allzu sehr zu attackieren, weil sich für beide Seiten Belege finden lassen.[195] Was aber bis jetzt zu fehlen scheint, ist ein analytischer Rahmen, der es erlaubt, beide Phänomene einzubeziehen. Da Gesellschaften in ihrem Handeln gegenüber Juden gespalten waren, sind ganze Länder keine sinnvollen Analyseeinheiten; auch wertende Darstellungsformen, die nationale Profile des Antisemitismus zu konstruieren versuchen, helfen nicht weiter.

All das heißt natürlich nicht, dass die Reaktionen entweder schwarz oder weiß ausfielen, allein für Verfolgung oder für Rettung. Große Teile der Bevölkerung blieben gleichgültig und passiv gegenüber dem Schicksal der Juden. So machten sich die meisten Franzosen mehr Sorgen über Kriegsgefangene in deutscher Hand, Waisenkinder, Ernährung, Kleidung, Arbeitsplätze und die Gefahr, als Zwangsarbeiter nach Deutschland gebracht zu werden, als über Juden.[196] Nichthandeln ist aber schwer zu quantifizieren und nicht leicht zu erklären. Selbst bei denen, die Kindern halfen, gab es «dunklere und möglicherweise weniger altruistische Rettungsmotive», wie Bob Moore betont hat – etwa wenn sie mehr Geld für das Aufnehmen von Kindern forderten als die echten Kosten, sie zu bekehren versuchten oder die Chance einer Adoption ohne Verwaltungsaufwand sahen.[197] In Dänemark gab es heftige Vorwürfe gegen Retter, die von flüchtenden Juden Geld gefordert oder sie sogar erpresst hatten, und gegen wohlhabende Juden, die nicht für die Finanzierung der Rettung armer Glaubensgenossen gespendet hatten.[198] Nur jene zu zählen, deren rein altruistisches Handeln ihr eigenes Leben gefährdete, wie es die israelische Gedenkstätte Yad Vashem tut, kann ein falsches Bild Westeuropas zeichnen. Etwa 75 % aller Juden in den Niederlanden, 40 % in Belgien und 25 % in Frankreich wurden ermordet – dennoch führte Yad Vashem im Januar 2011 5108 niederländische «Gerechte unter den Völkern» auf, mehr als in Frankreich (3331) und Belgien (1584) zusammen.[199] Die Überlebensraten zeigen, dass Juden (auch ausländische) in Frankreich mehr Hilfe gefunden haben müssen als in den Niederlanden. Doch das ist schwer zu quantifizieren. Und es stimmt, dass manche Länder oder Regionen eine hilfsbereitere Umgebung boten als andere.

Zusammenfassend lässt sich sagen, dass europäische Gesellschaften während des Zweiten Weltkriegs in ihrem Verhalten gegenüber Juden gespalten waren. Kämpfe zwischen Verfolgern und Rettern und zwischen Hass und Sympathie spiegeln die Komplexität dieser Konflikte wider, genau wie das widersprüchliche Verhalten und die ambivalenten Motive vieler Nichtjuden. Angesichts bewaffneter Besatzer oder eigener rechtsgerichteter autoritärer Regime war es für Zivilisten jedoch viel schwerer, Juden zu helfen, als ihnen zu schaden.

14 Jenseits der Gesetzgebung: Nichtdeutsche Gewaltpolitik

In vielen Ländern machte die Verfolgung von Juden nicht bei gesetzlichen Maßnahmen halt. Allerdings war die Intensität der antijüdischen Gewalt sehr unterschiedlich. Drei Länder organisierten Massenmorde an Juden. In mehreren Wellen (der schlimmsten im Jahre 1942) wurden etwa drei Viertel der 40 000 Juden im kroatischen Staat entweder von ihren Landsleuten umgebracht oder in selteneren Fällen in deutsche Vernichtungslager deportiert. Die meisten anderen überlebten im Untergrund; mehrere tausend gehörten von der Regierung geschützten Gruppen an.[1] Vor allem 1941/42 ermordeten Rumänen mindestens 250 000 Juden oder ließen sie sterben,[2] besonders die aus Bessarabien und der Bukowina nach Transnistrien deportierten und einheimische sowjetische Juden aus dem besetzten Transnistrien; die rumänische Regierung weigerte sich aber, ebenso viele Juden aus dem alten Königreich (dem rumänischen Kerngebiet) an Deutschland auszuliefern, und diese überlebten den Krieg. Einige Zeit weigerte sich die ungarische Regierung, Juden nach Deutschland deportieren zu lassen; erst nach der deutschen Invasion im März 1944 wirkte die Regierung Sztójay bei der Deportation von über 400 000 Juden nach Deutschland mit, und das Pfeilkreuzler-Regime lieferte weitere 76 000 aus. Etwa 250 000 Juden aus Großungarn überlebten, die Hälfte im Land in den Budapester Ghettos und im Zwangsarbeitsdienst, die andere Hälfte in deutschen Lagern. Ungarische Behörden deportierten im Sommer 1941 mindestens 16 000 Juden ohne ungarische Staatsbürgerschaft in die ehemals sowjetischen Gebiete Galizien und Wolhynien, wo deutsche und ungarische Einheiten sie bald erschossen; in den Arbeitsbataillonen der Armee starben 1942/43 möglicherweise über 20 000 Juden, und Pfeilkreuzler ermordeten Ende 1944 viele tausende in Budapest.

Andere Regierungen, die selbst keine Massenmorde an Juden organisierten, stimmten ihnen aber zu; manche (wie die Slowakei) boten sogar an, ihre Juden nach Deutschland zu deportieren, oder drängten Deutschland phasenweise, Juden rascher zu deportieren (wie Ungarn und Bulgarien).[3] Nichtdeutsche Polizisten oder Gendarmen führten häufig Festnahmen durch. Auf diese Weise wurden 1942 80 % der slowakischen Juden deportiert und die meisten ermordet, während der Rest als Zwangsarbeiter in der Slowakei blieb – allerdings wurden viele von ihnen nach dem slowakischen Nationalaufstand im August und September 1944 ermordet. Die faschistische Regierung Norwegens ließ etwa die Hälfte der schätzungsweise 2000 jüdischen Einwohner (alle, derer sie habhaft werden konnte) 1942 deportieren, der Rest entkam nach Schweden. Vichy-Frankreich kooperierte bei der Deportation von ungefähr 75 000 seiner 300 000 jüdischen Einwohner und lieferte vor allem ausländische Juden aus. Etwa 3000–4000 Juden (und 5000–16 000 spanische Flüchtlinge) starben in französischen Internierungslagern, meist an Hunger.[4] Bulgarien verweigerte die Deportation von rund 50 000 Juden aus seinem Kerngebiet, stimmte aber der Auslieferung von 11 000 aus seinen annektierten Gebieten Thrakien und Mazedonien zu. Etwa 166 Juden starben in den zwei Wochen vor der Deportation in bulgarischer Internierung in Skopje.[5] Obwohl Italien ausländische Juden 1940 internierte und über 500 Juden aus der Region Cyrenaica in Italienisch-Libyen 1942/43 in italienischen Internierungslagern starben,[6] weigerte sich das Land weitgehend, jüdische Einwohner von seinem eigenen Territorium und aus italienisch-besetzten Gebieten in Griechenland, Jugoslawien, Albanien, Frankreich und Nordafrika auszuliefern. Nachdem große Teile Italiens im September 1943 von der Wehrmacht besetzt worden waren, wirkten an manchen Orten einige Behörden und faschistische Organisationen bei der Festnahme von Juden mit; über 7000 wurden daraufhin von den Deutschen ermordet. Im Gegensatz zu den albanischen Behörden waren die serbischen, griechischen und die im Reichsprotektorat Böhmen und Mähren zu schwach, um deutsche Einheiten an der Erschießung oder Deportation einheimischer Juden zu hindern. Finnland weigerte sich weitgehend, Maßnahmen gegen seine kleine jüdische Minderheit zu ergreifen, lieferte aber einige ausländische Flüchtlinge sowie mindestens 74 Juden unter seinen sowjetischen Kriegsgefangenen an Deutschland aus. Die dänische Regierung lehnte es ab, an der Deportation einheimischer Juden mitzuwirken, was dazu beitrug, dass 90 % von ihnen 1943 nach Schweden entkommen konnten. Unter den neutralen Ländern tat die Türkei am wenigsten, um eigene Staatsbürger im deutschen Einflussbereich (vor allem in Frankreich) zu retten, was zu etwa 2000 Todesopfern führte.[7] Diese sehr unterschiedlichen Ergebnisse folgten aus einer Reihe von miteinander verbundenen Faktoren. Die wichtigsten werde ich in diesem Kapitel diskutieren.

Massenmordprogramme und eifrige Polizeikräfte

Obwohl antijüdische Einstellungen in ganz Rumänien stark waren und Volksgewalt in verschiedenen Gebieten aufflammte, konzentrierte sich der Massenmord auf die Grenzregionen zur Sowjetunion und die rumänisch-besetzten Gebiete. Dort war auch die wirtschaftliche Verfolgung am stärksten. Im Sommer 1940 hatte die UdSSR Rumänien gezwungen, Bessarabien und die nördliche Bukowina abzutreten, und es hielt sich der Mythos, Juden hätten rumänische Soldaten angegriffen, als sie sich hastig zurückzogen (tatsächlich feierten manche Juden die Ankunft der Sowjets und beleidigten rumänische Soldaten). Als Rumänien sich im Juni 1941 Deutschland bei der Invasion der UdSSR anschloss, wollten die rumänischen Behörden die Juden in der Bukowina und in Bessarabien für ihr angebliches Verhalten vom Vorjahr ‹bestrafen›.[8]

Dies führte zu Massakern – in manchen Gebieten ab dem ersten Tag der Invasion – durch Militär, Polizei und Gendarmerie, aber auch durch Menschenmengen und Gruppen von Zivilisten, die unabhängig von der

Armee oder gemeinsam mit ihr handelten. Auch die deutsche Einsatzgruppe D erschoss mehrere tausend Juden in dieser Region. Den Sommer über konzentrierte die rumänische Verwaltung die Juden aus Kleinstädten, und im Herbst wurden die Juden aus Bessarabien und die meisten aus der nördlichen und südlichen Bukowina nach Transnistrien deportiert, das von rumänischen Truppen eroberte moldawisch-ukrainische Gebiet. Viele Juden, vor allem aus Bessarabien, fielen unterwegs Mord, Raub oder den unerträglichen Bedingungen zum Opfer. Wegen der ungenügenden Unterbringung starben viele Deportierte – nach einer Schätzung 30–50 % – im Winter 1941/42.[9] Rumänische Truppen und volksdeutsche Milizen ermordeten Zehntausende. Hunger und Morde gingen mit geringerer Intensität 1942 und 1943 weiter. Bei Kriegsende waren 75 % der deportierten bessarabischen und 17 % der bukowinischen Juden nicht mehr am Leben. Etwa 45–60 000 Juden aus Bessarabien und der Bukowina wurden im Sommer 1941 ermordet und 120–150 000 deportiert – von ihnen starben 90 000 und 36–38 000 überlebten; weitere 15 000 überlebten, darunter die, die in Chernovtsy bleiben durften, vor allem, um die Wirtschaft weiter funktionieren zu lassen.[10]

Überdies litten die meisten einheimischen Juden aus Transnistrien, die nicht vor den anrückenden rumänischen Truppen evakuiert wurden, weitgehend unter denselben Lebensumständen. Von den bis zu 90 000 Juden, die in Odessa blieben, wurden Tausende am 16. Oktober von einem deutschen Einsatzkommando erschossen. In den Tagen nach dem 22. Oktober 1941 ermordeten rumänische Truppen etwa 25 000 Juden (und Nichtjuden) aus Rache für einen Bombenanschlag auf hochrangige rumänische Offiziere, und in den folgenden Wochen wurden bis zu 30 000 nach Bogdanovka und an andere Orte auf dem Land bei Golta deportiert, ebenso wie viele Juden aus anderen transnistrischen Städten; die meisten wurden zwischen Dezember 1941 und Februar 1942 erschossen.[11] Bis Anfang November hatten die Rumänen bis zu 30 000 Juden in ein Ghetto gepfercht, und zwischen dem 12. Januar und dem 23. Februar 1942 deportierten sie fast 20 000 – besonders Frauen, Kinder und ältere Menschen – nach Berezovka, wo viele an Entbehrungen und Typhus starben und Milizionäre des volksdeutschen Volksschutzes die Übrigen zwischen Frühjahr 1942 und Ende 1943 erschossen. Ein kleines Handwerkerghetto blieb in Odessa bestehen. Die Zahl der Todesopfer unter transnistrischen Juden kann bis zu 160 000 betragen haben, nur 10–12 000 überlebten.[12]

Einige der Faktoren, die zu diesem Ergebnis führten, hat man identifiziert: die Verbindung zwischen antikommunistischem Denken und den Juden der Region; der Wunsch der Führung, einige Regionen zu «reinigen» und zu stabilisieren, indem man die Juden vertrieb; die Freiheit für Angehörige der Exekutivkräfte und die Bevölkerung, zu plündern, zu foltern und zu töten, und die Bereitschaft vieler, dies zu tun; dazu der Unwille, Juden, die als minderwertig galten, Ressourcen zuzugestehen. Dennoch bleibt der Entscheidungsprozess für die Massaker im Winter 1941/42 und allgemein unklar. Obwohl hochrangige Politiker den Willen äußerten, Juden massenhaft zu töten, bestimmten zum Teil lokale Umstände, wer erschossen wurde und wer nicht.[13]

Vom Frühjahr 1942 bis zum Jahresende gingen kleinere Deportationen aus der Bukowina (über 4000 Menschen), aber auch aus Südrumänien, nach Transnistrien weiter.[14] Das bestärkte die Deutschen in dem Glauben, Rumänien werde der Deportation von ungefähr 250 000 dort noch lebenden Juden in deutsche Lager zustimmen. Ende Juli plante Eichmann, um den 10. September herum mit Deportationen in den Distrikt Lublin zu beginnen; Ende September bestellte er Züge bei der Reichsbahn.[15] Antonescu sagte, diese Deportationen sollten in Südtranssylvanien beginnen.[16] Doch Mitte Oktober legte die rumänische Regierung ihre Pläne zu den Akten. Diese Entscheidung war von Protesten des US-Außenministers Cordell Hull, des Päpstlichen Nuntius und der schweizerischen und schwedischen Botschaften beeinflusst, aber auch von denen der rumänischen Königinmutter und eines Erzbischofs sowie des Vorsitzenden der Nationalliberalen Partei, Dinu Bratianu, der «ein sofortiges Ende der Verfolgung, die uns um mehrere Jahrhunderte zurückwirft», forderte. Andere argumentierten, die Deportationen würden Rumänien als deutschen Vasallen erscheinen lassen, dem es an Souveränität mangele.[17] Auch die Lage an der Ostfront bei Stalingrad mag zur Meinungsänderung beigetragen haben.[18]

Nach Deutschland war Rumänien der Staat, der in absoluten Zahlen die meisten Juden vernichtete, obwohl prozentual Kroatien die mörderischste antijüdische Politik betrieb. Sie führte zum Tod von mindestens 75 % der 38 000 Juden des Landes[19] (und von 300–400 000 anderen Menschen). Kroatische Einheiten hatten bereits im Mai 1941 (vor dem deutschen Angriff auf die Sowjetunion) die ersten Juden getötet, und im Juli begann die Regierung mit dem Internieren von Juden. Ihren ersten Höhepunkt erreichten die Morde im Sommer. Laut den Darstellungen vieler Historiker und des Staatsführers Pavelić waren die meisten Juden bis Ende 1941 bereits tot.[20] Statistische Daten legen dagegen nahe, dass 50 % von denen, die innerhalb Kroatiens starben, 59 % der Juden im Lager Jasenovac und 75 % der in Bosnien und der Herzegowina ermordeten (die zum Unabhängigen Staat Kroatien gehörten) 1942 starben.[21] Das ist teilweise mit den Todesfällen durch Hunger, Kälte und Mord in den Internierungslagern im Winter 1941/42 zu erklären. Im Sommer 1942 verstärkten kroatische Einheiten von neuem die Gewalt gegen Juden, verringerten aber die gegen Serben – auf Anraten deutscher Vertreter –, und die Ustascha übernahm die Lager des Innenministeriums, wo noch viele Juden festgehalten wurden.[22] Etwa 4927 Juden wurden im August 1942 nach Auschwitz deportiert, und Ustascha-Mitglieder ermordeten die Juden, die ihnen in Bosnien, Herzegowina und Dalmatien in die Hände gefallen waren, nachdem die Italiener ihnen im Juni 1942 die Kontrolle über bestimmte Gebiete übergeben hatten.[23] Die kroatische Judenvernichtung bestand aus mehreren Vorstößen – wie auch lokalen Wellen von Festnahmen – durch verschiedene Akteure, vor allem Mitgliedern der radikalen Ustascha. Die meisten Juden wurden dann in Lagern ermordet. Die Verfolgung ging bis Kriegsende weiter – noch 1945 wurden mindestens 2000 Juden ermordet.[24]

Obwohl slowakische Behörden kein eigenes Programm des Massenmords an Juden verfolgten, scheinen sie die Deportation der meisten Juden ins deutsch-besetzte Polen initiiert zu haben. Von März bis Oktober 1942 wurden 57 752 in 38 Zügen nach Lublin und in 19 Zügen nach Auschwitz deportiert. Nach einer offiziellen Zählung lebten im Lande im März 1943 noch ungefähr 22 000 Menschen, die als Juden galten – darunter 8000 Christen. Wegen der Einflussnahme der katholischen Kirche und des Vatikans, aber auch aus innenpolitischen Motiven, verhinderte Staatschef Tiso weitere Deportationen aus der Slowakei. Im Oktober 1942 hörten sie ganz auf, doch der Ministerrat hatte schon am 11. August beschlossen, Ausweisungen bis zum Kriegsende zu verschieben. Versuche des extremen rechten Flügels der Regierungspartei, 1943 weitere Juden deportieren zu lassen, scheiterten weitgehend, und Tiso entmachtete daraufhin einige Anführer der Rechten.[25] Während ihrer Niederschlagung des slowakischen Nationalaufstands, der Ende August 1944 begann, versuchten die Deutschen, selbst der verbliebenen Juden habhaft zu werden: sie ermordeten etwa 2300 und deportierten 8800 weitere (siehe Kapitel 5).

Die Parallelen in den Kurswenden zur Absage der Deportationen (durch die rumänische Regierung) oder zu ihrer Unterbrechung (durch das slowakische Regime) zwischen August und Oktober/November 1942 sind bemerkenswert. Die Gründe waren ähnlich. Während derselben Monate wurden auch die französischen Behörden sehr viel zurückhaltender mit der Hilfe bei Deportationen, auch sie von teilweise öffentlichen Protesten beeinflusst (siehe Kapitel 6 und S. 103); und die Gegner von Deportationen in der italienischen Führung behielten die Oberhand gegenüber antijüdischen Radikalen und überzeugten den schwankenden Mussolini von ihrem Kurs. Außer humanitären Motiven, die für einige Offiziere eine Rolle spielten, sollte diese Opposition auch Italiens Stärke im besetzten Jugoslawien und seine Verlässlichkeit gegenüber den serbischen Četniks zeigen, die auf Seiten Roms standen.[26] In all diesen Fällen bildete die Verbreitung von Nachrichten, die Deutschen hätten mit der systematischen Judenvernichtung begonnen – und die Verschlechterung der militärischen Lage für die Achsenmächte –, den Hintergrund dieser Entscheidungen.

In Ländern unter deutscher Besatzung waren die deutschen Verfolger meist auf einheimische Verwaltung und Exekutivkräfte angewiesen. Lokales Wissen war notwendig, besonders bei Festnahmen (siehe Kapitel 6). Doch die Handlungen von Verwaltungsbeamten und Polizisten konnten von Land zu Land, innerhalb einer Nation und auch zu verschiedenen Zeiten sehr stark variieren.

In vielen Ländern half die einheimische Polizei unter deutschem Befehl fast vorbehaltlos bei der Festnahme von Juden. So war es in den besetzten sowjetischen Gebieten, wo neue Polizisten nach ihrer wahrscheinlichen Zuverlässigkeit und antisowjetischen Einstellung ausgesucht wurden. In den westlichen Regionen, die erst vor kurzem von der Sowjetunion annektiert worden waren, waren viele von ihnen Bauern mit traditionellen Werten, die «wirtschaftliches Fortkommen und gesellschaftlichen Aufstieg» suchten. Während der ersten Monate der deutschen Invasion halfen irreguläre Gruppen den Deutschen bei Massenerschießungen.[27] Die Zahl der 1941 durch litauische und lettische Einheiten unter deutschem Kommando erschossenen Juden ist unbekannt.[28] Die Ortsverwaltungen in den besetzten sowjetischen Gebieten registrierten Juden, einige richteten auch Ghettos ein und internierten sie.[29] Dennoch war eine starke und teure deutsche Polizeitruppe notwendig.[30] In Norwegen führte die norwegische Polizei alle Festnahmen und Internierungen von Juden durch, ebenso ihren Transport zu deutschen Schiffen für die Deportation; 30 % der Polizisten und 60 % ihrer Offiziere (der höchste Anteil unter allen Berufsgruppen) gehörten der faschistischen Nasjonal Samling an.[31] In den Niederlanden beteiligten sich nach Schätzungen bis zu 90 % der Polizisten eifrig an der Festnahme von Juden, obwohl nur eine kleine Minderheit Faschisten waren. Ab Frühjahr 1943, als der einheimische Widerstand – vor allem gegen die Einziehung zur Zwangsarbeit – sich ausbreitete, wurde Obstruktion durch die Polizei etwas häufiger.[32]

Sowjetische Helfer wurden auch unter direktem deutschem Kommando in den Vernichtungs- und Arbeitslagern eingesetzt. Sie wurden meist unter verzweifelten sowjetischen Kriegsgefangenen rekrutiert, von denen viele im SS-Lager Trawniki bei Lublin im Generalgouvernement ausgebildet und dann nach Bełżec, Sobibór, Treblinka, Auschwitz-Birkenau und Majdanek versetzt wurden. In diesen Vernichtungszentren stellten sie die Mehrheit der Lagerwachen.[33] Es ist unmöglich zu quantifizieren, wie viele Menschen sie und nicht Deutsche töteten. Ihre Geschichte unterstreicht, wie viel Unterstützung die Deutschen für die Verfolgung von Juden und anderen unter Sowjetbürgern fanden. Es zeigt auch, wie tief die Spaltungen unter Sowjetbürgern waren, da die meisten sowjetischen Kriegsgefangenen natürlich keine SS-Helfer wurden und das NS-Regime weiterhin zutiefst ablehnten.

Wo sich die Deutschen nicht auf den nationalen Polizeiapparat verlassen konnten und selbst Juden festzunehmen suchten, war ihr Erfolg meist begrenzt, weil ihnen Personal und Informationen fehlten. In Italien wurden nur 6806 von etwa 40 000 Juden nach der deutschen Besetzung vom September 1943 festgenommen. Soweit bekannt, wurden 2444 dieser Festnahmen allein von deutschen SS- und Polizeieinheiten durchgeführt, 1951 allein von Italienern und 332 von gemeinsamen deutsch-italienischen Einheiten. Soldaten, Carabinieri, Polizisten und sogar Lagerwachen werden auch unter denen erwähnt, die «Akte der Menschlichkeit» vollbrachten.[34] In Frankreich war die deutsche Sicherheitspolizei zunehmend auf sich gestellt, weil sich nach den ersten großen Internierungen und Deportationen vom Juli und August 1942 – die ausschließlich durch französische Polizisten (mit Unterstützung rechtsextremer Jugendgruppen und Busfahrer) durchgeführt wurden – die öffentliche Meinung verschob und das Vichy-Regime dazu brachte, seine Unterstützung weitgehend einzustellen. Darauf sank die Bereitschaft französischer Gendarmen und Polizisten zur Teilnahme stark ab und blieb nur in einigen Regionen bestehen.[35]

Obwohl die belgischen Gesetze es verboten und sie Anordnungen aus Brüssel hatten, deutsche Befehle nicht zu befolgen, halfen einige Teile der Verwaltung und Polizei in Antwerpen im Herbst 1942 bei der Festnahme von Juden durch die Deutschen.[36] Dennoch nahmen einheimische Polizisten nur 4300 Juden fest (17 % aller in Belgien inhaftierten). Das steht im Gegensatz zu 24 % in den Niederlanden und 61 % in Frankreich.[37] Diese Zahlen erzählen aber nur einen Teil der Geschichte. Die niederländische Polizei trug indirekt, aber wirkungsvoll zu einem sehr hohen Anteil von Festnahmen bei, während in Frankreich ein viel höherer Anteil von Juden entkommen konnte als in den Niederlanden (75 % gegenüber höchstens 25 %). Diese Differenz erklärt sich teilweise aus der offensichtlichen Widersetzlichkeit großer Teile der französischen Polizei und Beamtenschaft.

Dennoch kooperierte nichtdeutsche Polizei, vor allem in Westeuropa, aber nicht nur dort, und besonders zu Beginn des Prozesses 1942, stärker bei der Festnahme von Juden als beim Einziehen von Menschen zur Zwangsarbeit in ihren Heimatländern oder in Deutschland im Frühjahr und Sommer 1943. Das gilt für Norwegen (wo die Deutschen 470 widersetzliche Polizisten festnahmen), die Niederlande und Frankreich.[38] In Frankreich und in geringerem Maße in den Niederlanden gab es einen Lernprozess, der bei Polizisten auch die Abneigung gegen die Jagd auf Juden wachsen ließ. Dass nichtdeutsche Polizisten und Gendarmen mit der Zeit weniger zuverlässig wurden, lässt sich zum Teil auch dadurch erklären, dass ihre Zahl während der Kriegs- und Besatzungszeit stark zunahm (ebenso wie die Zahl der Verwaltungsbeamten): Das neue Personal war aus deutscher Sicht vielleicht weniger zuverlässig.[39]

Wenn loyale Polizeikräfte nicht ausreichten, gab es noch die Option, die Entstehung einheimischer paramilitärischer Gruppen zu erlauben oder zu ermutigen. Da sie weite Teile des besetzten Jugoslawien nicht kontrollieren und durchdringen konnten, förderten Deutsche und Italiener solche lokalen Milizen,[40] was wegen ihres Kleinkriegs gegen andere bewaffnete Gruppen anderer Herkunft und politischer Einstellung die Zahl der Opfer stark ausweitete, auch unter Juden; dies kam einem Bürgerkrieg gleich (sehe Kapitel 11).

Ethnisch-religiöse Homogenisierungspolitik

Mehrere europäische Regierungen verkündeten offiziell, sie wollten, dass praktisch alle Juden aus ihren Ländern auswandern sollten. Da dies auch für Regime wie Bulgarien und Ungarn unter dem Kállay-Regime zutrifft, die keine Deportation von Juden in deutsch-kontrollierte Gebiete erlaubten, ist es oft als Hinhaltetaktik interpretiert worden, doch konnte es ernsthaften langfristigen Politikzielen entsprechen. So hatte beispielsweise der bulgarische Außenminister Ivan Popov seinem deutschen Kollegen von Ribbentrop und Hitler im November 1941 eine allgemeine Auswanderungspolitik – sogar über sein eigenes Land hinaus – vorgeschlagen, und Hitler unterstützte die Idee rhetorisch. Ungarn und Rumänien hatten bereits im Frühjahr 1941 erklärt, ihr Ziel sei die Vertreibung. Der norwegische Faschistenführer Vidkun Quisling befürwortete ebenfalls eine internationale, oder zumindest europaweite ‹Lösung› des Judenproblems.[41] Auf Popovs Vorschlag erklärte das Auswärtige Amt jedoch, dass Italien, Ungarn und Spanien ein (wünschenswertes) europäisches Abkommen über die Behandlung von Juden ablehnten; bestenfalls könne Deutschland dafür auf Kroatien, Rumänien, die Slowakei und Bulgarien zählen, und selbst mit diesen Staaten werde eine Vereinbarung nicht einfach sein.[42] Dennoch trieb die seit 1938 verfolgte antijüdische Politik der italienischen Regierung Juden bewusst aus dem Land und senkte den Lebensstandard der verbliebenen: Binnen drei Jahren emigrierten 15 000, darunter 90 % der ausländischen und 10 % der einheimischen Juden.[43] Die Übergänge konnten fließend sein. Vidkun Quisling erklärte im März 1941, Juden sollten vom Rest der Bevölkerung isoliert und zwangsweise auf ein eigenes Gebiet umgesiedelt werden, er lehnte es aber ab, sie sterilisieren oder ermorden zu lassen. Im Herbst 1942 stimmte er jedoch ihrer Deportation nach Deutschland zu und trieb sie vielleicht sogar an, wobei er wahrscheinlich wusste, dass dies ihren Tod bedeutete.[44] Visionen eines Zukunftsplans zur europaweiten Vertreibung der Juden – die nie verwirklicht wurden – waren von Ideen antijüdischer Aktivisten in den 1930er Jahren (in Hinsicht auf Madagaskar oder andere Gebiete) und dem Glauben inspiriert, dieses Projekt werde ein Teil künftiger Friedensverträge sein.[45] Früher, in den Jahren 1936 bis 1939, hatte die polnische Regierung erfolglos um internationale Unterstützung für die Umsiedlung ihrer Juden geworben.[46]

Regimen hatte lange die Möglichkeit gefehlt, Juden aus ihren Ländern zu vertreiben. Einige, wie die Nationalsozialisten in Deutschland, glaubten im Sommer 1941, der Augenblick sei mit der multilateralen Invasion Jugoslawiens und der Sowjetunion gekommen.[47] An Ersterer waren auch italienische, ungarische und bulgarische Truppen beteiligt, an Letzterer unter anderem rumänische, finnische, ungarische und italienische. Was in beiden Fällen folgte, stand im Zusammenhang mit umfassenden Plänen zur ethnischen Homogenisierung, die Eliten in Ländern mit größeren Minderheiten verfolgten, um einen stabilen Nationalstaat zu schaffen, mit der Vertreibung von Eliten, die von neu etablierten Besatzungsregimen (oder im Fall Kroatiens der Führung eines neuen Staates) als illoyal angesehen wurden, und mit der Widerstandsbekämpfung. Die rechtliche Diskriminierung dieser Minderheiten unterschied sich oft von der von Juden: Statt Beschränkungen bei wirtschaftlichen Aktivitäten, Studienmöglichkeiten und dem Zugang zu den freien Berufen verloren andere Minderheiten das Recht, in der eigenen Sprache unterrichtet zu werden, und ein Teil ihres Ackerbodens wurde enteignet. Wenn es um die Vertreibung einer Minderheit ging, waren trotzdem städtische Eliten das Hauptziel, wie bei Juden. Obwohl Pläne zur ethnischen Homogenisierung meist weit über die tatsächlich ausgeführten Vertreibungen hinausgingen, betraf ihre Umsetzung hunderttausende von Menschen. Deutschland wollte 260 000 Slowenen und Serben aus Slowenien nach Serbien und in den italienisch-besetzten Teil Sloweniens abschieben – die tatsächliche Zahl dürfte bei 50–60 000 gelegen haben, von denen wohl 20 000 in den von Italien annektierten Teil Sloweniens kamen. Zeitweise bot die kroatische Regierung an, 175 000 Slowenen aufzunehmen, wenn Kroatien seinerseits 200 000 Serben nach Serbien abschieben dürfe. Bis zu 200 000 Serben wurden entweder nach Serbien vertrieben oder flüchteten dorthin, viele bis zum Oktober 1941. (Auch ihre Firmen und Geschäfte wurden enteignet.)[48] Kroatien scheint bis November 1941 70 000 Kroaten aus den anderen Teilen Jugoslawiens zurückgeholt zu haben.[49] Ungarn vertrieb Serben aus der Wojwodina (vor allem jene, die sich nach 1918 dort angesiedelt hatten, von denen 48 000 registriert waren), obwohl die Zahl wahrscheinlich bei ‹nur› 30–60 000 statt der angestrebten 150 000 lag. Der deutsche Militärbefehlshaber in Serbien intervenierte, um das kroatische wie auch das ungarische Vorgehen zu stoppen, weil er darin eine politische Destabilisierung Serbiens sah.[50] Schätzungen über die Zahl der aus dem bulgarisch-besetzten Mazedonien Vertriebenen reichen von 43–120 000.[51] Bis Mai 1941 hatte Serbien bereits 180 000 Flüchtlinge aus den ungarischen, bulgarischen und kroatischen Zonen Jugoslawiens sowie dem Kosovo aufgenommen; bis 1945 wurden wohl 70–100 000 Menschen aus dem Kosovo vertrieben. (Die Vertreibungen aus dem Kosovo begannen im April 1941 unter deutscher Besatzung, wurden dann von den Italienern eingestellt und im September 1943 wieder aufgenommen, als die Deutschen die Region erneut besetzten.)[52] Rund 100 000 Griechen wurden ebenfalls rasch aus dem bulgarisch-besetzten Mazedonien und Thrakien vertrieben.[53]

Frühere Umsiedlungen von 1939 bis Anfang 1941 hatten fast 500 000 Volksdeutsche, aber auch andere Gruppen betroffen.[54] Um nur die größte Gruppe zu nennen: mindestens 50 000 Tschechen waren vor allem 1939 aus der Slowakei vertrieben worden, im selben Jahr flohen 100 000 Slowaken und Tschechen aus dem Süden der Slowakei, der Ungarn zugeschlagen worden war, und die Slowakei wies 7500 ausländische Juden aus derselben Region aus (wo viele an der Grenze festsaßen, weil Ungarn sie zurückzuschicken versuchte). Ungefähr 200 000 Muslime verließen zwischen 1936 und 1939 Bulgarien und Rumänien und gingen in die Türkei; von 1940 bis 1943 flohen 220 000 Rumänen aus Nordtranssylvanien, das an Ungarn gefallen war, nach Rumänien (wobei hunderte von Rumänen durch Ungarn ermordet wurden). Schließlich flohen 190 000 Ungarn (darunter einige Juden) aus Südtranssylvanien nach Ungarn.[55] Manche von ihnen wurden durch Wohnungen, Firmen oder Land von Juden entschädigt. Schätzungen der Zahl der grenzüberschreitenden Vertreibungen in Südosteuropa von 1939 bis 1943 übersteigen 2 Millionen.[56] Die Fluchtbewegungen und Evakuierungen des Jahres 1941 waren noch umfangreicher und hinterließen bei Zeitgenossen einen tiefen Eindruck. Etwa 8 Millionen Menschen flohen 1940 innerhalb Frankreichs vor dem Vormarsch der Wehrmacht, und 10 Millionen oder mehr flohen vor dem deutschen Angriff aus den westlichen Teilen der Sowjetunion. Zu ihnen gehörten Fabrikarbeiter, Beamte, lokale Vertreter der Sowjetregierung und – beispielsweise in Karelien, Bessarabien und der Bukowina – kürzlich eingewanderte Menschen, die nach der sowjetischen Annexion 1940 gekommen waren.[57]

In diesem Invasionskontext deportierten die rumänischen und ungarischen Behörden 1941 auch Juden in die gerade besetzten sowjetischen Gebiete. In Ungarn planten Generalstabschef Henrik Werth und andere Offiziere, das Land wieder auf die Grenzen vor dem Ersten Weltkrieg oder noch weiter auszudehnen und dann bis zu 8 Millionen Rumänen, Slowaken, Juden und vielleicht auch Volksdeutsche zu vertreiben und durch 1,2 Millionen magyarische Auswanderer zu ersetzen. Premierminister László Bárdossy war aber gegen den Plan, der ein starkes ungarisches Expeditionsheer in der Sowjetunion erfordert hätte, und setzte Werth im September 1941 ab.[58] Etwa zum Zeitpunkt von Werths Entlassung und dem deutschen Massaker an über 23 000 Juden in Kamenez-Podolsk – von denen die meisten Ende August aus Ungarn deportiert worden waren, einige aber auch aus der Gegend stammten[59] – wurden auch die ungarischen Vertreibungen von Serben aus der Wojwodina gestoppt.[60] Am 29. Juli begannen rumänische Truppen in der Gegend von Iampol (Yampil) Juden über den Dnjestr auf deutsch-besetztes Territorium zu schicken. Bis Ende August deportierten die Deutschen 27 500 Menschen zurück (von den viele von rumänischen Soldaten zurückgewiesen oder erschossen wurden), nachdem sie zuvor Tausende erschossen hatten.[61] Einigen Forschern zufolge hatte Hitler Antonescu am 13. Juni 1941 gesagt, die Juden sollten in die Sowjetunion abgeschoben werden, dieser aber missverstanden, dass dies sofort beginnen könne.[62] Die Rumänen schickten keine Juden mehr in deutsch-besetzte Gebiete und deportierten sie stattdessen nach Transnistrien; die meisten stammten aus der Bukowina, andere aus Bessarabien. Es ist in diesem Zusammenhang bemerkenswert, dass die kroatische Regierung 1941 nicht versuchte, Juden nach Serbien zu vertreiben (wie sie es mit den Serben versuchte); dies zeigt vielleicht, dass Zagreb die Serben als drängendere politische Bedrohung ansah.[63]

Ende August hatten die Ereignisse von Kamenez-Podolsk und Iampol nichtdeutschen Regierungen klargemacht, dass umfangreiche Vertreibungen von Juden in die Sowjetunion nicht möglich waren. Tatsächlich wehrten sich Wehrmachtsstellen gegen jede große Vertreibung, auch von Nichtjuden. 1943 setzten nur Bulgaren und Albaner dies fort und vertrieben Griechen, Serben und Mazedonier nach Griechenland und Serbien.[64] Für die deutschen Behörden war die Lage ähnlich. Die Deportation polnischer Nichtjuden und Juden aus Westpolen ins Generalgouvernement wurde im Frühjahr 1941 gestoppt, und Frank und Rosenberg verlängerten die Unterbrechung im Oktober 1941 weiter, indem sie Deportationen polnischer Juden in die besetzten sowjetischen Gebiete aufschoben. Der Widerstand des Militärs begrenzte die Deportation mitteleuropäischer Juden in die besetzten sowjetischen Gebiete und ins Generalgouvernement, und abgesehen von annektierten Gebieten – vor allem in Polen – beschränkte sich die Ansiedlung von Volksdeutschen auf bestimmte Teile Litauens, das Gebiet um Lublin und auf einige Bevölkerungsbewegungen innerhalb der Ukraine. (Die Ansiedlung Deutscher in Slowenien, im Elsass, in Lothringen und Böhmen blieb ebenfalls begrenzt.)

Nicht nur die deutsche, sondern auch andere Regierungen entwarfen riesige Umsiedlungspläne – besonders nachdem die Vertreibungen weitgehend zum Stehen gekommen waren –, die sehr dem Generalplan Ost ähnelten, aber nur wenig praktische Folgen hatten. Kroatische Pläne sahen die Entfernung von bis zu 2 Millionen Serben, Juden und Roma vor (einem Drittel der Bevölkerung). In Rumänien legte der Chef des Statistikamts, Sabin Manuilă, im Oktober 1941 den Plan vor, 3,5 Millionen Ungarn, Ukrainer, Russen, Juden, Serben und andere zu vertreiben. (Ion Antonescu hatte ähnliche Ideen, und der Plan wurde Ende 1943 modifiziert.) Und obwohl der oben erwähnte gigantische ungarische Umsiedlungsplan keine offizielle Politik war, unterstützten ihn hohe Vertreter der Parteien, der Kirche und der Wissenschaft noch lange nach Mitte 1941, ebenso wie der Regent Horthy.[65] Bulgariens endgültige Pläne sind nicht bekannt. Und wie im deutschen Fall hatte der Stopp der Vertreibungen schon im Sommer 1941 zum Massenmord an Juden durch rumänische, kroatische und ungarische Kräfte geführt.

Mehrere europäische Regime suchten andere Wege, um Juden aus ihren Ländern zu entfernen. Im Lichte der kriegsbedingten Transportprobleme und fehlender Aufnahmeländer bot die bloße Erklärung, Juden ohne Staatsbürgerschaft sollten das Land verlassen (was ich weiter unten bespreche) wenig Aussicht auf Erfolg. Vor wie nach dem Krieg führten Einwanderungsbeschränkungen für Juden zu unrealistischen Forderungen nach kolonialer Ausdehnung. 1936 forderte die polnische Regierung eigene Kolonien in Südamerika oder Afrika, um polnische Juden dort anzusiedeln, und entwickelte Interesse an Madagaskar (wie später auch die Deutschen). Und kurz bevor er im April 1942 als französischer Premierminister abgelöst wurde, informierte François Darlan – der den Madagaskarplan bis August 1941 verfolgt hatte – das Auswärtige Amt in Berlin, er wolle eine große Zahl von Juden aus Frankreich nach Algerien umsiedeln.[66] Tatsächlich wurden ausländische Juden von März bis Juni 1942 auf zehn Schiffen nach Nordafrika deportiert (fünf davon, wo Zahlen bekannt sind, beförderten insgesamt 1944 jüdische Passagiere). Bis Ende Oktober 1942 waren 4000 ausländische, französische und nordafrikanische Juden in Lagern in Französisch-Nordafrika interniert worden; die meisten mussten in Kohlegruben oder an der nie fertig gestellten Transsahara-Bahnlinie arbeiten, wo einige an den schlechten Lebensbedingungen starben.[67] Irgendwann vor dem September 1943 erwähnte auch der italienische Polizeichef in der von Italien besetzten Zone Frankreichs, Guido Lospinoso (der es ablehnte, Juden an die Deutschen auszuliefern), einen Plan, 30–40 000 Juden aus der Zone nach Italien und von dort in italienische Kolonien in Afrika zu bringen.[68] Ab Mai 1943 gab es allerdings keine solchen Kolonien mehr. Spanien schickte 3500 staatenlose Juden in seine nordafrikanischen Gebiete.[69] Da die meisten solchen Auswege während des Zweiten Weltkriegs blockiert waren, erhöhten die Forderungen örtlicher Eliten und der breiten Bevölkerung den Druck auf die jüdische Bevölkerung in europäischen Ländern, und die Folgen reichten von der gemäßigten Verfolgung über die teilweise Deportation in deutsche Lager bis zur Massenvernichtung durch eigene Kräfte.

Ein Aspekt der Homogenisierungspolitik war, dass die Verfolgung der Juden in erst kürzlich annektierten Gebieten sich viel rascher entwickelte oder intensiver war als in den Kerngebieten der Staaten.[70] Das galt in unterschiedlicher Form für die rumänische Politik in der Bukowina, in Bessarabien und Transnistrien, die bulgarische Politik in Mazedonien und Thrakien, die ungarische Politik in Oberungarn, der Karpatho-Ukraine und Nordtranssylvanien, die sowjetische Politik im Westen von 1939 bis 1941 und auch die deutsche Politik im Wartheland. Diese Länder besetzten die meisten dieser Regionen nicht zum ersten Mal, und ihre Regime wollten die ‹Fehler› früherer erfolgloser Integrationsmaßnahmen verhindern. Sie nahmen besonders jene Eliten aufs Korn, die als fremder Herkunft betrachtet wurden: Beamte, Angehörige der freien Berufe, die Intelligenz, Unternehmer, Adlige, kürzlich Eingewanderte und Geistliche. Viele von ihnen verloren ihre Stellen oder ihre Firmen. Manche wurden ermordet, viele eingesperrt und noch mehr vertrieben. Auch Juden gerieten in den Strudel solcher Politiken. Den Eliten in den freien Berufen, der Intelligenz und der Geschäftswelt gehörten zahlreiche Juden an. Viele hatten den früheren Eroberungen dieser Gebiete durch ausländische Mächte keinen Widerstand entgegengesetzt und die rumänische, ungarische, bulgarische oder deutsche Kultur nicht verteidigt. Dadurch galten sie als politisch unzuverlässig.

Regime wollten ethnisch erwünschte Siedler hereinbringen, um ihre Herrschaft in den neu erworbenen Gebieten zu stabilisieren, besaßen aber nicht die Mittel, ihnen Unterkunft und Arbeit zu bieten. Sie mussten Juden enteignen und entfernen, um wenigstens einen Bruchteil ihrer allzu ehrgeizigen Siedlungspolitik zu verwirklichen. Auch die Neueinwanderer wandten sich ebenso wie frühere Siedler und Besatzungstruppen und -funktionäre gegen die verachteten Juden, um selbst zu profitieren. Verdacht und Verfolgung tendierten dazu, alle Juden einzubeziehen. Die Ausweisung, Flucht und Deportation zur Zwangsarbeit anderer unerwünschter Gruppen ging auch über die Eliten hinaus, obwohl Juden am schwersten betroffen waren. Die deutsche Politik und Praxis zur Eingliederung von Territorien – einschließlich rassistischer Tendenzen – unterschieden sich nicht sehr von denen anderer Länder, die ihrerseits nicht bloß deutsche Maßnahmen nachahmten, sondern eigenen nationalen Interessen folgten.

Nationale Interessen und Außenpolitik

Die Außenpolitik in europäischen Ländern diente dem herrschenden Nationalismus. Viele Staaten verstanden den Zweite Weltkrieg und die Monate zuvor als Bedrohung, Gelegenheit oder beides. Manche Staaten wie die Slowakei und Kroatien wurden neu gegründet, andere wie Deutschland, Italien, Ungarn und Bulgarien dehnten sich aus, wieder andere, zum Beispiel die Slowakei, Rumänien und Frankreich, verloren Gebiete, und viele erlebten die Anwesenheit von fremden Truppen oder Besatzungsverwaltungen. In diesen Zusammenhängen konnte die Behandlung der Juden für ein Land zum Druckmittel bei Verhandlungen über andere Fragen mit Deutschland oder anderen Großmächten werden, sie konnte aber auch symbolisch zur Bekräftigung der eigenen Souveränität wichtig sein oder die Beziehungen zu kleineren Nachbarstaaten betreffen.

Selbstverständlich übten deutsche Behörden oft Druck zugunsten von Deportationen aus – etwa ab Mitte 1942 auf die Regierungen Rumäniens, Ungarns, Bulgariens, der Slowakei, Kroatiens, Italiens und Frankreichs. Die Regierungen von Griechenland, Serbien und Böhmen und Mähren wurden anscheinend nicht einmal gefragt. Im Januar 1943 umfasste die Aufgabenliste von Abteilung D III des Auswärtigen Amts mit Bezug auf «Judenfragen» im Ausland die Förderung antijüdischer Propaganda, Einflussnahme auf die Behandlung von Juden durch ausländische Regierungen, die Klärung von Fragen jüdischen Eigentums und allgemein Fragen wirtschaftlicher und juristischer Natur und die Ausbürgerung und «Aussiedelung»[sic] von Juden.[71] Dagegen gibt es keine Belege, dass deutsche Behörden je Druck auf die finnische Regierung oder andere neutrale, nicht besetzte Länder ausübte, damit sie ihre Juden auslieferten.[72] Wenn sie Deportationen in besetzten Ländern durchführte, nahm die deutsche Sicherheitspolizei Juden anderer Nationalität aus, falls sie nicht für eine solche Behandlung freigegeben waren. So wurden 1943 in Saloniki Juden mit spanischer, italienischer, bulgarischer und türkischer Staatsbürgerschaft ausgenommen.[73] Ein Angestellter der deutschen Botschaft in Budapest, Horst Grell, überprüfte die Staatsbürgerschaft von vielleicht 200 000 Menschen, um sicherzugehen, dass 1944 niemand mit Ausnahmestatus-Nationalität aus Ungarn nach Auschwitz deportiert wurde.[74] Es ist argumentiert worden, dass auch die härteren antijüdischen Vorschriften in Mussolinis italienischer Republik von Salò Ende 1943 die nationale Souveränität betonen sollten.[75] Der Versuch, alle Juden in Italien zu internieren, wurde durch das späte Inkrafttreten des notwendigen Polizeibefehls vom November 1943 untergraben, das vielen Juden die Flucht in den Untergrund erlaubte, aber auch durch die Behinderung seitens lokaler Dienststellen.[76]

Asher Cohen hat geschrieben: «Wir kennen keinen Fall, in dem die Regierung des Klientenstaats starken Widerstand gegen Deportationen leistete und damit scheiterte. Es scheint also, dass die Hauptverantwortung für das Schicksal der Juden in diesen Ländern bei den nationalen Regierungen liegt.»[77] Wenn es eine Regierung gab, die sich widersetzte *und scheiterte*, war es die griechische.[78] Man sollte hinzufügen, dass die einzige Regierung, die der vollständigen Deportation ihrer jüdischen Bevölkerung zustimmte, die norwegische war. Kein anderes Regime gab den deutschen Forderungen so vollständig nach, was meine These stützt, dass nationale Politik eine zentrale Rolle bei Entscheidungen über die Behandlung von Juden spielte.

Es war offensichtlich, dass die Bereitschaft zur Auslieferung von Juden der deutschen Führung gefallen würde, und dies konnte bestimmte außenpolitische Vorteile bringen. Im Mai 1942 «erneuerten» die deutschen Verbündeten Rumänien, Kroatien und Slowakei «praktisch die Kleine Entente», einen gegen Ungarn gerichteten Pakt der Zwischenkriegszeit. (Obwohl Ungarn wie sie ein Verbündeter Deutschlands war, sahen die anderen drei es als Bedrohung für ihre Territorien.[79]) Eine weitere Erforschung verdienen Fragen wie die, ob diese Länder durch ihre antijüdische Politik deutsche Unterstützung gewinnen wollten und ob die Slowakei deshalb im Gegensatz zu Ungarn zu diesem Zeitpunkt bereits massenhaft Juden in Lager im deutsch-kontrollierten Polen deportierte; warum Kroatien im August 1942 mit Deportationen begann; und warum Rumänien seine Bereitschaft dazu im Juli erklärte (obwohl diese Züge nie abfuhren). Außerdem benutzte die kroatische Regierung, wie oben erwähnt, ihre Souveränität über Gebiete nahe der Adria, die sie im Juni 1942 von Italien zurückgewonnen hatte, um die Judenverfolgung zu verstärken.

Der Schutz dessen, was man als eigene nationale Interessen in der Außenpolitik sah, konnte sich auch umgekehrt auswirken. Mehrere Länder lehnten es ab, Juden in deutsch-kontrollierte Gebiete zu deportieren, sobald die Alliierten gegenüber den Achsenmächten militärisch die Oberhand zu gewinnen schienen. Viele Historiker sehen die plötzliche Weigerung der rumänischen Regierung im Herbst 1942, schon geplante Deportationen durchzuführen, als Folge solcher Erwägungen; dasselbe gilt für die Kritiker des Regimes.[80] Unter anderem bezogen die rumänische und die ungarische Regierung die potenzielle Unterstützung der Alliierten hinsichtlich des umstrittenen Transsylvanien ein, als sie ihre Maßnahmen gegen Juden planten.[81] Schon im November 1941 äußerte der rumänische Staatschef Ion Antonescu wiederholt die Besorgnis, die Alliierten oder das internationale Kapital könnten Rumänien für seine antijüdische Politik bestrafen und das Land könne gezwungen werden, bei Friedensverhandlungen Kompromisse zu schließen. Vor solchen Konsequenzen wollte er die Rumänen schützen.[82] Im März 1943 argumentierten 42 bulgarische Parlamentarier ähnlich: Die Juden des Landes an Deutschland auszuliefern, werde Bulgariens künftige Stellung in den «internationalen Beziehungen» schwächen.[83] Andere sehen ähnliche Faktoren am Werk, als die Italiener ihren Widerstand gegen die Auslieferung von Juden aus bestimmten italienisch-besetzten Gebieten (etwa in Kroatien) an die Deutschen verstärkten.[84] Auch die Slowakei stoppte die Deportationen im Herbst 1942. Nachdem die Alliierten im November 1942 die Invasion Französisch-Nordafrikas begonnen hatten, ging die Kooperation der französischen Regierung und der Polizei bei der Deportation von Juden ebenfalls merklich zurück – wenngleich Verwaltung und Polizei sie in einigen Regionen weiterhin unterstützten.[85]

Ungarns Außenpolitik hing auf noch verwickeltere Art mit der Behandlung von Juden zusammen. Nachdem Deutschland das Land im März 1944 besetzt hatte, verfolgte die Regierung unter Döme Sztójay, der 17 Jahre lang Diplomat in Berlin gewesen war, eine Politik großangelegter Deportationen von Juden, auch um die Deutschen von der politischen Zuverlässigkeit Ungarns zu überzeugen, damit es seine nationale Souveränität wiedergewinnen (und möglicherweise aus dem Krieg ausscheiden) könne. Anfang Juli verhinderte der Regent Miklós Horthy mit Hilfe des Staatssekretärs im Außenministerium, Mihály Arnóthy-Jungerth, die Deportation der Juden aus Budapest unter anderem wegen des Drucks aus den USA, vom Vatikan und aus Schweden. Im August und September 1944 schlug das ungarische Außenministerium zusätzliche Züge mit Juden nach Deutschland vor, um Hitlers daran geknüpfte Erlaubnis zu erhalten, humanitäre Transporte mit Juden in die Schweiz zu schicken und so den Westalliierten zu gefallen. Schließlich stoppte Horthys Nachfolger Ferenc Szálasi Ende 1944 – zwischenzeitlich auf deutschen Druck erlaubte – Deportationsmärsche, um internationale Anerkennung für sein faschistisches Regime zu bekommen.[86] Auf diese Weise waren die internationale Machtverteilung und wechselnde außenpolitische Interessen eine wichtige Variable für antijüdische Politiken.

Schutz und fehlender Schutz

Trotz der Verfolgung von Juden durch ihre eigenen Regierungen in den meisten nichtdeutschen europäischen Ländern machte die Existenz einer nationalen Regierung oder ihr Fehlen einen Unterschied. In den deutsch-besetzten sowjetischen Gebieten und in Polen, wo es keine nationale Regierung gab, hatten Juden den wenigsten Schutz. Dagegen verhinderten die Regierungen Italiens (bis September 1943) und die Dänemarks, Finnlands, Bulgariens und Ungarns (bis März 1944), dass ihre jüdischen Staatsbürger deportiert oder von Deutschen ermordet wurden, und schützten sie weitgehend vor interner Gewalt. Das gilt in geringerem Maße auch für die Regime in Frankreich und Rumänien und in noch geringerem Maße für die in der Slowakei und Ungarn (ab

Juni 1944), wie auch für die einheimischen Verwaltungen in Belgien und Albanien. Außerdem demonstrierte ein solches Verhalten nicht nur nationale Souveränität, sondern drückte auch kulturelle Bindungen aus.[87] In der Praxis ging der Schutz manchmal sogar noch weiter, nachdem Juden ihre Staatsbürgerschaft verloren hatten, wie im Fall Bulgariens und Italiens.[88] Diplomaten intervenierten auch, um hunderte ihrer jüdischen Staatsbürger, die auf Territorium unter deutscher Kontrolle lebten, von antijüdischen Vorschriften ausnehmen zu lassen. Andererseits erlaubten einige Regierungen – so die slowakische, kroatische und rumänische im November 1941, die bulgarische und norwegische 1942 und die ungarische 1944 – den Deutschen, ihre auf deutsch-kontrolliertem Territorium lebenden jüdischen Bürger so zu behandeln wie andere Juden (was die Entziehung ihrer Rechte und ihre Deportation und spätere Ermordung ermöglichte).[89]

Ausländische Juden waren stärker durch Deportationen gefährdet als einheimische. Nichtdeutsche Regierungen waren eher bereit, Ausländer auszuliefern, und die Deutschen – die wussten, dass ausländische Juden in vielen Ländern schon früh rechtlich diskriminiert worden waren – nutzten diese Neigung aus und hofften, sie werde die Chance auf eine spätere Deportation von Juden mit nationaler Staatsbürgerschaft eröffnen. Der bekannteste Fall ist das französische Vichy-Regime. Ende 1940 verstärkte Frankreich die Internierung ausländischer Juden.[90] Als die deutsche Sicherheitspolizei die Hilfe des Vichy-Regimes bei der Deportation von Juden im Frühjahr und Sommer 1942 wollte, bot sie an, die nationale Souveränität zu respektieren, indem sie nur Juden ohne französische Staatsbürgerschaft deportierte und sogar die Autorität der französischen Regierung auf die Polizei im deutsch-besetzten Frankreich ausweitete. 1942 stimmten die französische Regierung und Polizei auch der Deportation ausländischer jüdischer Kinder und solcher aus der nicht-besetzten Zone zu. Eichmanns Vertreter Dannecker wurde abgelöst, weil er zu rabiat auf die Deportation von Juden mit französischer Staatsbürgerschaft drängte.[91] Darum waren unter den etwa 76 000 aus Frankreich deportierten Juden, von denen die meisten ermordet wurden, 52 000 Ausländer und 16 000 weitere, die entweder eingebürgert worden waren oder von eingebürgerten Juden abstammten.[92] Man hat dies die «Deportation der armen jüdischen Einwanderer aus Osteuropa» genannt.[93] Obwohl die belgischen Behörden noch weniger kooperierten als die französischen (so stimmten sie der Deportation von Kindern nicht zu, betrieben keine eigenen Internierungslager wie Vichy-Frankreich, und die belgische Polizei nahm an weniger Razzien teil), stießen die Deutschen auf etwas weniger Widerstand, wenn sie ausländische statt belgische Juden deportierten. Die Militärverwaltung drängte von Anfang an, die letztere Gruppe auszunehmen, gab aber später etwas nach.[94]

Einige italienische Dienststellen, vor allem in der Armee, schützten sogar ausländische Juden in von Italien besetzten Ländern – Jugoslawien, Griechenland und der kleinen Besatzungszone in Frankreich – vor Mord und Deportation. Tausende von Juden flohen aus deutsch-besetzten Regionen in solche unter italienischer Kontrolle.[95] Dennoch erlaubten einige italienische Offiziere und Einheiten es 1941/42 der kroatischen Ustascha, tausende von Juden zu deportieren, und einige italienische Truppen gingen auch gegen Juden in der Sowjetunion vor, indem sie sie etwa der deutschen Sicherheitspolizei zur Hinrichtung übergaben.[96]

Auch in Italien war das Risiko für ausländische Juden (von denen 40 % aus Frankreich kamen), getötet zu werden, doppelt so hoch wie für einheimische; für die nach dem Januar 1944 in der faschistischen Zone des Landes bleibenden war es vier- bis sechsmal so groß wie für einheimische Juden.[97] Teilweise lässt sich diese Differenz daraus erklären, dass etwa die Hälfte der italienischen Juden geschützt waren, weil sie zu sogenannten ‹gemischten› Familien gehörte; auch Christen, Veteranen des Ersten Weltkriegs oder ehemalige Faschisten waren eingeschlossen (die deutsche Sicherheitspolizei respektierte das oft),[98] während ausländische Juden keinen Schutz genossen; Fremdenfeindlichkeit und schwächere soziale Bindungen erklären die übrige Differenz (siehe auch Kapitel 15). Anscheinend war der Schutz ausländischer Juden durch Behörden und Gesellschaft generell nicht so stark. Bis Mitte 1943 hatte auch das faschistische Italien ausländische Juden interniert und als «zivile Kriegsinternierte» registriert.[99] Der Kontrast zu Albanien, das keineswegs eine dominierende Macht in der internationalen Politik war, ist auffallend. Trotz antijüdischer Maßnahmen seit Anfang 1939 – noch vor der italienischen Besatzung von 1939 bis 1943 –, trotz wachsender Zahlen von Internierten 1940 bis 1943 und trotz unterschiedlicher Behandlung von Lager zu Lager schützten die Behörden nicht nur einheimische, sondern auch 1600 ausländische Juden bis zum Ende. Diese Hilfe erstreckte sich aber nicht auf 281 Juden, darunter auch einheimische, aus dem albanisch-annektierten Kosovo.[100] Das Angebot des im Exil lebenden König Zog von Albanien von Mitte 1943, nach dem Krieg 200 000 ausländische Juden in seinem Land anzusiedeln, mag taktische Gründe gehabt haben, war aber trotzdem außergewöhnlich.[101] Die bulgarische Regierung, die 1939/40 tausende von ausländischen Juden ausgewiesen hatte, erschien den Deutschen 1943 eher geneigt, ausländische Juden auszuliefern als einheimische[102] – schließlich lieferte sie aber gar keine aus dem Kernland aus.

Nachdem sich die Kriegslage 1944 klar geändert hatte, begannen die Regierungen einiger neutraler Länder – darunter die Schweiz, Schweden, Spanien, Portugal und Türkei –, Schutzpässe für Juden auszustellen, die nicht ihre Staatsbürgerschaft besaßen. Das diente oft dazu, sie vor Deportationen zu bewahren.[103] Diese Praxis erreichte ihren Höhepunkt in Budapest, wo mehrere zehntausend Juden vor allem dank schweizerischer und schwedischer Papiere überlebten.[104]

Sogar Regime mit rabiat antijüdischer Politik nahmen bestimmte Gruppen einheimischer Juden von Verfolgung und Massenmord aus. In Kroatien gehörten zu den Geschützten bis zu 4000 frühere Juden, die zum Christentum konvertiert waren, über 1000 Juden, die mit Christen verheiratet waren, «mehrere tausend» Menschen und ihre direkten Angehörigen, deren Expertenwissen als Manager, Ingenieure und Ärzte wertvoll war, und etwa 100 «Ehrenarier». (Insgesamt 5000 Juden wurden von den jugoslawischen Partisanen geschützt.) Die offizielle Ausnahmepolitik wurde besonders von der katholischen Kirche beeinflusst, aber auch von Firmeninhabern und -managern.[105] Unter der deutschen Besatzung schützte die ungarische Regierung, wenn auch nicht ganz einheitlich, bestimmte Gruppen von Zwangsarbeitern, Menschen mit ausländischen Schutzpässen, einige ‹Ehrenmagyaren› und am Ende auch zum Christentum konvertierte Personen.[106]

Manche Regime nahmen sogar jüdische Spezialisten und Industrielle von Internierung und Deportation aus. Letztere blieben manchmal im Besitz ihrer Firmen, häufiger leiteten sie aber nach ihrer Enteignung die Fabriken weiter. Eine solche Politik wurde in der Slowakei, in Kroatien und Teilen Rumäniens verfolgt. Gerechtfertigt wurde sie meist mit der Verhinderung oder Begrenzung des Schadens für die Kriegswirtschaft.[107] Hier und da wurden jüdische Ärzte und Apotheker von Deportation und Mord im Interesse des Allgemeinwohls ausgenommen, aber in Großungarn erlitten Ärzte eine höhere Sterberate als andere.[108]

Wären die Massenmorde an Juden ohne deutschen Druck und Organisation begangen worden? Die Forschung kann keine endgültige Antwort auf solche kontrafaktischen Fragen geben. In einer Reihe von Ländern hätten sie wahrscheinlich nicht stattgefunden. In anderen jedoch hätten sie nicht bloß stattgefunden, sie fanden wirklich statt – im Sommer 1941 wurden Juden in Rumänien und, in geringerem Maße, in Kroatien massenhaft und unabhängig von Deutschland ermordet, als deutsche Einheiten erst mit den Massakern an der jüdischen Bevölkerung in der Sowjetunion begannen. In einigen Staaten, darunter Ungarn und Polen, versuchten die Regierung oder wichtige politische Akteure die einheimischen Juden im Ausland anzusiedeln. Die internationalen Umstände machten ihre Vertreibung aber nicht leicht. Es war das imperialistische Deutschland, das dann solche Umstände schuf, wenn auch auf eine besonders mörderische Art, die nicht zwangsläufig von jedem Judenhasser in diesen Ländern unterstützt wurde. Nach 1945 erleichterten die Großmächte die Schaffung eines Ventils ganz anderer Art, indem sie die Gründung des Staates Israel unterstützten.

Ausbeutung, Vertreibung, Enteignung

Als die Ressourcen während des langen Krieges knapper wurden, kam es zu innergesellschaftlichen Konflikten, in denen Juden zu den Gruppen mit der nachteiligsten Position gehörten. Eine Methode, wie Regierungen von unterdrückten jüdischen Minderheiten zu profitieren suchten, war die Zwangsarbeit. Sie war aber meist nicht die erste Maßnahme; wie Zwangsarbeit ja auch in Deutschland vor 1938 kein bedeutender Aspekt der Verfolgung war (siehe Kapitel 8). Auch in anderen Ländern war erzwungene Arbeit wirtschaftlich gesehen eine Reaktion auf das Ende der Massenarbeitslosigkeit und den zunehmenden Arbeitskräftemangel durch das Wirtschaftswachstum, das meist etwas später als in Deutschland kam, häufig in den Frühphasen des Krieges. (Darum intensivierten etwa Vichy-Frankreich und auch das Freie Frankreich die Zwangsarbeit für koloniale Untertanen in Nordafrika.[109]) Aus diesem Grund wurde Zwangsarbeit für Juden eingeführt, beispielsweise 1939 in Ungarn und spätestens 1941 in Bulgarien – obwohl diese Programme 1942 bzw. 1943 noch ausgeweitet wurden. Arbeitslager für ausländische Exilanten (Juden wie Nichtjuden) wurden auch in der bürgerlich-demokratischen Schweiz gegen Ende des Krieges ausgeweitet, wenn auch unter ganz anderen Bedingungen. Doch Wachtposten gaben Lagern das Aussehen einer Strafanstalt, wo Hunger und Ressentiment herrschten und es einige Misshandlungen gab.[110] In anderen Ländern blieben zahlreiche Juden, die aus ihren Berufen verdrängt worden waren, arbeitslos und lebten von ihrem Besitz, was Propagandisten Gelegenheit gab, das Thema des faulen und parasitischen Juden aufzuwärmen, der sich nicht an der nationalen Kriegsanstrengung beteiligte.

Die Zwangsarbeit von Juden wurde in einer Reihe von Ländern in besonderen Arbeitseinheiten im Rahmen des Militärs organisiert, so in Ungarn, Rumänien und der Türkei (wo die Einheiten 1942 aufgelöst wurden).[111] In anderen Staaten wie Kroatien, der Slowakei, Vichy-Frankreich, Italien und in geringem Maße der Türkei wurden Juden in Lagern interniert und bekamen dann Arbeit zugewiesen. In Bulgarien übernahm das Innenministerium Arbeitseinheiten, die 1941 von der Armee organisiert worden waren.[112] Eine Organisation durch das Militär deutet bereits an, dass es vor allem Männer waren, die Zwangsarbeit leisten mussten (oder als geeignet dafür galten). Viele Juden arbeiteten Seite an Seite mit anderen internierten oder unabhängig von ihnen mobilisierten Minderheiten wie Serben und Rumänen in Ungarn; den christlichen Minderheitsgruppen in der Türkei; Roma, Türken, Pomaken, Griechen und Serben in Bulgarien (im November 1942 waren es dort 44 000); und Flüchtlingen anderer Herkunft in der Schweiz und Frankreich.[113] Die Internierung zur Zwangsarbeit konnte aber für Juden (im Gegensatz zu anderen Gruppen) zur Deportation in deutsche Vernichtungslager führen, so im Fall der internierten ausländischen Juden im Sommer 1942 in Frankreich.[114]

Wie schon angedeutet, hatte die Zwangsarbeit von Juden nicht allein wirtschaftliche Aspekte. Arbeit war als Mittel zur Diskriminierung, Erniedrigung und Bestrafung gedacht und sollte Nichtjuden die Befriedigung verschaffen, zu wissen, dass sie nicht die einzigen waren, die Befehlen gehorchen und für die Kriegsanstrengung schwitzen und leiden mussten. Dementsprechend wurden Juden oft zu körperlicher, primitiver, schwerer, schmutziger und gefährlicher Arbeit gezwungen. Obwohl jede Zwangsarbeit erniedrigend war, waren die Unterschiede in der Behandlung gewaltig. Während bis zu 44 000 Juden im Arbeitsdienst der ungarischen Armee an Erschöpfung, Mangel, Misshandlung, bei gefährlichen Arbeiten wie der Minenräumung oder in sowjetischer

Gefangenschaft starben,[115] gibt es über den rumänischen oder türkischen Militärarbeitsdienst keine vergleichbaren Berichte. Zwangsarbeit in bulgarischen, schweizerischen oder französischen Lagern führte im Allgemeinen nicht zum Tod; sie führte aber zum Tod vieler rumänischer Juden in Transnistrien, und die Zwangsarbeit der Juden in kroatischen Lagern ähnelte der in deutschen Konzentrationslagern nach 1941, bei der die nicht arbeitsfähigen Menschen ermordet wurden und nur wenige überlebten.[116]

Mehrere mit Deutschland verbündete Regierungen, etwa die bulgarische, lehnten es ab, ihre Juden in deutsche Lager deportieren zu lassen, weil sie ihre Arbeitskraft für die eigene Kriegsanstrengung brauchten.[117] Das Gleiche galt für Ungarn, wo der Zwangsarbeitsdienst von 14 000 Menschen 1941 auf 106 000 1943 wuchs und im Frühjahr 1944 noch mehr Juden (aber auch Nichtjuden) eingezogen wurden.[118] Sogar die faschistischen Pfeilkreuzler waren dafür, alle ungarischen Juden als Zwangsarbeiter im Land zu behalten, und lehnten die Deportation hunderttausender Juden nach Auschwitz im Mai und Juni 1944 ab.[119] Die Partei argumentierte auf Grundlage offizieller deutscher Erklärungen, die den Wunsch angaben, ausländische Juden sollten als Arbeiter in Deutschland eingesetzt werden.

Es gab aber eine weitere Wendung in diesem Denken, die von Historikern bisher nicht systematisch untersucht worden ist. In mehreren Fällen stimmten Regierungen der Deportation von Juden aus ihrem Land in deutsch-kontrollierte Gebiete in entscheidenden Momenten zu, wenn sie es vermeiden oder einschränken wollten, nichtjüdische Bürger als Arbeitskräfte nach Deutschland zu schicken. Unter Umständen forderten sie auch im Austausch die Rückkehr von Nichtjuden. Der Grund für ein solches Feilschen lag darin, dass die Zwangsarbeit in Deutschland wegen der schlechten oder unzureichenden Ernährung, der übermäßig harten Arbeit, der Einschränkung von Bewegungsfreiheit und Aktivitäten der Arbeiter und der rassistischen Einstellung der Deutschen immer negativer angesehen wurde. Der Wunsch, nichtjüdische Bürger im Austausch für Juden zurückzuholen, ist einer der Gründe für die Deportationen von Juden aus der Slowakei ab Februar 1942 und aus Ungarn zuerst unter der Regierung Sztójay im Mai 1944 und dann unter Szálasi im November 1944.[120] Als die Deutschen von den französischen Behörden in Tunesien im Januar 1943 8000 Arbeiter für den Bau von Festungsanlagen forderten, verlangten französische Beamte einen unverhältnismäßig großen Anteil von 3000 jüdischen Männern bei der jüdischen Gemeinde.[121] Bei Frankreich, Kroatien und Griechenland gibt es zumindest einige Hinweise auf diese Verbindung. Die Massendeportationen von Juden aus Frankreich begannen im Juni 1942 – zur selben Zeit, als Deutschland sehr viel mehr Arbeiter forderte als zuvor und als die französische Regierung die *relève* verkündete (der zufolge die Deutschen französische Kriegsgefangene im Austausch gegen französische Zivilarbeiter freiließen, die nach Deutschland geschickt werden sollten). Tatsächlich schickte Frankreich von Juni bis Mitte August nur 40 000 Arbeiter für die *relève*, aber etwa 18 000 Juden.[122] Ein italienischer General sagte dazu, Vichy-Frankreich schicke lieber Juden für die Zwangsarbeit als französische Nichtjuden.[123] Auch bleibt festzuhalten, dass die ersten Deportationstransporte, die in Auschwitz aus Frankreich eintrafen, vor allem arbeitsfähige Männer enthielten. 1942 forderte Deutschland neuerlich Arbeiter von Kroatien, aber Zagreb wollte hauptsächlich Serben schicken, besonders aus Gebieten, wo Partisanen operierten, und im August 1942 schickte die Regierung auch fast 5000 Juden nach Deutschland. Dennoch waren dann die meisten entsandten Arbeiter nichtjüdische Kroaten.[124] Während der Judendeportation aus Saloniki im Frühjahr 1943 gab es offizielle und gewaltsame öffentliche Proteste dagegen, dass (nichtjüdische) griechische Arbeiter nach Deutschland geschickt werden sollten, und im Sommer 1942 wurden mehrere tausend jüdische Männer innerhalb des Landes zur Zwangsarbeit geschickt, nachdem der griechische Generalinspekteur für Mazedonien sich beschwert hatte, man setze griechischstämmige Männer für schwere Arbeiten ein.[125]

Staatlicher Paternalismus gegenüber ethnisch bevorzugten Gruppen beeinflusste also die selektive Rangfolge, wer zuerst geopfert werden solle, wie auch die Bereitschaft zur Deportation von Juden. Ein ähnlicher Effekt zeigt sich bei anderen Gruppen. Im Juni 1942, kurz bevor Kroatien einwilligte, Juden im Juli nach Deutschland zu deportieren, begann der sogenannte Einsatz Wiking. Hierfür deportierten die Kroaten etwa 10 000 Gefangene, meist Serben (aber keine Juden) aus ihrem Konzentrationslager in Jasenovac nach Deutschland, um das deutsche Arbeitskräftereservoir zu ergänzen. (Außerdem ermordeten die Kroaten im Juli alle Roma im Lager Jasenovac und ersetzten sie durch neue, serbische Gefangene, meist Zivilisten, die bei einer großen deutsch-kroatischen Antipartisanenaktion in Kozara festgenommen worden waren.)[126] Die französischen Behörden sortierten in ähnlicher Weise politische

Flüchtlinge, vor allem Spanier, italienische und polnische Emigranten und Nordafrikaner, für die Arbeit in Deutschland und an deutschen Befestigungen und Straßen in Frankreich aus. In diesem Punkt scheinen die Deutschen ihre Deportationspolitik den französischen Wünschen angepasst zu haben.[127]

Solche Mechanismen, die einigen deutschen Maßnahmen ähnelten (siehe Kapitel 10) lassen sich auch auf dem Wohnsektor beobachten. Wohnungen in den Innenstädten wurden knapp, als Großstädte während des kriegsbedingten Wirtschaftsbooms wuchsen. Die Kriegsanstrengung erlaubte nur wenig Wohnungsbau, und Luftangriffe – vor allem in der letzten Kriegsphase – zerstörten viele Häuser. Manche Menschen wohnten in Gebäuden, die heruntergekommener waren als die ihrer bürgerlichen jüdischen Landsleute. Im kroatischen Osijek wurden Juden «wegen der Wohnungskrise» aus ihren Wohnungen im Stadtzentrum in die Außenbezirke abgeschoben.[128] Dasselbe geschah tausenden von Juden im slowakischen Bratislava, in Vichy-Frankreich, Rumänien und Litauen.[129] Teilweise legalisierten die Regierungen bloß die illegale Besetzung von Wohnungen wie in Ungarn, oder im rumänisch-besetzten Odessa, wo Volksdeutsche Wohnungen besetzt hatten. Französische Faschisten in Tunesien waren etwas vorsichtiger und beantragten bei den deutsch-italienischen Besatzern, ihnen die Häuser von Juden zu übertragen.[130]

Die Logik der Zwangsumsiedlung von Juden folgte aus widerstreitenden Interessen in der Wohnungsversorgung, der Gefahr von Bombenangriffen, der Internierung von Zwangsarbeitern oder den Sicherheitsrisiken, die Juden angeblich darstellten, und der Konzentration vor der Deportation, wie die Kurswechsel in Bulgarien und Ungarn illustrieren. In Bulgarien wurden Juden aus Sofia (die 10 % der Hauptstadtbevölkerung ausmachten) als Alternative zur Deportation nach Deutschland zur Arbeit und zu sogenannten Sicherheitszwecken in Internierungslager auf dem Land geschickt; dies geschah Mitte 1943, als weitere Rüstungsanstrengungen die Nachfrage nach Arbeitskräften erhöhten. Ab Ende 1943, nachdem die alliierten Luftangriffe begonnen und ein Großteil der Bevölkerung Sofia verlassen hatte, durften viele Juden wieder zurückkehren.[131] In Ungarn diente die rasche Konzentration von Juden in den Provinzen im Jahr 1944 vor allem den bevorstehenden Deportationen und wurde in jeder Region kurz vor Abfahrt der Züge organisiert. Lange Zeit gab es aber keine Konzentration von Juden in Budapest, weil die

Deportationen gestoppt worden waren, bevor sie die Hauptstadt berührten. Konkurrierende Ghettoisierungspläne ab Sommer 1944 hatten unterschiedliche Ziele: Manche sollten Wohnraum frei machen, vor allem hochwertige Wohnungen; manche sollten Juden konzentrieren, um sie zu isolieren; wieder andere sollten sie zerstreuen, um alliierte Luftangriffe abzuschrecken. Manche wollten Juden in der Nähe von Fabriken unterbringen (es hieß, die Alliierten würden Juden von Angriffen verschonen), andere sie von Fabriken fernhalten, weil Juden auch verdächtigt wurden, alliierten Flugzeugen Signale zu geben. Unter den Pfeilkreuzlern wurden schließlich zwei Ghettos eingerichtet, um Juden zu isolieren und ihnen attraktive Wohnungen wegzunehmen.[132] In ähnlicher Weise, aber ohne Erfolg, forderte die faschistische Françistes-Bewegung in Frankreich die Ghettoisierung von Juden und verlangte, man solle für jedes Opfer alliierter Luftangriffe mehrere polnisch- oder rumänisch-jüdische Einwanderer umbringen.[133] Die rumänische Regierung überlegte, fast alle Juden aus Süd-Transsylvanien zu deportieren, um die Wohnsituation für rumänische Flüchtlinge aus Nord-Transsylvanien zu verbessern. Es scheint aber nur wenig geschehen zu sein, um den früheren rumänischen Flüchtlingen in der Bukowina zu helfen.[134] Die rumänische Deportation – und spätere Ermordung – zehntausender Juden aus Odessa im Winter 1941/42 ist dagegen mit einer Verbesserung der Wohnsituation in Verbindung gebracht worden.[135] Wie im Fall der Arbeitspolitik versuchten Regierungen die Belastung des Krieges für den Wohnsektor zu reduzieren, indem sie Sozialpolitik durch antijüdische Politik ersetzten und den öffentlichen Neid gegenüber Juden teilweise zu befriedigen suchten. Diese Gefühle in der Bevölkerung und ihr Einfluss auf das Handeln der Regierung sind im Bereich Wohnen besser dokumentiert als im Bereich Arbeit.

Im Lauf der Enteignung von Juden versuchten Regierungen das gesamte beschlagnahmte Eigentum durch offizielle Kanäle zu lenken und die Neuverteilung der Werte zu kontrollieren (siehe zu Deutschland Kapitel 10). So organisierten Behörden beispielsweise die Beschlagnahme ausländischer Währungsmittel, die von offiziellen Wechselstellen zu einem künstlich niedrigen Kurs umgetauscht wurden.[136] Es war jedoch oft schwer zu sagen, ob die Erlöse des von Polizei und Gendarmerie beschlagnahmten jüdischen Eigentums in staatliche oder private Hände kamen, etwa in der rumänischen Südbukowina. Einer der Hauptkritikpunkte am rumänischen Verhalten – durch Rumänen und Ausländer –

war, dass die Beschlagnahmen wie eine anarchische Plünderung abliefen; Beamte hatten wenig Erfolg dabei, dies unter Kontrolle zu bringen oder sicherzustellen, dass der konfiszierte Besitz an den Staat ging. Manche Präfekte, die eigentlich die staatlichen Interessen wahren sollten, eigneten sich selbst jüdisches Eigentum an.[137] Ein Aspekt des korrupten Charakters der Enteignungen in Rumänien war ihre ungleiche Ausführung in verschiedenen Regionen.[138] Im bulgarisch-annektierten Thrakien und Mazedonien verwahrte die Nationalbank beschlagnahmte Wertgegenstände und die Erlöse aus der sofortigen Liquidation jüdischen Eigentums; sogar Haushaltsgeräte wurden an Bürger verkauft. Auch in Griechenland verwahrte die Nationalbank die Vermögenswerte deportierter Juden, wie es deutsche Pläne vorsahen.[139] In Litauen beschloss das Bürgerkomitee von Vilnius Ende Juli 1941, jüdisches Eigentum an öffentliche Einrichtungen zu verteilen, zu einem Zeitpunkt als die Einheimischen noch immer auf nationale Souveränität pochten. An anderen Orten verteilten die örtlichen Behörden jüdisches Eigentum einfach an nichtjüdische Litauer.[140]

Wie ich schon an der Gesetzgebung gezeigt habe, zeigte antijüdische Wirtschaftspolitik jenseits ihrer wohlmeinenden Rhetorik wenig Beachtung für die Unterschicht. Nur wenige profitierten von den Gesetzen, diese aber sehr stark. Die im Oktober 1940 in Rumänien gegründeten staatlichen Wohlfahrtsorganisationen sollten jüdisches Eigentum an die Bedürftigen verteilen, doch es gibt wenig Belege dafür, dass Ressourcen tatsächlich bei armen Nichtjuden ankamen. Der Schutzrat für soziale Werke musste mit der Armee, dem Nationalen Zentrum für Rumänisierung und der sogenannten Zentrale für Judenfragen um Ressourcen konkurrieren.[141] In Ungarn kamen die großen Pläne zur Verstaatlichung jüdischen Eigentums, die oft als Reaktion auf die Unzufriedenheit angesichts ungleicher Verteilungsprozesse ergriffen wurden, Mitte 1944 zu spät, um wirksam zu werden.[142] Die frühere Enteignung von jüdischem Agrarland und Waldbesitz hatte bestenfalls einer begrenzten Zahl von Menschen auf dem Land genützt. Vielmehr diente sie dazu, vom Ausbleiben einer umfassenden Landreform abzulenken.[143]

Eine Herausforderung für die Sozialpolitik in Kriegszeiten war die Inflation. Am Beispiel der Slowakei – die im Juni 1941 in den Krieg gegen die Sowjetunion eintrat – zeigt sich, dass der Krieg unerwartet teuer wurde. Eine Sondersteuer für Juden glich aber fünf Sechstel der Kosten wieder aus. Dies bekämpfte die Inflation,[144] eine Geißel, die besonders die städtische Unterschicht bedrohte. Doch die Wirkung hielt nur vorübergehend an, und in der Slowakei wuchs die Unzufriedenheit mit der ‹Arisierungs›-Politik. Allgemein gesagt, waren es die Beschränkung der wirtschaftlichen Aktivitäten von Juden, dazu die besonderen ihnen auferlegten Lasten sowie ihre Enteignung symbolische Praktiken, die eine fehlende Sozialpolitik ersetzten.

Jüdische Opfer unter anderen Opfern

Ebenso wie in Deutschland waren jüdische Bürger (und jüdische Ausländer) nicht die einzigen, die von nichtdeutschen Regierungen und Gesellschaften verfolgt wurden. Neben den schon erwähnten Massenvertreibungen durch Bulgarien, Kroatien und Ungarn, bosnische Serben und Kosovo-Albaner töteten insbesondere italienische, ungarische, bulgarische und kroatische Truppen jeweils zehntausende Partisanen, angebliche Partisanen und politisch links stehende Personen.[145] Ein Blick auf diese anderen Verfolgungen zeigt einige Verbindungen und überlappende Motive wie auch Unterschiede im Vergleich zur antijüdischen Politik, und er zeigt auch, dass Juden in vielen Ländern die am stärksten verfolgte Gruppe waren, in anderen aber nicht.

Wie die Juden im Jahr 1941 wurden Sinti und Roma (sogenannte ‹Zigeuner›) ein Jahr später zum Ziel grenzüberschreitender Verfolgung. Diese Synchronität ist bisher nicht beachtet worden, weil die Forschung sich auf die Verfolgung durch die Deutschen konzentrierte und es kaum internationale Vergleiche gegeben hat. Die Roma in Kroatien wurden zwar von den Mitte 1941 erlassenen Rassengesetzen erfasst, aber erst ab Mai 1942 verhaftet, und bis Oktober wurden die meisten ermordet. Obwohl Interventionen muslimischer Geistlicher eine nicht geringe Zahl von Muslimen unter ihnen retteten, wurden 25–27 000 der insgesamt 28–30 000 Roma (mindestens drei Viertel) in lokalen Todeslagern erstochen, erschlagen oder man ließ sie verhungern. Ihre Sterberate war mindestens ebenso hoch wie die der kroatischen Juden. Und wie bei den Juden waren fast 50 % der Toten weiblich, und 94 % der Getöteten starben in Lagern.[146] Wegen ihres Wanderlebens, ihrer Vorstrafen, Arbeitslosigkeit und ihres Lebensstils wurden etwa 41 000 der rund 250 000 rumänischen Roma bis Mai 1942 als gefährlich oder unerwünscht eingestuft. Etwa 11 141 Nichtsesshafte wurden zwischen Juni und August 1942 nach Transnistrien deportiert, ebenso 13 176 sesshafte Roma vom September bis zum 14. Oktober; diese Deportation wurde gleichzeitig mit den Deportationsplänen für Juden gestoppt. 50 bis 75 % der Deportierten (d. h. 12–18 000 Menschen oder 5–7 % aller Roma des Landes) starben in Transnistrien, vor allem an Hunger und Krankheiten.[147] In der Slowakei wurden 1940 nur jene der etwa 100 000 Roma verfolgt, die keinen festen Wohnsitz oder keine Arbeit hatten. Viele waren verarmt, weil ihre traditionell jüdischen Arbeitgeber oder Geschäftspartner deportiert worden waren, was die volkstümliche Vorstellung bestärkte, Roma seien ‹nutzlos› und faul. Nach einem Dekret von 1941 übergaben Dorfgemeinschaften Roma den Behörden; von Sommer 1942 bis 1943 jagten sie sie auch davon. Bei der Niederschlagung des Nationalaufstands 1944 ermordeten deutsche Soldaten viele wegen angeblicher Hilfe für die Aufständischen.[148] Im bulgarisch-annektierten Mazedonien wurden Roma ab Januar 1942 gezwungen, zum Christentum überzutreten, mussten ab Mai Zwangsarbeit leisten, und ab August wurde ihre Bewegungsfreiheit eingeschränkt, weil sie angeblich Seuchen verbreiteten.[149] In Böhmen und Mähren und in Ungarn wurden Sinti und Roma zu anderen Zeiten Opfer von Gewalt.[150]

Roma nahmen andere Positionen in der Gesellschaft ein als Juden, aber sie wurden wegen einiger der gleichen Faktoren zum Ziel von Gewalt, darunter ethnischer Homogenisierung, Verarmung, dem angeblichen Verbreiten von Seuchen, angeblicher Faulheit und Unzuverlässigkeit oder imaginärer Sicherheitsrisiken. Bemerkenswerterweise fand die Verfolgungswelle in Kroatien, Rumänien, der Slowakei und Bulgarien 1942 statt, noch bevor die Deutschen Anfang 1943 mit der systematischen Deportation von Sinti und Roma nach Auschwitz begannen – aber nachdem deutsche Soldaten und Polizisten schon ab 1941 Roma in den besetzten sowjetischen Gebieten und in Serbien erschossen hatten und im Wartheland begannen, 5000 österreichische ‹Zigeuner› verhungern zu lassen oder durch Gas zu ermorden.[151]

Hinter der Ostfront stellte die ungarische Armee viele der Besatzungstruppen in den Gebieten unter deutscher Verwaltung in der Nordukraine und in Südwestrussland.[152] Ungarische Truppen waren auch in Teilen des Balkans wichtig. Die Aktionen des ungarischen Militärs gegen den Widerstand waren an verschiedenen Schauplätzen mit Massakern gegen einheimische Nichtjuden – und auch Juden – verbunden, die kollektiv der Aufstandsunterstützung verdächtig wurden. Ende

Januar 1942 führten ungarische Truppen eine Razzia in Novi Sad durch, um einen Aufstand zu bekämpfen, der durch die ungarische Annexion und die Deportation von mindestens 30 000 Serben im Sommer 1941 ausgelöst worden war. Dabei verhafteten sie Einheimische anhand vorbereiteter Listen und erschossen sie an abgelegenen Stellen an einem Flussufer. Unter den über 3300 Opfern waren 810 Juden – etwa 20 % der jüdischen Einwohner der betroffenen Städte im Vergleich zur Hinrichtung von 2,7 % der einheimischen Slawen.[153] Ungarische Soldaten, die in der Nordukraine von Ende 1941 bis Sommer 1942 mindestens 18 000 (meist nichtjüdische) Einheimische ermordeten – mehr als deutsche Einheiten –, waren nicht unbefleckt von Rassismus, aber nicht als Folge von NS-Indoktrination. Es überrascht also nicht, dass Juden unter ihren Opfern waren, zum Beispiel 90 Menschen im Rayon Korinkivka im Dezember 1941. In der Region Winniza waren ungarische Truppen an einem halben Dutzend ‹Aktionen› beteiligt, bei denen 2000 Juden erschossen wurden.[154] Obwohl die Zahl der Morde durch ungarische Soldaten auf sowjetischem Territorium ab Mitte 1942 zurückging, ermordete das ungarische Militär 1944 Rumänen in den zeitweise eroberten Gebieten Süd-Transsylvaniens; es massakrierte auch 120 Juden in Sărmaş, von denen die meisten erschlagen oder erstochen wurden.[155]

Die Annahme, dass Juden Widerstandskämpfer und Partisanen unterstützten, stand in Verbindung mit einem heftigen Antikommunismus. So waren viele der Juden, die 1941 in Kroatien und der ungarisch-annektierten Wojwodina festgenommen wurden, laut ihren überlebenden Verwandten links engagiert oder an Widerstandsaktivitäten beteiligt. Hunderte von serbischen und kroatischen Kommunisten wurden im Sommer 1941 ermordet.[156] Die Verbindung war nicht immer sehr eng. Die dänische Regierung beispielsweise – in der Sozialdemokraten eine führende Rolle spielten – verfolgte keine jüdischen Bürger, aber Kommunisten (die die Kooperation der Regierung mit den deutschen Besatzern verurteilt hatten), trat 1941 dem Antikominternpakt bei und verbot im August desselben Jahres die Kommunistische Partei. Von den 250 internierten Kommunisten wurden 150 zusammen mit einigen dänischen Juden im Oktober 1943 deportiert.[157] Dänische Behörden lieferten 1940 bis 1943 auch einige jüdische Flüchtlinge an deutsche Dienststellen aus.[158] Ein Regiment der Waffen-SS, das vor allem aus Dänen bestand, deren Rekrutierung die dänische Regierung unterstützte, brannte 1943 in der Sowjetunion bei Antipartisanenaktionen unter deutschem Kommando Dörfer nieder und erschoss Zivilisten.[159] Gleichzeitig mit dem dänischen Schritt verboten auch deutsche und französische Behörden 1941 die Kommunistische Partei Frankreichs in der besetzten wie in der unbesetzten Zone. Allein im November und Dezember 1941 nahm die französische Polizei fast 13 000 Kommunisten fest.[160] Italien verbannte 15 000 Antifaschisten und stellte 150 000 unter Beobachtung.[161] Die rumänische Regierung verfolgte Juden in der Bukowina und in Bessarabien wegen ihrer angeblichen Unterstützung für die Sowjets und erschoss zehntausende Juden und Nichtjuden, nachdem im Oktober 1941 von den Sowjets in Odessa gelegte Bomben explodierten. Die Tatsache, dass es in Transnistrien keine systematische Festnahme von Kommunisten gab – die sich wöchentlich bei der Polizei melden sollten – und dass einige Kommunisten (trotz eines offiziellen Verbots) im Staatsdienst beschäftigt wurden, deutet auf eine gewisse Mäßigung im rabiaten Antikommunismus Rumäniens nach 1941 hin. Die Gesamtzahl der in Rumänien zwischen 1940 und 1944 festgenommenen kommunistischen Sympathisanten lag bei etwa 2000.[162] Die Zahl der von nichtdeutschen Regierungen ermordeten Kommunisten ist schwer zu ermitteln, aber in vielen Ländern ging sie in die tausende.

Wie die vorigen Beispiele angedeutet haben, bestand nicht immer eine enge Verbindung zwischen der Gewalt gegen Linke und Aufständische und der gegen Juden. Die bulgarische Armee und Polizei unterdrückten den Widerstand im besetzten jugoslawischen Mazedonien, in Serbien und im griechischen Mazedonien und Thrakien brutal, töteten zehntausende Menschen und wiesen 300 000 Griechen und Serben aus oder vertrieben sie.[163] Diese Aktionen betrafen 1941/42 aber kaum Juden, und als die Juden aus Mazedonien und Thrakien im März 1943 deportiert wurden, wurde das anscheinend nicht mit ihrer angeblichen Hilfe für Partisanen begründet. Ein Teil der Propaganda in Finnland verband Juden mit dem Bolschewismus, und historisch stammten die finnischen Juden meist aus Russland – aber die beiden hart umkämpften Kriege gegen die Sowjetunion 1939/40 und 1941 bis 1944 führten nicht zur juristischen Diskriminierung oder Verfolgung einheimischer Juden oder zu ihrer Deportation in deutsch-kontrollierte Gebiete. Hingegen starben über 18 000 der 64 000 sowjetischen Kriegsgefangenen in finnischen Lagern (28 %); manche wurden von finnischen Soldaten erschossen. Zwischen einem Viertel und der Hälfte der slawischen Bevölkerung im wiedereroberten Karelien, die komplett ausgewiesen werden sollte, war zwischen 1941 und 1944 in finnischen Lagern interniert, bis zu 24 000 gleichzeitig, und mindestens 4000 starben. (Sowjetische Quellen sprechen von 12 000 Toten; nach dem finnischen Bürgerkrieg 1918 waren Linke ähnlich brutal interniert worden.) Anfang der 1940er Jahre gab es Pläne, Ostkarelien mit «rassisch reinen Menschen, die ein organischer Teil Finnlands sind» zu besiedeln. Zusätzlich wurden etwa 2900 politisch verdächtige sowjetische Kriegsgefangene und Einwanderer – darunter mindestens 66 Juden unter den Kriegsgefangenen und acht jüdische Flüchtlinge aus Mitteleuropa – an die deutsche Sicherheitspolizei ausgeliefert (die wahrscheinlich die meisten ermordete).[164] Offiziere, rechte Parteien und Unterstützer des Landbunds, aber auch der rechte Flügel der Sozialisten, träumten von einem Großfinnland einschließlich der Halbinsel Kola.[165] In der Türkei gab es ein geringes Maß an Verfolgung von jüdischen und christlichen *middlemen minorities* (vor allem Griechen), und eine ethnische Homogenisierungspolitik zwang die meisten der etwa 5000 Juden aus Thrakien 1934 zur Flucht in andere Landesteile. Die bei weitem blutigste Gewalt richtete sich aber gegen Kurden während des Dersim-Aufstands 1937/38, als türkische Truppen ungefähr 30 000 Menschen ermordeten.[166]

Im Gegensatz zum Fall Ungarns führte der Aufbau eines italienischen Kolonialreichs nicht zu mörderischer Judenverfolgung. In der französischen Kolonie Tunesien verhinderte das italienische Außenministerium sogar Maßnahmen der Vichy-Regierung gegen Juden mit italienischer Staatsbürgerschaft, denn Juden machten einen großen Teil der italienischen Präsenz aus (und Italien, das seinen Einfluss in Tunesien auszuweiten suchte, wollte seine wirtschaftlichen Interessen stärken).[167] Obwohl das faschistische Italien, das Juden verfolgte, sie dennoch bis 1943 vor der deutschen Deportation bewahrte, töteten italienische Soldaten tausende Zivilisten bei Aktionen gegen Partisanen in Jugoslawien, Griechenland und der Sowjetunion. Sie machten viele Dörfer dem Erdboden gleich, erschossen alle männlichen Einwohner und internierten in manchen Landstrichen alle Bewohner. Das italienische Militär handelte ebenso brutal wie deutsche Einheiten, erschoss aber weniger Geiseln.[168] Allein im dalmatinischen Lager Rab wurden 30 000 Menschen interniert – darunter fast 3000 Juden –, und jeder zehnte Gefangene starb an Entbehrungen, wobei es Slowenen sehr viel schlechter ging als Juden. Möglicherweise bis zu 7000 der 400 000 Slowenen in italienischen Internierungslagern starben.[169] An der Front erschossen italienische Truppen wiederholt sowjetische Kriegsgefangene.[170] Rassismus war Italien oder dem italienischen Faschismus nicht fremd; er spielte bei den Morden eine große Rolle, die Italien beim Erobern und Beherrschen seiner Kolonien verübte. In Libyen und Äthiopien forderten Massaker an der einheimischen Bevölkerung und Operationen zur Niederschlagung des Widerstands (auch mit Giftgasangriffen) zehntausende Todesopfer, darunter mindestens 1423 christliche Geistliche in Äthiopien 1937. 350–760 000 Äthiopier starben durch Krieg und Besatzung. Allein in der Region Cyrenaica starben zwischen 1930 und 1933 mindestens 40 000 Menschen, ein Viertel der Bevölkerung, an Hunger und Misshandlungen in Internierungslagern – lange vor der sogenannten rassistischen Wende des italienischen Faschismus.[171] Solche Masseninternierungen gab es später erneut in Dalmatien und 1938 nach der Eroberung Abessiniens, zu einem Zeitpunkt als die größte Ausdehnung des italienischen Kolonialismus eine neue ideologische Qualität besaß und Rassegesetze, die fast eine Apartheid herstellten, von Afrikanern auf Juden ausgeweitet wurden.[172]

Nichtdeutsche Regierungen (vor allem Rumänien, Kroatien und Ungarn) waren für den Tod von mindestens 300 000 Juden verantwortlich, und 50 000 starben bei Pogromen im Sommer 1941. Die Zahl der unter diesen nichtdeutschen Regimen[173] getöteten Nichtjuden war noch höher. Die kroatische und die italienische Regierung waren für Morde in sechsstelliger Zahl verantwortlich; die Politik ungarischer, rumänischer, bulgarischer, türkischer und finnischer Behörden tötete zehntausende von Nichtjuden. In mehreren Ländern wie Rumänen und Ungarn waren Juden die Gruppe mit den meisten Opfern nichtnatürlicher Todesfälle bei Zivilisten, sowohl relativ als auch in absoluten Zahlen. In einigen Ländern hatten aber andere Gruppen eine höhere Sterberate als Juden. So war es gefährlicher, ein sowjetischer Kriegsgefangener in Finnland oder ein Slawe in Karelien als ein Jude zu sein. Ähnliches lässt sich über Italien mit Bezug auf Libyen sagen. Im Unabhängigen Staat Kroatien lag der Prozentsatz der ermordeten Roma anscheinend ebenso hoch oder höher als bei Juden, und es wurden sehr viel mehr Serben ermordet als Juden oder Roma (über 300 000), obwohl Serben eine relativ höhere Überlebenschance hatten.[174] Viele Juden, Serben, Roma und kroatische Oppositionelle wurden gemeinsam in Lagern wie dem Komplex Jasenovac interniert.[175] Dienststellen und Bürger in Rumänien und Kroatien, den Ländern mit der nach Deutschland mörderischsten Antijudenpolitik, ermordeten auch die meisten Roma. Wie die Kroaten, so ermordeten auch Bulgaren mehr andere Griechen und Jugoslawen als Juden, selbst wenn man ihnen den Tod der aus Thrakien und Mazedonien nach Bulgarien deportierten Juden zur Last legt. Berücksichtigt man alle Opfergruppen, dann ist jede Vorstellung von der moralischen Immunität solcher Gesellschaften wie Finnland, Bulgarien, Italien, Dänemark und Türkei gegenüber Rassismus oder Gewaltanwendung hinfällig.

Wichtiger ist noch, dass es viele Verbindungen zwischen der Verfolgung von Juden und Nichtjuden gab, obwohl dieser Zusammenhang von Land zu Land verschieden war. Diese Verbindungen betrafen vor allem folgende Elemente: das Anstreben eines konsolidierten Nationalstaats oder eines Kolonialreichs, Rassismus, ethnische Homogenisierung, Fremdenfeindlichkeit, wirtschaftlichen Protektionismus, den Versuch einer kaufmännischen Mittelschicht und der Intelligenz, gesellschaftlich aufzusteigen, den Kampf gegen bewaffneten Widerstand und eine Politik gegen die Linke. Solche Vorstellungen und Interessen trugen auch dazu bei, dass einige dieser Regierungen bereit waren, einen Teil ihrer jüdischen Bevölkerung an die Deutschen auszuliefern. Und trotz aller Unterschiede ähnelte die Politik der nichtdeutschen Regime in vieler Hinsicht der deutschen.

15
In den Labyrinthen der Verfolgung: Versuche zu überleben

Dieses Kapitel betrachtet jüdisches Handeln und die Überlebensmöglichkeiten für Juden, aber auch ihr Fehlen. Sich auf das Überleben als solches zu konzentrieren, ist wenig repräsentativ, weil die meisten Juden nicht überlebten. Etwa 6 Millionen wurden ermordet; etwa 1,3 Millionen Juden, die einmal unter deutscher Herrschaft – oder in mit Deutschland verbündeten Ländern – gelebt hatten, erlebten das Kriegsende 1945 (siehe Kapitel 5). Auch sind die Erfahrungen der Überlebenden nicht immer repräsentativ für alle Verfolgten. So gehörte das Lagerleben – das in Berichten von Überlebenden und der Vorstellung heutiger

Menschen so großen Raum einnimmt – bei weitem nicht zur Erfahrung aller Juden (im Gegensatz zu anderen Opfergruppen wie sowjetischen Kriegsgefangenen und polnischen und sowjetischen Zwangsarbeitern). Eine Mehrheit von Juden befand sich zwar in Lagern, aber ich schätze, dass 2,5 Millionen nie auch nur eine Nacht in einem Lager verbrachten.[1] Dazu gehören die Juden, vor allem in den besetzten sowjetischen Gebieten, die von Deutschen und ihren Helfern in der Nähe ihrer Heimatstädte massakriert wurden, und jene, die in Vernichtungslager deportiert und wenige Stunden nach der Ankunft ermordet wurden. Das Leben im Eingesperrtsein anderer Art (in Ghettos, jüdischen Wohnvierteln oder ‹Judenhäusern›) war typischer. Da dieses Kapitel aber auch von vielen erfolglosen Überlebensversuchen handelt, betrachtet es jüdische Antworten auf die schon dargestellte Verfolgung durch Deutsche und Vertreter der Achsenmächte in umfassendem Sinne.

Die Perspektive dieses Kapitels ist eingeschränkt, weil sie jüdisches Leben und die jüdische Gefühlswelt während der Verfolgung nicht umfassend darstellt. Wie die meisten anderen Teile dieses Buches besteht mein Vorgehen darin, in erster Linie Handlungen zu analysieren und ihren Hintergrund zu erklären, auch in Bezug auf Ideen und Gefühle. Wie an anderer Stelle gehe ich aber nicht ausführlich auf Gedanken, Haltungen und Emotionen ein, die nicht zu Handlungen führten. Ich glaube, dass eine *histoire totale* (Totalgeschichte) dieser Seite des Lebens in all ihren Facetten noch geschrieben werden muss (das gilt auch für die an der Verfolgung Beteiligten). Insbesondere haben wir noch kein umfassendes Verständnis des Alltagslebens der Verfolgten, in dem sich meiner Meinung nach nicht alles auf die Verfolgung bezog. Das war nahezu zwangsläufig so. Psychologisch lässt sich das Alltagsleben von Juden als instinktive Distanzierung von den sie umgebenden Gefahren verstehen. So schrieb Gustawa Jarecka im Warschauer Ghetto: «Über den trotzigen Fortgang des Alltäglichen wunderten wir uns schon damals. Der Alltag war wie das Wasser, auf dem keine Spur zurückbleibt. Nach jedem neuen Verlust, jedem neuen Stoß schloss es sich wieder mit erschreckender Gleichgültigkeit.»[2]

Es gab kein rein individuell bewerkstelligtes Überleben. Überleben erforderte soziale Interaktion, ebenso wie die Verfolgung, und es war nicht ohne Beziehungen zu Nichtjuden möglich. Das galt sogar oder gerade für größere jüdische Rettungsorganisationen.[3] In diesem Sinne strebten Juden nach sozialer Integration mit Nichtjuden. Dabei gab es jedoch Schwierigkeiten für sie, die über die offiziellen deutschen Isolierungsmaßnahmen gegen sie hinausgingen. Ihre Anstrengungen begannen mit kleinen Dingen. Als deutsche Juden aus dem Rheinland nach Riga deportiert wurden, versuchten sie wiederholt, bei Stopps an Bahnhöfen Kontakt zu anderen Menschen aufzunehmen, um Wasser zu bekommen und das Senden von Briefen zu arrangieren.[4] Nichtjüdische Freunde zu haben, konnte es möglich machen, sich zu verstecken.[5] Eine litauische Zeitung beklagte Mitte 1943, dass nichtjüdische Litauer ihre jüdischen Bekannten immer noch mit Lebensmitteln versorgten und litauische Bauern immer noch mit ihnen Handel trieben.[6] Für den kurz nach dem Krieg schreibenden Forscher Samuel Gringauz waren die Eliten in polnischen Ghettos jene Menschen, die er «Kontaktleute» nannte, d. h. die Geschäftsbeziehungen zu Deutschen unterhielten, bei Deutschen angestellt oder ihre Protegés in den deutsch-kontrollierten jüdischen Selbstverwaltungen waren.[7] Überleben, selbst für kurze Zeit – wozu ausreichende Lebensmittelversorgung, Rettung vor Festnahme und ein sicheres Versteck gehörten –, konnte auch von guten Beziehungen innerhalb der jüdischen Gemeinschaft abhängen.[8]

Die Methoden, die Juden anwandten, um zu überleben, basierten auf ihren Versuchen, die Logiken der Verfolgung zu verstehen und darauf zu reagieren.[9] Die relativ erfolgreichsten Strategien waren erstens das Vertrauen auf den offenen oder stillschweigenden Schutz durch nichtdeutsche Regierungen und ihre Bürger, zweitens legale und illegale Flucht ins Ausland, drittens das Verstecken oder das Leben im Untergrund oder bei Partisanengruppen und viertens Zwangsarbeit in deutschen oder anderen Lagern.[10]

Da es unterschiedliche Logiken der Verfolgung gab, war eine definitive und durchgreifende Gegenstrategie nicht leicht zu finden. Dieselbe Person brauchte vielleicht mehr als eine Strategie, um zu überleben. Die Wege zum Überleben waren schmal und verschlungen,[11] und sie führten zu vielen unterschiedlichen Orten – es war nicht immer vorherzusagen, welche in Sicherheit führen würden. Doch an vielen Orten war es wenig aussichtsreich, einfach dazubleiben. Im polnischen Lublin, Białystok und Łódź wurden nur 1,5 % bzw. 0,3 % und 0,5 % der dort gebliebenen jüdischen Vorkriegsbevölkerung von sowjetischen Truppen befreit.[12] Die bei weitem erfolgreichste Option für polnische Juden war Emigration, Flucht, Evakuierung oder sogar Deportation in die Sowjetunion. Die nächsten drei erfolgreichsten Optionen (Lager auf polnischem Boden,

Lager in Deutschland und Leben im Untergrund unter Nichtjuden) ergaben zusammen weniger Überlebende. Eine geringe Zahl lebte bei Partisanen oder unter ihrem Schutz.[13]

Ähnlich war das Bild in Vilnius und dem litauisch-weißrussischen Grenzgebiet, aber mit aufschlussreichen Unterschieden: Die meisten Überlebenden entkamen auf die sowjetische Seite, manche überlebten die Verfolgung «im Ghetto», in den Wäldern oder bei den Partisanen, und sehr wenige wurden von Nichtjuden versteckt. Menschen aus Kleinstädten hatten in all diesen Kategorien eine viel geringere Überlebenschance, bis auf das Leben im Wald oder bei den Partisanen.[14] Im kroatischen Zagreb stellten sich Lager, Gefängnisse und Zwangsarbeitseinrichtungen als beste Überlebenschance heraus, gefolgt von der Flucht zu den Partisanen und dem Leben im Untergrund. Andere flohen ins Ausland. In Sarajewo überstanden die meisten Überlebenden den Krieg unter italienischem Schutz oder indem sie sich den Partisanen anschlossen. Der Schutz des kroatischen Staates für Juden, die als wichtig für die Volkswirtschaft galten, oder für solche in Mischehen verhalf ebenfalls vielen zum Überleben in Kroatien.[15] In Serbien konnten einige bei den Partisanen aushalten, während andere flohen (viele nach Italien) oder als Kriegsgefangene (in Deutschland), in Verstecken oder in Mischehen überlebten.[16] Mehr als der Hälfte der Juden aus Paris verhalf die Flucht nach Vichy-Frankreich und das dortige Leben in der Illegalität oder das Ausharren in der Hauptstadt – ob illegal oder legal (was fast nur französischen Staatsbürgern möglich war) – zum Überleben; die Beschäftigung bei der offiziell anerkannten Organisation französischer Juden oder beim deutschen Militär war riskanter. Der Weg des bewaffneten Widerstands in der Stadt führte zum Tod.[17] Das Schicksal der ungarischen Juden war insoweit nicht anders, als einige wenige in Verstecken überlebten und eine große Zahl unter dem sehr unzuverlässigen Schutz der nationalen Regierungen lebte; untypisch war es insoweit, als relativ viele Juden aus Ungarn als Zwangsarbeiter unter deutscher Kontrolle überlebten (etwa 110 000, dazu schätzungsweise 15 000 Geiseln).[18]

Diese stark differierenden Überlebensraten belegen die extrem unterschiedlichen Umstände. Etwa 99 % der Juden aus Dänemark überlebten, 80 % aus Italien, 75 % aus Frankreich, 67 % aus Deutschland, 67 % aus Rumänien (ohne die aus den rumänisch-besetzten Teilen der Ukraine), 66 % aus Österreich, 60 % aus Belgien, knapp die Hälfte aus Norwegen, 36 % aus Großungarn, 25 % aus den Niederlanden, 25 % aus Kroatien,

Bosnien und Herzegowina, 20 % aus Gesamtjugoslawien, etwa 15 % aus Griechenland, etwa 20 % aus dem sowjetischen Weißrussland (aber nur 3,5 % innerhalb des deutsch-besetzten Gebiets), ungefähr 10 % aus West- und Zentralpolen (4 % innerhalb deutsch-kontrollierter Gebiete), 6–7 % aus Litauen (4 % innerhalb deutsch-kontrollierter Gebiete), 5–6 % aus Wolhynien (1,5 % innerhalb deutsch-kontrollierter Gebiete) und etwa 40 % aus der sowjetischen Ukraine (kaum mehr als 5 % innerhalb deutsch-kontrollierter Gebiete).[19]

Zentrale Überlebensstrategien

Geographische Mobilität war ein traditionelles Mittel des Überlebens für Juden in Notzeiten und auch ein Weg, um ein besseres Leben zu suchen. Einer Quelle zufolge zogen allein zwischen 1900 und 1914 3 Millionen Juden in ein anderes Land. Die meisten verließen Osteuropa, wo Armut und Feindseligkeit zugenommen hatten.[20] Wie oben beschrieben, waren die Auswandererzahlen von 1933 bis 1945 viel niedriger, u. a. wegen der allgemein verschärften Einwanderungsbeschränkungen im Kontext wachsender Fremdenfeindlichkeit und sozioökonomischer Unsicherheit nach dem Ersten Weltkrieg. Vor allem Juden waren von gesetzlichen und inoffiziellen Einwanderungsbeschränkungen betroffen. Insgesamt überlebten wohl 300 000 Juden durch die Ausreise in Länder, die von deutschen Truppen oder politischen Maßnahmen nie erreicht wurden; vor 1941 waren das hauptsächlich Deutsche und Österreicher (siehe Kapitel 3). Jene deutschen Juden sind nicht inbegriffen, die in Nachbarländer flohen oder zunächst emigrierten und dann nach Nazideutschland zurückkehrten. Rund 16 000 der 53 000 Juden, die 1933 emigriert waren, kehrten später zurück und ebenso 6000 der von 1933 bis 1938 aus Deutschland nach Polen emigrierten Juden wegen der dortigen feindseligen Atmosphäre.[21] Die Gesamtzahl der Emigrationen war meist viel niedriger: 25 000 tschechische Juden von 1939 bis 1941 und relativ wenige polnische, französische und italienische Juden emigrierten legal nach dem Beginn der jeweiligen Verfolgung in den Jahren 1939, 1940 und 1938.[22] Von 1940 bis 1943 gingen 40–60 000 illegal nach Spanien und in die Schweiz, darunter viele aus Italien und Frankreich, einschließlich ausländischer Juden, die in diesen Ländern lebten. Schweden nahm etwa 6000 dänische und norwegische Juden auf.[23] Viele Tausende versuchten aus einem Achsenstaat in einen anderen zu entkommen, wo sie die Bedingungen für weniger bedrohlich hielten, zum Beispiel 1939/40 von Polen nach Ungarn, 1941/42 aus der Slowakei nach Ungarn, 1942 von deutsch-besetztem auf rumänisch-besetztes sowjetisches Territorium und 1944 aus Ungarn in die Slowakei oder nach Rumänien.[24] Viele Juden zogen in den 1930er Jahren aus deutschen Kleinstädten in Großstädte, wo das Leben noch erträglich schien.[25]

Neben den anfangs erwähnten 1,3 Millionen Überlebenden entkamen 1,6–1,7 Millionen Juden 1941 und einige weitere 1942 in der Sowjetunion knapp der Vernichtung, weil sie vor der Ankunft der Wehrmacht evakuiert wurden oder selbständig flohen (siehe auch Kapitel 4). Das waren in den betroffenen Gebieten fast 40 % der jüdischen Bevölkerung, im Westen war der Anteil niedriger, im Osten höher.[26] Zur Illustration der Auswirkungen: 1,6 Millionen ukrainische Juden wurden von Deutschen und Rumänen ermordet, und eine Million überlebte, 90 % durch die Flucht nach Osten.[27] Unter den 10–15 Millionen sowjetischen Evakuierten und Flüchtlingen waren Juden überrepräsentiert, weil viele von ihnen in größeren Städten (und damit nah an Bahnhöfen) lebten, häufig Gruppen wie Beamten und Fabrikarbeitern angehörten, deren Evakuierung Priorität erhielt, und sich wohl mehr Juden als Nichtjuden um eine Evakuierung bemühten. Nur gelegentlich spielte die Rettung von Juden vor Verfolgung eine Rolle in den Überlegungen der Sowjetbehörden. Über die Hälfte jener überlebenden europäischen Juden aus Gebieten, die zu irgendeinem Zeitpunkt unter Kontrolle Deutschlands oder anderer Achsenmächte fielen, waren evakuierte sowjetische Juden. Ihre Evakuierung passte zur jüdischen sozialen Tradition von Emigration und Flucht vor Bedrohung. Viele Juden waren bereits aus denselben Gebieten geflohen oder evakuiert worden, als 1914 bis 1916 während des Ersten Weltkriegs deutsche und österreichische Truppen dorthin vordrangen.[28] Andere blieben 1941 aber zurück, weil deutsche Soldaten sich ihrer Erfahrung nach während des Ersten Weltkriegs anständig verhalten hatten.

Letztlich waren Emigration und Flucht die erfolgreichsten Überlebensstrategien. Sie zu ergreifen, setzte aber voraus, die Lage als so gefährlich zu erkennen, dass man den Verlust von Heimat, Wohlstand und sozialen Netzwerken riskierte. Nicht für alle war die Emigration möglich oder wurde praktiziert; Alte, Arme und Frauen blieben überdurchschnittlich oft zurück, und Juden aus anderen Ländern hatten weniger Zeit und weniger Gelegenheiten als solche aus Großdeutschland. Auch große Familien waren im Nachteil und wurden überdurchschnittlich oft festgenommen.[29] Unter sowjetischen Juden hatten die aus den vor kurzem annektierten westlichen Grenzgebieten und aus abgelegenen Orten kaum eine Chance. Eine Flucht ins Ausland erforderte den Schutz durch fremde Regierungen, doch das war nicht immer erfolgreich, vor allem, wenn sie zu den Achsenmächten gehörten.

Wo sie noch existierten, boten nichtdeutsche Regierungen ihren Staatsbürgern einen gewissen Schutz. Die bulgarischen und rumänischen Regime lehnten die Deportation ihrer jüdischen Bürger aus dem Kernland ab. Das galt einige Jahre lang auch für die Regierungen Italiens und Ungarns. Die französische Regierung, Verwaltung und Polizei behinderten zunehmend die Festnahme und den Abtransport jüdischer Mitbürger (siehe Kapitel 5). Slowakische, kroatische, italienische und ungarische Staatschefs (sogar noch nach Beginn der Deportationen) bestanden darauf, bestimmte Kategorien von Juden von der schlimmsten Verfolgung auszunehmen. Dazu gehörten oft Konvertiten zum Christentum, Personen in Mischehen, Intellektuelle und Wirtschaftseliten.[30] Wie oben skizziert, wurde diese Politik häufig von verschiedenen Eliten unterstützt oder gefordert, obwohl viele Mitglieder derselben Eliten nicht prinzipiell gegen die Diskriminierung von Juden gewesen waren (siehe Kapitel 13 und 14). Enge Kontakte zu nationalen Eliten waren nützlich, um Unterstützung zu mobilisieren. So gehörten 27 % der volljährigen jüdischen Italiener vor 1938 der Faschistischen Partei an, und über 43 % waren mit Nichtjuden verheiratet. Juden hatten nach der Emanzipation als wichtige und angesehene Minister gedient.[31] In Rumänien schrieb Wilhelm Filderman, das Oberhaupt der jüdischen Gemeinde, hunderte von Petitionen, und mehrere Angehörige der herrschenden nichtjüdischen Kreise versuchten 1942 freundliche Beziehungen zu Juden aufrechtzuerhalten.[32] Solcher Schutz durch Regierung und Gesellschaft erlaubte es 50–60 000 Juden im besetzten Frankreich, davon 30 000 in Paris, bis 1944 an offiziell gemeldeten Adressen zu wohnen; ‹nur› rund 3000 Juden wurden von Januar bis Juli 1944 in Paris festgenommen.[33] Verhandlungen und Petitionen an das Regime hatten in Deutschland weniger Erfolg, fanden in den 1930er Jahren aber statt und führten zu Vereinbarungen wie dem Haavara-Abkommen, das vielen die Emigration ermöglichte.[34] Noch 1942, als die Vernichtung schon im

Gange war, legten deutsche und französische Juden vor Gericht Einspruch gegen ihre ‹rassische› Einstufung ein. Diese Strategie war nicht immer erfolglos, was Behördenvertreter dazu brachte, über das Verbot solcher Einsprüche nachzudenken.[35] Auch das zionistische Rettungskomitee in Budapest nahm für sich in Anspruch, kurz nach der deutschen Besetzung Ungarns einen Aktionsplan ausgearbeitet zu haben, bei dem drei der sechs empfohlenen Überlebensstrategien Kontakte zu Eliten erforderten: Verhandlungen mit deutschen Vertretern und ungarischen «Kräften», Appelle an die Regierungen von Nichtachsenmächten und an das Internationale Komitee vom Roten Kreuz.[36]

Solcher Schutz war weniger verlässlich für Juden, die keine Staatsbürger der Länder waren, in denen sie lebten. Ein Grund war ihre geringere gesellschaftliche Integration. Beispielsweise bewohnten französische Juden und jüdische Einwanderer in Frankreich nicht dieselben Wohnviertel, sprachen häufig verschiedene Sprachen, unterschieden sich nach sozialem Status, übten unterschiedliche Berufe aus und gehörten unterschiedlichen Organisationen an.[37] Von 1933 bis 1936, bevor die Verfolgung sich gegen sie selbst richtete, machten einige Funktionäre jüdischer Organisationen in Frankreich fremdenfeindliche Bemerkungen über jüdische Einwanderer und traten für die Rückführung deutscher Juden ein.[38] Eine Sorge der französischen Juden war, dass jüdische Einwanderung feindselige Haltungen gegenüber allen Juden fördern könne. Später machte die Union Générale des Israélites de France die Hilfe für französische Juden zur Priorität und unterstützte jüdische Einwanderer nur auf Druck.[39] In Deutschland hegten viele jüdische Intellektuelle Vorurteile gegenüber jüdischen Einwanderern aus Osteuropa, und vor der Nazizeit empfahlen einige, sie zurückzuschicken.[40] Spannungen zwischen eingewanderten und nichteingewanderten Juden gab es auch in anderen Ländern.[41] Was für die jüdische Bevölkerung galt, galt noch mehr für die nichtjüdische.

Die Konsequenzen für Einwanderer waren eklatant, zumindest in Westeuropa. In Frankreich lag die Sterberate unter Juden allgemein bei 24 %, bei denen mit französischer Staatsbürgerschaft waren es 12,6 %, bei ausländischen Juden 41 %. Doch zu den 12,6 % gehörten 8000 naturalisierte Juden und weitere 8000, die in Frankreich als Kinder ausländischer Juden geboren waren. Rechnet man beide Gruppen als ausländisch, dann starb über die Hälfte der Juden von kurz zurückreichender ausländischer Herkunft, aber weniger als ein Zehntel der alteingesessenen französischen Juden.[42] Anders ausgedrückt, weniger als 10 % der Juden in Frankreich, die starben, waren nicht direkter ausländischer Herkunft. Dass die Deutschen einen höheren Anteil der Juden aus Belgien als der aus Frankreich ermordeten, passt auch zu dem höheren Anteil ausländischer Juden in Belgien (90 %) gegenüber Frankreich (50 %).[43] In Italien war das Risiko, getötet zu werden, für ausländische Juden im Vergleich zu italienischen doppelt so hoch.[44] Die hohe Todesrate unter niederländischen Juden, von denen 85 % aus den Niederlanden stammten, fügt sich aber nicht in dieses Muster ein.[45]

Eine weitere traditionelle Schutzstrategie, die einer kleineren Zahl von Juden das Überleben ermöglichte, war der Übertritt zum Christentum; dies rettete Zehntausenden das Leben.[46] Ein Grund, warum die Zahl nicht höher war, war das Rassenkonzept der Nazis, nach dem die Herkunft, nicht der Glaube zählte, was einen Glaubenswechsel irrelevant machte. Dies war aber in vielen mit Deutschland verbündeten Ländern nicht der Fall, wo konvertierte Juden gesetzlichen Schutz genossen und deutsche Behörden manchmal wegen höherer außenpolitischer Interessen diese Gesetze respektierten. Ein weiterer, ebenso schwerwiegender Grund für die geringe Zahl der Konversionen war der Widerwille von Geistlichen gegen das Taufen von Juden. In gewissem Maße hat man die katholische Kirche in Kroatien als Ausnahme genannt.[47] In den deutsch-besetzten sowjetischen Gebieten, wo die Taufe von Juden viel Mut erforderte, versuchten einige Priester so vielen Juden wie möglich zu helfen, indem sie ihnen unter anderem gefälschte Taufscheine gaben.[48] Der Mangel an christlicher Nächstenliebe war ein Weg, wie die gesellschaftliche Umgebung Juden Wege zum Überleben verstellte.

Juden für die deutschen Behörden als Zwangsarbeiter unverzichtbar zu machen, war keine traditionelle Überlebensmethode. Dies war die umstrittene Grundstrategie vieler Judenräte wie der in Łódź, Vilnius und Białystok.[49] Manchmal bedeutete dies, Kinder, Alte und Kranke zu opfern. Diese Strategie rettete nur wenige Menschen und zwar aus mehreren miteinander verbundenen Gründen. Die meisten Juden wurden als ungelernte Arbeiter verwendet, wenn überhaupt, und waren darum ersetzbar. Außerdem übernahm die SS die Kontrolle über die meisten jüdischen Zwangsarbeiter und hielt sie in stark unterversorgten Lagern gefangen, wo die Bedingungen viel schlechter waren als in Ghettos und sie die brutalste Behandlung erlitten. Infolgedessen blieben nur wenige zur Arbeit Aussortierte am Leben (siehe Kapitel 9). Zwangsarbeit rettete nur unter den ungarischen Juden eine größere Zahl, weil sie relativ kurz in deutscher Hand waren.[50]

Auch die von anderen Achsenmächten organisierte Zwangsarbeit rettete relativ wenige Menschen. Jüdische Arbeiter erlitten entweder ähnliche Bedingungen wie in SS-Lagern – und starben oft, wie in Kroatien und im rumänisch-besetzten Transnistrien – oder sie fielen schließlich in deutsche Hand, wie in Frankreich, der Slowakei und Ungarn; oder es gab nur wenige jüdische Zwangsarbeiter, wie in Italien. Auch viele versteckt lebende Juden mussten Arbeit finden, um zu überleben. In Südfrankreich fanden sie Stellen als Lehrer, Handlungsreisende, Büroangestellte und Verkäufer; Jungen und Mädchen in Polen arbeiteten als Landarbeiter und hüteten vor allem Vieh. Dieser Unterschied zeigt, um wie viel verzweifelter als in Frankreich die Lage von Juden in Polen war.[51]

Gewaltige Schwierigkeiten beim Leben im Untergrund

Die Frage, warum Juden nicht einfach wegliefen, ist oft gestellt worden. Doch ein Leben im Versteck war sehr schwierig.[52] Ein Grund dafür ist, dass versteckt lebende Juden, obwohl viele nichtjüdische Helfer fanden, häufig von Nichtjuden denunziert wurden, vor allem in Osteuropa. Einer, der als Kind überlebte, erzählt, dass er mehrfach verraten wurde.[53] Juden wurden in ihren Verstecken, aber auch in Dörfern, im Wald, auf Großstadtstraßen und in Kirchen von Fremden, aber auch von Bekannten enttarnt.[54] In Lwow gab es zu diesem Zweck ein großes Spitzelnetz, in anderen ukrainischen Städten wie Charkow und Kiew aber anscheinend nicht.[55] Der Eifer der Denunzianten und die Unsicherheit für Juden konnten so weit gehen wie beim Nachbarn, der die Kinder von Doba Belozovskaya an deutsche Dienststellen noch verriet, als die Deutschen sich im Herbst 1943 auf den Rückzug aus Kiew vorbereiteten. Die Kinder wurden nie wieder gesehen.[56] Nicht jeder verriet Juden, dennoch ist die Geschichte der Bauern nicht untypisch, die in Ladischin im ukrainischen Gebiet Winniza jüdische Flüchtlinge mehrmals vor dem Nahen einer Mordeinheit warnten, worauf ein älterer Mann aus demselben Dorf die Flüchtlingsgruppe verriet.[57] Auf der Basis einer kleinen Stichprobe kam Gunnar Paulsson zu dem Schluss, dass Juden in Warschau ein höheres Risiko liefen, von Landsleuten verraten oder ermordet als von deutschen oder polnischen Beamten entdeckt zu werden.[58] Denunziationen durch Privatleute und örtliche Parteifunktionäre statt durch Razzien oder die Entdeckung durch die Gestapo führten zu 20–40% der polizeilichen Festnahmen von Juden in Deutschland.[59] Denunziationen von Juden waren auch in Frankreich und Ungarn sehr verbreitet (siehe Kapitel 13).

In Polen verrieten einige Nichtjuden nicht nur geflohene Juden, sondern ermordeten auch welche. Maria Kopel aus Krasnobrody erinnerte sich, dass ihr Vater von Dorfbewohnern ermordet wurde, die auch ihren fünfjährigen Bruder erfrieren ließen, ihre Schwester zu ertränken versuchten und einen weiteren Bruder den Deutschen übergaben.[60] Ein Mann, der vorübergehend überlebte, nachdem er am 8. November 1942 aus einem Deportationszug auf dem Weg von Łukow zum Vernichtungslager Treblinka entkommen war, berichtete, dass nichtjüdische polnische Bauern die über 250 Flüchtenden angriffen, beraubten, schlugen – manche auch erschlugen – und die Übrigen an die deutsche Bahnpolizei verrieten, die alle Entkommenen erschoss, derer sie habhaft werden konnte.[61]

Versteckte Juden waren aber nicht nur in Gefahr, verraten zu werden; oft wurden sie nur bedroht. Sie waren auch durch Klatsch und Gerüchte gefährdet, die ebenso tödlich wie Denunziationen sein konnten (siehe Kapitel 13). Das wird besonders klar in einer Sammlung von Erinnerungen polnischer Juden, die als Kinder überlebten und 1945 interviewt wurden.[62] Diese Kinder waren sich anscheinend Nuancen bewusst, die in späteren Berichten und den Erinnerungen von Erwachsenen nicht auftauchen. In kleinen wie großen Städten redeten Nichtjuden in der Nähe der Verstecke von Juden einfach zu viel darüber, wo heimlich Juden lebten, oder machten abfällige Bemerkungen.[63] Häufig riefen Jungen anderen Leuten nach, sie seien Juden, Minderjährigen wie Erwachsenen.[64] Andere – darunter viele Frauen – drohten damit, Juden zu verraten (manchmal beraubten oder erpressten sie sie auch),[65] oder versuchten Nachbarn oder Bekannte dazu zu zwingen, Juden nicht mehr zu helfen.[66] In Berichten von Überlebenden drückt sich diese wachsende Unsicherheit durch Gerüchte, Verdacht und offene Drohungen in Formulierungen aus wie «dort schwand ihnen der Boden unter den Füßen» oder «als es [dort] wieder zu heiß wurde, flüchteten wir».[67] Solche Praktiken machten die Überlebenshilfe, die viele Menschen mit guten Absichten den Versteckten leisteten, weitgehend zunichte. Nach einer

Schätzung versteckten 160 000 nichtjüdische Polen zu irgendeinem Zeitpunkt Juden, davon die Hälfte in Warschau.[68]

Wenn ihr Versteck in Gefahr war, sahen sich die meisten Juden gezwungen, weiterzuziehen. Manche wurden auch weggejagt.[69] Nur wenige reagierten wie die Mutter von Wilhelm Zienowicz, die auf ihrer Geschichte beharrte, sie sei keine Jüdin, obwohl ihre Nachbarn sie anschrien, sie bringe sie alle in Gefahr.[70] Die Berichte viele Juden, dass sie häufig den helfenden Gastgeber wechselten, spiegeln die konstante Furcht vor Denunzierung und Klatsch.[71] In den Niederlanden brauchte jedes der 250 Kinder, die von einer Rettungsorganisation versteckt wurden, im Durchschnitt fünf Gastgeber; Überlebende aus Warschau berichteten über durchschnittlich sieben Verstecke. Manche brauchten bis zu 37 Verstecke.[72] All dies unterstreicht die Tatsache, dass scheinbar banale Praktiken sozialer Ausgrenzung für Juden unter deutscher Verfolgung zur tödlichen Gefahr wurden. Gewohnheitsmäßige Feindseligkeit gegenüber Juden und rücksichtslose Gedankenlosigkeit (wie die Beschimpfungen und Angriffe von Kindern, die oft in den Erinnerungen von Überlebenden auftauchen) konnten sich in dieser neuen Situation als tödlich erweisen.

Selbst jene Überlebenden, die entschlossen und einfallsreich genug waren, um es zu schaffen, erinnerten sich, dass die feindliche Umgebung, die sie erlebt hatten, keinen Ausweg zu bieten schien. Sjoma Spungin aus dem litauischen Daugavpils, damals ein dreizehnjähriger Junge, erinnerte sich kurz nach dem Krieg an die Lage im Mai 1942: «Flüchten konnten wir nirgendwohin, unsere Stadt ist klein, man kann sich nicht verstecken. Und wo Partisanen waren, wußten wir nicht.»[73] Andere bekräftigten diesen Eindruck. Ein Jude aus dem ukrainischen Winniza hörte von einem durchaus freundlich eingestellten kommunistischen Politkommissar, der ihn schon mehrere Male gerettet hatte, die Deutschen wollten alle Juden ermorden, bis auf ein paar Spezialisten: «Man kann sich nirgends verstecken.»[74] «Die Deutschen verließen sich nicht ohne Grund darauf, dass Flüchtlinge selbst wenn sie entkamen, nirgendwohin gehen konnten.»[75] Im litauischen Lazdijai sagte der örtliche Polizeichef Ende Oktober 1941 zu jüdischen Einwohnern: «Weglaufen ist unlogisch. Überall, wo der Deutsche hinkommt, wird der Jude von der Liste der Lebenden gestrichen. Es gibt keinen Ort, wo ihr euch verstecken könnt […]».[76]

Unter den verstörendsten Zeichen dieser Hoffnungslosigkeit sind die vielen Berichte, nach denen Juden, besonders in den deutsch-besetzten sowjetischen Gebieten, aus einem Ghetto oder Lager entkamen, aber kein besseres Fluchtziel fanden als ein anderes Ghetto oder Lager.[77] Der deutsche Unternehmer Walter Többens, der viele jüdische Textilarbeiter beschäftigte, erklärte mit einem gewissen Stolz, versteckte wohlhabende Juden hätten ihn gebeten, sie ins Lager Trawniki zu schicken, weil sie es unter polnischen Nichtjuden «nicht aushielten».[78] Juden, die aus dem Ghetto im polnischen Józefów geflohen waren, fanden draußen so wenig Hilfe, dass sie in ein deutsch-kontrolliertes Arbeitslager für Juden flohen; Insassen berichteten über diese Flüchtlinge: «In ihren Augen waren wir frei, und sie waren gefangen.»[79] In ähnlicher Weise entkamen 18 000 Juden im Distrikt Radom Ende 1942 der bevorstehenden Deportation in den Tod, doch fast alle stellten sich, als die deutschen Behörden neue Lager eröffneten und ihre Existenz zu legalisieren versprachen. Die meisten wurden zwischen Januar und April 1943 ermordet.[80] Andere stellten sich sogar selbst den Deutschen oder deren einheimischen Helfern. Nachdem sie kurz zuvor einer Massendeportation in Nowe Brzesko bei Krakau entkommen waren, «wanderten Juden mehrere Tage lang über die umliegenden Felder. Niemand wollte ihnen etwas zu essen geben oder sie aufnehmen. Sie stellten sich der Polizei oder wurden gefangen.»[81] Zwei Tage nach dem letzten Massaker in Schamowo bei Smolensk am 2. Februar 1942 gingen vier alte Juden, die nirgendwo Hilfe fanden, zur örtlichen Polizeistation, und einer namens Schmuilo sagte den Polizisten: «Ihr könnt uns umbringen.» (Ein polnischer Beobachter aus der Region Zamość nannte so etwas im November 1942 einen «häufigen Vorfall».) Nach zwei Massakern im ukrainischen Chmelnik, die im Januar 1942 8000 Juden das Leben kosteten, wanderten einige jüdische Flüchtlinge ohne Obdach über die Felder, bis sie erfroren.[82]

Es ist kein Zufall, dass diese Beispiele aus Polen und der Sowjetunion stammen, wo die deutsche Unterdrückung scharf war und es viele Denunziationen gab. In der ländlichen Region Wolhynien in der Westukraine, die auch von Bürgerkrieg zerrissen war, überlebten möglicherweise nur 9 % der Menschen, die aus den Ghettos flohen (siehe Kapitel 11).[83] In solchen Gebieten überlebte nur ein Bruchteil der Flüchtlinge oder erreichte die Partisanen.[84] Die feindselige Haltung vieler Nichtjuden machte das Leben im Untergrund auch für Juden in Ungarn 1944 sehr schwierig.[85] Der Unterschied zwischen diesen Ländern und Jugoslawien ist auffallend. Jugoslawische Überlebende erwähnten selten

Denunziationen oder die Flucht von Ghetto zu Ghetto. Stattdessen werden in Berichten aus dem früheren Jugoslawien Razzien und Straßensperren, gefolgt von Angriffen durch Četniks als Hauptgefahren für Juden in der Illegalität genannt.[86] Denunziationen scheinen dort seltener gewesen zu sein, obwohl die Aufnahme von Juden bei Todesstrafe verboten war, zumindest im deutsch-besetzten Serbien.[87] Auch in Italien und Frankreich waren die Folgen von Denunziationen anscheinend weniger katastrophal. Diese Vergleiche zeigen, dass die äußerst geringe Chance, in den besetzten sowjetischen Gebieten versteckt zu überleben, nicht selbstverständlich oder zwangsläufig war; sie galt aber auch für Weißrussland, so dass die Beziehungen zwischen Juden und Nichtjuden dort nicht so freundschaftlich gewesen sein können, wie viele Autoren, auch ich, sie dargestellt haben.[88]

Gerüchte und Denunziationen forderten in ganz Europa das Leben hunderttausender Juden, die in Verstecken lebten. Doch sie hatten noch eine wichtigere Auswirkung. Wegen der feindseligen Umwelt versuchten viele Juden nicht einmal zu fliehen. Eine sozialdemokratische Untergrundzeitung in Polen berichtete Mitte August 1942 – während der schlimmsten Deportationswelle aus Warschau nach Treblinka – über die weitverbreitete Resignation unter den Insassen des Warschauer Ghettos und ihr Gefühl der Verlassenheit, das von der Feindseligkeit der Polen jenseits der Ghettomauern herrührte.[89] Als unter den Juden im polnischen Wierzbnik Ende Oktober 1942 bekannt wurde, dass das Ghetto liquidiert werden sollte, versuchten sich nur ein paar Erwachsene zu verstecken, und nur wenige Kinder wurden in die Obhut von Nichtjuden gegeben.[90] In Westpolen versuchten noch weniger Juden versteckt zu leben als in Zentral- und Ostpolen.[91]

Auf der Grundlage der Beobachtung, dass je mehr Juden sich verstecken konnten, auch desto mehr überlebten, nehme ich an, dass Entscheidungen, nicht zu fliehen, starke Auswirkungen auf die Zahl der Toten hatten. Die großen Differenzen zwischen der Überlebensrate von Juden in den Niederlanden (25 %), Belgien (60 %) und Frankreich (75 %) korrespondieren mit den differierenden Anteilen der Juden, die in den Untergrund gingen: 50–56 % in Frankreich, 36–40 % in Belgien und nur 13–20 % in den Niederlanden.[92] Mit anderen Worten, die Tatsache, dass so viele niederländische Juden gar nicht erst zu fliehen versuchten, was teilweise auch an mangelnden Gelegenheiten lag (besonders vor dem Mai 1943[93]), erklärt weitgehend, warum es in den Niederlanden prozentual so viel mehr Tote gab als in den beiden Nachbarländern. Eine Studie fand beispielweise heraus, dass etwa derselbe Prozentsatz von versteckten Warschauer Juden überlebte wie von niederländischen Juden in derselben Lage (wenn man die unterschiedliche Dauer des Lebens im Versteck einrechnet).[94] Schätzungsweise versteckten sich 28 000 Juden in Warschau und über 100 000 in Zentralpolen (jeweils 5–6 % der Gesamtzahl).[95] Denunziationen waren in Frankreich und Italien nicht nur seltener (in der Zeit der deutschen Vernichtungskampagnen, die 1942 begannen), sondern über die Hälfte der Juden in Frankreich und Italien überlebte im Untergrund, verglichen mit 1–3 % in Polen und den sowjetischen Gebieten. Damit ist klar, dass die Handlungen nichtstaatlicher Akteure einen gewaltigen Einfluss auf die Überlebenschancen von Juden hatten. Deswegen ist es für Historiker von großer Bedeutung, ihr Augenmerk nicht nur auf die Aktivitäten deutscher Verfolger und ausländischer Regierungen zu richten, sondern auch auf die gesellschaftlichen Rahmenbedingungen.

Raul Hilberg hat die These vertreten, dass europäische Großstädte einen Sättigungsgrad besaßen, oberhalb dessen es schwer war, Juden zu retten: Die Zahl der überlebenden Juden lag oft um 1 %, allgemein bei 0 bis 3 % der städtischen Bevölkerung.[96] Aus Hilbergs Erkenntnis folgt, dass sich dort, wo Juden einen größeren Anteil der Bevölkerung ausmachten, wie in Polen, Litauen und Weißrussland, nur ein kleinerer Prozentsatz verstecken konnte. Hilberg sprach nicht speziell über das Überleben in den Städten im Versteck, er betrachtete alle Arten von Überlebenstechniken, aber trotz aller Chancen, welche die Anonymität der Großstadt bot, war es anscheinend vielversprechender, sich auf dem Land zu verstecken. In Italien überlebten viele Juden (die meist aus der Stadt kamen), indem sie heimlich auf dem Land lebten. Nur ein Drittel der römischen Juden versteckte sich in der Stadt, und bestenfalls ein Drittel der Pariser Juden überlebte im Versteck. Ein größerer Anteil beider Gruppen überlebte jedoch, indem er außerhalb der Stadt in den Untergrund ging.[97] Während das der Trend in einigen besetzten Ländern war (wo die deutsche Polizei sich in großen und kleinen Städten konzentrierte, aber über das Land relativ wenig Kontrolle ausübte), war es im Deutschen Reich umgekehrt. In Berlin versteckten sich schätzungsweise 5000 Juden (8 %), von denen 1500 überlebten; in Wien überlebten nur etwa 450 Juden im Untergrund, doch das waren drei Viertel aller Überlebenden in Österreich; und im Altreich versuchten nur 5000–10 000 Juden außerhalb Berlins sich überhaupt zu verstecken.[98]

Das gesellschaftliche Klima – die Bereitschaft von Menschen, Juden zu verstecken und nicht zu verraten – war auch wichtig, weil Organisationen nur eine Minderheit der versteckten, geschweige denn aller Juden retten konnten. Die anderen mussten selbständig Hilfe finden. So lebten zum Beispiel Anfang 1944 ungefähr 17 000 Juden illegal in Warschau, von denen die Hälfte organisierte Hilfe erhielt.[99] Auf dem Land war der Prozentsatz in Polen wahrscheinlich geringer. Die Kapazität von Rettungsorganisationen in Frankreich war ebenfalls begrenzt.[100] Forscher haben die katastrophalen Deportationszahlen in den Niederlanden mit einem Mangel an Verstecken erklärt sowie der Tatsache, dass erst im Frühjahr 1943 eine große Infrastruktur des Untergrunds entstand.[101] Die relativ hohe Überlebensrate in Belgien ist den starken und schon früh entstandenen Hilfsnetzwerken zugeschrieben worden.[102] Daten über Retter in Belgien legen aber nahe, dass die Hälfte von ihnen keiner Organisation angehörten.[103] Einer Schätzung zufolge überlebte auch die Mehrzahl der Juden in Italien ohne Hilfe einer Organisation.[104] Dagegen spielten organisierte Netzwerke eine erstrangige Rolle dabei, Juden über westeuropäische Grenzen zu helfen (etwa denen, die aus Frankreich, Norwegen und Dänemark flohen).[105] Die Wirkung organisierter Hilfe in Ungarn war 1944 außerhalb Budapests gering, dagegen erlaubte der Schutz ausländischer Diplomaten es vielen zehntausend Juden, legal in der Hauptstadt zu leben. In Weißrussland konnten der kommunistische Untergrund und die Partisanen nur einer sehr begrenzten Zahl von Juden dabei helfen, versteckt zu leben oder über die Frontlinien nach Osten zu entkommen.[106]

Individuelle Voraussetzungen für das Überleben

Überleben hatte viel mit Geld zu tun. Viele Forscher haben die Bedeutung sozialer Hierarchien unter Juden beschrieben: «Gesellschaftliche Kluften innerhalb der Ghettogesellschaft waren typisch für alle Ghettos.»[107] Im Warschauer Ghetto verhungerten Zehntausende, während Geschäftsleute, Schmuggler und angeblich auch Funktionäre sich Luxusartikel leisten konnten. Diese Ungleichheit wurde damals und im Nachhinein scharf kritisiert.[108] Es scheint 10–30 000 wohlhabende Menschen gegeben zu haben, 200–250 000, die gerade so existierten, und 150–250 000, die rasch verhungerten. Bis Mitte 1942 rührte der

Hunger nicht nur daher, dass die Bewohner kaum Lebensmittel ins Ghetto holen konnten, sondern auch daher, dass viele Leute sie nicht kaufen konnten.[109] Die meisten derer, die verhungerten, waren entweder schon vor dem Krieg arm gewesen oder als Flüchtlinge oder Zwangsumsiedler ins Ghetto gekommen.[110] Solche Personen waren auch unter den ersten, die der Judenrat von Łódź für die von den Deutschen verhängten Deportationen zum Todeslager Chełmno auswählte – er nannte sie «unerwünschte […] Element[e]», «Vertreter der Unterwelt, der Abschaum der Gesellschaft».[111] In Warschau beschleunigte sich die Verelendung für die tausenden meist armen männlichen Umsiedler, die der Judenrat schickte, um Zwangsarbeit für die Deutschen zu leisten, und die körperlich und geistig gebrochen zurückkehrten.[112] Yehuda Bauer schreibt, die meisten jüdischen Überlebenden aus kleinen Städten in Ostpolen stammten aus soliden Mittelschichtfamilien, weil man Geld und Beziehungen zu Nichtjuden brauchte, um sich zu retten.[113]

Wohlstand oder Armut beeinflusste auch die Überlebenschancen jüdischer Flüchtlinge in Südfrankreich. Während viele Arme schon früh in französischen Lagern interniert wurden, konnten Personen mit Geld und Beziehungen versuchen, im Untergrund zu überleben.[114] Man brauchte Geld, um die zu bezahlen, die einen versteckten, und für Lebensmittel, Reisekosten, gefälschte Papiere und Erpresser.[115] Das bedeutete auch, dass Diebstahl – vom Kleindiebstahl polnischer Jungen bis zu professioneller Erpressung und Raub – die Überlebenschancen versteckter Juden ernsthaft gefährdete.[116] In Treblinka waren Geld oder Wertsachen (an die man durch Unterschlagung kam) nötig, um als einer der wenigen Gefangenen zu überleben und um eine Chance bei der Flucht zu haben. Flüchtlinge mit Geld überließen die, die nichts hatten, sich selbst, wenn auch nicht immer.[117] Vielleicht trug der durchschnittlich größere Wohlstand westeuropäischer Juden zu ihren höheren Überlebensraten bei.[118]

Beobachter der Sprachentwicklung im Łódźer Ghetto bemerkten die Entwicklung von Neologismen, die sich auf neue gesellschaftliche Hierarchien bezogen, z. B. Worte für das Verhältnis zwischen der Ghettoverwaltung und dem Rest der Bevölkerung, für das zwischen polnischen Juden und den aus anderen Ländern nach Łódź deportierten und für bestimmte ausgemergelte Menschen.[119] In vielen Ghettos gehörten jüdische Ratsmitglieder und ihre Angestellten zur Spitze der gesellschaftlichen Hierarchie.[120] So hatten im Warschauer Ghetto die Angestellten des Judenrats Anspruch auf die größten Lebensmittelrationen – und erhielten auch wirklich am meisten. Raul Hilberg erwähnt den Fall eines Mitglieds des Judenrats und eines jüdischen Hilfspolizisten, die einander gegenseitig vorwarfen, auf unfaire Art dank ihrer Privilegien überleben zu wollen.[121] Viele jüdische Polizisten im Warschauer Ghetto entstammten der oberen Mittelschicht oder der Intelligenz.[122] Angehörige der Polizei und der jüdischen Verwaltung besserten ihr (unzureichendes) Einkommen durch verschiedene Arten von Korruption auf, wie Beobachter bitter vermerkten.[123] Nach dem Bericht eines Überlebenden glaubten Gefangene in Treblinka, dass es denen mit guten Verbindungen zu den Judenräten und den Wohlhabenden gelang, am längsten im Ghetto zu bleiben, während alle anderen in den Tod deportiert wurden.[124] Juden in Frankreich schienen etwas Ähnliches zu erwarten, daher nahmen sie ein «Wettrennen um Schutz» auf, indem sie für die Union Générale des Israélites de France arbeiteten.[125] In den Ghettos wuchs das Verwaltungskorps wegen der vielen zu erledigenden Aufgaben, aber auch aus Eigeninteresse.[126]

An dieser Differenzierung und dem Mangel an Solidarität war nichts spezifisch Jüdisches – es wäre von jeder sozialen Gruppe unter extremem Druck zu erwarten. Die gesellschaftliche Schichtendifferenzierung war ausgeprägt. Klassenzugehörigkeit war wichtig, besonders damals.[127] Doch die Nazis stellten die Vorgänge im Warschauer Ghetto (im deutschen Würgegriff) als typisch jüdische Profitsucht, Rücksichtlosigkeit, Schmutz und moralische Verderbtheit dar.[128] Als nach dem Krieg 1945 bis 1947 Hunger herrschte, verhielten sich viele nichtjüdische Deutsche ähnlich. Unter der NS-Herrschaft war das Schwinden der Solidarität unter den Verfolgten am stärksten in den Konzentrationslagern der SS. Dort zeigten die meisten Juden und Nichtjuden wenig Rücksicht auf ihre Mitmenschen.[129] Auch unterschiedliche jüdische Gruppen, bekämpften einander, oft nach Ländern, als sich die Lebensbedingungen verschlechterten. Das trieb den Birkenau-Überlebenden Lello Perugia zu der Schlussfolgerung, dass «diese berühmte ethnische Gruppe [die Juden], wie einige uns nennen wollen, nicht existiert».[130] François Wetterwald, ein früherer Gefangener in Mauthausen, nannte die Gruppen, die er entstehen sah, die «Mächtigen», die «Kapitalisten», die «Armen», die «Unterdrückten», «diejenigen, die zu schwach sind», die «Gewitzten», die «Stolzen» und die «Uninteressierten». «Die Solidarität unter den Völkern, die Solidarität zwischen den Menschen des gleichen Landes, der gleichen Religion, der gleichen Rasse – man glaubt nicht mehr daran, wenn man in einem Konzentrationslager gewesen ist.»[131] Obwohl Juden besonderen Risiken ausgesetzt waren, ähnelten ihre Überlebensstrategien in diesen Lagern denen der anderen: Spar deine Energie, meide deutsche Aufseher, vermeide schwere und gefährliche Arbeit, besorge dir zusätzliche Lebensmittel und verbirg Schwäche, Krankheit und Verletzungen. Der Kampf aller gegen alle führte zu neuen Beziehungen des eingeschränkten Vertrauens unter wenigen – den sogenannten Ersatzfamilien –, die ihren Mitgliedern etwas physischen und psychischen Rückhalt boten.[132]

Auch andere Aspekte als Geld waren für das Überleben wichtig. Häufig erwähnt werden nichtjüdisches Aussehen, gute Beziehungen zu Nichtjuden und ein akzentfreies Beherrschen der Mehrheitssprache.[133] Das Überleben als Gefangener in Auschwitz hing von Alter, Dauer der Gefangenschaft, körperlicher Konstitution, Beruf, Klassenzugehörigkeit, zugewiesener Arbeit und Anpassungsfähigkeit ab.[134] Für Jungen und Männer, die sich versteckten, war es ein zusätzliches Risiko, beschnitten zu sein. Manche Überlebenden sagten später, dass ein bewusster Entschluss zum Überleben notwendig war, der sich in der Formel «Überleben war ein Geisteszustand» zusammenfassen ließ.[135] Ein «Bewusstsein der Gefahr» war eine weitere wichtige Haltung.[136] Viele demonstrierten ihren unbeugsamen Lebenswillen, indem sie sich weigerten, nach gescheiterten Fluchtversuchen aufzugeben, bevor es ihnen schließlich gelang, aus einem Lager zu entkommen oder in ein fremdes Land zu fliehen.[137] Als zehnjähriger litauisch-jüdischer Junge überlebte Edmundas Ruvinas Zeligmanas 1941 mindestens drei Massenhinrichtungen um Haaresbreite. Das Schicksal von Michail Weinschelboim aus dem ukrainischen Berditschew war ähnlich.[138] Neben Glück erforderte dies außergewöhnliche geistige Widerstandskraft, genau wie das Überstehen mehrerer ‹Selektionen›.

Viele osteuropäische Juden sprachen Jiddisch oder auf dem Balkan Ladino (sogenanntes ‹Judenspanisch›) und sprachen die Nationalsprache gar nicht oder mit Akzent.[139] Das galt aber nicht für die meisten Juden aus Trianon-Ungarn (dem ungarischen Kernland, etwa dem heutigen Ungarn entsprechend), aus Böhmen und Mähren und der Walachei.[140] Ein Teil der polnischen Juden hatte zwischen den Kriegen besser Polnisch gelernt, vor allem in Warschau.[141] Wer die Landessprache nicht richtig beherrschte, konnte sich nicht unauffällig einfügen und war leicht zu entdecken. Darum versuchten beispielsweise Ladino sprechende Juden aus Saloniki und anderen Orten Nordgriechenlands kaum je zu fliehen – im Gegensatz zu denen aus Athen und dem Süden, die Griechisch sprachen. Im Norden wurden fast alle deportiert, im Süden nur eine Minderheit.[142] Auch in Frankreich waren ausländische Juden an ihren Akzenten zu erkennen.[143] Eine Minderheitensprache zu sprechen, bedeutete auch, dass es seltener breite soziale Kontakte im Alltagsleben gab.[144] Seine Lupšiciene-Novozeldskyte gab Kindern im Ghetto von Kaunas Litauischunterricht, damit die Untergrundbewegung sie leichter bei litauischen Familien unterbringen konnte.[145] Natürlich war nicht allein die Sprache wichtig. Viele Juden in Bulgarien und Nordgriechenland sprachen Ladino, aber von Letzteren entkamen nur wenige, während erstere unter dem Schutz bulgarischer Eliten überlebten (sofern sie nicht die bulgarisch-annektierten griechischen Gebiete bewohnten). Zu den Gründen zählte, dass Juden aus dem bulgarischen Kernland meist zum Kleinbürgertum gehörten und darum relativ wenig Neid hervorriefen.[146] Bessarabische Juden sprachen besser Russisch als die aus der Bukowina, Letztere konnten aber besser Rumänisch; als die rumänischen Behörden beide Gruppen nach Transnistrien in der Westukraine deportierten, hatten Letztere eine viel höhere Überlebensquote als Erstere, weil die Art der Deportationen aus der Bukowina die Menschen nicht so verarmen ließen wie die aus Bessarabien.[147]

Eine weitere Voraussetzung war Wissen. Zwei ahistorische, aber verbreitete Missverständnisse sind die, dass Juden 1938 – oder sogar schon 1933 – von ihrer bevorstehenden Vernichtung hätten wissen sollen und dass Hitler seine Absicht zur Ermordung aller Juden in *Mein Kampf* dargelegt hätte. In Wirklichkeit traten die gewaltsamen Absichten deutscher Politiker während eines langen Prozesses hervor, der 1939 bis 1941 mit Plänen zur langsamen Dezimierung der Juden begann und 1941/42 zum Plan führte, sie alle zu vernichten. Die teilweise dezentralisierte Struktur dieses Prozesses kam erschwerend hinzu. Anfang 1942 war Abba Kovner, einer der ersten und leidenschaftlichsten Boten der bevorstehenden Vernichtung, sich nicht klar, warum die Deutschen zahlreiche Juden in Vilnius ermordeten, aber nicht im nahegelegenen Białystok.[148] Auch die Kenntnisse der deutschen Absichten unter Juden wie Nichtjuden mussten sich entwickeln, und obwohl die vorhandenen Informationen meist recht bald nach den jeweiligen Entscheidungen des

NS-Regimes bekannt wurden, war nicht jeder gleich informiert oder wollte sie glauben. 1944 wussten viele aus Ungarn deportierte Juden immer noch nicht, was in Auschwitz-Birkenau passierte, als sie dort ankamen.[149] Niederländische Untergrundzeitungen hatten seit Juli 1942 berichtet, dass die Deportation nach Osten den Tod bedeutete (eine erwähnte sogar Gas),[150] aber erst im Frühjahr 1943 gingen viele Juden in den Untergrund. Eine ähnliche Tendenz zum Unglauben gab es in Frankreich.[151]

Wissen war sehr ungleich verteilt. Der Auschwitz-Überlebende Ernst Levin erinnerte sich, dass es einem jüdischen Freund, der nach Treblinka deportiert wurde, gelang, ihm einen Brief nach Breslau zu schicken, in dem er ihn warnte: «hier ist ein Lager, in dem Menschen chemisch behandelt werden»; dagegen beschwerte sich 1944 der Werksleiter einer Fabrik der berüchtigten I. G. Farben, die 12 Kilometer von Auschwitz entfernt lag, bei Levin über den Gestank, und auf die Information, dies käme von den Krematorien, fragte er verblüfft: «Was verbrennt man denn da?»[152]

Erst die große Pariser Razzia auf Juden im Juli 1942 brachte viele ausländische Juden (aber weniger jüdische Franzosen) dazu, Paris zu verlassen.[153] Juden aus dem Elsass hatten eine höhere Überlebensquote als im restlichen Frankreich, was man der Tatsache zugeschrieben hat, dass sie früher einer nichttödlichen deutschen Verfolgung ausgesetzt waren und darum weniger Illusionen hatten.[154] Es brauchte großangelegte Deportationen, um viele Juden dazu zu bringen, sich ab September 1942 in Warschau, Ende 1942 im Distrikt Lublin und 1942/43 in Berlin und Wien zu verstecken.[155] Andere blieben, wo sie waren, obwohl sie wussten, was ihnen bevorstand, zum Beispiel die vielen Juden in Warschau, die zuerst zwar unwissend waren, aber ab Mitte August 1942 von Treblinka erfahren hatten. Ein deutscher Offizier vermerkte: «Die Umsiedlungsaktionen gehen unvermindert weiter. Das Judentum ist über sein Schicksal unterrichtet. Bezeichnend ist der Ausspruch eines Mitgliedes des Lemberger Judenrates: Wir tragen alle unseren Totenschein in der Tasche – es ist nur der Sterbetag noch nicht ausgefüllt.»[156] Eine Untersuchung über die Region Lens in Nordfrankreich legt nahe, dass die meisten Juden 1940 schon fortgezogen waren, angefangen mit den Männern im arbeitsfähigen Alter. Die polnischen Einwanderer der Gegend gingen meist früher, französische Bürger und Hausbesitzer warteten gewöhnlich bis 1942, und Menschen mit großen Familien zögerten am längsten.[157]

Viele glaubten den schrecklichen Nachrichten nicht. Noch 1944 ignorierten Juden aus Großungarn BBC-Berichte wie auch die Warnungen von Entkommenen vor Massenvergasungen in Auschwitz. In Kolozsvár (Cluj) steckten Juden einen solchen Entkommenen in eine psychiatrische Anstalt.[158] Im Sommer 1942 weigerten sich Juden im ostgalizischen Tłuste zu glauben, dass alle Juden im nur 35 Kilometer entfernten Horodenka ermordet worden seien.[159] Als Motl Gdud im Juli 1941 nach Hause zurückkehrte, nachdem er gerade eine Massenerschießung in Ponary bei Vilnius überlebt hatte, indem er sich in einem Massengrab tot stellte, konnte er trotz seiner Verletzungen nicht einmal seinen Vater von dem überzeugen, was geschehen war.[160] Im September 1943 weigerten sich auch jüdische Funktionäre in Kopenhagen zunächst, Warnungen vor bevorstehenden Massenverhaftungen und Deportationen zu glauben, bevor sie schließlich nachgaben und eine erfolgreiche Rettungsaktion organisierten.[161] Im benachbarten Norwegen waren einige der Juden, die im Herbst 1942 festgenommen, deportiert und ermordet wurden, 1940 ins neutrale Schweden geflüchtet, aber ins deutsch-besetzte Norwegen zurückgekehrt, weil sie den Versprechen glaubten, es werde ihnen nichts geschehen.[162] 1940 gab es allerdings wirklich noch keine Pläne für die Ermordung norwegischer Juden. Saul Friedländer beschreibt den Geisteszustand der Juden, die Ende 1942 noch am Leben waren, folgendermaßen: Die «überwiegende Mehrheit blieb hin und her gerissen zwischen vorübergehender Einsicht, Fassungslosigkeit, Verzweiflung und ständig neuer Hoffnung».[163] All diese Fälle illustrieren, wie die ungleiche Entwicklung und die ebenso ungleiche Ausbreitung des Wissens in Verbindung mit geistigen Schutzmechanismen zu falschen Entscheidungen führten.

Schwindender Zusammenhalt unter Juden

Häufig existierten große politische, wirtschaftliche, religiöse, sprachliche und kulturelle Unterschiede unter den jüdischen Bewohnern eines Landes, vor allem in Osteuropa, und zwar so sehr, dass sie oft kaum ‹Gemeinschaften› genannt werden konnten.[164] Diese Spaltungen verhinderten ein entschiedeneres politisches Handeln und machten Juden so anfällig für gesellschaftlichen Druck.[165] Innerjüdische politische Konflikte, die während der NS-Verfolgung weitergingen, behinderten koordiniertes Handeln oder verhinderten, dass überhaupt effektiv gehandelt wurde.[166] Die von den Deutschen eingesetzten Judenräte bestanden aus Angehörigen der Vorkriegseliten und unterschiedlichen politischen Fraktionen.[167]

Verfolgung und Entbehrungen untergruben sogar soziale Beziehungen innerhalb jüdischer Familien. In vielen Fällen war das Familiengefühl sehr stark, und nach Meinung einiger Forscher wurde das Familienleben im Ghetto intensiver.[168] Letztlich war es für Familien aber meist unmöglich, zusammenzubleiben. Sie mussten sich trennen oder wurden gewaltsam getrennt, und für viele war das die traumatischste Erfahrung.[169] In anderen Fällen flohen Familien nicht, damit sie zusammenbleiben konnten.[170] Es gab herzzerreißende Szenen, wenn Ehemänner und Ehefrauen und Mütter und Kinder bei der Ankunft in einem Vernichtungslager voneinander getrennt wurden.[171] Im ukrainischen Staraia Uritsa hielt ein Hagel von Schlägen durch deutsche und ukrainische SS-Leute und Polizisten nicht wie beabsichtigt Juden davon ab, vor der Erschießungsgrube Abschied von Verwandten und Freunden zu nehmen.[172] In einem typischen Bericht beschrieb Jakovas Gauchmanas aus Vilnius seine tiefe Sorge, als klar wurde, dass seine Familie sich trennen musste, und auch die großen Anstrengungen, die sie unternahm, um einander wiederzufinden.[173] Viele Memoiren von Überlebenden beschreiben ausführlich die Suche nach Verwandten nach dem Krieg.

Manche Familienmitglieder hatten geringere Überlebenschancen als andere. So überlebten in den meisten jüdischen Familien in Jugoslawien nur ein oder zwei von 1938 durchschnittlich 4,11 Familienmitgliedern.[174] Tragischerweise wird der sich lockernde Familienzusammenhalt indirekt durch die ungleichen Überlebenschancen widergespiegelt, die aus den unterschiedlichen Sterberaten von Männern und Frauen abzulesen sind. Im großen Ghetto von Łódź starben Frauen (die dem Hunger körperlich besser widerstehen können) bis Ende 1942 20 % seltener als Männer, dagegen waren 62 % der 1942 ins Vernichtungslager Chełmno geschickten Juden Frauen. Die Tendenz, dass Frauen ein höheres Risiko als Männer hatten, zu den Gaskammern deportiert zu werden, aber ein geringeres, zu verhungern, war im Warschauer Ghetto ähnlich. Für Łódź ist die Erklärung, dass der Judenrat mehr Frauen zur Deportation auswählte, weil sie häufiger ohne Arbeit waren und darum Wohlfahrtsleistungen bekamen, fragwürdig, weil mehr Männer verhungerten.[175]

Letztlich überlebten ein paar mehr weibliche als männliche Ghettoinsassen aus Łódź, was für das übrige Polen so nicht galt. Unter Łódźer Juden überlebten mehr Frauen als Männer in Lagern und Verstecken, aber weniger Frauen als Männer als Deportierte oder Flüchtlinge in die Sowjetunion und in bewaffneten Einheiten.[176] In Griechenland waren die Differenzen größer, in Saloniki gab es doppelt so viele männliche wie weibliche jüdische Überlebende.[177] Wahrscheinlich schlossen sich mehr Männer als Frauen den griechischen Partisanen an. Unter den jüdischen Überlebenden in Lagern für Displaced Persons auf deutschem Boden nach 1945 waren schätzungsweise 40 % Frauen.[178] Eine knappe Mehrheit der überlebenden ungarischen Juden im Reich waren Männer, doch dies wurde durch die Zahl der in Budapest befreiten Frauen mehr als ausgeglichen.[179] Aus Frankreich und Italien wurden etwas mehr Männer als Frauen nach Deutschland deportiert.[180]

Mit 0,5 % waren die Überlebenschancen für jüdische Kinder, die unter deutscher Herrschaft in Polen lebten, noch viel geringer als für Erwachsene. Natürlich war der Grund, dass die deutschen Behörden mitleidlos jüdische Kinder als unproduktiv ermordeten. Die meisten überlebenden Kinder wurden von Nichtjuden versteckt.[181] Im Ghetto von Łódź brach der Versuch, Kinder vor dem Verhungern zu retten, im Sommer 1941 zusammen, als auch die Todeszahl in Warschau anwuchs, wenngleich sie dort auf niedrigerem Niveau blieb.[182] Kaum ein jüdisches Kind aus dem Ghetto von Vilnius oder den Städten der Umgebung erlebte das Kriegsende.[183] Auch für griechisch-jüdische Jungen und Mädchen war es nahezu unmöglich, außerhalb Athens zu überleben. In Griechenland (aber wahrscheinlich nicht nur dort) hatten Menschen über 65 eine noch geringere Überlebenschance.[184] Genauso war es bei den Alten im Warschauer Ghetto wegen des Hungers und dann der Ermordungen durch Gas. Praktisch niemand überlebte.[185] Die Praktiken im Ghettolager Theresienstadt benachteiligten alte Menschen klar, so dass über 90 % der 33 000 Opfer, die dort starben, über 60 Jahre alt waren.[186] Ungefähr 619 Juden überlebten versteckt in Österreich, aber nur vier von ihnen waren über 70.[187] Es ist eine bittere Tatsache, dass viele Juden und einige Nichtjuden zumindest versuchten, Kinder zu retten, aber sich oft nicht um die Alten kümmerten.[188] Wie der Fall des kroatischen Split zeigt, begann ihre Benachteiligung mit kleinen Schritten. Als die kroatischen Behörden Juden registrierten, meldeten sich vor allem alte Leute, Frauen mit kleinen Kindern und Hilflose, was diese

Gruppen weiterer Verfolgung aussetzte.[189] Auch in Belgien wurden überdurchschnittlich viele Kinder festgenommen und ermordet (über 70 % im Vergleich zu 40 % aller Juden); in Frankreich versteckten die Menschen wie anderswo dagegen zuerst ihre Kinder. Vielleicht deswegen überlebten 86 % der jüdischen Kinder in Frankreich (im Vergleich zu 75 % der Erwachsenen).[190] Es gab noch weitere Gruppen, deren Kinder von deutschen Einheiten zahlreich ermordet wurden: Sinti und Roma, Behinderte, Bewohner von Gebieten, in denen Partisanen bekämpft wurden, Zwangsarbeiter und Opfer organisierten Verhungerns (siehe auch Kapitel 8, 9 und 11).[191] In einigen dieser Fälle wurden prozentual mehr Kinder ermordet als ihr Anteil an der Gesamtbevölkerung.

Die Versuche jüdischer Verwaltungen und privater Wohlfahrtsorganisationen, Suppenküchen, Krankenversorgung und kulturelle und religiöse Aktivitäten im weiteren Sinne zu organisieren,[192] sollten dieser starken Ungleichheit und Gefühllosigkeit entgegenwirken.[193] Aber so heldenhaft und ehrenhaft diese Anstrengungen auch waren, blieben sie an vielen Orten doch zu schwach, um dem überwältigenden Mangel, der Armut und der sozialen Unterschiede in den jüdischen Gemeinschaften und Ghettos abzuhelfen, die von den deutschen Behörden ausgehungert wurden.[194] Wie bei der fehlenden Solidarität unter Bedingungen extremer Verfolgung und Knappheit waren auch gemeinschaftliche Anstrengungen zur gegenseitigen Hilfe, zur Erziehung und für kulturelles und religiöses Leben keine spezifisch jüdischen Reaktionen.[195] Im Fall der Juden verschafften diese Aktivitäten Betroffenen Zeit, retteten letztlich aber nur wenigen das Leben.

Überlebensstrategien anderer verfolgter Gruppen

Menschen, die im Zweiten Weltkrieg deutscher Verfolgung ausgesetzt waren, bewegten sich in einem Labyrinth. Es gab zahlreiche Sackgassen, und viele fanden keinen Ausweg. Man könnte sagen, dass für jede Opfergruppe ein anderes Labyrinth existierte, doch es gab Übergänge wie auch Parallelen zwischen ihnen.

Zwischen Nichtjuden und Juden in den Konzentrationslagern gab es keine großen Unterschiede in der Bewältigungsstrategie. Die Lebensbedingungen in anderen Arten von Lagern (wie die Lager für sowjetische Kriegsgefangene Ende 1941) waren mindestens ebenso schlecht und die Überlebensstrategien auch hier ähnlich. Für sowjetische Kriegsgefangene gab es einen Ausweg, der Juden nicht offenstand, nämlich Hilfs- oder sogar bewaffneten Einheiten der Wehrmacht oder SS beizutreten. Neben dem moralischen Abscheu dies zu tun, war es aber sehr wahrscheinlich, dass dies zu Strafverfolgung oder Repression führen würde, wenn die Sowjetunion den Krieg gewann. Wenn sie diese Option ausschlugen, hatten sowjetische Kriegsgefangene und ausländische Zwangsarbeiter auf deutschem Boden so gut wie keine Chance, während des Krieges nach Hause zurückzukehren, und keinen Ort, um sich längere Zeit zu verstecken.

Andere Gruppen versteckten sich. Als Rom Anfang Juni 1944 befreit wurde, kamen bis zu 10 000 Juden aus Verstecken, dazu schätzungsweise 400 000 Deserteure, Personen, die sich dem Wehrdienst oder der Zwangsarbeit entzogen hatten, Antifaschisten und entflohene Kriegsgefangene.[196] Hunderttausende junge Franzosen, Niederländer und Sowjetbürger hatten seit 1943 in der Illegalität gelebt, um nicht zur Arbeit nach Deutschland deportiert zu werden. Manche hatten sich im Untergrund dem Widerstand angeschlossen (siehe Kapitel 8 und 11). In Osteuropa mussten die Angehörigen von Personen, die in den Untergrund gingen, deutsche Repressionen in Form von Festnahmen, Beschlagnahme ihres Eigentums und Zerstörung ihrer Häuser fürchten. Die Deutschen drohten allen Sowjetbürgern, die Juden, Offizieren oder KP-Funktionären Obdach gaben, mit der Todesstrafe.[197]

Für manche war die Verfolgung stärker örtlich begrenzt als für Juden. Dorfbewohner, die von deutschen Antipartisanenaktionen in bestimmten Gebieten bedroht waren, konnten theoretisch in andere Gegenden fliehen, wenn sie den deutschen Einheiten auswichen, die sie töten oder als Zwangsarbeiter deportieren wollten. Viele von denen, die durch die deutschen Linien schlüpften oder von den Deutschen vertrieben oder umgesiedelt wurden, waren aber Elend und Hunger ausgesetzt. Das hielt viele von einer Flucht ab. Nichtjuden in Westpolen, die nicht nach Osten umgesiedelt werden wollten, verbrachten die Nächte draußen bei ihrem Vieh.[198] Langfristig hatten nur wenige Erfolg. Einige Gruppen wie die geistig Behinderten hatten noch weniger Optionen als Juden. Sie konnten nur hoffen, dass Angehörige sich für sie einsetzten, was ihre Überlebenschancen meist tatsächlich erhöhte.[199]

Die Verfolgung von Juden und anderen Gruppen war auf vielerlei Arten miteinander verknüpft. Das geht klar aus Überlebendenberichten hervor. Die Existenz anderer Arten von Gewalt bot Juden die Gelegenheit, sich als Opfer zu tarnen, um die Hilfe der örtlichen Behörden oder zumindest eine Form der Legitimität zu bekommen. Manche behaupteten, sie seien ausgebombt worden.[200] Andere gaben vor, sie seien aus Bosnien oder dem Kosovo vertriebene serbische Flüchtlinge oder hätten beim Warschauer Nationalaufstand ihre Eltern verloren.[201] Solche Geschichten konnten überzeugend wirken, weil Luftangriffe und Vertreibungen die Art von Massenevakuierungen und Chaos bewirkten, durch die viele Menschen ihre persönlichen Dokumente verloren.

Doch diese Geschichten waren nicht immer nur erfunden. Juden waren manchmal von derselben Gewalt bedroht wie Nichtjuden. Leszek Leon Allerhand und seine Mutter flohen aus dem Ghetto von Lvov und fanden Obdach als nichtjüdische polnische Flüchtlinge vor ukrainischer Gewalt in Wolhynien. Sie mussten aber fort, als ihre Zuflucht zu unsicher wurde, nachdem ihre Gastgeber eine *echte* nichtjüdische Flüchtlingsfamilie aus Wolhynien aufgenommen hatten. Umgekehrt war es bei Karol Galiñski, der aus einem Dorf bei Lvov kam. Zuerst überlebte er einen Angriff ukrainischer Nationalisten auf ein ‹polnisches› Dorf, bei dem ein Dutzend Bauern getötet wurden; dann gab er vor, ein polnisches Waisenkind unter den vielen polnischen Flüchtlingen vom Land in Lvov zu sein.[202] In sowjetischen Kriegsgefangenenlagern teilten Juden das düstere Schicksal der anderen Insassen. Wenn sie Partisanen fanden, denen sie sich anschließen konnten, wurden sie zum Ziel der Partisanenbekämpfung durch deutsche oder mit ihnen verbündete Truppen; dies konnte sogar passieren, wenn sie nur in Gebieten lebten, die als ‹partisanenverseucht› galten.[203] Nach dem Warschauer Nationalaufstand 1944 deportierten deutsche Einheiten versteckte Juden zusammen mit den anderen Bürgern, siedelten viele aufs Land um und brachten einige als Zwangsarbeiter nach Deutschland.[204] Nach einer Schätzung starben 5000 der 17 000 in Warschau versteckten Juden infolge des Aufstands.[205] Regelmäßige Razzien gefährdeten das Leben der Einwohner von Warschau und Athen und auch das versteckt lebender Juden. Als deutsche Polizei und SS im Januar 1943 auf der Jagd nach Widerstandskämpfern und Kriminellen den Alten Hafen von Marseille durchkämmten und die Papiere von 40 000 Bewohnern überprüften, waren die meisten der 1600 Personen, die sie deportierten, jüdische Flüchtlinge.[206] In Italien waren Juden in Gefahr, bei Menschenjagden auf Partisanen und Deserteure mitgefangen zu werden.[207] Juden waren ebenso bedroht wie andere, wenn die Wehrmacht beim Rückzug an der Ostfront alle bewohnbaren Gebäude zerstörte.[208] Sie überlebten deutsche und alliierte Luftangriffe und flohen anderswohin, wenn ihre Häuser zerstört waren.[209] Viele, besonders in Polen und der Sowjetunion, wurden als scheinbar nichtjüdische Zwangsarbeiter eingezogen und nach Deutschland geschickt. Manche Juden strebten das aktiv an, während andere gegen ihren Willen deportiert wurden.[210]

Diese Beispiele zeigen erneut, dass Juden nicht als einzige in Europa im Zweiten Weltkrieg bedroht waren. Andere Verfolgungen schufen begrenzte Räume für das Überleben, aber auch zusätzliche Risiken. Wenn schon die Zahlen uns sagen, dass Juden geringere Überlebenschancen hatten als Angehörige der meisten anderen Gruppen, so rücken die Geschichten von Überlebenden diese Tatsache in helles Licht. Für viele sowjetische und polnische Zivilisten war die Zwangsarbeit in Deutschland eine der schlechtesten Optionen, dagegen sahen manche Juden sie als Mittel, das eigene Leben zu retten. Juden verkleideten sich als polnische oder sowjetische Zwangsarbeiter, aber den umgekehrten Fall gab es kaum. Allgemein gesagt, schlossen sich Juden häufiger den Partisanen an als Nichtjuden, um zu überleben (besonders in der Sowjetunion, in Jugoslawien und Griechenland). Und oft funktionierte die Strategie. Selbst in Gebieten, wo Feindseligkeit gegenüber Juden weitverbreitet war, waren ihre Überlebenschancen vergleichsweise hoch, sobald sie Kontakt zu linken Partisanen aufgenommen hatten.[211] Allerdings galt das nicht für isolierte bewaffnete Aufstände durch jüdische Organisationen. Diese sporadischen Ereignisse im kleinen Maßstab – etwa die Ghettoaufstände in Warschau und Białystok und die vielen Ausbruchsversuche aus kleinen Ghettos in den besetzten sowjetischen Gebieten – waren verzweifelte Versuche des bewaffneten Widerstands in letzter Minute und Demonstrationen des Stolzes. Es gab dabei nur wenige Überlebende und minimale deutsche Verluste.[212] Andere Bedrohungen wie Luftangriffe oder Vertreibungen entlang ethnisch-religiöser Grenzlinien waren keine Frage der Wahl. Und die Wehrmacht behandelte sowjetische Kriegsgefangene so schlecht, vor allem 1941, dass ich keinen einzigen Fall kenne, in dem ein Jude in ein solches Kriegsgefangenenlager geflüchtet wäre.

Eine weitere Verbindung zwischen unterschiedlichen Verfolgungen ist die, dass es in Ländern, wo auch die nichtjüdische Bevölkerung unter extremer Gewalt litt, weniger Möglichkeiten für Juden gab, sich zu verstecken. Das erklärt teilweise die niedrigen Überlebensraten von Juden, die sich in Polen und der Sowjetunion versteckten. Die Strafen für das Verstecken von Juden waren in diesen Ländern viel strenger als in Mitteleuropa, oft bedeutete es die Todesstrafe (siehe Kapitel 13). In Osteuropa – und besonders in den deutsch-besetzten sowjetischen Gebieten – waren gefälschte Ausweispapiere wichtiger als in anderen Teilen des besetzten Europa, wenn man nach dem Gewicht geht, die ihnen in Berichten von Überlebenden zukommt. Jüdisches Überleben wurde auch durch die vorgeschriebene Registrierung aller Bewohner eines Hauses beeinflusst.[213] So berichten einige Überlebende, dass sie ihre Gastgeber verließen, um sie nicht in Gefahr zu bringen. Maria Sokol aus Charkow erinnerte sich an ihr Dilemma: «Es ist qualvoll zu gehen, wenn man nicht weiß wohin. Wer würde mich aufnehmen? Wer brauchte mich? Und der Ausweis?»[214] Häufig wurden Juden abgewiesen, manchmal aber auch von Menschen, die ihnen mit Tränen in den Augen erklärten, das Risiko sei zu groß, sie aufzunehmen.[215]

Schluss

Wie die Verfolgung hingen auch jüdische Überlebenschancen und -strategien von vielen Faktoren ab. Dazu zählten antijüdische Maßnahmen der Deutschen, aber auch der Grad an Integration in die Vorkriegsgesellschaft, die Intensität antijüdischer Gefühle, die Existenz einer nationalen Regierung und, wenn es sie gab, ihre Politik gegenüber Juden, die jüdische Bevölkerungsdichte, das Verständnis des Einzelnen für Gefahren, das Ausmaß der Gewalt, die deutsche Einheiten in einem Gebiet an Nichtjuden verübten, die Intensität der sozialen Krise unter Nichtjuden und das Ausmaß an Gewalt unter ihnen. Auch auf den geographischen Standort kam es an. Juden, die außerhalb ihres Heimatlands oder in von einer Achsenmacht annektierten oder besetzten Gebieten lebten, waren besonders gefährdet, wenn sie unter deutsche Herrschaft gerieten. Die gesellschaftliche Ausgrenzung von Juden war ein politisches Ziel der deutschen und anderer Achsenbehörden, aber Ausgrenzung war auch ein Ergebnis sozialer Praktiken und hing darum von den autonomen Handlungen von Gruppen und Einzelpersonen ab. Juden strebten als Antwort auf die Verfolgung auf unterschiedliche Art nach gesellschaftlicher Integration, aber Integration ist schwierig, wenn der gesellschaftliche Zusammenhalt sich gelockert hat und ethische Werte nicht mehr respektiert werden. Die Flucht aus Gebieten unter NS-Kontrolle und das Vertrauen auf den Schutz durch die eigene Regierung waren letztlich die erfolgreichsten Überlebensstrategien.

16 Schlussfolgerungen: Gruppenvernichtung in extrem gewalttätigen Gesellschaften

Dieses Buch stellt die Ermordung der europäischen Juden in sehr viel breitere Zusammenhänge als üblich. Es beschreibt deutsche Einstellungen und Interessen, die die Vernichtung beeinflussten. Es beschäftigt sich auch mit Massengewalt gegen nichtjüdische Gruppen, stellt sie in Beziehung zum Schicksal der Juden und vergleicht sie damit. Und es bezieht die Politik nichtdeutscher Staaten und das Verhalten anderer Gesellschaften mit ein. Das Buch geht von der Prämisse aus, dass wir moderne Massengewalt als multikausalen, partizipatorischen Prozess analysieren sollten, der unterschiedliche Gruppen zu Opfern macht. Dieser Ansatz soll Dynamiken freilegen, die nicht sichtbar sind, wenn man das Schicksal einer verfolgten Gruppe isoliert betrachtet oder allein die Geschichte des Staates und politischer Ideen untersucht.

Infolgedessen betont diese Studie mehr als andere den Einfluss von Populärrassismus (statt wissenschaftlicher Rassenvorstellungen), Nationalismus und wirtschaftlichen Interessen bei der Verfolgung von Juden und anderen Gruppen, speziell Gewinninteressen der nichtjüdischen Bourgeoisie und des Bildungsbürgertums. Meine Ergebnisse zeigen, dass der Hintergrund der Verfolgung durch NS-Deutschland und andere Länder sich in vieler Hinsicht nicht so stark unterschied wie häufig dargestellt. In jedem Land (außer Deutschland) waren Einzel-, Gruppen- und angenommene nationale Interessen wichtiger als deutsche Interessen. Diese nationalen Interessen waren nicht unumstritten und manchmal das Thema öffentlicher Debatten, wie auch die Gewalt. Unter Deutschen waren diese Interessen viel weniger umstritten, weil es innerhalb Deutschlands weniger soziale Konflikte gab als anderswo. Angesichts der Verfolgung durch Kräfte auch außerhalb der Staatsapparate mussten jüdische Überlebensstrategien sich der Lage anpassen, auch von großen Teilen der Bevölkerung bedroht zu sein.

Logiken der Verfolgung: Wirtschaft, Ideologie und Multikausalität

Die Verfolgung der europäischen Juden war in vieler Hinsicht ungewöhnlich, so war sie beispielsweise ein transnationaler und internationaler Vorgang. Sie ist aber ebenso erklärbar wie andere politische Prozesse, weil sie durch unterschiedliche Akteure mit feststellbaren Einstellungen und Interessen strukturiert wurde. Letztere waren stärker Wandlungen unterworfen als Erstere, wenngleich auch Interessen einen langfristigen Charakter und Einfluss haben konnten. Erklärungen für die Vernichtung der europäischen Juden werden wahrscheinlich immer umstritten bleiben. Dieses Buch hat Elemente einer Erklärung angeboten, indem es unterschiedliche Logiken der Judenverfolgung untersuchte: rassistisches Denken, imperialistischen Chauvinismus, Aufstandsbekämpfung, verschiedene wirtschaftlich-materielle Faktoren und außenpolitische Ziele. Obwohl ich diese Linien nacheinander betrachtet habe, waren sie in Wirklichkeit miteinander verknüpft.

Das vorliegende Buch behauptet nicht, dass wirtschaftliche Aspekte wichtiger waren als ideologische.[1] Eine solche These wäre auch sinnlos. Wenn ich pragmatische Antriebskräfte der Verfolgung ausführlicher besprochen habe als antijüdische Einstellungen, dann weil ein Großteil der Literatur über die Vernichtung der Juden Erstere entweder von vornherein ablehnt oder ihnen nur sekundäre Bedeutung beimisst.[2] Beides ist unhaltbar.

Zu diskutieren, welcher Faktor Priorität hatte, ist unproduktiv, weil ideologische, materielle und politische Erwägungen untrennbar verbunden waren. Die meisten Juden ließ man unter der NS-Herrschaft hungern – sowohl als angeblich Minderwertige, die nicht mehr Nahrung verdienten, als auch unter Bedingungen echter Knappheit. Die meisten jüdischen Überlebenden wurden als unbezahlte Arbeiter ausgebeutet, meist unter elenden Umständen – häufig Schläge und Demütigungen eingeschlossen –, und ihre Arbeit war als Strafe gedacht. Unter den Vorurteilen gegen Juden war das des betrügerischen Händlers und Ausbeuters (und daher Unproduktiven) seit Jahrhunderten eines der einflussreichsten gewesen. Die zeitgenössische Rassenkunde hätte komplexe Untersuchungen erfordert, ob eine Person oder ‹Sippe› jüdisch sei, doch das wäre zu teuer gewesen, und es gab zu wenige ‹Experten›. Es gab keine von materieller Welt und Politik getrennte ideologische Sphäre namens ‹Antisemitismus›.

Obwohl viele Stereotype über Juden auf Wahrnehmungen ihres wirtschaftlichen und sozialen Status beruhten, waren sie so ungerecht wie alle kollektiven Zuschreibungen. Viele Juden arbeiteten im Handel, viele (oder die meisten) aber nicht. Natürlich galt dasselbe für Ärzte, Anwälte und Journalisten. In Osteuropa waren viele Juden arm. Während des Zweiten Weltkriegs wurden jüdische Gemeinschaften als *middlemen minority* attackiert, obwohl keinesfalls alle Juden *middlemen* waren; viele waren Handwerker, Arbeiter, Angestellte, Hausfrauen und Kinder. Vorurteilsbehaftete Beobachter sahen aber vielleicht in jeder dieser Gruppen ein Potenzial für Juden, zu einem Elitestatus aufzusteigen, weil sie auch glaubten, Juden besäßen bestimmte angeborene Eigenschaften. Das mag zum Teil erklären, wie verbreitet in manchen Ländern die Feindseligkeit gegenüber Juden war, als sie nach Kriegsende zurückkehrten (siehe Kapitel 13). Deutsche Chauvinisten und Imperialisten wollten den Platz jüdischer Eliten nicht nur zuhause, sondern auch im Ausland einnehmen. Viele Deutsche glaubten wie Hitler, die Juden kontrollierten die Sowjetunion und Deutsche sollten sie ersetzen. Deutsche wollten Juden auch als wirtschaftliche Elite in Polen ablösen. Diese Politik war aber weniger ausgeprägt in den vielen Ländern, wo die deutschen Behörden zustimmten, den jüdischen Besitz ihren Heimatländern zu überlassen (siehe Kapitel 10). Viele Deutsche glaubten aber, ihr Land habe ein Anrecht darauf, als Hegemonialmacht auch über diese Staaten zu fungieren, und mit ihrer Unterstützung erlegte das deutsche Regime den meisten Tribute auf, die den Gesamtumfang des jüdischen Eigentums überstiegen.[3]

Die Verfolgung der Juden unter der NS-Herrschaft von 1933 bis zum Sommer 1939 bestand aus wirtschaftlicher Diskriminierung, sozialer Absonderung und gewaltsamer Demütigung mit dem Ziel, Juden zuerst aus Deutschland und dann aus seinen annektierten Gebieten (Österreich und Böhmen und Mähren) zu vertreiben. Diese Praktiken bezogen Ideen für antijüdische Maßnahmen ein, die Nazis und Rassisten in früheren Jahrzehnten entwickelt hatten (siehe Kapitel 2). Auch andere europäische Länder führten solche Praktiken in unterschiedlichem Ausmaß ein (siehe Kapitel 12). Im Herbst 1939 ermordeten deutsche SS, Polizei, Milizen und Wehrmachteinheiten in Westpolen etwa 7000 Juden. Dann endeten die offenen Massenmorde aber bis zum Juni 1941, und die Verfolgung nahm andere Formen an – vor allem Ghettoisierung und Entzug von Lebensgrundlagen, was viele tausend Juden das Leben kostete. Die Zwangsemigration ging weiter, trotz verschiedener Pläne, die Juden in einem geschlossenen Gebiet anzusiedeln. In mancher Hinsicht war dagegen die Verfolgung anderer Gruppen in dieser Phase intensiver und mörderischer. Bis September 1939 waren es vor allem Linke und später Personen mit abweichendem Sozialverhalten, die die Konzentrationslager füllten, und hunderttausende Nichtjuden wurden sterilisiert. Ab September 1939 waren die größten Gruppen, die ermordet wurden, Behinderte und die polnische Führungsschicht. Diese Gewalt setzte sich fort, als nach dem Juni 1941 die Ermordung der Juden in der Sowjetunion mit einer neuen Intensität begann (und in mehreren Phasen ausgeweitet wurde). Der Massenmord in Serbien und die Deportationen von Juden aus Mittel- nach Osteuropa begannen im Oktober desselben Jahres. Bis Januar 1942 waren 900 000 meist sowjetische Juden ermordet worden, und 2 Millionen sowjetische Kriegsgefangene hatte man verhungern und erfrieren lassen oder erschossen. Im dritten Quartal 1942 wurden Juden dann zur größten Opfergruppe der deutschen Politik, besonders in Polen, nachdem die SS in der ersten Jahreshälfte Pläne zur totalen Vernichtung entwickelt hatte. Ab Herbst 1942 stieß der Plan zur Ermordung aller europäischen Juden auf Hindernisse, vor allem wegen des zunehmenden Zögerns verschiedener Akteure in mit Deutschland verbündeten Ländern. Solch passiver Widerstand ließ sich in einigen Fällen leichter überwinden als in anderen und forderte von deutschen Verfolgern Entscheidungen, welche jüdischen Teilgruppen aufs Korn genommen werden sollten – und in welchen Gebieten –, ohne allzu viel politische Unruhe auszulösen.

Historiker haben diesem deutschen Entscheidungsprozess und den Veränderungen der antijüdischen Politik viel Aufmerksamkeit zugewandt. Nach Jahrzehnten der Forschung hat sich herausgestellt, dass es nicht von Anfang an einen NS-Gesamtplan gab und dass die Entscheidungsfindung ein komplexer und langwieriger Vorgang war, an dem viele Akteure auf etlichen Ebenen beteiligt waren. Historiker haben also

Elemente der Diskontinuität betont. Jedoch ist es schwierig, die vielen Kurswechsel der deutschen Verfolgung von Juden und anderen durch ideologische Faktoren zu erklären, da Rassismus, Vorurteile und Antikommunismus stetig-langfristige Elemente waren. Was sich schneller veränderte als Einstellungen, waren Konstellationen materieller, gesellschaftlicher und politischer Interessen.[4] Darum ist die Analyse solcher Konstellationen wichtig für die Debatte über judenfeindliche Politik geworden. Interessen wie Einstellungen waren notwendige Bedingungen, ohne die die Massenvernichtung von Juden und die Massengewalt gegen andere nicht im selben Umfang stattgefunden hätten.

Doch diese Interessen standen auch im Widerstreit. Die Nachfrage nach Arbeitskräften sprach gegen die Ermordung jüdischer Erwachsener (vor allem nach dem Sommer 1942, als andere Arbeitskräftereservoirs austrockneten), und kriegsbedingte Transportengpässe ließen sich lindern, indem man große Deportationen mit Zügen stoppte. Andererseits ließen sich nach Ansicht vieler Deutscher die von Juden verbrauchten Lebensmittel einsparen, indem man die Juden ermordete (was 1941/42 eine wichtige Rolle spielte, 1943/44 aber kaum noch), und das würde zugleich Wohnraum frei machen, die Ansiedlung oder Umsiedlung von Menschen ermöglichen und es erlauben, jüdisches Eigentum für die Finanzierung der Kriegsanstrengungen und zur Inflationsbekämpfung zu benutzen. In der Außenpolitik war die vorherrschende Ansicht unter deutschen Akteuren manchmal, die Deportationen würden die Kriegsanstrengung eines Landes befördern (wie in Ungarn 1944) und manchmal das Gegenteil (wie in Dänemark 1942/43).

Deutschlands Fähigkeit zum Krieg ist die «grundlegende Raison d'Être des Nationalsozialismus» genannt worden, was angesichts der Bedeutung, die Hitler dem ständigen Kampf und Krieg beimaß, überzeugt. Nazis und einige andere Gruppen sahen Juden kollektiv als innere oder äußere Feinde Deutschlands in internationalen Konflikten, wodurch die Judenverfolgung als Teil der Kriegsanstrengung und daher zweckmäßig erscheinen konnte.[5] Auch das war eine falsche Deutung, denn obwohl es zutrifft, dass kaum Juden die Nazis oder die deutsche Besetzung ihres Landes unterstützten, opponierten kaum welche aktiv dagegen. Das traditionelle Bild der Juden als Verräter oder Revolutionäre wurde trotzdem erst zu einem starken Antrieb des Massenmords, nachdem Deutschland Mitte 1941 die Sowjetunion angriff und (von Linken geführte) Aufstände sich in deutsch-besetzten Gebieten ausbreiteten. Wehrmacht, SS und Polizei brauchten einige Zeit, um zu begreifen, dass Juden keine führende Rolle bei den Partisanen spielten, und das ließ sie neue Strategien der kollektiven Gewalt gegen den Widerstand ergreifen. Allerdings war die Vorstellung von Juden als Unterstützern von Aufständen 1943 noch so einflussreich, dass deutsche Besatzungsbehörden überzeugt waren, es sei notwendig, sie deshalb umzubringen. Es bleibt hinzuzufügen, dass Vorstellungen von einer jüdischen Gefahr weit über bewaffneten Widerstand hinausreichten. Deutsche glaubten im Krieg, ihr Land sei auch durch Defätismus, Propaganda, Gerüchte, Witze, Inflation, Schwarzmarkt usw. bedroht, die alle mit Juden assoziiert wurden. Eine Interpretation, welche die Idee einer jüdischen Bedrohung auf den politischen Widerstand reduziert, wird dem komplexen und flexiblen Charakter antijüdischer Stimmungen nicht gerecht.

Dies war eine unheilvolle Auswirkung der Verbindung von materiell-politischen Interessen mit negativen Haltungen gegenüber Juden (und anderen Gruppen). Der Eindruck, bestimmte drängende praktische Probleme ließen sich nicht anders lösen, machte Gewalt gegen Juden (und andere) akzeptabel – oder sogar wünschenswert – für Vertreter von Gesundheits- und Wohnverwaltung, Nahrungsversorgung und Finanzämtern, Besatzungsbeamte, die die Lage der Bevölkerung etwas verbessern wollten, Besatzungstruppen, die Aufstände bekämpften, und Diplomaten. Unterschiedliche Belange sprachen unterschiedliche Gruppen an. Das verbreiterte die Basis an Unterstützern und erzeugte sogar zusätzlichen Druck für den Massenmord.

Dennoch gingen in der deutschen Einflusssphäre und selbst in besetzten Ländern deutsche Verfolger nicht «bis ans Ende der Welt, um jeden einzelnen lebenden Juden ohne Rücksicht auf die praktischen Folgen aufzuspüren».[6] Die Ermordung von Juden hatte keinen Vorrang vor allem anderen. Das zeigt sich an den vielen aufgeschobenen Deportationen und an der Langsamkeit der Deportationszüge, wenn sie erst einmal unterwegs waren, weil sie anderen, wichtigeren Zügen Platz machen mussten (siehe Kapitel 10). Sehr viel einflussreicher als solche organisatorischen Faktoren waren die Positionen ausländischer Regierungen. Deutsche Politiker, die die Ermordung der Juden anstrebten, machten andere Regime zu Komplizen, aber nicht um jeden Preis. Häufig erzwangen sie die an sich nötige einheimische Hilfe für Festnahmen und Deportationen nicht, weil sie mehr an einer Kooperation des Landes in breiterem politischen Sinne interessiert waren. Darum war der Einfluss ausländischer Verwaltungen und Regierungen groß. Dass es insgesamt so viel nichtdeutsche Unterstützung für Festnahmen, Deportationen und Morde gab, war das Ergebnis nationaler und lokaler politischer Interessen und Einstellungen. Sie machten – stärker als Furcht vor Deutschen oder Liebe zu ihnen – das deutsche Programm so schrecklich erfolgreich.

Mehr als eine extrem gewalttätige Gesellschaft

Deutscher Imperialismus und judenfeindliche Politik erklären das Schicksal dieser Gruppe nicht vollständig. Wie bei jedem imperialistischen Staat war die deutsche Macht nicht grenzenlos. Ihm fehlte das Personal, um alle eroberten Gebiete direkt zu regieren und die besetzten Länder vollständig in Besitz zu nehmen. Darum waren Deutsche auf die Zusammenarbeit anderer Regierungen, Verwaltungen und Bevölkerungen angewiesen. Somit waren die Politik anderer Staaten gegenüber Juden und das Handeln ihrer Bürger wichtig. Die vorliegende Studie kommt zu dem Schluss, dass antijüdische Politik und Gewaltmaßnahmen gegen andere verbreiteter und weitreichender waren als angenommen. Viele nichtdeutsche Regierungen, von denen die meisten diktatorisch herrschten, verfolgten ihre eigene antijüdische Politik, oft in Verbindung mit Massengewalt gegen andere Gruppen. In den 1930er Jahren besaß fast jedes Land in Europa – auch viele bürgerliche Demokratien – antijüdische Vorschriften, zumindest Beschränkungen für jüdische Einwanderung (siehe Kapitel 12). Die Zahl der Juden, deren Tod direkt durch Vertreter anderer Länder als Deutschland verursacht wurde, war relativ begrenzt, wenn auch nicht zu vernachlässigen: mindestens 300 000 (5 %) der Gesamtzahl. Rumänische Truppen ermordeten etwa 250 000 rumänische, moldawische und ukrainische Juden. In Kroatien wie in Ungarn töteten Regimevertreter und Organisationen der Regierungspartei Zehntausende. Bis zu 50 000 sowjetische Juden wurden im Sommer 1941 bei Pogromen der Bevölkerung von Lettland bis zum Schwarzen Meer mit rumänischer und deutscher Unterstützung ermordet (siehe Kapitel 13 und 14). Die Zahl der 1941 von aus Sowjets bestehenden Einheiten unter deutschem Kommando erschossenen Juden ist unklar. Speziell der Beitrag nichtdeutscher, meist sowjetischer Wachtposten unter deutschem Kommando in den Vernichtungslagern (wo deutsches Personal oft in der Minderheit war) ist unbekannt. Dies zeigt, dass die Aktivitäten von Deutschen und anderen Staatsangehörigen miteinander verschmolzen. Doch es war keine Zusammenarbeit unter Gleichen. Obwohl einige Nichtdeutsche in Vernichtungszentren vielleicht die mörderischen Taten der Deutschen unterstützten oder davon profitierten, waren sie meist in deren Dienst getreten, um selbst dem Tod in den Lagern für sowjetische Kriegsgefangene zu entrinnen, wo sie angeworben wurden.

In jedem Fall hatte das Handeln nichtdeutscher Staaten und Gesellschaften nicht nur direkten Einfluss auf die Ermordung von Juden, sondern wichtiger noch, es beeinflusste auch ihre Fluchtchancen entscheidend. Auf einer Ebene war das Ausmaß an Kooperation staatlicher Bürokratien und Polizei- oder Gendarmeriekräften bei der Festnahme, Internierung und Deportation von Juden ein bestimmender Faktor dafür, wie rasch die deutschen Vernichtungskampagnen Erfolg hatten. Das galt besonders in der Slowakei 1942 und in Ungarn 1944. Wenn es an solcher Kooperation fehlte, mussten deutsche SS, Polizei und Armee entweder selbst aufreibende Razzien und Durchsuchungen durchführen – was das Tempo der Vernichtung bremste und mehr Juden die Flucht ermöglichte (wie in Italien) – oder deutsche Akteure nahmen davon Abstand, auf Deportation und Mord zu dringen (wie in Frankreich).

Auf einer anderen Ebene hatte das gesellschaftliche Umfeld, das durch das Verhalten nichtjüdischer Bürger in Bezug auf die Judenverfolgung entstand, großen Einfluss auf die Entscheidungen von Regierungen, Polizeikräften und Beamten (und machte sie in Frankreich, Rumänien und Bulgarien zurückhaltender bei der Unterstützung von Gewalt), auf die Chancen von Juden, im Untergrund zu überleben und ganz entscheidend darauf, wie viele Juden überhaupt unterzutauchen versuchten (siehe Kapitel 13 und 15). Die Erfahrungen von Juden, die sich versteckten, waren natürlich von Person zu Person, aber auch von Land zu Land höchst unterschiedlich. Die Geschichten überlebender polnischer, sowjetischer und ungarischer Juden zeigen immense Unsicherheit, vor allem wegen Gerüchten und Denunzierungen – ziemlich im Gegensatz zu Berichten aus Jugoslawien, Italien und Frankreich. Deutsche Drohungen, diejenigen zu töten oder schwer zu bestrafen, die Juden halfen, spielen bei dieser Differenz keine geringe Rolle. Doch obwohl die deutsche Herrschaft in Polen und den besetzten sowjetischen Gebieten brutal war, waren die Bedingungen in Teilen Jugoslawiens ähnlich, dagegen waren sie in den Niederlanden weniger brutal und in Ungarn relativ gemäßigt (siehe Kapitel 13 und 15). Während sich der Prozentsatz jüdischer Überlebender, die sich in Großstädten versteckten, international nicht sehr unterschied, war er anscheinend in Kleinstädten und Dörfern sehr unterschiedlich. Raul Hilberg nahm an, dass Städte einen Sättigungsgrad für das Verstecken von Juden besaßen.[7] Vielleicht traf das auch allgemein zu, denn in Ländern, wo Juden einen großen Teil der Bevölkerung ausmachten – Polen, Ukraine, Weißrussland, Litauen, Lettland, Ungarn und Rumänien –, war auch der Anteil der ermordeten Juden hoch. Allerdings war ein geringer jüdischer Bevölkerungsanteil keine Garantie für eine niedrige Sterberate, wie die Fälle Niederlande, Slowakei, Böhmen und Mähren, Jugoslawien, Griechenland und Norwegen zeigen.

Wie in Deutschland wurde auch die antijüdische Politik anderer Regierungen von unterschiedlichen, zum Teil widersprüchlichen Interessen und auch von tiefsitzenden Einstellungen angetrieben. Solche judenfeindlichen Haltungen spielten immer eine Rolle, sind aber schwer messbar. Laut einigen fragwürdigen Untersuchungen wurden Juden in Rumänien mehr gehasst als in Serbien, Griechenland und, wie man hinzufügen sollte, in Weißrussland[8] – doch das drückt sich nicht in den Todesraten aus. Drei Viertel der niederländischen Juden starben, aber nur ein Viertel der französischen. Forscher erklären diese Differenz meist nicht mit einer größeren Popularität antijüdischer Einstellungen in den Niederlanden. Judenfeindschaft bei Volksmassen oder Eliten kann nicht all diese Entwicklungen erklären, vor allem nicht die vielen Kurswechsel der antijüdischen Politik in Ländern wie Rumänien und Ungarn.

Nichtdeutsche Regierungen übten auch gegen andere Gruppen als Juden Massengewalt aus, häufig gegen mehr als eine (siehe Kapitel 14). Bulgarische und ungarische Truppen erschossen jeweils Zehntausende bei Aktionen zur Bekämpfung von Partisanen und Widerstand; slowakische Truppen töteten Tausende, und italienische über 100 000, wenn man die Niederschlagung von Aufständen in den Kolonien einbezieht. Das kroatische Ustascha-Regime vertrieb oder ermordete hunderttausende Serben. Rumänische, kroatische und möglicherweise auch ungarische Dienststellen verursachten den Tod tausender Roma. Die finnische Armee ließ 18 000 sowjetische Kriegsgefangene sterben, und Finnland internierte zehntausende slawische Zivilisten. Auch Italien praktizierte weitreichende Internierungen, vor allem in Slowenien und Libyen. Mehrere Länder begingen Massenvertreibungen und andere Formen von Gewalt, besonders in annektierten Gebieten.[9] Juden waren nicht immer die größte Opfergruppe (etwa in Kroatien), nicht immer die am schlechtesten behandelte (so in italienischen Internierungslagern in Jugoslawien) und, gemessen nach den Todesraten, nicht immer die relativ am schwersten betroffene Gruppe (wie in Italienisch-Libyen und Finnland). Wichtiger noch, übergreifende Gewaltkonstellationen betrafen oft Juden und Nichtjuden gleichermaßen. Dies war der Fall im Kontext der Expansion, der versuchten Eingliederung von Territorien und der Gründung neuer Staaten (wie Slowakei und Kroatien), wo neue Eliten auf Kosten bereits existierender gefördert wurden. In annektierten Gebieten musste die Ansiedlung finanziert werden, und das geschah teilweise durch die Aneignung von jüdischem Besitz. Bei der gewaltsamen Niederschlagung von Widerstand in diesen und anderen Gebieten wurden Juden – zusammen mit Linken und oppositionellen Nationalisten – zum Ziel von Repressalien und präventiver Gewalt; besonders jüdische Männer wurden kollektiv linker Neigungen und politischer Unzuverlässigkeit verdächtigt. Diese Konstellationen trafen Juden oft besonders hart. Infolgedessen mussten sie in einem Klima der Unsicherheit, Überwachung und Verdächtigung leben. Auch Roma waren Opfer rassistischer Verfolgung, doch dies beruhte auf negativen Vorurteilen, die sich von denen gegen Juden unterschieden, und im Unterschied zu den Juden waren die Verfolgten meist sehr arm und marginalisiert. Im Allgemeinen wurden alle diese Verfolgungen auch durch volkstümlichen Rassismus auf der Grundlage von Eigenschaften angetrieben, die man Kollektiven mit gemeinsamer Herkunft zuschrieb.

Auch hier ging es nicht nur um Regierungspolitik. Die weitverbreiteten Partisanenkriege bargen eine Tendenz zum Bürgerkrieg, und in Jugoslawien, Griechenland und der Westukraine brachen offene Bürgerkriege aus; dagegen schwelten Konflikte niedriger Intensität an ethnisch-religiösen und sozialen Bruchlinien in Litauen und Westweißrussland. In Fällen wie Jugoslawien und Griechenland schuf der Bürgerkrieg Möglichkeiten für Juden, Schutz zu finden, doch anderswo waren die Überlebensraten von Juden in Bürgerkriegsregionen niedriger als außerhalb, weil Juden in den Konflikt hineingezogen wurden. In der Westukraine wurden sie gemeinsam mit Polen gejagt. Kriege sind allgemein als Perioden sozialer Revolution und Transformation beschrieben worden.[10] Die Entwicklungen in vielen Ländern während des Zweiten Weltkriegs untergruben Solidarität und humanistische Werte. Rasche geographische und soziale Mobilität, Verarmung und verbreitete Entbehrung neben dem wachsenden Wohlstand und sozialen Aufstieg anderer führten zu Konflikten.[11] Ende 1941 hatten Atomisierung, Neid, Selbstsucht und Misstrauen in der französischen Gesellschaft solche Formen angenommen, dass Staatschef Pétain sich in seiner Neujahrsansprache für 1942 gegen die allgegenwärtigen Denunziationen wandte.[12] Im deutsch-besetzten Polen wurden menschliche Beziehungen immer geldbezogener und korrupter, sie zerstörten das soziale Leben und «entsozialisierten die Polen», wie Jan Gross argumentierte.[13] Mit meiner Meinung nach zu großem Optimismus hat Gross die Entstehung einer sogenannten Untergrundgesellschaft beschrieben, in der neue Organisationen neue Verhaltensmuster und eine Politisierung mit der Tendenz zur Demokratie gefördert hätten.[14] Andere haben Polen unter der deutschen Besatzung dagegen als zunehmend zerrissen dargestellt und sogar den Begriff «Bürgerkrieg» gebraucht.[15] Selbst wenn die Entstehung neuer Gruppen so einflussreich war, wie Gross meint, gab es zahlreiche rivalisierende Gruppen, und Juden hatten Schwierigkeiten, sich ihnen anzuschließen, was tödliche Folgen haben konnte. Beispielsweise weigerten sich einige polnische Parteien beim antideutschen Nationalaufstand in Warschau 1944, miteinander zu kooperieren, bekämpften einander sogar und töteten gelegentlich auch ‹Außenseiter› wie Kommunisten, Ukrainer und Juden.[16] Viele Menschen verloren während des Zweiten Weltkriegs ihre Bleibe, und die Orte, an die sie flohen, wurden ebenfalls destabilisiert – etwa Montenegro, dessen Bevölkerung wegen des Zustroms von Flüchtlingen um 60 % anwuchs.[17] Juden wurden zur Zielscheibe in Gesellschaften, wo die Krise moralische Werte zersetzte.

Das bedeutet allerdings nicht, dass es keine privaten Nischen gab, in die sich viele Nichtjuden zurückziehen konnten. Im Gegenteil, der Versuch, sich ins Familienleben zurückzuziehen und Risiken für Gewalteinwirkung zu meiden, scheint eine typische Verhaltensweise in Umbruchszeiten zu sein. Steigende Zahlen von Heiraten und Geburten werden oft als Zeichen der Zuversicht in die Zukunft gedeutet. Es überrascht daher nicht, dass es 1938 in Wien in der Zeit antijüdischer Ausschreitungen nach der Annexion Österreichs an Deutschland eine Rekordzahl von Heiraten unter Nichtjuden gab.[18] Die Erholung der Geburtenrate in Frankreich und Belgien nach 1943 unter der deutschen Besatzung, in Frankreich bis hinauf über die Vorkriegswerte, mag eher überraschen, ebenso die steigende Geburtenrate in den Niederlanden bis 1942.[19] Unter polnischen Nichtjuden ging die Geburtenrate zurück, vor allem in den Städten; auf dem Land und im deutsch-annektierten Westen des Landes war der Rückgang viel geringer.[20] Es gab noch weitere Zeichen des Optimismus – bis 1943 erlebte die Pariser Börse einen ihre stärksten Höhenflüge.[21]

Verbindungen zwischen abrupten Veränderungen und Massengewalt gegen Juden und andere gab es auch in akuten politischen Krisen. Die Deportationen von Juden aus Bulgarien und Nordgriechenland im Frühjahr 1943 fielen mit internen politischen Umwälzungen zusammen, während denen gemäßigte Politiker geschwächt und mit anderen Fragen beschäftigt waren. (In Bulgarien herrschte der Ausnahmezustand; Griechenland befand sich mitten in einem Regierungswechsel.)[22] Ähnlich waren die Entwicklungen in Dänemark im Herbst 1943, obwohl die meisten Juden mit Hilfe der Zivilgesellschaft entkommen konnten (siehe Kapitel 11 und 13). Dagegen trug ein interner Machtkampf in Ungarn zum Stopp der Deportationen Anfang Juli 1944 bei.[23] Es bleibt künftigen Forschungen vorbehalten, diese Verbindungen zwischen politischen Umwälzungen und dem Schicksal der Juden im Detail zu beschreiben.

Partizipatorische Gewalt

Diese Schlussfolgerungen machen es offensichtlich, dass die Maßnahmen nichtdeutscher Staaten und die Gewalt gegen Juden in ihren Gesellschaften einen partizipatorischen Charakter hatten. Deutsche Verfolger brauchten die Unterstützung nationaler Eliten, um ihre antijüdische Politik durchzusetzen, vor allem bei der Organisation von Deportationen. Häufig bekamen sie diese Unterstützung, aber oft war sie auch nicht uneingeschränkt. Gesellschaften in der Krise waren in vieler Hinsicht gespalten, auch in ihrem Verhalten gegenüber Juden. In Rumänien, der Slowakei, Frankreich und Bulgarien setzten sich jene Teile der Elite in der zweiten Kriegshälfte durch, die nicht mehr Juden ausliefern wollten – zumindest nicht jene mit nationaler Staatsbürgerschaft oder aus dem Kernland. Auch in Ungarn sehen wir 1944 einen Zickzackkurs in der antijüdischen Politik, aber mit einem anderen, mörderischen Resultat (siehe Kapitel 5 und 14).[24] Große Teile der Mittelschicht in all diesen Ländern waren für antijüdische Gesetze gewesen, um jüdische Konkurrenten zu schädigen – ebenso wie christliche Kirchen aus religiösen und politischen Gründen –, aber das führte nur selten dazu, dass sie auch die Vernichtung unterstützten.

Aber war das in Nazideutschland nicht anders? Es stimmt, dass deutsche Zivilisten weniger Juden bei Pogromen töteten als andere Staatsangehörige wie Rumänen, Ukrainer und Litauer. Insgesamt starb nicht mehr als 1 % der jüdischen Opfer des Zweiten Weltkriegs bei Pogromen. Darüber hinaus ermordeten volksdeutsche Milizen in Westpolen und Transnistrien über 30 000 Juden unter Aufsicht von SS und Polizei. Nichtstaatliche deutsche Akteure trugen anders und indirekter zur Gewalt bei – auch durch populäre Vorurteile, die für Theorie und Praxis des NS-Rassismus wichtig waren, und durch die Ahnenforschung privater Vereine und Kirchen (siehe Kapitel 7).

Meine Schlussfolgerungen über den partizipatorischen Charakter der deutschen Gewalt gegen Juden und andere Gruppen leiten sich aber vor allem aus den Strukturen der Politik- und Entscheidungsfindung in Fragen von Leben und Tod her. Deutsche Verfolger konnten ihre individuellen Beiträge zur Verfolgung *durch* den Staatsapparat oder Parteiorganisationen leisten, statt sie umgehen zu müssen. Der Grund war ihre relative Handlungsfreiheit, besonders in den deutsch-besetzten und -annektierten Gebieten, obwohl Deutschland eine Diktatur war (siehe Kapitel 6). Exekutive Autorität blieb vergleichsweise unbehindert durch Gerichte, Presse, politische Opposition und staatliche Aufsicht. (Das Gleiche galt für andere Achsenmächte.) In diesem Kontext verlieh die Führung selbst unteren Beamten, militärischen Dienststellen und SS- und Polizeikräften politische Macht (wenn das auch weniger für untergeordnete Mitglieder in militärischen und paramilitärischen Einheiten galt). Bei ihrem Streben nach dem, was sie als das Beste für Deutschland ansahen, wandten sich deutsche Funktionäre verschiedenster Institutionen gegen Juden aus politischen Motiven, die sich mit Bildern des ‹minderwertigen› oder ‹gefährlichen› Juden verbanden. Wenn sie zum Massenmord drängten, handelten diese Funktionsträger nicht gegen den Willen der Regierung, außer in Fällen lokaler Streitigkeiten darum, ob man jüdische Arbeiter vorläufig am Leben lassen solle. Im Gegensatz dazu kamen die Wachtposten und Lagerkommandanten, die so viele sowjetische Kriegsgefangene im Winter 1941/42 sterben ließen, und jene, die osteuropäische Zwangsarbeiter 1942/43 so schlecht behandelten, dass sie unproduktiv wurden, in Konflikt mit den Intentionen des Regimes, wurden aber meist nicht bestraft.

1935 und 1938 hatte das NS-Regime die begrenzte Gewalt gegen Juden aus der Bevölkerung gestoppt. Das tat es teilweise, weil Bürger so viel Kritik an Angriffen auf Juden und ihr Eigentum übten (siehe Kapitel 3). Dagegen waren öffentliche Reaktionen Anfang 1941 ganz anders, obwohl die antijüdische Gewalt sehr viel intensiver geworden war. Warum stellten sich so wenige gegen die Massenvernichtung? Es stimmt, dass die Behörden die Vernichtung nicht öffentlich bekanntgaben und dass die meisten Menschen in Deutschland nur Gerüchte, Informationsschnipsel oder die Meldungen ausländischer Sender darüber hörten. In den besetzten Gebieten aber – wo der größte Teil des Massenmords stattfand – ist die verbreitete aktive Unterstützung und das fast völlige Fehlen von Opposition bemerkenswert. Dies ganz zu erklären, bleibt eine Aufgabe für die künftige Forschung. Dieses Buch bietet nur eine teilweise, vorläufige und allgemeine Erklärung: dass nämlich deutsche Funktionäre und Soldaten in besetzten Ländern (viel mehr als Nichtdeutsche) dazu neigten, sich nicht gegen die Ermordung von Juden (oder Gewalt gegen andere Gruppen) zu stellen, weil sie ihnen im Kontext des Krieges, den viele als erbitterten tödlichen Kampf des deutschen Volkes ansahen, sinnvoll erschien. Die Massengewalt bei der Partisanenbekämpfung in den besetzten Ländern erschien ebenfalls fast jedem Deutschen in diesen Ländern gerechtfertigt (Veteranen verteidigen sie bis heute vehement), aber dort wurde zumindest manchmal über Methoden und Zielgruppen gestritten.

Ein weiterer wichtiger Impuls aus der Gesellschaft zugunsten von Massengewalt gegen Juden und andere war der Populärrassismus. Aus meinen Erkenntnissen entsteht nicht nur ein ungewöhnliches Bild der nationalsozialistischen (und deutschen) Praxis, sondern auch der NS-Theorie (siehe Kapitel 7). Sogar Führungsfiguren des Regimes waren uneins in den Details ihres Rassendenkens. Keiner von ihnen besaß eine kohärente Rassendoktrin, und die von ihnen organisierte Verfolgung von Juden und anderen wandte im Großen und Ganzen nicht die zeitgenössische (pseudo-)wissenschaftliche Rassenkunde an. Nach den damals dominierenden Theorien waren die Juden keine Rasse. Um Entscheidungen über Gewalt gemäß der Rasse zu treffen, hätte man Einzelpersonen oder Sippen rassisch untersuchen müssen. Doch nur wenige Gruppen – wie Volksdeutsche aus Osteuropa und Roma und Sinti im Reich – wurden annähernd flächendeckend untersucht. Juden wurden vielmehr auf der Basis von Unterlagen über den Glauben ihrer

Vorfahren oder ihre registrierte ethnische Zugehörigkeit (wie in sowjetischen Ausweispapieren erwähnt) verfolgt, und Deutsche machten noch weniger Umstände bei der Gewaltanwendung gegen sowjetische Kriegsgefangene, ausländische Zwangsarbeiter und Betroffene bei der Partisanenbekämpfung. Solche Praktiken steuerten Gewalt auf der Grundlage materieller und politischer Ziele und von Stereotypen über Kollektive, die mehr oder weniger traditionell waren, aber auch biologische Vorstellungen enthielten. Diese Anleihen beim volkstümlichen Rassenverständnis waren Ausdruck eines ungehemmten Nationalismus, der sich in Fremdenfeindlichkeit oder Imperialismus manifestierte.

Wo man versuchte, antijüdische Einstellungen außerhalb Deutschlands zu messen, ging ein hohes Maß an Ressentiments nicht zwangsläufig mit feindseligem Verhalten einher. Trotz der starken Vorurteile der Landbevölkerung fanden viele Juden zum Beispiel Unterschlupf bei französischen und italienischen Bauern und überlebten.[25] Andererseits waren es nicht nur Extremisten, die zum Massenmord beitrugen, wie an vielen Wehrmachtsoffizieren und Beamten der Ordnungspolizei gezeigt worden ist (siehe Kapitel 6). Auch gehörten Regime, die nicht faschistisch im engeren Sinne waren – Rumänien und Ungarn (vor Oktober 1944) –, zu jenen ausländischen Regierungen, die am mörderischsten vorgingen oder in ihrer antijüdischen Politik am engsten mit den Deutschen kooperierten.

Bedingungen und Strategien des Überlebens

Zu Beginn der Verfolgung lebten die meisten Juden in großen und kleinen Städten. Städtische Gebiete waren während des Zweiten Weltkriegs besonderen Belastungen ausgesetzt. In den Städten war der politische Widerstand am stärksten und deutsche Behörden und Polizei am nächsten. Sogar in vielen kleinen Städten in den besetzten Ländern gab es einen deutschen Gendarmerieposten. Die Einschränkung der Bewegungsfreiheit war in städtischen Gebieten strenger, und es gab mehr Razzien als auf dem Land. In den Städten des besetzten Europa war die Bedrohung durch Zwangsarbeitsrekrutierungen am stärksten und der Hunger schlimmer als auf dem Land. In mittleren und großen Städten war die Gefahr von Luftangriffen am größten und der Mangel an Wohnraum und die Gefahr von ansteckenden Krankheiten ebenfalls.

Diese negativen politischen und sozioökonomischen Bedingungen im städtischen Kontext standen – aus der Sicht verfolgter Menschen – im Gegensatz zu Vorteilen wie der weniger strengen sozialen Kontrolle und mehr Arbeitsplätzen.

Viele Juden gehörten der Mittelschicht an (in jedem Fall die jüdischen Führungspersonen), und Mittelschichtstrategien waren beim Überleben am erfolgreichsten. Eine davon war die Emigration oder Flucht an weit entfernte Ziele. Diese Strategie rettete vielen hunderttausend deutschen, österreichischen, tschechischen und später sowjetischen Juden das Leben; Letztere flohen 1941 nach Osten, wodurch sie der vorrückenden Wehrmacht entkamen. Dagegen konnten arme oder abhängige Gruppen – etwa proletarische Widerstandskämpfer (außerhalb der UdSSR) und geistig Behinderte – eine solche Strategie kaum ergreifen. Mehrere hunderttausend Juden in Ländern außerhalb Deutschlands mit eigenen Regierungen überlebten den Krieg, weil sie die eigenen Regime und Eliten um Schutz anriefen. Dieser Schutz erstreckte sich automatisch auch auf viele Kriegsgefangene. Sowjetischen und polnischen Juden oder den nichtjüdischen Bürgern dieser Länder sowie Zwangsarbeitern und sowjetischen Kriegsgefangenen blieb dieser Weg versperrt. Emigration/Flucht und Bitten um Protektion waren traditionelle jüdische Reaktionen auf Verfolgung.

Andere historisch weniger übliche Überlebensstrategien hatten oft weniger Erfolg. Viele Judenräte – die auf den deutschen Bedarf an Arbeitskräften zählten – versuchten Juden als unverzichtbare gelernte oder ungelernte Arbeiter zu positionieren. Das rettete nicht mehr als etwa 300 000 Juden das Leben, denn die meisten lebten in Gebieten, wo es in den Augen der deutschen Behörden bis zum Sommer 1942 (der Zeit der schlimmsten Massenmorde) ein Überangebot an Arbeitskräften gab; und in Polen und den besetzten sowjetischen Gebieten, wo die meisten Juden lebten, bestand relativ wenig Nachfrage nach Industriearbeitern. 1943 übernahm die SS die Kontrolle über die verbliebenen jüdischen Arbeiter und Arbeitsstätten in den meisten Gebieten, um unter anderem ihre Zahl zu reduzieren. Viele Juden hatten wenig Erfahrung als Handarbeiter, und viele wurden als ungelernte Kräfte eingesetzt und waren so leicht zu ersetzen. In den Untergrund zu gehen und versteckt mit falscher Identität zu leben, rettete vielen tausend Juden in Großstädten von Warschau bis Amsterdam und sogar in Berlin das Leben, aber auf dem Land konnten sich in vielen Ländern nur wenige Juden verstecken, besonders in Polen, den besetzten sowjetischen Gebieten und Ungarn – im Gegensatz zu Italien und Frankreich.

Manchmal gelang es Juden, sich als Opfer anderer Gewalteinwirkung zu tarnen, etwa als ausgebombte Zivilisten, Flüchtlinge vor ethnischen Säuberungen, zivile Zwangsarbeiter oder als nach dem Warschauer Aufstand 1944 deportierte Personen. Doch die Solidarität unter Opfergruppen war nicht selbstverständlich.[26] Am auffallendsten zeigte sich das in den Konzentrationslagern, wo die Zustände den sozialen Zerfall versinnbildlichten, der auch anderswo zur Konkurrenz zwischen bedrängten Gruppen führte. In den Niederlanden konkurrierten Juden um Verstecke mit Nichtjuden, die der Zwangsarbeit entgehen wollten und meist bevorzugt aufgenommen wurden.[27] Auch alltägliche materielle Sorgen trugen oft zur Gleichgültigkeit der Mehrheitsbevölkerung gegenüber Juden und anderen Opfern von Verfolgung bei, etwa im ländlichen Frankreich. Doch nicht immer gab es Gleichgültigkeit; so kümmerten sich beispielsweise örtliche nichtjüdische Ladenbesitzer und Bauern um jüdische Kinder in Kinderheimen, wenn sie zuverlässige Kunden waren. Über die materiellen Belange hinaus entstanden aber auch menschliche Bindungen zwischen Nichtjuden und Juden, die vielen beim Überleben halfen.[28] Das war in Ländern wie Polen anscheinend seltener, wenn auch nicht gänzlich unbekannt. Freundliche oder nachbarschaftliche Beziehungen zwischen Menschen, die als Juden eingestuft wurden, und anderen Europäern haben in den letzten Jahrzehnten meist nicht im Zentrum geschichtswissenschaftlichen Interesses gestanden. Das mag dazu beigetragen haben, dass ein Verständnis, wie solche Bindungen während des Zweiten Weltkriegs entstanden und hielten, weiterer Forschung bedarf.

Das gilt auch für das Verständnis der Auflösung sozialer Bindungen und ihre Ersetzung durch Feindseligkeit. Etwa 80 % der Juden, die unter die Kontrolle Deutschlands oder anderer Achsenmächte gerieten, starben – sie waren die Gruppe mit der höchsten Sterberate in Europa. (Zum Vergleich: Etwas über 50 % der sowjetischen Kriegsgefangenen in deutscher Hand starben.) Zu den Gründen für diese hohe Sterblichkeit und für ihre Verfolgung in so internationalem Maßstab gehört sicherlich, dass die Ressentiments gegen Juden ein sehr wichtiger Teil der NS-Ideologie waren – und die Nazis waren natürlich mächtig. Allerdings trug die aktive Beteiligung deutscher Nichtnazis und verschiedener nichtdeutscher Staaten und Einzelpersonen ebenfalls dazu bei, das Labyrinth der Verfolgung für viele Juden unentrinnbar zu machen. Juden wurden zum Ziel kollektiver Vorurteile, die in einer bestimmten Konstellation und zu einem Zeitpunkt mobilisiert wurden, als viele Interessen sich gegen eine Gruppe bündelten, die verletzlicher war als die meisten anderen; eine Gruppe, deren Angehörige viele angenehme oder Elitepositionen, aber nur wenig und noch weiter schrumpfende politische Macht innehatten. Juden zogen Neid, Aggression – oder zumindest Gleichgültigkeit – unter vielen von denen auf sich, die den sozialen Aufstieg anstrebten, und auch unter vielen, die das Elend einer kriegsbedingten Krise erleiden mussten. All das fiel mit einer allgemeinen Lockerung der gesellschaftlichen Solidarität zusammen. In diesem Kontext wurde die Gruppe, der man angehörte, immer wichtiger. Das machte es für Juden so schwierig, sich in die eigene Gesellschaft oder auch in andere, in denen sie Zuflucht suchten, wieder zu integrieren. Die soziale Ausgrenzung intensivierte sich. Ohne ihren partizipatorischen Charakter, der weit über staatliches Handeln hinausging, wäre die Verfolgung nicht so weitreichend oder so traumatisch gewesen.

Anmerkungen

1
Einleitung

1 Siehe zu diesem Absatz Gerlach 2011 v. a. Kapitel 1. Diese Einleitung nimmt auch Ideen aus ebd., S. 316–318, auf.

2 «Schutzhaftlager-Rapport des KL. Buchenwald», 15. Dezember 1944, Faksimile in Rose 2003, S. 192–193. Siehe auch Gerlach 2011, S. 316.

3 Stein 1998, S. 169–171, 182, 184, 187. Zu den jüdischen Opfern des KZ Neuengamme siehe Bauche 1991, S. 130.

4 Etwa 500 000 Deutsche wurden 1933–45 von der eigenen Regierung oder ihren Landsleuten umgebracht – einschließlich etwa 180 000 Behinderter und 165 000 Juden. Siehe Pohl 2003, v. a. S. 35, 109. Die Zahl der Deutschen, die dem eigenen Regime zum Opfer fielen, ist etwa ebenso hoch wie die Zahl der zivilen Opfer alliierter Luftangriffe. Siehe zu Griechenland Gerlach 2011, S. 319; zu Jugoslawien Cvetković 2008 und Biondich 2002, S. 41 Anm. 2; zu Italien Klinkhammer 1993, S. 552–553, 573–574; zur Sowjetukraine Kumanev 1991, S. 66; zu Frankreich Lagrou 2002, v. a. S. 318–320, Lieb 2007, S. 306, 412–413, und Lafont 1987, S. 60–68. Etwa 75 000 Juden aus Frankreich wurden ermordet, von den nichtjüdischen Opfern wurden 10 000 in Frankreich hingerichtet, 35 000 Widerstandskämpfer starben in deutschen Konzentrationslagern, bis zu 20 000 Zivilisten fielen der Partisanenbekämpfung zum Opfer, mindestens 30 000 Behinderte wurden dem Hungertod preisgegeben, und 21 000 Kriegsgefangene starben. (Außerdem starben bis zu 60 000 Menschen durch Luftangriffe.)

5 Siehe zu Belgien Brachfeld 2005 S. 44, Anm. 16; zu Tschechien: Brandes 2006, S. 459.

6 Siehe Pohl 2003, S. 153; Spoerer 2001, und meine eigenen Schätzungen.

7 Siehe Friedlander 1997, S. 466 (mit Bezug auf Juden, Behinderte und Roma).

8 Friedlander 1997; Pohl 2003; Bergen 2003; Bloxham 2009.

9 Zu allen großen Opfergruppen in einem einzelnen Land siehe Gerlach 1999 (Weißrussland) und Dieckmann 2011 (Litauen).

10 Zit. n. Holler 2009, S. 74; sachliche Korrekturen ebd., S. 74–76.

11 Siehe die Kontroverse über das Reservepolizeibataillon 101 zwischen Browning 1993 und Goldhagen 1997.

12 Keller 2011, S. 132–133; Mallmann 2004, S. 81; siehe zu bestimmten Aspekten auch Browning 1993, S. 62–64. Curilla (2006, S. 125–702) nennt weitere Opfer der Ordnungspolizei, vor allem bei der Partisanenbekämpfung.

13 Siehe die umfassenden Akten dieser Einheit in BA D-H Film P 812–827.

14 Rass 2003, S. 331–402; Rass 2005, S. 80–86.

15 Meyer 2008, S. 58–65, 113–127, 159–224, 384–395, 463–555, 567–609.

16 Blatman 2011, S. 687–691, sagt Letzteres über die Todesmärsche aus den Konzentrationslagern 1945.

17 Siehe beispielsweise die Anordnung des Kommandanten des rückwärtigen Gebietes 580 (2. Armee), 14. Januar 1943, in Müller 1982, S. 144–145.
18 Siehe Mataušić 2006, S. 48; Mihovilović und Smreka 2006, S. 218–219; Pavlowitch 2008, S. 70 Anm. 19; Cvetković 2008, S. 367; zu Mauthausen siehe Filipkowski 2005, S. 129–136.
19 Dagegen untersucht Melson 1992 den Mord an den Juden im Zweiten Weltkrieg als «rein inländischen Völkermord» (S. 5, 39, 278).
20 Diese Zahlen beruhen auf einer Schätzung von etwa 1,3 Millionen Überlebenden aus den von den Achsenmächten kontrollierten Gebieten (einschließlich Tunesien und Libyen, aber ohne sowjetische Juden, die nach Osten flohen und nie unter deutsche Herrschaft kamen).
21 Siehe Browning 1993, S. 11; Browning 1998a, S. 127–128.
22 Beispielsweise der Brief von Frank Pickesgill, 1. September 1939, in Bähr 1961, S. 18–19.
23 Siehe www.winstonchurchill.org/resources/speeches/speeches-of-winston-churchill/92-blood-toil-tears-and-sweat (Zugriff 8. März 2013).
24 Zu den Daten über sowjetische Kriegsgefangene und Hungeropfer siehe Kapitel 9, zu den Juden Kapitel 4, zur Rekrutierung von Zwangsarbeitern Kapitel 8, zu Partisanenbekämpfung und Bürgerkriegen Kapitel 11.
25 Siehe Gerlach 1998 und Kapitel 9.
26 Siehe zu Nordwestrussland Hill 2005, S. 113; zum östlichen Weißrussland und westlichen Zentralrussland: Terry 2005.
27 Hilberg 1992, S. 22.
28 Eine ähnliche Forderung stellen Bajohr und Pohl 2006, S. 10, 17.
29 Neben Europäern müssen auch nordafrikanische Akteure einbezogen werden. Etwa 2000 tunesische und libysche Juden starben ebenfalls, siehe Sebag 1991, S. 254; Roumani 2008, S. 29–35.
30 Zum Beispiel Fein 1979. Die Kritik an ihrer Studie fassen Croes 2011, S. 68–74, und Zeller und Griffioen 1996, S. 35–36, zusammen.
31 Siehe Traverso 1999, S. 7–9.
32 Bauer 2013, S. 345 Anm. 2.
33 Steinberg 1998, S. 350.
34 Hier stimme ich mit Traverso 1999, S. 7–9, nicht überein.
35 Siehe z. B. die Skepsis von Strauss und Kampe 1988, S. 10, und Wistrich 1991, S. xvi. Wistrich beginnt sein Buch mit dem Satz «Antisemitismus ist ein problematischer Begriff» (S. xv). Nazis benutzten das semantische Feld «Antisemitismus» seltener als viele glauben: Rürup 1975, S. 112.
36 Cole 1999; weniger radikal ist Lewkowicz 2006.
37 Siehe Tönsmeyer 2003, S. 341–347; Hirschfeld 1991, S. 8–10.
38 Bei Pohl 2003, S. 1, umfasst der Begriff nur staatliche und halbstaatliche Maßnahmen.
39 Longerich 1998a; Friedländer 1998 und 2006; Browning und Matthäus 2003; Bergen 2003; Bloxham 2009.
40 Hilberg 1994a; Benz 1991.
41 Dawidowicz 1979.

2
Vor 1933

1 Niewyk 1980, S. 3–5; Hecht 2003, S. 15, 34; Mohrmann 1972, S. 98; Rürup 1975, S. 17–20, 29–30, 34, 78–79; siehe zu Baden ebd., S. 37–73.
2 Claussen 1994, S. 142; Rürup 1975, S. 80.

3 Siehe Rürup 1975, S. 14–15, 26–27, 45, 55.
4 Siehe z. B. Melson 1992, S. 90.
5 In Berlin, Frankfurt am Main, Breslau und Beuthen lag der jüdische Bevölkerungsanteil bei 4–6 %: Günther 1930, S. 331 und unpaginierter Mittelteil.
6 Melson 1992, S. 86.
7 Battenberg 1990, S. 161–162; zu Preußen siehe Niewyk 1980, S. 123, und zur lockeren Glaubenspraxis S. 102.
8 Niewyk 1980, S. 98–99; Barkai 1997, S. 39; Strauss und Kampe 1988, S. 9 Anm. 1.
9 Im Gegensatz dazu schreibt Jochmann (1988a, S. 183), die Zunahme von Ehen mit nichtjüdischen Partnern habe Juden geholfen, «Gefährdung und drohender gesellschaftlicher Isolierung zu entgehen».
10 Paucker 1988, S. 143, 154–155; Niewyk 1980, S. 29; Maderegger 1973, S. 73–74.
11 Siehe Almog 1990, S. 24, 32; Niewyk 1980, S. 149–150, 156; zu Österreich: Maderegger 1973, S. 6–50, 55, 67.
12 Niewyk 1980, S. 141.
13 1933 machten Juden weniger als 1,4 % der Bevölkerung in Westeuropa, Deutschland und den meisten süd- und südosteuropäischen Staaten aus; in Österreich, der Tschechoslowakei und im eigentlichen Russland waren es 2–3 %, in Polen, der Ukraine, Weißrussland, Litauen, Ungarn, Rumänien und Lettland 4–10 %. Siehe Wannsee-Conference 2009, S. 18–19. 19–35 % der Bewohner polnischer Großstädte waren Juden, in ostpolnischen Städten waren es 42–63 %: Mendelsohn 1983, S. 23–24.
14 Mendelsohn (1983, S. 6–7) sieht das in Polen, Litauen, der östlichen Tschechoslowakei und großen Teilen Rumäniens.
15 Genschel 1966, S. 29, 288; siehe zu 1817 Volkov 1990, S. 39.
16 Barkai 1997, S. 41–42.
17 Rothschild 1974, S. 39; Gitman 2011, S. 10.
18 Schlemmer und Woller 2005, S. 170.
19 Rothschild 1974, S. 30; Melzer 1997, S. 3.
20 Maderegger 1973, S. 220; Genschel 1966, S. 289; Siehe zu Frankreich Zuccotti 1993, S. 57; zu Ungarn Rothschild 1974, S. 196.
21 Rothschild 1974, S. 289 (Zitat); Brustein und King 2004a, S. 696. Zur starken Stellung der Juden als Fabrikbesitzer in manchen griechischen Industrien siehe Plaut 1996, S. 54.
22 Mendelsohn 1983, S. 27; siehe zur Slowakei Witt 2012, S. 103; zu Böhmen und Mähren Barkai 1997, S. 43.
23 Winkler 1981, S. 276; Genschel 1966, S. 287; Niewyk 1980, S. 13–15; zu Preußen 1932: Battenberg 1990, S. 243.
24 Barkai 1991, S. 130; Genschel 1966, S. 21–22; Schreiber 2007, S. 19, 24, 30. Zu ähnlichen Anteilen in Jugoslawien siehe Freidenreich 1979, S. 19.
25 Siehe die Zahlen in Brustein und King 2004a, S. 695.
26 Zu Jugoslawien (mit Ausnahme Sarajewos) siehe Gordijew 1999, S. 58–59.
27 Aly 2011, S. 11, 83–93, 301; Barkai (1997, S. 44, 47) betont die Rolle der direkten Konkurrenten in diesem Zusammenhang.
28 Siehe z. B. Seraphim 1938.
29 Melson 1992 ist symptomatisch für diese Art der Analyse. Für die Zeit nach 1918 betrachtet er politische statt soziale Prozesse mit Bezug auf Juden.
30 Eine ähnliche These bei Arendt 1998 [1955], S. 32–33; Barkai 1997, siehe den Titel seines Werks und S. 49.
31 Freidenreich 1979, S. 59; Hilberg 1992, S. 157–158; siehe zu Deutschland Barkai 1997, S. 37–40; Genschel 1966, S. 274; Winkler 1981, S. 275; zu Wien und dem übrigen Österreich auch Maderegger 1973, v. a. S. 1–3.

32 Liesenberg 1995, S. 444, 449.
33 Piper 2005, S. 39; zu München siehe Cahnman 1979, S. 407.
34 Battenberg 1990, S. 238–239.
35 Genschel 1966, S. 16, 21–23, 29–30, 276; Barkai 1997, S. 48.
36 Barkai 1997, S. 44; Niewyk 1980, S. 17–20, 24.
37 Hecht 2003, S. 63.
38 Alberti 2006, S. 28; zu Polen allgemein siehe Mahler 1944, S. 310. Zitat bei Weiss 1977, S. 359.
39 In Litauen waren 80 % der verstaatlichten Unternehmen in jüdischem Besitz gewesen: Levinson 2006, S. 380.
40 Rozen 2005, S. 134; Mazower 2004, S. 406.
41 Die jüdische Auswanderung aus Polen fiel von 70 000 pro Jahr zwischen 1900 und 1914 auf unter 20 000 pro Jahr nach 1925. Siehe Marcus 1983, S. 388.
42 Niewyk 1980, S. 20; Kwiet 1984, S. 142–144 (Kwiet stellt das aber in den Kontext des sozialen «Aufstiegs» der Juden, ebd., S. 144).
43 Mahler 1944, v. a. S. 341, 343. Zu Deutschland siehe Niewyk 1980, S. 19; eine ähnliche Entwicklung in Jugoslawien zeigt Freidenreich 1979, S. 66, 222.
44 Melzer 1997, S. 3.
45 Aly 2011, S. 192.
46 Ebd., S. 218–221, 318–321.
47 Siehe Holz 2001, S. 253.
48 Jochmann 1988b, S. 99.
49 Wistrich 1991, S. 26–27, 30–32.
50 Battenberg 1990, S. 87–99, 124; Rürup 1975, S. 15, 62, 76.
51 Das ist die Kehrseite der vergleichsweise schwachen Betonung der Judenfeindschaft bei den Liberalen. Nach dieser Sichtweise war die Emanzipation in den 1860er Jahren abgeschlossen und wurde danach als Teil einer konservativen Reaktion in Frage gestellt. Rürup 1988, S. 94; Rürup 1975, S. 29, 73. Zum Begriff «Antisemitismus» siehe Rürup und Nipperdey, «Antisemitismus – Entstehung, Funktion und Geschichte eines Begriffs» in Rürup 1975, S. 95–114.
52 Zu den biologischen Argumenten siehe Hortzitz 1988, S. 1 (Zitat), 262–273; zu ökonomischen, Tier- und Ungeziefermetaphern ebd., S. 120, 140–143, 148–153, 177–186, 211–214, 223. Siehe auch die Zitate in Rürup 1975, S. 44, 56.
53 Almog 1990, S. 35.
54 Siehe auch Volkov 1990, S. 59–60.
55 Niewyk 1980, S. 55–61.
56 Hecht 2003, S. 77–82; zu den Ministern: Mohrmann 1972, S. 97.
57 Volkov 1990, S. 25–26, 42, 47–48.
58 Aly 2011, S. 20–36, 65; Rürup 1975, S. 28.
59 Jochmann 1988a, S. 25, 31, 40, 55; Jochmann 1988b, S. 99, 103–110. Zu Österreich: Pulzer 1966, S. 223–228.
60 Jochmann 1988b, S. 115–116.
61 Jochmann 1988b, S. 134; zur NSDAP siehe Mühlberger 2003, v. a. S. 40, 53–56, 68.
62 In Russland war aber um 1900 nicht nur die Arbeiterschaft, sondern auch das Bürgertum weitgehend ausgenommen: Löwe 1981, S. 201–202.
63 Aly 2011, S. 126–136; Mohrmann 1972, S. 66; zu Frankreich: Dreyfus 1981, S. 231–235; Birnbaum 1992, S. 91, 94.
64 Zmarzlik 1981, S. 254, 266.
65 Winkler 1981, S. 272, 281–285.
66 Pulzer (1966, S. 109–153, 162–177) zieht Parallelen zwischen Deutschland und Österreich.

67 Almog 1990, v. a. S. 38; Zuccotti 1993, S. 13–14; Löwe 1981, S. 208; siehe auch Volkov 1990. Kallis (2009, S. 1–2, 99–106) siedelt den Versuch, ein idealisiertes Vaterland durch eine Art von Säuberung wiederzugewinnen, im Faschismus an.
68 Zu starken antijüdischen Tendenzen in der Deutschnationalen Volkspartei (DNVP), einer der größten Parteien, siehe Mohrmann 1972, S. 150; Niewyk 1980, S. 49; Adam 1972, S. 25, 42–43.
69 Siehe Pulzer 1966, S. 144–153, S. 162–177.
70 Rürup 1988, S. 95–96; Jochmann 1988a, S. 60, 65, 68, 146–148; Jochmann 1988b, S. 118; Battenberg 1990, S. 196–198; Volkov 1990, S. 15–16.
71 Siehe Bajohr 2003, v. a. S. 68, 139, 145, 147, 163, 167; Hecht 2003, S. 299–331.
72 Siehe Rosenkötter 2003, S. 63; Hecht 2003, S. 332–336; Wildt 2007, S. 145–151; Barkai 1988, S. 15.
73 Winkler 1981, S. 274–275; Mohrmann 1972, S. 170, 173.
74 Walter 1999, S. 55–56, 71–72, 76–77.
75 Aschheim 1982, S. 43.
76 Siehe Birnbaum 1992, S. 101, 243–245, 125 Anm. 19.
77 Kury 2003, S. 19, 26–27; Zuccotti 1993, S. 14.
78 Weindling 2000, S. 16–17, 58–60, 64–65, 68–70, 79–80, 97, 117–118.
79 Battenberg 1990, S. 124–125; Niewyk 1980, S. 9; Volkov 1990, S. 70. (Zu Frankreich siehe Volkov 1990, S. 67.)
80 Niewyk 1980, S. 27.
81 Siehe Schumann 2001, S. 163–165.
82 Hecht 2003, S. 138; Gumbel 1922, S. 43–49; zu Eisners Mörder Anton Graf von Arco auf Valley siehe Niewyk 1980, S. 27.
83 Siehe Walter 1999, v. a. S. 109, 130–136; Wildt 2007, S. 74–77, 87–100. Zu Ausnahmen siehe Walter 1999, S. 203, 204; Hecht 2003.
84 Walter 1999, S. 23–51; Hecht 2003, S. 101–119; 163–186, 240.
85 Jochmann 1988a, S. 13, 20, 30, 64–65, 106, 167; Geiss 1988, S. 102; Strauss und Kampe 1988, S. 24; zu Italien: Michaelis 1978, S. 6; zur späteren Ansicht siehe Holz 2001, S. 55–56. Geiss (1988) sah drei antijüdische Wellen in Deutschland, die nicht zwangsläufig parallel zu Wirtschaftskrisen verliefen: 1878–81, 1893–1904 und 1912–14; ähnlich Zmarzlik 1981, S. 254.
86 Siehe Fein 1979, S. 201; zu Juden als *middlemen minority* siehe Fein 1979, S. 6, 360 Anm. 5.
87 Rürup 1988, S. 94; Rürup 1975, S. 27, 51; Battenberg 1990, S. 111, 124–125; Wistrich 1991, S. 55; Katz 1989, S. 95–106. Bei den Berliner Scheunenviertel-Unruhen im November 1923 gehörten 70 % der geplünderten Läden Nichtjuden: Walter 1999, S. 153. In größerem Maßstab wurden bei den russischen Pogromen 1881 und 1905 auch nichtjüdische Eigentümer, reiche Städter und Intellektuelle angegriffen: Löwe 1981, S. 204.
88 Strauss 1987, S. 188; Rürup 1975, S. 12; Levy 2010, S. 123; zum Rückgang siehe Winkler 1981, S. 272, 283, 285; Hecht (2003, S. 14, 187, 205) versucht das zu relativieren. Zum Höhepunkt der Sterblichkeitsrate: Weindling 1989, S. 13.
89 Birnbaum (1992, S. 4–5, 286) sieht eine Krise der Entkolonisierung in den 1950er Jahren.
90 Katz 1989, S. 282.
91 Parteiprogramm der NSDAP, 24. Februar 1920, § 4–8, 18, 23; zit. n. www.dhm.de/lemo/html/dokumente/nsdap25/ (Zugriff 30. September 2013); siehe Hilberg 1994a, S. 37; Schulle 2001, S. 50; Walter 1999, S. 113, 287 Anm. 52.
92 Meyer zu Uptrup 2003, S. 179–180, 212–222; Adam 1972, S. 25; Graml 1988, S. 121; Walter 1999, S. 229.

93 Piper 2005, S. 65; Niewyk 1980, S. 53; zu Göring: Walter 1999, S. 235; Adam 1972, S. 27.
94 Holz 2001, S. 417–420; siehe auch Walter 1999, S. 37.
95 Hitler 1925–27/2016, S. 1719; zu den Bemerkungen über Ungeziefer siehe Jäckel 1983, S. 69; allgemein zu den führenden Nationalsozialisten dieser Zeit: Niewyk 1980, S. 53.
96 Hitler 1925–27/2016, S. 1377; siehe Jäckel 1983, S. 69.
97 Hitler 1925–27/2016, S. 475–477.
98 Hilberg 1994a, S. 17–20.
99 Prusin 2010, S. 29; Löwe 1981, S. 194.
100 Jochmann 1988b, S. 113.
101 Saller 1961, S. 28; Friedländer 1998, S. 90.
102 Jochmann 1988b, S. 137–138.
103 Essner 1995, S. 201–202.
104 Schulle 2001, S. 51–52, 56, 58 (Zitat).
105 Jansen 1997, v. a. S. 35, 43, 58.
106 Graml 1988, S. 68, 79; siehe Stern 1963, S. 90–91.
107 Zeitweise forderte de Lagarde stattdessen die Vertreibung der Juden (Stern 1963, S. 96).
108 Jansen 1997, S. 90, 95.
109 Prusin 2010, S. 41, 55, 57, 104 Anm. 2; Fischer 1988, S. 138–141.
110 Ziemann (2003, S. 88) spricht von einem «selektiven Bürgerkrieg», betont aber, dass die meisten nach 1918 gebildeten Milizen friedlich und gemäßigt waren (S. 83–85). Ähnlich ambivalent ist Schumann 2001, S. 45 (Kapitelüberschrift), 202.
111 Siehe Schumann 2001, S. 163–165, 202, 235, 245.
112 Wagner 1996, S. 31; Reichardt 2002, S. 95.
113 Siehe Botz 1976, v. a. S. 236–237; Gedye 1942, S. 123–124.
114 Gerwarth 2008, S. 175–176 Anm. 2.
115 Siehe Horne und Kramer 2004, S. 619.
116 Laut Mohrmann (1972, S. 172) wurden 50 000 polnische Juden als Zwangsarbeiter nach Deutschland gebracht.
117 Faulstich 1998, S. 25–68.
118 Kuss 2011 bietet eine vergleichende Studie über bestimmte Aspekte aller drei Fälle.
119 Siehe zu Deutsch-Südwestafrika Zimmerer 2001, S. 14, 18, 35, 40 (Anm. 120), 42, 44–48, 57–84, 94–109; zu den Grenzen der Kontrolle ebd., S. 136, 148; siehe auch Drechsler 1984; eine andere Interpretation bei Hull 2005, S. 5–90. Zu Deutsch-Ostafrika siehe die Beiträge in Becker und Beez 2007; Kuss 2011, S. 102–126.
120 Siehe die Beiträge in Becker 2004.
121 Siehe Gerlach 2011, S. 244–245; Hochschild 2000; zu Italien: del Boca 2004, S. 194–198; di Sante 2008, S. 465–496.

3
Von der Zwangsemigration zu Territorialplänen: 1933 bis 1941

1 Wildt 1995, S. 12, 14
2 Kershaw 1998, S. 594, 601–611.
3 Siehe zu den sozioökonomischen Entwicklungen und zum Lebensstandard Mason 1978, S. 140–153; zur kritischen öffentlichen Stimmung 1934–35 und 1937: Bankier 1996, S. 15–20, 39–41, 48–59.

4 Walk 1981, S. 7, 12–13, 17–18, 53; Kirchengesetz für Teile Preußens, 6. September 1933, in Hermle und Therfelder 2009, S. 158; Neliba 1992, S. 222. Ausnahmen bei Friedländer 1998, S. 42.
5 Walk 1981, S. 3–4, 15.
6 Siehe Neliba 1992, S. 199–214, zum Innenministerium; Wildt 1995, S. 21–24, zu SS und Polizei; Graml 1988, S. 137–147, zu verschiedenen Behörden; Essner 2002, S. 97–143; Bock 1986, S. 101, 103.
7 Reichsgesetzblatt 1935, Tl.1, S. 1333–1334.
8 Seidler und Rett 1982, S. 123–125.
9 Genschel 1966, S. 136, 146, 211; Barkai 1988, S. 67–68.
10 Siehe zu diesem Absatz Kapitel 12.
11 Aufgelistet in Walk 1981.
12 Siehe zu diesem Punkt Marrus 1985, S. 142–145.
13 Gruner 2000b, S. 75, 79, 85–86, 94–97, 103–104, 115–119; Botz 1975, S. 67; Walk 1981, S. 256; zur Vertreibung der Juden aus Oldenburg 1940: Hoffmann 2000, S-38–39.
14 Bajohr 2003, S. 116–117, 121, 139.
15 Botz 1975, S. 84–85, 148, 156–157, 160–162.
16 Führer 1992, S. 54–59.
17 Gruner 2000a, S. 137.
18 Zimmermann 1996, S. 81–85, 99.
19 Gruner 2000b, v. a. S. 77.
20 Longerich 1998a, S. 23–207; siehe auch Genschel 1966, S. 105, 179.
21 Wildt 2007, S. 152–166, 291–298.
22 Bergen 2003, S. 92; Pohl 2003, S. 16.
23 Wildt 2007, S. 101–104.
24 Siehe zu diesem Absatz Wildt 2007; zu den Boykotten Genschel 1966, S. 45 (Anm. 6), 67–73, 81–82, 108–110; zur Einschüchterung: Cahnman 1979, S. 433; zu örtlichen Konkurrenten: Bajohr 1998, S. 33–44; zu Protesten gegen die Rückkehr von Juden in die zeitweise evakuierten westlichen Grenzgebiete Deutschlands siehe Toury 1986, S. 436–437.
25 Wildt (2007) beschreibt dies im Detail, analysiert aber kaum, wer sich der Menge anschloss und aus welchen Motiven. Zu den Teilnehmern des Novemberpogroms 1938 siehe Graml 1988, S. 26, 30; Benz 1994, S. 33–39.
26 Bajohr 2001, S. 105; Obst 1991, S. 67–71; siehe auch Benz 1994, S. 18, 32.
27 Graml 1988, S. 33; Obst 1991, S. 87–88.
28 Benz 1994, S. 19; Graml 1988, S. 24–29; Obst 1991, S. 121, 131, 137, 162.
29 Longerich (1998a, S. 23–223) nimmt eine Mittelposition in dieser Debatte ein. Gruner (2000a, v. a. S. 90, 103) unterstreicht die zentrale Kontrolle, während Wildt (2007) Belege für lokale Autonomie liefert, was auch für die vielen «Einzelaktionen» gilt, die in über hundert Berichten bei Kulka und Jäckel 2004 erwähnt werden (siehe ihren Index). Ein Beispiel für die Idee der Wiederherstellung der Ordnung gibt Wildt (1995, S. 22).
30 Wildt 2007, S. 239, 242, 245, 285–290, 300; vgl. aber Bankier 1996, S. 84.
31 Rosenkötter 2003, S. 150; Bajohr und Pohl 2006, S. 29; Barkai 1988, S. 123.
32 Grundlage sind die Zahlen bei Barkai 1991, S. 132–133, 138, 140.
33 Abke 2001, S. 101, 104–105, 326, 364–365.
34 Wildt 1995, S. 15. Siehe auch Kapitel 2 und 7.
35 Dies exemplifiziert ein Memorandum vom Januar 1937, wahrscheinlich von Eichmann. Er lehnte Unruhen ab, hielt sie aber für nützlich, um Emigrationsdruck zu erzeugen und aufrechtzuerhalten. Wildt 1995, S. 99, 104.
36 Populäre Gewalt und der daraus entstehende Fluchtdruck waren in Gebieten wie

Elsass und Lothringen, Luxemburg, Slowenien und Böhmen und Mähren viel weniger ausgeprägt.

37 Rentner 1939, S. 69; siehe Gedye 1939, S. 326; Botz 1986–87, S. 360. Zu Eichmanns Erwartungen: Wildt 1995, S. 53.

38 Moser 1966, S. 7; Neugebauer 2002, S. 724–725.

39 Anweisung der Gestapo Karlsruhe zur Rücksendung dieser Flüchtlinge, 29. August 1938, in Walk 1981, S. 239. Zu Heydrich siehe Gerwarth 2011, S. 154–155.

40 Etwa 37–55 000 Menschen waren bis Oktober 1938 aus dem Sudetenland geflüchtet, bis Ende 1939 waren es 150–200 000; einen Monat später war noch kaum ein Zehntel der vielleicht 27 000 Juden da. Gebel 2000, S. 70–76, 279 (Anm. 627); Ther 2011, S. 110. Die Pogromstimmung stand im Kontrast zum Protektorat Böhmen und Mähren, wo die deutschen Behörden auch «wilde Arisierungen» verhinderten: Kárný 1994, S. 157; Oprach 2006, S. 33–34.

41 Schenk 2000, S. 99–100, 140, 217–218.

42 Bankier 1996, S. 68–69; Wildt 2007, S. 115–132, 144; Barkai 1988, S. 26–33.

43 Obst 1991, S. 235–240, 319–330, 333–341; Bankier 1996, S. 84–88. Kershaw (2008, S. 175–183) und Benz (1994, S. 47–50) sehen eine gemischtere Reaktion.

44 Bankier 1996, S. 72–75.

45 Ebd., S. 124–128, 133–137; und siehe Kapitel 4 in diesem Buch.

46 Bankier 1996, S. 89–100.

47 Hermle und Thierfelder 2008, S. 76, 264–265, 276.

48 Bankier 1996, S. 69, 76–80; Wildt 2007, S. 265–266; Friedländer 1998, S. 180–182.

49 Siehe Hilberg 1994a.

50 Die folgenden Hinweise beziehen sich auf die Emigration als zentrales Ziel der Politik: Longerich 2001, S. 58 (Hitler, Januar 1938); Schleunes 1992, S. 29 (Ribbentrop, 25. Januar 1939); Schumburg, Auswärtiges Amt, «Die Judenfrage als Faktor der Außenpolitik im Jahre 1938», 25. Januar 1939, PA AA R100857, Bl. 239 (Rosenberg, 15. Januar 1939); Wildt 1995, S. 66–67, 96, 99, 104, 186 (SD, verschiedene Daten).

51 *Frankfurter Zeitung*, 11. Juni 1938, Auszug bei Pätzold 1984, S. 152–153.

52 Weingarten 1981, v. a. S. 51–52, 99–100, 122–142; Adler-Rudel 1968, S. 235–271.

53 Milton 1984, S. 165–199; Maurer 1994, S. 52–73.

54 Weingarten 1981, S. 132 (Schacht, Reichsminister für Wirtschaft), 139 (Rublee-Wohlthat-Abkommen); SD-Bericht für 1938 in Wildt 1995, S. 201. Ende 1938 waren 75 000 der Juden in Deutschland – wahrscheinlich einschließlich Österreichs, wie die Zahlen bei Strauss (1980, S. 318) nahelegen – über 65 Jahre alt.

55 Siehe z. B. Gruner 2001, S. 49.

56 Neliba 1992, S. 227–228; Gruner 2000a, S. 126–127; Bajohr 1998, v. a. S. 134, 386; Genschel 1966, S. 150–178; Barkai 1988, S. 128–146.

57 Hilberg 1994a, S. 143–145; Aly 2005, S. 23, 52–63; siehe auch Mason 1978, S. 215–222. Tooze (2007, S. 325–328) sieht nur einen begrenzten Einfluss.

58 Hilberg 1994a, S. 141–142; Aly 2005, S. 62; Heim 1999, S. 107- 138.

59 Siehe z. B. Schleunes 1992, S. 30; Tooze 2007, S. 102.

60 Protokoll der Sitzung vom 12. November 1938, IMG, Bd. 28, S. 499 (Dok. 1816-PS).

61 Eine gute Beschreibung davon steht in der Anklageschrift, StA KG Berlin 1 Js 1/65, 23. April 1971, S. 23–30 (Zitat aus dem Protokoll der ersten Sitzung am 11. Februar 1939 ebd., S. 25); siehe Safrian 1997, S. 47–48 (und S. 23–67 über das Wiener Modell); Jasch 2012, S. 282–283; Jansen 1997, S. 327.

62 Wildt 1995, S. 9–64, v. a. S. 18; Browning 2010b, S. 17; Herbert 1996, S. 203.

63 Rundschreiben von Göring, 14. Dezember 1938, BA R 18/5519, S. 281. Siehe zum «Volkswart» Adam 1976, S. 45–48; zu den vielen Urhebern antijüdischer Gesetzentwürfe (von denen immer weniger zu Gesetzen wurden) siehe Walk 1981.

64 Gruner 2000b, S. 110; Browning 2010b, S. 19, 268; Gruner (2000b, S. 103) sieht schon vom Herbst 1937 bis Sommer 1938 eine zunehmende Koordination.

65 Zimmermann 1996, S. 83–110.

66 Unabhängige Expertenkommission Schweiz 1999, S. 86 (von Weizsäcker, Staatssekretär im Auswärtigen Amt, 15. November 1938); Mommsen 1997, S. 147, 154–155 (Hitler, 30. Januar 1939; Göring, 12. November 1938).

67 Das lässt sich ableiteten aus den Einzelzahlen in Moser 1966, S. 7–12; Freund und Safrian 2002, S. 789; Pingel 1978, S. 265 Anm. 126; Herbert 1996, S. 222.

68 Runderlass IVD4–2 (Rz) 1275/40, 24. April 1940, zit. in der Anklageschrift, StA KG Berlin 1 Js 1/65, 23. April 1971, S. 30. Siehe auch den Rundbrief von Schellenberg, 20. Mai 1941, BA R 58/276, S. 273–274; Walk 1981, S. 320.

69 Siehe Gutman 1982, S. 15; Memorandum (wahrscheinlich von Eichmann), Januar 1937, und Vermerk von Wisliceny in Wildt 1995, S. 102, 109; zu den wechselnden und widersprüchlichen Anweisungen über die jüdische Emigration nach Palästina 1937/38, die noch von Hitler bevorzugt wurde, siehe Wildt 1995, S. 40–45; Longerich 2006, S. 102, 115; Walk 1981, S. 196, 200; ADAP 1953, S. 641–642, 652, 671.

70 Strauss 1987, S. 197, 207–208, 216–221, 226–228.

71 Oprach 2006, S. 64; Gutman 1982, S. 18.

72 Die Zahlen stammen von Strauss (1980, S. 319–320), der sie anders interpretierte.

73 Strauss 1987, S. 199–201; Strauss 1980, S. 319–320; Barkai 1988, S. 62–64. Zu den Eingaben: Friedländer 1998, S. 73–78. Im Gegensatz dazu zogen Menschen, die von Sterilisierung bedroht waren, zwar dagegen vor Gericht oder machten Eingaben, bildeten aber meist keine eigenen Organisationen. Andere Einzelpersonen versuchten ihnen zu helfen, aber nur die Kirchen halfen auf organisierte Weise. Bock 1986, S. 209–230, 280–281, 285–286, 289–298, 346.

74 Strauss 1980, S.326; Steur 1997, S.24-25; Jonca 1996, S.275; die Zahl für 1938 stammt aus einem SD-Jahresbericht für 1938 in Wildt 1995, S.202.

75 Scheffler 1988, S. 193; Jonca (1996, S. 275) hat etwas andere Zahlen; siehe zu Österreich Botz 1975, S. 66–67; zu Böhmen und Mähren: Oprach 2006, S. 75. Zum SD siehe Wildt 1995, S. 50–51. Die Differenz zwischen den Zahlen der Emigranten und der zurückbleibenden deutschen Juden erklären sich durch die 60 000 Todesfälle unter den alten Menschen 1933 bis 1941: Strauss 1980, S. 320. Die meisten starben nicht durch Mord oder Selbstmord. Zu den Selbstmorden siehe Kwiet 1984, v. a. S. 146, 155.

76 Weingarten 1981, S. 17; Mehringer 1998, S. 124; Sicherheitshauptamt, Jahresbericht für 1938, MadR, Bd. 2, S. 67.

77 Hier lese ich Barkai 1988, S. 30, 47, 78, etwas gegen den Strich.

78 Wetzel 1988, S. 497–498; zu den Frauen siehe Barkai 1988, S. 66.

79 Moser 1966, S. 52; Freund und Safrian 2002, S. 789; Strauss 1987, S. 190.

80 Pohl 2003, S. 12, 16; Gellately 2002, S. 87; siehe auch Mehringer 1998, S. 84, 129.

81 Wachsmann 2006, S. 106, 109, 483 Anm. 16. Am tödlichsten scheint für deutsche Kommunisten das Jahr 1945 gewesen zu sein, als 1800 von ihnen hingerichtet wurden: Mehringer 1998, S. 180.

82 Gellately 2002, S. 144.

83 Gerlach und Werth 2009, S. 146–148.

84 Wachsmann 2006, S. 411–413.

85 Wagner 1996, S. 375; Lotfi 2000, S. 216; Mason 1978, S. 313–319; Gerlach und Werth 2009, S. 144–150.

86 Laut Pohl (2003, S. 14–15) sind über 5000 Homosexuelle in Konzentrationslagern gestorben; Gellately 2002, S. 164; Wachsmann 2006, S. 143–146; Jellonek 1990, S. 33.

87 Gesetz zur Verhütung erbkranken Nachwuchses, 14. Juli 1933, in Hermle und Thier-

felder 2008, S. 620–623; siehe auch Neliba 1992, S. 162, 174–176, 189–190, 197–198; Bock 1986, S. 87–88.

88 Bock 1986, S. 232–237, 241, 372; Lifton 1988, S. 30–31.

89 Bock 1986, S. 12, 375–381; Neliba 1992, S. 197–198.

90 Frykman 2000, S. 213, 229; zu Gesetzen in anderen Ländern siehe Bock 1986, S. 48–49, 242; Kühl 1994, S. 90.

91 Siehe zur International Federation Kühl 2004, S. 498; zu deutschen Ärzten: Bock 1986, S. 52, 80, 182–208; zu regionalen Differenzen: Bock 1986, S. 247–248.

92 Zu diesem Punkt in Bezug auf die Eugenik siehe Bock 1986, S. 91–92, 121, 195.

93 Böhler 2006, S. 54–157, 181–185, 241; Wildt 2003, S. 433–450.

94 Schenk 2000, v. a. S. 129, 150–178, 212, 291; Borodziej 1999, S. 29; zum Befehl von Gauleiter Forster auch Böhler 2006, S. 232. Zu den Milizen: Jansen und Weckbecker 1992, S. 35, 42–54, 60, 70, 154, 156. Laut Mallmann u. a. (2008, S. 65, 84) gab Himmler die Befehle, doch sie erklären nicht, warum diese in Danzig-Westpreußen so viel weiter gingen als in anderen Regionen des annektierten Polen.

95 Witte u. a. 1999, S. 80–83; Aly 1995.

96 Herbert 1985, S. 67–131.

97 Wachsmann 2006, S. 205, 232–235; Orth 1999, S. 67–105.

98 Bock 1986, S. 346.

99 Siehe Friedlander 1997; Aly 1987; zur Produktivität als Kriterium siehe u. a. Grabher 2006, S. 45, 48; zum wachsenden Widerwillen, ab den 1930er Jahren Nervenheilanstalten zu finanzieren, siehe Faulstich 1998, S. 101–240. Zu den Krankenhausbetten im besetzten Polen: Aly 1995, S. 114–126, und Riess 1995, v. a. S. 359.

100 Pramowska 2010, S. 169; Hirschfeld 1984, S. 163, 174 (der niederländische Faschistenführer Mussert schlug 1938 Guyana vor); «Dichiarazione sulla razza del Gran Consiglio del Fascismo», 6.–7. Oktober 1938, in Collotti 2006, S. 190 (Italienisch-Äthiopien war eine Option). Picard 1997, S. 297, 322, erwähnt 16 Pläne aus verschiedenen Ländern von 1926–41; siehe auch Weingarten 1981, S. 164–172.

101 Weingarten 1981, S. 165; zu Polen: Melzer 1997, S. 131–143.

102 Steur 1997, S. 30–32; Steinbacher 2000, S. 114.

103 Longerich 2001, S. 81; Gruner 2000b, S. 112; siehe Mallmann u. a. 2008, S. 63–65.

104 Polian 2008, S. 15–17.

105 Ebd., S. 1.

106 Brechtken 1997, S. 32–52, 81–164, 482–484; Jansen 1997, S. 60–107, 114–134, 142–173.

107 Siehe Moser 1966, S. 15 (über Rosenberg bei einer Pressekonferenz schon am 7. Februar 1939); Longerich (2001, S. 58) über dieses Ziel bei Hitler Ende 1937, ohne Bezug zu Madagaskar.

108 Brechtken 1997, S. 221–283; Steur 1997, S. 36–38.

109 «Plan zur Lösung der Judenfrage», 2. Juli 1940; Rademacher an Luther, «Bisherige Entwicklung des Madagaskar-Plans des Referats D III», 30. August 1940; RSHA, «Madagaskar-Projekt», undatiert, alle in PA AA R 100857, S. 195–196, 199–214, 226–227.

110 Löseners Notiz über Gespräch mit Eichmann, 3. Dezember 1940, BA R 18/3746a.

111 Siehe Klarsfeld (1992, S. 271) über Notizen über ein Gespräch zwischen Hitler und Abetz.

112 Brechtken 2000, S. 489.

113 Aly 1995, S. 268–279.

114 Gerlach 1998, S. 27–29.

115 Moser 1966, S. 15; zu Rosenberg siehe Cecil 1972, S. 226.

116 Siehe etwa Danneckers Memorandum, 21. Januar 1941, in Steur 1997, S. 185.

117 Dies ist das zentrale Argument von Aly 1995.

118 Westermann 2005, S. 155; siehe auch ein Rundschreiben von Gottong, 6. April 1940, in Berenstein 1961, S. 56. Über die Anzeichen für bevorstehende Massendeportationen im Februar siehe Gruner 2004, S. 38–39.
119 Bahnbrechende Forschungen über diese Vertreibungen und Deportationen finden sich in Toury 1986, v. a. S. 431–433, 440, 447–449, 455, 458. Zu den Protesten siehe Browning 2010b, S. 66. Zur Zwangsemigration aus der Besatzungszone: Steur 1997, S. 46, 49–50, 52; siehe auch Alary 2006, S. 224. Zu den Rückkehrern: Eggers 2002, S. 356. Zu den allgemeinen Deportationsplänen nach Frankreich siehe Kettenacker 1973, S. 250, 363 Anm. 76; Klarsfeld 1992, S. 272–273; Hirschfeld 1991, S. 20.
120 Anweisung der Gestapo Koblenz zum Stopp dieser Ausweisungen, 16. November 1939, in Walk 1981, S. 310.
121 Moser 1966, S. 19–22.
122 Zimmermann 1996, S. 173–174, 178–179, 186, 214–217, 225. Hitler zit. n. Goebbels in Wachsmann 2006, S. 198.
123 Peschanski 2010, S. 40, 42; Zahlen nach Toury 1986, S. 447–449. Laut Heinemann (2003, S. 307, 319) wurden 165–168 000 Menschen aus dem Elsass und aus Lothringen ausgewiesen. Stiller (2009, S. 65–66, 81) nennt niedrigere Zahlen.
124 Zur Zwangsarbeit 1939–41 siehe Gruner 1997, S. 19–216.
125 Mallmann u. a. 2008, S. 88; Böhler 2006, S. 188–200; Rossino 2003, S. 72–73, 88–120, 169–174.
126 Flugblatt des OKW, 28. August 1939, zit. n. Böhler 2006, S. 39. Ein ähnliches Argument beim Chef der Sicherheitspolizei und des SD, Tagesbericht vom 16.–17. September 1939, in Mallmann u. a. 2008, S. 142.
127 Siehe Pohl 1993.
128 Weiss 1977, S. 345–346.
129 Mallmann u. a. 2008, S. 60, 63; HSSPF Posen, 12. November 1939, in Mallmann u. a. 2008, S. 191. Etwa 30 800 der aus dem annektierten Westpolen in den Distrikt Lublin Deportierten waren Juden: Kiełbón 2004, S. 124.
130 Browning 1986, v. a. S. 345; Młynarczyk 2007, S. 112–124; Roth 2009, S. 180–181, 189–190.
131 Berenstein u. a. 1961, S. 138; Snyder 2011, S. 440–441 Anm. 63 (11 387 Tote 1941).
132 Die vier Argumente stammen von Alberti 2006, S. 150, 159; Browning und Matthäus 2003, S. 189–199; Aly und Heim 1991, S. 300–321; und Sinnreich 2004, S. 14 (in dieser Reihenfolge). Siehe auch Hilberg 1994a, S. 246–249.
133 NS-Größen wie Heydrich (am 17. September 1939) sprachen von der Schaffung eines jüdischen «Reservats»: Longerich 2001, S. 78.
134 Siehe zu den ‹Asozialen› Wildt 1995, S. 56; zu den politischen Gefangenen und Kriminellen: Pingel 1978, S. 72, 74; zu den Anstaltspatienten: Grabher 2006, S. 50, und Neliba 1992, S. 242; zu den getöteten KZ-Insassen Orth 1999, S. 114–122; Pingel 1978, S. 84, 96.
135 Bock 1986, S. 354–359; siehe auch Kapitel 4.

4
Vom Massenmord zur umfassenden Vernichtung: 1941 bis 1942

1 Weitere Details zu diesen Mustern, zu Theorien und zur Entwicklung bei den Praktiken des Massenmords bei Longerich 1998a; Browning und Matthäus 2003; Gerlach 1998.
2 Siehe Gerlach 1999, S. 46–76; Dieckmann 2011, S. 192–209.
3 Dieckmann 2011, S. 184–192, 209–233; Gerlach 1999, S. 72–76, 81–94, 214–215.

4 Siehe Kruglov 2010, S. 274–275; Gerlach 1999, S. 550.
5 Siehe die Zahlen bei Dieckmann 2011, S. 391, und im Bericht des Einsatzkommandos 3, 1. Dezember 1941, in Klee u. a. 1988, S. 52–53.
6 Gute Überblicke findet man bei Longerich 1998a, S. 352–403; Jürgen Matthäus in Browning und Matthäus 2003, S. 405–428. Siehe auch Gerlach 1999, S. 555–628.
7 Laut Kruglov (2010, S. 274–277) wurden einschließlich der rumänischen Morde im Juli 1941 38–39 000 Juden ermordet, im August 62 000, im September 136–137 000, im Oktober 118–119 000, im November 65 000 und im Dezember 87 000.
8 Siehe den Bericht des Einsatzkommandos 3, 1. Dezember 1941, in Klee u. a. 1988, S. 52–59; zu Weißrussland: Gerlach 1999, S. 585–628.
9 Angrick 2003, S. 362–363; Gerlach 1999, S. 562–563.
10 Jansen und Weckbecker 1992, S. 103, 117–118, 125, 129–131.
11 1941 wurden in Litauen etwa 150 000 Juden ermordet, in Lettland 70–80 000, in Weißrussland 190 000, in der Ukraine über 500 000, davon 70 000 in Ostgalizien (siehe unten), bis zu 90 000 unter rumänischer Kontrolle und Zehntausende in Russland. Zur Ukraine: Kruglov 2010, S. 274–280; zu Weißrussland: Gerlach 1999, S. 628; zu Litauen: Dieckmann 2011, S. 1009; zu Lettland: Felder 2009, S. 206.
12 Für 1941 berichteten die Einsatzgruppen von etwa 350 000 Morden, hauptsächlich Juden. Siehe Scheffler 1997, S. 38; Gerlach 1997, S. 62; Headland 1992, S. 98–101; Angrick 2003, S. 519.
13 Himmlers Rede, 6. Oktober 1943, BA NS 19/4010, S. 175, vgl. Peterson und Smith 1974, S. 169. Zu weiteren Reden 1944 siehe Longerich 2001, S. 189–190.
14 Pohl 2000, S. 143.
15 Siehe Gerlach 1999, v. a. S. 606; Reitlinger 1963, S. 185; Pohl 2000, S. 144, 147–148, 154–156; zu den Verlusten in der Ukraine die Zahlen Alexander Kruglovs in Zabarko 2005, S. 391; und Spector 1990a, S. 186 Anm. 63; zu den Wirtschaftsstrukturen: Dean 2000, S. 7–8.
16 Siehe Bankier 2011, S. 96–161.
17 Gerlach 1999, S. 274–275; siehe auch Jersak 1999, S. 364. Vor diesem Hintergrund war jede zeitweilige Begeisterung über die Anfangserfolge in der Schlacht um Moskau Anfang Oktober (siehe Browning und Matthäus 2003, S. 455–475) zweitrangig.
18 Siehe zu Weißrussland Gerlach 1999, S. 602–605, 615–620, 875–884; zur Ostukraine: Boll und Safrian 1995, S. 281–288; allgemein: Hasenclever 2010, S. 474–516.
19 Siehe Arad 2009, S. 75–88; Pohl 2011, S. 122; Kruglov 2010 S. 273.
20 Siehe Romano und Kadelburg 1977, S. 678–681; Browning 1985, S. 39–56, 68–85; Manoschek 1993, S. 12, 69–108; siehe auch das Telegramm von Veesenmayer und Benzler, 8. September 1941 (Kopie) BA, NS 30/193.
21 Peschanski 2002, S. 202; Kaspi 1997, S. 212; Steur 1997, S. 58.
22 Herbert 1996, S. 301–304.
23 Aly 1995, S. 59–135, 207–279.
24 Unger 1998, S. 125.
25 Klein 2009, S. 320–322, 344, 390, 478, 504–505; Alberti 2006, v. a. S. 349–353; Epstein 2010, S. 185–186.
26 Höppner an Eichmann, 16. Juli 1941, abgedruckt in Pätzold 1984, S. 295.
27 Krakowski 2007, S. 22–26.
28 Siehe den Vermerk über eine Sitzung im Reichsarbeitsministerium, 28. November 1941, abgedruckt in Pätzold 1984, S. 322; Klein 2009, S. 442–444.
29 Siehe zu den Details Krakowski 2007.
30 Gutman 1982, S. 64.
31 Pohl 1993, S. 92–95, 99–106; Witte u. a. 1999, S. 233–234; Gerlach 1998, S. 178.
32 Pohl 1996, S. 139–154.

33 Siehe S. 74–75 in diesem Buch; Friedlander 1997, S. 430–436.
34 Abgedruckt bei Pätzold 1984, S. 298.
35 Essner 2002, S. 329–346; Kreuzmüller 2008, S. 40–41; Wildt 2003, S. 609–611; Adam 1972, S. 319–320. Siehe zu diesen Daten zwei Listen, die eine vom 7. August 1941, in AIPN, CA 362/218, Bl. 1–10. Einspruch gegen die erweiterte Definition kam besonders von den Reichsministerien für Justiz und für Inneres.
36 Zeitschel an Behr, 22. August 1941, in Steur 1997, S. 190; zu Hitlers Entschluss, die Juden später zu deportieren, siehe die Bemerkung des Generalkommissars für die Niederlande, Schmidt, am 20. August 1941, in Michman 1986, S. 172.
37 Siehe die Polizeiverordnung, 1. September 1941, in Pätzold 1984, S. 306–307; Goebbels 1996, II, 1, S. 265 (15. August 1941); zu den Vorschlägen aus der Partei siehe den Bormann-Rundbrief Nr. 109/41, 9. September 1941, BA NS 6/335, S. 84; zum Innenministerium: Neliba 1992, S. 344; zur Arbeitsgruppe: Essner 2002, S. 337–338; zu den Vorschlägen des HSSPF in Prag: Oprach 2006, S. 117–118, 122.
38 Siehe Witte 1995; Gerlach 1998, S. 76–78; siehe zu Kaufmann seinen Brief an Görnnert, 4. September 1942, BA 34.01 FC, Film Nr. 375, Bl. 6786; siehe Lammers und Bormann an von Schirach, 3. Dezember 1940 und 2. November 1941, in Botz 1975, S. 197–199.
39 Siehe das Protokoll der Sitzung der Sicherheitspolizei in Prag, 10. Oktober 1941, in Longerich 1989, S. 176.
40 Gottwaldt und Schulle 2005, S. 52–130; Gerlach 1999, S. 749–754. Zu Hitlers Wahl der Zielorte: Adam 1972, S. 314 Anm. 51; Gruner 2000a, S. 75.
41 Conze u. a. 2010, S. 176–179.
42 Browning und Matthäus 2003, S. 288–292, 529–530; Gerwarth 2011, S. 253; siehe auch Browning 2010b, S. 64. Pässe für tschechische Juden wurden nach dem 2. Oktober 1941 nicht mehr ausgestellt; siehe Klein 2009, S. 371 Anm. 46.
43 Siehe Zariz 1987, S. 275, 290; zu Frankreich: Thalmann 1999, S. 267; Marrus und Paxton 1981, S. 164, 247.
44 Siehe Gerlach 1998, S. 101–102; Heydrichs Meinung ist zitiert nach dem Protokoll der Wannsee-Konferenz am 20. Januar 1942, Faksimile in Tuchel 1992, S. 130. Zur Planung von Theresienstadt siehe Oprach 2006, S. 122–123.
45 Bormann an Bouhler, 2. Juni 1942 (Kopie), BA 62 Ka 1, Nr. 63, Bl. 136.
46 Bajohr und Pohl 2006, S. 56; Gellately 2002, S. 187; Milotova 1996, S. 171; von Hassell 1946, S. 231, 236 (4. Oktober und 30. November 1941); Gruner 1997, S. 275; Goebbels 1941, S. 1–2; MadR, Bd. 8, S. 3007 (20. November 1941); Steinberg 1992, S. 305. Kershaw (2008, S. 182, 200) erwähnt viel Unmut, aber noch mehr Gleichgültigkeit; siehe auch Longerich 2006, S. 36, 42.
47 Bajohr und Pohl 2006, S. 47–51; Kershaw 2008, S. 146–147; siehe auch Hitlers Äußerungen am 19. November 1941 und 25. Januar 1942, in Hitler 1982, S. 143, 228.
48 Essner 1995, S. 207.
49 Siehe den Bericht von Polizeihauptmann Salitter, 26. Dezember 1941, in Hilberg 1981, S. 138.
50 Siehe Browning und Matthäus 2003, S. 449–535.
51 Friedländer 2006, S. 743–744 Anm. 162, 751–754 Anm. 102; Longerich 1998a, S. 441–460; Gerlach 1998, S. 267–269.
52 Experimente mit Blausäuregas in Auschwitz – entweder im September oder November 1941 – standen nicht in direkter Verbindung mit dem Beginn der Judenvernichtung. Die meisten Opfer der Experimente waren nichtjüdische sowjetische Kriegsgefangene. Die Ermordung von Gefangenen mit Gas, unter ihnen auch Juden, begann im Februar 1942 in kleinem Rahmen, der erste Mord an gerade eingetroffenen Juden fand im Juli 1942 statt. Siehe Orth 1999, S. 137–140, 199–201, und

S. 104 in diesem Buch. Eine Rede Rosenbergs bei einer Pressekonferenz am 18. November 1941 zur «biologischen Ausmerzung des gesamten Judentums in Europa», die in den besetzten Sowjetgebieten stattfinden sollte, war in ihrem Kontext mehrdeutig (Gerlach 1998, S. 109, 158 [Zitat]) und wurde unterschiedlich aufgefasst. Siehe die Anmerkung des Journalisten Fritz Sänger zu Rosenbergs Rede: «Sie [die sechs Millionen sowjetischen Juden] müssen biologisch ausgemerzt werden, man kann sie über den Ural setzen oder auf andere Weise ausmerzen.» Zit. n. Dörner 2007, S. 164.

53 Manoschek 1993, S. 91–96.

54 Gerlach 1998, S. 88–105; Angrick und Klein 2006, S. 162. Über jüdische Veteranen mit Auszeichnungen unter den mitteleuropäischen Opfern in Kaunas siehe M. Jelin, «Die Todesforts bei Kaunas» in Grossman und Ehrenburg 1994, S. 582.

55 Siehe den Eintrag zum 1. und 2. Dezember 1941 in Hitler 1982, S. 148.

56 Siehe den Bericht eines SS-Kriegsberichterstatters an d'Alquen und Weibgen, Taganrog, 5. Dezember 1941, BA NS 19/2440, Bl. 2–4.

57 Gerlach 1998, S. 123–128.

58 Goebbels 1996b, S. 498–499 (13. Dezember 1941); vgl. Gerlach 1998, S. 124.

59 Zit. n. Gerlach 1998, S. 132. Eine vage Zusage von Ostminister Rosenberg im Diensttagebuch des Generalgouverneurs, 14. Oktober 1941, Präg und Jacobmeyer 1975, S. 413.

60 Rosenberg, 16. Dezember 1941, zit. n. Gerlach 1998, S. 121; Bräutigam an Lohse, 18. Dezember 1941, zit. n. ebd., S. 130. Zum Reichskommissariat Ostland gehörten die baltischen Staaten und Teile Weißrusslands.

61 Witte u. a. 1999, S. 293–294; vgl. Gerlach 1998, S. 117–118. In seiner Reichstagsrede vom 11. Dezember hatte Hitler rücksichtslose Maßnahmen gegen Störungen an der Heimatfront und gegen den Schwarzmarkt angekündigt, wie der SD betonte. Siehe MadR, Bd. 8, S. 3091 (15. Dezember 1941). Peter Longerich 1998b, S. 28, hat die Meinung vertreten, Hitler habe mit der Erwähnung von Partisanen gemeint, dass der Mord an den sowjetischen Juden wieder intensiviert werden sollte. Ich sehe das anders, da es zu diesem Zeitpunkt kaum jüdische Partisanen gab. Außerdem begannen großangelegte Massenmorde an Juden in den meisten besetzten sowjetischen Gebieten erst Monate später wieder. Laut Friedländer 2006, S. 354, wurde «die erste [ausschließlich] jüdische Widerstandsorganisation im besetzten Europa» im Januar 1942 in Kaunas geschaffen, zwei Wochen nach Hitlers Treffen mit Himmler.

62 Dieser Punkt wird von Hartog 1997, S. 75–76, betont.

63 Siehe Gerlach 1998, S. 119–120, 134; siehe auch Berger 2013, S. 34–36.

64 Evans 2010, S. 22.

65 «Militärisch-politische Berichte. Ueber den deutschen Nachrichtendienst» (ohne Datum, Eingangsstempel 5. August 1944), BAS, EMD, E27, 1000/721/Bd. 2183, Dossier 306, Bl. 58–59. Das Wort «gesamten» ist im Original unterstrichen. Zuerst zitiert bei Haas 1994, S. 163–165, wenn auch nicht in diesem Kontext.

66 Ebd., Bl. 58–61, vgl. Haas 1994, S. 165. Arthur Nebe, der Chef der Reichskriminalpolizei war tatsächlich an der Entwicklung von Gaswagen beteiligt.

67 Wi/Verb für Kriegsverwaltungschef Dr. Michel, 12. Dezember 1941, Faksimile in Billig 1955, S. 363.

68 Steur 1997, S. 67–68; Hilberg 1994a, S. 666–668.

69 Essner 2002, S. 27, 396.

70 Zit. n. Deletant 2006, S. 176. Ich danke Jürgen Förster für den Hinweis auf dieses Dokument.

71 Siehe Emil Dorians Tagebucheintrag vom 16. Dezember 1941 über die angebliche Absicht, alle rumänischen Juden nach Transnistrien zu deportieren, «wovon jetzt

alle reden», zit. n. Volovici 1997, S. 208. Das erwähnte Gesetz wird in einer Notiz von SS-Hauptsturmführer Richter erwähnt, 15. September 1942, in Ancel 1984, S. 407–408. Zu Deportationen und Erschießungen siehe Ancel 2011, S. 342–345; Ancel 2007, S. 264–265, 283–287.

72 Roseman 2002 fasst einen großen Teil der Literatur zusammen. Ein Faksimile des Konferenzprotokolls in Tuchel 1992, S. 122–136.

73 Gerlach 1998, S. 111–117, 138–139, 148–151.

74 Angrick 2012, S. 249–254, betont den letzteren Punkt.

75 Konferenzprotokoll, Tuchel 1992, S. 123.

76 Heydrichs Einladung zur Nachfolgekonferenz, 26. Februar 1942, in Tuchel 1992, S. 121.

77 Siehe Gerlach 1998, S. 138–139, 148–150. Vermerk über die Gespräche mit Goebbels, 26. Oktober 1942, BA R 22/4062, Bl. 44–45.

78 Konferenzprotokoll, Tuchel 1992, S. 128–129; siehe Longerich 1998a, S. 469–470.

79 Konferenzprotokoll, Tuchel 1992, S. 135–136; Ermordungen wurden nicht explizit erwähnt, aber die Logik der Bemerkungen zeigt, dass sie beabsichtigt waren.

80 Siehe Essner 2002, S. 393; Gerlach 1998, S. 145 m. Anm. 194; siehe auch Himmler an Greiser, 18. September 1941, BA NS 19/2655, Bl. 3. Laut dem Brief wollte Hitler, dass Deutschland einschließlich Böhmen und Mähren «vom Westen nach dem Osten von Juden geleert und befreit werden».

81 Jüdischer Ältestenrat Theresienstadt, Tagesbefehl, 19. Januar 1942, in Pätzold und Schwarz 1992, S. 101. Cesarani 2004, S. 161, erwähnt diesen Besuch.

82 Telegramm Himmler an Glücks, 26. Januar 1942, BA NS 19/1920, Bl. 1. Siehe Himmlers Notiz vom 25. Januar 1942 über ein Telefongespräch mit Heydrich in Witte u. a. 1999, S. 327.

83 Siehe Otto 1998, S. 197

84 RSHA IVB4, «Evakuierung von Juden», 31. Januar 1942, in Wannsee Conference 2009, S. 229.

85 Siehe Budrass 2004, S. 50.

86 WVHA, 10. Februar 1942, BA NS 19/2065, Bl. 20, 26–27.

87 Ebd., Bl. 28–29. Schultes Auffassung (2001, S. 360–362), dass die in Himmlers Telegramm vom 26. Januar erwähnten Juden für Umsiedlungsprojekte der SS in den besetzten sowjetischen Gebieten arbeiten sollten, passt nicht zu diesen Zahlen. Schulte sagt zu Recht, dass es im Januar 1942 keine umfangreiche Rüstungsproduktion der SS gab. Nur sehr wenige KZ-Häftlinge arbeiteten in Rüstungsbetrieben. Gleichzeitig gab es aber auch keine nennenswerten Siedlungsaktivitäten der SS in den deutsch-besetzten sowjetischen Gebieten. (Siehe Gerlach 1999, S. 339–341, und die Korrespondenz in BA NS 3/1367.)

88 Schulte 2001 geht nicht auf diesen Punkt ein. Brayard 2004, S. 110, ist der Meinung, Himmlers Befehl vom 26. Januar habe sich auf die Deportation von 150 000 Juden nach Auschwitz und Majdanek bezogen. Der hier beschriebene Kontext legt nahe, dass auch andere Zielorte geplant waren.

89 Himmler an Reichsverkehrsministerium, 14. April 1942, BA NS 19/3625, Bl. 7 («Anfang dieses Jahres»). Siehe Adler 1974, S. 193, zu Speers Brief an Rosenberg, 26. Januar 1942, über den Aufschub der Judendeportationen.

90 Pläne für «neu aufzubauende Lager» werden in einem Telegramm von Kaindl (Inspektion der Konzentrationslager) erwähnt, 14. Januar 1942, «Eilt sehr!», BA NS 3/101, Bl. 1. Zur Umwandlung Stutthofs in ein Konzentrationslager im Januar 1942 siehe Orth 1999, S. 154–155.

91 Protokoll von Saur, 17. März 1942, BA NS 19/755, Bl. 32–33; Budrass 2004, S. 51; Allen 2002, S. 150.

92 Hájková 2013, S. 6; «Die Bevölkerungsbewegung der jüdischen Siedlung Theresienstadt in der Zeit vom 24. 11. 1941–31. 5. 1945» mit Beilagen, AMV, 305–633–1, Bl. 272–282.

93 Bloxham 2009, S. 226.

94 Siehe die Vernehmungen von Bosshammers früherer Sekretärin M. G., die ab dem 15. Januar 1942 im RSHA arbeitete, am 4. Oktober 1967 und 19. März 1970, StA KG Berlin 1 Js 1/65, Bd. 5 und 40; siehe zu Bosshammers Aufgaben auch ein Zitat Eichmanns vom 24. Juni 1943 in der Anklageschrift gegen Bosshammer, StA KG Berlin 1 Js 1/65, 3. April 1971, S. 107.

95 Hitlers Äußerung vom 22. Juli 1941, in Aly 1995, S. 274.

96 Siehe Witte u. a. 1999, S. 353 (17. Februar 1942) mit Anm. 75.

97 Himmler an Pohl, 31. Januar 1942, BDC, Sammlung Schumacher, Bd. 238.

98 Picker 1977, S. 192 (5. April 1942), 305–306 (Zitat, 15. Mai 1942); zu Goebbels siehe Longerich 2001, S. 164–165.

99 Einsatzkommando 3, Bericht, 1. Dezember 1941, in Klee u. a. 1988, S. 61.

100 Tätigkeits- und Lagebericht Nr. 7 der Einsatzgruppen der Sicherheitspolizei und des SD in der UdSSR, 1.–30. November 1941, in Klein 1997, S. 248.

101 Zit. n. Epstein 2010, S. 241.

102 Zit. n. Broszat 1977, S. 758.

103 Zit. n. Gerlach 1998, S. 220, 242.

104 Luther an von Weizsäcker, 24. September 1942, zit. n. Steur 1997, S. 210.

105 Herbert 1996, S. 317.

106 Longerich 1998a, S. 37; Gerwarth 2011, S. 316; Herbert 1996, S. 320 (Zitat).

107 Zit. n. Steur 1997, S. 73.

108 Bouhler an Bormann, 10. Juli 1942, BA 62 Ka 1, Nr. 83, S. 109.

109 Siehe Herf 2006, S. 155; Dörner 2007, S. 150, 169.

110 Zit. n. Smith und Peterson 1974, S. 159.

111 «Ansprache vor Mitgliedern der Protektoratsregierung in Prag», 29. Mai 1942, BA R 19/382. Das getippte Manuskript forderte die «totale Vernichtung von Kommunismus und Judentum». «Vernichtung» wurde handschriftlich durch das ambivalentere «Ausschaltung» ersetzt.

112 Die umfassendste und am besten dokumentierte Studie ist Brayard 2004, v. a. S. 31–38. Zum Sicherheitsargument: Friedländer 2006, v. a. S. 375–378.

113 Brack an Himmler, 23. Juni 1942; «Herbert» an Brandt, 2. Juli 1942; Brandts Vermerk, Juli 1942 (einziges Exemplar) und weitere Korrespondenz in BA NS 19/1583, Bl. 16, 34–35, 45 (Zitate).

114 Himmler an Berger, 28. Juli 1942, BA NS 19/1772, Bl. 5.

115 Rundschreiben des Auswärtigen Amts, 31. Juli 1942, auf der Basis einer interministeriellen Sitzung vom Vortag, Nürnberger Dokument NG-424; siehe auch Browning 2010b, S. 126–131; Lipscher 1972, S. 130.

116 Vermerk Eichmann, 1. Juli 1942, in Klarsfeld 1977, S. 70–71; siehe Wildt 2003, S. 685–686.

117 Pohl 1996, S. 233; siehe zum Kontext auch Gerlach 1998, S. 216–217, 222–223.

118 Zit. n. Steur 1997, S. 73.

119 Himmler an Krüger, 19. Juli 1942 (Kopie), BA NS 19/1757, S. 1.

120 Siehe Gerlach 1998, S. 181–232.

121 Berger 2013, S. 177.

122 Browning 1993, S. 86–126; Pohl 1993, S. 130–131.

123 Berger 2013, S. 47–51, 81, siehe zu den ursprünglichen Tötungskapazitäten S. 78, 117. Zu möglichen Vorbereitungen in Sobibór im November 1941 siehe Schelvis 1998, S. 37–38; Pohl 1993, S. 106 Anm. 86.

124 Berger 2013, S. 93, 177 zu Belzec (wenn auch etwas widersprüchlich), siehe auch S. 123, 129, 151; Gerlach 1998, S. 202–203, 232. Zu Baubeginn und Inbetriebnahme: Berger 2013, S. 51, 56, 73.
125 Siehe Berger 2013, S. 38, 55, 119–123; Arad 1987, S. 72–73, 81–100; Grabitz und Scheffler 1993, S. 151–176. Zu Unterbrechungen der Transporte von Warschau nach Treblinka siehe die Tageschronik von Gutman 1982, S. 212.
126 Gerlach 1998, S. 237–245. Siehe auch Kapitel 9.
127 Krakowski 2007, S. 88 (Zitat), 107; Unger 1998, S. 126.
128 Orth 1997, S. 48.
129 Meine Schätzungen beruhen auf Czech 1989, S. 178–192, 239, 262–263, 281.
130 «Die Bevölkerungsbewegung der jüdischen Siedlung Theresienstadt in der Zeit vom 24. 11. 1941–31. 5. 1945», AMV, 305–633–1, Bl. 272–273. Die Bevölkerungszahl des Ghettolagers in Theresienstadt erreichte am 18. September mit 58 491 ihren Höhepunkt; siehe Hájková 2013, S. 9.
131 Siehe Berger 2013, S. 177, 254; Witte und Tyas 2001; Hilberg 1994b, S. 86.
132 Siehe Kiełbón 2004, S. 132.
133 Bischoff an SS-WVHA, 13. Oktober 1942, in Pressac 1989, S. 198. Zum Kontext: Pressac 1995, S. 54–59.
134 Browning 2010b, S. 92–93. Rumänien zog diese Erklärung später zurück.
135 Longerich 1998a, S. 491–492; Browning 2010b, S. 124–125; zur Vorbereitung der Deportationen ab Januar siehe Kamenec 2007, S. 215–217.
136 Lipscher 1979, S. 109.
137 Rothkirchen 1998, S. 54–56; Lipscher 1979, S. 130–134.
138 Browning 2010b, S. 126; Hradská 1996, S. 82.
139 Kallis 2009, S. 249.
140 Zuccotti 1993, S. 90, 110.
141 Steur 1997, S. 76–77, 80–81.
142 Adler 1989, S. 47; Vermerk Dannecker, 21. Juli 1942, in Steur 1997, S. 209.
143 Kasten 1993, S. 97–101; Poznanski 1997, S. 339, 347–364; Marrus und Paxton 1981, S. 270–279; zu den relativ geringen Festnahmen und Inhaftierungen im Juli siehe Steur 1997, S. 77, 83–84.
144 Siehe Meyer 2000, S. 39–42. Zitat: Vermerk Danneckers und Eichmanns, 4. 7. 1942, zit. n. Steur 1997, S. 206.
145 Vermerk Eichmann, Paris, 1. Juli 1942, in Steur 1997, S. 206.
146 Steur 1997, S. 73.
147 Siehe Lappenküper 2000, S. 134–135; Eggers 2002, S. 377; zu Eichmanns Plan vom 11. Juni 1942 vgl. auch Steuer 1997, S. 74.
148 Rother 2001, S. 94.
149 Eggers 2002, S. 182–184, 376–377.
150 Siehe die umfassenden Vergleiche von Zeller und Griffioen 1996 und 1997; Griffioen und Zeller 2011; Rauter an Himmler, 24. September 1942, BS NS 19/3364, Bl. 100–101. Zur Polizei: Mason 1984, S. 327.
151 Hilberg 1994a, S. 761, 764.
152 Das war laut einem Vermerk Danneckers vom 15. Juni 1942 immer noch so, in Klarsfeld 1989, S. 379–380.
153 Czech 1989, S. 190–234.
154 Siehe Czech 1989, S. 199 und Anm., 206, 209, 241–243, 250–272; siehe Poznanski 1997, S. 347. Vor Mitte Juli 1942 scheint es keinen großen Transport deutscher und österreichischer Juden nach Auschwitz gegeben zu haben: siehe Gottwaldt und Schulle 2005, S. 393–395.
155 Kiełbón 2004, S. 126–127, 131.

156 Longerich 1998a, S. 488. Zu verschiedenen früheren Massakern an deutschen Juden 1942 siehe Angrick und Klein 2006, S. 239–244, 338–344; Klein 2009, S. 452–453.

157 Siehe den Korherr-Bericht für Himmler, 23. März 1943: www.ns-archiv.de/verfolgung/korherr/korherr-lang.php (Zugriff: 26. April 2014); zu den Plänen für umfangreichere Deportationen siehe Zeller und Griffioen 1996, S. 50.

158 Luther an von Weizsäcker, 24. September 1942 (Kopie), über Ribbentrops Befehl vom selben Tag, Nbg. Dok. NG-5631.

159 Telegramm Globocnik an Grothmann, 4. September 1942, BA NS 19/3165, Bl. 287. «Grosse Auslandsanlieferungen» für den «Einsatz ‹Reinhard›» konnten sich zu diesem Zeitpunkt nur auf rumänische Juden beziehen.

160 Hilberg 1994a, S. 56–57.

161 Siehe Hilberg 1994a, S. 231–239; Browning 1986; Seidel 2006, S. 238–244; zu Weißrussland: Gerlach 1999, S. 521–533.

162 Siehe zu Wolhynien Spector 1990a, S. 366–367; zur Ukraine allgemein: Pohl 2010, S. 31; zu Weißrussland: Gerlach 1999, S. 532; zum Regierungsbezirk Zichenau den Vermerk einer Besprechung im Reichsarbeitsministerium am 28. November 1941, in Pätzold 1984, S. 323.

163 Silberklang 2004, S. 144; Browning 2010a, S. 55.

164 Hilberg 1994a, S. 234–235; Neumann 2010, S. 125–126; Auszug aus einem Bericht des Chefs des Umsiedlungsamts, Distrikt Warschau (Schön), 20. Januar 1941, in Berenstein 1961, S. 111.

165 Unter ihnen waren mindestens 1,4 Millionen im Generalgouvernement (1,27 Millionen nach Witte und Tyas 2001, ohne die Opfer von Massenerschießungen und Hunger; Berger 2013, S. 154, nennt höhere Zahlen), etwa 600 000 in der Ukraine ohne Ostgalizien (Zabarko 2005, S. 391, auf der Grundlage der Zahlen von Alexander Kruglov), 250 000 in Weißrussland (Gerlach 1999, S. 628, 683–728), etwa 100 000 in Russland, dazu hauptsächlich deutsche, österreichische, tschechische und slowakische Juden, Juden aus dem Wartheland und den polnischen Teilen der Bezirke Bialystok und Zichenau sowie fast 100 000 aus Westeuropa (Korherr-Bericht, 23. März 1943: www.ns-archiv.de/verfolgung/korherr/korherr-lang.php (Zugriff: 26. April 2014).

166 Dörner 2007, S. 166–168; Herf 2006, S. 281–288; Longerich 2006, S. 190, 205.

167 Siehe das Tagebuch von Karl Dürkefälden, 12. Juni 1942 und Ende 1942, in Obenaus 1985, S. 111, 126.

168 Siehe Dörner 2007; Longerich 2006; Bajohr und Pohl 2006.

5
Die Ausweitung der Massenvernichtung: 1942 bis 1945

1 Nach meinen Schätzungen (nur bezogen auf die größten nationalen oder regionalen Gruppen) wurden fast 2,5 Millionen jüdische Zivilisten in den von den Achsenmächten besetzten sowjetischen Gebieten ermordet (in den Grenzen von 1945; einschließlich rumänischer Gewaltmaßnahmen), 1,5 Millionen in West- und Zentralpolen und eine Viertelmillion aus West- und Mitteleuropa. Rund 300 000 lebten noch im Generalgouvernement, 150 000 in Westpolen, über 250 000 in Frankreich, je 100 000 in den besetzten sowjetischen Gebieten, in der Region Białystok und in den Niederlanden, 700 000 in Ungarn (in den Grenzen von 1942), 250 000 in Rumänien und etwa 100 000 in italienisch-kontrollierten Gebieten. Weitere 300 000 mitteleuropäische Juden waren vom europäischen Kontinent geflüchtet. Siehe auch Browning 1998a, S. 213 Anm. 2.

2 Dieses Kapitel konzentriert sich auf deutsche Politik und die Interaktion mit ausländischen Stellen. Siehe Kapitel 14 zur Diskussion des Handelns anderer Regierungen.
3 Siehe Laqueur 1981, v. a. S. 44–54; Penkower 1988 S. 59–97; zum Fall Italien siehe Steinberg 1992, S. 81, 89–90, 103.
4 Mazower 2009, S. 364.
5 Griffioen und Zeller 2011, S. 899–901; Peschanski 2002, S. 349, 354; Steur 1997, S. 90–91.
6 Es gab einige Ausnahmen in Dalmatien und an manchen Orten in Griechenland.
7 Bloxham 2009, S. 235, 244–245. Serbien und Griechenland waren Gegenbeispiele; die Regierung des Protektorats Böhmen und Mähren hatte wenig politisches Gewicht.
8 Rauter an Himmler, 24. September 1942, BA NS 19/3364, Bl. 100–101.
9 Meyer (2000, S. 37) weist auf mehrere Dokumente hin; Eggers 2002, S. 386; Röthke, Vermerk, 15. August 1943, in Longerich 1989, S. 252.
10 Vermerk Dannecker über die erste Sitzung, 8. Juli 1942, PA AA R100857, Bl. 373–376.
11 Siehe Meyer 2000, S. 42, 45–46; Eggers 2002, S. 392; Knochens Briefe an das RSHA, 25. September 1942 und 12. Februar 1943, in Klarsfeld 1977, S. 151, 174.
12 Röthke über ein Gespräch mit Laval, 14. August 1943, zit. n. Klarsfeld, 1977, S. 210; zu Ausbürgerungen siehe Zuccotti 1993, S. 178.
13 Ancel 2011, S. 486–509; Ancel 1984, S. 388, 398–399; Deletant 2010, S. 172–178; Hausleitner 2001a, S. 402; Haas 1994, S. 89. Siehe auch Hilberg 1994a, S. 847–850.
14 Ancel 2011, S. 508–509; Himmler an Müller, 20. Januar 1943, BA NS 19/2859, Bl. 50.
15 Protokoll der Wannsee-Konferenz, 20. Januar 1942, in Tuchel 1992, S. 130–131.
16 Siehe Abrahamsen 1991, S. 54, 88–93, 97–105, 115–118, 127–130, 148; BdS Oslo, «Meldungen aus Norwegen», 14. und 26. November 1942, in Ugelvik Larsen 2008, S. 879, 941; Hoffmann 2001, S. 270.
17 Rautkallio 1987, S. 166, 168, 178.
18 Vermerk Röthke, 9. September 1942, in Klarsfeld 1977, S. 140.
19 Spector 1990a, S. 186 Anm. 63, 366–367; Gerlach 1998, S. 237–245.
20 Gerlach 1999, S. 728–729, 733, 736.
21 Ende September 1942 wurde die Deportation von 600 000 Juden aus dem Generalgouvernement in Todeslager der Aktion Reinhard geplant. Tatsächlich wurden dann etwas mehr als 400 000 ermordet. Siehe «Protokoll über die in Berlin am 26. und 28. September [1942] abgehaltene Konferenz», in Ancel 1984, S. 419; Gerlach 1998, S. 231 Anm. 188. Zu Radom siehe Seidel 2006, S. 329–330.
22 Gerlach 1998, S. 225–231.
23 Himmler an Krüger, Globocnik u. a., 9. Oktober 1942, BA NS 19/352, Bl. 11–12.
24 Pohl 1996, S. 246–265.
25 SSPF Galizien, «Lösung der Jugendfrage im Distrikt Galizien» mit Anschreiben vom 30. Juni 1943, IMG, Bd. 37, S. 391–410.
26 Ebd., S. 394.
27 Siehe zu Zichenau Grynberg 1984, S. 107; zu Bialystok Gerlach 1999, S. 723–733.
28 Am 1. März 1943 waren es 203 679 Juden laut «Bevölkerungszahlen Generalgouvernement», BA R 52 VI/21.
29 «Protokoll über die erste Sitzung der Rüstungskommission am 24. Oktober 1942», BA-MA RW 23/2, Bl. 38.
30 Scheffler und Grabitz 1993, S. 14–16; «Es gibt» 1976. In einem Telegramm vom 24. Mai 1943 (in «Es gibt» 1976) berichtete Stroop, es seien 12–13 000 Juden im Ghetto getötet worden, ebenso alle 6926 nach «T II» (Treblinka) Deportierten.
31 Gerlach 1999, S. 732.

32 Dieckmann 2011, S. 1280, 1294–1297, 1317.
33 Brandt an Eichmann, 2. Oktober 1942, BA NS 19/2760; Persönlicher Stab Reichsführer SS an RSHA, 5. Dezember 1942, BA NS 19/217, Bl. 8; Brandt an RSHA, 22. Februar 1943, BA NS 19/1577, Bl. 13.
34 Zit. n. Rückerl 1977, S. 292.
35 Gryglewski 1996, S. 34, mit Bezug auf ein Rundschreiben des RSHA, 21. Mai 1943.
36 Vermerk Herbert Backe, BAK NL 75/5; siehe zum Kontext Gerlach und Aly 2002, S. 87–88. Zu Goebbels' Verschärfung der antijüdischen Propaganda siehe Dörner 2007, S. 176; vgl. Longerich 2010, S. 575 (beide mit wenig Beachtung für Hitlers Anstoß); zur antijüdischen Propagandakampagne im Frühjahr 1943 Longerich 2010, S. 570–578.
37 «Aktennotiz über Bandenbekämpfung», 10. Mai 1943, BA F 2918, Bl. 177.
38 Longerich 2001, S. 181.
39 Steinbacher 2000, S. 296, 300–302, 305.
40 Vermerk Himmler, 19. Juni 1943, zit. n. Angrick und Klein 2006, S. 386 Anm. 32.
41 Vermerk Greifelt über Termin bei Himmler, 12. Mai 1943, BA NS 19/2648, Bl. 135, siehe Himmler, «Aktennotiz über Bandenbekämpfung», 10. Mai 1943, BA F 2918, Bl. 177.
42 Gerlach 1999, S. 736–742; Dieckmann 2011, S. 1248–1252, 1268–1321.
43 Ainsztein 1993, S. 86–90.
44 Siehe Ainsztein 1993, S. 265–275, 305–361, der die deutschen Opferzahlen übertreibt; Gerlach 1999, S. 739.
45 Ainsztein 1993, S. 408–411, 423–429.
46 Scheffler und Grabitz 1988, S. 262–272, 328–333.
47 Karay 2004, S. 233–240.
48 Zum Distrikt Radom siehe Seidel 2006, S. 348–351. Zu regelmäßigen Menschenjagden: Browning 1993, S. 165–178; Klukowski 1993, S. 219–222 (Tagebuch, 19.–28. Oktober 1942).
49 Klein 2009, S. 612–613 (siehe auch S. 590–611 zu möglichen Interessen der Zivilverwaltung an der Auflösung der Ghettos); Krakowski 2007, S. 129–130.
50 Siehe auch Pohl 1998, S. 427–428.
51 Gruner 2004, S. 58–59.
52 Siehe die Dokumentation in den Akten BA R 18/5519, Bl. 499–521, und R 22/460, Bl. 334–347; Meyer 1999, S. 29–31, 96–100.
53 Meyer 1999, S. 52–59, 248–251; Hilberg 1994a, S. 448–449; Adam 1972, S. 316–333.
54 Bericht von Benjamin Vinter in *We Survived*, Bd. 3, S. 363 (Serbien); Fleischer 1986, S. 687 Anm. 34 (Griechenland); Sanders 2005, S. 194 (Frankreich); Mason 1984, S. 317–318, Moore 1997, S. 104, 123–127, und Hilberg 1994a, S. 616 (Niederlande). Zur widersprüchlichen Praxis in den besetzten sowjetischen Gebieten siehe Arad 2009, S. 360–370; Grossman und Ehrenburg 1994, S. 70–71, 73, 236, 338–339, 408, 411, 524–525, 705, 765. Siehe auch Essner 2002, S. 362–365, 370–371, 379–380, 400–444.
55 Gitman 2011, S. 56, 67 (Kroatien); Abrahamsen 1991, S. 108 (Norwegen); Anklage gegen Boshammer, StA KG Berlin 1 Js 1/65, 23. April 1971, S. 256, 371, 373 (Italien).
56 IVJ SA16 Ah/Br., «Tagung beim Reichssicherheitshauptamt am 28. 8. 1942 über Judenfragen», 1. September 1942, Eichmann-Prozessdokument 142.
57 Siehe die Korrespondenz in Akte PA AA R 100857; Browning 2010b, S. 197–202.
58 Siehe Akte PA AA R 100857, Bl. 250 ff.; Guttstadt 2008, S. 298–305.
59 Siehe Longerich 2010, S. 601; siehe zu den Italienern Steinberg 1992, S. 126–127; eine französische Widerstandszeitung berichtete im Juni 1943 über diese deutsche Absicht, siehe Cohen 1993, S. 322.

60 Siehe Vermerk Wagner (Auswärtiges Amt), 4. Dezember 1943, in Longerich 1989, S. 332–333.
61 Steur 1997, S. 116–123; Picciotto Fargion 1989, S. 258–260.
62 Klinkhammer 1993, S. 534, 546–547, 549–553. Die Zahlen schließen Juden von den italienisch annektierten Inseln Rhodos und Kos in der Ägäis ein.
63 Zuccotti 1996, S. 189–190.
64 Kaspi 1997, S. 244–250; Meyer 2000, S. 139–144.
65 Gerlach 2011, S. 327, 331.
66 Meinen (2008, S. 55, 58–78) nennt das Devisenschutzkommando eine der dabei aktivsten Einheiten.
67 Vermerk Himmler, 10. [?] Dezember 1942, BA NS 19/2159, Bl. 3, vgl. Witte u. a. 1999, S. 637 Anm. 44.
68 Laut Griffioen und Zeller (2011, S. 1009–1010) erklärt das weitgehend die Unterschiede in den Deportationsraten zwischen Frankreich, Belgien und den Niederlanden.
69 Gerlach und Aly 2002, S. 98–110.
70 Ebd., S. 149–248, 344–351.
71 Ebd., S. 275–276, 295–296, 306–313, 409–412.
72 Fatran 2005, S. 46–50; Hradská 1996, S. 92, 94; Schmidt-Hartmann 1991, S. 374.
73 Siehe zu diesem Punkt Friedländer 2006, S. 368.
74 Abitbol 1983, S. 126–146; Sebag 1991, S. 240–245; de Felice 1985, S. 175, 179–180; Roumani 2008, S. 28, 31–35; Mallmann und Cüppers 2006, S. 138, 146, 206 (z. T. spekulativ).
75 Abitbol 1983, S. 62–79, 99–107; Sebag 1991, v. a. S. 222–227.
76 Zu den steigenden Todeszahlen in Tunesien siehe Sebag 1991, S. 254; zu Libyen Roumani 2008, S. 29, 34–35.
77 Czech 1989, S. 921, 936 Anm.; Gerlach und Aly 2002, S. 401–402. Siehe Bauer 1993.
78 Siehe Blatman (2011, S. 212–214) zu den Morden in Ravensbrück, Dachau, Flossenbürg und Mauthausen; siehe auch S. 215–219, 228–229, 254, zum Verhungern zehntausender Gefangener in verschiedenen Lagern.
79 Hitler 1982, S. 59 (14.–15. September 1941); Goebbels 1995, Bd. II, 4, S. 361 (24. Mai 1942). Siehe zu 1945 Blatman 2011, S. 250–252.
80 Blatman 2011, S. 88–105.
81 Ebd., S. 204, 248, 290–291, 383–384.
82 Ebd., S. 89–97, 133–134, 149, 203–204, 222–224, 234–235; siehe zu den Verfolgern S. 609–672.
83 Das ist die These von Blatman 2011, S. 25–26, 313–314, 444–445, 678–679, 687–691, 703–705. Orth 1999, S. 272–274, betont die Rolle regionaler SS-Führer.
84 Blatman 2011, S. 691, nennt ihn «vollständig dezentralisiert».
85 Blatman 2011, S. 12, 28, schreibt, dass mindestens 35 % der Insassen nicht überlebten. Angesichts der Zahlen bei Gerlach und Aly 2002, S. 409–413, waren die Überlebensraten 1945 vielleicht etwas höher.
86 Zu den Gefängnisinsassen siehe Wachsmann 2006, S. 362–382; zu Kriegsgefangenen siehe Kapitel 9 im vorliegenden Buch.
87 Zu den Überlebendenzahlen nach Nationen siehe die Beiträge in Benz 1991; zur UdSSR Arad 2009, S. 525; Marrus 1985 (S. 331) schätzte, dass eine Million Juden außerhalb der Sowjetunion überlebten.

6
Strukturen und Akteure der Gewalt

1 Weitere Vernichtungslager waren Majdanek, ein Konzentrationslager im Distrikt Lublin, wo 100 000 Juden (und dazu andere) starben, sowie Semlin (Serbien) und Maly Trostinez (Weißrussland), zwei Lager von Sicherheitspolizei und SD, wo jeweils zehntausende Menschen ermordet wurden, meist in Gaswagen.

2 Dies schloss 300 000 in der Westukraine, über 200 000 in Weißrussland und eine unbekannte Zahl im Generalgouvernement ein. Siehe Spector 1990b, S. 186; Pohl 2000, S. 148–149, 162; Gerlach 1999, S. 628, 733.

3 Siehe z. B. Traverso 2003, S. 43–46.

4 Zu den Fehlern bei Planung und Bau der Gaskammern siehe Pressac 1989, S. 224, 227, 236, 252–253. Zu den fehlenden Krematorien Berger 2013, S. 190–213. Zur späten Errichtung der Krematorien in Chełmno während der kurzen Zeit, als das Lager 1944 erneut in Betrieb war, siehe Krakowski 2007, S. 132.

5 Siehe Pohl 1996, S. 381; Pohl 2010, S. 54; Gerlach 1999, S. 773; Hoffmann 2008.

6 «Militärisch-politische Berichte. Ueber den deutschen Nachrichtendienst», ca. Februar 1944, Bundesarchiv Bern, EMD, E27, 9928, Bd. 2183, Dossier 306, Bl. 61; auch zitiert in Haas 1994, S. 165. Siehe Gerlach 1999, S. 774.

7 Rundbrief Müller, Einsatzbefehl Nr. 20, Betr.: Gesamtübersicht über die Sonderbehandlung von Personen, 4. Juli 1942, BA R 58/3568, Bl. 8–9, auch in Klein 1997, S. 361–362.

8 Angrick 2013 stutzt Heydrichs oft übertriebenen Einfluss zurecht.

9 Laut Marrus und Paxton (1982, S. 696) waren bis Ende 1941 die antijüdischen «Maßnahmen in verschiedenen Ländern nicht eng koordiniert». Dann sei die «europaweite Koordination» allmählich verwirklicht geworden (S. 699). Das spiegelt die Perspektive von Forschern wider, die sich auf Westeuropa konzentrieren.

10 Das bemerkte schon Reitlinger 1961, S. 31. Siehe die Zahlen in Wannsee Conference 2009, S. 254–255. Sogar die Deportationen aus Ost-Oberschlesien ins nahe Auschwitz wurden von der regionalen Gestapo organisiert, nicht von Eichmann: Steinbacher 2000, S. 280. Eichmanns Transportorganisator Novak schätzte, dass er die Deportation von 1,7 Millionen Menschen organisierte (850 000 nach Auschwitz); nach seiner Aussage schloss die Zahl viele ein, die mehrmals deportiert wurden und müsse daher nach unten korrigiert werden: Vernehmung Franz Novak, 2. Februar 1961, StA KG Berlin 1 JS 1/65, Bd. 6, S. 54–55.

11 Curilla 2006, S. 835–836.

12 Himmlers Posener Rede vor den Gauleitern, 6. Oktober 1943, BA NS, 19/4010, S. 175, auch in Smith und Peterson 1974, S. 169.

13 Meines Wissens war niemand im Persönlichen Stab Reichsführer SS auf antijüdische Maßnahmen spezialisiert. Siehe Breitman 1996; Longerich 2008. Zu Himmlers Tagespensum in den entscheidenden Jahren 1941–42 siehe Witte u. a. 1999. Zu Eichmanns Zuständigkeitsgebieten: Cesarani 2004.

14 Friedländer 2006, S. 508; zu Einzelheiten über den Inhalt dieses nicht erhaltenen Berichts siehe die Anklageschrift StA KG Berlin 1 Js 1/65, 23. April 1971, S. 426–427, 429–430.

15 Siehe Gerlach 1998, S. 142–145, zu den Indizien, dass Heydrich den von Göring angeforderten Gesamtplan für die sogenannte «Endlösung der Judenfrage» nie ablieferte.

16 Bericht über Pohls Besuch in Auschwitz, 23. September 1942 («Station 2 der Aktion Reinhard»), CChlDK 502-1-19; siehe auch Perz und Sandkühler 1999, S. 283–316.

17 Rückerl 1997, S. 61, 72–75; siehe auch Berger 2013.

18 Das Formular befindet sich in BA R 102 II/31 («Einsatz Reinhardt»); siehe zum Mai Pohl 1993, S. 129–130.
19 Kárný 1987, S. 145 («Millionen»); Geiss 1988, S. 293 (2,5 Millionen); Davidowicz 1979, S. 139 (2 Millionen).
20 Hilberg 1994b, S. 86, 89; Bloxham 2009, S. 234–235.
21 Siehe Gerlach 1999, S. 751–761; zu den Transporten aus Wien an verschiedene Ziele im Jahr 1942: Botz 1975, S. 113–114.
22 Perz und Freund 2004, S. 58–70; Neumann 2010, S. 58; Vermerk eines Sonderkommandomitglieds aus Auschwitz, 25. November 1944, in Pressac 1989, S. 363; Bericht von Edita Armut Kašikovič in *We Survived*, Bd. 3, S. 112; Oleksy 1995, S. 124.
23 Hilberg 1992, S. 33. Die Zitate unterstreichen die Ambivalenz von Hilbergs Argumenten in dieser Frage; er tendierte auch dazu, die Judenvernichtung als monolithischen Prozess zu beschreiben, was eine zentrale Lenkung implizierte (Hilberg 1992, S. 33–38; Jasch 2012, S. 4 Anm. 8).
24 Banken 2009, S. 742–743. Zitate aus Steinweis 2006, S. 10, 14.
25 Zimmermann 1995, S. 369–370.
26 Adam 1972, S. 97–108.
27 Zum Beispiel alle annektierten Gebiete, das Generalgouvernement, die Reichskommissariate Ukraine und Ostland, Norwegen und die Niederlande.
28 Zum Beispiel Belgien, der größte Teil Frankreichs, Serbien, Griechenland und die Osthälfte der besetzten sowjetischen Gebiete.
29 Siehe Streit 1991, S. 67–80.
30 Siehe Streit 1991.
31 Siehe Gerlach 1999, S. 859–1054, zu Weißrussland; Scholder 2002 zu Jugoslawien; Mazower 2001 zu Griechenland.
32 Siehe Herbert 1985 und Eikel 2005 zur Arbeiterrekrutierung in der Ukraine.
33 Hilberg 1992, S. 22.
34 Gross 1979, S. 32.
35 Sie sind zusammengefasst bei Röhr 1997, S. 11–45.
36 Ebd., S. 25. Röhr bestreitet aber, dass Chaos herrschte (S. 11–45).
37 Siehe Herbert 1996, S. 271–284, 290–295; Jasch 2012, v. a. S. 137–150. Siehe auch Stuckart an Himmler, 19. März 1943, BA NS 19/3776, S. 3–4.
38 Zum Einfluss der Diplomaten siehe Kletzin 1996, S. 221–224 (über Frankreich) und allgemein Browning 2010b; zur Wehrmacht siehe Verbrechen 2002, S. 91–185; Oldenburg 2004, S. 167–168, 206.
39 Pohl 1993, S. 124–125. Der Reichskommissar für die Niederlande, Seyss-Inquart, gab seinem HSSPF eine ähnliche Zusicherung: Rauter an Himmler, 7. Oktober 1942, BA NS 19/1558, S. 9–10.
40 Ähnliches lässt sich über das Reichsinnenministerium sagen, nachdem Göring 1939 und 1941 Heydrich mit der Koordinierung der antijüdischen Maßnahmen beauftragt hatte und Himmler im November 1941 die Aufsicht über jüdische Angelegenheiten beanspruchte. Siehe Jasch 2012, S. 282–283, 297–302, 314–315.
41 Siehe z. B. die Empfehlung (auf eine Rundfrage hin) zur Deportation von 19 735 Juden: Kreishauptmann Lublin-Land, Amt für Innere Verwaltung an den Gouverneur des Distrikts Lublin, 19. Mai 1942, in Berenstein u. a. 1961, S. 277; siehe auch Musial 1999, S. 239, 246.
42 Der HSSPF (Krüger) und der Militärkommandeur des Generalgouvernements (Gienanth) beschwerten sich beide etwas übertrieben bei einem Inspekteur aus Berlin, Krüger sei «nicht selbständig und hat nichts zu sagen». Kommandeur des OKW-Stabes z. b. V., Sonderbeauftragter des Führers, Bericht Nr. 5, 21. August 1942, BA NS 6/794, S. 20.

43 Generalgouverneur, Diensttagebuch, 21. April 1942, BA R 52 II/191, Bl. 60–61 (Präg und Jacobmeyer 1975, S. 491). Ostminister Rosenberg argumentierte ebenso: «Zuständigkeitsabgrenzung auf dem Gebiet der Judenfrage in den besetzten Ostgebieten», 6. Mai 1942, BA R 43 II/684a, Bl. 155; Vermerk von Wetzel (RMO), 4. Juni 1942, BA R 6/74, Bl. 123.
44 Zitate: Greiser an Himmler, 1. Mai und 21. November 1942, beide in BA NS 19/1585, S. 1–2, 18.
45 Siehe Hilberg 1992, S. 33, 64, 80; Paul 2002, S. 62; Welzer 2005, S. 43.
46 Gerwarth 2011, S. 207; siehe auch Dams und Stolle 2008, S. 59.
47 Siehe Wilhelm in Krausnick und Wilhelm 1981, S. 281–283.
48 Safrian 1997, S. 49–56.
49 Steur 1997, S. 158–159.
50 Lotfi 2000, S. 96–97, 117.
51 Siehe Berger 2013, S. 302; Klee 1986, S. 159–163.
52 Zellhuber 2006, S. 167; Gross 1979, S. 54; Terry 2005, S. 44.
53 Orth 2000, S. 87–90.
54 Borgsen und Volland 1991, S. 82.
55 Gerlach 1999, S. 222–223.
56 Siehe z. B. Gerlach 1999, S. 223–225.
57 Allen 2002, S. 1–18, 90–91, 159.
58 Wassili Grossmann, «Treblinka», in Grossmann und Ehrenburg 1994, S. 848; vgl. Willenberg 2009, S. 106.
59 Rosenkötter 2003, S. 91.
60 Siehe zur Ordnungspolizei Browning 1993, S. 68–70, 214. Ein Drittel der *Offiziere* der Ordnungspolizei gehörte nicht der NSDAP an: «Schematische Darstellung über die Zusammensetzung des Offz.-Korps der Schutzpolizei und Gendarmerie», Februar 1942, BA 7.01, Nr. 4071, S. 67/R. Zur Wehrmacht siehe die Beiträge in Heer und Naumann 1995.
61 Westermann (2005, S. 92–123, 239) dokumentiert eine solche Indoktrination vor allem beim Offizierskorps, weist aber auch auf «die Entwicklung einer kriegerischen Identität» hin (S. 58–91). Als die Nazis 1933 an die Macht kamen, wurden nur sehr wenige Polizisten und Offiziere der späteren Ordnungspolizei entlassen (S. 36–37); Dams und Stolle 2008, S. 17.
62 Strzelecki 1994, S. 280, 283.
63 Ogorreck 1992, S. 238 Anm. 1.
64 Gerlach 1995b, S. 427–446; Gerlach 1999, S. 1104–1126. Eine allgemeine Studie zur wachsenden Überschneidung zwischen dem Denken deutscher Adliger und der Nationalsozialisten bietet Malinowski 2003.
65 Siehe zu diesem Punkt Lotfi 2000, S. 187.
66 Siehe Hilberg 1992, S. 37; zur Einsatzgruppe D: Angrick 2003, v. a. S. 8; siehe Herbert 1996 und Wildt 2003 zu verschiedenen SS- und Polizeioffizieren; Lifton 1988 zu NS-Ärzten.
67 Frank 2003, S. 224, 229.
68 Picker 1977, S. 305–306 (15. Mai 1942). Hier implizierte Hitler, man werde die Juden ermorden.
69 Kardinal Bertram an das Reichsjustizministerium, 11. November 1942, 2. März 1943 und 29. Januar 1944, BA R 22/4009, S. 26–29, 35–36; siehe Gellately 2002, S. 151.
70 Siehe z. B. Bankier 1996; Longerich 2006; Dörner 2007.
71 Mann 2005, S. 313–314.
72 So argumentierte schon Browning (2010b, S. 23–24) kritisch gegenüber Hilberg.
73 Das Bild der Vernichtungsfabrik evoziert unter anderem eine strikte Kommando-

struktur. Siehe zu diesem Bild z. B. Wassili Grossman, «Treblinka», in Grossman und Ehrenburg 1994, S. 840.

74 Eine frühe Darstellung eines Beteiligten ist Dietrich 1955, S. 125–136.

75 Siehe Aly 1993, S. 634.

76 Hansch-Singh 1991, S. 205, 209 (Zitat), 216, 218.

77 Zit. n. Aly 2005, S. 13.

78 Herbert Backe, «12 Gebote [für das Ver]halten im Osten und die Behandlung [der Russen]», 1. Juni 1941, IMG, Bd. 39, S. 367–371.

79 Paul Raab an RMO, 7. Juni 1944, IMG, Bd. 25, S. 313–316.

80 Roth (2009, S. 426) hält diesen Ansatz für typisch bei den Kreishauptleuten der deutschen Zivilverwaltung im Generalgouvernement.

81 Dieser Paragraph bezog sich aber beispielsweise nicht auf das KZ-Wachpersonal: Rückerl 1977, S. 124. Hitlers grundlegender Befehl über das Verhalten der Truppe vom 13. Mai 1941 (siehe Überschär und Wette 1991, S. 252–253) hob die Geltung dieser Klausel für die besetzten sowjetischen Gebiete auf, indem er die gerichtliche Verfolgung von Verbrechen deutscher Soldaten weitgehend auf individuelle Handlungen einschränkte (siehe auch Welzer 2005, S. 100).

82 Siehe Blood 2006, S. 80, und Meindl 2007, S. 365.

83 Gerwarth 2011, S. 171.

84 Hitler 1925–27/2016, S. 1043 (erstes Zitat), 1049, 1055 (zweites Zitat), 1061 (übrige Zitate).

85 Siehe die umfassende Studie von Sigg 2011, v. a. S. 448; außerdem Rass 2005, S. 86–87; Knox 2007, S. 75.

86 Kuss 2011, S. 414–415.

87 Siehe Longerich 2001, S. 24.

88 Siehe auch Zellhuber 2006, S. 202.

89 Schlarp 1986, S. 113; Marrus und Paxton 1982, S. 690; MadR, Bd. 3, S. 672 (22. Januar 1940); Mazower 2009, S. 221, 411.

90 Gerwarth 2011, S. 286.

91 Dams und Stolle 2008, S. 46; siehe auch Kohlhaas 1995, S. 221–225; Wildt 2003 S. 284.

92 Müller an Knochen, 2. Juli 1943, in Klarsfeld 1977, S. 204; Kasten 1993, S. 97–101, 109, 125–158, 170. Zur Ordnungspolizei: Kletzin 1996, S. 242.

93 Kasten 1993, S. 19 (zweites Zitat), 213 (erstes Zitat).

94 Borodziej 1999, S. 34–35. Im November 1942 gab es 12 000 deutsche Ordnungspolizisten im Generalgouvernement, im Mai 1943 19 000 und 1944 40 000.

95 Rückerl 1977, S. 117–118. Siehe auch Kapitel 10.

96 Zum Kolonialismus siehe Robinson 1972, S. 137–139.

97 Siehe zu Frankreich Meyer 2000, S. 13–29. Die meisten Forscher wenden den Begriff «Aufsichtsverwaltung» nur auf einzelne besetzte Länder in Westeuropa an.

98 Siehe Wildt 2003, S. 521; Herbert 1996, S. 367.

99 Robinson 1972, S. 139, siehe auch S. 137.

100 Siehe den Tagesbefehl der SS-Kavalleriebrigade, 10. November 1941, der einen Befehl des Kommandanten des rückwärtigen Heeresgebiets Mitte gegen die private Teilnahme von Soldaten an Massenhinrichtungen zitiert, BA-MA RS 3–8/42; am 18. Oktober 1941 verbot derselbe Kommandant deutschen Soldaten das private Betreten jüdischer Ghettos, BA-MA RS 4/3.

101 Siehe zu Polen Jansen und Weckbecker 1992, S. 8, 111–159 (die SS stoppte aber diesen möglichen Versuch zur Schaffung einer neuen mörderischen Massenmiliz: S. 198–201); Schenk 2000, S. 156–161. Zu Transnistrien siehe Angrick 2003, S. 285–288.

102 Siehe Wildt 2007, S. 277–281.

103 Sehe Johnson und Reuband 2005, S. 277–280.
104 Brief aus Ulm (Bahnhofsvorsteher in Imst, Tirol) an die Reichskanzlei, 13. Juni 1941, BA 7.01, Nr. 4112, Bl. 383; Brief Marianne Siebrasse, 4. Mai 1944, PA AA R 99 449 (Hervorhebung im Original). Herbert Klein, der Sohn des Oberhaupts der jüdischen Gemeinde in Nürnberg, sagte, er habe nach Kriegsende den Fußboden des *Stürmer*-Gebäudes mit Papieren bedeckt gefunden, darunter vielen Briefen wie den eben zitierten: Johnson und Reuband 2005, S. 106.
105 Goldhagen 1997, S. 29–39, 455 (Zitat).
106 Siehe zu Lublin Fritz Cuhorst, Bericht, ca. Dezember 1939, in Mallmann u. a. 2003, S. 14; zu Slonim (Weißrussland): Vernehmung Alfred Metzner, 18. September 1947, StA Hamburg 147 Js 29/67, Sonderband A, Bl. 32; zu Theodor Dannecker: Steur 1997, S. 154–158. Zur brutalen Behandlung sowjetischer Kriegsgefangener siehe Kapitel 9, Anm. 44.
107 Das wird klar aus den Schilderungen in Krakowski 2007; zum Auspeitschen von Lagerinsassen in Sobibór (im Gegensatz zu denen, die sofort im Gas ermordet wurden) siehe auch Schelvis 1998, S. 105–107. Als Himmler dieses Lager besuchte, wurden Knüppel und Peitschen versteckt, weil Himmler gegen ihren Gebrauch war (ebd., S. 111; dasselbe sagten auch frühere Täter nach dem Krieg aus: Sereny 1980, S. 224).
108 Banken 2009, S. 385–387.
109 Hilberg 1992, S. 67–69; Browning 1998b, S. 151.
110 Ingrao 2012, S. 255; siehe Welzer 2005, S. 262–263.
111 Browning 1993, S. 134.
112 Hilberg 1992, S. 67.
113 Siehe z. B. Hilberg 1992, S. 67–69.
114 Siehe zu verschiedenen Funktionen der Brutalität Berger 2013, S. 340–346; Młynarczyk 2007, S. 163–169, 172.
115 Zum Konzept der erlernten Hilflosigkeit siehe Peterson u. a. 1993. Ich bin Brett Wieviora, einem meiner früheren Studenten an der University of Pittsburgh, sehr dankbar, dass er mich auf den Nutzen dieses Konzepts für diesen Zusammenhang hinwies.
116 Turan und Dutton 2010, S. 10–12, zu Massakern: S. 8–10, Zitate S. 12. Beispiele, die jüdische Überlebende zitieren, bei Kassow 2010, S. 494 (über Treblinka); Grossman und Ehrenburg 1994, S. 70 (über Berdytschew in der Ukraine).
117 Über die wenigen Massenfluchten bei solchen Anlässen in Ostpolen 1942, die oft vor einer geplanten Hinrichtung stattfanden, siehe Levin 1979, S. 133–149.
118 Zu den Juden siehe z. B. Haase und Oleschinski 1995, S. 37; Alvensleben an Brandt, 4. März 1943, in Longerich 1989, S. 165; zu den Roma: Holler 2009 S. 56; zur Überwindung des Widerstands (durch litauische Milizen in Pasvalys am 26. August 1941): Levinson 2006, S. 113.
119 Welzer 2005, S. 139, 147, 154, 167.
120 So argumentiert auch Kühne 2006, S. 152.
121 Befragung eines in Österreich geborenen 25 Jahre alten Unteroffiziers, der aus der Wehrmacht desertiert war, durch schweizerische Behörden, Ende Februar 1942, zit. n. Haas 1994, S. 140.
122 Zit. n. Bankier 2011, S. 102, siehe auch S. 136.
123 Berger 2013, S. 118–119.
124 Grossman und Ehrenburg 1994, S. 132–133, 444–445, 995–997.
125 Verhör Theodor Clausen, 1963, zit. n. Angrick und Klein 2006, S. 88.
126 Eine andere Interpretation liefert Welzer 2005, S. 262.
127 Siehe Mosse 1990, S. 258. Außerdem konnten die Deutschen, wenn sie die Juden vor der Hinrichtung zum Ausziehen zwangen, ihre Kleider wieder verwenden.

128 Sereny 1980, S. 223–224, 250 (Zitat).
129 Harvey 2009, S. 176–177 (Ghetto Łódź); Lehnstaedt 2008, S. 87–88 (Warschau); einer der wenigen mitfühlenden Berichte über das Warschauer Ghetto bei Blättler 1945, S. 26–34, 82–85.
130 Welzer 2005, S. 133–134; Telegramm Müller (RSHA) an die Einsatzgruppen, 30. August 1941, BA R 70 SU/32.
131 Himmler an Berger, 28. Juli 1942, BA NS 19/1772, Bl. 5; zu Himmlers Rede bei Heydrichs Begräbnis siehe Gerwarth 2011, S. 246; weitere Beispiele bei Wildt 2003, S. 530, 576; zu einem Arzt in Auschwitz siehe die Tagebucheintragungen von Johann Kremer, 5. und 12. September und 18. Oktober 1942, in Klee u. a. 1988, S. 234, 237–238; zu einem Zeitungsartikel von 1943 über «ausrotten» und «Ausschaltung» der Juden siehe Dörner 2007, S. 179; zur Partisanenbekämpfung siehe einen Brief von Knut L. an seine Mutter, 19. Februar 1943, in Kilian 2005, S. 272; zu den vielen Nervenzusammenbrüchen: Welzer 2005, S. 163, 291 Anm. 363.
132 Siehe Zabarko 2014, S. 385.
133 Siehe die in Kapitel 1 erwähnten Einheiten und zu einer Einzelperson das Tagebuch von Johann Kremer (8. August – 24. November 1942) in Klee u. a. 1988, S. 231–242.
134 Manche Soziologen und Anthropologen vertreten das Gegenteil. Siehe etwa von Trotha 1997, v. a. S. 19–20, 24, 26, 35. Versuche, die Manifestationen und Methoden der deutschen Gewalt als Botschaften zu «lesen», haben relativ begrenzte Ergebnisse erbracht. Ein Beispiel ist Ingrao 2012, S. 241–314.

7 Rassismus und antijüdisches Denken

1 Siehe z. B. Bauer 2001, S. 24.
2 Volkov 1990, S. 57; Holz 2001, S. 360–363.
3 Siehe zur ersten Version Melson 1992, S. 206, und Bauer 2001, S. 67; zur zweiten Ansicht: Pohl 2003, S. 3–9, und Scheffler 1985, S. 31–34.
4 Weikart 2009, S. 15.
5 Poliakov 1974, S. 3, 5; Geiss 1988, S. 16, 27, 49, 54.
6 Geiss 1988, S. 15–17, 141–150, 160–162; Weikart 2004, S. 103–122.
7 Poliakov 1974, S. 174–175, 230; Geiss 1988, S. 203, 208–210.
8 Siehe die Interpretation in Bloxham 2009.
9 Stern 1963, S. 13.
10 Zur Vorstellung einer allgemeinen sozialen, politischen, intellektuellen und spirituellen Krise siehe Rosenberg 1939, S. 1, 637.
11 Siehe z. B. Harten u. a. 2006, S. 7.
12 Ebd., S. 15. Viele Experten und Politiker hätten bei der obersten Ebene nicht übereingestimmt, da sie ein größeres Spektrum von Rassen sahen, als unter ‹Arier› zusammenzufassen war; andere hielten ‹Arier› für gar kein rassisches Konzept.
13 Günther 1937 [1922], S. 8, 11, 174–178, 185–186; ein großer Teil dieses Buches betrachtet nur körperliche Merkmale (S. 38–157). Zu Juden siehe Günther 1930, S. 209–276; Steinweis 2006, S. 34–38; Breitenfellner 1998, S. 119 Anm. 19.
14 Weikart 2009, S. 8–9.
15 Grosse 2000, S. 99–102; van Laak 2005, S. 108.
16 Weikart 2004, S. 183–206.
17 Saller 1961, S. 36, 79 (über Ludwig Schemann und Fritz Lenz); Stern 1963, S. 89–90 (über Paul de Lagarde).
18 Koonz 2006, S. 404; über Rosenberg siehe Piper 2005, S. 207; Kroll 1998, S. 106. Zu

Hitlers Schlussfolgerungen aus der jüdischen Religion: Hitler 1925–27/2016, S. 795–799.

19 Weikart 2009, S. 109, 111, 160; Hitler 1925–27/2016, S. 881.

20 Geiss 1988, S. 16, 49, 53; Holz 2001, S. 317–318; Kallis 2009, S. 60; Rosenberg 1939, S. 28, 31.

21 Harten u. a. 2006, S. 13.

22 Günther 1937 [1922], S. 198–200, 432.

23 Siehe Günther 1937 [1922], S. 190–243, zu den «seelischen Eigenschaften» der Rassen in Deutschland. Als Günther 1930 über die Juden schrieb, kam dieser Teil interessanterweise vor den körperlichen Merkmalen (S. 20–135), im Gegensatz zu Günther 1937 [1922].

24 Siehe auch Burleigh 1988, S. 9.

25 Lösch 1997, S. 282; Saller 1961, S. 66–68.

26 Hortzitz 1988, S. 1–2.

27 Herbert 1996, S. 204–213; Rupnow 2006, S. 582; zu Hitler siehe Hilberg 1992, S. 17.

28 Steinweis 2006, S. 39–40 (über Günther); Günther 1937 [1922], S. 449; Günther 1930, S. 324, 333–343. Einige Zionisten und jüdische Gelehrte betrachteten die Juden als Rasse: Niewyk 1980, S. 129–132; Mosse 1990, S. 156–159.

29 Wilhelm Stuckart und Leopold Schiedermair, *Rassen- und Erbpflege in der Gesetzgebung des Dritten Reiches* (Leipzig 1942), S. 12, zit. n. Herbert 1996, S. 286.

30 Saller 1961, S. 66–71 (über Fischer und Lenz), Zitate: S. 66, 70–71.

31 SS-Sturmbannführer Zapp, «Das Judentum» (um Januar 1941), BA NS 31/252, Bl. 1–3.

32 Hitler 1925–27/2016, S. 781–785, 795–799, Zitat S. 785. Rosenbergs Argumente (1939, S. 265, 362–365) waren ähnlich.

33 Westermann 2005, S. 47 (über Daluege); Müller 2005, S. 88; Günther 1930, S. 276–280; Steinweis 2006, S. 138–142.

34 Siehe Libionka 2004 zu Polen. Zum sozialen Antisemitismus: Aly 2011, S. 119, 126–136. Zu Kants Bild der Juden als Händler und Schwindler siehe Poliakov 1974, S. 172.

35 Siehe die erhellende linguistische Studie von Hortzitz 1988, v. a. S. 1–2, 120, 140–143, 148–153, 168–172, 177–181, 184–196, 211–214, 262–273.

36 Poliakov 1974, S. 286.

37 Hitler 1925–27/2016, S. 803–853.

38 Eine umfassende Analyse bietet Holz 2001, S. 367–394.

39 Siehe zu Rumänien nach 1945 Glass 2001, S. 157.

40 Hitler 1961 [1928], S. 220–230; dazu Jäckel 1983, S. 111–117. Siehe auch Hitler 1925–27/2016, S. 791.

41 Siehe Saller 1961, S. 129–130; Stern 1963, v. a. S. 9–10, 178; Hitler 1961 [1928], S. 62.

42 Rosenberg 1939, v. a. S. 33 (Zitat), 70–71, 120.

43 Hitler 1925–27/2016, S. 755–761.

44 Almog 1990, v. a. S. 86; Holz 2001.

45 Holz 2001, S. 406 (über Hitler); Kletzin 1996, S. 238 (über den deutschen Botschafter in Frankreich, Otto Abetz).

46 Nova 1986, S. 103–124 (über Rosenberg); Hitler 1982, S. 279 (17. Februar 1942); Almog 1990 S. 49, 79–81.

47 Witt 2012, v. a. S. 323–327, 425–444, über die Slowakei; Libionka 2004, S. 15–35, über den polnischen Klerus.

48 Hitlers Reichstagsrede, 11. Dezember 1941, in Verhandlungen des Reichstags 1986, S. 104; Artikel von Seibert, *Völkischer Beobachter*, 12. November 1941, BA NS 22/567, Bl. 1.

49 Kroll 1998, S. 300–301. Artikel von Seibert, *Völkischer Beobachter*, 12. November 1941, BA NS 22/567, Bl. 1. Siehe Battenberg 1990, S. 233–237; Almog 1990, S. 99.

Zur jüdischen Weltverschwörung allgemein: Meyer zu Uptrup 2003; Friedländer 1998, S. 200–202; Friedländer 2006, S. 586 Zu früheren Kommentaren über international tätige jüdische Organisationen wie B'nai Brith oder die Alliance Israélite im 19. Jahrhundert als internationale Verschwörung siehe Stern 1963, S. 90; Geiss 1988, S. 232.

50 Das ist offensichtlich aus Material wie Himmler an Kaltenbrunner, 19. Mai 1943, in Berenstein u. a. 1961, S. 357–358; *Deutscher Wochendienst*, antijüdische Sonderausgabe, 21. Mai 1943, in Mathieu 1981, v. a. das Faksimile nach S. 294; über deutsch-kontrollierte antijüdische Propaganda auf der Krim siehe Tyaglyy 2004, v. a. S. 430, 432, 437, 442; zu Orel: Herzstein 1989, v. a. S. 36–37, 48. Tyaglyys Interpretation seines Materials (S. 441–444) weicht von meiner ab.

51 Presseartikel von Goebbels, 9. Mai 1943, zit. in StA KG Berlin Js 1/65, Anklageschrift, 23. April 1971, Bl. 409; siehe *Das Reich*, 9. Mai 1943.

52 Gellately 2002, S. 205–206.

53 Siehe Rupnow 2000; Piper 2005, S. 479. Zur ernsthaften (obwohl natürlich nicht unparteiischen) Judaistik unter dem Nationalsozialismus siehe Rupnow 2006, v. a. S. 542, 575; Harten u. a. 2006, S. 29–31.

54 Schulle 2001, S. 67, über Hitler; Rosenberg 1939, S. 464. Günther (1930, S. 206) wies das Konzept einer «Gegenrasse» zurück, da er die Juden nicht als Rasse betrachtete.

55 Harten u. a. 2006, S. 267.

56 Essner 1995, S. 204.

57 Hitler 1961 [1928], S. 62, 66, 129.

58 Hitler 1925–27/2016, S. 1085, Zitat S. 153.

59 Traverso (2003, S. 138, 145) propagiert eine solche Formel. Man bemerke das wenige Material bei Poliakov (1974, S. 272–277) über «Rassen-Manichäismus», v. a. bei der Entgegensetzung von «Ariern» und Juden. Zum Konzept des Rassen-Manichäismus in der Geschichtsschreibung siehe Geiss 1988, S. 56.

60 Siehe zum Konzept des Erlösungsantisemitismus Friedländer 1998, S. 87–128.

61 Koonz 2007, S. 103.

62 Longerich 2008, S. 770.

63 Rürup 1975, S. 91.

64 Lösch 1997, S. 280; Günther 1930, S. 11, 13, 281–283; Essner 2002, S. 43; Ehrenreich 2007, S. 3.

65 Saller 1961, S. 129.

66 Siehe Saller (1961, S. 66–68) über Eugen Fischer (1938). Laut Günther (1930, S. 203–206) hatten die Juden sich nicht wieder zur Rasse verschmolzen, nachdem sie in der Geschichte viele rassische Einflüsse aufgenommen hatten (siehe S. 191, 228).

67 Siehe zu Gobineaus und Nietzsches (vorübergehenden) Ideen von jüdischer Überlegenheit Poliakov 1974, S. 235–236, 300. Geiss (1988, S. 169) hielt Gobineau für weniger begeistert.

68 Almog 1990, S. 25 (über Marr und Wagner), 99; Battenberg 1990, S. 129 (über Fichte); Piper 2005, S. 64, 66, 72 (über Rosenberg).

69 Saller 1961, S. 75 (über Fritz Lenz).

70 Steinweis 2006, S. 69, 73.

71 Himmler, Rede vor SS-Führern, 4. November 1943, IMG, Bd. 29, S. 146. Siehe Hitlers Erklärung, 19. Dezember 1941, BA-MA RS 3/6–7, Bl. 275.

72 Himmler, Rede, 4. November 1943, IMG, Bd. 29, S. 146.

73 Ingrao 2012, S. 167–168.

74 Volkov 1990, S. 20 (Zitate), 22–23, 32, 50–51, 64. Siehe auch Jochmann 1988a, S. 52, 83–84.

75 Volkov 1990, S. 21, 27 (Zitat), 28.

76 Schlemmer und Woller 2005, S. 171 (zu Italien); Libionka 2004 (zu Polen); Volkov 1990, S. 65 (zu Frankreich).
77 Pulzer (1966, S. 24) argumentiert ebenso. Siehe die Auszüge einer Radiosendung mit dem NS-Ideologen Walter Frank, 11. und 13. Januar 1939, in Pätzold 1984, S. 213.
78 Rupnow 2006, S. 579–580.
79 Cecil 1972, S. 145.
80 Rosenberg, «Weltanschauliche Thesen», Juli 1939, zit. n. Zellhuber 2006, S. 19 Anm. 63 (ein ähnliches Zitat von 1940 bei Westermann 2005, S. 108). Wolffs Bericht über die politische Lage in Norwegen 1941 in Ugelvik Larsen 2008, S. 566. Siehe auch Rosenberg 1939, S. 78.
81 Siehe Neumann 2010, S. 24–25, 28, 186; Nyssen 1979.
82 Matthäus u. a. 2003; Westermann 2005, S. 92–123; Rass 2003, S. 307–330.
83 Harten u. a. 2006, S. 43–44 (über Thüringen).
84 Siehe Günther 1937 [1922], S. 17, 261; Saller 1961, S. 42.
85 Essner 1995, S. 204, 221; Conte und Essner 1995, S. 70, 93.
86 Günther 1937 [1922], S. 423.
87 Ebd., S. 22–25; Seidler und Rett 1982, S. 49–58.
88 Siehe Saller 1961, S. 94; Schlemmer und Woller 2005, S. 180; Kallis 2009, S. 68–70; Michaelis 1978, S. 152–153, 171, 181, 324–330. Zu Mussolini: Saller 1961, S. 13.
89 Frykman 2000, S. 220, 224.
90 Saller 1961, S. 38, 45; Schulle 2001, S. 149–150.
91 Zit. n. Saller 1961, S. 84–85.
92 Steinweis 2006, S. 44; Essner 1995, S. 221.
93 Abgedruckt bei Cecil 1972, Abbildungen vor S. 134.
94 Zu Nietzsche: Poliakov 1974, S. 71–72; zu Gobineau: ebd., S. 236–237, und Kallis 2009, S. 60; zu Chamberlain: Poliakov 1974, S. 316, und Schaller 2002, S. 96, 98–99; zu Ratzel: Smith 1986, S. 152.
95 Abrahamsen 1991, S. 50, zitiert Dr. Jon Alfred Mjoen.
96 Hermann Römpp, *Vererbungslehre und Rassenkunde für Jedermann* (Stuttgart 1933), S. 23, 26, zit. in Neumann 2010, S. 31; zu Günther siehe Harten u. a. 2006, S. 11.
97 Siehe zu Frick (1934) Neliba 1992, S. 225; zu Stuckart: Jasch 2012, S. 42; zu Himmler: Ackermann 1970, S. 36; zu Ohlendorf: Ingrao 2012, S. 168.
98 Weikart 2009, S. 65 (zu 1944), 144; zu 1944 siehe auch Steinert 1970, S. 601; Hitler 1961 [1928], z. B. S. 124, 126, 131, 220; Conte und Essner 1995, S. 106 (August 1933); Hitler 1982, S. 293 (22. Februar 1942).
99 *Hitlers politisches Testament* 1981, S. 68. Die Authentizität des Materials ist aber umstritten.
100 Zitiert nach Koonz 2007, S. 185.
101 «Rasse»: Hitler 1925–27/2016, S. 617, 765, 825; «Volk»: ebd., S. 211, 777, 783, 795, 1675; «Rasse» und «Volk» auf derselben Seite: ebd., S. 427, 799.
102 Zu «Rasse» siehe Domarus 1962–63, S. 249 (28. März 1933), 729 (19. September 1937), 1867 (26. April 1942); zu «Volk» siehe auch S. 537 (15. September 1935), 2237 («Politisches Testament», 29. April 1945); beide Begriffe zusammen: S. 1056–1057 (30. Januar 1939).
103 Ackermann 1970, S. 159–160 Anm. 13.
104 Frank, Diensttagebuch, in Präg und Jacobmeyer 1975, S. 330 (21. Januar 1941). Zu Freisler siehe Essner 2002, S. 97.
105 Rosenberg 1939, S. 464–465, siehe auch S. 637.
106 Eugen Fischer, *Die Rehebother Bastards und das Bastardisierungsproblem beim Menschen* (Jena 1913), zit. n. Gründer 1999, S. 292; Lösch 1997, S. 67, 72.
107 Lösch 1997, S. 231–233; zu einer ähnlichen Ansicht des Ökonomen und Soziologen

Werner Sombart siehe Harten u. a. 2006, S. 217. Siehe Hitler 1925–27/2016, S. 741–747, 753.

108 Hitler 1961 [1928], S. 126; Hitler 1925–27/2016, S. 1013–1017, Zitat S. 1015. Ein andermal erklärte Hitler aber, Deutschland sei rassisch relativ homogen, womit er dessen zukünftige Expansion rechtfertigte: Hoßbach-Protokoll des Treffens zwischen Hitler und der Wehrmachtführung am 5. November 1937, IMG, Bd. 25, S. 403–404. Zu Gobineau siehe Poliakov 1974, S. 236–237.

109 Siehe Seidler und Rett 1982, S. 65–75.

110 Zu anderen Ansichten über die Existenz der Volksgemeinschaft siehe Bajohr und Wildt 2009; Gailus und Nolzen 2011.

111 Günther 1937 [1922], S. 358; Günther 1930, S. 14; siehe Poliakov (1974, S. 213–214) zur Auffassung des Sprachforschers Max Müller 1872.

112 Rürup 1975, S. 112; Ehrenreich 2007, S. 9–10, 166.

113 Siehe Poliakov 1974.

114 Ebd., S. 327.

115 Hitler 1925–27/2016, S. 759, 803, 1621–1623; Domarus 1962–63, S. 1828–1829 (30. Januar 1942), 1844 (24. Februar 1942), 1920 (30. September 1942)

116 Zitat: Neliba 1992, S. 224; Kundrus 2009, S. 111. Eine andere Ansicht bei Kallis 2009, S. 81–82.

117 Gouverneur des Distrikts Warschau, Zweimonatsbericht, 15. Oktober 1942, AIPN NTN 53, Bl. 138; Tagebuch Zygmunt Klukowski, 20. Dezember 1939 und 23. April 1942, in Klukowski 1993, S. 62, 193.

118 Anderson 2000, S. 347; Essner 1995, S. 210 (Freisler 1934); Manoschek 1993, S. 36 (zu den Serben). Zu den Theoretikern siehe Saller 1961 (Schemann); Holz 2001, S. 321 (Gobineau); Geiss 1988, S. 173 (Chamberlain).

119 Siehe z. B. Connelly 1999, S. 20, 28.

120 Günther 1937 [1922], S. 5–6.

121 Kroll 1998, S. 117–118, 164–165, 193, 214, 222–226; siehe auch Piper 2005, S. 49–51.

122 Fuhrer und Schön 2010, S. 63 (Zitate), 74.

123 Broszat 1965, S. 12; Connelly 1999, S. 3.

124 Banse 1939, S. 8, 12, 15; Blatman 2011, S. 124. Nur wenige Rassenkundler sahen auch bei Polen ‹mongoloide› Einflüsse (Harten u. a. 2006, S. 281), Günther (1937 [1922], S. 162–163) auch bei Deutschen.

125 Burgwyn 2005, S. 7; zu volkstümlichen Vorteilen in Deutschland siehe Furber 2004, S. 549–550; Connelly 1999, S. 20, 23.

126 Schaller 2002, S. 16, 20, 66, 109, 286, 289.

127 Lieb 2007, S. 136.

128 Borejsza 1989, S. 57–58; Burleigh 1988, S. 3–4; von Zitzewitz 1992, S. 25, 31, 52–55. Von Zitzewitz argumentiert jedoch, dass vor dem Ersten Weltkrieg das Polenbild der Deutschen zu manchen Zeiten positiv war (S. 37–39, 182–184, 225).

129 Hansch-Singh 1991, S. 129–132.

130 Heinrich Böll an Annemarie Böll, 6. November 1943, in Böll 2001, S. 942.

131 Banse 1939, S. 15–28. Siehe auch Rosenberg 1939, S. 113, 206–214, über die Russen.

132 Siehe Schenk 2000, S. 137.

133 Zu Himmlers Ansichten siehe Ackermann 1970, S. 206–222.

134 MadR, Bd. 7, S. 2473 (3. Juli 1941); Müller 2005, S. 50–52; zur SS-Broschüre *Der Untermensch* von 1942, von der 4 Millionen Exemplare verteilt wurden, siehe Gerlach 1999, S. 100–101.

135 Siehe die undatierten Propagandaskizzen «Die Drohung des Untermenschen» in Burleigh und Wippermann 1991, S. 169; Saller 1961, S. 109–114.

136 Kroll 1998, S. 48–53, 118–123, 164–166, 214, 259, 282, 293–294, 300–301; siehe auch

Hitler 1961 [1928], S. 220–223; Rosenberg 1939, S. 362–365, 463. Zu Goebbels auch Longerich 2010, S. 570–578, 686. Zu den Differenzen zwischen berüchtigten deutschen Judenhassern des 19. Jahrhunderts siehe Volkov 1990, S. 61.

137 Siehe Steinweis 2006, S. 10–14; Schiefelbein o. J.

138 Koonz 2006, S. 402–410; Rost 1992, S. 47; zum Sachverständigenbeirat: Burleigh und Wippermann 1991, S. 57.

139 Essner 1995, v. a. S. 204; siehe auch Saller 1961, v. a. S. 50, 55, und Steinweis 2006, S. 157, dieser sieht allerdings «einen Konsens [unter Forschern], was Substanz und Stoßrichtung der antijüdischen NS-Maßnahmen betraf».

140 Koonz 2006, S. 419 (Zitat), 422. Zur ersteren Ansicht siehe Burleigh und Wippermann 1991, S. 50–56.

141 Borejsza 1989, S. 60–66; von Zitzewitz 1992, v. a. S. 37–39, 52–55, 225; Jockheck 2006, S. 45–59, 66–67.

142 Harten u. a. 2006, S. 142.

143 Fleischer 1999, S. 151–224.

144 Schreiber 1996, S. 22–29; siehe aber Morandi 2004, S. 149.

145 Speckner 2003, S. 223.

146 Mallmann und Cüppers 2006, S. 43, 101, 106.

147 Achim 2004, S. 163–166.

148 Gerhard Weinbergs Einleitung zu Hitler 1961 [1928], S. 34; Meyer zu Uptrup 2003, S. 29–30.

149 Winkler 1981, S. 286; Longerich 2001, S. 40; siehe aber Niewyk 1980, S. 54. Zu 1933 siehe Friedländer 1998, S. 83; zur antijüdischen Propaganda 1933 allgemein: Longerich 2006, S. 67.

150 Koonz 2007, S. 12.

151 Herf 2006, S. 3.

152 Traverso 1999, S. 13.

153 Abel 1966 [1938], S. 164, siehe auch S. 161. Die weniger gebildeten und jüngeren Nazis waren genau die, von denen man erwarten würde, dass sie weniger (und nicht stärker) versuchten, vor einem ausländischen Forscherteam aus taktischen Gründen Judenhass zu verbergen. Laut dieser Studie war Rassismus gegen andere Gruppen als Juden noch weniger verbreitet (S. 155).

154 Longerich 2008, S. 224, 226.

155 Epstein 2010, S. 57, 62, 105, 166.

156 MadR, Bd. 1, S. 1–17, v. a. 1–7; siehe Mommsen und Obst 1988, S. 406.

157 Herf 2006, S. 162, 281–288. Herf neigt nicht zum Herunterspielen der Bedeutung antijüdischer Propaganda.

158 Koonz 2006, S. 407.

159 Kroll 1998, S. 93; Camphausen 1990, S. 246, 390, 397–398; siehe zu Polen Guth 2009.

160 Görings Befehl vom 29. Januar 1941, zit. n. Lang 1996, S. 69; siehe Aly 1995, S. 252.

161 Zit. in Hansch-Singh 1991, S. 276; siehe Rutherford 2007, S. 194–207; Roth 2009, S. 8, 33; zu Böhmen und Mähren siehe Oprach 2006, S. 51.

162 Sitzungsprotokoll, 6. März 1942, PA AA R 100857, Bl. 99, 101.

163 Goebbels 1996b, S. 340–341 (22. November 1941).

164 Siehe Steiner und von Cornberg 1998.

165 MadR, Bd. 9, S. 3360 (23. Februar 1942).

166 So Hans Frank in einer Regierungssitzung im Generalgouvernement, 9. Dezember 1942, BA R 52 II/243, Bl. 15 (Rückseite), auch in Präg und Jacobmeyer 1975, S. 587.

167 Siehe zu diesem Argument Teichova 1997, S. 96.

168 Overmans 2005, S. 807.

169 Ebd., S. 781.
170 Diese Zahlen bei Jäckel 1966, S. 230–231.
171 OKW-Befehl, 18. Dezember 1941, zit. n. Keller 2011, S. 247–248. Das zweite Zitat auf S. 347.
172 Hess sagte das 1934, borgte den Satz aber von dem Rassenkundler Fritz Lenz, der ihn 1931 prägte: zit. n. Kühl 1994, S. 36.
173 Ein ähnlicher Gedanke bei Kallis 2005, S. 6.
174 Herbert 1985, S. 189.
175 Freund 1998, S. 878–879.
176 Diese Schätzungen bei Heinemann 2003, S. 600–602. Allgemein neigt Heinemann nicht zur Untertreibung des Einflusses der SS-Rassenexperten.
177 Leniger 2006, S. 149, 163–171 (siehe aber S. 185).
178 Auch die Ahnenforschung der Zivilverwaltung in den besetzten sowjetischen Gebieten beschränkte sich auf Personen, die als Volksdeutsche galten: Vermerk über Treffen zwischen Mayer und Kinkelin, 2. September 1942, BA R 39/830.
179 Siehe zu den sowjetischen Kriegsgefangenen Burleigh 1988, S. 224. Schafft (2004, S. 115–147) scheint das Gegenteil nahezulegen, nennt aber keine Belege.
180 Koonz 2006, S. 408; Essner 1995, S. 211.
181 Siehe Schmuhl 2005, S. 44, 308, 445–446; zur Begründung für die Untersuchung von Sippen: Günther 1937 [1922], S. 249.
182 Gürtner bei einer Sitzung im Mai 1934, zit. n. Essner 1995, S. 211; siehe Essner 2002, S. 102.
183 Seidler und Rett (1982, S. 112–113) verweisen auf eine Publikation von 1939, an der Stuckart mitwirkte. Günther (1930, S. 196–197, 228) stellte dagegen in Abrede, dass die Juden sich zwischen 1000 und 1800 überhaupt nicht mit anderen vermischt hätten.
184 Protokoll der Konferenz vom 20. Januar 1942, in Tuchel 1992, S. 122–136.
185 Essner 1995, S. 203.
186 Siehe zu den Kirchen Gailus 2008, S. 8–18; zu den Vereinen: Schulle 2001, S. 109.
187 Dr. Speer, Bericht vom 2. September 1942, BA R 39/760; zur deutschen Praxis siehe Kapitel 5.
188 Seidler und Rett 1982, S. 175–176, 192–194.
189 Schulle 2001, S. 214.
190 Lilienthal 1992, S. 76; MadR, Bd. 1, S. 4143 (27. August 1942).
191 Seidler und Rett 1982, S. 175–176; Lilienthal 1992, S. 78; Schmuhl 2005, S. 268–269.
192 Leniger 2006, S. 167–172, 193, 227–228; Heinemann 2003, S. 199.
193 Schulle 2001, S. 88, 161, 196, 201.
194 Ebd., S. 41, 177, 217, 227; zur Personalstärke: S. 168, 200, zum Budget: Ehrenreich 2007, S. 82.
195 Schulle 2001, S. 256–257. Siehe zu den Beamten den Brief des Reichsinnenministeriums, 24. April 1941, BA 15.01, Nr. 27448, Bl. 88. Kallis (2005, S. 15) argumentiert, die Rassenstandards für Ehen seien während des Krieges ebenfalls gesenkt worden, um mehr Geburten herbeizuführen.
196 Schulle 2001, S. 275–278.
197 Ebd., S. 83, 161–163, 169–170, 181. Weitere Anlässe waren Einbürgerungen.
198 Vermerk Ehlich, «Betr.: Reichssippenamt», 25. Januar 1943, BA RW 42, Nr. 4, Akte 2.
199 Schulle 2001, S. 371–373.
200 Ackermann 1970, S. 206–209, 217, 226, 299.
201 Zur Erwünschtheit der Untersuchungen: Roth 1997, S. 67–68; Schaller 2002, S. 124. Zu Hitlers Ideen von rassischer «Siebung» siehe Hitler 1982, S. 90 (17. Oktober 1941), 265 (4. Februar 1942).

202 Himmler in einer Rede vom 29. Februar 1940, zit. n. Herbert 1985, S. 75.
203 Leniger 2006, S. 167, 171.
204 Fings 2006, S. 308–322; siehe auch Seidler und Rett 1982, S. 111. Zum Gegensatz sesshaft-nomadisch: Zimmermann 1996, S. 259–276.
205 Holler 2009, S. 56–57.
206 Im deutsch-annektierten Westpolen gab es einige Ausnahmen.
207 Kallis 2009, S. 55; zu einer ähnlichen Bemerkung siehe Trubeta 2003, S. 501–502.
208 Siehe auch Ehrenreich 2007, S. xvi, 174. Eine gegenteilige Meinung vertritt Bauer 2001, S. 49. Zu Mark Rosemans Ansicht, dass «biologisches Denken keine Voraussetzung für den Völkermord war», sondern dass ein «recht allgemeines ethnisches Denken» wichtig war, siehe Giltner 2010, S. 165.
209 Siehe auch Kallis 2009, S. 95. Im Gegensatz zu Geiss 1988 spreche ich von Rassismus in einem umfassenden Sinn, statt Rassismus und Fremdenhass zu unterscheiden (S. 28) oder Begriffe wie «Proto-Rassismus» und «Quasi-Rassimus» (S. 79) zu verwenden.
210 Smith 1986, v. a. S. 21, 29, 37, 57, 84, 89, 101–102.
211 Van Laak 2005, S. 54–55, 63, 126.
212 Siehe z. B. Smith 1986, S. 172, 178; zur Vorkriegsperiode: Böhler 2006, S. 27; Zellhuber 2006, S. 21–29.
213 Smith 1986, S. 242–245, 254; Lower 2005, S. 23–25.
214 Kroll 1998, S. 62, 94; siehe auch Lange 1965, S. 426, 428; Smith 1986, S. 146–154, 220; der Gründungsaufruf des Allgemeinen Deutschen Verbandes (später Alldeutscher Verband) von 1891 bei Gründer 1999, S. 237.
215 Tooze 2007, S. 29–30.
216 Hitler 1925–27/2016, S. 399–405, 1625–1641, Zitat S. 1657.
217 Ebd., S. 765; siehe auch Lower 2005, S. 24–25. Zellhuber (2006, S. 27–30) ist ein Beispiel für einen Forscher, der Hitlers Ziele nur in der deutschen Besiedlung sieht.
218 Hoßbach-Protokoll, IMG, Bd. 25, S. 404–405, siehe auch Hitler 1961 [1928], S. 102–103.
219 Dieser Punkt wird überbetont in der eindrucksvollen Studie von Collingham 2011, S. 2, 16–17, 32, 64, Zitate: S. 32 und 64.
220 Hitler 1961 [1928], S. 60 und Anm.
221 Furber und Lower 2008, S. 385.
222 Hildebrand 1973, S. 19–29; siehe auch Kroll 1998, S. 222, 299.
223 Zellhuber 2006, S. 21–29.
224 Siehe die Korrespondenz aus der ersten Jahreshälfte 1942 in BA Film 3342, Bl. 403–429.
225 Kroll 1998, S. 117–118, 164–165, 183, 192–194, 214, 222–226; Piper 2005, S. 49–51; vgl. aber Tooze 2007, S. 237–238.
226 Vertrauliches Rundschreiben, 4. Dezember 1933, in Gründer 1999, S. 336–337 (Zitat S. 337).
227 Lower 2005, S. 19, 109–110. Zu Indien siehe Kay 2006, S. 80; Hitler 1982, S. 91 (17. Oktober 1941); Goebbels 1996b, S. 499 (13. Dezember 1941). Deutsche Nationalisten hatten Mitte des 19. Jahrhunderts Polen mit dem Westen Nordamerikas und die Polen mit Indianern verglichen: Thum 2013, S. 48.
228 Kroll 1998, S. 78.
229 Hitler 1961 [1928], S. 81; Hitler 1982, S. 63 (17.–18. September 1941).
230 Tomasevich 2001, S. 68.
231 Zellhuber 2006, S. 44 (über Rosenberg im Jahr 1927); Connelly 1999, S. 3 (über Hitler).

232 Hitler 1961 [1928], S. 102, siehe auch S. 81.
233 MadR, Bd. 4, S. 920 (27. März 1940); zu Himmler und der Zivilverwaltung siehe Gerlach 1999, S. 171.
234 Das schloss Norwegen, die Niederlande, Böhmen und Mähren, Elsass, Lothringen und Luxemburg ein; Ausnahmen waren Österreich und das Sudetenland. Siehe zahllose Berichte in MadR.
235 Furber 2004, S. 569–577.
236 Césaire 1972, S. 14. Zum Burenkrieg: Cecil 1972, S. 70.
237 Furber und Lower 2005, S. 373; Dallin 1958, S. 142, 148, 599.
238 Borodziej 1999, S. 17 Anm. 95 u. 96 (über Heydrich und Otto von Stülpnagel); Kasten 1993, S. 27; Herbert 1996, S. 320.
239 Essner 2002, S. 290.
240 Das lässt sich als weiterer Anklang an die Unsicherheit lesen, ob die Juden eine Rasse oder ein Volk seien.
241 Himmler an Krüger, 19. Juli 1942 (Kopie), BA NS 19/1757.
242 SSPF Lublin an Himmler, Anschreiben, 3. Juni 1942, BA NS 19/1755, Bl. 2; siehe aus derselben Quelle: Meine an Greifelt, 15. Juli 1942, Bl. 3. Die Mappe selbst ist nicht gefunden worden.
243 Hitler 1925–27/2016, S. 1657–1677.
244 Rademacher, «Gedanken über die Gründung einer intereuropäischen Bank für die Verwertung des Judenvermögens in Europa», 12. August 1940, PA AA R 100857, Bl. 228.
245 Saller 1961, S. 71, zit. Fritz Lenz, *Die nordische Rasse*, Bd. 2, ohne Seitenzahl.
246 Dieser Vorgang fand z. B. auch nach der britischen Eroberung Bengalens im 18. Jahrhundert und der französischen Kolonisierung Algeriens ab 1830 statt. In beiden Fällen gab es hohe Bevölkerungsverluste.
247 Müller 2005, S. 74–79; Böhler 2006, v. a. S. 37; Shepherd 2004, S. 135. Zur ähnlichen Sicht auf Sowjetbürger durch italienische Soldaten siehe Schlemmer 2005, S. 43–44.
248 Kletzin 2000, S. 115; Orlowski 1996, S. 339–346.
249 Harvey 2009, S. 16.
250 Siehe Grosse 2000, S. 10–11, 19, 27–29.
251 Ehrenreich 2007, S. xii.
252 Balcar und Kučera 2010, S. 78, 90.
253 Aly und Heim 1991, v. a. S. 185, 474, 477.
254 Siehe auch Traverso 1999, S. 51–53; Traverso 2003, S. 21; Zimmerer 2005, S. 197–219.
255 Grosse 2000, S. 99–102; Weikart 2004, S. 183–206.
256 Traverso 2003, S. 66–71.
257 Siehe Weikart 2004; Poliakov 1974, S. 172; Harten u. a. 2006, S. 7.
258 Furber und Lower (2008, S. 374) vertreten diese Schlussfolgerung gegenüber Traverso und Zimmerer.
259 Siehe die Beiträge in Becker 2004; zu den Ehen mit Farbigen siehe Grosse 2000, S. 150–151.
260 Blood 2006, S. 55–58; Böhler 2006, S. 156.
261 Mommsen 1987, S. 16, 19; «The New Imperialism», www.suu.edu/faculty/ping/pdf/TheNewImperialism.pdf (Zugriff 20. Januar 2009; im Oktober 2016 nicht mehr zugänglich); Kiernan 1995, S. 167; Stern 1963, S. 265–266; eine etwas andere Variante zum Sozialimperialismus bei Mason 1978, S. 299–322.
262 Siehe Etherington 1984, v. a. S. 63–64, 71, 77, 181, 189, 256, 271.
263 Van Laak 2005, S. 73; Thum 2006, S. 183. Doch der Deutsche Flottenverein genoss breitere Unterstützung.
264 Smith 1986, S. 7, 34, 57.

265 Van Laak 2005, S. 96, 107, 109; Smith 1986, S. 37, 214–216; Battenberg 1990, S. 237; Leniger 2006, S. 25.
266 Siehe Gründer (1999, S. 327–331) mit Äußerungen von Konrad Adenauer, Albert Einstein, Thomas Mann und anderen.
267 Smith 1986, S. 158, 162; Stern 1963, S. 265.
268 Steinert 1970, S. 76–82.
269 MadR, Bd. 7, S. 2644 (14. August 1941).
270 Ebd., Bd. 3, S. 846 (6. März 1940), Bd. 6, S. 2036 (24. Februar 1941), Bd. 7, S. 2304 (15. Mai 1941) und Bd. 8, S. 2701 (28. August 1941).
271 Schmuhl 2005, S. 455; Gerlach 1999, S. 112; MadR, Bd. 7, S. 2546 (21. Juli 1941).
272 Siehe Rossino 2003, v. a. S. 121–125, 203–215; Jockheck 2006, v. a. S. 42, 66–67; Blachetta 1939, S. 8, 20, 22, 30; Blättler 1945, S. 121.
273 MadR, Bd. 7, S. 2563–2564 (24. Juli 1941) und S. 2632 (11. August 1941); und siehe Kapitel 9.
274 Gerwarth 2011, S. 291.
275 MadR, Bd. 8, S. 3065 (4. Dezember 1941); Bd. 10, S. 3800–3801 u. 3979 (1. Juni u. 20. Juli 1942); Bd. 11, S. 3987–3988, 4084–4086, 4235–4236 (23. Juli, 17. August u. 25. September 1942); Bd. 12, S. 4532, 4663–4666 (3. Dezember 1942 u. 11. Januar 1943); Bd. 13, S. 5128–5136 (15. April 1943); SD-Berichte, ebd., Bd. 14, S. 5532–5534 (26. Juli 1943); Bd. 16, S. 6304 (7. Februar 1944).
276 MadR, Bd. 12, S. 4848–4850 (25. Februar 1943); SD-Berichte, ebd., Bd. 14, S. 5702–5710 (2. September 1943); Bd. 15, S. 5861–5867 (7. Oktober 1943); Bd. 16, S. 6221–6222 (6. Januar 1944).
277 MadR, Bd. 7, S. 1913 (16. Januar 1941); Bd. 10, S. 3715–3716, 3760–3763 (7. u. 28. Mai 1942); Bd. 11, S. 4090–4091 (17. August 1942); Bd. 12, S. 4489–4490, 4795–4796 (19. November 1942 u. 11. Februar 1943); Bd. 13, S. 5224–5232 (6. Mai 1943); SD-Bericht, ebd., Bd. 14, S. 5418–5421 (1. Juli 1943). Zu Meinungsverschiedenheiten zwischen Deutschen über diese Themen siehe ebd., Bd. 13, S. 5067–5070.
278 Humburg 1998, S. 95–145 (erwähnt aber negative Kommentare auf S. 179, 181, 224–225), 147–148, 152–154, 193–197, 201–204, zu Juden S. 197–203. Nicht völlig anders ist die Einschätzung bei Latzel 1998, S. 145–156, 371.
279 Zum Bild Russlands als Bedrohung in der damaligen Forschung siehe Camphausen 1990, S. 356, 361–362, 367–374. Zu 1945: Blatman 2011, S. 125–132. Müller (2005, S. 50–52) sieht Elemente des Untermenschenstereotyps in der ganzen Periode 1942–1945.
280 Siehe Kletzin 2000, S. 43.
281 Spiegelbild 1961, S. 34, 110, 126–127, 133–134, 227, 236–237, 250–252, 411; siehe auch Heinemann 2004, S. 777–789.
282 Spiegelbild 1961, S. 110, 134, 149, 230, 257, 449–450.
283 Zagovec 2005, S. 330–331.
284 Schreiber 1996, S. 75.
285 Müller 2005, S. 75, mit Bezug auf Humburg 1998, S. 91, 193–195. Siehe auch Latzel 1998, S. 371–372.
286 Bankier 1996, v. a. S. 71, 80, 84.
287 Abel 1966 [1938], S. 164.

8
Zwangsarbeit, deutsche Gewalt und Juden

1 Traverso 1999, S. 58. Siehe auch Attali 2010, S. 461; Arendt 1986 [1955], S. 738, 866–867, 918, 940; Claussen 1994, S. 72–73.

2 Siehe Steinbacher 2000, S. 105, 140–141, 264.
3 Hitler, 8. November 1941, zit. n. Elsner und Lehmann 1988, S. 189.
4 Deutschland besetzte im November 1942 Südfrankreich, verlor bis Herbst 1943 die Ukraine und Südrussland, besetzte zur gleichen Zeit aber den Großteil Italiens, weitere Teile von Griechenland und Jugoslawien und 1944 Ungarn, die Slowakei und Kroatien.
5 Elsner und Lehmann 1988, S. 156–157.
6 Kranig 1986, S. 26.
7 Elsner und Lehmann 1988, S. 164; zur Gesetzgebung siehe Kranig 1986, S. 38–39; zur Beschäftigungszahl der Ausländer: Herbert 1985, S. 49, 58.
8 Elsner und Lehmann 1988, S. 157; Lang 1996, S. 27, 39, 77, 80; Raspin 1986, S. 287, 296.
9 Aly 2005, S. 181–190.
10 Gruner 1997, S. 15, 40–52, 92, 339, 349.
11 Mason 1978, S. 214–222, 239–240, 313–319; Tooze 2007, S. 306–308.
12 Kranig 1986, S. 30–31, 38–41; Eichholtz 2001, S. 3–4.
13 MadR, Bd. 13, S. 5281 (24. Mai 1943) u. Bd. 17, S. 6582–6583 (8. Juni 1944).
14 Ayaß 1988.
15 Wachsmann 2006, S. 86–92.
16 Lotfi 2000, v. a. S. 11, 85–90, 96, 115, 122, 226 (Zitat).
17 Ebd., S. 193–210, 250–260.
18 Herbert 1985, v. a. S. 75, 135, 139.
19 Spoerer 2001, S. 221–223 (wo die Zahlen etwas zu hoch scheinen). Zu Schätzungen aus Polen und der DDR siehe Hansch-Singh 1991, S. 201; Elsner und Lehmann 1988, S. 200–201. Herbert 1985, S. 7–8, schätzte 10 Millionen.
20 Dieser Anteil war bei Westeuropäern höher, besonders vor 1943. Siehe zu französischen Arbeitern Brulligny 2007, S. 13–14, zu polnischen Arbeitern Gross 1979, S. 79, und Roth 2009, S. 121–125. Viele, die freiwillig gingen, wurden aber gewaltsam an der Rückkehr gehindert oder auf eine Art behandelt, die den Begriff Zwangsarbeiter rechtfertigt.
21 Spoerer 2001, S. 89.
22 Corni und Gies 1997, S. 448.
23 Gruner 1997, S. 116–133, 161–178.
24 Siehe Herbert 1993, S. 207, 222–223. Zu einem anderen Plan siehe Maurer (WVHA) an Höss, 4. September 1943, in Longerich 1989, S. 287.
25 Orth 1999, S. 271–272; Gerlach und Aly 2002, S. 158–171, 375–414; Herbert 1993, S. 231; Bloxham 2001, S. 50.
26 Dieser Absatz zieht Spoerer 2001, S. 91–92; Herbert 1985, S. 98–102, 189; Lang 1996, S. 7–10; und Hansch-Singh 1991, S. 129–132, heran.
27 Spoerer 2001, S. 225.
28 «Aufzeichnungen über die Lage der Ostarbeiter in Deutschland», 16. August 1943, in Pagenstecher u. a. 2008, S. 220–231; Peitschen erwähnt über ein Viertel der Befragten in Berliner Geschichtswerkstatt 2000, S. 45, 53, 59, 60, 67, 94, 105. Zu Überlebendenberichten siehe Schwarze 2005; Berliner Geschichtswerkstatt 2000. Zur deutschen Perspektive: Herbert 1989, S. 352.
29 550 000 der als Arbeiter aus der UdSSR nach Deutschland Deportierten waren nach den Zahlen einer Überlebendenorganisation jünger als 16 Jahre: Schwarze 2005, S. 55.
30 «Aufzeichnungen über die Lage der Ostarbeiter in Deutschland», 16. August 1943, in Pagenstecher u. a. 2008, S. 217.
31 K. Hoffmann 2001, S. 127; Schäfer 2000, S. 51.
32 Schwarze 2005, S. 288; Herbert 1985, S. 336–339; Eichholtz 2001, S. 19–21.

33 Zu den «Sklavenjagden» siehe Penter 2004, S. 74; zu den Niederlanden: K. Hoffmann 2001, S. 63.

34 Siehe zu Weißrussland Gerlach 1999, S. 467–476; die meisten Methoden wurden beispielsweise auch in Italien angewandt: Klinkhammer 1993, S. 185–186, 209–238, 506–511; zu Frankreich: Zielinski 1995a, S. 140–148; Lieb 2007, S. 46, 206, 281, 302.

35 Penter 2004, S. 72.

36 Arbeitsamt Spittal an Werbekommission Minsk, 5. August 1942, und Generalkommissar in Minsk, Aso, Vorladung für Vera Dubrownik, 13. Mai 1943; Ermacenkos Anweisung, 18. November 1942, alle in «Ostarbeiter» 2003, S. 96, 116–118, 136. Hansch-Singh 1991, S. 216, 218; Paul Raab an RMO, 7. Juni 1944, in IMG, Bd. 25, S. 313–316.

37 Eikel 2005, S. 427–432.

38 Spoerer 2001, S. 221; Dollmann und Eckelmann 2000, S. 18. Pohl 2003, S. 61, nennt ein Minimum von insgesamt 150 000 gestorbenen polnischen und sowjetischen zivilen Zwangsarbeitern.

39 Gerlach 1999, S. 478–479; Spoerer (2001, S. 227–228) nimmt an, dass weitere 120 000 in Konzentrationslagern starben. Beide Autoren benutzen unter anderem Zahlen von Pavel Polian.

40 Lagrou (2002, S. 319) schätzt 20 000 französische Zivilarbeiter anstelle der offiziellen Zahl von 40 000. Pohl (2003, S. 61) sagt, dass 10–20 000 französische und 8500 niederländische Arbeiter starben, Spoerer (2001, S. 221) nennt 5000 Franzosen und 10 000 Italiener.

41 Zu widersprüchlichen und teilweise übertriebenen Zahlen siehe Spoerer und Fleischhacker 2002, S. 184–187.

42 Siehe z. B. die Berichte in Berliner Geschichtswerkstatt 2000; Schwarze 2005. Zu den jüdischen Überlebenden aus der Ukraine: Zabarko 2005. Überlebenden italienischen Juden ging es bei der Ausbildung besser: Sabatello 1989, S. 81–84, 91.

43 Herbert 1985, S. 303–304; Hammermann 2002, S. 483; Freund 2000, S. 121, 124. Zu den Denunziationsgründen siehe Schäfer 2000, S. 234–235, siehe auch Brulligny 2007, S. 21.

44 Lotfi 2000, S. 71, 109–110; Bräutigam 1996, S. 20 (Polen, Franzosen, Niederländer 1940–41); Hansch-Singh 1991, S. 106–107 (Polen 1941); K. Hoffmann 2001, S. 67 (niederländische Arbeiter 1941); Lang 1996, S. 61 (Italiener 1941); Zielinski 1995a, S. 87 (französische Arbeiter).

45 Elsner und Lehmann 1988, S. 210; Herbert 1985, S. 299–304.

46 Herbert 1985, S. 310; Freund 2000, S. 114; zu Kriegsgefangenen siehe Overmans 2005, S. 859.

47 Herbert 1985, S. 305; Hansch-Singh 1991, S. 106–107; Lotfi 2000, S. 11, 96.

48 Lotfi 2000, S. 180–184, 236; Buggeln 2012, S. 46, 141; Beispiele in Garstecki 1998, S. 79, 82–83, 86–87, und Berliner Geschichtswerkstatt 2000; Statistik für Westfalen Nord, Februar–Mai 1944, in Schwarze 2005, S. 267; K. Hoffmann 2001, S. 65.

49 Herbert 1993, S. 227.

50 Brulligny 2007, S. 11, 18, 21, 35; Arnaud und Fabréguet (2000, S. 434) nennen viel niedrigere Zahlen von etwas über 1000 zivilen Zwangsarbeitern aus Frankreich, die 1943 bis 1945 in KZs gebracht wurden.

51 Im Dezember 1944 waren 36,6 % aller Gefangenen in Buchenwald unter 20 Jahre alt und weitere 27,6 % 20–30 Jahre alt: Stein 1998, S. 179, 185.

52 Zarusky 2007, S. 105, 127. Ähnlich ist das Bild bei Ebensee, einem Außenlager von Mauthausen: Freund 1998, S. 879–881.

53 Lotfi 2000, S. 236.

54 Zu letzteren siehe Gellately 2002, S. 219–254; Abke 2003, S. 151–182, vgl. aber S. 174–175, 178–179, 283.
55 Diewald-Kenkmann 1995, S. 124–125, 138. Differenzierter ist Abke 2003, v. a. S. 314–319, 361–362; zur Zurückhaltung bei Denunziationen siehe Dörner 1998, S. 108.
56 Abke 2003, S. 319, 354, 358, 360; Hansch-Singh 1991, S. 113–116; K. Hoffmann 2001, S. 167–182, 258–259; zu Werksleitern und Vorarbeitern siehe Hammermann 2002, S. 290–308; zum letzten Punkt: Lotfi 2000, S. 129–131.
57 Lotfi 2000, S. 187.
58 Herbert 1991, S. 12; Kubatzki 2001b; Demps 1986, S. 70–159; Morandi 2004, S. 160–161; Kubatzki 2001a, S. 92; K. Hoffmann 2001, S. 101–106; Schäfer 2000, S. 70–92.
59 Hermle und Thierfelder 2008, S. 522–523.
60 Zitat: Kubatzki 2001a, S. 92–93, siehe Bräutigam 1996, S. 13–14.
61 Gauleiter Hildebrandts Bericht über Luftangriffe auf Rostock (Auszug), um Mai 1942, BA NS 6/339, Bl. 101; zu den Arbeitserziehungslagern siehe Lotfi 2000, v. a. S. 12–13, 43–63, 131–133.
62 Kranig 1986, S. 32; Hammermann 2002, S. 128–131.
63 Liberman 1996, S. 45 (einige der von ihm genannten Prozentzahlen sind revisionsbedürftig); Steinbacher 2000, S. 141; Madajczyk 1988, S. 246.
64 Elsner und Lehmann 1988, S. 187; Marguairaz 1991, S. 125–127; Zielinski 1995a, S. 280.
65 Penter 2004, S. 71–72; Gerlach 1999, S. 480–482; Eikel (2005, v. a. S. 424, 426) sieht für keine von beiden Seiten eine klare Priorität.
66 Mazower 2016, S. 258–262.
67 Terry 2005, S. 75–93; Gerlach 1999, S. 831; Streit 1991, S. 239–243; Herbert 1985, S. 256; Rass 2003, S. 360–378.
68 Zu Weißrussland siehe Gerlach 1999, S. 480–497; zur Ukraine: Eikel 2005, S. 21–29; Zielinski 1995a, S. 164, 188; zu Radom: Seidel 2006, S. 384.
69 Siehe zu den sowjetischen Gebieten Shepherd 2004, S. 152, 175; Spoerer 2001, S. 75; zu Frankreich, den Niederlanden und Norwegen: Mazower 2009, S. 447–449.
70 Lagebericht des Generalkommissars Leyser, 17. Juni 1943, IMG, Bd. 25, S. 320.
71 Briefe von Maria J. und Anna K. in Schwarze 2005, S. 139, 254 (Ukraine); zu Demonstrationen im März und August 1943 in Griechenland: Loulos 1999, S. 149; Loulos 1994, S. 412; Fleischer 1986, S. 167.
72 Kasten 1993, S. 166, 168.
73 Gerlach 1999, S. 471–472; Hill 2005, S. 150–153. In Griechenland lösten deutsch-italienische Regelungen, Arbeit im In- oder Ausland zur Pflicht zu machen, den Widerstand aus: Mazower 2016, S. 152–156.
74 Herbert 1985, S. 180–181, 258; Spoerer 2001, S. 89; zu den Niederlanden und Belgien siehe Elsner und Lehmann 1988, S. 197; Hirschfeld 1984, S. 140.
75 Siehe zum Wartheland den undatierten Vermerk (November oder Dezember 1941), der Pläne, alle arbeitsunfähigen Juden sollten vor dem März 1942 «abgeschoben» werden, erwähnt, BA R 22/2057, Bl. 208 u. Rückseite; zu Ost-Oberschlesien: Steinbacher 2000, S. 277; zu Konzentrationslagern: Allen 2002, S. 127.
76 Die hier dargestellte Etymologie des Begriffs ‹Selektion› erscheint unklar.
77 Siehe z. B. Generalkommissar (Shitomir), Lagebericht für Mai, 3. Juni 1942, BA R 6/310, Bl. 17, 21.
78 Siehe z. B. Steinbacher 2000, S. 277–278, 281; Gerlach 1999, S. 666.
79 Lifton 1988, S. 205–206, 211–225.
80 Das KZ in Lublin (Majdanek) diente als Selektionsort für manche der nach Bełżec und Sobibór deportierten Menschen, z. B. die Ende Mai 1942 aus Hanau, Kassel und Merseburg deportierten: Wannsee Conference 2009, S. 276.

81 Siehe den Vermerk von Reuter, Zivilverwaltung Distrikt Lublin, 17. März 1942, der Globocniks Stellvertreter Hermann Höfle, den Organisator der Ermordung von Juden durch Gas, zitierte (auf der Grundlage eines Treffens vom Vortag, einen Tag vor Beginn dieser Morde in Bełżec), in Berenstein u. a. 1957, S. 280–281. Zum Anspruch der Zivilverwaltung, Arbeiter freistellen zu dürfen, siehe Abt. Bevölkerungswesen und Fürsorge, 19. März 1942, BA R 102 II/29.
82 Browning 2010a, S. 94–100; Gerlach und Aly 2002, S. 285–289.
83 Siehe zu Weißrussland Gerlach 1999, S. 666.
84 Siehe vor allem Steinbacher 2000; außerdem Bloxham 2009, S. 217.
85 Rüstungskommando Warschau, Kriegstagebuch, 22. Juli 1942, und Monatsbericht für Juli, BA-MA RW 23/19, Bl. 5 (Rückseite) u. Bl. 6 (Rückseite): 16–38 Jahre; Müller (RSHA) an Jäger (KdS Litauen), 18. Mai 1942, in Klein 1997, S. 410–411.
86 Vermerk Dannecker, «Weitere Judentransporte aus Frankreich», 15. Juni 1942, in Hilberg 1981, S. 167.
87 Czech 1989, S. 241–243.
88 Mariot und Zalc 2010, S. 183–184, 195; zum 4. Juli siehe Steinbacher 2000, S. 278.
89 Steur 1997, S. 74, 82–83.
90 Mariot und Zalc 2010, S. 198. Die Zahlen umfassen alle Passagiere von Deportationszügen, in denen sich Juden aus der Region Lens in Frankreich befanden.
91 Fragment eines Berichts über eine Reise ins Generalgouvernement, 4.–16. Mai 1943, das aber nur als Nachkriegskopie vorliegt, gedruckt in Pressac 1989, S. 238.
92 Siehe Czech 1989, S. 274, 293–297, 313–333, 337–493.
93 Pohl an Himmler, 16. September 1942, BA NS 19/14, Bl. 132.
94 Telegramm vom Gesandten Rintelen an Unterstaatssekretär Luther, 19. August 1942, das RSHA an Himmler, 26. Juli 1942, zitiert, Nürnberger Dokument NG-3559.
95 Bitterberg 1995, S. 50; Bericht Schwarz an WVHA, 20. Februar 1943, zit. in Anklageschrift, StA KG Berlin 1 Js 1/65, 23. April 1971, Bl. 477–478, über Transporte, die am 21.–27. Januar eintrafen.
96 Mazower 2016, S. 305; siehe z. B. Steinbacher 2000, S. 301. Zu den Ungarn: Gerlach und Aly 2002, S. 274–296; zu Łódź: Klein 2009, S. 622; zu denNiederländern: Mason 1984, S. 336.
97 Gerlach 1999, S. 666–668.
98 Sogar Heydrich: Goebbels 1996b, S. 309 (Tagebuch, 18. November 1941). Siehe Gruner 2001, S. 64; Gruner 1997, S. 279–304. Zum folgenden Absatz siehe auch Bräutigam 2003, S. 26–29.
99 Herbert 1993, S. 216; Kwiet 1991, S. 401.
100 Siehe Kwiet 1991, S. 403; Goebbels 1995b, S. 606 (Tagebuch, 30. September 1942).
101 Kubatzki 2001a, S. 98 (nur Zivilisten); Bräutigam 2003, S. 30–31.
102 Gruner 1997, S. 299–300; Gruner 2001, S. 65.
103 Generalbevollmächtigter für den Arbeitseinsatz, Rundschreiben, 26. November 1942, IMG, Bd. 37, S. 496; Gellately 2002, S. 202.
104 Aly und Heim 1991, S. 436–437.
105 Kubatzki 2001a, S. 98; Bräutigam 2003, S. 30–31.
106 Bräutigam 1996, S. 10, 13.
107 Siehe Steinbacher 2000, S. 286–301, mit Sulik 1991, S. 113–118.
108 Demps 1986, S. 15–16.
109 Goebbels 1996, S. 533 (Tagebuch, 18. Dezember 1941)
110 Ebd., S. 484 (Tagebuch, 12. Dezember 1941); Keller 2011, S. 346; Borgsen und Volland 1991, S. 142.
111 Erklärung Mansfeld, Generalbevollmächtigter für den Arbeitseinsatz, 20. Februar 1942, in Keller 2011, S. 431.

112 Dieckmann 2005, S. 232; Pohl 1996, S. 169.
113 Keller 2011, S. 407–411; Pohl an Himmler, 16. September 1942, BA NS 19/14, Bl. 132.
114 Gerlach und Aly 2002, S. 156, 293; Zimmermann 1996, S. 340–341.
115 Eikel 2005, S. 405–406, 413–414; zu einer ähnlichen Entwicklung in Weißrussland: Gerlach 1999, S. 460.
116 Siehe Gerlach 1995a, S. 35, 37.
117 Zu 1943 siehe Buggeln 2012, S. 76; zu Rekrutierungen in Westeuropa: Herbert 1985, S. 252.
118 Zur Ukraine: Eikel 2005, S. 411; siehe auch SSPF Galizien, «Lösung der Judenfrage im Distrikt Galizien», mit Anschreiben, 30. Juni 1943, IMG, Bd. 37, S. 391–410.
119 Frank, 12. September 1940, zit. n. Hilberg 1994a, S. 272.
120 Zit. n. Elsner und Lehmann 1988, S. 185; siehe Broszat 1965, S. 25.
121 Madajczyk 1988, S. 246; Herbert 1985, S. 87, 271; zu Galizien: Broszat 1965, S. 103; Roth 2009, S. 137.
122 Generalgouverneur, Diensttagebuch, 15. April 1942, BA R 52 II/191, Bl. 35; Aly und Heim 1991, S. 91–124.
123 Gerlach 1998, S. 181–183, 220.
124 Steinbacher 2000, S. 274.
125 Frank an Lammers, 19. Juli 1941 (Kopie), BA R 6/21, Bl. 136 (Rückseite).
126 Gouverneur des Distrikts Warschau, Bericht Januar, 10. Februar 1942, AIPN NTN 53, Bl. 23.
127 Militärbefehlshaber im Generalgouvernement, Oberquartiermeister, Kriegstagebuch, 8. Mai, 20. Juni und 16. Juli 1942, BA-MA RH 53–23/80; Rüstungskommando Krakau, Kriegstagebuch, Überblicke 3. und 4. Quartal 1942, BA-MA RW 23/10, Bl. 9, 39–40; Generalgouvernement, Regierungssitzung, 13. Juli 1942, BA R 52 II/242, Bl. 60, 69 (Rückseite). Siehe Spoerer 2001, S. 53. Pohl (1996, S. 133, 182) legt nahe, dass jüdische Arbeitskräfte eine große Rolle für die Planung der Zivilverwaltung im Oktober 1941 spielten, zumindest im Distrikt Galizien.
128 Pohl 1993, S. 120, 123; Brief General von Gienanth, 18. September 1942, BA NS 19/352, Bl. 2.
129 Protokoll, 7. Hauptabteilungsleitersitzung, 22. Juni 1942, BA R 52 II/243, Bl. 61; Generalgouverneur, Diensttagebuch, 18. August 1942, BA R 52 II/195, Bl. 8 (über ein Treffen von Frank und Sauckel).
130 Qu. 2, «Judeneinsatz», 15. August 1942, BA-MA RH 53–23/87, Bl. 47–50. Siehe Frauendorfer, Rundschreiben, 25. Juni 1942, BA R 52 II/255, Bl. 35.
131 Pohl 1993, S. 160; Wehrkreisbefehlshaber im Generalgouvernement, O. Qu./Qu.2 an OKW/WFSt, 18. September 1942, BA-MA RH 53–23/87, Bl. 116–118.
132 Zahlen bei Pohl 1993, S. 117, siehe auch S. 99 in diesem Buch.
133 Generalgouverneur, Diensttagebuch, Treffen von Frank mit Gerteis am 22. September 1942, BA R 52II/196, Bl. 17 (Rückseite) über die Eisenbahnen, auch in Präg und Jacobmeyer 1975, S. 565; zum Distrikt Radom: Karay 2004, S. 232; Wenzel 2007, S. 194–195.
134 Siehe zu Letzteren Roth 2009, S. 138.
135 Oberfeldkommandantur [OFK] 379, Monatsbericht 16. August – 15. September, 22. September 1942, BA-MA RH 53–23/39, Bl. 42; Gouverneur des Distrikts Warschau, Bericht für September und Oktober, 15. Oktober 1942, AIPN NTN 53, Bl. 137. Rüstungskommando Warschau, Listen von «W-Betrieben» und «A-Betrieben» an jedem Monatsende, 31. Juli – 31. Oktober 1942, BA-MA RW 23/19, Bl. 8–9, 13–14, 19–20, 39–40, und Kriegstagebuch, 22. Juli 1942, ebd., Bl. 5 (Rückseite).
136 OFK 365, Monatsbericht 16. Juli – 15. August 1942, 17. August 1942, BA-MA RH 53–23/38, Bl. 92; Rüstungskommando Lemberg, Berichte für 3. und 4. Quartal 1942 und

Bericht, 5. Januar 1943, BA-MA RW 23/13, Bl. 4, 7, 8. Zitat: Militärbefehlshaber im Generalgouvernement, OQu/Qu.2 an OFK Lemberg, 8. August 1942, BA-MA RH 53–23/87, Bl. 27.

137 Dokumentation in BA-MA RH 53–23/87, Bl. 160–193; Zitat: Qu.2, 1. Dezember 1942, ebd., Bl. 264.

138 Militärbefehlshaber im Generalgouvernement, Oberquartiermeister, Kriegstagebuch, 19. und 21. August 1942, BA-MA RH 53–23/80; «Vierteljährlicher Überblick des Rüstungsinspekteurs», 3. Quartal 1942, BA-MA RW 23/1, Bl. 13; Budrass 2004, S. 61.

139 Generalgouvernement, Regierungssitzung, 9. Dezember 1942, BA R 52 II/243, Bl. 16 und Rückseite (meine Hervorhebung, C. G.).

140 Gerlach 1998, S. 173, 226–227.

141 Eichholtz (1985, S. 295–306) beschreibt dieses System innerhalb Deutschlands während des Krieges, Herbert (1989, S. 330) als längerfristige Tendenz. Weitere Beispiele für den Einsatz ungelernter Arbeiter bei Eggers (2002, S. 135, 137) für Juden in Frankreich; Hammermann (2002, S. 183, 199–207) für italienische Soldaten; Keller (2011, S. 154, 171, 329–336) für sowjetische Kriegsgefangene.

142 Zum Beispiel wurden tausende ungarischer Juden zur großen Kupfermine Bor im deutsch-besetzten Serbien gebracht, weil viele andere Arbeiter wegen alliierter Luftangriffe, Drohungen der Partisanen und niedriger Löhne geflohen waren. Schmider 2002, S. 562; Braham 1977a, S. 50–58.

143 Gouverneur, Distrikt Warschau, Zweimonatsbericht, 15. Oktober 1942, IfZ, Fb 95/64; Pohl (1996, S. 133) zu Ostgalizien; Browning (2010a, S. 38) zu Wierzbnik im Distrikt Radom.

144 Gerlach 1999, S. 661–662, zu Weißrussland; Fogel 2007, S. 131–137, zu Zemun in Serbien; Angrick und Klein 2006, S. 123–124, zu Riga – eine zeitgenössische Zählung ebd., S. 128.

145 Judenrat Warschau, Abteilung Arbeit, Liste der Arbeitsstellen, 26. Mai 1942, in Hilberg 1981, S. 157; Tauber 2008, S. 111–112.

146 Zu Polen 1939 siehe Böhler 2006, S. 191–193; zu Tunesien 1943: Abitbol 1983, S. 137.

147 Bankier 2011, S. 58–72.

148 Generalstaatsanwaltschaft beim Kammergericht Berlin 1 Js 7/65, Anklageschrift Fritz Wöhrn u. a., 10. Juli 1968, Bl. 209.

149 Pohl 1998, S. 416–417; zu den dortigen Bedingungen: Klausch 1993, S. 46–58.

150 Steinbacher 2000, S. 130, 138–153, 275, 277–278, 293, 305.

151 Ebd., S. 294.

152 Kaienburg 1996, S. 13–39; Lower 2005, S. 62, 143–150; Pohl 1998, S. 417–418. Zu Weißrussland siehe Gerlach 1999, S. 662–663.

153 Pohl 1996, S. 331–355; Pohl 1998, S. 415–438, v. a. 415, 421–422, 424 (zusätzliche Lager wurden von der Wasserverwaltung und der Agrarverwaltung organisiert); Wenzel 2007. Zu Veränderungen innerhalb desselben Lagers siehe Browning 2010a, S. 125–167, 255.

154 Pohl 1998, S. 426.

155 Herbert 1991, S. 13–14; Bloxham 2001, S. 38–42; Schulte 2001, S. 217, 226–227; Buggeln 2012, S. 18, 20, 23.

156 Wachsmann 2006, S. 303–335; siehe auch Kaienburg 1996, S. 14 Anm. 5; Bloxham 2001, S. 45.

157 Siehe Buggeln 2012, S. 162, 164; Kárný (1987, v. a. S. 152) vertritt eine gegenteilige Auffassung.

158 Himmler an Müller, 10. Dezember 1942, zit. n. Longerich 2001, S. 180.

159 Abgedruckt in IMG, Bd. 38, S. 365–367, Zitat: S. 366.

160 Protokoll der Wannsee-Konferenz am 20. Januar 1942, in Tuchel 1992, S. 128–129.

161 Einsatzkommando 3, «Gesamtaufstellung der im Bereich des EK. 3 bis zum 1. Dez. 1941 durchgeführten Exekutionen», 1. Dezember 1941, in Klee u. a. 1988, S. 52–62, Zitat S. 61.
162 Himmler, 9. Oktober 1942, zit. n. Friedländer 2006, S. 524.
163 Mariot und Zalc 2010, S. 204, auch mit ähnlichen Zahlen zu anderen französischen und slowakischen Juden, die im Frühjahr 1942 eintrafen.
164 Siehe die Zahlen in Buggeln 2012, S. 61–65, 68–71, 73, 152–154; Pingel 1978, S. 133, 182–185; Fabréguet 1998, S. 202, 205.
165 Klarsfeld 1982, S. i-ii; Griffioen und Zeller 2011, S. 892, 896, 898.
166 Browning 2010a, S. 259–260; Gerlach und Aly 2002, S. 409.
167 Pohl 2003, S. 141; Grabowski 2008, S. 111, 113, 145, 161, 173, 201, 218, 236, 242–243, 252, 265–266, 317; Orth 1999, S. 345–349.
168 Dies basiert auf folgenden Schätzungen und Annahmen: 400–500 000 Gefangene wurden 1945 befreit; vielleicht 200 000 wurden 1933 bis 1945 entlassen, und 1,3 Millionen starben. Etwa 700 000 Juden wurden bei der Ankunft in Auschwitz ermordet und waren daher nie Gefangene in diesem Lager.
169 Trunk 1972, S. 400–413; Corni 2002, S. 234–242, 246–251.
170 Siehe Szita 1999.
171 Siehe zu Nordslowenien bis zur Adria Williams 2005, S. 198; zu Westpreußen im Herbst 1944: Schenk 2000, S. 250; zum Frontgebiet auf sowjetischem Boden: Rass 2003, S. 360–378.
172 Wenzel 2007, S. 196; Buggeln 2012, S. 157, 159; Allen 2002, S. 227; Pingel 1978, S. 184. Siehe auch Pohl 1998, S. 424.
173 Bloxham 2001, S. 45–48.
174 Beispiele bei Wenzel 2007, S. 203–204
175 Goldhagen 1997, S. 347–373.
176 Herbert 1993, S. 235–236.
177 Siehe Steinbacher 2000, S. 236; Zitat: Telegramm Veesenmayer, 21. November 1944, PA AA R 100894, Bl. 112–113.
178 Hammermann 2002, S. 28; Zitat: Herbert 1985, S. 75.
179 Grabitz und Scheffler 1993, S. 318–328, 334; Pohl 1996, S. 264; Rückerl 1977, S. 130–131; Schelvis 1998, S. 147. Zu Białystok siehe Gerlach 1999, S. 731–732; zu einem Beispiel bei DG (Durchgangsstraße) IV: Eikel 2005, S. 423–424. Für Gutman (1982, S. 328–333) bewegte sich auch Himmler in Richtung einer positiven Haltung gegenüber der Zwangsarbeit.
180 Grabitz und Scheffler 1993, S. 329; Hilberg 1995, S. 43; Gerlach 1999, S. 730–732.
181 Pohl 1998, S. 429.
182 Tooze 2007, S. 601–602. Die letztere Zahl ist niedrig geschätzt.
183 Die Arbeit von Sinti und Roma war für deutsche Behörden vielleicht noch weniger wertvoll.
184 Bloxham 2001, S. 50.

9
Hungerpolitik und Massenmord

1 Corni und Gies 1997, S. 401–405; Kay 2006, S. 40.
2 Longerich 2001, S. 192; siehe auch Rosenbergs Rede, 22. Februar 1941, BA NS 8/63, Bl. 73–74.
3 Hoßbach-Protokoll, 5. November 1937, IMG, Bd. 25, S. 404–406. Siehe Wildt 2003, S. 420.

4 Hitler 1925–27/2016, S. 133, 147–149, 383–385, 387–389, 621; siehe Jäckel 1983, S. 101.
5 Zu Deutschland siehe Corni und Gies 1997, S. 423–468, 477–478.
6 Kistenmacher 1959, S. 30–31; Cépède 1961, S. 407–408; Lafont 1987, S. 80; siehe auch Trienekens (1985, S. 431–435) zu den Niederlanden.
7 Lang 1996, S. 94 (italienische Internierte bei der Firma Krupp, 1943–44); Interview mit Herbert Grunewald in Johnson und Reuband 2005, S. 99 (jüdischer Auschwitz-Überlebender, 1943); Brief Anna Grigorewna T. in Schwarze 2005, S. 70 (Zwangsarbeiterin auf Bauernhöfen bei Münster).
8 Zu Deutschland, Großbritannien, Dänemark und den Niederlanden siehe Baten und Wagner 2003, v. a. S. 103.
9 Raspin 1986, S. 307.
10 Siehe zu Belgien die Zahlen in Brandt u. a. 1953, S. 473, zum Vorhandensein von Lebensmitteln: S. 466–470; zu den Niederlanden: Trienekens 1985, v. a. S. 389, 431–433; und Kleman und Kudryashov 2012, S. 374; zu Frankreich: Sauvy 1978, S. 190.
11 Cépède 1961, S. 403–406, 415; Kistenmacher 1959, S. 30–31, 125–126; Delacor 1994, S. 14, 20, 25; siehe auch Sanders 2005, S. 150–155. Zum Streik: Zielinski 1995a, S. 78.
12 Hionidou 2006, S. 2, 158; Trienekens 1985, S. 398–407; Hirschfeld 1984, S. 37; Thomas 1998, S. 242.
13 Siehe Volkmann 1984, S. 9–74.
14 Collingham 2011, S. 1.
15 Corni und Gies 1997, S. 406; Material in Akte BA R 14/128.
16 Volkmann 1984, v. a. S. 19–21, 31–38, 42; Brandt u. a. 1953, v. a. S. 273, 366–367, 447, 467, 517; Cépède 1961, S. 33; Kistenmacher 1959, S. 42; OKW WiRü Amt, «Kriegswirtschaftlicher Lagebericht», Nr. 21, 10. Juni 1941, BA-MA RW 19/177, Bl. 19; Goebbels 1996b, S. 161 (Tagebuch, 23. Oktober 1941).
17 «Aktennotiz über Ergebnis der heutigen Besprechung mit den Staatssekretären über Barbarossa», 2. Mai 1941, in IMG, Bd. 31, S. 84.
18 Wirtschaftsstab Ost, Gruppe La, «Wirtschaftspolitische Richtlinien für die Wirtschaftsorganisation Ost, Gruppe Landwirtschaft», 23. Mai 1941, IMG, Bd. 36, S. 135–157, Zitat: S. 156.
19 Zur Hungerpolitik siehe Aly und Heim 1991, S. 365–393; Gerlach 1999, S. 46–76; Dieckmann 2011, S. 192–222; Kay 2006.
20 Gerlach 1999, S. 66–76, 150–156; Dieckmann 2011, S. 184–192, 209–222.
21 Das erste Zitat aus Kroll 1998, S. 61, das zweite und dritte aus Corni und Gies 1997, S. 451, 500.
22 Gerlach 1999, S. 1132–1139.
23 Dieckmann 1998, S. 307–323.
24 Gerlach 1999, S. 574–606.
25 Boll und Safrian 1995, S. 281–289; Pohl 2000, S. 143–148; zur Krim siehe Angrick 2003, S. 336.
26 Dean 2000, S. 38, 53.
27 Pohl 2000, S. 147 (Kiew, Charkow); Oldenburg 2004, S. 167–168 (Simferopol/Krim, Dezember 1941); Hasenclever 2006, S. 213 (Feldkommandant 197, Priluki in der Ukraine, 20. April 1942); Gerlach 1999, S. 596–597 (Witebsk, Oktober 1941); ebd., S. 622–623 (Slonim in Weißrussland, November 1941); Neitzel 2005, S. 304–305 (Riga); Levinson 2006, S. 100 (Kretinga in Litauen); Keller 2011, S. 138 (Heydrichs Beschwerde, dass die Wehrmacht halbtote Kriegsgefangene, darunter Juden, in KZs im Reich abschiebe, 9. November 1941).
28 Gerlach 1995, v. a. S. 11, 25–33; zu Transnistrien siehe Dallin 1998, S. 96, 100; Hausleitner 2003, S. 93.
29 Siehe Ganzenmüller 2005, S. 13–53, 68–69, 237–278.

30 Hilberg 1992, S. 223; Berkhoff 2004, S. 164–186; Ganzenmüller 2005, S. 74 u. Anm. 281; siehe Pohl 2011, S. 191–193, 199. Zur Zahl 200 000 siehe Terry 2005, S. 201, 260.

31 Oldenburg 2004, S. 103–104 (Krim); siehe auch Kunz 2005, S. 141–143, 155; Gerlach 1999, S. 284–289 (Weißrussland).

32 Dieckmann 2011, S. 1388–1391; Rass 2003, S. 386–402; Terry 2005, S. 243–259; Gerlach 1999, S. 1092–1096.

33 Brandt u. a. 1953, S. 129–130, Zitat: S. 146.

34 Furber 2004, S. 549–550; Ganzenmüller 2005, S. 73–78; Befehl Generaloberst von Reichenau, 6. Armee, 10. Oktober 1941, in Müller 1982, S. 111; Anweisungen für alle Frontzeitungen, 1. November 1941, in Reinhardt 1972, S. 92 Anm. 289.

35 Vertreter des RMO im Stab der Heeresgruppe Nord, «Politische und wirtschaftliche Probleme der militärischen und zivilen Verwaltung der besetzten Ostgebiete», Dezember 1942, Nürnberger Dokument PS-1381.

36 Streit 1991, S. 21; zur Zahl der sowjetischen Kriegsgefangenen siehe die jüngsten Berechnungen von Otto u. a. 2008, v. a. S. 592, 595.

37 Hałgas 1987, S. 169.

38 Ebd.; Otto 1998, S. 190–191; siehe auch Datner 1964, S. 92–94.

39 Schäfer 2000, S. 51 (Ulm, Tübingen); Hoffmann 2001, S. 127 (Oldenburg); Keller 2011, S. 313.

40 Pokorny an Himmler, Oktober 1941, und Himmler an Pohl, 10. März 1942, BA NS 19/1583, Bl. 5–7.

41 Otto 1998, S. 76–81; Datner 1964, S. 322–335.

42 Zu Weißrussland siehe Spector 1990b, S. 165–166; siehe auch Gerlach 1999, S. 774; zu Westpolen: Hoffmann 2008, S. 393, 400–403.

43 Speckner 2003, S. 190–196 (S. 195: «in fast allen Reichsteilen»), 208; Datner 1964, S. 209–212; Lauerwald 1996, S. 76–88; Briefe von Überlebenden in *Ich werde* 2007, z. B. S. 121, 204, 224, 236, 239–240, 241.

44 Beispiele in *Ich werde* 2007, S. 44–45, 56, 61, 68, 70, 76, 90, 100–102, 127–128, 138–139, 148–150, 154, 163, 169, 172, 175–176, 182, 188–189, 198, 203–204, 206–207, 211–212, 229 (Misshandlungen, die häufig zum Tode führten, werden in 23 der 60 Briefe von Überlebenden in diesem Band erwähnt); Keller 1994, S. 46, 49; Keller 2011, S. 118–121; Obenaus 1985, S. 106; Speckner 2003, S. 131–132; Reese 2003, S. 48. Siehe ZStL V 319 AR 327/77, v. a. Vernehmungen L. B. S. und W. T. N., 28. Januar 1975 (Bd. 3, Bl. 533, 544–545), P. J. K., 30. August 1944 und 21. August 1975; W. M. R., 10. Januar 1975, und Karl Langut, 24. Dezember 1975 (Bd. 2, Bl. 285, 338, 419) über die Lager in Krytschew, Mogilew und Bobruisk.

45 Das gilt auch für die Sowjetunion und die postsowjetische Ära: Erin 2004, v. a. S. 54. Siehe auch Keller 2011, S. 37–39.

46 Keller 2011, S. 37; zu einer Ausnahme im postsowjetischen Armenien: *Ich werde* 2007, S. 244.

47 Sergej Osipov, Stellvertretender Vorsitzender der Kommission für Kriegsgefangene, Vermisste und Internierte beim Präsidenten der Russischen Föderation, nannte laut Zeidler und Schmidt (1999, S. 29) 10 % als Anteil der noch lebenden Soldaten, doch dies beruhte auf 1 Million Überlebender und der unrealistischen Annahme, es habe nur 10 Millionen sowjetische Kombattanten gegeben. Siehe auch Polian 2005b, S. 139.

48 Obenaus 1985, S. 103–104 (August 1941); Borgsen und Volland 1991, S. 125 (Februar 1942).

49 Gerlach 1999, S. 774–781, 878–879; Datner 1964, S. 17; Stein 1978, S. 119–120, 245; Rass 2003, S. 335–338; Lieb 2007, S. 162.

50 Der Anteil ist auf der Grundlage von 5,7 Millionen Gefangenen und 8,6 Millionen Gefallenen errechnet. Letzteres ist niedrig angesetzt.
51 Streit 1991, S. 79.
52 Gerlach 1998, S. 23–24; Keller 2011, S. 158; bis April 1941 gab es Pläne, mehr Kriegsgefangene nach Deutschland zu bringen: Keller 2011, S. 56, 58, 62.
53 Keller 2011, S. 92–103; Streit 1991, S. 171–177; Osterloh 1997, S. 37. Doch dies galt auch für die polnischen Kriegsgefangenen im Winter 1939–40 (Overmans 2005, S. 744), die fast alle überlebten, weil sie genug zu essen bekamen.
54 Gerlach 1998, S. 33–34, gegen Streit 1991, S. 130–132, 187–189. Innerhalb des Reichs waren bis Anfang November 1941 19 000 sowjetische Kriegsgefangene gestorben (weniger als durch direkte Tötungen, die in dieser Zahl nicht enthalten sind), aber 200 000 standen vor dem Hungertod, wie berichtet: Keller 2011, S. 265.
55 Gerlach 1998, S. 36–41; Keller 2011, S. 434.
56 Chef des Generalstabs der 18. Armee, «Merkpunkte aus der Chefbesprechung in Orscha am 13.11.41», Nürnberger Dokument NOKW-1535, zit. n. Gerlach 1998, S. 43.
57 Diese Zahlen basieren auf Streit 1991, S. 130–137.
58 Gerlach 1998, S. 45.
59 Streit 1991, S. 137–162; Berichte von Überlebenden in *Ich werde* 2007.
60 Streit 1991, S. 171–177, 180; Gerlach 1998, S. 49–50; Keller 2011, S. 265, 287–297.
61 Keller 1994, S. 46.
62 Hałgas 1987, S. 169 (Auschwitz); Keller 2011, S. 418 (Neuengamme).
63 Herbert 1985, S. 137–149; Streit 1991, S. 201–208.
64 Gerlach 1998, S. 52–55; Gerlach 1999, S. 816–817, 823–829; Keller 2011, S. 240, 244, 247–248, 251; Streit 1991, S. 208–216.
65 Streit 1991, S. 239–244; Gerlach 1999, S. 830–834; Keller 2011, S. 158, 220, 503–506.
66 Streit 1991, S. 187–189.
67 Erinnerungen von Helmut Paulsen in Schröder 1992, S. 706; siehe Neitzel 2005, S. 261 (Erinnerungen von Leutnant Paul Seyfarth, abgehört in britischer Gefangenschaft im September 1944).
68 Heeresgruppe Mitte, Ib, an Generalquartiermeister, 7. Dezember 1941, BA-MA RH 19 II/127, Bl. 228–229; im Rückblick: Vegesack 1965, S. 237; ein weiteres Beispiel in Overmans u. a. 2012, S. 296–297.
69 Zit. n. Keller 2011, S. 349.
70 Otto u. a. 2008, S. 595–596.
71 Bankier 1996, S. 106–107.
72 Vermerk Rosenberg, 16. Dezember 1941, über ein Treffen mit Hitler am 14. Dezember, IMG, Bd. 27, S. 272. Göring: Ciano 1946, S. 374 (25. November 1941); Goebbels 1996b, S. 132, 161, 484 (17. u. 23. Oktober, 12. Dezember 1941); siehe Otto 1998, S. 197 (Himmler, 23. Januar 1942).
73 Siehe zu den abgehörten Gesprächen Neitzel 2005, S. 255, 271. Zu Hitler: Piper 2005, S. 544.
74 Siehe z. B. Hartmann 2001. Schulte (1995, S. 329–330) nannte diese Fälle Ausnahmen.
75 Otto u. a. 2008, S. 595.
76 Keller 2011, S. 429.
77 Streit 1991, S. 137–180, 187–189; Gerlach 1999, S. 802–813.
78 Seit den frühen 1980er Jahren hat die ernsthafte Forschung die Zahl zwischen 2,5 und 3,3 Millionen angesetzt (Streit 1991, S. 21). Wegen leichter Anpassungen nach unten für bestimmte Lager oder Gebiete (Deutschland, Weißrussland) muss Streits Zahl von 3,3 Millionen etwas gesenkt werden. Siehe Zeidler und Schmidt 1999, S. 35–37. Sowjetische und spätere russische Schätzungen differieren stark und sind nicht überzeugend, siehe Erin 2004, S. 42–46.

79 Kumanev 1991, S. 66 (offizielle Zahl für die Ukraine); Gerlach 1999, S. 856–857; Datner 1964, S. 228–235.

80 Gerlach 1998, S. 42–45; Streit 1991, S. 131–137, 245; Keller (2011, S. 320–323) schätzt, dass bis zum 1. Februar 1942 1,6–1,8 Millionen starben.

81 Keller 2011, S. 419–423; Datner 1964, S. 286–321; Steinbacher 2000, S. 239; Otto 1998, S. 192–193; Brandhuber 1961, S. 5–46.

82 Snyder 2011, S. 195.

83 Cüppers 2005, S. 233–238.

84 Streit 1991, S. 244–249.

85 Dawletschin 2005, S. 61–65.

86 Speckner 2005, S. 346; Osterloh 1997, S. 127–128; Borgsen und Volland 1991, S. 140; Bericht von Emmanuil Sossin in *Ich werde* 2007, S. 195–197.

87 Siehe zum Beispiel Gerlach 1999, S. 836; Streit 1991, S. 257.

88 Zahlen aus Polian 2005b, S. 129; Polian 2007, S. 38; die Schlussfolgerungen sind meine.

89 Pohl (2011, S. 232) nimmt eine viel niedrigere Zahl von Rückkehrern an als oben genannt.

90 Zur (anfänglich) besseren Unterbringung von Offizieren siehe Dawletschin 2005, S. 83–85, 87–88, 113, 130–133. Bis April 1942 wurden etwa 0,5 % der sowjetischen Kriegsgefangenen (15 681) als Offiziere registriert: Römer 2008, S. 423–427. Im Gegensatz zu häufigen Annahmen wurde nur eine Minderheit früherer sowjetischer Kriegsgefangener nach der Rückkehr in die Sowjetunion von den Behörden intensiv verfolgt. Mehrere 100 000 wurden vom NKWD interniert, in Spezialsiedlungen oder Arbeitsbataillone geschickt oder erschossen: Polian 2005a, S. 129–131. Wenn frühere Kriegsgefangene aus befreiten deutschen Lagern wieder in die Rote Armee eingezogen wurden, war das gefährlich, aber kein Akt der Unterdrückung.

91 Siehe Römer 2008, v. a. S. 359, 367, 405; Otto 1998, v. a. S. 268; Keller 2011, S. 111, 114, 135: Streit 1991, S. 88–89; Gerlach 1999, S. 834–837.

92 Arad 2009, S. 376–381; Gerlach 1999, S. 834–843.

93 Brief von Dmitrij Sacharowitsch Woloschin in *Ich werde* 2007, S. 220–221.

94 Aussage Nikolaj Scheklakow, 30. Mai 1945, in Drieschner/Schulz 2006, S. 181.

95 Polian 2005a, S. 502–505 (15–20 000 Überlebende); Maksudov 1993, S. 211 (70 000 Tote, das impliziert 10–15 000 Überlebende); Arad 2009, S. 381 (4457 Überlebende); Levin 1992, S. 235. Krakowskis Schätzung (1992, S. 227) von «nur einer Handvoll» Überlebender ist widerlegt.

96 Die verstreuten Belege hierfür beruhen auf Überlebendenberichten: Levin 1992, S. 236, 239–240.

97 Streit 1991, S. 162–171; Gerlach 1999, S. 843–848; Reinhardt 1972, S. 91; Schäfer 2000, S. 44.

98 Datner (1964, S. 350) über einen OKW-Befehl, 24. Juli 1941; Streit 1991, S. 183–187.

99 Keller (2011, S. 436) schätzt, dass bis Mitte 1942 mindestens 227 000 in deutscher Hand gestorben waren. Siehe auch ebd., S. 83, und Streit 1991, S. 135.

100 Brief von Wladimir Margewskij in *Ich werde* 2007, S. 241; Borgsen und Volland 1991, S. 116; Aufzeichnungen Karl Dürkefälden, August 1941, in Obenaus 1985, S. 103; Keller 1994, S. 40; Osterloh 1997, S. 126; Otto 1998, S. 178.

101 Keller 2011, S. 92–103; Keller 1994, S. 40.

102 Osterloh 1997, S. 28.

103 Keller 1994, S. 39–41, 46; Borgsen und Volland 1991, S. 122, 138, 143–145. Zur Erschießung erschöpfter Gefangener beim Eintreffen nahe Zeithain (Sachsen) siehe Osterloh 1997, S. 30.

104 Keller 2011, S. 203–208.
105 Borgsen und Volland 1991, S. 114 (Bremen); Begräbnisse: Drieschner und Schulz 2006, S. 15 (Fürstenberg); Borgsen und Volland 1991, S. 162 (Bremervörde).
106 Aufzeichnungen Karl Dürkefälden, August 1941, in Obenaus 1985, S. 103; Keller 1994, S. 37; Keller 2011, S. 12, 121–122; Otto 1998, S. 93.
107 Aufzeichnungen Karl Dürkefälden, 20. Februar 1942, in Obenaus 1985, S. 107; siehe Keller 1994, S. 44; Schäfer 2000, S. 104.
108 Keller 1994, S. 40–43, 47, 49; Borgsen und Volland 1991, S. 160; Osterloh 1997, S. 127–128.
109 Osterloh 1997, S. 22, 80–82; Keller 2011, S. 488–498; Otto 1998, S. 36–39, 176, 193.
110 MadR, Bd. 7, S. 2428 (23. Juni 1941), 2515 (14. Juli), 2563 (24. Juli), 2632 (11. August), 2651 (14. August); Bd. 8, S. 2704 (18. August 1941), 2797 (25. September), 2809 (29. September), 2824–2825 (2. Oktober), 2855 (9. Oktober 1941), was sich auf Berichte bezog, denen zufolge Deutsche überzeugt seien, die Eroberung der Ukraine werde ihre Ernährungslage verbessern (S. 2643, 2659, 2687, 2727, 3019).
111 MacKenzie 1994, S. 487.
112 Siehe Kramer 2010, S. 75–90.
113 Das galt aber nicht für Rumänen in deutscher Hand: Kramer 2010, S. 77; siehe Datner 1964, S. 226 (4,8 % Gesamtsterberate).
114 Kuss 2011, S. 96–101, 122–123, 352–353.
115 Overmans 2005, S. 853.
116 Ebd., v. a. S. 755, 772, 775, 779, 785, 799, 836. Zu Hitlers Äußerungen über den Mut der polnischen Soldaten siehe Schenk 2000, S. 137. Siehe auch Datner 1964, S. 21–31. Zu Italienischen Militärinternierten: Hammermann 2005, v. a. S. 443, 455; Lang 1996, S. 95–97.
117 Overmans 2005, S. 748–749, 766, 780–781, 871. Zu den Jugoslawen siehe auch Pavlowitch 2008, S. 21; Romano und Kadelburg 1977, S. 689; einige Berichte von Überlebenden finden sich in *We survived*, Bd. 2, S. 503–519; zu französisch-jüdischen Kriegsgefangenen: Durand 1999, S. 73; Lieb 2007, S. 195; Schätzungen über 10–60 000 jüdische Kriegsgefangene aus Frankreich bei Kaspi 1997, S. 21; Adler 1989, S. 6. Zu den 1700 Juden aus Palästina, die mit britischen Soldaten in Griechenland gefangen genommen wurden, siehe Mallmann und Cüppers 2006, S. 171.
118 Overmans 2005, S. 746–749, 766, 780; zur Ankunft der entlassenen Kriegsgefangenen in Warschau und Lublin siehe Datner 1964, S. 102–103, und Lauerwald 1996, S. 24–25.
119 «POW Camps 1939–1944», http://www.geocities.ws/finnmilpge/fmp_pow_camps.html (Zugriff 8. Oktober 2016); Silvennoinen 2008, S. 178–180, 219–220; Overmans 2005, S. 821.
120 Siehe Pohl 2011, S. 242; Şiperco 1997, S. 36–54 (ich danke Vladimir Solonari für den Hinweis auf diese Publikation); Overmans 2005, S. 821; Ancel 2011, S. 647 Anm. 31.
121 Erin 2004, S. 38.
122 Die sowjetischen Zahlen sind zusammengefasst bei Karner 1995, S. 79.
123 Giusti 2003, v. a. S. 33–44, 66, 77–92, 96; Müller 2007, v. a. S. 86–87; zu widersprüchlichen Dokumenten über die Behandlung siehe Schlemmer 2005, S. 44–46.
124 Karner 1995, S. 11–14, 38–42, 58–59, 79, 178; Hilger 2000, S. 56–62, 103–118; Zeidler und Schmidt 1999, S. 9; Stark 1999, S. 410, 413; Stark 2005, S. 109–112; Nimmo 1988, v. a. S. 13, 25, 43–45, 115–118.
125 Karner 1995, S. 61–78, 90. Eine andere Auffassung bei Zeidler und Schmidt 1999, S. 14.
126 Gerlach 2005b, S. 46–47; Overmans 1999, S. 252; MacKenzie 1994, S. 515–516.
127 Dower 1986, v. a. S. 60–71.

128 Karner 1995, S. 11–14, 38–42, 58, 178; siehe Streit 1991.
129 Zu diesem Konzept siehe Goffman 1972, S. 13–125.
130 Vernehmung Viktor Brack, 12. Oktober 1946, Nürnberger Dokument NO-426, mit Bezug auf Hitler; zu den Äußerungen Christian Wirths (später Kommandant von Treblinka) siehe Sereny 1980, S. 53.
131 Siehe die umfassende Studie von Faulstich 1998 und den Auszug einer Aufzeichnung von Pastor Paul Braune, 9. Juli 1940, in Hermle und Thierfelder 2008, S. 634–636, Zitat: S. 634.
132 Faulstich 1998, S. 25–68, 342, 651–652.
133 Ebd., S. 374–377; Lafont 1987, v. a. S. 40–41, 60–68, 110, 124, 127, 215–216.
134 Lafont 1987, S. 130–150.
135 Die Zahlen zu den Gefängnissen bei Wachsmann 2006, v. a. S. 253–257; zu Ausländern siehe S. 234–236, 290, 294.
136 Chodakiewicz 2004, S. 404 (Lublin).
137 Reznikova 2000, S. 139–140; Ganzenmüller 2005, S. 279.
138 Sanders 2001, S. 158–160; Hionidou 2006, S. 224.
139 Peschanski 2002, S. 142–146; Peschanski 2010, S. 39, 61–65, 69, 72; Eggers 2002, S. 259, 276, 312, 450–461; Klarsfeld 1982, S. i; zu Jugoslawien: Burgwyn 2005, S. 193, 249, 254, 288–289, 373 Anm. 988; zu Italien: Raspin 1986, S. 302, 305, 354–355.
140 Zit. n. Aly 1995, S. 231; siehe Rutherford 2007, S. 127.
141 Zit. n. Elsner und Lehmann 1988 S. 185.
142 Die folgende Darstellung beruht auf Gerlach 1998, S. 167–257; später weitgehend bestätigt durch Browning 2000, S. 76, 134–135; Tooze 2007, S. 619–633; Collingham 2011, S. 204–213.
143 Berenstein 1961, S. 136, 138.
144 Streit 1991, S. 198; Musial 1999, S. 198–199; Generalgouverneur, Diensttagebuch, 23. September 1941, BA R 52 II/184, Bl. 70, auch in Präg und Jacobmeyer 1975, S. 410; zu den Kartoffelschalen der undatierte Bericht von Dr. Biehl (Herbst 1941), BA R 52 VI/8, Bl. 1–6.
145 Blättler 1945, S. 12, 13, 26–34, 52–53, 59 (Beobachtungen um den Januar 1942).
146 Gerlach 1998, S. 173, 227.
147 Ebd., S. 174–176.
148 Siehe z. B. SSPF Galizien, «Lösung der Judenfrage im Distrikt Galizien», 30. Juni 1943, IMG, Bd. 37, S. 392; Tagebuch Jürgen Flick, 22. März 1941, über eine Straßenbahnfahrt durchs Warschauer Ghetto, in Glees 1995, S. 64.
149 Siehe Pohl 1996, S. 122.
150 Zit. n. Gerlach 1998, S. 176–177.
151 Ebd., S. 185–186; zur Hungersnot siehe auch Losacker bei der Polizeisitzung, 18. Juni 1942, BA 52 II/235, Bl. 71.
152 Gerlach 1998, S. 177–184; Frank, 16. Dezember 1941, BA R 52 II/241, Bl. 76 u. Rückseite; Protokoll der Wannsee-Konferenz am 20. Januar 1942, in Tuchel 1992, S. 135–136.
153 Gerlach 1998, S. 181–189.
154 Chef Wi Z, «Aktenvermerk über die Besprechung bei Staatssekretär Backe am 23. 6. 1942 mit den landwirtschaftlichen Sachbearbeitern der besetzten Gebiete» (Abschrift), 24. Juni 1942, Nürnberger Dokument NI-6194, vgl. Gerlach 1998, 189–196.
155 Polizeisitzung des GG, 18. Juni 1942, BA R 52 II/235, Bl. 68–79 (Rückseite).
156 Dennoch versuchte Oswald im August 1942 eine bestimmte jüdische Familie zu schützen und hatte in den 1930er Jahren Ärger mit der NSDAP gehabt: Roth 2009, S. 48, 393, 490.

157 Gerlach 1998, S. 200–201; siehe allgemeiner auch Seidel 2009, S. 55–56; Roth 2009, S. 144, 160.
158 Corni und Gies 1997, S. 449; Chodakiewicz 2004, S. 35 Anm. 65; Brandt u. a. 1953, S. 10.
159 Gerlach 1998, S. 203–207 (Zitate: S. 206, 207); Himmler an Krüger, 19. Juli 1942, BA NS 19/1757, Bl. 1.
160 Siehe MadR, Bd. 9–11, S. 3366, 3435–3436, 3448–3449, 3470–3471, 3496–3498, 3543–3545, 3566–3569, 3592, 3595, 3613–3614, 3626–3627, 3639, 3697, 3715–3716, 3747, 3768, 3772, 3923–3924, 3936, 3944–3946, 3951, 3966, 3985–3986, 3999, 4005 (Zitat, 27. Juli 1942), 4032–4033, 4042, 4047, 4073, 4106, 4123, 4148, 4232, 4259, 4279, 4291–4292, 4351–4356 (Februar–Oktober 1942).
161 Gerlach 1998, S. 210–217, Zitate: S. 215–216.
162 Ebd., S. 218–220; Generalgouvernement, Sitzungsprotokoll, 24. August 1942, BA R 52 II/242, S. 76–82.
163 Gerlach 1998, S. 221–222, Zitat: S. 222.
164 Militärbefehlshaber im Generalgouvernement, Qu. 2, «Betr. Judeneinsatz», 15. August 1942, BA-MA RH 53–23/87, Bl. 47.
165 Sitzungsprotokoll, 6. August 1942, in IMG, Bd. 39, S. 401–402; ich danke Jörg Morré für die Konsultation des Originals (GARF Moskau 7445–2-105, Bl. 198–199).
166 Siehe Gerlach 1998, S. 254–256.
167 Ebd., S. 220 (Zitat), 251–252.
168 Arad 1987, S. 119–124; Pohl 1993, S. 134–135. Zur parallelen Beschleunigung der Ermordung von Juden im Wartheland im August–September 1942 siehe Krakowski 2007, S. 88, 104, 107.
169 Gouverneur Distrikt Warschau, Zweimonatsberichte, 15. Oktober und 10. Dezember 1942, BA R 52 III/21.
170 Aufzeichnungen von Unteroffizier Cornides, 31. August 1942, in Longerich 1989, S. 216.
171 Agata Katarzyna Dąbrowska, «The Campaign ‹Jews-Lice-Typhus› as an Example of Polish Participation in the Nazi Antisemitic Propaganda», Vortrag beim Kongress «Towards an Integrated Perspective on Nazi Policies of Mass Murder», Oslo, 21. Juni 2009.
172 Siehe auch Weindling 2000, S. 2–3, 273, 278, 285.
173 Generalkommissar für Wolhynien und Podolien [in Wirklichkeit Kommandeur von Sicherheitspolizei und SD Wolhynien und Podolien], «Betr. Judenaktionen», 31. August 1942, AIPN, Sammlung von Aktensplittern von SS- und Polizeieinheiten, Nr. 77. Ich danke Dieter Pohl für den Hinweis auf dieses Dokument.
174 Zu den Ereignissen in der Westukraine siehe Gerlach 1998, S. 237–245; Gerlach 1999, S. 709–723.
175 Brandt u. a. 1953, S. 610; Gerlach 1998, S. 245–246. Siehe zu den Synagogen das Diensttagebuch des Generalgouverneurs, Präg und Jacobmeyer 1975, S. 564 (17. September 1942).
176 Gerlach 1998, S. 246–248; siehe auch Seidel 2009, S. 200.
177 Zur Zahl von 110 000 siehe Orth 1999, S. 165.
178 Steinbacher 2000, S. 120; zum Wartheland siehe Alberti 2006, S. 168–171; zu Weißrussland: Gerlach 1999, S. 529–533.
179 Paulsson 1998, S. 30.
180 Hilberg 1992, S. 85–86; Dr. M. Biehl, «Die gegenwärtige Wirtschaftslage im GG», o. D. (Herbst 1941), BA R 52 VI/8, Bl. 2; zu Ärzten (mit Bezug auf Polen): Browning 1992, S. 149–160.
181 Gerlach 1999, S. 674–675; Pohl 1996, S. 114.

182 So wurden z. B. bis zu 85 % der Typhusfälle im Warschauer Ghetto verborgen gehalten: Lenski 1959, S. 288, 290.
183 339. Infanteriedivision, Lagebericht, 5. November 1941, BA-MA RH 26–339/5.
184 Zit. n. Pätzold 1984, S. 295.
185 Siehe zu den Exporten Brandt u. a. 1953, S. 47–48.
186 Klein 2009, S. 130, 152, 210, 216–220, 294, 320–322. Klein weist die Idee zurück, dass die Ernährungspolitik die Ermordung von Juden im Wartheland direkt erforderte (S. 342).
187 Erinnerungen von Cadik-Branco Danon in *We Survived*, Bd. 3, S. 158; das Zitat stammt von dem jüdischen Überlebenden Ervin Rosenberg, in Fogel 2007, S. 140.
188 Siehe Pohl 1996, S. 119–120; Steinbacher 2000, S. 154–155; Sinnreich 2004, S. 187–202.
189 Rautkallio 1987, S. 135 (Tartu in Estland); Gerlach 1999 (Weißrussland); Chodakiewicz 2004, S. 360 (ländliches Gebiet von Janow in Polen).
190 Beispiele in Kunz 2005, S. 199–200 (Krim); Gerlach 1999, S. 596 (Witebsk); siehe Seidel 2006, S. 277; Trunk 1972, S. 152–153.
191 Siehe zu Warschau Pilichowski 1982, S. 205–208; Paulsson 1998, S. 29; Berenstein 1962, S. 136, 138; Gutman 1982, S. 64; Engelking und Leociak 2009, S. 407. Zu Łódź: Alberti 2006, S. 301–313; Sinnreich 2004, S. 49, 215. Siehe Steinbacher 2000, S. 154. Zu Theresienstadt: Hajková 2013, Kapitel 4. Theresienstadt war nominell ein Konzentrationslager, funktionierte aber wie ein Ghetto.
192 Zu Warschau siehe Snyder 2011, S. 160; Lenski 1959, S. 287–293, Zitat: S. 288; zu Łódź: Moser 1966, S. 29.
193 Zu Łódź siehe Alberti 2006, S. 188 Anm. 159.
194 Siehe z. B. Młynarczyk 2007, S. 215–224.
195 Siehe Deletant 2006, S. 186, zu den Hungertoten in Nord-Transnistrien: Vynokurova 2010, S. 21. Zur Ernährungslage unter Bauern und in den Städten siehe Dallin 1998, S. 86, 105, 111, 114–120, 134–136.
196 Schmidt (Einsatz Eichenhain) an Rattenhuber (Reichssicherheitsdienst), 14. Januar 1942, zit. n. Eikel 2005, S. 421.
197 Siehe Ancel 2011, S. 342–345, 395–416; Ancel 2007, S. 264–265, 283–287.
198 Siehe Browning 2010b, S. 123 (Eichmann, 14. April); Ancel 2011, S. 385 (deutsche Zivilverwaltung im Distrikt Nikolajew, Februar und März).
199 Siehe die höheren Schätzungen in Hilberg 1994a, S. 1292–1294; Teilschätzungen für Polen in Pohl 1996, S. 122.
200 Kárný 1987, S. 140–145; WVHA, DII an KZ-Kommandanten, «Ärztliche Tätigkeit in den Konz.-Lagern», 28. Dezember 1942, in Bauche u. a. 1991, S. 144; Orth 1999, v. a. S. 110–112. Zu den Rationskürzungen siehe Buggeln 2012, S. 27–28.
201 Zeller and Griffioen 1996, S. 31–41.
202 Siehe Zeller und Griffioen 1996 und 1997; Griffioen und Zeller 2011; Moore 2004, S. 385–395; Moore 2010; Blom 1989, S. 273–289; Marrus and Paxton 1982, S. 687–714.
203 Moore 2010, S. 224, siehe auch S. 245, 252; siehe Moore 1997, S. 158–159; Houwink ten Cate 1999, S. 121, 125–126.
204 Brandt u. a. 1953, S. 371–569; Trienekens 1985, v. a. S. 427.
205 Cépède 1961, S. 386, 393–394; Kistenmacher 1959, S. 16, 25–26, 66, 95–103; Sanders 2001, v. a. S. 31, 40, 47, 157, 277; siehe zu Belgien Brandt u. a. 1953, S. 455, 546.
206 Griffioen und Zeller 2011, S. 512; zur Fälschung von Lebensmittelkarten in Frankreich allgemein siehe Sanders 2001, S. 95–105, und Alary 2006, S. 214; zu Fälschungen in Belgien siehe Brandt u. a. 1953, S. 471; Bericht eines jüdischen Überlebenden aus Belgien: Interview mit Armin Hertz in Johnson und Reuband 2005, S. 29–30.
207 Kasten 1993, S. 95–96; siehe Kaspi 1997, S. 166–172.

208 Bahnbrechend ist Fogg 2009, S. 130–137, 140–141, 145–147, 176; das stützt die Belege in Marrus und Paxton 1982, S. 183, 187.
209 Siehe Kapitel 15 und die Zahlen bei Griffioen und Zeller 2011, S. 518, 543, 572.
210 Moore 2010, S. 240.
211 Siehe zu Ungarn Gerlach und Aly 2002, S. 175–186.
212 Safrian 1997, S. 275–283; Gerlach und Aly 2002, S. 438–439; Aly 2005, S. 299–308; siehe auch Hionidou 2006, S. 34 Anm. 7.
213 Nissen 2006, v. a. S. 172, 186–187; Petrow 1974, S. 185; siehe auch Yahil 1983, S. 73, 117–118.
214 Zu Jugoslawien siehe Pavlowitch 2008, S. 100, 225, 243; zu Frankreich: Delacor 1994, S. 14, 20; Sanders (2001, S. 27) sieht die größten Profiteure aber unter den Händlern, nicht den Bauern.
215 Dallin 1998, S. 137.
216 Trolle 1994, v. a. S. 27, 34, 49–50, 67, 79, 106, 163–164, 195.
217 Siehe Gross 2012a.
218 Viele Belege für Banditentum finden sich in Klukowski 1993; siehe zu Juden v. a. S. 223, 227 (Tagebuch, 4. u. 26. November 1942).

10
Die Ökonomie von Absonderung, Enteignung, Zusammendrängung und Deportation

1 Ein Beispiel ist Jäckel 1986.
2 Siehe z. B. RMO, «Anweisung an den Reichskommissar des Reichskommissariats Ostland», o. J. (etwa Mai 1941), BA R 92/2, Bl. 17.
3 Diese Version, zu der Alexa Stiller eine Veröffentlichung vorbereitet, ist unbekannt, aber rekonstruiert worden durch einen kritischen Kommentar von Erhard Wetzel (RMO), 27. April 1942, gedruckt in Heiber 1958, S. 297–324, siehe v. a. S. 299–300.
4 Generalplan Ost, Juni 1942, in Madajczyk 1962, S. 401–442.
5 «Dispositionen und Berechnungsgrundlagen für einen Generalsiedlungsplan», 29. Oktober/23. Dezember 1942, in Rössler und Schleiermacher 1993, S. 96–117.
6 Die Zahl der Siedler im annektierten Elsass, in Lothringen und Slowenien blieb gering. Siehe Stiller 2009, S. 70–73. Zu den Herkunftsorten siehe Leniger 2006, S. 89.
7 Müller 1991, S. 87.
8 Lower 2005, S. 178 (Shitomir); Dieckmann 2001, S. 786–787 (Litauen).
9 HSSPF Ost, «Aufstellung eines SS-Oberabschnitts Ost», 16. Juli 1942, BA NS 33/24, Bl. 16.
10 Kunz 2005, S. 65–71.
11 Beispiele sind Snyder 2011, S. 173–184; Collingham 2011, S. 40–48.
12 Die Hungerpolitik wurde in der ersten Jahreshälfte 1941 entwickelt (der Generalplan Ost (GPO) weitgehend zwischen Mitte 1941 und Ende 1942) und richtete sich vor allem gegen sowjetische Großstädter und die Bewohner von Nord- und Zentralrussland und Weißrussland (der GPO gegen Teile der Ukraine und des Baltikum – wo viele Menschen auf dem Land lebten – und Polen) und wurde von Ernährungs- und Agrarexperten zusammen mit Wirtschaftsstrategen der Wehrmacht entwickelt, um die kurzfristigen Lebensmittellieferungen für Deutschland und seine Armeen im Osten zu sichern. Der GPO wurde vor allem von SS-Offizieren entwickelt und betraf die langfristige Ansiedlung von Deutschen.
13 Vermerk Greifelt über seinen Termin bei Himmler, 12. Mai 1943, BA NS 19/982, Bl. 135. In Wirklichkeit waren weniger als 200 000 Juden im Generalgouvernement

noch am Leben («Bevölkerung im Generalgouvernement», 1. März 1943, BA R 52 VI/21), und da sie alle in Lagern lebten, konnte durch ihre ‹Entfernung› nur wenig Wohnraum für Polen freiwerden. Siehe auch Himmler an Krüger, 19. Juli 1942, in Röhr 1989, S. 227.

14 Rosenkötter 2003, S. 274–275; Röhr 2002, S. 45.

15 Aly 1995.

16 Longerich 2001, S. 134–135. In kleinerem Rahmen ist belegt, dass einheimische Juden ermordet wurden, um Platz für nach Minsk und Riga deportierte Juden zu machen.

17 Steinbacher 2000, S. 215.

18 Siehe die Auszüge aus einem Bericht des Leiters der Abteilung Bevölkerungswesen und Fürsorge im Distrikt Lublin, Türk, 7. April 1942, in Berenstein 1961, S. 271.

19 Steinbacher 2000, S. 97–99; Harvey 2010, S. 106–107.

20 Schenk 2000, S. 205–210; Steinbacher 2000, S. 81; Madajczyk 1988, S. 479–499.

21 Zahlen bei Röhr 2002, S. 51, und Steinbacher 2000, v. a. S. 222 Anm. 90.

22 Steinbacher 2000, S. 141.

23 Vermerk von Schauroth, 8. Juli 1942, BA R 49/985 (mit der Frage, ob Himmler davon wisse); *Generalplan Ost*, Juni 1942, in Madajczyk 1962, S. 436.

24 Frank sprach bei einer Pressekonferenz, 14. April 1942, BA R 52 II/191, Bl. 18.

25 Dieser Plan ist erwähnt bei Longerich 2001, S. 81; zu den Wiener Juden: Moser 1966, S. 18.

26 Unter den 87 000 Deportierten aus dem Wartheland während des sog. Ersten Nahplans waren jedoch viele Freiberufler und kleine Ladenbesitzer: Steinbacher 2000, S. 97.

27 Botz 1975, S. 18, 26.

28 Schildt 1998, S. 158, 162–163; Führer 1995, S. 40, 338–339; Botz 1975, S. 14–20, 26; Heiden 1995; Gebel 2000, S. 242–243, 266–267.

29 Botz 1975 war grundlegend.

30 Hilberg 1992, S. 236.

31 Führer 1995, S. 99–104.

32 Toury 1986, S. 432 (Belege für Stettin im Januar und Februar 1940).

33 Botz 1975, S. 84–85, 89–103, 146–162.

34 MadR, Bd. 8, S. 2987–2994 (13. November 1941).

35 Buchholz 1994, v. a. S. 62–63; siehe Neliba 1992, S. 337; Dörner 2007, S. 148–149; zum Sudetenland: Gebel 2000, S. 79; zu Wien: Botz 1975, S. 89–103, 148.

36 Gryglewski 1996, S. 42–55; Jonca 1996, S. 277–278; Konieczny 1996, S. 318–320, 330.

37 Korrespondenz über «Unterbringung von Judenfamilien in Göttingen», November–Dezember 1941, BA, BDC, Sammlung Schumacher 240 II; siehe Führer 1995, S. 105. Zu Münster siehe Longerich 2006, S. 196.

38 Eichmann am 15. August 1941, laut Witte 1995, S. 42.

39 Kaufmann an Görnnert, 4. September 1942, BA 34.01 FC Film 375; Bajohr 1995, S. 291–292.

40 Mitteilung Bormanns an von Schirach, 2. November 1941 (Kopie), BA R 43 II/598; Botz 1975, S. 199–200. Zu außerplanmäßigen Deportationen von Wiener Juden in den Distrikt Lublin Anfang 1941 aus demselben Grund siehe Botz 1975, S. 197.

41 Stoltzfus 1996, S. 163; Longerich 1998a, S. 700–701; Aly 2005, S. 140; Hildegard Henschel, «Aus der Arbeit der Jüdischen Gemeinde während der Jahre 1941–1943: Gemeindearbeit und Evakuierung von Berlin 16. Oktober 1941–16. Juni 1943», um 1949, StA Kammergericht Berlin 1 Js 1/65, Bd. 12, Akte 61; Erinnerungen von Herbert Klein, Sohn des früheren Oberhaupts der jüdischen Gemeinde in Nürnberg, in Johnson und Reuband 2005, S. 102. Sekretärin: Befragung E. F. (Lukasch), 4. September 1968, StA Kammergericht Berlin 1 Js 1/65, Bd. 44.

42 Am deutlichsten Willems 2000 (zu Berlin); siehe auch Longerich 1998a, S. 700; Gryglewski 1996, S. 38–57, v. a. S. 56–57 (zu Breslau).
43 Das betont Aly 2005, S. 140, z. T. mit Bezug auf Longerich 1998a, S. 705–706.
44 Kroener 1999, S. 817–818.
45 So das Protokoll der Wannsee-Konferenz, zit. n. Tuchel 1992, S. 129.
46 BdS Prag (Böhme) an RSHA (Müller), 17. August 1942, BA D-H M 501, Akte 3 (AMV 19-4-978).
47 Gottwaldt und Schulle 2005, S. 310–317. Zur Wohnsituation in Wien siehe Botz 1975, S. 14–20.
48 Hájková 2013, S. 6–9; siehe zu den Zügen Gottwaldt und Schulle 2005, S. 245–246, 256, 397.
49 Botz 1975, S. 27, 61, 78.
50 Marcus 1983, S. 183, 187; Młynarczyk 2007, S. 25.
51 Einsatzgruppen der Sicherheitspolizei und des SD, «Tätigkeits- und Lagebericht Nr. 6» für Oktober 1941 in Klein 1997, S. 236 (Kiew); Generalgouvernement, Protokolle der Regierungssitzungen, 11. März 1942, BA R 52 II/242, Bl. 34 (Lublin) und 18. Juni 1942, BA R 52 II/235, Bl. 82 (Krakau).
52 Aly 2005, S. 265; Alberti 2006, S. 154–155; zu Ostgalizien: Harvey 2010, S. 342–343, 353; zu Böhmen und Mähren: Oprach 2006, S. 71–74.
53 Oldenburg 2004, S. 167–168.
54 Rosenkötter 2003, S. 193.
55 Longerich 1998b, S. 23.
56 Siehe Führer 1995, S. 40–41, 342.
57 Das Zitat stammt aus dem Untertitel von Botz 1975; zu Debatten über Wohnungsplanung siehe Führer 1995, S. 338–349.
58 Adolf Hitler, «Mein politisches Testament», IMG, Bd. 41, S. 549.
59 Handschriftlicher Brief von Marianne Siebrasse an Auswärtiges Amt, 4. Mai 1944, PA AA R99449 (Hervorhebung im Original); siehe Steinert 1970, S. 260; NSDAP-Ortsgruppe Rossau (Wien), Karl Ocenasek, 3. Oktober 1939, in Botz 1975, S. 84. (Das war Jahre vor dem ersten Bombenangriff auf Wien.) Zur Ghettoplanung in Budapest und Überlegungen wegen Luftangriffen siehe Cole 2003, S. 81–89, 115–124.
60 Kochan 1998, S. 32 (mit Bezug auf Berlin-Rangsdorf).
61 Beispiele bei Kulka und Jäckel 2004, S. 515, 540, 542; Memoiren: Jordan 1971, S. 236.
62 Bajohr und Pohl 2006, S. 67–68.
63 Himmler an Pohl, 9. September 1942, und weitere Korrespondenz, BA NS 19/14, v. a. Bl. 11.
64 Gellately 2002, S. 294.
65 Kubatzki 2001a, S. 102; Berichte der Überlebenden Kazimiera Czarnecka, Jerzy Sadecki, Jekaterina Spiridonowa und Sofia Pronko in Berliner Geschichtswerkstatt 2000, S. 33, 59–60, 103, 119.
66 Fuchslocher 1998, S. 93.
67 Aly 2005, S. 142–156; Buchholz 1994, S. 66; Bericht über «Aktion M», IMG, Bd. 38, S. 28–29.
68 Bajohr 1998, S. 332–338, 345.
69 Hilberg 1981, S. 91.
70 Harvey 2010, S. 355–356.
71 Lewkowicz 2006, S. 192, 195–196 (Zitat) zum Beispiel Saloniki.
72 Barkai 1988, S. 194–198.
73 Gryglewski 1996, S. 15 Anm. 65 (Breslau); Guckes 1999, S. 100, 103, 105 (Frankreich).
74 Oprach 2006, S. 67, 69.

75 Gruner 2000a, S. 142; Zimmermann 1995, S. 362–363; Vermerk Maedel (Finanzministerium), 14. Dezember 1942, in Longerich 1989, S. 171.
76 Heim 1999, S. 107–138.
77 Oprach 2006, S. 91.
78 Rademacher, «Gedanken über die Gründung einer intereuropäischen Bank für die Verwertung des Judenvermögens in Europa», 12. August 1940, PA AA R 100857, Bl. 228, auch in Pätzold 1984, S. 268–269.
79 Gryglewski 1996, S. 16–18. Über ähnliche Versuche in den Niederlanden zur Finanzierung von Internierungslagern siehe das Material in BA R 2/12158, Bl. 170 ff; siehe Michman 1986, S. 163–165.
80 «Vorläufiger Abschlussbericht der Kasse Aktion ‹Reinhardt› Lublin per 15. Dezember 1943», IMG, Bd. 34, S. 81–82. Dieser Bericht umfasste wahrscheinlich nicht Majdanek, das als KZ unter einer anderen Verwaltung stand.
81 Siehe zu dieser Summe Aly 2005, S. 60–63.
82 Auszüge aus Globocniks Bericht, 5. Januar 1944, in Berenstein 1961, S. 421–422; siehe Rückerl 1977, S. 133–134, 162–166 (Sobibór).
83 Arendt 1986 [1955], S. 918.
84 Schelvis 1998, S. 126.
85 Berger 2013, S. 138, 218, 224–225; Schelvis 1998, S. 295; siehe Rückerl 1977, S. 206–207.
86 Greiser an Himmler, 19. März 1943, in Longerich 1989, S. 351; Hájková 2013, S. 3, 43.
87 Bauche 1991, S. 99.
88 Siehe Herbert 1993, S. 208–209.
89 Berger 2013, S. 96–99.
90 Siehe Freund u. a. 1993, v. a. S. 195–199.
91 Strzelecki 1994, S. 262.
92 Heim und Aly 1987, S. 19–29, 70–79; Browning 1986, S. 343–368; Rosenkötter 2003, S. 226–227.
93 Amtschef Dr. Hummel, Distriktverwaltung Warschau, auf einer Regierungssitzung des Generalgouvernements, 18. Juni 1942, BA R 52 II/235, Bl. 75 (Rückseite).
94 Gouverneur des Distrikts Warschau, Bericht für August und September, 15. Oktober 1942, BA R 52 III/21.
95 Bajohr 2001, S. 32.
96 Rosenkötter 2003, S. 103, 134 (Zitat: Winkler, Haupttreuhandstelle Ost, an Göring, 5. Februar 1941); Alberti 2006, S. 105–118.
97 Siehe Grossman und Ehrenburg 1994, S. 43, 68–69, 84, 128, 675; Pohl 2011, S. 250. Siehe Gutman 1982, S. 9–10; Młynarczyk 2007, S. 129–130.
98 Angrick 2005, S. 119 (Charkow in der Ukraine); Erinnerungen von Raissa Stepiko in Berliner Geschichtswerkstatt 2000, S. 82 (Belgorod in der Ukraine); Gerlach 1999, S. 376–377 (Weißrussland).
99 Beevor 2007, S. 46.
100 Jugoslawien: Erinnerungen von Julije Kemenj und Rukula Bencion in *We Survived*, Bd. 3, S. 385, 438. Griechenland: Mazower 2016, S. 47–48; Fleischer 1986, S. 76–79; Matkovski 1959, S. 208–209.
101 Lieb 2007, S. 38–39.
102 Brief von Harry Mielert, 29. März 1943, in Bähr 1961, S. 370.
103 Generalstaatsanwaltschaft Königsberg, Bericht, 29. Mai 1943, in Tilitzki 1991, S. 242.
104 Mazower 2016, S. 258–263; siehe Feldkommandantur 1042 (Peloponnes), Bericht, 31. Dezember 1943, in Seckendorf 1992, S. 295. Zu Warschau: Klukowski 1993, S. 170 (3. September 1941).
105 Gebietskommissar Brest-Litowsk, 18. Oktober 1944, BA R 6/87; Bl. 69; Steinbacher 2000, S. 311–312.

106 Dawletschin 2005, S. 197.
107 Schlegelberger an Lammers, 12. August 1941, BA R 43 II/668, Bl. 8, siehe Bl. 9–17, 38, 42–72, 88–102.
108 Bajohr 2001, S. 133, 193–194.
109 Aly 2005, S. 114–139, 159–180; siehe auch Lower 2005, S. 46.
110 HSSPF Russland-Zentrum und Weißruthenien, Befehl, 16. August 1943, CChIDK 1323-2-225, Bl. 13.
111 Alberti 2006, S. 217–223, 273.
112 Bajohr 2001, v. a. S. 13–14, 76.
113 Pohl 1996, S. 302–304; Borodziej 1999, S. 56–57; Banken 2009, S. 448–456. Siehe zu den sowjetischen Gebieten Zellhuber 2006, S. 199–204.
114 Fuhrer und Schön 2010, S. 83–104.
115 Safrian 1997, S. 240–241.
116 Banken 2009, S. 612, 630–639.
117 Rieger 2007, S. 37, 43, 63, 78–79, 121–122, 138–139.
118 Gryglewski 1996, S. 17; Steinbacher 2000, S. 171–175; Zürcher 2004, S. 180.
119 Siehe Weinert 1993, S. 131–159.
120 «Beiträge zur Denkschrift», 31. Juli 1945, BA R 2301/8420, Bl. 18. Eine erste Buchprüfung hatte 1941 stattgefunden, siehe Weinert 1993, S. 129–130.
121 Siehe z. B. Alberti 2006, S. 159.
122 Aly 2005, v. a. S. 55–63, 221–223, 252.
123 Siehe z. B. zur Haupttreuhandstelle Ost Rosenkötter 2003, S. 278, 281–284. Im Frühjahr 1942 gehörte der HTO Eigentum im Wert von 6–7 Milliarden RM, im März 1945 waren einschließlich Immobilien noch 3,16 Milliarden RM übrig, wobei die Erlöse aus den Verkäufen von Gütern (die 3–4 Milliarden RM wert waren) 1,45 Milliarden einbrachten.
124 Rademacher «Gedanken über die Gründung einer intereuropäischen Bank für die Verwertung des Judenvermögens in Europa», 12. August 1940, PA AA R 100857, Bl. 228, auch in Pätzold 1984, S. 168.
125 Auswärtiges Amt, Rundschreiben, 31. Juli 1942, auf der Grundlage einer gemeinsamen Sitzung mehrerer Behörden vom Vortag, Nürnberger Dokument NG-424. Diese Regel wurde später wiederholt von deutschen und ausländischen Akteuren gebrochen, blieb aber allgemeine Handlungsrichtlinie.
126 Schlarp 1986, S. 295–300.
127 Aly 2005, S. 93–113, 237.
128 Siehe zu Weißrussland und dem Reichskommissariat Ostland Gerlach 1999, S. 682–683; zum Reichskommissariat Ukraine siehe RMO, Finanzbericht für 1942, Dezember 1942, Anhang 2, BA R 43 II/689, Bl. 233 (Rückseite). Dabei fehlen Bialystok und Ostgalizien.
129 Gerlach und Aly 2002, S. 186–239; Aly 2005, S. 274–297.
130 Kanzlei des Führers an Reinhardt (Finanzministerium), 7. März 1941, BA 7.01, Nr. 3586, Bl. 48; Hilberg 1992, S. 82–83; Rost 1992, S. 55, 60–61.
131 Bock 1986, S. 106.
132 Das war auch in Italien der Fall. Siehe Collotti 2006, S. 206–207. Zu Rumänien: Ancel 2007, S. 351.
133 Rosenkötter 2003, S. 7, 22, 24, 92; Genschel 1966, S. 163.
134 Aly und Heim 1991, S. 22–32; zu Wien siehe Rosenkötter 2003, S. 100, 155, und Genschel 1966, S. 207, 251 Anm. 9; zu den Niederlanden, Belgien und Frankreich (das eine Ausnahme war): Hilberg 1994a, S. 602–603, 635, 654. Siehe auch Lipscher 1979, S. 67, zur Slowakei.
135 «Der Handel im Generalgouvernement», o. J., BA R 52 VI/21.

136 Rosenkötter 2003, S. 199 (Zitat), 203.
137 Siehe zur ersten Version Sicherheitshauptamt, Lagebericht für 1938, MadR, Bd. 1, S. 172, 182; van Laak 2003, S. 290, 294. Zur zweiten Version: Bajohr 1998, S. 245, 315–323, v. a. S. 316. Zur dritten Auffassung: Tooze 2007, S. 325–328.
138 Hitler, 26. Mai 1944, zit. n. Bajohr und Pohl 2006, S. 74; siehe Weikart 2009, S. 193–194; Hitler, 30. Januar 1939, Domarus 1963, S. 1057.
139 Hitler, 6. April 1933, zit. n. Longerich 2001, S. 46; siehe auch Kroll 1998, S. 42, 91.
140 Koonz 2006, S. 409; Conze u. a. 2010, S. 51.
141 Siehe Meyer 2000, S. 38, zu Frankreich.
142 Siehe MadR, Bd. 5, S. 1421 (25. Juli 1940).
143 Aussage Wilhelm Werner, 7. August 1951, in Schneider 2010, S. 60–61.
144 Gerlach 1999, S. 1076; siehe auch Steinbacher 2000, S. 153 (zu Ost-Oberschlesien); Turner an Meyszner, 29. August 1942, und Meyszner an Himmler, 4. September 1942, BA NS 19/1672, Bl. 14, 38 (der HSSPF in Serbien wies die SS-Division «Prinz Eugen» an, einen großen Teil dieses Gelds zurückzugeben).
145 Berger 2013, S. 186.
146 Himmler stimmte zu. Telegramm Krüger and Himmler mit handschriftlichem Vermerk, 9. Oktober 1942, Nürnberger Dokument NO-2095.
147 Mazower 2016, S. 81; zum rumänisch-besetzten Odessa siehe Dallin 1998, S. 115.
148 Rosenkötter 2003, S. 168; zu einem umfangreichen Projekt, ausgebombten Deutschen die Möbel und Haushaltsgegenstände niederländischer Juden zu geben, siehe Aly 2005, S. 141–155.
149 Jean Ancel schätzt, dass enteignete jüdische Vermögenswerte ein Viertel bis ein Drittel der rumänischen Kriegskosten abdeckten: Ancel 2007, S. 249, 362, zum Kontext siehe S. 225–251.
150 Aly 2005, v. a. S. 93–113; Liberman 1996.
151 Bajohr (2001, S. 15) benutzt diesen Begriff unter Vorbehalt.
152 Mann 2005, S. 239.
153 So z. B. Arendt 1986 [1955], S. 918.
154 Siehe auch die Überlegungen in Pätzold und Schwarz 1994, S. 86–114.
155 Bevollmächtigter für den Vierjahresplan, Geschäftsgruppe Verkehr, «Tätigkeitsbericht» für April 1942, 18. Mai 1942, BA R 26 IV/vorl.47; die Gesamtzahl der Züge nach Pätzold und Schwarz 1994, S. 104–105. Ähnliche Überlegungen werden in Hilberg 1981, S. 61, und Mierzejewski 2001, S. 35–36, erwähnt.
156 Ich danke Götz Aly, der mich zuerst hierauf hinwies. Zu den benötigten Waggons siehe Reichskuratorium für Wirtschaftlichkeit, Dienststelle Generalgouvernement, «Die Wirtschaftsbilanz des jüdischen Wohnbezirks in Warschau», März 1941, in Heim und Aly 1991, S. 132–133. Diese Kalkulation beruhte auf höheren Lebensmittelrationen, als 1941–42 meist tatsächlich an Juden ausgegeben wurden. (Siehe auch ebd., S. 114–115, und Engelking und Leociak 2009, S. xiv, 407.) Da aber der tatsächliche Durchschnittsverbrauch (einschließlich der aus Schmuggel stammende: siehe Engelking und Leociak 2009, S. 407) höher war als im zuvor erwähnten Bericht vorgesehen und weil diese Lebensmittel nach Warschau kommen mussten, erforderte die Versorgung des Ghettos die oben erwähnte Bahnkapazität.
157 Siehe z. B. Dawidowicz 1979, S. 131–132.
158 Generalgouvernement, «Polizeisitzung», 18. Juni 1942, BA R 52 II/235, Bl. 78R (zwei Wochen), siehe auch Browning 1998a, S. 132; Kriegstagebuch des Militärbefehlshabers im GG, Oberquartiermeister, 2. September 1942 (zwei Wochen), BA-MA RH 53–23/80. Zu Treblinka und Sobibór: Arad 1987, S. 119–124; Schelvis 1998, S. 59; zum Juni 1942: Hilberg 1981, S. 82.

159 Korrespondenz Ganzenmüller-Wolff, 28. Juli und 13. August 1942, BA NS 19/2655, Bl. 58, 64; Pätzold und Schwarz 1994, S. 92.
160 Protokoll einer Fahrplankonferenz am 26. und 28. September 1942, Eichmann-Prozess, Dok. 1373.
161 Pohl 1996, S. 241; Hilberg 1981, S. 86.
162 Müller an Himmler, 16. Dezember 1942, in IMG, Bd. 27, S. 251–253.
163 Siehe Vermerk BdS Paris IV J SA 16, «Tagung beim Reichssicherheitshauptamt am 28. 8. 1942 über Judenfragen», 1. September 1942, Eichmann-Prozess, Dok. 142; zu 1941–42: Seeger 1996, S. 128.
164 Moser 1966, S. 18, 24.
165 Ogorreck 1992, S. 258; Hilberg 1981, S. 82.
166 Gerlach 1999, S. 752–753, 758; Reinhardt 1972, S. 57, 116–120, 153–160.
167 Speer zit. n. Adler 1974, S. 193. Siehe auch Hilberg 1981, S. 82, 141; Faksimile von Eichmann an Stapo(leit)stellen, 31. Januar 1942, in Wannsee Conference 2009, S. 229.
168 Seeger 1996, S. 128.
169 Kleinmann an Himmler, 7. März, und Himmler an Reichsverkehrsministerium, 14. April 1942, BA NS 19/3625, Bl. 7, 19–21.
170 Generalgouvernement, Regierungssitzung, 11. März 1942, BA R 52 II/242, Bl. 17 u. Rückseite.
171 Protokoll, «3. Sitzung der Rüstungskommission», 2. Dezember 1942, BA-MA RW 23/2, Bl. 57–62.
172 Eggers 2002, S. 377.
173 Siehe Kamenec 2007, S. 194.
174 Ein Beispiel ist Traverso 1999, S. 58–59.
175 Aly 2005, S. 302; Dr. Karl Pfauter, «Die Verkehrslage Griechenlands während der deutschen Besatzungszeit 1941–1944», PA AA R27320, Bl. 247–248.
176 Gerlach und Aly 2002, S. 271–274, 364.
177 Siehe Hilberg 1981, S. 54, 81, 135; Mierzejewski 2001, S. 36; Guckes 1999, S. 69, 77, 80.
178 Einige Beispiele sind abgedruckt bei Pätzold und Schwarz 1994, S. 175–229.
179 Siehe Gottwaldt und Schulle 2005.
180 Gerlach und Aly 2002, S. 286.
181 Spoerer 2001, S. 49.
182 Bericht 7./Pol. 24, «Judenumsiedlung», 14. September 1942, in Hilberg 1981, S. 194–197, beschreibt eine Zugfahrt von Kolomea nach Bełżec mit 8205 Personen (180–200 pro Waggon), bei der Hunderte flüchteten.

11
Widerstandsbekämpfung und Judenvernichtung

1 Ohne die Länder, wo starke deutsche Truppen standen, es aber kein Besatzungsregime gab, wie in Finnland, Rumänien, Bulgarien und Italienisch-Libyen.
2 Siehe zu Jugoslawien Burgwyn 2005, S. 35, 43; Pavlowitch 2008, S. 28, 40, 49, und zum wirtschaftlichen Erfolg S. 68.
3 Zu den besetzten sowjetischen Gebieten siehe Gerlach 1999, S. 214–218; zu Frankreich: Lieb 2007, S. 56, 61, 98.
4 Siehe Gerlach 1999, S. 957 (340 000 starben in Weißrussland); für den Rest der deutsch-besetzten sowjetischen Gebiete schätze ich 300 000 Tote, für Griechenland bis zu 100 000, für Jugoslawien 200 000 (siehe Schmider 2002, S. 317, 331–332: Berichte über 49 000 Tote von September 1943 bis Januar 1944, und Shelach 1992, S. 170:

23000 im Oktober 1941 getötete). In Frankreich wurden 20–45000 getötet (Lieb 2007, S. 412–413), in Italien unter der deutschen Besatzung wahrscheinlich 45–50000 (Klinkhammer 1993, S. 573–574; Longhi 2010, S. 113; laut Gentile 2001, S. 534 wurden nur 10000 getötet; 37000 von 46000 starben in deutschen Lagern: Pohl 2003, S. 132), in der Slowakei starben 25000 (Müller 2007, S. 105), in Polen 20000 Menschen auf dem Land (Pohl 2003, S. 121, ist im Einklang mit den Teilzahlen für den Distrikt Lublin in Chodakiewicz 2004, S. 368). Die Zahl in Albanien war vergleichsweise niedrig: Fischer 1999, S. 268.

5 Siehe zu Frankreich Lieb 2007, S. 67, 306.

6 Zu den Deportationen von Nichtjuden aus Warschau nach Auschwitz und den Morden in Warschau siehe Engelking und Leociak 2009, S. xv–xvi; zu den Städten in der Region Zamość: Klukowski 1993.

7 Friedländer (2006, v. a. S. 265, 586) betont stark den Einfluss von Ideen betreffend die potenzielle jüdische Bedrohung.

8 Goebbels 1996, S. 265 (12. August 1941).

9 CChlDK 1372-5-23, S. 334, Faksimile in Witte u. a. 1999, S. 293. Die Annahme, dass die Bemerkung eine spezifische Anweisung für die besetzten sowjetischen Gebiete war (Longerich 2001, S. 187) passt nicht zu der Tatsache, dass in den meisten deutsch-besetzten sowjetischen Gebieten – einschließlich Partisanenhochburgen – der Massenmord an Juden erst sechs Monate später wieder aufgenommen wurde. Siehe S. 454 Anm. 61 in diesem Band sowie Gerlach 1999, S. 688–733.

10 Hitler 1982, S. 377 (30. August 1942).

11 Wachsmann 2006, S. 221; Goebbels 1995, S. 361 (24. Mai 1942); Hitler 1982, S. 59 (14.–15. September 1941).

12 Allen 2002, S. 179.

13 Himmlers Bericht über sein Treffen mit Mussolini am 11. Oktober 1942, BA NS 19/2410, Bl. 6–7.

14 Luther an von Weizsäcker, 24. September 1942, zit. n. Steur 1997, S. 210.

15 Smith und Peterson 1974, S. 169, 200–205.

16 Case 2006, S. 19.

17 Kamenec 2007, S. 330.

18 Longhi 2010, v. a. S. 145, 150, 152, 154–192 (Italien); Gitman 2011, S. 167–168; Tomasevich 2001, S. 605 (Jugoslawien); Lewkowicz 2006, S. 165; Bowman 2002, S. 18; Bowman 2006, S. xxii, 12–15 (Griechenland); Spector 1993, S. 140 (Ukraine – Juden machten 1,1 % der namentlich bekannten Kämpfer aus); Spector 1990a, S. 322–323, 337 (Wolhynien); Gerlach 1999, S. 745 (Weißrussland); Zizas 2005, S. 328 (Litauen); Chary 1972, S. 48 (Bulgarien); Lipscher 1979, S. 175–176 (Slowakei).

19 Pryce-Jones 1991, S. 26

20 Rossino 2003; Böhler 2006.

21 Borodziej 1999, S. 81–82.

22 Ebd., S. 29; siehe zum Wartheland auch Alberti 2006, S. 85; zu Zichenau: Röhr 1994b, S. 43; Zahlen über Danzig-Westpreußen bei Schenk 2000, S. 172, 291, zu Forsters Zielen: S. 129, 143, 147, 150; zu SS-Maßnahmen und der Organisation des Deutschen Volksschutzes: S. 156–163; siehe auch S. 164–176. Vgl. auch Madajczyk 1988, S. 14–15.

23 Steinbacher 2000, S. 97–99, 119–120, 132–133, 135–136.

24 Etwa 4000 wurden im Frühjahr 1940 getötet, und Tausende waren 1942 in Lagern interniert: Pohl 2003, S. 49.

25 Schenk 2000, S. 172; Pohl 2003, S. 49 (60000). Zu jüdischen Opfern siehe Rossino 2003, S. 234.

26 Siehe S. 72.

27 Delacor 2000a, S. 19; Pavlowitch 2008, S. 37–39, 54–59, 75–78.
28 Bonwetsch 1985, v. a. S. 104, 115; Shelach 1992, S. 164; Wiesinger 2008, S. 40. Loulos 1994, S. 400; Longhi (2010, S. 109) sieht eine breitere Basis der griechischen und italienischen Partisanen.
29 Siehe Kalinin 1968, S. 395–397; Zahl der Festnahmen für Frankreich 1943 in Kasten 1993, S. 180, 214.
30 Dieckmann 2011, S. 209–222.
31 Anderson 1995, S. 300–303; Gerlach 1999, S. 871–872; siehe aber von Xylander 1989, v. a. S. 32–33, zu Kreta im Mai–Juni 1941.
32 Boll and Safrian 1995, S. 285–288; Gerlach 1999, S. 873, 877–883.
33 Pavlowitch 2008, S. 67 Anm. 18 (Serbien); siehe Shelach 1992 (23 200 Personen, darunter 4200 Juden, wurden allein im Oktober 1941 in Serbien erschossen); Schmider 2002, S. 70–80; Burgwyn 2005, S. 75. Zu den Morden der Heeresgruppe Mitte: Gerlach 1999, S. 875.
34 Gerlach 1999, S. 503–514.
35 Le Secrétaire Général de la Vice-Présidence Conseil, Communiqué, 10. Dezember 1941, in Delacor 2000a, S. 105–106; Hirschfeld 1984, S. 111 (Niederlande, Juni 1941); Witt 2012 (Slowakei, Juni 1941, 1100).
36 Müller 2007, S. 159; siehe auch Rautkallio 1987, S. 135.
37 Keitels Befehl, 16. September 1941, in Ueberschär und Wette 1991, S. 305–306.
38 Zimmermann 1996, S. 248–266; siehe auch Holler 2009; Fings 1992, S. 31–34.
39 Krausnick und Wilhelm 1981, S. 248; Gerlach 1999, S. 643–644, 882.
40 339. Infanterie-Division, Lagebericht, 5. November 1941, BA-MA RH 26–339/5.
41 Rede von Edo Neufeld, Dezember 1943, und Erinnerungen von Magda Simin in *We Survived*, Bd. 3, S. 169, 301.
42 Shelach 1992, S. 164–170; Manoschek 1993.
43 Headland 1992, S. 62, 75–76, 80, 213–215.
44 Lozowick 1987, S. 234–235.
45 Lieb 2007, S. 25.
46 Scheck 2008, S. 64–65; Lieb 2007, S. 15; siehe zu Norwegen Petrow 1974, S. 119.
47 Pétain wollte sich den Deutschen sogar selbst als Geisel anbieten und plante deswegen eine dramatische Rundfunkansprache. Siehe die Dokumente in Delacor 2000a, S. 142–143, 148, 150, 202, 216. Mazower (2009, S. 230) nennt niedrigere Opferzahlen. Teile der französischen Polizei begannen sich 1942 zu weigern, Kommunisten festzunehmen, weil sie befürchteten, man könne sie als Geiseln erschießen: Kasten 1993, S. 68, 76.
48 Herbert 1996, S. 298–314; Lieb 2007, S. 27–29; siehe die Dokumente in Delacor 2000a, S. 107, 117, 142–143, 201, 242, 253–254, 271.
49 1300 Juden wurden jedoch im Sommer 1944 aus Paris nach Auschwitz deportiert: Lieb 2007, S. 410.
50 Strugar 1969, S. 21; Pavlowitch 2008, S. 63, 66, 121; Schmider 2002, S. 74–84, 113, 142, 192; Deutscher Militärbefehlshaber in Frankreich, Lagebericht für Oktober und November 1941 (Auszug), in Delacor 2000a, S. 146; Hill 2005, v. a. S. 82–89, 114; Fleischer 1986, S. 71.
51 Gerlach 1999, S. 884–1010; Schmider 2002, S. 149–152, 198, 207; Pavlowitch 2008, S. 121–122. Zu den italienischen Truppen in Montenegro 1941 und dann 1942 siehe Burgwyn 2005, S. 93, 111–113, 137–138, 154, 182. Zu deutschen Massenumsiedlungen in Westrussland: Terry 2005, S. 218–222.
52 Nach jugoslawischen Zählungen starben 74,4 % der getöteten Serben, 89,5 % der getöteten Montenegriner und 95,6 % der getöteten Muslime nicht in «Konzentrationslagern»: Cvetković 2008, S. 366.

53 Siehe Heer 1995, S. 119–122; Gerlach 1999, S. 966–969; Telegramm von «Berta» an die Schutzmannschafts-Battaillone 276–279, 18. Februar 1943, in Vernichtungskrieg 1996, S. 174.
54 Gerlach 1999, S. 933–943, 989–991; Borodziej 1999, S. 169.
55 Fleischer 1986, S. 182–183.
56 Hilberg erklärte das in 1994a, S. 389, 402; siehe aber Gerlach 1999, S. 743–746, 913, 957; siehe auch Haberer 2001 Tl.1, S. 20–21, und Tl.2, S. 212.
57 Mazower 2016, S. 152, 158; Zitat: Herbert 1991b, S. 16.
58 Romanovski u. a. 1984, S. 46–47. Siehe zu Griechenland Nessou 2009, S. 204–231; Mazower 2016, S. 199–232; zu Jugoslawien: Burgwyn 2005, S. 196.
59 Siehe Schmider (2002, S. 253–254, 280–283) zu den Aktionen «Weiß I und II» und «Schwarz» in Bosnien und Montenegro im Juni 1943; Gerlach (1999, S. 943–951) zu den Aktionen «Hornung» und «Kottbus» in Weißrussland.
60 Zu Frankreich siehe Martin 1999, S. 88–89; Lieb 2007, S. 38–39, 162; Kasten 1993, S. 32, 34; zu Italien: Klinkhammer 1993, S. 423, 446–452, 486; zu Griechenland und Albanien: Meyer 2008, S. 113–127, 159–224, 567–582; BA, BDC, SS-Akte Walter Schimana; vgl. allgemein Gerlach 1999, S. 951–953.
61 Generaloberst Löhr, Befehl, 10. August 1943, in Seckendorf 1992, S. 244–245; zur Umsetzung durch deutsche Truppen in Kroatien siehe Pavlowitch 2008, S. 201; Schmider 2002, S. 336–337, siehe auch S. 283; Overmans 2005, S. 783. Einige wurden später in deutschen Kriegsgefangenenlagern zwangsweise gekennzeichnet: Speckner 2003, S. 57.
62 Generaloberst Löhr, Befehl, 10. August 1943, in Seckendorf 1992, S. 244–245; Lappenküper 2000, S. 139; Lieb 2007, S. 275, 281, 302; Klinkhammer 1993, S. 460, 466; Hadziiossif 1991, S. 228–229.
63 Gentile 2001, S. 543–544.
64 Röhr 1994b, S. 52, 54 (216 000 Tote); Pohl 2003, S. 121; Erinnerungen von Alexandra Remiszewska in Berliner Geschichtswerkstatt 2000, S. 37.
65 Siehe Gerlach 2011, S. 298, 516 Anm. 287; Gerlach 1999, S. 1001–1003.
66 Ainsztein 1993, S. 119–120, 147–148 (Kowel in der Ukraine); Tec 1996, S. 177–202; Paulsson 2002, S. 168 (4500 Juden wurden während des Warschauer Aufstands getötet, 900 später, nachdem man sie in deutschen Lagern enttarnte).
67 Hrádská 1996, S. 92–94; Scheffler und Grabitz 1993, S. 15–16; Gerlach 1999, S. 732.
68 Hoffmann 2008, S. 102–103, 114–115, 246.
69 Roberts 2006, S. 63–88 (85 % der 350–400 Aufständischen in Algier waren Juden); Ribbentrop, Telegramm, 23. November 1944, PA AA 100894, Bl. 116.
70 Petrow 1974, S. 131–137; Petrick 1998, S. 178.
71 Petrow 1974, S. 115–117.
72 Siehe Kapitel 5, Anm. 16.
73 Petrow 1974, S. 116 (Zitat); Abrahamsen 1991, v. a. S. 34–35, 73; Hoffmann 2001, S. 268, 270; BdS Oslo, «Meldungen aus Norwegen», 26. November 1942, in Ugelvik Larsen 2008, S. 941.
74 Zur wachsenden Zahl von Sabotageakten 1943, vor allem im August, siehe Petrow 1974, S. 186; siehe Herbert 1996, S. 248–259.
75 Petrick 1998, S. 182–183.
76 Longerich 2001, S. 173; Goebbels 1994, S. 46, 51, 61–62, 98–99 (Tagebuch 3., 4., 6. u. 13. Oktober 1943).
77 Siehe Petrow 1974, S. 185–228, 307–313; Hilberg 1994a, S. 586–596.
78 Hilberg 1994a, S. 596; Petrow 1974, S. 213.
79 Petrow 1974, S. 212.
80 Siehe Safrian 1997, S. 273, 275–283; Gerlach und Aly 2002, S. 438–439; zu den briti-

schen Geheim- und Kommandoaktionen auf Kreta während der gesamten deutschen Besatzungszeit und zu Partisanenaktionen siehe von Xylander 1989, S. 50, 66–74, 82, 98, 102, 120–124. Dagegen stellte sich der deutsche Kommandant auf Zakynthos erfolgreich gegen die Deportation der 275 einheimischen Juden mit dem Argument, sie seien arm und hätten starke Verwandtschaftsbeziehungen zu Nichtjuden: Fleischer 1986, S. 366.

81 Wie auf den deutsch-besetzten griechischen Inseln wurde auch die angespannte Ernährungslage als Grund für die Maßnahme genannt, und die Lebensmittelrationen für Juden wurden gesenkt: Zwergbaum 1960, S. 215, 252.

82 Penkower 1988, S. 56–57. Auch hier wurde die angespannte Ernährungslage genannt.

83 Aufzeichnungen des deutschen Unteroffiziers Cornides, Cholm, 31. August 1942, in Longerich 1989, S. 216.

84 Abgedruckt in Röhr 1989, S. 227; siehe Himmler an Krüger, Telegramm, 17. November 1942, BA NS 19/1433, Bl. 32, und Kapitel 5.

85 Vermerk Dr. Siegert, «Kosten bei der Evakuierung von Juden aus Frankreich», 17. August 1942, BA R 2/12158.

86 Siehe Dean 2000; Chiari 1998, S. 160–194.

87 Chiari 1998, v. a. S. 123–59.

88 Zum Beispiel der Vortrag von Schenckendorffs (Befehlshaber des rückwärtigen Heeresgebiets Heeresgruppe Mitte), 2. Juni 1942, BA R 6/217, Bl. 2; Kasten 1993, S. 171–178 (zu Frankreich); siehe auch Gerlach 2011, S. 259–268.

89 Interview, 21. Juni 2001.

90 Chodakiewicz 2004, S. 110, 125 Anm. 23.

91 Siehe Gerlach (1999, S. 218–222) zu Weißrussland; Hionidou (2006, S. 148–157) zu Griechenland.

92 Zu Ausweispapieren siehe Gründer 1999, S. 155 Anm. 6 (Deutsch-Südwestafrika, 1907); Elkins 2005, S. 16 (um 1910 musste in Britisch-Kenia eine Metallschachtel mit Ausweiskarte, Fingerabdrücken und Arbeitsbuch um den Hals getragen werden).

93 Turner an Himmler, Lagebericht, 16. Februar 1942, BA NS 19/1730; von Herwarth 1982, S. 242.

94 Burgwyn 2005, S. 59, 140, 144, 173–175.

95 Pavlowitch 2008, S. 29.

96 Siehe Burgwyn 2005, S. 110; zu einigen Entstehungszusammenhängen siehe Pavlowitch 2008, S. 37–39.

97 Pavlowitch 2008, S. 115.

98 Trifković 2008, S. 52, 57, 62–63.

99 *We Survived*, Bd. 3, S. 412.

100 Snyder 1999, v. a. S. 99–100, 96 Anm. 21; Prusin 2003, S. 527–534; Spector 1990a, S. 250–271; Pohl 1996, S. 376; Prusin 2010, S. 197–199; Ther 2011, S. 142; Kosyk 1993, S. 381; Wnuk o. J., S. 7.

101 Conte und Essner 1995, S. 309–317; Poprzeczny 2004, S. 191, 222, 320–323.

102 Siehe Wardzyńska 1993; Prusin 2010, S. 184–187; Brakel 2009, S. 323–332.

103 Chiari 1998, S. 270–302; zum September 1943 siehe Cholawski 1982, S. 162.

104 Pavone 1992, v. a. S. 221–225. Siehe Mazower (2009, S. 457–462) zu Frankreich, Belgien und Italien.

105 Cervi 1956; Klinkhammer 1993, S. 476.

106 Pramowska 2010; siehe auch Borodziej 1999, S. 169.

107 Madajczyk 1994, S. 148.

108 26 500 Menschen (2,5 % der Bevölkerung) wurden getötet oder verhungerten: Fischer 1999, S. 198, 268. Jugoslawien und Griechenland verloren etwa 4 % ihrer Einwohner.

109 Diese Daten bei Antonijević 2008, S. 414–415. Die allgemeinen Bevölkerungsverluste scheinen über 3 % gelegen zu haben.
110 Siehe Weiner 2001, S. 172–173; Gerlach 2011, S. 242–243, 522; Michlic 2006, S. 202.
111 Siehe zu Frankreich Lynch 2012, S. 233–242; Sanders 2001, S. 296.
112 Bićanić 1944, S. 44–45.
113 Dieckmann 2011, S. 1464, 1469, 1482–1483; Eckman und Lazar 1977, S. 85–90; zu Wolhynien: Snyder 2010, S. 98–103; Spector 1990a, S. 256. Einige UPA-Aufständische hatten sich im Sommer 1941 an Pogromen beteiligt und als Hilfspolizisten an den deutschen Massenmorden an Juden 1941–42 mitgewirkt: Spector 1990a, S. 269.
114 Zum dortigen Bürgerkrieg siehe Kapitel 14, Anm. 100; Kosyk 1993, S. 381; Wnuk o. J., S. 7. Laut Pohl (1996, S. 376–377) wurden bei der Bürgerkriegsgewalt in dieser Region relativ wenige Juden getötet. Siehe aber Conte und Essner 1995, S. 319.
115 Von den wolhynischen Juden überlebten nur 1,7 % auf deutsch-besetztem Gebiet (Spector 1990a, S. 332), von den weißrussischen Juden überlebten 3,5 % (geschätzt auf der Basis von Gerlach 1999, S. 740–745) und von den litauischen Juden 4 % (auf der Basis von Dieckmann 2011, S. 1538).
116 Spector 1990a, S. 250–251, 259–261, 263–264, 266–267; zur Vergeltung siehe S. 267, 296, 302, 308, 310.

Teil III
Die europäische Dimension

1 Siehe den überarbeiteten Vertrag und die Protokolle über die Gespräche mit der deutschen Führung in ADAP, Bd. XIII, 2, S. 671–729; die Reden der Vertreter der europäischen Beitrittsländer in www.forost.ungarisches-institut.de/pdf/19411125–1.pdf (Zugriff 12. Juli 2012).
2 *Das 12-Uhr Blatt*, 25. November 1941, Faksimile der Titelseite auf http://www.dhm.de/lemo/bestand/objekt/d2z01271 (Zugriff 9. Oktober 2016).
3 Cornelius 2011, S. 184; Ancel 1992, S. 203. Mitte 1942 standen sie kurz vor einem Krieg miteinander: Cohen 1987, S. 181.
4 Deutsche Diplomaten begannen aber einen japanischen Angriff zwischen dem 18. und 27. November 1941 für wahrscheinlicher zu halten (Martin 1969, S. 34–37).
5 Siehe Tönsmeyer 2003; siehe auch Fein 1979, S. 102, und Korb 2013, S. 438, 443, über Kroatien.
6 Müller 2007, S. 293.
7 Witt 2012, S. 127.
8 Siehe Mazower 2000, v. a. S. 32–58; interessante Beobachtungen über die Slowakei in Nedelsky 2001; zu Vichy-Frankreich siehe Lemkin 1944, S. 178–182, und Kletzin 1996, S. 29–39; zu den Gewerkschaften in Ländern unter deutscher Besatzung: Petrick 1995.
9 Cohen u. a. 1992, S. 88.
10 Quisling am 8. April 1942 in *Fritt Folk*, zit. in BdS Oslo, «Meldungen aus Norwegen», 26. April 1942 (Ugelvik Larsen 2008, S. 610).
11 Zu Vichy-Frankreich siehe Peschanski 2010, S. 31.
12 Reinhard Heydrich, «Die Wirtschaft als massgeblicher Faktor der staatlichen und politischen Neuordnung Böhmens und Mährens im Reich», BA D-H R63/279, Bl. 11. Siehe Heydrichs Redenotizen in AMV 114-6-1, Bl. 74 (Rückseite). Das Motiv der «zwei Welten» findet sich auch in Görings Reichstagsrede gleich nach Hitlers Kriegserklärung an die USA am 11. Dezember 1941 (*Verhandlungen*, S. 106).

13 Dreyfus 1981, S. 246
14 Brustein und King 2004a, S. 36, bewerten die Arbeit von Soziologen – mit Ausnahme von Fein 1979 – ähnlich, liefern aber keinen überzeugenden Bewertungsmaßstab. Siehe dagegen die Rangfolge in Fein 1979, S. 39; Déak 2010, S. 225.

12
Gesetzgebung gegen Juden in Europa: ein Vergleich

1 Hilberg 1992, v. a. S. 90–93.
2 Cohen 1987, S. 163–198; Cohen 1988, S. 45–59; Braham 1992, S. 125–143; Jelinek 1989. Lipscher 1972 nahm an, dass alle Achsenmächte demselben Muster folgten, indem sie die deutsche Politik gegen Juden kopierten.
3 Bloxham 2009, S. 110–123. Es gibt sehr wenige andere Studien (meist nur kurze Buchkapitel oder wenige Seiten), die die antijüdische Gesetzgebung und Maßnahmen in ganz Europa betrachten. Manche treffen eine zeitliche und räumliche Eingrenzung, zum Beispiel Sarfatti 1994, S. 81–89, 124–126, der nur das Jahr 1938, und Cohen 1987, der nur drei Länder betrachtet. Maifreda 2001 konzentriert sich auf wirtschaftliche Aspekte.
4 Don 1997, v. a. S. 59–60.
5 Siehe Petrow 1974, S. 197; Zuccotti 1993, S. 27; Fein 1979, S. 372 Anm. 38.
6 Grüttner 2001, S. 112–116, Zitat: S. 118.
7 Der Text dieser Gesetze bei Freidenreich 1979, S 239–242. Siehe zum politischen Kontext Pavlowitch 2008, S. 9–11; Wuescht 1969, S. 135; Wuescht 1975, S. 10; Olshausen 1973, S 31–32. Zum Ausweisungsbefehl siehe Rother 2001, S. 151. Laut Opfer (2005, S. 275) verbot Jugoslawien 1940 auch einige jüdische Organisationen.
8 Maderegger 1973, S. 167, 230–232; Königseder 2001, S 82–83; Melichar 2005, S. 159.
9 Dieckmann 2011, S. 102, 104.
10 Mahler 1944, S. 301–306, 312–317; Melzer 1997, S. 21, 75–76, 81–87, 91; Farmer u. a. 1985, S. 39; Rothschild 1974, S. 41.
11 Melzer 1997, S. 91, 123–125.
12 Kotani 1995, S. 43–46.
13 Guttstadt 2008, S. 189–190, 199–208, 228–232, 279–284, 298–407; Pekesen 2012, S. 143–145, 175–177, 227–234; Shaw 1993, S. 26, 35, 39–41, 58; Bayraktor 2006. Zu Spanien siehe Rother 2001, S. 143, 150–162, 175, 184.
14 Jobst 1939, S. 207–225; Strauss 1987, S. 216–228; Weingarten 1981, S. 190–203; Picard 1997, S. 158–160; siehe zu Frankreich auch Caron 1999, S. 126; zu Japan: Kaneko 2008, S. 25–26, 37–38.
15 Wagner 2001, S. 289–290; Hösch 2001, S. 245; Yahil 1983, S. 19–20.
16 Unabhängige Expertenkommission Schweiz 1999, S. 77–88; Levine 2000, v. a. S. 219–220. Ich stimme nicht mit der feinen Differenzierung von Kvist (2000, S. 199–211) überein, nach der es keine antijüdischen Gesetze in Schweden gab, obwohl Juden dort weniger Rechte hatten als andere Flüchtlinge.
17 Picard 1997, S. 146, 324, 415–419; Unabhängige Expertenkommission Schweiz 1999, S. 20–23, 89–90, 133–134, 152–153, 278. Neben jüdischen Zivilisten nahm die Schweiz kurzfristig fast 104 000 ausländische Soldaten und 44 000 zivile Flüchtlinge, über 66 000 Grenzflüchtlinge und 60 000 Schulkinder auf.
18 Arlettaz und Arlettaz 1998, S. 382; Picard 1997, S. 68, 209–210; Unabhängige Expertenkommission Schweiz 1999, S. 301.
19 Picard 1997, S. 85–100, 151, 163; Unabhängige Expertenkommission Schweiz 1999, S. 172–173.

20 Urban 1939, S. 73; Milotova 1996, S. 178 Anm. 44; Gruner 2010, S. 144–145. Siehe zum Hintergrund Milotova 2002, S. 79, 100.
21 Rothschild 1974, S. 133; Oprach 2006, S. 35.
22 Milotova 2002, S. 75–115; Kárný 1998, S. 7–22; Gruner 2005, S. 33, 36–37; Urban 1939, S. 74; Kokoška 1997, S. 37, 48 Anm. 12; Milotova 1996, S. 167–168. Siehe auch Lemkin 1944, S. 138, 149. Weniger als 10 % der Treuhänder waren Tschechen, und sie waren nur in kleinen Firmen tätig (Oprach 2006, S. 60 Anm. 242).
23 Mariot und Zalc 2010, S. 73; Peschanski 2010, S. 21, 27, 39, 72, 103–106.
24 Ende 1940 saßen weniger als 1000 Menschen in deutsch-kontrollierten Lagern im Vergleich zu 50 000 in Vichy-Lagern (Peschanski 2010, S 31, 73).
25 Peschanski 2002, S. 475. Unter den Internierten waren ausländische Bürger (vor allem Spanier), Nichtsesshafte (besonders Roma), Kommunisten, Juden und frühere Vertreter des Vichy-Regimes. In diesen Statistiken erscheinen aber weder deutsche Soldaten in französischer Kriegsgefangenschaft, französische Soldaten in deutscher Kriegsgefangenschaft, noch französische Zivilisten innerhalb Nazideutschlands (meist Zwangsarbeiter).
26 Fatran 2001, S. 85; CDJC 1982; Oprach 2006, S. 58.
27 Voigt 1987, S. 5.
28 Texte in CDJC 1982; wichtige italienische Gesetze von 1938 in Sarfatti 1994, S. 185–197.
29 «Die Judenfrage als Faktor der Aussenpolitik im Jahre 1938», PA AA R 100857, Bl. 235 (Rückseite).
30 Ahonen u. a. 2008, S. 54.
31 Im März 1935 verbot ein Gesetz es Ausländern, in Italien als Ärzte zu praktizieren (Voigt 1987, S. 15). Zu Rumänien 1934 bis 1936 siehe Ancel 2007, S. 37.
32 Dieses ungarische Gesetz wurde nach 1928 weniger strikt angewandt: Gerlach und Aly 2002, S. 38–39.
33 Laut dem Gesetz Nr. 698 vom 19. September 1942 (in Lemkin 1944, S. 567) galt dafür die Todesstrafe.
34 Picard 1997, S. 187; Michaelis 1978, S. 342; Roberts 2006, S. 79–82; Abitbol 1983, S. 173, 196. Siehe zu Polen Dobroszycki 1994, S. 6; zu Bulgarien: Opfer 2005, S. 280. Die Wiedereinführung des Dekrets von Crémieux für Juden in Algerien 1943 unterschied sie von der rechtlich niedrigeren Stellung der Muslime.
35 Abitbol 1983, S. 167–168.
36 Braham 1994, S. 1311–1313; Gerlach und Aly 2002, S. 210–211; Gerlach 2011, S. 328–329; siehe Kapitel 13.
37 Longhi 2010, S. 199 Anm. 16. Siehe zur unvollständigen Rückgabe Collotti 2006, S. 209–210.
38 Lerner und Rabello 2006–07, S. 14–15; Sarfatti 2006, S. 140; zu Polen siehe Kapitel 12, Anm. 10, und zur Tschechoslowakei Kapitel 12, Anm. 20.
39 Abrahamsen 1991, S. 37–44; Rother 2001, S. 58–59.
40 Biondich 2005, v. a. S. 82–83, 96, 109–110.
41 Hilberg 1994a, S. 56–57, 165–167.
42 Hilberg 1992, S. 90–93; Miller 1975, S. 95.
43 Gitman 2011, S. 68 (Kroatien); Gerlach und Aly 2002, S. 241 (Ungarn); Hausleitner 2001a, S. 396 (Rumänien); Mann 2005, S. 294 (Slowakei); zu Deutschland: Steiner und von Cornberg 1998.
44 Gerlach und Aly 2002, S. 49; Hilberg 1994a, S. 757; Ugelvik Larsen u. a. 2008, S. 949–950; Chary 1972, S. 54.
45 Hilberg 1992, S. 92; Kletzin 1996, S. 225; Lavi 1960, S. 280–281, 288; zu Ehen in Bulgarien siehe Opfer 2005, S. 276. Laut einer Rede von Edo Neufeld im Dezember 1943

zog die kroatische Regierung die Kennzeichnung von Juden zurück, nachdem katholische Geistliche protestiert hatten (*We Survived*, Bd. 3, S. 172).

46 Steinbacher 2000, S. 166.

47 Siehe das Gesetz vom 29. März 1941 und die innere Gliederung im Commissariat Général aux Questions Juives, Personel du Commissariat, 21. Oktober 1941, in CDJC 1982, S. 39, 91. Der deutsche Botschafter beschrieb die Aufgabe des Kommissariats ähnlich (Abitbol 1983, S. 60).

48 Steur 1997, S. 49–52, 70; Hilberg 1994a, S. 797; Chary 1972, S. 54–55; *The Power of Civil Society* 2005, S. 100; Deletant 2006, S. 106; Braham 1992, S. 133.

49 Das widerspricht Lipscher 1972, S. 126.

50 Oprach 2006, S. 88; Gedye 1942, S. 349, 489–491; Rother 2001, S. 44, 109–110.

51 Voigt 1987, S. 26–31; Toscano 1995, S. xxxviii; Picard 1997, S. 184–185; Miller 1975, S. 94; Opfer 2005, S. 273–274; Guttstadt 2008, S. 282 Anm. 40.

52 Weingarten 1981, S. 63; Oprach 2006, S. 88.

53 Diese Zahlen stammen aus Mallmann und Cüppers 2006, S. 21, 25, 32–35, 39; siehe Marrus 1985, S. 152.

54 Eggers 2002, S. 23–25; Marrus und Paxton 1981, S. 57.

55 Siehe den Bericht von Abetz an das Auswärtige Amt, 23. Oktober 1940, zit. in Klarsfeld 1992, S. 273.

56 Dreyfus 1981, S. 244; siehe zu Italien das Interview mit Augusto Segre in Caracciolo 1995, S. 111.

57 Etwa 9000 nach 1927 eingebürgerte Juden verloren die französische Staatsbürgerschaft (Mariot und Zalc 2010, S. 123).

58 Hausleitner 2003, S. 84; Hausleitner 2001a, S. 332; Ancel 2011, S. 94.

59 Zu Frankreich siehe Kapitel 12, Anm. 23; zu Italien: Kapitel 14, Anm. 99; zur Sowjetunion: Moser 1966, S. 17–18; Polian 2008, v. a. S. 16–17.

60 Polian 2008, v. a. S. 1, 15.

61 Zur Slowakei siehe Fatran 2001, S. 72–75, 79–80.

62 Zu Polen siehe Melzer 1997, S. 71–80, 90–91. Den Anteil jüdischer Studenten in verschiedenen Ländern im Zeitraum 1926 bis 1930 nennt Melson 1992, S. 88.

63 Siehe zum Beispiel Wechsler 1984, v. a. S. 649–656.

64 Beispiele aus Frankreich und Französisch-Tunesien bei Sebag 1991, S. 227. Eine Liste von 27 antijüdischen Vorschriften in Französisch-Tunesien im Zeitraum 1940 bis 1942 (bei Sabille 1954, S. 163–165) zeigt einen starken wirtschaftlichen Schwerpunkt.

65 Rothschild 1974, S. 197–198.

66 Voigt 1987, S. 5; Zuccotti 1996, S. 36; Brandišauskas 2003, S. 55.

67 Siehe zu 1937/38 Hausleitner 2001a, S. 328–329; zur Gesetzgebung im Oktober 1940 und März 1941 siehe Deletant 2006, S. 105–106; Lavi 1960, S. 271, 277; Ancel 2007, S. 40–68, 73, 117.

68 Deletant 2006, S. 107.

69 Vergleiche das «Loi de 2 juin 1941 remplaçant la loi de 3 Octobre 1940 portant statut des Juifs» mit der «Dritten Verordnung über Maßnahmen gegen Juden», 26. April 1941, in CDJC 1982, S. 41–44, 50–51.

70 Miller 1975, S. 96; Lipscher 1972, S. 125–126.

71 Siehe zu den kroatischen Vorschriften zwischen April und November 1941, gleich nach der Staatsgründung, Trifković 2008, S. 52; Braham 1992, S. 133; Gitman 2011, S. 68–69; zu Frankreich: Dreyfus 2007.

72 Toscano 1995, S. xl; Collotti 2006, S. 201. Siehe Tönsmeyer 2003, S. 141–142; Fatran 2001, S. 81–88; Gerlach und Aly 2002, S. 61–73; Cornelius 2011, S. 161–162. Zu Rumänien: Ancel 2007.

73 Miller 1975, S. 96; Opfer 2005, S. 278; siehe den Bericht von Avram Sadikario aus Bitola in *We Survived*, Bd. 3, S. 42.

74 Beispiele aus Deutschland, Norwegen, Böhmen und Mähren und der Slowakei bei Alberti 2006, S. 159; Abrahamsen 1991, S. 134; Oprach 2006, S. 42; Kamenec 2003, S. 309.

75 Zur Slowakei siehe Aly 2005, S. 254–255; zu Frankreich: Mariot und Zalc 2010, S. 143; zu Deutschland: Aly und Heim 1991, S. 22–32; zum deutsch-besetzten Belgien: Hilberg 1994a, S. 635. Viele Fälle gab es auch in den von Bulgarien annektierten Gebieten (Schechtman 1946, S. 418).

76 Benyamin 1997, S. 6.

77 Siehe zu Böhmen und Mähren Kárný 1982; zu Norwegen siehe unten.

78 Siehe die französischen Gesetze über den Status von Juden (3. Oktober 1940) und jüdischen Flüchtlingen (4. Oktober 1940) und die «Zweite Verordnung über Maßnahmen gegen Juden» des Befehlshabers der deutschen Militärverwaltung (18. Oktober 1940); das französische Gesetz zur Schaffung eines Generalkommissariats für Judenfragen (29. März 1941) betonte Enteignungen bereits sehr stark (CDJC 1982, S. 19–25, 39 ff.). Siehe Dreyfus 2007.

79 Hoffmann 2001, S. 270; Deutsche SD-Berichte von 1942 stehen in Ugelvik Larsen 2008, S. 879, 928, 949–950.

80 Voigt 1987, S. 5, 15, 26–31; siehe auch Sarfatti 1994, v. a. S. 190–194.

81 Rothschild (1974, S. 178) zum Beispiel argumentiert so über Ungarn.

82 Benyamin 1997, S. 5–6 («Stärkung einer agrarischen und städtischen Elite», so der stellvertretende rumänische Premierminister Mihai Antonescu, 21. März 1941); Benjamin 2001, S. 140; Ungváry 2005a, S. 44 (über ein vom ungarischen Premierminister Imrédy 1937 geplantes Gesetz).

83 Gerlach und Aly 2002, S. 61–71; Deletant 2006, S. 105–107; Fatran 2001, S. 80, 83.

84 Siehe zum Kontext Kamenec 2007, S. 213, 237–240, 287; Lipscher 1979, S. 111–112.

85 Abitbol 1983, S. 189.

86 Hilberg 1992, S. 91–92.

87 Ebd., S. 91; siehe zu Ungarn Cornelius 2011, S. 109; zu Italien: Collotti 2006, S. 113–117 (zur wachsenden Nachfrage nach Arbeitskräften 1942 siehe Raspin 1986, S. 296); zu Bulgarien: Opfer 2005, S. 280; zu Schweiz und Türkei siehe S. 378–379. In Frankreich gab es im Juli 1941 etwa 15 000 jüdische Zwangsarbeiter in einer militarisierten Organisation (Mariot und Zalc 2010, S. 100).

88 Cohen 1988, S. 54.

89 Nach einem rumänischen Gesetz vom August 1940 hatten Juden in kürzlich annektierten Gebieten weniger Rechte als Juden im Stammland, sogar vor den (Re-)Annexionen von 1941 (Hausleitner 2001a, S. 341).

90 Beispielsweise gibt es für Frankreich eine Debatte über die Rolle der Fremdenfeindlichkeit. Siehe Caron 1999; zur Darstellung von Juden als allgemein fremd siehe Birnbaum 1992, S. 99–146. Andere argumentieren, die ersten antijüdischen Vorschriften in Vichy-Frankreich seien primär fremdenfeindlich gewesen und erst 1942 offen rassistisch geworden (Dreyfus 1981, S. 247).

91 Braham 1992, S. 29–31; Tönsmeyer 2003, S. 63, 140; Melzer 1997, S. 89–90. Zu nichtdeutschen Maßnahmen vor den deutschen siehe Maifreda 2001, S. 278.

92 Lipscher 1979, S. 34, 38; Sarraute und Tager 1982, S. 7; Pavunovski 2001, S. 114.

93 Ther 2011, S. 165. Diese Ideen wurden dann von NS-Ideologen in ihren Überlegungen zur Entwicklung Osteuropas übernommen (Aly und Heim 1991, S. 82–104).

94 Siehe Cohen (1992, S. 104) zu Ungarn, Rumänien und Vichy-Frankreich.

95 Mommsen 1997; «Die Judenfrage als Faktor der Außenpolitik im Jahre 1938», PA AA R100857, Bl. 237; siehe zu von Weizsäcker das Zitat aus Stuckis Brief an Motta, 15. November 1938, in Unabhängige Expertenkommission Schweiz 1999, S. 86.

96 Siehe Melzer 1997, S. 121–124; Milton 1984; Obst 1991, S. 46–47.
97 Dieses Argument wird entwickelt in Aly 2005.
98 Lipscher 1972, S. 130, zitiert ein Rundschreiben des Auswärtigen Amts vom 30. Juli 1942.
99 Nessou 2009, S. 287–288.
100 Unabhängige Expertenkommission Schweiz 1999, S. 44 Anm. 39, 104, 278; Picard 1997, S. 415; Freidenreich 1979, S. 188; Guttstadt 2008, S. 256; Kvist 2000; Rautkallio 1987, S. 90; siehe zu Finnland ebd., S. 53–54, 74–85, 108; zu Norwegen: Abrahamsen 1991, S. 3–4; zu Italien: Voigt 1987, S. 12.

13
Gespaltene Gesellschaften: Populäre Unterstützung für die Judenverfolgung

1 Siehe Fein 1979, S. 39.
2 Hausleitner 2001a, S. 311.
3 Melzer 1997, S. 71–80.
4 Nagy-Talavera 2001, S. 258.
5 Gitman 2011, S. 11; Freidenreich 1979, S. 183.
6 Maderegger 1973, S. 156.
7 Siehe Prusin 2010, S. 118.
8 Maderegger 1973, S. 167.
9 Melzer 1997, S. 53–70.
10 Urteils des Volkstribunals von Kolozsvár (Cluj), 31. Mai 1946, in Braham 1983, S. 116.
11 Rautkallio 1987, S. 71–72.
12 Mahler 1944, S. 312–313, 318–322, 330–331; Melzer 1997, S. 90.
13 Milotová 2002, S. 100; Kokoška 1997, S. 36–37, 48 Anm. 12; Oprach 2006, S. 36. Tschechische Ärzte und Rechtsanwälte forderten die Regierung unter anderem auf zu definieren, wer Jude sei.
14 «1. Vierteljahreslagebericht 1939 des Sicherheitshauptamtes», MadR, Bd. 2, S. 225; Rothkirchen 2005, S. 87–94.
15 Caron 1999, S. 8, 16, 23–25, 28–32, 234–238.
16 Unabhängige Expertenkommission Schweiz 1999, S. 172; Schulz 2012, S. 250–254.
17 Lavi 1960, S. 271; Hausleitner 2001a, S. 328, 394; Ancel 2011, S. 79–81, 103.
18 Rozenblum 2003, S. 21.
19 Tagebuch von Dr. Elena Buivydaite-Kutorgiene, 7. Juli 1941, in Grossman und Ehrenburg 1994, S. 639; siehe auch Alberti 2006, S. 157.
20 Kovács 1994 ist grundlegend; siehe auch Kádár und Vági 2005, S. 66–67.
21 Miller 1975, S. 96; Hoppe 1979, S. 94–95, 220 Anm. 13; Pavunovski 2001, S. 103; Brief an Logothetopoulos, 23. März 1943, in Clogg 2002a, S. 104–106; vgl. aber Mazower 2004, S. 440–441. Zu Protesten von Berufsverbänden gegen die geplanten Deportationen in Dänemark siehe Petrow 1974, S. 214.
22 Die Zahlen basieren auf Cvetković 2008, S. 368.
23 Chodakiewicz 2004, S. 87. Viele Bauern lehnten die Kooperativen aber ab, weil sie darin Werkzeuge zu ihrer Ausbeutung durch die Deutschen sahen (Madajczyk 1994, S. 137–138).
24 Spector 1990a, S. 239.
25 Lavi 1960, S. 271 (Rumänien); Rautkallio 1987, S. 75–77 (Finnland); Unabhängige Expertenkommission Schweiz 1999, S. 49, 54; Arlettaz und Arlettaz 1998, S. 347, siehe auch S. 330–334; Mächler 1998, S. 370, 382; Wagner 2001, S. 289.

26 Sebag 1991, S. 245.
27 Nagy-Talavera 2001, S. 283 Anm. 43.
28 Ebd., S. 439–442 m. Anm. 32, 448, 453–455 m. Anm. 99; Ancel 2011, S. 157–163.
29 Siehe Prusin 2010, S. 94.
30 Rothschild 1974, S. 153.
31 Pekesen 2012, S. 142.
32 Vulesica 2008, S. 135–138.
33 Witt 2012, S. 104.
34 Pekesen 2012, S. 41–52; Bayraktor 2006.
35 Abitbol 1983, S. 18; Plaut 1996, S. 35.
36 Melzer 1997, S. 21, 44–47, 53–70, 158; Libionka 2004, S. 23–26; Mendelsohn 1983, S. 74.
37 Chary 1972, S. 35; Gedye 1942, S. 500.
38 Chary 1972, S. 32–35; zur Welle von 1898–1905 siehe Troebst 1995, S. 113–115.
39 Brandes 2006, S. 457; Urban 1939, S. 73; Gruner 2005, S. 33.
40 Bauer 2013, S. 73.
41 Friedrich 2003, S. 138–142; Gutman 1982, S. 27–28; Paulsson 1998, S. 35.
42 Abitbol 1983, S. 43; Mallmann und Cüppers 2006, S. 48. Siehe zu Libyen de Felice 1985, S. 179 und 359 Anm. 26–27; zum französischen Festland: Kletzin 1996, S. 221; zu Marokko: Thomas 1998, S. 239. Siehe Friedländer (2006, S. 288) zu Belgien.
43 Mallmann und Cüppers 2006, S. 83–84.
44 Erinnerungen von Albert Ruben in *We survived*, Bd 3, S. 140.
45 Burgwyn 2005, S. 123–124; Schlemmer und Woller 2005, S. 185–186; Sarfatti 2006, S. 158–159.
46 Abitbol 1983, S. 154–155.
47 Eine große Ausnahmen war Iaşi in Rumänien, wo bis zu 10 000 Juden ermordet wurden: Ancel 2011, S. 445–456; Ioanid 2000, S. 63–90.
48 Ein Überblick bei Prusin 2010, S. 150–160; zur Diskussion nach Regionen siehe Pohl 1996, S. 54–67 (Ostgalizien); Spector 1990a, S. 64–69, 238, 246 (Wolhynien); Dieckmann 2011, S. 313–379 (Litauen); Solonari 2007b und Geissbühler 2013 (Bukowina und Bessarabien); Angrick und Klein 2006, S. 79–86 (Riga).
49 Siehe die in der vorigen Anmerkung genannten Werke; zum Fall Jedwabne siehe Gross 2001; außerdem Dmitrów u. a. 2004; zum rumänischen Anteil: Shapiro 1997, S. 140–141; Heinen 2001, S. 44–45.
50 Zur Bukowina siehe Hausleitner 2001a, S. 385.
51 Levinson 2006, S. 34, 167–169.
52 Zbikowski 1993, S. 173–179.
53 Siehe beispielsweise Pohl 1996, S. 54–67.
54 Das gilt auch für die Region Jedwabne (Gross 2001, S. 37, 167 Anm. 9) und Nordostrumänien (Rothschild 1974, S. 295).
55 Siehe Mann (2005, S. 289) zu Wolhynien und Galizien; Solonari 2007b zu Bukowina und Bessarabien; Levinson (2006, S. 102) zu Litauen.
56 Chodakiewicz 2004, S. 359, 361.
57 Kosmala 2001, S. 321.
58 Gross 2012a, S. 21, 25, 50–63; Engelking 2012, S. 70.
59 Friedrich 2006, S. 215, 217, 220; Młynarczyk 2007, S. 241, 304–309, 313–314.
60 Das gilt für Türkisch-Thrakien 1934 und Nordostrumänien (Moldawien, Bessarabien und Bukowina) 1941. In Italien sollen antijüdische Gesetze nur in der Region Triest populär gewesen sein, wo 4 % der Bevölkerung Juden waren, viel mehr als anderswo. Siehe Pekesen 2012, S. 219; Brustein und King 2004b, S. 695–696; Mann 2005, S. 310.

61 Benyamin 1997, S. 101 (Zitat), 120.
62 Heinen (2001, S. 44–45) erwähnt auch andere Städte in Moldawien und der Bukowina.
63 Ioanid 2001, S. 82, 85.
64 Shapiro 1997, S. 173–174.
65 Hausleitner 2001a, S. 385.
66 Ioanid 2001, S. 81–83; Shapiro 1997, S. 175. All diese Ereignisse ähneln stark der Behandlung armenischer Deportierter im Osmanischen Reich 1915/16; siehe Gerlach 2011, S. 129–154.
67 Alberti 2006, S. 115; Ioanid 2000, S. 143.
68 Siehe Gerlach 2012, S. 145–147.
69 Kotzageorgi 1996, S. 147–148; siehe auch Kotzageorgi und Kazamias 1994, S. 97; Hausleitner 2001a, S. 399; Weber 2004, S. 39–40. Zu Ost-Oberschlesien: Steinbacher 2000, S. 137.
70 Bericht des Überlebenden Ernst Kohn, 1946, zit. n. Moser 1966, S. 17–18.
71 Siehe Klukowski 1993, S. 29, 39, 69 (Tagebuch, 20. September und 10. Oktober 1939, 11. Januar 1940).
72 Friedrich 2003, S. 134. Siehe auch Klukowski 1993, S. 192 (Tagebuch, 13. April 1942).
73 Zit. in Kamenec 2003, S. 317; siehe ebd., S. 307–318.
74 Plaut 1996, S. 57.
75 Mazower 2016, S. 294; siehe aber Matarasso (2002, S. 142) über griechische Flüchtlinge, die Obdach bekamen.
76 Aly 2005, S. 230–231; Kovács 1994.
77 Valentinas Brandišauskas, «The Position of the Lithuanian Catholic Church on the restitution of Jewish property», in Levinson 2006, S. 240 (Rokiškis, 27. Juni bis 20. August 1941).
78 Alberti 2006, S. 111; Gerlach 1999, S. 679–680.
79 Hausleitner 2001a, S. 383.
80 Spector 1990a, S. 239–241. Zu Bauern, die in der Nähe von Treblinka von Juden in den Deportationszügen Gold für Wasser forderten, siehe Gross 2012a, S. 34–35.
81 Cornelius 2011, S. 375–376.
82 Gerlach and Aly 2002, S. 202–203; Deletant 2006, S. 165; Molho 2002, v. a. S. 222–224; Völkl 1996, S. 117–118.
83 Friedrich 2003, S. 135; Friedrich 2006, S. 218–219; Paulsson 1998, S. 23, 25; Paulsson 2002, S. 148–152, und zu den Grenzen der Denunziationen S. 143–144. Es gibt viele Beispiele bei Śliwowska 1999. Siehe zu den Listen die Erinnerungen von Maximilian T. in Schoenfeld 1985, S. 241.
84 Gross 2012a, S. 92–95.
85 Mann 2005, S. 294.
86 Rieger 2007, S. 116; Rückerl 1977, S. 144; Gross 2012a, S. 20–33; Zitat: Gross 2006, S. 41; zu Auschwitz siehe Friedler u. a. 2002, S. 309. Zur UdSSR: Tumarkin 1994, S. 159–161; Merridale 2001, S. 351.
87 Chodakiewicz 2004, S. 72–73, 80.
88 Dallin 1998, S. 121–122.
89 Ebd., S. 197 (Rumänen, Deutsche, Italiener, Moldawier); Chodakiewicz 2004, S. 68 (Volks- und Reichsdeutsche).
90 Dallin 1998, S. 114–122, v. a. S. 115.
91 Siehe zu Kroatien Gitman 2011, S. 68–69; zur Slowakei: Kamenec 2003, S. 311–316.
92 Levinson 2006, S. 225–227.
93 Pramowska 2010, S. 159–176; Silvennoinen 2008, S. 157–158; Hösch 2001, S. 242–243; zu Kroatien ab 1942 siehe Pavlowitch (2008, S. 135), der dieselbe Verbindung zu ausländischen (serbischen) Interessen herstellt.

94 Kury 2003, v. a. S. 132; Rautkallio 1987, S. 66; Marrus und Paxton 1981, S. 34–71, 364; Katz 1973, S. 105–132; Milotova 1996, S. 160–161, 178 Anm. 47.
95 Epstein 2010, S. 105.
96 Siehe zur Türkei Guttstadt 2008, S. 189–191; Pekesen 2012, S. 193–202; zu Frankreich (als ein Aspekt) siehe Cohen 1992, S. 108–112; Kingston 1991, S. 60–86.
97 Maderegger 1973, S. 121–124, 129–151 (über Österreich); Birnbaum 1992, S. 179, 190 (über Frankreich).
98 Melzer 1997, S. 22–37 (über Polen); Horváth 2008, S. 129–132 (über Ungarn).
99 Birnbaum 1992, S. 87; Kaspi (1997, S. 107) nennt noch höhere Zahlen.
100 Dallin 1998, S. 209–210 (Odessa); Prusin 2007, S. 7 (Kiew).
101 Interview mit Adam Grolsch in Johnson und Reuband 2005, S. 232.
102 Dieckmann 2005, S. 252–254.
103 Siehe *We Survived*, Bd. 2 und 3 (mit insgesamt 97 Erinnerungsberichten von Überlebenden).
104 Siehe die Zahlen zur Überlebensrate in Kapitel 9 und 15.
105 Gerlach und Aly 2002, S. 133 (Ungarn); Abke 2003, S. 11 (Frankreich); Zitat: Madajczyk 1994, S. 146.
106 Pryce-Jones 1991, S. 38–41 (siehe aber Moore 2010, S. 113–114, mit einer positiveren Einschätzung); Zabarko 2005, S. 190–191, 213–214, Prusin 2007, S. 7, und Grossman und Ehrenburg 1994, S. 50 (Kiew); ebd., S. 629–631 (Kaunas); Mallmann u. a. 2003, S. 89 (Lettland).
107 Pryce-Jones 1991, S. 38–41.
108 Reemtsma 2008, S. 180.
109 Auf der Basis der Berichte in Hochberg-Mariańska 1996.
110 Abke 2003, S. 16, 19–20, 118, 147, 334–342, 362. Wie Abke glaube ich, dass eine klare Abgrenzung zwischen Denunziation und dem Verbreiten von Gerüchten wenig sinnvoll ist.
111 Levinson 2006, S. 100, 104, 114.
112 Tagebuch von Dr. Elena Buivydaite-Kutorgiene, 25. Juni 1941, in Grossman und Ehrenburg 1994, S. 432–433 (Kaunas, Litauen); siehe die Erinnerungen von Lajčo Klajn in *We Survived*, Bd. 3, S. 325 (Kápolnásuyék, Ungarn, Oktober 1944); Fleischer 1986, S. 366 (Korfu, Juni 1944).
113 Cohen 1987, S. 183.
114 Ther (2011, S. 166) betont diesen Punkt mit Bezug auf Pogrome in Kielce, Krakau und Bratislava.
115 Gross 2006, v. a. S. 39–40 (Zitat), 47.
116 1500–3000 laut israelischen Historikern, 600–2000 laut polnischen Forschern: Kosmala 2001, S. 313, siehe auch S. 314–318; Paulsson 1998, S. 35 (1300 Tote 1945 bis 1947).
117 Friedrich 2006, S. 240–243; Friedländer 2006, S. 562; siehe auch Michlic 2006, S. 153–164.
118 Zu jüdischen Bevölkerungszahlen nach 1944 siehe Dobroszycki 1994, S. 69–90.
119 Pramowska 2010, S. 168–174; zur Ukraine siehe Weiner 2001, S. 271.
120 Tokarska-Bakir 2012, S. 207–213.
121 Kosmala 2001, S. 329; zur Zahl nichtjüdischer Opfer siehe Pramowska 2010, S. 159.
122 Gross 2006, S. 34–35, 42–43.
123 Ebd., S. ix–xii, 45.
124 Glass 2001, S. 154–163; Braham 1994, S. 1306–1307; Goldstein 2004, S. 67; Gerlach 2011, S. 328–329; Spengler-Axiopoulos 2011.
125 Bailer-Galanda 2002, S. 886.
126 Mariot und Zalc 2010, S. 225–226.

127 Pryce-Jones 1991, S. 32; zur Region Lens siehe Mariot und Zalc 2010, S. 138, 144.
128 Lower 2005, S. 207; Weiner 2001, S. 191–194, 376–377.
129 Sarfatti 2006, S. 209.
130 SS- und Polizeistandortführer Libau, 3. Januar 1942, in Klee u. a. 1988, S. 129; Berichte des italienischen Generalkonsuls in Saloniki, Zamboni, 22. Oktober 1942, 20. und 28. Februar 1943, in Carpi 1999, S. 126–127, 130, 137; Mann 2005, S. 432.
131 Levinson 2006, S. 235.
132 Milotova 1996, S. 171; Rozenblum 2003, S. 32; Adler 1993, S. 180–181.
133 Dallin 1998, S. 210 (Odessa); Hershkovitz 2001, S. 310 (die niederländische Untergrundzeitung *Het parool*, Juli 1942); Sebag 1991, S. 245 (eine kommunistische Untergrundzeitung über Zwangsarbeit in Tunesien, Dezember 1942).
134 Briefe von Sofia I. und Antonija A. (frühe 2000er Jahre) in Schwarze 2005, S. 30, 58; siehe Vegesack 1965, S. 94.
135 Oldenburg 2004, S. 88. Die Behauptung, dass aus den Leichen von Juden Seife gemacht wurde, basierte auf Antinazipropaganda, wurde aber nie bewiesen. Ein ähnliches antideutsches Propagandathema gab es ohne Bezug auf Juden schon im Ersten Weltkrieg.
136 Friedrich 2006, S. 215.
137 Steur 1997, S. 100–111.
138 Miller 1975, S. 104; Hoppe 1979, S. 139; Chary 1972, S. 142–152. Diese Deportation intensivierte die Verfolgung von Juden und sollte nicht nur als Schutz vor den Deutschen angesehen werden.
139 Loulos 1999, S. 149; Proklamation einer kommunistischen Organisation in Athen, Herbst 1943, in Clogg 2002a, S. 107.
140 Gedruckt in Clogg 2002a, S. 104–106; siehe auch Bowman 2006, S. 77–78; Rozen 2005, S. 127.
141 Yacoel 2002, S. 105.
142 Siehe Thalmann 1999, S. 73; Cohen 1987, S. 176–178; Adler 1993, S. 181–183; Kasten 1993, S. 99–101. Zu den Eliten siehe Kaspi 1997, S. 241–244.
143 Zu Rumänien siehe Ioanid 2000, S. 228–229, 242–248; Baum 2011, S. 546–547. Ein Protest in Rumänien im Januar 1942 blieb erfolglos: Solonari 2010, S. 231. Zu Bulgarien: Chary 1972, S. 37, 90, 95–100.
144 Petrow 1974, S. 198–227; Yahil 1983, S. 233–282.
145 Petrow 1974, S. 307–313; Schulze 2007, S. 61–72; Yahil 1983, S. 287–288, 292, 372.
146 BdS Oslo, «Meldungen aus Norwegen», 14. November und 15. Dezember 1942, in Ugelvik Larsen 2008, S. 875, 879–880 (Zitat), 941; siehe auch Abrahamsen 1991, S. 76–78, 104–105, 132, 142.
147 Abrahamsen 1991, S. 15–21, 137; Lorenz 2007, S. 217, 220.
148 Hoffmann 2001, S. 270; Lorenz 2007, S. 217, 221.
149 Wielenga 2009, S. 259; Quadflieg 2009, S. 176, 179.
150 Paulsson 1998, S. 27–28; Steinbacher 2000, S. 307–308 (Ost-Oberschlesien).
151 Thalmann 1999, S. 267.
152 Moore 2003, S. 298, 302; Moore 2001, S. 282, 285; Flim 2001, S. 297.
153 Maxwell 1998, S. 18.
154 Levinson 2006, S. 273, 276.
155 Knox 2007, S. 53–92; de Felice 1995, S. xix–xx.
156 Siehe die Verordnung vom 15. Oktober 1941 im Generalgouvernement, in Berenstein 1961, S. 128–129; siehe auch Chodakiewicz 2004, S. 151–152. Zu Norwegen: Moore 2010, S. 77, 80.
157 Weiner (2001, S. 282) sieht eine radikale Praxis in der Ukraine, Młynarczyk (2007, S. 311, 317) in Polen. Siehe auch Seidel 2006, S. 351. Paulsson (2002, S. 129) schätzt,

dass die Deutschen in Polen ‹nur› 700 der 160 000 Helfer von Juden hinrichteten (0,5 %).

158 Siehe Königseder (1996, S. 200) zu Österreich; Hilberg (1992a, S. 232, 336 Anm. 50) und Houwink ten Cate (1999, S. 105, 123) zu den Niederlanden; Longhi 2010, S. 97.

159 Moore 2001, S. 279.

160 Das ist ganz offensichtlich in Hermle und Thierfelder 2008.

161 Moore 2001, S. 281 (Niederlande). Siehe zur Schweiz Altermatt 1998, S. 480–481.

162 Levinson 2006, S. 231–241, 273.

163 Siehe *The Power of Civil Society* (Bulgarien); Herczl 1993 (Ungarn); Adler 1993, S. 177–178.

164 Zu Ungarn siehe Gerlach und Aly 2002, S. 313; zum Erzbischof von Zagreb, Alojzije Stepinac, der Konversionen später positiv sah, siehe Gitman 2011, S. 93–126 (obwohl ihre Darstellung recht unkritisch ist); Pavlowitch 2008, S. 35–36, 178–179.

165 Siehe die Zahlen in Hradská 1996, S. 83; Miller 1975, S. 96, 104; zu Griechenland: Safrian 1997, S. 270.

166 Gitman 2011, S. 12–13, 18–19.

167 Ries 1998, S. 49, 51; Altermatt 1998, S. 485. Zu polnischen Katholiken siehe Michlic 2006, S. 88, 98–99; zu deutschen Christen: Niewyk 1980, S. 55–61; zum italienischen Katholizismus: Bernardini 1989, S. 219–220, 223.

168 Libionka 2004, S. 15–35.

169 Conway 1997, S. 8–9, 52–53, 56–57, 82–84.

170 Spector 1990a, S. 243–244, 248–249.

171 Zitiert in Braham 1994, S. 976.

172 Memorandum Luther für von Ribbentrop, 21. August 1942, PA AA R 100857, Bl. 119.

173 Gerlach und Aly 2002, S. 325, 330–332, 339–340.

174 Siehe *The Power of Civil Society.*

175 Rozen 2005, S. 127–128.

176 Adler 1993, S. 178–183; zu unterschiedlichen Positionen innerhalb des französischen Katholizismus S. 188.

177 Pavlowitch 2008, S. 178–179.

178 Biondich 2002, S. 36–39; siehe Fings 1992, S. 30, 114–116; zur Krim: Holler 2009, S. 90–95.

179 Biondich 2005 wendet Juden aber nicht viel Aufmerksamkeit zu.

180 Spector 1990a, S. 282, 284, 288–291, 294, 302, 306, 317, 352–353; siehe Brakel 2009, S. 364–365.

181 Spector 1990a, S. 250–271; ähnlich zur Region Radom: Młynarczyk 2007, S. 319–333.

182 Dieckmann 2011, S. 1464, 1469–1470, 1482–1483; Levin 1985, S. 114, 131, 180–186, 243–245.

183 Gerlach 1999, S. 747; Linkow 1956, S. 462–466.

184 Longhi 2010, S. 120.

185 *We Survived*, Bd. 2 und 3; eine mögliche Ausnahme findet sich in Bd. 3, S. 23–24.

186 Gitman 2011, S. xvii, 160–168.

187 Bericht des italienischen Generalkonsuls, 20. März 1943, in Carpi 1999, S. 140; Safrian 1997, S. 271.

188 Zu griechischen Polizisten siehe Loulos 1994, S. 408; siehe auch Safrian 1997, S. 270. In Norwegen warnten manche Polizisten Juden, während andere sie eifrig verhafteten (Petrick 1998, S. 179). In der Schweiz ließen viele Grenzpolizisten Juden entgegen ihren Befehlen passieren, während einige sie folterten, misshandelten und beraubten, ebenfalls entgegen ihren Befehlen (Unabhängige Expertenkommission Schweiz 1999, S. 108–132, 148–149).

189 Wagner 2001, S. 293.

190 Lorenz 2007, S. 217–219, 222.
191 Zahlen nach Abrahamsen 1991, S. 153.
192 Die folgenden Details stammen aus Adler 1993, S. 184–187. Von den 3150 befragten Personen waren nur 10 % Frauen. 967 waren Arbeiter, 707 Angestellte, 468 Ladenbesitzer, 430 aus den freien Berufen, 158 Bauern und 81 Studenten. Sie lebten in neun Städten der früheren Vichy-Zone. Siehe auch Poznanski 1997, S. 454–456; eine skeptische Sicht bei Poliakov 1953.
193 Siehe eine Warnung des Kommissariats vom März 1942, dass «Arier zu Komplizen von Juden werden» und antijüdische Maßnahmen «von den Massen akzeptiert» werden müssten, bei Adler 1993, S. 180.
194 Wie Longhi (2010, S. 39–40) zu Italien bemerkte.
195 Ein Beispiel ist Golczewski 1996.
196 Zuccotti 1993, S. 62, 144.
197 Moore 2003, S. 294 (Zitat), S. 304–305. Zu Adoptionen in Polen siehe Dobroszycki 1994, S. 16–17.
198 Petrow 1974, S. 223–225.
199 Griffioen und Zeller 2011, S. 517, 543, 572.

14
Jenseits der Gesetzgebung: Nichtdeutsche Gewaltpolitik

1 Siehe Gitman 2011. In Zagreb durfte eine jüdische Gemeinde den ganzen Krieg über Wohlfahrtsarbeit leisten (Freidenreich 1979, S. 196).
2 Ancel (2011, S. 555–556, 559) nennt noch höhere Opferzahlen.
3 Zur Slowakei siehe Longerich 1998a, S. 491–492; Browning 2010b, S. 124–125; zu Ungarn: Gerlach und Aly 2002, v. a. S. 257–260; zu Bulgarien: Steur 1997, S. 104–107; siehe auch Chary 1972, S. 80, 123–124; Safrian 1997, S. 225–260.
4 Eggers 2002, S. 15, 208; Peschanski 2002, S. 144, 146.
5 Steur 1997, S. 94–112, 217–218; Opfer 2005, S. 279.
6 Zu Libyen siehe Roumani 2008, S. 31, 34–35; de Felice 1985, S. 179–180.
7 Zu Finnland siehe Förster 2005, S. 96; zur Türkei: Guttstadt 2008, S. 298–407.
8 Zur Beleidigung rumänischer Soldaten durch Juden siehe Ancel 2011, S. 74–75.
9 Deletant 2006, S. 130, 186.
10 Siehe Geissbühler 2013, S. 150; Arad 2009, S. 345–346; Hilberg 1994a, S. 824–840; Ioanid 2001, S. 91, 95–96. Siehe auch Deletant 2006, S. 145, 314–315 Anm. 4 und 5; Ahonen u. a. 2008, S. 58–59; Ioanid 1997, S. 96–98.
11 Zur Ermordung und anderen Todesfällen von Juden, die aus Transnistrien und anderswoher nach Bogdanovka deportiert wurden, siehe Ancel 1997, S. 107–120. Zu Nichtjuden, die in Odessa vor und nach dem 22. Oktober ermordet wurden, siehe Dallin 1998, S. 74.
12 Siehe zu diesem Absatz Litani 1967, S. 137–145, 151–152; Arad 2009, S. 241–248, 520. Andere Schätzungen reichen von 130 000 bis 170 000 Ermordeten (Deletant 2006, S. 314 Anm. 3).
13 Siehe Ancel 1997, S. 108, 116–117 (Ion Antonescus Rede vom 16. Dezember 1941); siehe den Vermerk von SS-Hauptsturmführer Richter, 17. Oktober 1941, Nürnberger Dokument PS-3319. Zu den Motiven im Allgemeinen siehe auch Benyamin 1997, S. 10–11; Shapiro 1997, S. 140–142.
14 Hausleitner 2001b, S. 18; Ioanid 2001, S. 95–96; Hilberg 1994a, S. 849.
15 CdS (Eichmann) an Himmler, 26. Juli 1942, zit. in v. Rintelen an Luther, 19. August 1942, Nürnberger Dokument NG-3559; «Protokoll über die am 26. und 28. Septem-

ber [1942] abgehaltene Konferenz» in Ancel 1984, S. 419; zu den deutschen Plänen siehe ebd., S. 381–420; Hilberg 1994a, S. 845–850.

16 Luther an von Ribbentrop, 21. August 1942, PA AA R 100857, Bl. 125; siehe auch Benyamin 2001, S. 148.

17 Ancel 1984, S. 388, 398–399; Hausleitner 2001a, S. 402; Haas 1994, S. 89 (Zitat); Baum 2011, S. 536.

18 Siehe Kapitel 5, Anmerkung 13.

19 Gitman 2011, S. xxiv.

20 Hilberg 1994a, S. 758–761; Pavlowitch 2008, S. 32; Korb 2013, S. 109, 202–204, 271–274, 278–292, 381–385.

21 Auf der Basis von Teilzahlen aus einer Volkszählung 1964 wiedergegeben in Cvetković 2008, S. 362–363; zu Jasenovac siehe Mihovilović und Smreka 2006, S. 218–219.

22 Pavlowitch 2008, S. 135–136; Ther 2011, S. 146; zu Jasenovac siehe Goldstein 2006, S. 120.

23 Hilberg 1994a, S. 761, 764; Burgwyn 2005, S. 164.

24 Cvetković 2008, S. 362.

25 Hradská 1996, S. 82–88; Tönsmeyer 2003, S. 150–151.

26 Siehe Knox 2007; Burgwyn 2005, S. 164, 187, 189–195; Steinberg 1992, S. 17, 81–116.

27 Hilberg 1992, S. 112 (zur Ukraine); zum Polizeipersonal siehe Prusin 2010, S. 171; Dean 2000, S. 64–72

28 Laut Mann (2005, S. 283) tötete die lettische Einheit unter Viktor Arajs – die dem Kommando von deutscher Sicherheitspolizei und SD unterstand – 26 000 Letten (davon 22 000 Juden). Sie war auch an Morden in Weißrussland beteiligt.

29 Pohl 2010, S. 55.

30 1943 gab es über 26 000 deutsche Ordnungspolizisten in den besetzten sowjetischen Gebieten unter Zivilverwaltung (RMO), die über 212 Millionen RM kosteten. Siehe Bracht (RMI) an RMO, 31. Juli 1943, und weitere Dokumente, BA R 2/12158, Bl. 93, 124–133, 154.

31 Abrahamsen 1991, S. 76, 104–105, 117, 132; siehe zur norwegischen Bürokratie ebd., S. 78.

32 Hirschfeld 1984, S. 112–116.

33 Siehe Black 2004.

34 Longhi 2010, S. 85 Anm. 56; Steur 1997, S. 116, 120, 122; Zitat: Rechnitz Koffler und Koffler 1995, S. xxviii.

35 Adler 1993, S. 172, 181–182; Zuccotti 1993, S. 145–156; Kasten 1993, S. 97–101, 109, 125–158; Kasten 2000, S. 113–118; Pryce-Jones 1991, S. 35–36.

36 Brachfeld 2005, S. 41–58; Meinen 2008, S. 56.

37 Griffioen und Zeller 2011, S. 1007.

38 Eine Beobachtung von Kasten 1993, S. 166, 168; siehe auch Petrick 1998, S. 52–53, 182; Hirschfeld 1984, S. 112–116.

39 Kasten 1993, S. 42, 46, 51–52 (Frankreich); Petrick 1998, S. 51 (Norwegen); Gerlach 1999, S. 204–205 (Weißrussland); Thalmann 1999, S. 41 (zur Verwaltung in Vichy-Frankreich allgemein); Engelking und Leociak 2009, S. 33 (zur Stadtverwaltung von Warschau).

40 So verstehe ich Schmider 2002.

41 Vermerk v. Rintelen über das Treffen Ribbentrop-Popov, 26. November 1941, in ADAP, XIII, 2, S. 689; siehe auch Chary 1972, S. 50–51; Conze u. a. 2010, S. 185–186. Zu Quisling siehe Jansen 1997, S. 379; zu Ungarn: Gerlach und Aly 2002, S. 34, 73, 81–82; zu Rumänien: Solonari 2010, S. 137.

42 Memo von Unterstaatssekretär Luther (englische Übersetzung), 4. Dezember 1941,

und von Legationsrat Roediger, 31. Dezember 1941, Nürnberger Dokumente NG-4667 und NG-4669. Die deutsche Botschaft in Paris verfolgte 1942/43 immer noch den Plan eines europäischen Statuts gegen Juden (Thalmann 1999, S. 110).

43 Longhi 2010, S. 51–52, 59; Schlemmer und Woller 2005, S. 188. Im selben Zeitraum reisten aber mehrere tausend andere Juden nach Italien ein.

44 Hoffmann 2001, S. 268–271.

45 Am 3. August 1940 sagte Hitler dem deutschen Botschafter in Frankreich, Abetz, Friedensverträge sollten eine Klausel enthalten, nach der Länder ihre Juden außerhalb Europas ansiedeln sollten (Klarsfeld 1992, S. 271).

46 Melzer 1997, S. 131–143.

47 Siehe auch Korb 2013, S. 169, 177–182, 204–205; zum sowjetischen Territorium siehe Bloxham 2009, S. 113, 115.

48 Siehe Olshausen (1973, S. 225–226) zum Militärbefehlshaber; Pavlowitch 2008, S. 33, 85–86; Burgwyn 2005, S. 72; Tomasevich 2001, S. 86–90; 392–397; Ther (2011, S. 144) zu einem relevanten zwischenstaatlichen Abkommen.

49 Schechtman 1946, S. 440.

50 Olshausen 1973, S. 226–227; Ahonen u. a. 2008, S. 52; Pavlowitch 2008, S. 84; Tomasevich 2001, S. 170; siehe auch Lea Ljubratics Erinnerungen in *We Survived*, Bd. 3, S. 331.

51 Schechtman 1946, S. 417.

52 Pavlowitch 2008, S. 52, 72. Pohl (2003, S. 53) schätzt, dass 240 000 1941 nach Serbien ausgewiesen wurden. Laut Opfer (2005, S. 264) wurden 26 450 Serben im Sommer 1941 aus Bulgarisch-Mazedonien nach Serbien vertrieben. Vgl. Wuescht 1969, S. 60–61 (bis zum 30. September 1942 waren 260 000 Flüchtlinge in Serbien registriert – darunter etwa 109 000 aus Kroatien, 99 000 aus Mazedonien und 23 000 aus der Wojwodina). Siehe Schechtman 1946, S. 417, 441 (217 175 Flüchtlinge bis November 1944; manche Schätzungen waren höher). Zum Kosovo bis 1945 siehe Fischer 1999, S. 87, 238; Ther 2011, S. 157–158.

53 Kotzageorgi 1996, S. 141–142.

54 Siehe Schechtman 1946; ebd. S. 406, 409 (zum Bevölkerungsaustausch zwischen Rumänien und Bulgarien 1940/41); Ther 2011, S. 112–117.

55 Ther 2011, S. 110, 150–154; Stark 2001, S. 625–629. Zu slowakischen Juden siehe Niznansky 1998, S. 29; Kamenec 2007, S. 42–43; Lipscher 1979, S. 18.

56 Ther 2011, S. 160.

57 Lagrange 1977, S. 49; Friedländer 2006, S. 136; Segbers 1987, S. 167, 179, 183.

58 Horváth 2008, S. 135–138; Stark 2001, S. 622.

59 Braham 1973; Angrick 2003, S. 196, 203–204.

60 Wuescht 1975, S. 15.

61 Angrick 2003, S. 193–203; Ioanid 2000, S. 116–122; Ancel 2011, S. 235–237.

62 Longerich 2001, S. 93.

63 Korb (2013, S. 177–82) argumentiert, dass die kroatische Regierung zum Massenmord an Juden und Roma überging, weil sie nicht ausgewiesen werden konnten wie viele Serben. Es bleibt hinzuzufügen, dass Kroaten 1941 gleichzeitig mit dem Start der Deportationen auch Serben zu ermorden begannen.

64 Opfer 2005, S. 265.

65 Achim 2001, S. 617; Solonari 2007a; Ahonen u. a. 2008, S. 57–58; Benyamin 2001, S. 147; siehe Deletant 2006, S. 142–143; siehe Schechtman (1946, S. 446) zu Plänen, die im Dezember 1943 veröffentlicht wurden, einen Teil der russischen und ukrainischen Bevölkerung von 1,8 Millionen aus Transnistrien nach Rumänien zu deportieren und durch Rumänen zu ersetzen; Horváth 2008, S. 135–138; Gerlach und Aly 2002, S. 427–433.

66 Melzer 1997, S. 131–132; Thalmann 1999, S. 267; Brechtken 2000, S. 489. Vichy-Frankreich verlor Madagaskar nach verbissenen Kämpfen von Mai bis November 1942 an britische Truppen (Overy 2000, S. 175–177).
67 Abitbol 1983, S. 99–107 (20 000 europäische Juden kamen 1940 bis 1942 nach Französisch-Nordafrika, meist nur auf der Durchreise); Roberts 2006, S. 66.
68 Das Interview mit Pater Pierre Marie-Benoît steht in Caracciolo 1995, S. 38. Bereits die *Dichiarazione sulla razza del Gran Consiglio del Fascismo* (6.–7. Oktober 1938) hatte die Möglichkeit erwähnt, europäische Juden im italienisch-kolonisierten Äthiopien anzusiedeln. (Collotti 2006, S. 190).
69 Rother 2001, S. 64, 127–128.
70 Siehe zu diesem Absatz Gerlach 2012.
71 «Geschäftsplan des Auswärtigen Amtes», 15. Januar 1943, BA RW 42, Nr. 3.
72 Siehe zu Finnland Rautkallio 1987, S. 163–169, 178, 259.
73 Plaut 1996, S. 61.
74 Vernehmung Horst Grell, 31. August 1949, ZStL 502 AR-Z 150/59, Bd. 7, Bl. 123.
75 Steur 1997, S. 123–124; Picciotto Fargion 1989, S. 285.
76 StA Kammergericht Berlin 1 Js 1/65, Anklageschrift, 23. April 1971, Bl. 263–268.
77 Cohen 1987, S. 195.
78 Jeder der drei griechischen Premierminister unter der deutschen Besatzung protestierte einmal gegen die Deportation der Juden (Fleischer 1986, S. 367).
79 Rothschild 1974, S. 186.
80 Siehe Ancel 2011, S. 478–489; Ancel 1992, S. 205; Deletant 2010, S. 172–178.
81 Case 2006, S. 31, 33.
82 Benyamin 1997, S. 6–7.
83 Almog 1990, S. 128.
84 Knox 2007, v. a. S. 56–71, 82–88.
85 Kasten 2000, S. 113–114, 117–118.
86 Gerlach und Aly 2002, v. a. S. 239–248, 361–364; Cornelius 2011, S. 338.
87 Siehe auch Bloxham 2009, S. 236.
88 Miller 1975, S. 101; Longhi 2010, S. 83. In sehr begrenztem Maße lässt sich das auch über Kroatien sagen. Siehe Pavlowitch 2008, S. 31; Gitman 2011.
89 Browning 2010b, S. 92–93; Oren 1968, S. 95; Steur 1997, S. 94; Braham 1977b. Etwa 3300 rumänische Juden wurden infolgedessen von den Deutschen aus Frankreich deportiert, bevor die rumänische Regierung ihre Politik im April 1943 änderte und Schutz für ihre jüdischen Bürger forderte (Ioanid 1997, S. 225–228). Die Türkei und die Schweiz entzogen bestimmten Gruppen ihrer jüdischen Bürger im Ausland die Staatsbürgerschaft (Guttstadt 2008, S. 279–407; Unabhängige Expertenkommission Schweiz 1999, S. 301).
90 Steur 1997, S. 52–53, 57.
91 Ebd., S. 76–86, 209.
92 Klarsfeld 1982, S. i; Meyer 2000, S. 34.
93 Delacor 2000b, S. 497.
94 Meinen 2008, S. 56; Mariot und Zalc 2010, S. 183; Hilberg 1994a, S. 638–641.
95 Zuccotti 1996, S. 74–100; Burgwyn 2005, S. 186–193; Gitman 2011, S. 128–146.
96 Burgwyn 2005, S. 194–195; Schlemmer 2005, S. 36.
97 Sarfatti 2006, S. 203; Zuccotti 1996, S. 145–146; Caracciolo 1995, S. 40. Von den schätzungsweise 6500–7000 ausländischen Juden in Italien im September 1943 waren bis Januar 1944 3000 von den Alliierten in Süditalien befreit worden und 1000 in die Schweiz geflohen. Mindestens 1915 der Übrigen wurden deportiert (65–80 % gegenüber rund 15 % der italienischen Juden). Diese Kalkulation basiert auf den Zahlen bei Voigt 1987, v. a. S. 46–48. Siehe auch Toscano 1995, S. xli.

98 Michaelis 1978, S. 233–234, 255–256; Anklageschrift, 23. April 1971, StA Kammergericht Berlin 1 Js 1/65, Bl. 256, 371.
99 Steur 1997, S. 113; zum Kontext: Knox 2007, S. 56–69; siehe zu ihrem Status die Erinnerungen von Gabi Deleon und Lea Sorger in *We Survived*, Bd. 3, S. 215, 270.
100 Fischer 1999, S. 87, 238; Kotani 1995, S. 43–56; Schlemmer und Woller 2005, S. 185. Siehe zu Internierungserfahrungen die Erinnerungen von Rukula Bencion und Mila Karaoglanović in *We Survived*, Bd. 3, S. 429, 445.
101 Pearson 2005, S. 250, 258, 325.
102 Miller 1975, S. 100. Das könnte auch erklären, warum der bulgarische Vertreter Belev zunächst zustimmte, 20 000 Jews deportieren zu lassen – obwohl es in den annektierten Gebieten kaum 12 000 gab.
103 Zur Türkei siehe Shaw 1993, S. 60–250; zur passiven türkischen Hilfe bei der Flucht von Juden aus der griechischen Ägäis siehe ebd., S. 250–254; Guttstadt 2008, S. 253–254.
104 Braham 1994, S. 1222–1239.
105 Gitman 2011, v. a. S. xvi, xxiv, xxvii, 14, 48, 54, 61, 67–69, 80–85, 112, 160–168.
106 Siehe Gerlach und Aly 2002.
107 Mann 2005, S. 294; Deletant 2006, S. 157, 162; Gitman 2011, S. 68–69.
108 Opfer 2005, S. 279, und die Erinnerungen von Rasela Noah-Konfino in *We Survived*, Bd. 2, S. 434–435 (Mazedonien); Gitman 2011, S. 80–85; Kovács 1994, S. xx–xxi.
109 Thomas 1998, S. 228, 231–232. Alle Kolonialmächte in Afrika weiteten während des Zweiten Weltkriegs die Zwangsarbeit aus.
110 Cornelius 2011, S. 170, 214. Zum bulgarischen Arbeitsmarkt siehe Opfer 2005, S. 219, 227, zu Juden: S. 276, 280; zu Wirtschaft und Arbeitsmarkt in Ungarn siehe Cornelius 2011, S. 152, 155, 158–160; Gerlach und Aly 2002, S. 161; zu Ungarn und Rumänien: Rothschild 1974, S. 189, 320. Zur Schweiz: Unabhängige Expertenkommission Schweiz 1999, S. 161–166, 172–174, 297, 307; Picard 1997, S. 338. Ab 1942 waren die Bedingungen in Finnland ähnlich (Rautkallio 1987, S. 113–119).
111 Braham 1977a; Guttstadt 2008, S. 199–201; Ancel 2007, S. 119–120, 147–148, 332–345.
112 Siehe zu Bulgarien Chary 1972, S. 50; außerdem Collotti 2006, S. 113–117. Zur begrenzten Einführung der Zwangsarbeit für Juden in Italien siehe Zuccotti 1996, S. 64.
113 Cornelius 2011, S. 170; Opfer 2005, S. 282.
114 Shaw 1993, S. 58.
115 Siehe Braham 1977a, v. a. S. 36–39. Es gibt eine Debatte über die Zahl ungarischer Juden, die als Kriegsgefangene in sowjetischer Gefangenschaft starben.
116 Ancel 2011, S. 395–416; siehe zu Kroatien die Beiträge in *Jasenovac Memorial Site* 2006. In der Türkei gab es aber mindestens 21 Tote unter den über 2000 gesunden männlichen Internierten, die eine Vermögenssteuer nicht bezahlt hatten, die nur für Nichtmuslime einschließlich Juden galt (Shaw 1993, S. 39–41).
117 Zu Bulgarien siehe Steur 1997, S. 96, 102, 108, 211, 214–116; zur Slowakei: Hradská 1996, S. 84–87.
118 Cornelius 2011, S. 109; Gerlach und Aly 2002, S. 162, 310–312.
119 Szöllösi-Janze 1989, S. 426 und «Lagebericht aus Ödenburg und Umgebung» (Kopie) mit Anschreiben vom 31. Juli 1944, PA AA R 100408; dies war auch die Position der Pfeilkreuzler-Partei, als sie im Oktober 1944 die Macht übernahm (Nagy-Talavera 2001, S. 326).
120 Zur Slowakei siehe Lipscher 1979, S. 100, 109; Bauer 1993, S. 65–66; zu Ungarn unter Sztójay: Gerlach und Aly 2002, S. 171–172; zu Ungarn unter Szálasi: Cornelius 2011, S. 337.
121 Abitbol 1983, S. 146. Die deutsche Sicherheitspolizei forderte die Einbeziehung aller

jüdischen Männer zwischen 17 und 50 Jahren, die reale Zahl überstieg aber nie 4500–5000 (Sabille 1954, S. 69, 82–83; Abitbol 1983, S. 137, 141).

122 Mariot und Zalc 2010, S. 150, 160–161, 183; Griffioen und Zeller 2011, S. 890; Zielinski 1995b, S. 33; Zielinski 1995a, S. 86–89, 95, 126.

123 Steinberg 1992, S. 153.

124 Siehe Schölzel 2013, S. 44–45, 51–56, 82. Zum folgenden Safrian 1997, S. 229.

125 Gerlach 2011, S. 324–325; Safrian 1997, S. 229; Loulos 1999, S. 149.

126 Goldstein 2006, S. 128; Lengel-Krizman 2006, S. 166.

127 Ory 1976, S. 44; Kletzin 1996, S. 201; Zielinski 1995a, S. 127; siehe die Notizen über ein Treffen zwischen Hitler und Himmler, 10. Dezember 1942, und Kommentare in Witte u. a. 1999, S. 636–637; Telegramm Himmler an Hitler über Bormann, 18. Dezember 1942, BA NS 19/1929, Bl. 61–63.

128 Erinnerungen von Mirko Najman in *We Survived* 2006, Bd. 2, S. 240; siehe auch Braham (1992, S. 133) zu Kroatien.

129 Hilberg 1992, S. 91–92; zu einem Fall aus Užtiltê in Litauen im August 1941 siehe Levinson 2006, S. 173.

130 Gerlach und Aly 2002, S. 201–203; «Vereinbarung über die Stellung der deutschen Volksgruppe», unterzeichnet von Alexianu und Hoffmeyer, 14./30. August 1942, in Völkl 1996, S. 117–118; Sebag 1991, S. 245.

131 Chary 1972, S. 29; Opfer 2005, S. 227, 280; Steur 1997, S. 104, 110–111; Hilberg 1992, S. 91. Im Herbst 1943 folgten größere Bombardements, und bis April 1944 hatten drei Viertel der Bewohner Sofias die Hauptstadt verlassen (Opfer 2005, S. 197–198). Schmider (2002, S. 360–361) und Müller (2007, S. 80) datieren den Höhepunkt des nichtjüdischen Exodus auf den Januar 1944. Auch die Presse forderte 1942, Juden zu vertreiben, um Wohnraum in Sofia frei zu machen: Hilberg 1994a, S. 802–803.

132 Die beste Studie darüber ist Cole 2003.

133 Cohen 1992, S. 111–112.

134 Benyamin 2001, S. 148; Deletant 2006, S. 165.

135 Angrick 2003, S. 284.

136 Zum Fall Rumänien siehe Ioanid 2001, S. 74, 89.

137 Ioanid 2001, S. 83, 92–93 (über die Gendarmen); Deletant 2006, S. 146, 162, 165, 179–180.

138 Benyamin 1997, S. 6–7; Iancu 1997, S. 259.

139 Plaut 1996, S. 57; Molho 2002, S. 217 (Notizen vom 7. und 10. März 1943).

140 Brandišauskas 2003, S. 57–59.

141 Hausleitner 2004, v. a. S. 38–42, 44.

142 Kádár und Vági 2005, S. 58, 70.

143 Zu Polen (1936) siehe Melzer 1997, S. 131; zu Ungarn: Gerlach und Aly 2002, S. 61–73.

144 Aly 2005, S. 255.

145 Zu Massenmorden an sowjetischen Zivilisten bei der Partisanenbekämpfung durch das französische Infanterieregiment 638 siehe Müller 2007, S. 120–129; zu slowakischen Truppen: Gerlach 1999, S. 886–887.

146 Biondich 2002, S. 34–42; Fings u. a. 1992, S. 22–26; 97 % aller Roma und 75–80 % aller Juden im kroatischen Staat starben, so Trifković 2008, S. 63. Laut Biondich (2005, S. 72 Anm. 4) lag der Anteil der ermordeten Roma zwischen 53 und 96 %. Der letzte Satz basiert auf Teildaten in Cvetković 2008, S. 364–365.

147 Achim 2001, S. 101–111; Achim 2004, S. 169–179.

148 Hübschmanová 1999, S. 156–158; siehe zum Aufstand auch Zimmermann 1996, S. 290, 383.

149 Opfer 2005, S. 282.

150 Nečas 1999, S. 169–171; Karsai 2005, S. 105, 114; Gerlach und Aly 2002, S. 429–430.

151 Zum deutschen Anteil siehe Zimmermann 1996, S. 225–227, 248–276.
152 Müller 2007, S. 48.
153 Wuescht 1975, S. 18–21, 38; Braham 1994, S. 214–222.
154 Anderson 1999, v. a. S. 353; ähnlich Ungváry (2005b, v. a. S. 99–101), der die ungarischen Kommandeure jedoch nicht für Rassisten hält.
155 Nagy-Talavera 2001, S. 308.
156 Pavlowitch 2008, S. 26; Festnahmen werden in *We Survived*, Bd. 2, häufig erwähnt; siehe auch die Erinnerungen von Edo Neufeld, ebd., Bd. 3, S. 169. In Jugoslawien war die Kommunistische Partei seit 1921 verboten, aber durch einige legale Organisationen weiter aktiv geblieben (Pavlowitch 2008, S. 6).
157 Gesetz vom 22. August 1941, in Lemkin 1944, S. 381–383; Kirchhoff 1994, S. 108; Schulze 2007, S. 59–60.
158 Yahil 1983, S. 197–198.
159 Müller 2007, S. 145–147.
160 Deutscher Militärbefehlshaber in Frankreich, Ic, Anlagen zu politischen Lageberichten, 30. Oktober und 25. Dezember 1941, und öffentliche Bekanntmachung des deutschen Militärbefehlshabers, 14. August 1941, in Delacor 2000a, S. 150, 174, 216.
161 Longhi 2010, S. 66 Anm. 6.
162 Dallin 1998, S. 179–180; zur Gesamtzahl siehe Deletant 2006, S. 72.
163 Miller 1975, S. 127–128; Mitrovski u. a. 1971, v. a. S. 122–123, 132–136, 156 (11 170 Menschen wurden allein in Serbien von Bulgaren ermordet).
164 «POW Camps 1939–1944», auf http://www.geocities.ws/finnmilpge/fmp_pow_camps.html (Zugriff 14. Oktober 2016); Laine 1994, S. 319–333; Laine 2002, v. a. S. 139–148 (Zitat: S. 139); Silvennoinen 2008, v. a. S. 157–158, 219–220; Rautkallio 1987; Förster 2005, S. 96. Es gab auch ein rassenhygienisches Programm in Finnland (Hösch 2001, S. 252).
165 Aspelmeier 1967, S. 104.
166 McDowall 2004, S. 207–209.
167 Siehe den Vermerk des italienischen Außenministeriums, Abteilung IV, 30. Mai 1942, in Carpi 1999, S. 79; Memorandum der italienischen Botschaft in Berlin, 2. September 1942, in Sabille 1954, S. 187–188; Abitbol 1983, S. 128.
168 Pavlowitch 2008, S. 140–145; Burgwyn 2005, S. 93, 104, 111, 137–138, 154, 288, 292, 301; zu den sowjetischen Gebieten siehe Schlemmer 2005, S. 37.
169 Ahonen u. a. 2008, S. 47; Gitman 2011, S. 143; Steinberg 1992, S. 174–176; Pavlowitch 2008, S. 141.
170 Schlemmer 2005, S. 44–46.
171 Collotti 2006, S. 22–39; Del Boca 2004, v. a. S. 194–197; Mattioli 2004, S. 218–219; Di Sante 2008; Schlemmer und Woller 2005, S. 199; Mann 2005, S. 308–309. Die These, der Rassismus sei Italienern fremd gewesen oder kaum vorgekommen, findet sich bei Felice 1995, S. xv; Ahonen u. a. 2008, S. 45.
172 Del Boca 1995, v. a. S. 339; Raspin 1986, S. 79.
173 Die alliierten Staaten lasse ich hier beiseite.
174 Zu den Roma siehe Kapitel 14, Anm. 146 oben.
175 Cvetkovič 2008, S. 367.

15
In den Labyrinthen der Verfolgung: Versuche zu überleben

1 Selbst die meisten jüdischen *Überlebenden* aus Frankreich, Deutschland und Rumänien waren nie Lagerinsassen.

2 Gustawa Jarecka, «Die letzte Phase der Umsiedlung ist der Tod» (etwa zweite Jahreshälfte 1942) in Sakowska 1993, S. 232.
3 Zu Frankreich siehe Cohen 1994, v. a. S. 16.
4 Bericht von Polizeihauptmann Salitter, 26. Dezember 1941, in Hilberg 1981, S. 132.
5 Siehe die Erinnerungen von Barbara Gorá in Śliwowska 1999, S. 71–72 und von Riva Blumbergiene-Cvibakaite in *With a Needle* 2003, S. 43.
6 Tagebuch von A. Jerushalmi, 9. Juli 1943, in Grossman und Ehrenburg 1994, S. 569–570.
7 Gringauz 1949, S. 13; vgl. Kassow 2010, S. 284.
8 Das sieht man am Schicksal der Mitglieder des Oyneg Shabat-Archivs in Warschau; siehe Kassow 2010, S. 239–331.
9 Fein (1979, S. 197–325) beschrieb jüdisches Verhalten als auf rationaler Wahl beruhend.
10 Hier adaptiere ich Hilberg 1992, S. 206–207, der an diesem Punkt die Emigration nicht bespricht.
11 Siehe z. B. Bauer 2013, S. 193–216.
12 Dobroszycki 1994, S. 3–4.
13 Siehe Dobroszycki 1994, S. 13, 19, 68, 76–83; Paulsson 2004, S. 393.
14 Lejzer Ran, «Der gerettete Überrest von Wilna und Umgebung», *Blätter über Wilna*, 1946, deutsche Übersetzung in StA Hannover 2 Js 388/65, S. 1734–1741.
15 Goldstein 2004, S. 58; Gitman 2011, S. 67–68, zu Sarajevo siehe ebd., S. 61.
16 Siehe Pavlowitch 2008, S. 70; zur Stadt Zemun siehe Fogel 2007, S. 160.
17 Siehe Adler 1989, S. 14, 45, 189, 198–199, 201, 217, 219.
18 Siehe Gerlach und Aly 2002, S. 409.
19 Zu Österreich siehe Moser 1966, S. 52, und Friedländer 1998, S. 262; zu Ungarn: Gerlach und Aly 2002, S. 50, 409; zu Kroatien, Bosnien und Herzegowina: Gitman 2011, S. 24; zu Griechenland: Lewkowicz 2006, S. 69, und Plaut 1996, S. 54, 71, 95; zu Weißrussland: Gerlach 1999, S. 380–381, 740–745, und Smilovitsky 2003; siehe zu Polen die Zahlen in Dobroszycki 1994, v. a. S. 25–26; zu Litauen: Dieckmann 2011, S. 308–309, 1538, und Levinson 2006, S. 14; zu Wolhynien: Spector 1990a, S. 53–55, 337, 357–358; zur Ukraine: Kruglov 2010, S. 273, 284.
20 Bericht an die Frauenabteilung der DELASEM, Oktober 1941, in Sarfatti 2006, S. 261.
21 Marrus 1985, S. 135.
22 Siehe zu den tschechischen Juden Kárný 1982, S. 174; zu Polen: Gutman 1982, S. 18. Zur Emigration von 90 000 polnischen Juden nach Palästina 1930 bis 1939 siehe Mendelsohn 1983, S. 79.
23 Zu Spanien siehe Rother 2001, S. 130–132, der andere Schätzungen nach unten korrigierte (ebd., S. 5–7); zur Schweiz: Unabhängige Expertenkommission 1999, S. 24–25; zu Norwegen: Abrahamsen 1991, S. 2, 16.
24 Zur Flucht aus und nach Ungarn siehe Gerlach und Aly 2002, S. 31, 306–307; zur Flucht in Gebiete unter rumänischer Besatzung: Grossman und Ehrenburg 1994 (z. B. S. 83–85), und Zabarko 2005, S. 33–34.
25 Siehe Wildt 2007, z. B. S. 285–290.
26 Siehe Arad (2009, S. 72–87) zu 1941; zu Weißrussland: Gerlach 1999, S. 378–381. Deutsche Truppen holten einige der 1941 evakuierten ein, aber 1942 gab es wieder neue Evakuierte. Daher geben die Zahlen für 1941 wohl ein akkurates Gesamtbild, wie viele auf diese Art überlebten.
27 Kruglov 2010, S. 273.
28 Siehe Prusin 2010, S. 55–58.
29 Das legt eine Studie über Lens in Nordfrankreich nahe: Mariot und Zalc 2010, S. 97, 127.

30 Zu Ausnahmen in Italien siehe Michaelis 1978, S. 255–256, und Longhi 2010, S. 32, 84; zu Kroatien: Gitman 2011, S. 56, 67–68; zu Rumänien: Ancel 1984, S. 407.
31 Longhi 2010, S. 32, 36 Anm. 35; Zuccotti 1996, S. 15–18.
32 Ancel 2011, S. 169; Ancel 1984, S. 388.
33 Zuccotti 1993, S. 161, 199; Adler 1989, S. 219; zu Frankreich siehe Poznanski 1997, S. 554.
34 Siehe Friedländer 1998, S. 73–79; Barkai 1988, S. 47–48, 75–78.
35 Siehe den undatierten Vermerk (nach dem 17. August 1942), BA 15.09, Nr. 20, Bl. 12–22, und Militärbefehlshaber in Frankreich, Abt. Wi I an Generalkommissariat für jüdische Fragen, 2. Oktober 1942, BA 15.09, Nr. 2, Bl. 36.
36 Zit. in Gerlach und Aly 2002, S. 299–300. Die anderen erwähnten Strategien waren die Vorbereitung von Verstecken und falschen Papieren, die Flucht nach Rumänien und zu Titos Partisanen sowie nicht näher beschriebener «aktiver und passiver Widerstand» der ungarischen Juden.
37 Dreyfus 1981, S. 244.
38 Caron 1999, S. 94–116; Marrus und Paxton 1981, S. 189.
39 Adler 1989, S. 110.
40 Siehe Aschheim 1982, S. 33–34, 85; zum Gegentrend der Romantisierung siehe ebd., S. 185–214.
41 Picard 1997, S. 283.
42 Die Schätzung beruht auf Zahlen in Zuccotti 1993, S. 3, 207, 237; siehe auch Meyer 2000, S. 34
43 Blom 1989, S. 286.
44 Siehe Sarfatti 2006, S. 203, und Kapitel 14 in diesem Buch. Sobald sie deportiert waren, hatten ausländische Juden allerdings eine höhere Überlebensrate (22 % gegenüber 8 %; Toscano 1995, S. xli), wahrscheinlich wegen ihrer Sprachkenntnisse, Anpassungsfähigkeit und ihres Alters.
45 Maxwell 1998, S. 3.
46 Zu Italien 1938/39 siehe Longhi 2010, S. 58 Anm. 138, und Michaelis 1978, S. 258; zu Österreich 1938: SD-Lagebericht für 1938, MadR, Bd. 1, S. 67; zu Ungarn: Gerlach und Aly 2002, S. 313, und Braham 1994, S. 496, 895–900; zur Slowakei: Hradská 1996, S. 83.
47 Gitman 2011, S. 109–112.
48 Grossman und Ehrenburg 1994, S. 63 (Berditschew in der Ukraine) und 777 (Litauen).
49 Trunk 1972, S. 400–413; zu Ostoberschlesien siehe Steinbacher 2000, S. 296–297; zu Frankreich: Adler 1989, S. 44, 198–199.
50 Siehe Gerlach und Aly 2002, S. 375–414.
51 Zu Frankreich siehe Poznanski 1997, S. 159–165, und Kaspi 1997, S. 166–172; zu Polen siehe verschiedene Überlebendenberichte in Śliwowska 1999, S. 4, 76, 84–86.
52 Eine gute Beschreibung findet sich in Młynarczyk 2007, S. 293–322.
53 Siehe die Erinnerungen von Roman Lewin in Śliwowska 1999, S. 193–199.
54 Siehe die Erinnerungen von Leszek Leon Allerhand in Śliwowska 1999, S. 157–158; Leon Czerwonka in Hochberg-Mariańska und Grüss 1996, S. 197; Vladimiras Kobrinas in *With a Needle* 2003, S. 187.
55 R. Fraermans Bericht über Lvov in Grossman und Ehrenburg 1994, S. 184–187.
56 Siehe Doba Belozovskayas Erinnerungen in Zabarko 2005, S. 18. Eine ähnliche Geschichte aus Wien in Königseder 1996, S. 207.
57 Siehe die Erinnerungen von Regina Leshchinskaya (Sudobitskaya) in Zabarko 2005, S. 161.
58 Paulsson 2002, S. 213.

59 Johnson und Reuband 2005, S. 301, 405 Anm. 15.
60 Siehe die Erinnerungen in Hochberg-Mariańska und Grüss 1996, S. 121; siehe auch die Erinnerungen des Überlebenden Herman Amsterdam, ebd., S. 149. Fälle aus Litauen in den Erinnerungen von Valentina Filipova in *With a Needle* 2003, S. 26–27, und einer aus der Ukraine erinnert durch Dovidas Sasoveris, ebd., S. 317.
61 Siehe Kassow 2010, S. 433–434.
62 Hochberg-Mariańska und Grüss 1996.
63 Die Erinnerungen von Zygmunt Weinreb und Helena Arbeiter stehen in Hochberg-Mariańska und Grüss 1996, S. 114, 162, Irina Felginas' (über Ost-Weißrussland) in *With a Needle* 2003, S. 81–82.
64 Erinnerungen von Helena Arbeiter in Hochberg-Mariańska und Grüss 1996, S. 163–164.
65 Drohungen zwangen Sabina Wylot aus Warschau, sich fünfmal neue rettende Gastgeber zu suchen, siehe Śliwowska 1999, S. 144–147. Siehe auch die Erinnerungen von Szlama Kutnowski, Halina Schütz und Franciszka Guter in Hochberg-Mariańska und Grüss 1996, S. 78, 99, 167–168.
66 Siehe die Erinnerungen von Emanuel Elbinger (Nowe Brzesko) in Śliwowska 1999, S. 33; ein Bericht aus Weißrussland in Grossman und Ehrenburg 1994, S. 751.
67 Erinnerungen von Pola Elbinger (Nowe Brzesko) in Śliwowska 1999, S. 41 (erstes Zitat), und von Jerzy Alexandrowicz in Hochberg-Mariańska und Grüss 1996, S. 183 (zweites Zitat); ein weiteres Beispiel in den Erinnerungen von Szlama Kutnowski (Warschau) in ebd., S. 79.
68 Paulsson 2002, S. 129–131.
69 Erinnerungen von Leon Majblum und Josek Mansdorf in Hochberg-Mariańska und Grüss 1996, S. 91–92, 107–110.
70 Erinnerungen von Zienowicz in Śliwowska 1999, S. 312; Gegenbeispiele in den Erinnerungen von Dawid Wulf und Jozef Reich in Hochberg-Mariańska und Grüss 1996, S. 175, 185–187.
71 Siehe die Erinnerungen von Krystyna Budnicka und Jadwiga Fiszbain-Tokarz in Śliwowska 1999, S. 20, 45–47; die von Tamara Cygler und Fryda Einsiedler in Hochberg-Mariańska und Grüss 1996, S. 87–90, 159–160; verschiedene Überlebendenberichte in *With a Needle* 2003, S. 111–112, 178–179, 187–189, 199; Erinnerungen von B. J. Tartakovskaia (Dnjepropetrowsk) in Grossman und Ehrenburg 1994, S. 123–124.
72 Van Thijn 2001, S. 270; zu Warschau siehe Paulsson 2004, S. 396. Zu den Niederlanden: Moore 1997, S. 155; Houwink ten Cate 1999, S. 128; Mason 1984, S. 331; zu Deutschland: Benz 1988b, S. 666.
73 Siehe Spungins Erinnerungen in Grossman und Ehrenburg 1994, S. 737.
74 Zit. in Weiner 2001, S. 283.
75 Smilovitsky (1997, S. 307) über Weißrussland.
76 Zit. in Levinson 2006, S. 103.
77 Siehe Smilowitsky 1997, S. 307, und Gerlach 1999, S. 745, über Weißrussland; Levin 1985, S. 114, 131, 180–186, 243–245, über Litauen; Brief von Mikhail Indikt (Dnjepropetrowsk), 31. Juli 1944, in Grossman und Ehrenburg 1994, S. 113; Bender 2009, S. 90 (Chmielnik in Polen).
78 Többens' öffentlicher Appell, 20. März 1943, zit. in Gutman 1982, S. 334–335.
79 Zit. in Silberklang 2004, S. 163–164.
80 Siehe Młynarczyk 2007, S. 302, und Seidel 2009, S. 338, 343.
81 Erinnerungen von Emanuel Elbinger in Śliwowska 1999, S. 31.
82 Erinnerungen von A. I. Bekker in Grossman und Ehrenburg 1994, S. 81, zu Schamowo siehe ebd., S. 403–404. Zu Zamość siehe Klukowski 1993, S. 226 (Tagebuch, 20. November 1942).

83 Spector 1990a, S. 357–358. Pohl (2010, S. 72 Anm. 196) hält Spectors Zahl der ursprünglichen Flüchtlinge aber für zu hoch.
84 Siehe z. B. Eckman und Lazar 1977, S. 85, 90, 136; Ainsztein 1993, S. 80–88.
85 Siehe Gerlach und Aly 2002, S. 307–309.
86 Diese Beobachtung basiert auf den rund 100 Erinnerungsberichten in *We Survived*, Bd. 2 und 3. Es gibt Ausnahmen: siehe Mirko Najmans Erinnerungen über Osijek in Bd. 2, S. 244. Das soll nicht heißen, dass es in Polen keine Razzien gab; siehe zu den deutschen Jagden auf Juden in Warschau während der großen Deportationen die Erinnerungen von Mieczysław Eichel in Hochberg-Mariańska und Grüss 1996, S. 6.
87 Deutscher Befehlshaber in Serbien, Befehl, 22. Dezember 1941, in Lemkin 1944, S. 601.
88 Zu Weißrussland siehe Gerlach 1999, S. 745–747; ähnlich Bauer 2013, S. 220, 226, 228.
89 Friedrich 2006, S. 244–245.
90 Browning 2010a, S. 76, 79–80, 83–84. Zu einem ähnlichen Fall aus Medynia Głogowska siehe die Erinnerungen von Jozef Leichter in Hochberg-Mariańska und Grüss 1996, S. 68–69.
91 Krakowski 2007, S. 186. Die Umstände machten das Überleben in der Illegalität aber fast unmöglich, sogar in Ländern, wo Mitbürger vielen bei der Flucht ins Ausland halfen. Etwa 40 Juden gelang es, innerhalb von Norwegen zu überleben, und weniger als 100 in Dänemark (Moore 2010, S. 81, 96).
92 Zahlen aus Griffioen und Zeller 2011, S. 518, 543, 572, 901 (laut diesen Autoren erklären Fluchten ins Ausland wenig über die unterschiedlichen Überlebensraten); siehe auch Maxwell 1998, S. 4.
93 Siehe auch Griffioen und Zeller 2011, S. 1008–1009; Moore 2010, S. 234–240.
94 Paulsson 1998, S. 27–29; Paulsson 2004, S. 383.
95 Paulsson 2004, S. 383; Krakowski 2007, S. 186.
96 Hilberg 1995, S. 46–48. Budapest wäre mit etwa 5 % ein Gegenbeispiel.
97 De Felice 1995, S. xx (eine höhere Schätzung für Rom in Longhi 2010, S. 129 Anm. 65); siehe auch Michaelis 1978, S. 388 zu Italien. Zu den rund 30–35 000 Überlebenden in Paris siehe Adler 1989, S. 45, 219; Fogg (2009, S. 182–183) weist die Behauptung zurück, Menschen auf dem Land seien in Frankreich besonders feindselig gegenüber Juden gewesen. In den Niederlanden lagen die Überlebensraten von Juden auf dem Land höher als in der Stadt. Siehe Flim 2001, S. 291.
98 Zu Berlin siehe Kosmala 2004, S. 138–139; zu Wien: Moser 1997; siehe Benz 1988b, S. 660.
99 Paulsson 1998, S. 27.
100 Cohen 1994, S. 15–21, 24; Eggers 2002, S. 473.
101 Moore 2010, S. 234–240.
102 Zeller und Griffioen 1996, S. 52, und 1997, S. 32, 34–35, 46; Moore 2010, S. 218–219.
103 Paldiel 1998, S. 310, 314, 317; dagegen Moore 2010, S. 176, 178, 187.
104 Zuccotti 1996, S. 210–214, 276.
105 Obwohl Moore 2010 dies zeigt, ist seine These (S. 7), dass die meisten Retter von Juden in Westeuropa insgesamt organisierten Netzwerken angehörten, quantitativ nicht belegt (siehe auch Moore 2004, S. 389–390). Ich folge Zuccotti (1993, S. 237, 245), die glaubt, dass die meisten in Frankreich versteckt lebenden Juden dies ohne oder mit wenig organisierter Hilfe taten.
106 Siehe Gerlach 1999, S. 743–747; Tec 1996; siehe zu Ungarn eine Sammlung von 800 Überlebendenberichten im Archiv des Lavon Institute, Tel Aviv, VII 123/1–5.
107 Ofer 2009, S. 39.
108 Der Erinnerungen von Wiktoria Śliwowska in Śliwowska 1999, S. 137; siehe Kassow 2010, S. 203, 239–331, 382; Gutman 1982, S. 69.

109 Gutman 1982, S. 72, 76–77; Kassow 2010, S. 436.
110 Hilberg 1992, S. 188–189; Engelking und Leociak 2009, S. 314–315.
111 Zit. in Krakowski 2007, S. 52, 57.
112 Gutman 1982, S. 24.
113 Bauer 2013, S. 36. Bürgerliche Überlebende neigten vielleicht auch mehr als andere dazu, ihre Erinnerungen aufzuschreiben oder anders festzuhalten.
114 Paxton 2001, S. 182.
115 Siehe Adler 1989, S. 43, 48; Paulsson 1998, S. 25.
116 Beispiele finden sich in den Erinnerungen von Mieczysław Eichel, Jozef Leichter und Szlama Kutnowski in Hochberg-Mariańska und Grüss 1996, S. 5, 68, 78; zu Erpressern siehe Paulsson 2002, S. 148–152.
117 Sereny 1980, S. 214, 271–272; siehe Willenberg 2009, S. 29, 77, 80–84, 89; ein Gegenbeispiel aus dem Vernichtungslager Chełmno erwähnt Kassow 2010, S. 465. Auch Juden plünderten den Besitz der in Auschwitz Ermordeten. Siehe Friedler u. a. 2002, S. 96, 170, 178.
118 Poznanski (1997, S. 70) weist aber auf Schätzungen hin, nach denen die Hälfte der Juden in Frankreich schon im Herbst 1941 mittellos waren.
119 Löw 2012, S. 58–67.
120 Gringauz 1949, S. 13; Hájková 2013, S. 64, 67, 163.
121 Hilberg 1992, S. 181, 188; Engelking und Leociak 2009, S. 407. Zur Lebensmittelversorgung in Łódź siehe Alberti 2006, S. 188 Anm. 159.
122 Gutman 1982, S. 86; Engelking und Leociak 2009, S. 192. Ähnliche Beobachtungen über Hausmeister bei Corni 2002, S. 175.
123 Kassow 2010, S. 178–179, 207–208, 360; Engelking und Leociak 2009, S. 198.
124 Willenberg 2009, S. 126–127.
125 Adler 1989, S. 44.
126 Corni 2002, S. 74.
127 Siehe Corni 2002, S. 169–194; Hájková 2013, S. 2, 93–152. Vgl. dagegen Gutman 1982, S. 108.
128 Siehe z. B. die von Deutschen stammenden Bilder in dem britischen Dokumentarfilm *Warsaw Ghetto* von 1965, Regie Alexander Bernfes.
129 Siehe z. B. die Erinnerungen von Ivona Frajd in *We Survived*, Bd 2, S. 219.
130 Zit. in Caracciolo 1995, S. 108; siehe Willenberg (2009, S. 118) zu permanenten Konflikten unter jüdischen Insassen in Treblinka; siehe Barkai 1989 zu Juden, die aus Großdeutschland in osteuropäische Ghettos deportiert wurden.
131 Zit. in Freund 1998, S. 874.
132 Zu den ungarischen Juden siehe Gerlach und Aly 2002, S. 397–399.
133 Siehe Gutman 1982, S. 285; Paulsson 2004, S. 387; Willenberg 2009, S. 83; Sereny 1980, S. 273–275; zu Italien: Zuccotti 1996, S. 205, 227.
134 Pawełczyńska 2001, S. 126–127 Anm. 12.
135 Gitman 2011, S. 52.
136 Erinnerungen von Jaša Almuli in *We Survived*, Bd. 2, S. 405.
137 Siehe zu Fluchtversuchen die Erinnerungen von Pavle Minh und Vilma Jovanović in *We Survived*, Bd. 3, S. 290, 349; ein weiteres Beispiel in Silberklang 2004, S. 160.
138 Siehe Zeligmanas' Erinnerungen in *With a Needle* 2003, S. 367 und Weinschelboims in Zabarko 2005, S. 46–50.
139 Über das Jiddische siehe Rothschild 1974 (S. 35, 89–90) zu Polen, der Slowakei und Karpatho-Ruthenien, Deletant (2006, S. 103) zu Bessarabien, Smilovitsky (2003, S. 117–118) zu Weißrussland, (auch den östlichen Teil), Mendelsohn (1983, S. 246) zu Lettland. Zum Ladino siehe Rothschild (1974, S. 328), und Troebst (1995, S. 111) zu Bulgarien, Fleischer (2001, S. 219) und Plaut (1996, S. 24–25) zu Nordgriechenland,

Freidenreich (1979, S. 7, 17, 53, 57, 215–221) zu Jugoslawien (besonders Bosnien und Serbien).

140 Rothschild 1974, S. 192–193; Mendelsohn 1983, S. 6–7, 87–89.

141 Mendelsohn 1983, S. 31, 67; Paulsson 2002, S. 30; Kassow 2010, S. 154, 189.

142 Fleischer 2001, S. 219–220; Mazower 2004, S. 442.

143 Kaspi 1997, S. 94.

144 Siehe Bowman (2006, S. 42) zu Griechenland.

145 Siehe ihren Bericht in *With a Needle* 2003, S. 225.

146 Siehe Brustein und King 2004a, S. 695.

147 Siehe Ofer 1996.

148 Kassow 2010, S. 459.

149 Siehe Gerlach und Aly 2002, S. 285–289; Erinnerungen von Suzana Cenić in *We Survived*, Bd. 2, S. 150; siehe zu deutschen Juden die Nachkriegserinnerungen in Johnson und Reuband 2005; Dörner 2007, S. 563, 576–577.

150 Hershkovitz 2001, S. 311, 316–317.

151 Adler 1989, S. 47.

152 Erinnerungen von Ernst Levin in Johnson und Reuband 2005, S. 81.

153 Adler 1989, S. 43.

154 Dreyfus 2010, S. 380.

155 Paulsson 2002, S. 57; zu Lublin siehe Distriktgouverneur Zörner im Diensttagebuch des Generalgouverneurs, 7. Dezember 1942, in Präg und Jacobmeyer 1975, S. 583; zu Berlin siehe Kosmala 2004, S. 140; zu Wien: Moser 1997.

156 Oberfeldkommandantur 365, Ia, Bericht vom 17. Oktober 1942, BA-MA RH 53-23/39, Bl. 76. Dieselbe Stelle hatte am 18. April 1942, nur einen Monat nach Beginn der Deportationen ins Vernichtungslager Bełżec, berichtet: «[E]s dürfte sich inzwischen auch bei den Juden herumgesprochen haben, dass die Evakuierten das Ansiedlungsgebiet, das ihnen als Reiseziel angegeben wird, niemals erreichen», BA-MA RH 53–23/36, Bl. 125. Siehe auch Klukowski 1993, S. 189, 191 (26. März und 8. April 1942). Zu Warschau siehe Gutman 1982, S. 214, 223.

157 Mariot und Zalc 2010, S. 65–66, 75–76, 79, 85–86.

158 Gerlach und Aly 2002, S. 56–57, 304–305; Erinnerungen von Ivona Frajd in *We Survived*, Bd. 2, S. 219.

159 Siehe die Erinnerungen von Mendel Rosenkranz in Hochberg-Mariańska und Grüss 1996, S. 35.

160 Siehe Grossman und Ehrenburg 1994, S. 467–468.

161 Petrow 1974, S. 205–207.

162 Abrahamsen 1991, S. 109.

163 Friedländer 2006, S. 466.

164 Es gibt zahlreiche Belege in Mendelsohn 1983; Braham 1994, S. 77–96; Freidenreich 1979.

165 Siehe z. B. Gutman 1982, S. xviii, 227.

166 Das geht sogar aus Studien hervor, die viel Gewicht auf Widerstand und bewaffneten Kampf legen, etwa Gutman 1982; siehe ebd., S. 119–144, zu den unterschiedlichen politischen Organisationen im Warschauer Ghetto und S. 149–154 zu einer Liste der im Ghetto erschienenen Publikationen von über einem Dutzend verschiedenen politischen Gruppen.

167 Weiss 1977, S. 358–365; Trunk 1972, S. 15–16, 30.

168 Gringauz 1949, S. 7

169 Siehe Erinnerungen von Krysztyna Budnicka, die ihre Eltern in einem unterirdischen Abwasserkanal versteckt zurücklassen musste, wo sie starben, in Śliwowska 1999, S. 19; Gerlach und Aly 2002, S. 288–289; Bauer 2013, S. 279–280.

170 Zu Saloniki siehe Mazower 2004, S. 437, 442; zu Ungarn: Gerlach und Aly 2002, S. 308.
171 Siehe Erinnerungen von Marek Sznajderman in Śliwowska 1999, S. 243.
172 Auszug aus dem Verhör von Schutzpolizeihauptmann Salog, 25. Mai 1944, in Grossman und Ehrenburg 1994, S. 999
173 Siehe *With a Needle* 2003, S. 97–98.
174 Gordijew 1999, S. 79; ähnlich im griechischen Saloniki: «Census of Jewish population of Salonika in July 1946» in Matarasso 2002 [1948], S. 174.
175 Hilberg 1992, S. 147–148; zu Łódź siehe Unger 1998, S. 125–126; zur Beschäftigung: ebd., S. 128, 130.
176 Dobroszycki 1994, S. 12–14, 85.
177 «Census of Jewish population of Salonika in July 1946» in Matarasso 2002 [1948], S. 174
178 Bock 2005, S. 10.
179 Gerlach und Aly 2002, S. 410–411.
180 Hilberg 1992, S. 320.
181 Dobroszycki 1994, S. 14–15; Tec 2011, S. xxv–xxvi.
182 Bericht jüdischer Wissenschaftler von Ende 1941 in Berenstein 1961, S. 140; Warschauer Oneg Shabat-Bericht, «Die Hölle der polnischen Juden unter der Hitler-Okkupation », Juni 1942, in Sakowska 1993, S. 210.
183 Erinnerungen von Basya Finkelstein in Grossman und Ehrenburg 1994, S. 485–493; Ran (wie Kapitel 15, Anm. 14).
184 Plaut 1996, S. 95–96; «Census of Jewish population of Salonika in July 1946» in Matarasso 2002 [1948], S. 174.
185 Siehe die Bevölkerungszahlen für Juli und Ende November 1942 in Gutman 1982, S. 270–271; über das Elend der Kinder siehe auch Kassow 2010, S. 302–303, 407–420.
186 Hájková 2013, S. 117–118, 153–154, 298.
187 Königseder 1996, S. 207. Siehe auch Houwink ten Cate 1999, S. 103–104.
188 Schon in den 1930er Jahren gab es in Deutschland nicht genug Heimplätze für verarmte Senioren: Barkai 1988, S. 107, 110.
189 Siehe die Erinnerungen von Silvana Mladinov in *We Survived*, Bd. 2, S. 32.
190 Siehe Maxwell 1998, S. 3, und Fogg 2009, S. 154; siehe auch Poznanski 1997, S. 472–484.
191 Pohl 2003, S. 154.
192 Siehe Kassow 2010, S. 407–420; Engelking und Leociak 2009, S. 317–329.
193 Zur Kritik daran im Warschauer Ghetto siehe Kassow 2010, S. 389, 401, 537.
194 Siehe zu Warschau Kassow 2010, S. 205, 409–411; Gutman 1982, S. 40–45, 102–106; Beispiele aus der Westukraine/Ostpolen bei Bauer 2013, S. 27–29, 151–152.
195 Eine entgegengesetzte Meinung vertritt Bauer 2013, S. 300. Ähnliches Verhalten trifft man aber auch in anderen historischen Fällen von Verfolgung und Gefangenschaft an – beispielsweise unter nordamerikanischen Ureinwohnern in Reservaten im 19. Jahrhundert.
196 Longhi 2010, S. 129 Anm. 65.
197 Siehe die Erinnerungen von Leonid Grips in Zabarko 2005, S. 60.
198 Rutherford 2007, S. 160.
199 Aly 2013, S. 39–41, 282.
200 Siehe die Erinnerungen von Mila Karaoglanović (Belgrad/Leskovac und Albanien) in *We Survived*, Bd. 3, S. 442, 446; von Henoch Lisak (Warschau) in Śliwowska 1999, S. 101; und van Thijn 2001, S. 271 (Rotterdam). Siehe auch Longhi (2010, S. 93) zu Italien. Eine Frau, die in Deutschland als angebliche ausgebombte polnische Zwangsarbeiterin Zuflucht fand, erwähnt Frank 2003, S. 240.

201 Siehe die Erinnerungen von Juliana Cirić (Belgrad/Niš) in *We Survived*, Bd. 2, S. 390; von Rahela Levi in *We Survived*, Bd. 3, S. 394; von Lazarz Krakowski in Hochberg-Mariańska und Grüss 1996, S. 126.

202 Erinnerungsberichte in Śliwowska 1999, S. 157, 162, 173–174.

203 Vera Robiček wurde 1943 von den Italienern als Geisel für den Fall von Partisanenangriffen in Albanien festgehalten. Siehe ihre Erinnerungen in *We Survived*, Bd. 3, S. 262. Zum ersteren Fall siehe z. B. die Erinnerungen von Franciszka Guter in Hochberg-Mariańska und Grüss 1996, S. 169–170, und von Regina Loss-Fisior in Śliwowska 1999, S. 203.

204 Erinnerungsberichte von Personen, die als Kinder überlebten, in Śliwowska 1999, S. 15, 97–98, 109–110, 125, 139, 146–147, 286; siehe auch Schoenfeld 1985, S. 314–315.

205 Paulsson 1998, S. 28.

206 Siehe zu Warschau die Erinnerungen von Joanna Kaltman in Śliwowska 1999, S. 80; zu Athen: Mazower 2016, S. 400–409; zu Marseille: Mazower 2009, S. 403–405.

207 Longhi 2010, S. 93.

208 Siehe die Erinnerungen von Marian Bobrzyk in Śliwowska 1999, S. 260.

209 Siehe die Erinnerungen von Suzana Cenić (Auschwitz, 1944) und Jaša Almuli (Belgrad, 1941) in *We Survived*, Bd. 2, S. 153, 410–416, und Rahela Levi (Belgrad, 1941), *We Survived*, Bd. 3, S. 394.

210 Siehe die Erinnerungen von Krystyna Budnicka, Krystyna Chudy und Eugenia Magdziarz in Śliwowska 1999, S. 20–21, 25–28, 106–107; von Szlama Kutnowski in Hochberg-Mariańska und Grüss 1996, S. 81; von Valentina Filipova (Witebsk), Viktoras Chramkovas (Briansk), Fruma Kucinskiene-Vitkinaite (Starodub), Ada Omeljančiuk-Koslovskaja Rozenblat (Minsk) und Feige Spanje-Rozenbergaite (Litauen) in *With a Needle* 2003, S. 26, 66, 201, 250, 341.

211 Zu entsprechenden litauischen Juden siehe Dieckmann 2011, S. 1458 (Überlebensrate von 84 %); zu Jugoslawien: Dulić 2005, S. 359 (75 %) und Gordijew 1999, S. 93 (medizinisches Personal bei den Tito-Partisanen, 83 %); siehe auch Tomasevich 2001, S. 605–606; Gitman 2011, S. 167–168; zur Slowakei: Rothkirchen 1998, S. 61.

212 Siehe Ainsztein 1993; zu Warschau siehe auch Gutman 1982; zu Paris: Adler 1989, S. 189, 201, 217.

213 Siehe die Erinnerungsberichte aus Litauen von Riva Blumbergiene-Cvibakaite und Sulamita Lev in *With a Needle* 2003, S. 43, 209; Erinnerungsberichte aus der Ukraine in Grossman und Ehrenburg 1994, S. 107, 121–122, 441, 772–774, und in Zabarko 2005, S. 223–224, 349; die Erinnerungen von Joanna Kaltman in Śliwowska 1999, S. 79. Für gefälschte Papiere brauchte man häufig ebenfalls Geld; siehe zu Warschau Paulsson 1998, S. 25.

214 Siehe ihre Erinnerungen in Grossman und Ehrenburg 1994, S. 105–106 (Zitat S. 106), und die Erinnerungen von Regina Rück in Hochberg-Mariańska und Grüss 1996, S. 84, und Ruvim Schtein in Zabarko 2005, S. 349.

215 Siehe die Erinnerungen von Emanuel Elbinger in Śliwowska 1999, S. 40; von Jozef Leichter in Hochberg-Mariańska und Grüss 1996, S. 69–70; von Ranana Malchanova-Kleinstein in *With a Needle* 2003, S. 236, 238; von Rahela Levi in *We Survived*, Bd. 3, S. 394; of Eva Gladkaya (Khamara) in Zabarko 2005, S. 55; Krasnoperko 1991, S. 18.

16 Schlussfolgerungen: Gruppenvernichtung in extrem gewalttätigen Gesellschaften

1 Geiss (1988, S. 11) implizierte eine solche Hierarchie bezüglich Rassismus im allgemeinen.
2 Ein Beispiel ist Goldhagen 1997, S. 196–197.
3 Zu letzterem Punkt siehe Aly 2005.
4 Die Kurswechsel der deutschen Politik gegen Juden bis Anfang 1942 lassen sich nicht als bloße Taktik bei der Umsetzung eines vorbereiteten Masterplans zur totalen Vernichtung erklären, bei dem die Verfolger nur auf den richtigen Moment zur Verwirklichung warteten (siehe Kapitel 3 und 4).
5 Bloxham 2009, S. 187; zu Hitler siehe Jäckel 1983, S. 100–107.
6 Ich stimme Bloxhams Aussage in Bezug auf die deutsche Einflusssphäre zu: siehe Bloxham 2009, S. 187.
7 Siehe Hilberg 1995.
8 Déak 2010, S. 225; siehe auch Wannsee Conference 2009, S. 18–19.
9 Siehe Gerlach 2012.
10 Gross 2006, S. 3.
11 Zum verblüffenden Ausmaß der Zwangsmigration unterschiedlicher Gruppen im Distrikt Lublin – wo Bełżec und Sobibór lagen – siehe Poprzeczny 2004, S. 236.
12 Fogg 2009, S. 31–32.
13 Gross 1979, S. 115 (Zitat), 160, 171–177, 184. Zu intensivierten kulturellen Stereotypisierungen in Fällen plötzlicher sozialer Mobilität im Allgemeinen siehe Bettelheim und Janowitz 1964 [1950], S. 165 (dort über antijüdische Vorurteile); Schumann 2001, S. 18.
14 Gross 1979, S. 199–291, v. a. 225–226, 291. Dementsprechend würde ich Gross' Schlussfolgerung über eine Angleichung soziale Schichten («destratification») durch allgemeine Verarmung in Frage stellen (ebd., S. 171–177).
15 Pramowska 2010.
16 Siehe die Erfahrungen von Willenberg 2009, S. 187, 192–201.
17 Pavlowitch 2008, S. 104.
18 Botz 1975, S. 26.
19 Sauvy 1978, S. 194; Alary u. a. 2006, S. 569–570; zu Belgien siehe Brandt u. a. 1953, S. 473; zu den Niederlanden: Hart 1993, S. 28.
20 Madajczyk 1988, S. 254–257.
21 Sanders 2001, S. 23.
22 Siehe zu Bulgarien Opfer 2005, S. 196; zu Griechenland: Nessou 2009, S. 75.
23 Siehe zu Ungarn Gerlach und Aly 2002, S. 339–343.
24 Siehe Gerlach 2005a.
25 Zu einer Umfrage in Vichy-Frankreich Anfang 1943 siehe Adler 1993, S. 184–187.
26 Zu Jugoslawien allgemein siehe Pavlowitch 2008, S. ix.
27 Moore 2001, S. 282–285; siehe auch Moore 2010, S. 231.
28 Fogg 2009, S. 14, 145–147.

Bibliographie

Quellen

Akten zur deutschen auswärtigen Politik 1918–1945, Serie D, Bd. 5. 1953 (Baden-Baden).

Akten zur deutschen auswärtigen Politik 1918–1945, Serie D, Bd. 13 (Teil 2). 1970 (Göttingen).

Arad, Yitzhak, Yisrael Gutman und Abraham Margaliot (Hrsg.), 1999. *Documents on the Holocaust* (Lincoln).

Bähr, Hans Walter (Hrsg.), 1961. *Die Stimme des Menschen: Briefe und Aufzeichnungen aus der ganzen Welt 1939–1945* (Zürich).

Banse, Ewald, 1939. *Das mußt Du von Rußland wissen!* (Leipzig).

Bauche, Ulrich, Heinz Brüdigam und Ludwig Eiber (Hrsg.), 1991. *Arbeit und Vernichtung: Das Konzentrationslager Neuengamme 1938–1945* (Hamburg).

Berenstein, Tatiana, Artur Eisenbach und Adam Rutkowski (Hrsg.), 1957. *Eksterminacja Zydów na Ziemiach Polskich w okresie okupacji hitlerowskiej* (Warschau).

Berenstein, Tatiana, Artur Eisenbach und Bernard Mark (Hrsg.), 1961. *Faschismus – Getto – Massenmord* (Berlin [Ost]).

Blachetta, Walther, 1939. *Das wahre Gesicht Polens* (Berlin).

Boberach, Heinz, (Hrsg.), 1984. *Meldungen aus dem Reich: Die geheimen Lageberichte des Sicherheitsdienstes der SS 1938–1945* (Herrsching) (in den Anmerkungen abgekürzt: MadR).

Böll, Heinrich, 2001. *Briefe aus dem Krieg 1939–1945*, hrsg. v. Jochen Schubert (Köln).

Carpi, Daniel (Hrsg.), 1999. *Italian Diplomatic Documents on the History of the Holocaust in Greece (1941–1943)* (Jerusalem).

Centre de documentation juive contemporaine (CDJC), 1982. *Les juifs sous l'occupation: Recueil des textes officiels français et allemands 1940/1944* (Paris).

Ciano, Galeazzo, 1946. *Tagebücher 1939–1943* (Bern).

Clogg, Richard (Hrsg.), 2002a. *Greece 1940–1949: Occupation, Resistance, Civil War* (Basingstoke und New York).

Clogg, Richard (Hrsg.), 2002b. *The Holocaust in Salonika: Eyewitness Accounts* (o. O.).

Delacor, Regina (Hrsg.), 2000a. *Attentate und Repressionen: Ausgewählte Dokumente zur zyklischen Eskalation des NS-Terrors im besetzten Frankreich 1941/42* (Stuttgart).

Der Prozess gegen die Hauptkriegsverbrecher vor dem Internationalen Militärgerichtshof, 1947–49. Bd. 1–42 (Nürnberg) (in den Anmerkungen abgekürzt: IMG).

Domarus, Max, 1962–1963. *Hitlers Reden und Proklamationen*, Bd. 1: *Triumph (1932–1938)* (1962), Bd. 2: *Untergang (1939–1945)* (1963) (Neustadt a. d. Aisch).

«Es gibt keinen jüdischen Wohnbezirk in Warschau mehr»: Stroop-Bericht (Darmstadt 1976).

Die Tagebücher von Joseph Goebbels: Teil I: *Aufzeichnungen 1924–1941*, Bd. 4 (München u. a., 1987); Teil II: *Diktate 1941–1945*, hrsg. v. Elke Fröhlich, Bd. 1 u. 2 (München, 1996) (2: 1996b); Bd. 4 (1995); Bd. 5 (1995) (1995b); Bd. 10 (München, 1994).

Goebbels, Joseph, 1941. «Die Juden sind schuld!», *Das Reich*, 46, 16. November, S. 1–2.

Gründer, Horst (Hrsg.), 1999. *«… da und dort ein neues Deutschland gründen»: Rassismus, Kolonien und kolonialer Gedanke vom 16. bis zum 20. Jahrhundert* (München).

Günther, Hans, 1930. *Rassenkunde des jüdischen Volkes* (München).
Günther, Hans, 1937 [1922]. *Rassenkunde des deutschen Volkes*, umgearbeitete Auflage (München).
Heiber, Helmut (Hrsg.), 1958. «Der Generalplan Ost», *VfZ*, 6, S. 281–325.
Heim, Susanne und Götz Aly (Hrsg.), 1991. *Bevölkerungsstruktur und Massenmord*, BNGS, Bd. 9 (Berlin).
Hermle, Siegfried und Jörg Thierfelder, (Hrsg.), 2008. *Herausgefordert: Dokumente zur Geschichte der Evangelischen Kirche in der Zeit des Nationalsozialismus* (Stuttgart).
Hitler, Adolf, 1961 [1928]. *Hitlers Zweites Buch*, hrsg. v. Gerhard Weinberg (Stuttgart).
Hitler, Adolf, 1981. *Hitlers politisches Testament. Die Bormann-Diktate vom Februar und April 1945* (Hamburg).
Hitler, Adolf, 1982. *Monologe im Führerhauptquartier*, hrsg. v. Werner Jochmann (München).
Hitler, Adolf, 2016 [1925–27]. *Mein Kampf: eine kritische Edition*, hrsg. v. Christian Hartmann u. a. (München).
Klarsfeld, Serge (Hrsg.) 1977. *Die Endlösung der Judenfrage in Frankreich* (Paris).
Klarsfeld, Serge (Hrsg.), 1989. *Vichy – Auschwitz: Die Zusammenarbeit der deutschen und französischen Behörden bei der ‹Endlösung der Judenfrage› in Frankreich* (Nördlingen).
Klee, Ernst, Willi Dressen und Volker Riess (Hrsg.), 1988. *«Schöne Zeiten»: Judenmord aus der Sicht der Täter und Gaffer*. 2. Auflage (Frankfurt a. M.).
Klein, Peter (Hrsg.), 1997. *Die Einsatzgruppen in der besetzten Sowjetunion 1941/42: Die Tätigkeits- und Lageberichte des Chefs der Sicherheitspolizei und des SD* (Berlin).
Klukowski, Zygmunt, 1993. *Diary from the Years of Occupation 1939–1944* (Urbana und Chicago).
Kulka, Otto Dov und Eberhard Jäckel (Hrsg.), 2004. *Die Juden in den geheimen NS-Stimmungsberichten 1933–1945* (Düsseldorf).
Larsen, Stein Ugelvik, Beatrice Sandberg und Volker Dahm (Hrsg.), 2008. *Meldungen aus Norwegen 1940–1945: Die geheimen Lageberichte des Befehlshabers der Sicherheitspolizei und des SD in Norwegen*, Bd. 2 (München).
Longerich, Peter (Hrsg.), 1989. *Die Ermordung der europäischen Juden* (München und Zürich).
Madajczyk, Czesław (Hrsg.), 1962. «Generalplan Ost», *Polish Western Affairs*, 3, 2, S. 391–442.
Mallmann, Klaus-Michael, Volker Riess und Wolfram Pyta (Hrsg.), 2003. *Deutscher Osten 1939–1945: Der Weltanschauungskrieg in Photos und Texten* (Darmstadt).
Mendelsohn, John (Hrsg.), 1993. *The Holocaust: Selected Documents*, Bd. 22 (New York und London).
Müller, Norbert (Hrsg.), 1982. *Deutsche Besatzungspolitik in der* UdSSR. 2. Auflage (Köln).
Obenaus, Herbert und Sybille Obenaus (Hrsg.), 1985. *«Schreiben wie es wirklich war …»: Die Aufzeichnungen Karl Dürkefäldens aus der Zeit des Nationalsozialismus* (Hannover).
«Ostarbeiter»: Weißrussische Zwangsarbeiter in Österreich: Dokumente und Materialien, 2003. (Graz/Minsk).
Overmans, Rüdiger, Andreas Hilger und Pavel Polian (Hrsg.), 2012. *Rotarmisten in deutscher Hand* (Paderborn).
Pätzold, Kurt (Hrsg.), 1984. *Verfolgung, Vertreibung, Vernichtung* (Frankfurt a. M.).
Pätzold, Kurt und Erika Schwarz (Hrsg.), 1992. *Tagesordnung: Judenmord: Die Wannsee-Konferenz am 20. Januar 1942* (Berlin).
Picker, Henry, 1977. *Hitlers Tischgespräche im Führerhauptquartier*, 3., überarbeitete und erweiterte Neuausgabe (Stuttgart).
Präg, Werner und Wolfgang Jacobmeyer (Hrsg.), 1975. *Das Diensttagebuch des deutschen Generalgouverneurs in Polen 1939–1945* (Stuttgart).

Reese, Willy Peter, 2003. *Mir selber seltsam fremd. Die Unmenschlichkeit des Krieges: Russland 1941–1944*, hrsg. v. Stefan Schmitz (o. O.).

Rentner, Gerhart, 1939. «Die Lösung der Judenfrage in der Ostmark» in: Könitzer und Trurnit, S. 64–69.

Röhr, Werner (Hrsg.) 1989. *Die faschistische Okkupationspolitik in Polen (1939–1945)* (Köln).

Rosenberg, Alfred, 1939 [1930]. *Der Mythus des 20. Jahrhunderts* (München).

Rössler, Mechtild und Sabine Schleiermacher (Hrsg.), 1993. *Der «Generalplan Ost»: Hauptlinien der nationalsozialistischen Planungs- und Vernichtungspolitik* (Berlin).

Roth, Karl Heinz, 1997. «‹Generalplan Ost› und der Mord an den Juden: Der ‹Fernplan der Umsiedlung in den Ostprovinzen› aus dem Reichssicherheitshauptamt vom November 1939», *1999*, 12, 2, S. 50–70.

Sakowska, Ruta, 1993. *Die zweite Etappe ist der Tod: NS-Ausrottungspolitik gegen die polnischen Juden, gesehen mit den Augen ihrer Opfer* (Berlin).

Schlemmer, Thomas (Hrsg.), 2005. *Die Italiener an der Ostfront 1942/43: Dokumente zu Mussolinis Krieg gegen die Sowjetunion* (München).

Seckendorf, Martin (Hrsg.), 1992. *Die Okkupationspolitik des deutschen Faschismus in Jugoslawien, Griechenland, Albanien, Italien und Ungarn (1941–1945)* (Berlin und Heidelberg).

Seraphim, Peter Heinz, 1938. *Das Judentum im osteuropäischen Raum* (Essen).

Simonow, Konstantin, 1979. *Kriegstagebücher*, Bd. 1 (Berlin [Ost]).

Smith, Bradley und Agnes Peterson (Hrsg.), 1974. *Heinrich Himmler: Geheimreden 1933 bis 1945* (Frankfurt a. M.).

Spiegelbild einer Verschwörung: Die Kaltenbrunner-Berichte an Bormann und Hitler über das Attentat vom 20. Juli 1944 (Stuttgart 1961).

Stein, Harry (Hrsg.), 1992. *Juden in Buchenwald 1937–1942* (Weimar).

Tilitzki, Christian (Hrsg.), 1991. *Alltag in Ostpreussen 1940–45: Die geheimen Lageberichte der Königsberger Justiz* (Leer).

Verbrechen der Wehrmacht, 2002. Hrsg. v. Hamburger Institut für Sozialforschung, 2. durchgesehene u. ergänzte Auflage (Hamburg).

Verhandlungen des Reichstags: 4. Wahlperiode 1939, Bd. 460: Stenographische Berichte 1939–1942 (Bad Feilnbach 1986).

Vernichtungskrieg: Verbrechen der Wehrmacht 1941–1944, hrsg. v. Hamburger Institut für Sozialforschung (Hamburg 1996).

von Hassell, Ulrich, 1946. *Vom andern Deutschland: Aus den nachgelassenen Tagebüchern 1938–1944* (Zürich und Freiburg).

Witte, Peter, Michael Wildt, Martina Voigt, Dieter Pohl, Peter Klein, Christian Gerlach, Christoph Dieckmann und Andrej Angrick (Hrsg.) 1999. *Der Dienstkalender Heinrich Himmlers 1941/42* (Hamburg).

Darstellungen (einschließlich autobiographischen Materials)

Abel, Theodore, 1966 [1938]. *The Nazi Movement* (New York).

Abitbol, Michel, 1983. *Les juifs d'Afrique du Nord sous Vichy* (Paris).

Abke, Stephanie, 2003. *Sichtbare Zeichen unsichtbarer Kräfte: Denunziationen und Denziationsverhalten 1933–1949* (Tübingen).

Abrahamsen, Samuel, 1991. *Norway's Response to the Holocaust* (New York).

Achim, Viorel, 2001. «Die Deportation der Roma nach Transnistrien» in Hausleitner u. a., S. 101–111.

Achim, Viorel, 2004. *The Roma in Romanian History* (Budapest und New York).

Ackermann, Josef, 1970. *Heinrich Himmler als Ideologe* (Göttingen).

Adam, Uwe, 1972. *Judenpolitik im Dritten Reich* (Düsseldorf).

Adam, Uwe, 1976. «An overall plan for anti-Jewish legislation in the Third Reich?», YVS 11, S. 33–55.

Adler, H. G., 1974. *Der verwaltete Mensch: Studien zur Deportation der Juden aus Deutschland* (Tübingen).

Adler, Jacques, 1989. *The Jews of Paris and the Final Solution* (Oxford und New York).

Adler, Jacques, 1993. «The changing attitudes of the ‹Bystanders› toward the Jews in France, 1940–1943» in John Milfull (Hrsg.), *Why Germany? National Socialist Anti-Semitism and the European Context* (Providence und Oxford), S. 171–191.

Adler-Rudel, S., 1968. «The Evian conference on the refugee question», LBIY 13, S. 235–271.

Ahonen, Pertti, Gustavo Corni, Jerzy Kochanowski, Rainer Schulze, Tamás Stark und Barbara Stelzl-Marx, 2008. *People on the Move: Population Movements in Europe in the Second World War and Its Aftermath* (Oxford und New York).

Ainsztein, Reuben, 1993. *Jüdischer Widerstand im deutschbesetzten Osteuropa während des Zweiten Weltkrieges* (Oldenburg).

Alary, Eric, Gilles Gauvin und Bénédicte Vergez-Chaignon, 2006. *Les Français au quotidien 1939–1949* (Paris).

Alberti, Michael, 2006. *Die Verfolgung und Vernichtung der Juden im Reichsgau Wartheland 1939–1945* (Wiesbaden).

Allen, Michael, 2002. *The Business of Genocide* (Chapel Hill und London).

Almog, Shmuel, 1990. *Nationalism and Antisemitism in Modern Europe 1815–1945* (Oxford).

Altermatt, Urs, 1998. «Das Koordinatensystem des katholischen Antisemitismus in der Schweiz 1918–1945» in Mattioli (Hrsg.), S. 465–500.

Aly, Götz, 1987. «Medizin gegen Unbrauchbare» in Götz Aly, Angelika Ebbinghaus, Matthias Hamann, Friedemann Pfäfflin und Gerd Preissler, *Aussonderung und Tod: Die klinische Hinrichtung der Unbrauchbaren* (BNGS 1) (Berlin), S. 9–74.

Aly, Götz, 1993. «Erwiderung auf Dan Diner», *VfZ* 41, S. 621–635.

Aly, Götz, 1995. *«Endlösung»: Völkerverschiebung und der Mord an den europäischen Juden* (Frankfurt a. M.)

Aly, Götz, 2005. *Hitlers Volksstaat: Raub, Rassenkrieg und nationaler Sozialismus* (Frankfurt a. M.).

Aly, Götz (Hrsg.), 2006. *Volkes Stimme: Skepsis und Führervertrauen im Nationalsozialismus* (Frankfurt a. M.).

Aly, Götz, 2011. *Warum die Deutschen? Warum die Juden? Gleichheit, Neid und Rassenhass 1800–1933* (Frankfurt a. M.).

Aly, Götz, 2013. *Die Belasteten: «Euthanasie» 1939–1945: Eine Gesellschaftsgeschichte* (Frankfurt a. M.).

Aly, Götz, Susanne Heim, Miroslav Kárný, Petra Kirchberger und Alfred Konieczny, 1987. *Sozialpolitik und Judenvernichtung: Gibt es eine Ökonomie der Endlösung?* (BNGS 5) (Berlin).

Aly, Götz und Susanne Heim, 1991. *Vordenker der Vernichtung: Auschwitz und die Pläne für eine neue europäische Ordnung* (Hamburg).

Ancel, Jean, 1984. «Plans for the deportation of the Rumanian Jews and their discontinuation in light of documentary evidence», YVS 16, S. 381–420.

Ancel, Jean, 1988. «The Romanian way of solving the ‹Jewish problem› in Bessarabia and Bukovina, June-July 1941», YVS 19, S. 187–232.

Ancel, Jean, 1992. «The impact of the course of the war on Romanian Jewish policies» in Cohen u. a., S. 177–210.

Ancel, Jean, 1997. «The Romanian campaign of mass murder in Transnistria, 1941–1942» in Braham (Hrsg.), S. 87–133.

Ancel, Jean, 2007. *The Economic Destruction of Romanian Jewry* (Jerusalem).
Ancel, Jean, 2011. *The History of the Holocaust in Romania* (Lincoln und Jerusalem).
Anderson, Benedict, 1991. *Imagined Communities: Reflections on the Origin and Spread of Nationalism*, 2. überarbeitete u. erweiterte Auflage (London und New York).
Anderson, Truman, 1995. «Die 62. Infanterie-Division: Repressalien im Heeresgebiet Süd» in Heer und Naumann (Hrsg.), S. 297–323.
Anderson, Truman, 1999. «A Hungarian *Vernichtungskrieg*? Hungarian troops and the Soviet partisan war in Ukraine, 1942», MGM 58, S. 345–366.
Anderson, Truman, 2000. «Germans, Ukrainians and Jews: Ethnic politics in Heeresgebiet Süd, June-December 1941», *War in History* 7 (3), S. 325–351.
Angrick, Andrej, 2003. *Besatzungspolitik und Massenmord: Die Einsatzgruppe D in der südlichen Sowjetunion 1941–1943* (Hamburg).
Angrick, Andrej, 2005. «Das Beispiel Charkow: Massenmord unter deutscher Besatzung» in Hartmann u. a. (Hrsg.), S. 117–124.
Angrick, Andrej und Peter Klein, 2006. *Die «Endlösung» in Riga* (Darmstadt).
Angrick, Andrej, 2013. «Die inszenierte Selbstermächtigung? Motive und Strategie Heydrichs für die Wannsee-Konferenz» in Kampe und Klein (Hrsg.), S. 241–258.
Antonijević, Nenad, 2008. «Holocaust in the area of Kosovo and Methhija during World War II and its context» in *Israeli-Serbian Academic Exchange in Holocaust Research*, S. 409–415.
Arad, Yitzhak, 1987. *Belzec, Sobibor, Treblinka: The Operation Reinhard Death Camps* (Bloomington und Indianapolis).
Arad, Yitzhak, 2009. *The Holocaust in the Soviet Union* (Lincoln und Jerusalem).
Arendt, Hannah, 1986 [1955]. *Elemente und Ursprünge totalitärer Herrschaft* (München und Zürich).
Arlettaz, Silvia und Gérald Arlettaz, 1998. «Die schweizerische Ausländergesetzgebung und die politischen Parteien 1917–1931» in Mattioli (Hrsg.), S. 327–356.
Arnaud, Patrice und Michel Fabréguet, 2000. «Les prisonniers de guerre, les travailleurs civils et les concentrationnaires Français entre répression et travail forcé (Novembre 1942-automne 1944)» in Martens und Vaisse (Hrsg.), S. 419–435.
Aschheim, Steven, 1982. *Brothers and Strangers: The East European Jews in German and German Jewish Consciousness, 1800–1923* (Madison und London).
Aspelmeier, Dieter, 1967. *Deutschland und Finnland während der beiden Weltkriege* (Hamburg-Volksdorff).
Attali, Jacques, 2010. *The Economic history of the Jewish people* (Portland).
Ayaß, Wolfgang, 1988. «‹Ein Gebot der nationalen Arbeitsdisziplin›: Die Aktion ‹Arbeitsscheu Reich› 1938» in Wolfgang Ayaß, Reimar Gilsenbach, Ursula Körber, Klaus Scherer, Patrick Wagner und Mathias Winter (Hrsg.), *Feinderklärung und Prävention* (BNGS 6) (Berlin), S. 43–74.
Bailer-Galanda, Brigitte, 2002. «Die Opfer des Nationalsozialismus und die sogenannte Wiedergutmachung» in Tálos u. a., S. 884–901.
Bajohr, Frank, 1995. «Gauleiter in Hamburg: Zur Person und Tätigkeit Karl Kaufmanns», *VfZ* 43, S. 267–95.
Bajohr, Frank, 1998. *«Arisierung» in Hamburg* (Hamburg).
Bajohr, Frank, 2001. *Parvenüs und Profiteure: Korruption in der NS-Zeit* (Frankfurt a. M.).
Bajohr, Frank, 2003. *«Unser Hotel ist judenfrei»: Bäder-Antisemitismus im 19. und 20. Jahrhundert* (Frankfurt a. M.).
Bajohr, Frank und Dieter Pohl, 2006. *Der Holocaust als offenes Geheimnis: Die Deutschen, die NS-Führung und die Alliierten* (München).
Bajohr, Frank und Michael Wildt (Hrsg.), 2009. *Volksgemeinschaft: Neue Forschungen zur Gesellschaft des Nationalsozialismus* (Frankfurt a. M.).

Balcar, Jaromir und Jaroslav Kučera, 2010. «Von der Fremdbesatzung zur kommunistischen Diktatur: Die personellen Umbrüche in der tschechoslowakischen Wirtschaft nach dem Zweiten Weltkrieg», *JfW* 51 (2), S. 71–94.

Banken, Ralf, 2009. *Edelmetallmangel und Großraubwirtschaft: Die Entwicklung des deutschen Edelmetallsektors im «Dritten Reich» 1933–1945* (Berlin).

Bankier, David, 1996. *The Germans and the Final Solution: Public Opinion Under Nazism* (Oxford und Cambridge).

Bankier, David, 2011. *Expulsion and Extermination: Holocaust Testimonials from Provincial Lithuania* (Jerusalem).

Barkai, Avraham, 1988. *Vom Boykott zur «Entjudung»* (Frankfurt a. M.)

Barkai, Avraham, 1989. «German-speaking Jews in eastern European ghettos», LBIY 34, S. 247–266.

Barkai, Avraham, 1991. «German entrepreneurs and Jewish policy in the Third Reich», YVS 21, S. 125–153.

Barkai, Avraham, 1997. «Bevölkerungsrückgang und wirtschaftliche Stagnation» in Avraham Barkai, Paul Mendes-Flohr und Steven Lowenstein, *Deutsch-jüdische Geschichte in der Neuzeit*, Bd. 4 (München), S. 37–49.

Baten, Jörg und Andrea Wagner, 2003. «Mangelernährung, Krankheit und Sterblichkeit im NS-Wirtschaftsaufschwung (1933–1937)», *JfW* 42 (1), S. 99–123.

Battenberg, Friedrich, 1990. *Das europäische Zeitalter der Juden*, Bd. II: *Von 1650 bis 1945* (Darmstadt).

Bauer, Yehuda, 1996. *Freikauf von Juden? Verhandlungen zwischen dem nationalsozialistischen Deutschland und jüdischen Repräsentanten von 1933 bis 1945* (Frankfurt a. M.)

Bauer, Yehuda, 2001. *Die dunkle Seite der Geschichte: Die Shoah in historischer Sicht, Interpretationen und Re-Interpretationen* (Frankfurt a. M.).

Bauer, Yehuda, 2013. *Der Tod des Schtetls* (Frankfurt a. M.).

Baum, Herwig, 2011. *Varianten des Terrors: Ein Vergleich zwischen der deutschen und rumänischen Besatzungsverwaltung in der Sowjetunion 1941–1944* (Berlin).

Bayraktor, Hatice, 2006. «The anti-Jewish pogrom in Eastern Thrace in 1934: New evidence of the responsibility of the Turkish government», *Patterns of Prejudice* 40 (2), S. 95–112.

Becker, Felicitas und Jigal Beez (Hrsg.), 2007. *Der Maji-Maji-Krieg in Deutsch-Ostafrika 1905–1907* (Berlin).

Becker, Franz (Hrsg.), 2004. *Rassenmischehen – Mischlinge – Rassenmischung: Zur Politik der Rasse im deutschen Kolonialreich* (Stuttgart).

Beevor, Antony, 2007. *Ein Schriftsteller im Krieg: Wassili Grossman und die Rote Armee 1941–1945* (München).

Bender, Sara, 2009. «Die Juden von Chmielnik unter deutscher Besatzung (1939–1943)» in Dieckmann und Quinkert (Hrsg.), S. 74–96.

Benyamin, Lya, 1997. «Anti-Semitism as reflected in the records of the Council of Ministers, 1940–1944» in Braham 1997a, S. 1–18.

Benjamin, Lya, 2001. «Die ‹Judenfrage› in Rumänien im Spiegel des Bukarester Tageblatts» in Hausleitner u. a. 2001, S. 139–152.

Benz, Wolfgang (Hrsg.), 1988a. *Die Juden in Deutschland 1933–1945* (München).

Benz, Wolfgang, 1988b. «Überleben im Untergrund 1943–1945» in Benz 1988a, S. 660–700.

Benz, Wolfgang (Hrsg.), 1991. *Dimension des Völkermords: Die Zahl der jüdischen Opfer des Nationalsozialismus* (München, 1991).

Benz, Wolfgang, 1994. «Der Rückfall in die Barbarei: Bericht über den Pogrom» in Pehle (Hrsg.), S. 13–51.

Benz, Wolfgang und Juliane Wetzel (Hrsg.), 1996. *Solidarität und Hilfe für Juden während der NS-Zeit: Regionalstudien II* (Berlin).

Bergen, Doris, 2003. *War and Genocide: A Concise History of the Holocaust* (Lanham).

Berger, Sara, 2013. *Experten der Vernichtung: Das T4-Reinhardt-Netzwerk in den Lagern Belzec, Sobibor und Treblinka* (Hamburg).

Berkhoff, Karel, 2004. *Harvest of Despair: Life and Death in Ukraine Under Nazi Rule* (Cambridge und London).

Berliner Geschichtswerkstatt (Hrsg.), 2000. *Zwangsarbeit in Berlin 1940–1945: Erinnerungsberichte aus Polen, der Ukraine und Weißrußland* (Erfurt).

Bernardini, Gene, 1989. «The origins and development of racial anti-Semitism in fascist Italy» in Marrus (Hrsg.), S. 217–239.

Bettelheim, Bruno und Morris Janowitz, 1964 [1950]. *Social Change and Prejudice* (New York und London).

Bićanić, Rudolf, 1944. «The effects of war on rural Yugoslavia», *Geographical Journal* 103 (1/2), S. 30–45.

Billig, Joseph, 1955. *Le Commissariat Général aux Questions Juives (1941–1944)*, Bd. 1 (Paris).

Biondich, Mark, 2002. «Persecution of Roma-Sinti in Croatia, 1941–1945» in *Roma and Sinti: Understudied Victims of Nazism. Symposion Proceedings* (Washington), S. 33–47.

Biondich, Mark, 2005. «Religion and nation in wartime Croatia: Reflections on the Ustaša policy of forced religious conversions, 1941–1942», *Slavonic and East European Review* 83 (1), S. 71–116.

Birnbaum, Pierre, 1992. *Anti-Semitism in France: A Political History from Léon Blum to the Present* (Oxford und Cambridge).

Bischof, Günter und Rüdiger Overmans (Hrsg.), 1999. *Kriegsgefangenschaft im Zweiten Weltkrieg* (Ternitz-Pottschach).

Bischof, Günter, Stefan Karner und Barbara Stelzl-Marx (Hrsg.), 2005. *Kriegsgefangene des Zweiten Weltkrieges: Gefangennahme-Lagerleben-Rückkehr* (München und Wien).

Bitterberg, Christoph, 1995. *Der Bielefelder Prozess als Quelle für die deutsche Judenpolitik im Bezirk Bialystok* (unveröff. Magisterarbeit, Hamburg).

Black, Peter, 2004. «Die Trawniki-Männer und die ‹Aktion Reinhardt›», in Musial (Hrsg.), S. 309–352.

Blättler, Franz, o. J. [1945]. *Warschau 1942: Tatsachenbericht eines Motorfahrers der zweiten schweizerischen Ärztemission 1942 in Polen* (Zürich).

Blatman, Daniel, 2011. *Die Todesmärsche 1944/45: das letzte Kapitel des nationalsozialistischen Massenmords* (Reinbek bei Hamburg).

Blom, J. C. H., 1989. «The persecution of Jews in the Netherlands in a comparative international perspective» in Jozeph Michman (Hrsg.), *Dutch Jewish History* (Jerusalem), S. 273–289.

Blood, Philip, 2006. *Hitler's Bandit Hunters: The SS and the Nazi Occupation of Europe* (Washington).

Bloxham, Donald, 2001. «A survey of Jewish slave labour in the Nazi system», *Journal of Holocaust Education* 10 (3), S. 25–59.

Bloxham, Donald, 2009. *The Final Solution: A Genocide* (Oxford).

Bock, Gisela, 1986. *Zwangssterilisation im Nationalsozialismus* (Opladen).

Bock, Gisela, 2005. «Einleitung», in Gisela Bock (Hrsg.), *Genozid und Geschlecht: Jüdische Frauen im nationalsozialistischen Lagersystem* (Frankfurt a. M. und New York), S. 7–21.

Böhler, Jochen, 2006. *Auftakt zum Vernichtungskrieg: Die Wehrmacht in Polen 1939* (Frankfurt a. M.).

Boll, Bernd und Hans Safrian, 1995. «Auf dem Weg nach Stalingrad: Die 6. Armee 1941–42» in Heer und Naumann (Hrsg.), S. 260–296.

Bonwetsch, Bernd, 1985. «Sowjetische Partisanen 1941–1944: Legende und Wirklichkeit des ‹allgemeinen Volkskrieges›», in Gerhard Schulz (Hrsg.), *Partisanen und Volkskrieg: Zur Revolutionierung des Krieges im 20. Jahrhundert* (Göttingen), S. 92–124.

Borejsza, Jerzy, 1989. «Racisme et antislavisme chez Hitler», in François Bedarida (Hrsg.), *La politique nazie d'extermination* (Paris), S. 57–74.
Borgsen, Werner und Klaus Volland, 1991. *Stalag XB Sandbostel* (Bremen).
Borodziej, Włodzimierz, 1999. *Terror und Politik: Die deutsche Polizei und die polnische Widerstandsbewegung im Generalgouvernement 1939 bis 1944* (Mainz).
Botz, Gerhard, 1975. *Wohnungspolitik und Judendeportation in Wien 1938 bis 1945: Zur Funktion des Antisemitismus als Ersatz nationalsozialistischer Sozialpolitik* (Wien und Salzburg).
Botz, Gerhard, 1976. *Gewalt in der Politik: Attentate, Zusammenstösse, Putschversuche, Unruhen in Österreich 1918 bis 1934* (München).
Botz, Gerhard, 1986–87. «Stufen der Ausgliederung der Juden aus der Gesellschaft: Die österreichischen Juden vom ‹Anschluss› bis zum ‹Holocaust›», *Zeitgeschichte* 14 (9–10), S. 359–378
Bowman, Steven (Hrsg.), 2002. *The Holocaust in Salonika: Eyewitness Accounts* (o. O.).
Bowman, Steven, 2006. *Jewish Resistance in Wartime Greece* (London und Portland).
Brachfeld, Sylvain, 2005. «La collaboration de la police anversoise aux arrestations des Juifs de la ville en 1942, sous l'occupation allemande de la Belgique», *Bulletin Trimestrielle de la Fondation Auschwitz* 89, S. 41–58.
Braham, Randolph, 1973. «The Kamenets Podolsk and Delvidek massacres: Prelude to the Holocaust in Hungary», YVS 9, S. 133–156.
Braham, Randolph, 1977a. *The Hungarian Labor Service System* (New York).
Braham, Randolph, 1977b. «The treatment of Hungarian Jews in German-occupied Europe», YVS 12, S. 125–146.
Braham, Randolph, 1983. *Genocide and Retribution: The Holocaust in Hungarian-Ruled Northern Transylvania* (Boston).
Braham, Randolph, 1992. «The influence of the war on the Jewish policies of the German satellite states» in Cohen u. a., S. 125–143.
Braham, Randolph, 1994. *The Politics of Genocide: The Holocaust in Hungary*. 2. überarbeitete u. erweiterte Auflage (New York).
Braham, Randolph (Hrsg.), 1997. *The Destruction of Romanian and Ukrainian Jews during the Antonescu Era* (New York).
Brakel, Alexander, 2009. *Unter Rotem Stern und Hakenkreuz: Baranowicze 1939–1944* (Paderborn).
Brandes, Detlef, 2006. «Politische ‹Kollaboration› im Protektorat Böhmen und Mähren» in Tauber (Hrsg.) S. 453–462.
Brandhuber, Jerzy, 1961. «Die sowjetischen Kriegsgefangenen im Konzentrationslager Auschwitz», *Hefte von Auschwitz* 4, S. 5–46.
Brandišauskas, Valentinas, 2003. «Neue Dokumente aus der Zeit der Provisorischen Regierung Litauens», in Vincas Bartusevic]ius (Hrsg.), *Holocaust in Litauen* (Köln), S. 55–62.
Brandon, Ray und Wendy Lower (Hrsg.), 2010. *The Shoah in Ukraine* (Bloomington und Indianapolis).
Brandt, Karl, Otto Schiller und Franz Ahlgrimm, 1953. *Management of Agriculture and Food in the German-Occupied and Other Areas of Fortress Europe* (Stanford).
Brasz, Chaya und Yosef Kaplan (Hrsg.), 2001. *Dutch Jews as Perceived by Themselves and Others* (Leiden).
Bräutigam, Helmut, 1996. *Fremdarbeiter in Brandenburg in der NS-Zeit* (Brandenburg).
Bräutigam, Helmut, 2003. «Zwangsarbeit in Berlin 1938–1945» in Helmut Bräutigam, Doris Fürstenberg und Bernt Roder (Hrsg.), *Zwangsarbeit in Berlin 1938–1945* (Berlin), S. 17–61.
Brayard, Florent, 2004. *La «solution finale de la question juive»* (Paris).

Brechtken, Magnus, 2000. «Französische Kolonien, deutsche Judenpolitik und Umsiedlungsfrage» in Martens und Vaisse (Hrsg.), S. 481–494.

Brechtken, Magnus, 1997. *«Madagaskar für die Juden»: Antisemitische Idee und politische Praxis 1885–1945.* (München).

Breitenfellner, Kirstin, 1998. «Der ‹jüdische Fuß› und die ‹jüdische Nase›: Physiognomik, Medizingeschichte und Antisemitismus im 19. und 20. Jahrhundert», in Kirstin Breitenfellner und Charlotte Kolm-Levy (Hrsg.), *Wie ein Muster entsteht: Zur Konstruktion des anderen in Rassismus und Antisemitismus* (Bodenheim), S. 103–120.

Breitman, Richard, 1996. *Der Architekt der «Endlösung»: Himmler und die Vernichtung der europäischen Juden* (Paderborn)

Broszat, Martin, 1965. *Nationalsozialistische Polenpolitik 1939–1945* (Frankfurt a. M.).

Broszat, Martin, 1977. «Hitler und die Genesis der ‹Endlösung›: Aus Anlaß der Thesen von David Irving», *VfZ* 25, S. 739–775.

Browning, Christopher, 1985. *Fateful Months* (New York und London).

Browning, Christopher, 1986. «Nazi ghettoization policy in Poland», CEH 19 (4), S. 343–368.

Browning, Christopher, 1992. *The Path to Genocide* (Cambridge).

Browning, Christopher, 1993. *Ganz normale Männer: das Reserve-Polizeibataillon 101 und die Endlösung in Polen* (Reinbek bei Hamburg).

Browning, Christopher, 1998a. *Der Weg zur «Endlösung»: Entscheidungen und Täter* (Bonn).

Browning, Christopher, 1998b. «Die Debatte über die Täter des Holocaust» in Ulrich Herbert (Hrsg.), *Nationalsozialistische Vernichtungspolitik 1939–1945* (Frankfurt a. M.), S. 148–169.

Browning, Christopher, 2000. *Nazi Policy, Jewish Workers, German Killers* (Cambridge).

Browning, Christopher, 2010a. *Remembering Survival: Inside a German Slave-Labor Camp* (New York und London).

Browning, Christopher, 2010b [1978]. *Das Auswärtige Amt und der Holocaust* (Darmstadt).

Browning, Christopher mit Jürgen Matthäus, 2003. *Die Entfesselung der «Endlösung»: Nationalsozialistische Judenpolitik 1939–1942* (München).

Brulligny, Arnaud, 2007. «Les Français arretés au sein de Reich et internés en camps de concentration», *Bulletin Trimestrielle de la Fondation Auschwitz* 94, S. 9–39.

Brustein, William und Ryan King, 2004a. «Anti-Semitism in Europe before the Holocaust», *International Political Science Review* 25 (1), S. 35–53.

Brustein, William und Ryan King, 2004b. «Anti-Semitism as a response to perceived Jewish Power: The cases of Bulgaria and Romania before the Holocaust», *Social Forces* 83 (2), S. 691–708.

Buchholz, Marlies, «‹… und hat unendlich viel Arbeit verursacht›: Hannovers Stadtverwaltung und die ‹Judenhäuser›» in *Rassismus in Deutschland*, o. J., S. 61–72.

Budrass, Lutz, 2004. «‹Arbeitskräfte können aus der reichlich vorhandenen jüdischen Bevölkerung gewonnen werden›: Das Heinkel-Werk in Budzyn 1942–1944», *JfW* 45 (1), S. 41–64.

Buggeln, Marc, 2012. *Das System der KZ-Außenlager* (Bonn).

Burgwyn, H. James, 2005. *Empire on the Adriatic: Mussolini's Conquest of Yugoslavia 1941–1943* (New York).

Burleigh, Michael, 1988. *Germany Turns Eastwards: A Study of Ostforschung in the Third Reich* (Cambridge).

Burleigh, Michael und Wolfgang Wippermann, 1991. *The Racial State: Germany, 1933–1945* (Cambridge).

Cahnman, Werner, 1979. «Die Juden in München 1918–1943», *Zeitschrift für bayerische Landesgeschichte* 42, S. 403–461.

Camera dei deputati, 1989. *La legislazione antiebraica in Italia e in Europa* (Rom).

Camphausen, Gabriele, 1990. *Die wissenschaftliche historische Rußlandforschung im Dritten Reich 1933–1945* (Frankfurt a. M.).
Capelli, Anna und Renata Broggini (Hrsg.), 2001. *Antisemitismo in Europa negli anni trenta: Legislazioni a confronto* (Mailand).
Caracciolo, Nicola, 1995 [1986]. *Uncertain Refuge: Italy and the Jews During the Holocaust* (Urbana und Chicago).
Caron, Vicky, 1999. *Uneasy Asylum: France and the Jewish Refugee Crisis, 1933–1942* (Stanford).
Case, Holly, 2006. «The Holocaust and the Transylvanian question in the twentieth century» in Randolph Braham und Brewster Chamberlain (Hrsg.), *The Holocaust in Hungary: Sixty Years Later* (New York und Boulder), S. 17–40.
Cecil, Robert, 1972. *The Myth of the Master Race: Alfred Rosenberg and Nazi Ideology* (London).
Cépede, Michel, 1961. *Agriculture et alimentation en France durant la IIe guerre mondiale* (Paris).
Cervi, Alcide, 1956. *Meine sieben Söhne* (Berlin [Ost]).
Césaire, Aimé, 1972. *Discourse on Colonialism* (New York und London).
Cesarani, David, 2004. *Eichmann: Bürokrat und Massenmörder* (Berlin).
Chary, Frederick, 1972. *The Bulgarian Jews and the Final Solution, 1940–1944* (Pittsburgh).
Chiari, Bernhard, 1998. *Alltag hinter der Front: Besatzung, Kollaboration und Widerstand in Weißrußland 1941–1944* (Düsseldorf).
Chodakiewicz, Marek Jan, 2004. *Between Nazis and Soviets: Occupation Politics in Poland, 1939–1947* (Lanham).
Cholawski, Shalom, 1982. *Soldiers from the Ghetto* (San Diego).
Claussen, Detlev, 1994. *Grenzen der Aufklärung: Die gesellschaftliche Genese des modernen Antisemitismus* (Frankfurt a. M.).
Cohen, Asher, 1987. «Pétain, Horthy, Antonescu and the Jews, 1942–44: Toward a comparative view», YVS 18, S. 163–198.
Cohen, Asher, 1988. «La politique antijuive en Europe (Allemagne exclue) de 1938 a 1941», *Guerres mondiales et conflits contemporaines* 38 (150), S. 45–59.
Cohen, Asher, 1992. «A history of failures: The fascists in German client and occupied countries» in Cohen u. a., S. 87–123.
Cohen, Asher, 1993. *Persécutions et sauvetages: Juifs et Français sous l'occupation et sous Vichy* (Paris).
Cohen, Asher, 1994. «Rescuing Jews: Jews and Christians in Vichy France», *British Journal of Holocaust Education* 3 (1), S. 4–31.
Cohen, Asher, Yehoyakim Cochavi und Yoav Gelber (Hrsg.), 1992. *The Shoah and the War* (New York).
Cole, Tim, 1999. «Constructing the ‹Jew›, writing the Holocaust: Hungary 1920–1945», *Patterns of Prejudice* 33 (3), S. 19–27.
Cole, Tim, 2003. *Holocaust City: The Making of a Jewish Ghetto* (London und New York).
Collingham, Lizzie, 2011. *The Taste of War: World War II and the Battle for Food* (London).
Collotti, Enzo, 2006. *Il fascismo e gli ebrei: Le leggi razziali in Italia* (Rom).
Conference Report of the International Scientific Conference: The Holocaust Phenomenon, 1999. (Prag).
Connelly, John, 1999. «Nazis and Slavs: From racial theory to racial practice», CEH 32 (1), S. 1–33
Conte, Édouard und Cornelia Essner, 1995. *La quête de la race: Une anthropologie du Nazisme* (Paris).
Conway, Martin, 1997. *Catholic Politics in Europe 1918–1948* (London und New York).

Conze, Eckart, Norbert Frei, Peter Hayes und Moshe Zimmermann, 2010. *Das Amt und die Vergangenheit: Deutsche Diplomaten im Dritten Reich und in der Bundesrepublik*, 2. Auflage (München).

Cornelius, Deborah, 2011. *Hungary in World War II* (New York).

Corni, Gustavo, 2002. *Hitler's Ghettos* (London).

Corni, Gustavo und Horst Gies, 1997. *Brot – Butter – Kanonen: Die Ernährungswirtschaft in Deutschland unter der Diktatur Hitlers* (Berlin).

Croes, Marnix, 2011. «Researching the survival and rescue of Jews in the Nazi-occupied Europe: A plea for the use of quantitative methods» in Jacques Semelin, Claire Andrieu und Sarah Gensburger (Hrsg.), *Resisting Genocide* (New York), S. 65–81.

Crowe, David und John Kolsti (Hrsg.), 1991. *The Gypsies of Eastern Europe* (Armonk und London).

Cüppers, Martin, 2005. *Wegbereiter der Shoah: Die Waffen-SS, der Kommandostab Reichsführer-SS und die Judenvernichtung 1939–1945* (Darmstadt).

Curilla, Wolfgang, 2006. *Die deutsche Ordnungspolizei und der Holocaust im Baltikum und Weißrußland 1941–1944* (Paderborn).

Cvetković, Dragan, 2008. «Holocaust in Yugoslavia: An attempt at quantification» in *Israeli-Serbian Academic Exchange*, S. 357–369.

Czech, Danuta, 1989. *Kalendarium der Ereignisse im Konzentrationslager Auschwitz-Birkenau 1939–1945* (Reinbek).

Dahlmann, Dittmar und Gerhard Hirschfeld (Hrsg.), 1999. *Lager, Zwangsarbeit, Deportation und Vertreibung: Dimensionen der Massenverbrechen in der Sowjetunion und in Deutschland 1933 bis 1945* (Essen).

Dallin, Alexander, 1958. *Deutsche Herrschaft in Rußland, 1941–1945* (Düsseldorf).

Dallin, Alexander, 1998 [1957]. *Odessa, 1941–1944* (Iasçi).

Dams, Carsten und Michael Stolle, 2008. *Die Gestapo* (München).

Datner, Szymon, 1964. *Crimes against POWs: Responsibility of the Wehrmacht* (Warschau).

Dawidowicz, Lucy, 1979. *Der Krieg gegen die Juden: 1933–1945* (München).

Dawletschin, Tamurbek, 2005. *Von Kasan nach Bergen-Belsen* (Göttingen).

De Felice, Renzo, 1985. *Jews in an Arab Land: Libya, 1835–1970* (Austin).

De Felice, Renzo, 1995. «Foreword» in Caracciolo, S. xv–xxiii.

Déak, István, 2010. «Antisemitism in Eastern Europe (excluding Russia and the Soviet empire) since 1848» in Lindemann und Levy (Hrsg.), S. 223–236.

Dean, Martin, 2000. *Collaboration in the Holocaust: Crimes of the Local Police in Belorussia and Ukraine, 1941–1944* (New York).

Del Boca, Angelo, 1995. «Le leggi razziali nell' imperio di Mussolini» in Del Boca (Hrsg.), *Il regime fascista* (Rome und Bari), S. 329–351.

Del Boca, Angelo, 2004. «Faschismus und Kolonialismus: der Mythos von den ‹anständigen Italienern›», *Fritz-Bauer-Institut Jahrbuch*, S. 193–202.

Delacor, Arne, 1994. ««Die Lohnpolitik Vichys 1940–1944», *1999* 9 (4), S. 13–33.

Delacor, Regina, 2000b. «Ausländische Juden – Opfer ‹nationaler Prophylaxe›? Zur Verstrickung des *État Français* in die ‹Endlösung der Judenfrage› 1942–1944» in Martens und Vaisse (Hrsg.), S. 495–513.

Deletant, Dennis, 2006. *Hitler's Forgotten Ally: Ion Antonescu and His Regime, Romania 1940–1944* (Basingstoke und New York).

Deletant, Dennis, 2010. «Transnistria and the Romanian solution to the ‹Jewish problem›», in Brandon und Lower (Hrsg.), S. 156–189.

Demps, Laurenz, 1986. *Zwangsarbeiterlager in Berlin* (Berlin [Ost]).

Di Sante, Costantino, 2008. «La ‹pacification› Italienne de la Cyrenaïque (1929–1933)», RHS 189, S. 465–496.

Dieckmann, Christoph, 1998. «Der Krieg und die Ermordung der litauischen Juden» in

Ulrich Herbert (Hrsg.), *Nationalsozialistische Vernichtungspolitik 1939–1945. Neue Forschungen und Kontroversen* (Frankfurt a. M.), S. 292–329.

Dieckmann, Christoph, 2005. «The murder of Soviet prisoners of war in Lithuania», in Christoph Dieckmann, Vytautas Toliekis und Rimantas Zizas, *Murders of Prisoners of War and of the Civilian Population in Lithuania 1941–1944* (Vilnius), S. 221–259.

Dieckmann, Christoph, 2011. *Deutsche Besatzungspolitik in Litauen 1941–1944* (Göttingen).

Dieckmann, Christoph und Babette Quinkert (Hrsg.), 2009. *Im Ghetto 1939–1945* (BGN 25) (Göttingen).

Dieckmann, Christoph, Babette Quinkert und Tatjana Tönsmeyer (Hrsg.), 2003. *Kooperation und Verbrechen: Formen der «Kollaboration» im östlichen Europa 1939–1945* (BGN 19) (Göttingen).

Dietrich, Otto, 1955. *12 Jahre mit Hitler* (München).

Diewald-Kenkmann, Gisela, 1995. *Politische Denunziation im NS-Regime oder Die kleine Macht der «Volksgenossen»* (Bonn).

Dmitrów, Edmund, Pawel Machcewicz und Tomasz Szarota, 2004. *Der Beginn der Vernichtung: Der Mord an den Juden in Jedwabne und Umgebung im Sommer 1941* (Osnabrück).

Dörner, Bernward, 1998. *«Heimtücke»: Das Gesetz als Waffe: Kontrolle, Abschreckung und Verfolgung in Deutschland 1933–1945* (Paderborn).

Dörner, Bernward, 2007. *Die Deutschen und der Holocaust* (Berlin).

Dobroszycki, Lucjan, 1994. *Survivors of the Holocaust in Poland: A Portrait Based on Jewish Community Records* (Armonk und London).

Dobroszycki, Lucjan und Jeffrey Gurock (Hrsg.), 1993. *The Holocaust in the Soviet Union* (Armonk und London).

Dollmann, Lydia und Susanne Eckelmann, 2000. «Polnische Erinnerungsberichte» in *Berliner Geschichtswerkstatt (Hrsg.)*, S. 17–20.

Don, Yehuda, 1997. «Economic implications of the anti Jewish legislation in Hungary» in David Cesarani (Hrsg.), *Genocide and Rescue: The Holocaust in Hungary 1944* (Oxford und New York), S. 47–76.

Dower, John, 1986. *War Without Mercy: Race and Power in the Pacific War* (New York).

Drechsler, Horst, 1984. *Aufstände in Südwestafrika* (Berlin [Ost]).

Dreyfus, François Georges, 1981. «Antisemitismus in der Dritten Französischen Republik» in Martin und Schulin (Hrsg.), S. 231–248.

Dreyfus, Jean-Marc, 2007. «La rivalité france-allemande et l'‹aryanisation›», RHS 186, S. 273–290.

Dreyfus, Jean-Marc, 2010. «Elsass-Lothringen» in Wolf Gruner und Jörg Osterloh (Hrsg.), *Das «Großdeutsche Reich» und die Juden: Nationalsozialistische Verfolgung in den «angegliederten» Gebieten* (Frankfurt a. M. und New York), S. 363–382.

Drieschner, Axel und Barbara Schulz (Hrsg.), 2006. *Stalag IIIB Fürstenwalde (Oder): Kriegsgefangene im Osten Brandenburgs 1939–1945* (Berlin).

Droulia, Loukia und Hagen Fleischer (Hrsg.), 1999. *Von Lidice nach Kalavryta: Widerstand und Besatzungsterror* (Berlin).

Dulić, Tomislav, 2005. *Utopias of Nation: Local Mass Killing in Bosnia and Herzegovina, 1941–42* (Uppsala).

Durand, Yves, 1999. «Das Schicksal der französischen Kriegsgefangenen in deutschem Gewahrsam» in Bischof und Overmans 1999, S. 71–78.

Eckman, Lester und Chaim Lazar, 1977. *The Jewish Resistance: The History of the Jewish Partisans in Lithuania and White Russia During the Nazi Occupation 1940–1945* (New York).

Eggers, Christian, 2002. *Unerwünschte Ausländer: Juden aus Deutschland und Mitteleuropa in französischen Internierungslagern 1940–1942* (Berlin).

Ehrenreich, Eric, 2007. *The Nazi Ancestral Proof* (Bloomington und Indianapolis).
Eichholtz, Dietrich, 1985. *Geschichte der deutschen Kriegswirtschaft*, Bd. 2: *1941–1943* (Berlin).
Eichholtz, Dietrich, 2001. «Probleme und Praxis der Zwangsarbeit in der deutschen Kriegswirtschaft» in Meyer und Neitmann (Hrsg.), S. 3–21.
Eikel, Markus, 2005. «‹Weil die Menschen fehlen›: Die deutschen Zwangsarbeitsrekrutierungen und -deportationen in den besetzten Gebieten der Ukraine 1941–1944», *ZfG* 53 (5), S. 405–433.
Elkins, Catherine, 2005. *Imperial Reckoning: The Untold Story of Britain's Gulag in Kenya* (New York).
Elsner, Lothar und Joachim Lehmann, 1988. *Ausländische Arbeiter unter dem deutschen Imperialismus 1900 bis 1985* (Berlin [Ost]).
Engelking, Barbara, 2012. «Murdering and denouncing Poles in the Polish countryside, 1942–1945» in Gross (Hrsg.), 2012b, S. 55–82.
Engelking, Barbara und Jacek Leociak, 2009. *The Warsaw Ghetto: A Guide to the Perished City* (New Haven und London).
Epstein, Catherine, 2010. *Model Nazi: Arthur Greiser and the Occupation of Western Poland* (Oxford).
Erin, M. E., 2004. «Russische Historiker über das Schicksal sowjetischer Kriegsgefangener im nationalsozialistischen Deutschland» in V. Selemenev, Ju. Zverev, K. D. Müller und A. Haritonov (Hrsg.), *Sowjetische und deutsche Kriegsgefangene in den Jahren des Zweiten Weltkrieges* (Dresden und Minsk), S. 20–65.
Essner, Cornelia, 1995. «Die Alchemie des Rassenbegriffs und die ‹Nürnberger Gesetze›», JASF 4, S. 201–223.
Essner, Cornelia, 2002. *Die «Nürnberger Gesetze» oder Die Verwaltung des Rassenwahns 1933–1945* (Paderborn).
Etherington, Norman, 1984. *Theories of Imperialism* (London).
Evans, Richard, 2010. «Who remembers the Poles?», *London Review of Books* 32 (21), 4 November, S. 21–22.
Fabréguet, Michel, 1998. «Entwicklung und Veränderung der Funktionen des Konzentrationslagers Mauthausen» in Herbert u. a. (Hrsg.), S. 193–214.
Farmer, Kenneth, David Crowe und Richard Blanke, 1985. «National minorities in Poland, 1919–1980» in Horak u. a. (Hrsg.), S. 35–107.
Fatran, Gila, 2001. «La legislazione antiebraica della Slovacchia die Tiso» in Capelli und Broggini (Hrsg.), S. 70–95.
Fatran, Gila, 2005. «The Jews in the days of the Slovakian national revolt», *Yalkut Moreshet* 3, S. 42–54.
Faulstich, Heinz, 1998. *Hungersterben in der Psychiatrie 1914–1949* (Freiburg).
Fein, Helen, 1979. *Accounting for Genocide: National Responses and Jewish Victimization during the Holocaust* (New York und London).
Felder, Björn, 2009. *Lettland im Zweiten Weltkrieg* (Paderborn).
Ferenc, Tone, 1991. «‹Absiedler›: Slowenen zwischen ‹Eindeutschung› und Ausländereinsatz» in Herbert (Hrsg.), S. 200–209.
Filipkowski, Piotr, 2005. «Polnische Häftlinge im KZ Mauthausen: Versuch einer Typisierung», BIOS 18 (1), S. 128–137.
Fings, Karola, 2006. «Eine ‹Wannsee-Konferenz› über die Vernichtung der Zigeuner? Neue Forschungsergebnisse zum 15. Januar 1943 und dem ‹Auschwitz-Erlass», JASF, S. 303–333.
Fings, Karola, Cordula Lissner und Frank Sparing, o. J. [1992]. «*...einziges Land, in dem Judenfrage und Zigeunerfrage gelöst»: Die Verfolgung der Roma im faschistisch besetzten Jugoslawien 1941–1945* (Köln).

Fischer, Bernd, 1999. *Albania at War, 1939–1945* (West Lafayette)
Fischer, Rolf, 1988. *Entwicklungsstufen des Antisemitismus in Ungarn 1867–1939* (München).
Fleischer, Hagen, 1986. *Im Kreuzschatten der Mächte: Griechenland 1941–1944* (Frankfurt a. M.).
Fleischer, Hagen, 1999. «Deutsche ‹Ordnung› in Griechenland» in Droulia und Fleischer (Hrsg.), S. 151–224.
Fleischer, Hagen, 2001. «Griechenland: Das bestrittene Phänomen» in Graml (Hrsg.), S. 207–226.
Flim, Bert, 2001. «Opportunities for Dutch Jews to hide from the Nazis» in Brasz und Kaplan (Hrsg.), S. 289–305.
Förster, Jürgen, 2005. «Hitlers Verbündete gegen die Sowjetunion und der Judenmord 1941», in Hartmann u. a. (Hrsg.), S. 91–97.
Fogel, Danilo, 2007. *The Jewish Community in Zemun* (Zemun).
Fogg, Shannon, 2009. *The Politics of Everyday Life in Vichy France* (Cambridge).
Frank, Daniel, 2003. «The German ‹righteous among the nations›: A historical appraisal», LBIY 48, S. 223–247.
Freidenreich, Harriet Pass, 1979. *The Jews of Yugoslavia* (Philadelphia).
Freund, Florian, 1998. «Häftlingskategorien und Sterblichkeit in einem Außenlager des KZ Mauthausen» in Herbert u. a. (Hrsg.), S. 874–886.
Freund, Florian, 2000. «Zwangsarbeit in Österreich 1939–1945» in Rolf Steininger (Hrsg.), *Vergessene Opfer des Nationalsozialismus* (Innsbruck), S. 99–134.
Freund, Florian und Hans Safrian, 2002. «Die Verfolgung der österreichischen Juden 1938–1945» in Tálos u. a., S. 767–794.
Freund, Florian, Bertrand Perz und Karl Stuhlpfarrer, 1993. «Der Bau des Vernichtungslagers Auschwitz-Birkenau: Die Aktenmappe der Zentralbauleitung Auschwitz ‹Vorlage: Kriegsgefangenenlager Auschwitz (Durchführung der Sonderbehandlung)› im Militärhistorischen Archiv Prag», *Zeitgeschichte* 20, S. 187–214.
Friedländer, Saul, 1998. *Das Dritte Reich und die Juden, I: Die Jahre der Verfolgung 1933–1939* (München).
Friedländer, Saul, 2006. *Das Dritte Reich und die Juden, II: Die Jahre der Vernichtung 1939–1945* (München).
Friedlander, Henry, 1997. *Der Weg zum NS-Genozid* (Berlin).
Friedler, Eric, Barbara Siebert und Andreas Kilian, 2002. *Zeugen aus der Todeszone: Das jüdische Sonderkommando in Auschwitz* (Lüneburg).
Friedrich, Klaus-Peter, 2003. «Zusammenarbeit und Mittäterschaft in Polen 1939–1950» in Dieckmann u. a. (Hrsg.), S. 113–150.
Friedrich, Klaus-Peter, 2006. «Polen und seine Feinde (sowie deren Kollaborateure): Vorwürfe wegen ‹polnischer Kollaboration› und ‹jüdischer Kollaboration› in der polnischen Presse (1942–1944/45)» in Tauber (Hrsg.), S. 206–249.
Frykman, Elin, 2000. «The cutting edge: A sterilization campaign in Sweden» in James Kaye und Bo Stråth,(Hrsg.), *Enlightenment and Genocide* (Brüssel), S. 213–242.
Fuchslocher, Kolja, 1998. «‹Ich habe Berlin in Schutt und Asche fallen sehn›: Der Alltag der Fremd- und Zwangsarbeiter im Luftkrieg» in Scholze-Irrlitz und Noack (Hrsg.), S. 89–102.
Führer, Karl-Christian, 1992. «Mit Juden unter einem Dach? Zur Vorgeschichte des nationalsozialistischen Gesetzes über die Mietverhältnisse mit Juden», *1999*, 7 (1), S. 51–61.
Führer, Karl-Christian, 1995. *Mieter, Hausbesitzer, Staat und Wohnungsmarkt: Wohnungsmangel und Wohnungswirtschaft in Deutschland 1914–1960* (Stuttgart).
Fuhrer, Armin und Heinz Schön, 2010. *Erich Koch: Hitlers brauner Zar* (München).

Furber, David, 2004. «Near as far in the colonies: The Nazi occupation of Poland», *International History Review* 26 (3), S. 541–579.

Furber, David und Wendy Lower, 2008. «Colonialism and genocide in Nazi-occupied Poland and Ukraine» in Dirk Moses (Hrsg.), *Empire – Colony – Genocide: Conquest, Occupation and Subaltern Resistance in World History* (New York und Oxford), S. 372–400.

Gailus, Manfred, 2008. *Kirchliche Amtshilfe: Die Kirchen und die Judenverfolgung im «Dritten Reich»* (Göttingen).

Gailus, Manfred und Armin Nolzen, 2011. *Zerstrittene «Volksgemeinschaft»: Glaube, Konfession und Religion im Nationalsozialismus* (Göttingen).

Ganzenmüller, Jörg, 2005. *Das belagerte Leningrad 1941–1944* (Paderborn).

Garstecki, Martin, 1998. «Polnische Zwangsarbeiter im Spiegel historischer Dokumente: Die Reglementierung des Alltagslebens durch Behörden und Polizei in Brandenburg» in Scholze-Irrlitz und Noack (Hrsg.), S. 73–88.

Gebel, Ralf, 2000. *«Heim ins Reich»: Konrad Henlein und der Reichsgau Sudentenland (1938–1945)* (München).

Gedye, G., 1942. *Fallen Bastions: The Central European Tragedy* (London).

Geiss, Immanuel, 1988. *Geschichte des Rassismus* (Frankfurt a. M.).

Geissbühler, Simon, 2013. *Blutiger Juli: Rumäniens Vernichtungskrieg und der vergessene Massenmord an den Juden 1941* (Paderborn).

Gellately, Robert, 2002. *Hingeschaut und weggesehen: Hitler und sein Volk* (Stuttgart).

Genschel, Helmut, 1966. *Die Verdrängung der Juden aus der Wirtschaft des Dritten Reiches* (Göttingen u. a.).

Gentile, Carlo, 2001. «‹Politische Soldaten›: Die 16. SS-Panzer-Grenadier-Division ‹Reichsführer-SS› in Italien 1944», *Quellen und Forschungen aus italienischen Archiven und Bibliotheken* 81, S. 529–561.

Gerlach, Christian, 1995a. «Die deutsche Agrarreform und die Bevölkerungspolitik in den besetzten sowjetischen Gebieten» in Christoph Dieckmann, Christian Gerlach, Joachim Drews, Thomas Bohn und Michael Esch (Hrsg.), *Besatzung und Bündnis: Deutsche Herrschaftsstrategien in Ost- und Südosteuropa* (BNGS Bd. 12) (Berlin und Göttingen), S. 9–60.

Gerlach, Christian, 1995b. «Männer des 20. Juli und der Krieg gegen die Sowjetunion» in Heer und Naumann (Hrsg.), S. 427–446.

Gerlach, Christian, 1997. «Die Einsatzgruppe B» in Klein (Hrsg.), S. 52–70.

Gerlach, Christian, 1998. *Krieg, Ernährung, Völkermord: Forschungen zur deutschen Vernichtungspolitik im Zweiten Weltkrieg* (Hamburg).

Gerlach, Christian, 1999. *Kalkulierte Morde: Die deutsche Wirtschafts- und Vernichtungspolitik in Weißrußland 1941 bis 1944* (Hamburg).

Gerlach, Christian, 2005a. «A magyarországi zsidóság deportálásának döntéshozatali mechanizmusa», in Judit Molnár (Hrsg.), *A holokauszt Magyarországon európai perspektívában* (Budapest), S. 469–478.

Gerlach, Christian, 2005b. «Die Verantwortung der Wehrmachtführung: Vergleichende Betrachtungen am Beispiel der sowjetischen Kriegsgefangenen» in Hartmann u. a. (Hrsg.), S. 40–49.

Gerlach, Christian, 2011. *Extrem gewalttätige Gesellschaften* (München).

Gerlach, Christian, 2012. «Annexations in Europe and the persecution of Jews, 1939–1944», East Central Europe 39, S. 137–156.

Gerlach, Christian und Götz Aly, 2002. *Das letzte Kapitel: Realpolitik, Ideologie und der Mord an den ungarischen Juden 1944/1945* (Stuttgart).

Gerlach, Christian und Nicolas Werth, 2009. «State violence – violent societies» in Michael Geyer und Sheila Fitzpatrick (Hrsg.), *Beyond Totalitarianism: Stalinism and Nazism Compared* (Cambridge), S. 133–179.

Gerwarth, Robert, 2008. «The central European counter-revolution: Paramilitary violence in Germany, Austria and Hungary after the Great War», *Past and Present* 200, S. 175–209.
Gerwarth, Robert, 2011, *Reinhard Heydrich* (München).
Giltner, Patrick, 2010. «Beyond the racial state: Rethinking Nazi Germany», *Bulletin of the German Historical Institute in Washington* 46, S. 163–170.
Gitman, Esther, 2011. *When Courage Prevailed: The Rescue and Survival in the Independent State of Croatia 1941–1945* (St. Paul).
Giusti, Maria Teresa, 2003. *I prigionieri italiani in Russia* (Bologna).
Glass, Heidrun, 2001. «Die Rezeption des Holocaust in Rumänien (1944–1947)» in Hausleitner u. a. (Hrsg.), S. 153–165.
Glees, Anthony, 1995. «The 1944 plotters and the war of genocide», *Holocaust Education* 4 (1), S. 51–73.
Goffman, Erving, 1972. *Asyle* (Frankfurt a. M.).
Golczewski, Frank, 1996. «Die Revision eines Klischees: Die Rettung von verfolgten Juden im Zweiten Weltkrieg durch Ukrainer» in Benz und Wetzel (Hrsg.), S. 9–82.
Goldhagen, Daniel, 1997. *Hitlers willige Vollstrecker: Ganz gewöhnliche Deutsche und der Holocaust* (Berlin).
Goldstein, Ivo, 2004. «Restoring Jewish life in communist Yugoslavia, 1945–1947», *East European Jewish Affairs* 34 (1), S. 58–71.
Goldstein, Ivo, 2006. «Jews in the Jasenovac camp» in Jasenovac Memorial Site, S. 108–138.
Gordijew, Paul Benjamin, 1999. *Voices of Yugoslav Jewry* (Albany).
Gottwaldt, Alfred und Diana Schulle, 2005. *Die «Judendeportationen» aus dem Deutschen Reich 1941–1945* (Wiesbaden).
Grabher, Michael, 2006. *Irmfried Eberl*, 2. durchgesehene Auflage (Frankfurt a. M.).
Grabitz, Helge und Wolfgang Scheffler, 1993. *Letzte Spuren: Ghetto Warschau, SS-Arbeitslager Trawniki, Aktion Erntefest*, 2. durchgesehene Auflage (Berlin).
Grabowski, Hans-Ludwig, 2008. *Das Geld des Terrors: Geld und Geldersatz in deutschen Konzentrationslagern und Gettos 1933 bis 1945* (Regenstauf).
Graml, Hermann, 1988. *Reichskristallnacht: Antisemitismus und Judenverfolgung im Dritten Reich* (München).
Graml, Hermann (Hrsg.), 2001. *Vorurteil und Rassenhaß. Antisemitismus in den faschistischen Bewegungen Europas* (Berlin).
Griffioen, Pim und Ron Zeller, 2011. *Jodenverfolging in Nederland, Frankrijk en België 1940–1945: Overeenkomsten, verschillen, oorzaken* (Amsterdam).
Gringauz, Samuel, 1949. «The ghetto as an experiment of Jewish social organization», JSS 11 (1), S. 3–20.
Gross, Jan, 1979. *Polish Society Under German Occupation: The Generalgouvernement, 1939–1944* (Princeton).
Gross, Jan, 1988. *Und wehe, du hoffst …: Die Sowjetisierung Ostpolens nach dem Hitler-Stalin-Pakt 1939–1941* (Freiburg).
Gross, Jan, 2001. *Nachbarn: der Mord an den Juden von Jedwabne* (München).
Gross, Jan, 2006. *Fear* (Princeton).
Gross, Jan, 2012a. *Golden Harvest* (Oxford).
Gross, Jan (Hrsg.), 2012b. *The Holocaust in Occupied Poland* (Frankfurt a. M.).
Grosse, Pascal, 2000. *Kolonialismus, Eugenik und bürgerliche Gesellschaft in Deutschland 1850–1918* (Frankfurt a. M.).
Grossman, Wassili und Ilja Ehrenburg, 1994. *Das Schwarzbuch: Der Genozid an den sowjetischen Juden* (Reinbek bei Hamburg).
Grüttner, Michael, 2001. «Faschismus, Franquismus und Antisemitismus in Spanien» in Graml (Hrsg.), 2001, S. 95–118.

Gruner, Wolf, 1997. *Der Geschlossene Arbeitseinsatz deutscher Juden: Zur Zwangsarbeit als Element der Verfolgung* (Berlin).

Gruner, Wolf, 2000a. «Die Grundstücke der ‹Reichsfeinde›: Zur Arisierung von Immobilien durch Städte und Gemeinden 1938–1945», in Irmtrud Wojak und Peter Hayes (Hrsg.), *«Arisierung» im Nationalsozialismus* (Frankfurt a. M.), S. 123–156.

Gruner, Wolf, 2000b. «Die Judenverfolgung und die Kommunen: Zur wechselseitigen Dynamisierung von zentraler und lokaler Politik 1933–1941», *VfZ* 48 (1), S. 75–126.

Gruner, Wolf, 2001. «Der Zwangsarbeitseinsatz von Juden in der Region Berlin/Brandenburg 1938/39–1943» in Meyer und Neitmann (Hrsg.), S. 47–68.

Gruner, Wolf, 2004. «Von der Kollektivausweisung zur Deportation der Juden aus Deutschland» in Kundrus und Meyer (Hrsg.), S. 21–62.

Gruner, Wolf, 2005. «Das Protektorat Böhmen und Mähren und die antijüdische Politik 1939–1941: Lokale Initiativen, regionale Maßnahmen, zentrale Entscheidungen im Großdeutschen Reich», TSD, 27–62.

Gruner, Wolf, 2010. «Protektorat Böhmen und Mähren» in Gruner und Osterloh (Hrsg.), S. 139–173.

Gruner, Wolf und Jörg Osterloh (Hrsg.), 2010. *Das Großdeutsche Reich und die Juden: Nationalsozialistische Verfolgung in den angegliederten Gebieten* (Frankfurt a. M.).

Gryglewski, Marcus, 1996. *Die Gestapoleitstelle Breslau und die Judendeportationen in Schlesien* (unveröffentlichte Magisterarbeit, Freie Universität Berlin).

Grynberg, Michał, 1984. *Żydzi w rejencji ciechanowskiej 1939–1942* (Warschau).

Guckes, Jochen, 1999. «Le rôle des chemins de fer dans la déportation des juifs de France», RHS 165, S. 29–110.

Gumbrecht, Emil, 1980 [1922]. *Vier Jahre politischer Mord* (Heidelberg).

Guth, Stefan, 2009. *Zwischen Konfrontation und Verständigung: Der deutsch-polnische Historikerdialog im 20. Jahrhundert* (Dissertation, Universität Bern).

Gutman, Yisrael, 1982. *The Jews of Warsaw, 1939–1943* (Brighton).

Gutman, Yisrael und Michael Berenbaum (Hrsg.), 1994. *Anatomy of the Auschwitz Death Camp* (Bloomington und Indianapolis).

Guttstadt, Corry, 2008. *Die Türkei, die Juden und der Holocaust* (Berlin und Hamburg).

Haas, Gaston, 1994. *«Wenn man gewusst hätte, was sich drüben im Reich abspielte …»: 1941–1943 – Was man in der Schweiz von der Judenvernichtung wusste* (Basel und Frankfurt a. M.).

Haase, Norbert und Brigitte Oleschinski (Hrsg.), 1995. *Torgau – Ein Kriegsende in Europa* (Bremen).

Haberer, Eric, 2001. «The German police and genocide in Belorussia, 1941–1944», Teil 1, JGR 3 (1), S. 13–29; Teil 2, JGR 3 (3), S. 207–218.

Hadziiossif, Christos, «Griechen in der deutschen Kriegsproduktion» in Herbert (Hrsg.), 1991, S. 210–233.

Hájková, Anna, 2013. *Prisoner Society in the Terezin Ghetto, 1941–1945* (Dissertation, University of Toronto).

Hałgas, Kazimiersz, 1987. «Die Arbeit im ‹Revier› für sowjetische Kriegsgefangene in Auschwitz: Ein Bericht», *Die Auschwitz-Hefte*, 1, S. 167–172.

Hammermann, Gabriele, 2002. *Zwangsarbeit für den «Verbündeten»: Die Arbeits und Lebensbedingungen der italienischen Militärinternierten in Deutschland 1943–1945* (Tübingen).

Hammermann, Gabriele, 2005. «Zur Situation der italienischen Militärinternierten aus sozialhistorischer Perspektive» in Bischof u. a. (Hrsg.), S. 438–455.

Hansch-Singh, Annegret, 1991. *Rassismus und Fremdarbeiter im Zweiten Weltkrieg* (Dissertation, Freie Universität Berlin).

Hart, Nicky, 1993. «Maternal nutrition and infant mortality: A re-examination of the Dutch hunger winter», *Population Studies* 47 (1), S. 27–46.

Harten, Hans-Christian, Uwe Neirich und Matthias Schwerendt, 2006. *Rassenhygiene als Erziehungsideologie des Dritten Reiches* (Berlin).

Hartmann, Christian, 2001. «Massensterben oder Massenvernichtung? Sowjetische Kriegesgefangene im ‹Unternehmen Barbarossa›. Aus dem Tagebuch eines Lagerkommandanten», *VfZ* 49, S. 97–158.

Hartmann, Christian, Johannes Hürter und Ulrike Jureit (Hrsg.), 2005. *Verbrechen der Wehrmacht: Bilanz einer Debatte* (München).

Hartog, L. J., 1997 [1994]. *Der Befehl zum Judenmord* (Bodenheim).

Harvey, Elizabeth, 2010. *«Der Osten braucht Dich!» Frauen und nationalsozialistische Germanisierungspolitik* (Hamburg).

Hasenclever, Jörn, 2006. «Die Befehlshaber der rückwärtigen Heeresgebiete und der Mord an den sowjetischen Juden» in Timm Richter (Hrsg.), *Krieg und Verbrechen* (München), S. 207–218.

Hasenclever, Jörn, 2010. *Wehrmacht und Besatzungspolitik in der Sowjetunion: Die Befehlshaber der rückwärtigen Heeresgebiete 1941–1943* (Paderborn).

Hausleitner, Mariana, 2001a. *Die Rumänisierung der Bukowina: Die Durchsetzung des nationalstaatlichen Anspruchs Großrumäniens 1918–1944* (München).

Hausleitner, Mariana, 2001b. «Großverbrechen im rumänischen Transnistrien 1941–1944» in Hausleitner u. a., S. 15–31.

Hausleitner, Mariana, 2003. «Auf dem Weg zur Ethnokratie: Rumänien in den Jahren des Zweiten Weltkrieges» in Dieckmann u. a. (Hrsg.), S. 78–112.

Hausleitner, Mariana, 2004. «Wohltätigkeit mit geraubtem Eigentum: Maria Antonescu und die Juden in Rumänien», JASF 13, S. 37–50.

Hausleitner, Mariana, Brigitte Mihok und Juliane Wetzel (Hrsg.), 2001. *Rumänien und der Holocaust: Zu den Massenverbrechen in Transnistrien 1941–1944* (Berlin).

Headland, Ronald, 1992. *Messages of Murder: A Study of the Reports of the Einsatzgruppen of the Security Police and Security Service, 1941–1943* (London und Toronto).

Hecht, Cornelia, 2003. *Deutsche Juden und Antisemitismus in der Weimarer Republik* (Bonn).

Heer, Hannes, 1995. «Die Logik des Vernichtungskrieges: Wehrmacht und Partisanenkampf» in Heer und Naumann (Hrsg.), S. 104–138.

Heer, Hannes und Klaus Naumann (Hrsg.), 1995. *Vernichtungskrieg: Verbrechen der Wehrmacht 1941–1944* (Hamburg).

Heiden, Detlev, 1995. «Von der Kleinsiedlung zum Behelfsheim: Wohnen zwischen Volksgemeinschaft und Kriegsalltag» in Heiden und Mai (Hrsg.), S. 348–374.

Heiden, Detlev und Gunter Mai (Hrsg.), 1995. *Nationalsozialismus in Thüringen* (Weimar).

Heim, Susanne und Götz Aly, 1987. «Die Ökonomie der ‹Endlösung›» in Aly u. a., S. 11–90.

Heim, Susanne, 1999. «Vertreibung, Raub und Umverteilung: Die jüdischen Flüchtlinge aus Deutschland und die Vermehrung des ‹Volksvermögens›», in Susanne Heim, Insa Meinen, Ahlrich Meyer und Horst Kahrs (Hrsg.), *Flüchtlingspolitik und Fluchthilfe* (BNSP Bd. 15) (Berlin), S. 107–138.

Heinemann, Isabel, 2003. *«Rasse, Siedlung, deutsches Blut»: Das Rasse- und Siedlungshauptamt der SS und die rassenpolitische Neuordnung Europas* (Göttingen).

Heinemann, Winfried, «Der militärische Widerstand und der Krieg», DRZW, 9/1 (München), S. 743–892.

Heinen, Armin, 2001. «Gewalt-Kultur: Rumänien, der Krieg und die Juden (Juni bis Oktober 1941)» in Hausleitner u. a. (Hrsg.), 2001, S. 33–52.

Herbert, Ulrich, 1985. *Fremdarbeiter: Politik und Praxis des «Ausländer-Einsatzes» in der Kriegswirtschaft des Dritten Reiches* (Bonn).

Herbert, Ulrich, 1989. «Arbeiterschaft im ‹Dritten Reich›: Zwischenbilanz und offene Fragen», *GuG* 15, S. 320–360.
Herbert, Ulrich (Hrsg.), 1991. *Europa und der «Reichseinsatz»: Ausländische Zivilarbeiter, Kriegsgefangene und KZ-Häftlinge in Deutschland 1938–1945* (Essen).
Herbert, Ulrich, 1991. «Einleitung» in Herbert (Hrsg.), S. 7–25.
Herbert, Ulrich, 1993. «Arbeit und Vernichtung: Ökonomisches Interesse und Primat der ‹Weltanschauung› im Nationalsozialismus» in Dan Diner (Hrsg.), *Ist der Nationalsozialismus Geschichte?* (Frankfurt a. M.), S. 198–236.
Herbert, Ulrich, 1996. *Best: Biographische Studien über Radikalismus, Weltanschauung und Vernunft, 1903–1989* (Bonn).
Herbert, Ulrich, Karin Orth und Christoph Dieckmann (Hrsg.), 1998. *Die nationalsozialistischen Konzentrationslager* (Göttingen).
Herczl, Moshe, 1997. *Christianity and the Holocaust of Hungarian Jewry* (New York).
Herf, Jeffrey, 2005. «‹Der Krieg und die Juden›: Nationalsozialistische Propaganda im Zweiten Weltkrieg», DRZW, 9/2 (München), S. 159–202.
Herf, Jeffrey, 2006. *The Jewish Enemy: Nazi Propaganda During World War II and the Holocaust* (Cambridge und London).
Hershkovitz, Roni, 2001. «The persecution of the Jews, as reflected in Dutch underground newspapers» in Brasz und Kaplan (Hrsg.), 2001, S. 307–222.
Herzstein, Robert Edwin, 1989. «Anti-Jewish propaganda in the Orel region of Great Russia, 1942–1943: The German army and its Russian collaborators», SWCA 6, S. 33–55.
Hilberg, Raul, 1981. *Sonderzüge nach Auschwitz* (Mainz).
Hilberg, Raul, 1992. *Täter, Opfer, Zuschauer. Die Vernichtung der Juden 1933–1945* (Frankfurt a. M.).
Hilberg, Raul 1994a. *Die Vernichtung der europäischen Juden*, durchgesehene und erweiterte Ausgabe (Frankfurt a. M.).
Hilberg, Raul 1994b, «Auschwitz and the final solution» in Yisrael Gutman und Michael Berenbaum (Hrsg.), *Anatomy of the Auschwitz Death Camp* (Bloomington und Indianapolis), S. 81–92
Hilberg, Raul, 1995. «The fate of Jews in the cities» in Betty Rogers Rubenstein und Michael Berenbaum (Hrsg.), *What Kind of God? Essays in Honor of Richard L. Rubenstein* (Lanham), S. 41–51
Hildebrand, Klaus, 1973. *Deutsche Außenpolitik 1933–1945*, 2. überarbeitete Auflage (Stuttgart).
Hilger, Andreas, 2000. *Deutsche Kriegsgefangene in der Sowjetunion, 1941–1956: Kriegsgefangenenpolitik, Lageralltag und Erinnerung* (Essen).
Hill, Alexander, 2005. *The War Behind the Eastern Front: The Soviet Partisan Movement in North Western Russia 1941–1944* (London und New York).
Hillgruber, Andreas, 1996. *Der Zweite Weltkrieg*, 6. verbesserte u. erweiterte Auflage, hrsg. v. Bernd Martin (Stuttgart).
Hionidou, Violetta, 2006. *Famine and Death in Occupied Greece, 1941–1944* (Cambridge).
Hirschfeld, Gerhard, 1984. *Fremdherrschaft und Kollaboration: Die Niederlande unter deutscher Besatzung 1940–1945* (Stuttgart).
Hirschfeld, Gerhard, 1991. «Kollaboration in Frankreich – Einführung» in Hirschfeld und Marsh (Hrsg.), S. 7–22.
Hirschfeld, Gerhard und Patrick Marsh (Hrsg.), 1991. *Kollaboration in Frankreich* (Frankfurt a. M.).
Hochberg-Mariańska, Maria und Noe Grüss (Hrsg.), 1996. *The Children Accuse* (London und Portland).
Hochschild, Adam, 2000. *Schatten über dem Kongo* (Stuttgart).

Hösch, Edgar, 2001. «Faschismus und Antisemitismus in Finnland» in Graml (Hrsg.), S. 227–252.

Hoffmann, Christhard, 2001. «Die reine Lehre einer politischen Sekte: Antisemitismus in der norwegischen ‹Nasjonal Samling›» in Graml (Hrsg.), S. 253–273.

Hoffmann, Jens, 2008. *«Das kann man nicht erzählen»: Aktion 1005 – Wie die Nazis die Spuren ihrer Massenmorde in Osteuropa beseitigten* (Hamburg).

Hoffmann, Katharina, 2001. *Zwangsarbeit und ihre gesellschaftliche Akzeptanz in Oldenburg 1939–1945* (Oldenburg).

Holler, Martin, 2009. *Der nationalsozialistische Völkermord an den Roma in der besetzten Sowjetunion (1941–1944)* (Heidelberg).

Holz, Klaus, 2001. *Nationaler Antisemitismus: Wissenssoziologie einer Weltanschauung* (Hamburg).

Hoppe, Hans-Joachim, 1979. *Bulgarien – Hitlers eigenwilliger Verbündeter* (Stuttgart).

Horak, Stephan (Hrsg.), 1985. *Eastern European National Minorities 1919–1980* (Littleton).

Horne, John und Alan Kramer, 2004. *Deutsche Kriegsgreuel 1914: die umstrittene Wahrheit* (Hamburg)

Hortzitz, Nicoline, 1988. *«Früh-Antisemitismus» in Deutschland (1789–1871/72). Strukturelle Untersuchungen zu Wortschatz, Text und Argumentation* (Tübingen).

Horváth, Franz, 2008. «Volkstumspolitik, soziale Kompensation und wirtschaftliche Wiedergutmachung: Der Holocaust in Nordsiebenbürgen» in Hürter und Zarusky (Hrsg.), S. 115–150.

Houwink ten Cate, Johannes, 1999. «Mangelnde Solidarität gegenüber Juden in den besetzten niederländischen Gebieten?» in Wolfgang Benz und Juliane Wetzel (Hrsg.), *Solidarität und Hilfe für Juden während der NS-Zeit: Regionalstudien 3* (Berlin), S. 87–133.

Hradská, Katarína, 1996. «Vorgeschichte der slowakischen Transporte nach Theresienstadt», TSD, S. 82–97.

Hübschmanová, Milena, 1999. «Roma in the Slovak state in survivor reports» in *Conference Report of the International Scientific Conference*, S. 156–159.

Hürter, Johannes und Jürgen Zarusky (Hrsg.), 2008. *Besatzung, Kollaboration, Holocaust* (München).

Hull, Isabel, 2005. *Absolute Destruction: Military Culture and the Practices of War in Imperial Germany* (Ithaca und London).

Humburg, Martin, 1998. *Das Gesicht des Krieges: Feldpostbriefe von Wehrmachtssoldaten aus der Sowjetunion 1941–1944* (Opladen).

Iancu, Carol, 1997. «The Jews of Romania during the Antonescu regime as reflected in French diplomatic documents» in Braham (Hrsg.), S. 251–267.

«Ich werde es nie vergessen»: Briefe sowjetischer Kriegsgefangener 2004–2006. Hrsg. v. Verein Kontakte e.V. (Berlin, 2007).

Ingrao, Christian, 2012. *Hitlers Elite: Die Wegbereiter des nationalsozialistischen Massenmords* (Berlin).

Ioanid, Radu, 1997. «The fate of Romanian Jews in Nazi-occupied Europe» in Braham (Hrsg.), S. 217–236.

Ioanid, Radu, 2000. *The Holocaust in Romania* (Chicago).

Ioanid, Radu, 2001. «The deportation of the Jews to Transnistria» in Hausleitner u. a. (Hrsg.), S. 69–100.

Israeli-Serbian Academic Exchange in Holocaust Research, 2008 (Belgrade).

Jäckel, Eberhard, 1966. *Frankreich in Hitlers Europa* (Stuttgart).

Jäckel, Eberhard, 1983. *Hitlers Weltanschauung* (Stuttgart).

Jäckel, Eberhard, 1986. *Hitlers Herrschaft. Vollzug einer Weltanschauung* (Stuttgart).

Jansen, Christian, und Arno Weckbecker, 1992. *Der «Volksdeutsche Selbstschutz» in Polen 1939–1940* (München).

Jansen, Hans, 1997. *Der Madagaskar-Plan* (München).

Jasch, Hans-Christian, 2012. *Staatssekretär Wilhelm Stuckart und die Judenpolitik* (München).

Jasenovac Memorial Site, 2006 (Jasenovac).

Jelinek, Yeshayahu, 1989. «The Holocaust and the internal policies of the Nazi satellites in eastern Europe: A comparative study» in Marrus (Hrsg.), S. 291–296.

Jellonnek, Burkhard, 1990. *Homosexuelle unter dem Hakenkreuz* (Paderborn).

Jersak, Tobias, 1999. «Die Interaktion von Kriegsverlauf und Judenvernichtung: Ein Blick auf Hitlers Strategie im Spätsommer 1941», *Historische Zeitschrift* 268 (2), S. 311–374.

Jobst, Herbert, 1939. «Lateinamerika – Verlorenes Paradies der Juden» in Könitzer und Trurnit (Hrsg.), S. 207–225.

Jochmann, Werner, 1988a. *Gesellschaftskrise und Judenfeindschaft in Deutschland 1870–1945* (Hamburg).

Jochmann, Werner, 1988b. «Struktur und Funktion des deutschen Antisemitismus 1878–1914» in Strauss und Kampe (Hrsg.), S. 99–142.

Jockheck, Lars, 2006. *Propaganda im Generalgouvernement: Die NS-Besatzungspresse für Deutsche und Polen 1939–1945* (Osnabrück).

Johnson, Eric und Karl-Heinz Reuband, 2005. *What We Knew: Terror, Mass Murder, and Everyday Life in Nazi Germany: An Oral History* (Cambridge, MA).

Jonca, Karol, 1996. «Deportations of German Jews from Breslau 1941–1944 as described in eyewitness testimonies», YVS 25, S. 275–316.

Jordan, Rudolf, 1971. *Erlebt und erlitten: Weg eines Gauleiters von München nach Moskau* (Leoni).

Kádár, Gábor und Zoltán Vági, 2005. «Theorie und Praxis: Die ökonomische Vernichtung der ungarischen Juden» in Mihok (Hrsg.), S. 89–102.

Kaienburg, Hermann, 1996. «Jüdische Arbeitslager an der Straße der SS», *1999*, 11 (1), S. 13–39.

Kalinin, P. S., 1968. *Die Partisanenrepublik* (Berlin [Ost]).

Kallis, Aristotle, 2005. «Race ‹value› and the hierarchy of human life: Ideological and structural determinants of National Socialist policy-making», JGR 7 (1), S. 5–29.

Kallis, Aristotle, 2009. *Genocide and Fascism: The Eliminationist Drive in Fascist Europe* (New York und London).

Kamenec, Ivan, 2003. «Die Grundzüge des Arisierungsprozesses in der Slovakei», TSD, S. 307–320.

Kamenec, Ivan, 2007 [1991]. *On the Trail of Tragedy: The Holocaust in Slovakia* (Bratislava).

Kampe, Norbert und Peter Klein (Hrsg.), 2013. *Die Wannsee-Konferenz am 20. Januar 1942* (Köln).

Kaneko, Martin, 2008. *Die Judenpolitik der japanischen Reichsregierung* (Berlin).

Karay, Felicja, 2004. «The conflict among German authorities over Jewish slave labor camps in the General Government», *Yalkut Moreshet* 2, S. 221–245.

Karner, Stefan, 1995. *Im Archipel GUPVI: Kriegsgefangenschaft und Internierung in der Sowjetunion 1941–1956* (Wien und München).

Kárný, Miroslav, 1982. «Die ‹Judenfrage› in der nazistischen Okkupationspolitik», *Historica* 21, S. 137–92.

Kárný, Miroslav, 1987. «‹Vernichtung durch Arbeit›: Sterblichkeit in den NS-Konzentrationslagern» in Aly u. a., S. 133–158.

Kárný, Miroslav, 1994. «Die Rolle der Kollaboration in der deutschen Okkupationspolitik im Protektorat Böhmen und Mähren» in Röhr, S. 149–163.

Kárný, Miroslav, 1998. «Die Ausschaltung der Juden aus dem öffentlichen Leben des Protektorats und die Geschichte des Ehrenariertums», TSD, S. 7–39.

Karsai, László, 2005. «Zentrale Aspekte des Völkermordes an den ungarischen Roma» in Mihok (Hrsg.), S. 103–114.

Kaspi, André. 1997. *Les juifs pendant l'occupation* (Paris).

Kassow, Samuel, 2010. *Ringelblums Vermächtnis: Das geheime Archiv des Warschauer Ghettos* (Reinbek bei Hamburg).

Kasten, Bernd, 1993. *«Gute Franzosen»: Die französische Polizei und die deutsche Besatzungsmacht im besetzten Frankreich 1940–1944* (Sigmaringen).

Kasten, Bernd, 2000. «Das Verhältnis zwischen deutscher und französischer Polizei in den Regionen von der Besetzung Südfrankreichs bis zur Invasion» in Martens und Vaisse (Hrsg.), S. 113–127.

Katz, Jacob, 1989. *Vom Vorurteil bis zur Vernichtung: der Antisemitismus 1700–1933* (München).

Katz, Shlomo, 1973. «Public opinion in western Europe and the Evian conference of July 1938», YVS 9, S. 105–132.

Kay, Alex, 2006. *Exploitation, Resettlement, Mass Murder: Political and Economic Planning for German Occupation Policy in the Soviet Union, 1940–1941* (New York und Oxford).

Keller, Rolf, o. J. [1994]. «‹Die kamen in Scharen hier an, die Gefangenen›: Sowjetische Kriegsgefangene, Wehrmachtsoldaten und deutsche Bevölkerung in Norddeutschland 1941/42» in *Rassismus in Deutschland*, S. 35–60.

Keller, Rolf, 2011. *Sowjetische Kriegsgefangene im Deutschen Reich 1941/42* (Göttingen).

Kershaw, Ian, 1998. *Hitler: 1889–1936* (Stuttgart).

Kershaw, Ian, 2008. *Hitler, the Germans, and the Final Solution* (New Haven und London).

Kettenacker, Lothar, 1973. *Nationalsozialistische Volkstumspolitik im Elsaß* (Stuttgart).

Kiełboń, Janina, 2004. «Judendeportationen in den Distrikt Lublin» in Musial (Hrsg.), S. 111–140.

Kiernan, V. G., 1995. *Imperialism and its Contradictions*, hrsg. v. Harvey Kaye (New York und London).

Kilian, Katrin, 2005. «Kriegsstimmungen: Emotionen einfacher Soldaten in Feldpostbriefen», DRZW 9/2, S. 251–288.

Kingston, Paul, 1991. «Die Ideologen: Vichy-Frankreich 1940–1944» in Hirschfeld und Marsh (Hrsg.), S. 60–86.

Kirchhoff, Hans, 1994. «Die dänische Staatskollaboration» in Röhr (Hrsg.), S. 101–118.

Kistenmacher, Hans, 1959. *Die Auswirkungen der deutschen Besetzung auf die Ernährungswirtschaft Frankreichs während des Zweiten Weltkrieges* (Tübingen).

Klarsfeld, Serge, 1982. «Post-face» in CDJC, S. i–ii.

Klarsfeld, Serge, 1992. «The influence of the war on the final solution in France» in Cohen u. a. (Hrsg.), S. 271–281.

Klausch, Hans-Peter, 1993. *Antifaschisten in SS-Uniform: Schicksal und Widerstand der deutschen politischen KZ-Häftlinge, Zuchthaus- und Wehrmachtgefangenen in der SS-Sonderformation Dirlewanger* (Bremen).

Klein, Peter, 2009. *Die «Ghettoverwaltung Litzmannstadt» 1940–1944* (Hamburg).

Kleman, Hein und Sergey Kudryashov, 2012. *Occupied Economies: An Economic History of Nazi-Occupied Europe* (London und New York).

Kletzin, Birgit, 1996. *Trikolore unterm Hakenkreuz: Deutsch-französische Kollaboration 1940–1944 in den diplomatischen Akten des Dritten Reiches* (Opladen).

Kletzin, Birgit, 2000. *Europa aus Rasse und Raum: Die nationalsozialistische Idee der «neuen Ordnung»* (Münster).

Klinkhammer, Lutz, 1993. *Zwischen Besatzung und Bündnis: Das nationalsozialistische Deutschland und die Republik von Salo 1943–1945* (Tübingen).

Knox, MacGregor, 2007. «Das faschistische Italien und die ‹Endlösung› 1942/43», *VfZ* 55, S. 55–92.

Königseder, Angelika, «Österreich – ein Land der Täter?» in Benz und Wetzel (Hrsg.), S. 173–229.

Königseder, Angelika, 2001. «Faschistische Bewegungen in Österreich vor 1938» in Graml (Hrsg.), S. 75–93.

Könitzer, Willi Fr. und Hansgeorg Trurnit (Hrsg. in Verbindung mit dem Institut zum Studium der Judenfrage), 1939. *Weltentscheidung in der Judenfrage* (Dresden).

Kochan, Thomas, 1998. «Topographie der möglichen Begegnungen: Zwangsarbeiter und Zwangsarbeiterlager in der Erinnerung der deutschen Anwohner» in Scholze-Irrlitz und Noak (Hrsg.), S. 28–34.

Kohlhaas, Elisabeth, 1995. «Die Mitarbeiter der regionalen Staatspolizeistellen» in Paul und Mallmann (Hrsg.), S. 219–235.

Kokoška, Stanislav, 1997. «Zwei unbekannte Berichte aus dem besetzten Prag über die Lage der jüdischen Bevölkerung im Protektorat», TSD, S. 31–49.

Konieczny, Alfred, «The transit camp for Breslau Jews at Rieburg in Lower Silesia (1941–1943)», YVS 25, 1996, S. 317–342.

Koonz, Claudia, 2006. «Respectable racism – state-sponsored anti-Jewish research 1935–1940», SDIY V, S. 399–423.

Koonz, Claudia, 2007. *The Nazi Conscience* (Cambridge und London).

Korb, Alexander, 2013. *Im Schatten des Weltkriegs: Massengewalt der Ustaša gegen Serben, Juden und Roma in Kroatien, 1941–1945* (Hamburg).

Kosmala, Beate, 2001. «Gewalt gegen Juden in Nachkriegspolen 1944–1947: Kriegserfahrungen, Bürgerkrieg und antisemitisches Erbe» in Graml (Hrsg.), S. 313–329.

Kosmala, Beate, 2004. «Zwischen Aachen und Wien: Flucht vor der Deportation (1941–1943)» in Kundrus und Meyer (Hrsg.), S. 135–159.

Kosyk, Wolodymyr, 1993. *The Third Reich and Ukraine* (New York).

Kotani, Apostol, 1995. *Albania and the Jews* (Tirana).

Kotzageorgi, Xanthippi und Georgios Kazamias, 1994. «The Bulgarian occupation of the prefecture of Drama (1941–1944) and its consequences on the Greek population», *Balkan Studies* 35 (1), S. 81–112.

Kotzageorgi, Xanthippi, 1996. «Population changes in eastern Macedonia and in Thrace: The legislative ‹initiatives› of the Bulgarian authorities (1941–1944)», *Balkan Studies* 37 (1), S. 133–164.

Kovács, Mária, 1994. *Liberal Professions and Illiberal Politics: Hungary from the Habsburgs to the Holocaust* (Washington).

Krakowski, Shmuel, 1992. «The fate of the Jewish POWs of the Soviet and Polish armies» in Cohen u. a. (Hrsg.), S. 218–231.

Krakowski, Shmuel, 2007. *Das Todeslager Chełmno/Kulmhof* (Göttingen).

Kramer, Alan, 2010. «Prisoners in the First World War» in Sibylle Scheipers (Hrsg.), *Prisoners in War* (Oxford), S. 75–90.

Kranig, Andreas, 1986. «Die NS-Arbeitseinsatzordnung» in Ulrich Herbert und Gerhard Lind, *Arbeitsrecht und Nationalsozialismus* (Bergisch-Gladbach), S. 23–41.

Krasnoperko, Anna, 1991. *Briefe meiner Erinnerung: Mein Überleben im jüdischen Ghetto von Minsk 1941/42* (Schwerte).

Krausnick, Helmut und Hans-Heinrich Wilhelm, 1981. *Die Truppe des Weltanschauungskrieges: Die Einsatzgruppen der Sicherheitspolizei und des SD 1938–1942* (Stuttgart).

Kreuzmüller, Christoph, 2008. «Die Erfassung der Juden im Reichskommissariat der besetzten niederländischen Gebiete» in Hürter und Zarusky (Hrsg.), S. 31–44.

Kroener, Bernhard, 1999. «‹Menschenbewirtschaftung›, Bevölkerungsverteilung und personelle Rüstung in der zweiten Kriegshälfte (1942–1944)», DRZW, 5/2 (Stuttgart), S. 777–1001.

Kroll, Frank-Lothar, 1998. *Utopie als Ideologie: Geschichtsdenken und politisches Handeln im Dritten Reich* (Paderborn).

Kruglov, Alexander, 2010. «Jewish losses in Ukraine, 1941–1944» in Brandon und Lower (Hrsg.), S. 272–290.

Kubatzki, Rainer, 2001a. «Topographie und Nutzungsgeschichte der 700 Zwangsarbeiterlager in und um Berlin 1939 bis 1945» in Meyer und Neitmann (Hrsg.), S. 89–109.

Kubatzki, Rainer, 2001b. *Zwangsarbeiter und Kriegsgefangenenlager: Standorte und Topographie in Berlin und im brandenburgischen Umland* (Berlin).

Kühl, Stefan, 1994. *The Nazi Connection: Eugenics, American Racism, and German National Socialism* (New York und Oxford).

Kühl, Stefan, 2004. «Rassenforschung im Rahmen der internationalen eugenischen Bewegung» in Peter Martin und Christine Alonzo (Hrsg.), *Zwischen Charleston und Stechschritt: Schwarze im Nationalsozialismus* (Hamburg und München), S. 495–507.

Kühne, Thomas, 2006. *Kameradschaft: Die Soldaten des nationalsozialistischen Krieges und das 20. Jahrhundert* (Göttingen).

Kumanev, Georgy, 1991. «The Nazi genocide of the Jewish population in the occupied territory of the Soviet Union», *Soviet Jewish Affairs* 21 (1), S. 59–68.

Kundrus, Birthe, 2009. «Regime der Differenz: Volkstumspolitische Inklusionen und Exklusionen im Warthegau und im Generalgouvernement 1939–1944» in Bajohr und Wildt (Hrsg.), S. 105–123.

Kundrus, Birthe und Beate Meyer (Hrsg.), 2004. *Die Deportation der Juden aus Deutschland* (BGN 20) (Göttingen).

Kunz, Norbert, 2005. *Die Krim unter deutscher Herrschaft 1941–1944: Germanisierungsutopie und Besatzungsrealität* (Darmstadt).

Kury, Patrick, o. J. [2003]. *Über Fremde reden: Überfremdungsdiskurs und Ausgrenzung in der Schweiz 1900–1945* (Zürich).

Kuss, Susanne, 2011. *Deutsches Militär auf kolonialen Kriegsschauplätzen*. 2. durchgesehene u. erweiterte Auflage (Berlin).

Kvist, Karin, 2000. «A study of antisemitic attitudes within Sweden's wartime Utlänningsbyran», *Holocaust Education* 9 (2/3), S. 199–211.

Kwiet, Konrad, 1984. «The ultimate refuge: Suicide in the Jewish community under the Nazis», LBIY 29, S. 135–167.

Kwiet, Konrad, 1991. «Forced labour of German Jews in Nazi Germany», LBIY 36, S. 389–410.

Lafont, Max, 1987. *L'extermination douce: La mort de 40,000 Malades Menteaux dans les Hôpiteaux Psychiatriques en France, sous le régime de Vichy* (Ligné).

Lagrange, Maurice, 1977. «Le rapatriement des réfugiés apres l'exode (juillet-septembre 1940)», *Revue de l'histoire de la deuxieme guerre mondiale* 27 (107), S. 39–52.

Lagrou, Pieter, 2002. «La guerre, les mots et le deuil: Bilan chiffré de la Seconde Guerre Mondiale», in Stephane Rouzeau, Annette Becker, Christian Ingrao und Henry Rousso (Hrsg.), *La violence de guerre, 1914–1945* (Brüssel), S. 313–327.

Laine, Antti, 1994. «Finnland als Okkupationsmacht in Sowjetkarelien und die Kollaboration der Karelier» in Röhr, S. 319–333.

Laine, Antti, 2002. «Finland and the contribution of Germany to the enemy image in the great patriotic war» in Laine und Mikka Ylikangas (Hrsg.), *Rise and Fall of Soviet Karelia* (Helsinki), S. 133–152.

Lang, Ralf, 1996. *Italienische «Fremdarbeiter» im nationalsozialistischen Deutschland 1937–1945* (Frankfurt a. M.).

Lange, Karl, 1965. «Der Terminus ‹Lebensraum› in Hitlers ‹*Mein Kampf*›», *VfZ* 13, S. 426–437.

Lappenküper, Ulrich, 2000. «Der ‹Schlächter von Paris›: Carl-Albrecht Oberg als Höherer SS- und Polizeiführer in Frankreich 1942–1944» in Martens und Vaisse (Hrsg.), S. 129–145.

Laqueur, Walter, 1981. *Was niemand wissen wollte. Die Unterdrückung der Nachricht über Hitlers «Endlösung»*(Frankfurt a. M. und Berlin).

Lasik, Alexander, 1994. «Historical-sociological profile of the Auschwitz SS» in Gutman und Berenbaum (Hrsg.), S. 271–287.

Latzel, Klaus, 1998. *Deutsche Soldaten – nationalsozialistischer Krieg? Kriegserlebnis – Kriegserfahrung 1939–1945* (Paderborn).

Lauerwald, Hannelore, 1996. *In fremdem Land: Kriegsgefangene im Stalag VIIIA Görlitz 1939–1945: Tatsachen, Briefe, Dokumente* (Görlitz).

Lavi (Loewenstein), Th., 1960. «Documents on the struggle of Rumanian Jewry for its rights during the Second World War», YVS 4, S. 261–315.

Lehnstaedt, Stephan, 2007. «‹Ostnieten› oder Verwaltungsexperten? Die Auswahl der deutschen Staatsdiener für den Einsatz im Generalgouvernement Polen 1939–1944», *ZfG* 55, S. 701–721.

Lehnstaedt, Stephan, 2008. «Alltägliche Gewalt: Die deutschen Besatzer in Warschau und die Ermordung der jüdischen Bevölkerung» in Hürter und Zarusky (Hrsg.), S. 81–102.

Lemkin, Raphael, 1944. *Axis Rule in Occupied Europe* (Washington).

Lengel-Krizman, Narcisa, 2006. «Genocide carried out on the Roma – Jasenovac 1942» in *Jasenovac Memorial Site*, S. 154–170.

Leniger, Markus, 2006. *Nationalsozialistische «Volkstumsarbeit» und Umsiedlungspolitik 1933–1945: Von der Minderheitenbetreuung zur Siedlerauslese* (Berlin).

Lenski, Mordechai, 1959. «Problems of disease in the Warsaw ghetto», YVS 3, S. 283–301.

Lerner, Pablo und Alfredo Mordechai Rabello, 2006–07. «The prohibition of ritual slaughtering (kosher shechita and halal) and freedom of religion of minorities», *Journal of Law and Religion* 22 (1), S. 1–62.

Levin, Dov, 1979. «The fighting leadership of the *Judenräte* in the small communities of Poland», in Yisrael Gutman und Cynthia Haft (Hrsg.), *Patterns of Jewish Leadership in Nazi Europe, 1933–1945* (Jerusalem), S. 133–149.

Levin, Dov, 1985. *Fighting Back: Lithuanian Jewry's Armed Resistance to the Nazis 1941–1945* (New York und London).

Levin, Dov, 1992. «Unique characteristics of Soviet Jewish soldiers in the Second World War» in Cohen u. a. (Hrsg.), S. 233–244.

Levine, Paul, 2000. «Attitudes and administration: Comparing the responses of mid-level bureaucrats to the Holocaust», *Holocaust Education* 9 (2/3), S. 212–236.

Levinson, Joseph (Hrsg.), 2006. *The Shoah (Holocaust) in Lithuania* (Vilnius).

Levy, Richard, 2010. «Political antisemitism in Germany and Austria, 1848–1914» in Lindemann und Levy (Hrsg.), S. 121–135.

Lewkowicz, Lea, 2006. *The Jewish Community of Salonika: History, Memory, Identity* (London und Portland).

Liberman, Peter, 1996. *Does Conquest Pay? The Exploitation of Occupied Industrial Societies* (Princeton).

Libionka, Dariusz, 2004. «Antisemitismus und antijüdische Gewalt im polnischen Nordosten in den 1930er Jahren: Das Verhalten des Klerus in der Diözese Łomża», JASF 13, S. 15–35.

Lieb, Peter, 2007. *Konventioneller Krieg oder NS-Weltanschauungskrieg? Kriegführung und Partisanenbekämpfung in Frankreich 1943/44* (München).

Liesenberg, Carsten, 1995. «‹Wir täuschen uns nicht über die Schwere der Zeit …›: Die Verfolgung und Vernichtung der Juden» in Heiden und Mai (Hrsg.), S. 443–462.

Lifton, Robert J., 1988. *Ärzte im Dritten Reich* (Stuttgart).

Lilienthal, Georg, 1992. «Arier oder Jude? Geschichte des erb- und rassekundlichen Abstammungsgutachtens» in Propping und Schott (Hrsg.), S. 66–84.
Lindemann, Albert und Richard Levy (Hrsg.), 2010. *Antisemitism* (Oxford).
Linkow, G., 1956. *Die unsichtbare Front* (Berlin [Ost]).
Lipscher, Ladislav, 1972. «Die Verwirklichung der antijüdischen Maßnahmen in den vom Dritten Reich beeinflußten Staaten» in Karl Bosl (Hrsg.), *Das Jahr 1941 in der europäischen Politik* (München und Wien), S. 121–141.
Lipscher, Ladislav, 1979. *Die Juden im Slowakischen Staat 1939–1945* (München).
Litani, Dora, 1967. «The destruction of the Jews in Odessa in the light of Romanian documents», YVS 6, S. 135–154.
Lösch, Niels, 1997. *Rasse als Konstrukt: Leben und Werk Eugen Fischers* (Frankfurt a. M.).
Löw, Andrea, 2012. «Die Erfahrung der radikalen Ungleichheit: Vom sprachlichen Umgang mit dem Gettoleben in Litzmannstadt (Łódź)» in Nicole Kramer und Armin Nolzen (Hrsg.), *Ungleichheit im «Dritten Reich»* (BGN 28) (Göttingen), S. 48–68.
Löwe, Heinz-Dietrich, 1981. «Antisemitismus in der ausgehenden Zarenzeit» in Martin und Schulin (Hrsg.), S. 184–208.
Longerich, Peter, 1998a. *Politik der Vernichtung: Eine Gesamtdarstellung der nationalsozialistischen Judenverfolgung* (München).
Longerich, Peter, 1998b. *Die Wannsee-Konferenz vom 20. Januar 1942: Planung und Beginn des Genozids an den europäischen Juden* (Berlin).
Longerich, Peter, 2001. *Der ungeschriebene Befehl: Hitler und der Weg zur ‹Endlösung›* (München).
Longerich, Peter, 2006. *«Davon haben wir nichts gewusst!» Die Deutschen und die Judenverfolgung 1933–1945* (München).
Longerich, Peter, 2008. *Heinrich Himmler* (München).
Longerich, Peter, 2010. *Joseph Goebbels* (München).
Longhi, Silvano, 2010. *Die Juden und der Widerstand gegen den Faschismus in Italien (1943–1945)* (Berlin).
Lorenz, Einhart, 2007. «Antisemitische Judenbilder und die norwegische Haltung zur Deportation», JASF 16, S. 217–238.
Lotfi, Gabriele, 2000. *KZ der Gestapo: Arbeitserziehungslager im Dritten Reich* (Stuttgart und München).
Loulos, Konstantin, 1994. «Politische, wirtschaftliche und soziale Aspekte der Kollaboration in Griechenland 1941–1944» in Röhr (Hrsg.), S. 397–414.
Loulos, Konstantin, 1999. «Vergeltungsmaßnahmen der Besatzungsmächte und ‹endogene› Repressalien in Griechenland 1941–1944» in Droulia und Fleischer (Hrsg.), S. 137–150.
Lower, Wendy, 2005. *Nazi Empire-Building and the Holocaust in Ukraine* (Chapel Hill).
Lozowick, Yaakov, 1987. «Rollbahn Mord: The early activities of Einsatzgruppe C», HGS 2, S. 221–241.
Lynch, Edouard, 2012. «Food stocks, the black market, and town and country tensions in France during two world wars and beyond» in Paul Brassley, Yves Segers und Leen van Molle (Hrsg.), *War, Agriculture and Food: Rural Europe from the 1930s to the 1950s* (New York und London), S. 229–244.
Mächler, Stefan, 1998. «Kampf gegen das Chaos – die antisemitische Bevölkerungspolitik der eidgenössischen Fremdenpolizei und Polizeiabteilung 1917–1954» in Mattioli (Hrsg.), S. 357–421.
MacKenzie, S. P., 1994. «The treatment of prisoners of war in World War II», JMH 66, September, S. 487–520.
Madajczyk, Czesław, 1988. *Die Okkupationspolitik Nazideutschlands in Polen 1939–1945* (Köln).

Madajczyk, Czesław, 1994. «Kann man in Polen 1939–1945 von Kollaboration sprechen?» in Röhr (1994a), S. 133–148.

Maderegger, Sylvia, 1973. *Die Juden im österreichischen Ständestaat 1934–1938* (Wien und Salzburg).

Mahler, Raphael, 1944. «Jews in public service and the liberal professions in Poland, 1918–1939», JSS VI (4), S. 291–350.

Maifreda, Germano, 2001. «Aspetti economici della legislazione antiebraica italiana nel quadro delle legislazioni europee» in Capelli und Broggini (Hrsg.), S. 261–288.

Maksudov, Sergej, 1993. «The Jewish population losses of the USSR from the Holocaust» in Dobroszycki und Gurock (Hrsg.), S. 207–213.

Malinowski, Stephan, 2003. *Vom König zum Führer: Sozialer Niedergang und politische Radikalisierung im deutschen Adel zwischen Kaiserreich und NS-Staat* (Berlin).

Mallmann, Klaus-Michael, 2004. «‹... Mißgeburten, die nicht auf diese Welt gehören›: Die deutsche Ordnungspolizei in Polen 1939–1941» in Mallmann und Musial (Hrsg.), S. 71–89.

Mallmann, Klaus-Michael und Bogdan Musial (Hrsg.), 2004. *Genesis des Genozids: Polen 1939–1941* (Darmstadt).

Mallmann, Klaus-Michael und Martin Cüppers, 2006. *Halbmond und Hakenkreuz: Das Dritte Reich, die Araber und Palästina* (Darmstadt).

Mallmann, Klaus-Michael, Jochen Böhler und Jürgen Matthäus, 2008. *Einsatzgruppen in Polen* (Darmstadt).

Mann, Michael, 2005. *The Dark Side of Democracy: Explaining Ethnic Cleansing* (Cambridge).

Manoschek, Walter, 1993. *«Serbien ist judenfrei»: Militärische Besatzungspolitik und Judenvernichtung in Serbien 1941/42* (München).

Marcus, Joseph, 1983. *Social and Political History of the Jews in Poland, 1919–1939* (Berlin).

Marguairaz, Michel, 1991. «Deutschland, Vichy und die ökonomische Kollaboration» in Hirschfeld und Marsh (Hrsg.), S. 109–129.

Mariot, Nicolas und Claire Zalc, 2010. *Face à la persecution: 991 Juifs dans la guerre* (Paris).

Marrus, Michael, 1985. *The Unwanted: European Refugees in the Twentieth Century* (New York und Oxford).

Marrus, Michael (Hrsg.), 1989. *The Nazi Holocaust*, Bd. 4/1: *The Final Solution Outside Germany* (Westport und London).

Marrus, Michael und Robert Paxton, 1981. *Vichy France und the Jews* (New York).

Marrus, Michael und Robert Paxton, 1982. «The Nazis and the Jews in occupied western Europe, 1940–1944», JMH 54 (4), S. 687–714.

Martens, Stefan und Maurice Vaïsse (Hrsg.), 2000. *Frankreich und Deutschland im Krieg (November 1942-Herbst 1944)* (Bonn).

Martin, Bernd, 1969. *Deutschland und Japan im Zweiten Weltkrieg* (Göttingen).

Martin, Bernd und Ernst Schulin (Hrsg.), 1981. *Die Juden als Minderheit in der Geschichte* (München).

Martin, Peter, 1999. «‹... auf jeden Fall zu erschießen›: Schwarze Kriegsgefangene in den Lagern der Nazis», *Mittelweg 36*, 8 (5), S. 76–91.

Mason, Henry, 1984. «Testing the human bonds within nations: Jews in the occupied Netherlands», *Political Science Quarterly* 99 (2), S. 315–343.

Mason, Timothy, 1978. *Sozialpolitik im Dritten Reich: Arbeiterklasse und Volksgemeinschaft.* Überarbeitete zweite Auflage (Opladen).

Matarasso, Isaac Aaron, 2002. «‹... and yet not all of them died ...›: The destruction of Salonika's Jews during the German occupation» in Bowman (Hrsg.), S. 125–233.

Mataušić, Nataša, 2006. «The Jasenovac concentration camp» in *Jasenovac Memorial Site*, S. 47–54.

Mathieu, G. Bording, 1981. «The secret anti-Judaism Sondernummer of 21st May 1943», LBIY 26, S. 291–300.
Matkovski, Aleksandar, 1959. «The destruction of Macedonian Jewry in 1943», YVS 3, S. 203–58
Matthäus, Jürgen, Konrad Kwiet, Jürgen Förster und Richard Breitman (Hrsg.), 2003. *Ausbildungsziel Judenmord? «Weltanschauliche Erziehung» von SS, Polizei und Waffen-SS im Rahmen der «Endlösung»* (Frankfurt a. M.).
Mattioli, Aram (Hrsg.), 1998. *Antisemitismus in der Schweiz 1848–1960* (Zürich).
Mattioli, Aram, 1998. «Antisemitismus in der Geschichte der modernen Schweiz – Begriffserklärungen und Thesen» in Mattioli (Hrsg.), S. 3–22.
Mattioli, Aram, 2004. «Die vergessenen Kolonialverbrechen des italienischen Faschismus in Libyen», *Fritz-Bauer-Institut Jahrbuch*, S. 203–226.
Maurer, Trude, 1994. «Abschiebung und Attentat: Die Ausweisung der polnischen Juden und der Vorwand für die Kristallnacht» in Pehle (Hrsg.), S. 52–73.
Maxwell, Elisabeth, 1998. «The rescue of Jews in France and Belgium during the Holocaust», *Holocaust Education* 7 (1/2), S. 1–18.
Mayer, Michael, 2010. *Staaten als Täter: Ministerialbürokratie und «Judenpolitik» in NS-Deutschland und Vichy-Frankreich. Ein Vergleich* (München).
Mazower, Mark, 2000. *Der dunkle Kontinent. Europa im 20. Jahrhundert* (Berlin).
Mazower, Mark, 2004. *Salonica: City of Ghosts* (London).
Mazower, Mark, 2009. *Hitlers Imperium* (München).
Mazower, Mark, 2016. *Griechenland unter Hitler* (Frankfurt a. M.).
McDowall, David, 2004. *A Modern History of the Kurds*, 3. erweiterte u. überarbeitete Auflage (London und New York).
Mehringer, Hartmut, 1998. *Widerstand und Emigration: Das NS-Regime und seine Gegner*, 2. Auflage (München).
Meinen, Insa, 2008. «Die Deportation der Juden aus Belgien und das Devisenschutzkommando» in Hürter und Zarusky (Hrsg.), S. 45–79.
Melichar, Peter, 2005. «Who is a Jew? Antisemitic defining, identifying and counting in pre-1938 Austria», LBIY 50, S. 149–174.
Melson, Robert, 1992. *Revolution and Genocide: On the Origins of the Armenian Genocide and the Holocaust* (Chicago und London).
Melzer, Emanuel, 1997. *No Way Out: The Politics of Polish Jewry 1935–1939* (Cincinnati).
Mendelsohn, Ezra, 1983. *The Jews of East Central Europe Between the World Wars* (Bloomington).
Merridale, Catherine, 2001. *Steinerne Nächte: Leiden und Sterben in Russland.* (München).
Meyer, Ahlrich, 2000. *Die deutsche Besatzung in Frankreich 1940–1944: Widerstandsbekämpfung und Judenverfolgung* (Darmstadt).
Meyer, Beate, 1999. *«Jüdische Mischlinge»: Rassenpolitik und Verfolgungserfahrung 1933–1945* (Hamburg).
Meyer, Hermann Frank, 2008. *Blutiges Edelweiß: Die 1. Gebirgs-Division im Zweiten Weltkrieg* (Berlin).
Meyer, Winfried und Klaus Neitmann (Hrsg.), 2001. *Zwangsarbeit während der NS-Zeit in Berlin und Brandenburg* (Potsdam).
Meyer zu Uptrup, Wolfram, 2003. *Kampf gegen die «jüdische Weltverschwörung»: Propaganda und Antisemitismus der Nationalsozialisten 1919–1945* (Berlin).
Michaelis, Meir, 1978. *Mussolini and the Jews: German-Italian Relations and the Jewish Question in Italy 1922–1945* (Oxford).
Michlic, Joanna, 2006. *Poland's Threatening Other: The Image of the Jew from 1880 to the Present* (Lincoln und London).
Michman, Dan (Hrsg.), 1998. *Belgium and the Holocaust* (Jerusalem).

Michman, Joseph, 1986. «Planing for the final solution against the background of developments in Holland in 1941», YVS 17, S. 145–180.

Mierzejewski, Alfred, 2001. «A public enterprise in the service of mass murder: The Deutsche Reichsbahn and the Holocaust», HGS 15 (1), S. 33–46.

Mihok, Brigitte (Hrsg.), 2005. *Ungarn und der Holocaust* (Berlin).

Mihovilović, Dorde und Jelka Smreka, 2006. «About the ‹list of individual victims of the Jasenovac concentration camp›», in *Jasenovac Memorial Site*, S. 218–219.

Miller, Marshall Lee, 1975. *Bulgaria During the Second World War* (Stanford).

Milotova, Jaroslava, 1996. «Die Protektoratspresse und die Judenfrage», TSD, S. 153–185.

Milotova, Jaroslava, 2002. «Zur Geschichte der Verordnung Konstantin von Neuraths über das jüdische Vermögen», TSD, S. 75–115.

Milton, Sybil, 1984. «The expulsion of Polish Jews from Germany, October 1938 to July 1939», LBIY 29, S. 169–199.

Mitrovski, Boro, Venceslav Glišic und Tomo Ristovski, 1971. *Das bulgarische Heer in Jugoslawien 1941–1945* (Belgrad).

Młynarczyk, Jacek, 2007. *Judenmord in Zentralpolen: Der Distrikt Radom im Generalgouvernement* (Darmstadt).

Mohrmann, Walter, 1972. *Antisemitismus: Ideologie und Geschichte im Kaiserreich und in der Weimarer Republik* (Berlin).

Molho, Mentes, 2002. «Assets of Jews of Salonika» in Steven Bowman (Hrsg.), *The Holocaust in Salonika: Eyewitness Accounts* (o. O.), S. 212–233.

Mommsen, Hans, 1997. «Hitler's Reichstag speech of 30 January 1939», *History and Memory* 9 (1/2), S. 147–161.

Mommsen, Hans und Dieter Obst, 1988. «Die Reaktion der deutschen Bevölkerung auf die Verfolgung der Juden 1933–1943» in Hans Mommsen und Susanne Willems (Hrsg.), *Herrschaftsalltag im Dritten Reich* (Düsseldorf), S. 374–421.

Mommsen, Wolfgang, 1987. *Imperialismustheorien.* Dritte erweiterte Auflage (Göttingen).

Moore, Bob, 1997. *Victims and Survivors: The Nazi Persecution of the Jews in the Netherlands 1940–1945* (London).

Moore, Bob, 2001. «The Dutch churches, Christians and the rescue of Jews in the Netherlands» in Brasz und Kaplan (Hrsg.), S. 277–288.

Moore, Bob, 2003. «The rescue of Jews from Nazi persecution: A western European perspective», JGR 5 (2), S. 293–308.

Moore, Bob, 2004. «The rescue of Jews in Nazi-Occupied Belgium, France and the Netherlands», *Australian Journal of Politics and History* 50 (3), S. 385–395.

Moore, Bob, 2010. *Survivors: Jewish Self-Help and Rescue in Nazi-Occupied Western Europe* (Oxford).

Morandi, Elia, 2004. *Italiener in Hamburg: Migration, Arbeit und Alltagsleben vom Kaiserreich bis zur Gegenwart* (Frankfurt a. M.).

Moser, Gwyn, 1997. «Jewish *U-Boote* in Austria, 1938–1945», http://motlc.wiesenthal.com/site/S. asp?c=gvKVLcMVIuG&b=395003 (Zugriff 12. Januar 2014).

Moser, Jonny, 1966. *Die Judenverfolgung in Österreich 1938–1945* (Wien).

Mosse, George, 1990 [1978]. *Die Geschichte des Rassismus in Europa* (Frankfurt a. M.).

Mühlberger, Detlef, 2003. *The Social Bases of Nazism 1919–1933* (Cambridge).

Müller, Rolf-Dieter, 1991. *Hitlers Ostkrieg und die deutsche Siedlungspolitik* (Frankfurt a. M.).

Müller, Rolf-Dieter, 2007. *An der Seite der Wehrmacht: Hitlers ausländische Helfer beim «Kreuzzug gegen den Bolschewismus» 1941–1945* (Berlin).

Müller, Sven Oliver, 2005. «Nationalismus in der deutschen Kriegsgesellschaft 1939 bis 1945», DRZW, 9/2, S. 9–92.

Musial, Bogdan, 1999. *Deutsche Zivilverwaltung und Judenverfolgung im Generalgouvernement: Eine Fallstudie zum Distrikt Lublin 1939–1944* (Wiesbaden).

Musial, Bogdan (Hrsg.), 2004. *«Aktion Reinhardt»: Der Völkermord an den Juden im Generalgouvernement 1941–1944* (Osnabrück).

Nagy-Talavera, Nicholas, 2001. *The Green Shirts and the Others: A History of Fascism in Hungary and Romania* (Iasçi).

Nečas, Ctibor, 1991. «Preparation and execution of the genocide of Roma from the Czech lands in the years of Nazi occupation» in *Conference Report of the International Scientific Conference*, S. 169–173.

Nedelsky, Nadya, 2001. «The wartime Slovak state: A case study in the relationship between ethnic nationalism and authoritarian patterns of government», *Nations and Nationalism* 7 (2), S. 215–234.

Neitzel, Sönke, 2005. *Abgehört: Deutsche Generäle in britischer Kriegsgefangenschaft 1942–1945* (Berlin).

Neliba, Günter, 1992. *Wilhelm Frick: Der Legalist des Unrechtsstaates* (Paderborn).

Nessou, Anestis, 2009. *Griechenland 1941–1944: Deutsche Besatzungspolitik und Verbrechen gegen die Zivilbevölkerung – eine Beurteilung nach dem Völkerrecht* (Osnabrück).

Neugebauer, Wolfgang, 2002. «Der NS-Terrorapparat» in Tálos u. a., S. 721–743.

Neumann, Boaz, 2010. *Die Weltanschauung der Nazis: Raum, Körper, Sprache* (Göttingen).

Niewyk, Donald, 1980. *The Jews in Weimar Germany* (Manchester)

Nimmo, William, 1988. *Behind a Curtain of Silence: Japanese in Soviet Custody, 1945–1956* (New York).

Nissen, Mogens, 2006. «Danish food production in the German war economy» in Frank Trentmann und Flemming Just (Hrsg.), *Food and Conflict in Europe in the Age of the Two World Wars* (London und New York), S. 172–192.

Niznansky, Eduard, 1998. «Die Deportation der Juden in der Zeit der autonomen Slowakei im November 1938», JASF 7, S. 20–45.

Nordlund, Sven, 2000. «‹The war is over – now you can go home!› Jewish refugees and the Swedish labour market in the shadow of the Holocaust», *Holocaust Education* 9 (2/3), S. 171–198.

Nova, Fritz, 1986. *Alfred Rosenberg: Nazi Theorist of the Holocaust* (New York).

Nyssen, Elke, 1979. *Schule im Nationalsozialismus* (Heidelberg)

Obst, Dieter, 1991. *«Reichskristallnacht»: Ursachen und Verlauf des antisemitischen Pogroms vom November 1938* (Frankfurt a. M.).

Ofer, Dalia, 1996. «Everyday life in the ghettos of Transnistria», YVS 25, S. 175–208.

Ofer, Dalia, 2009. «The ghettos in Transnistria and ghettos under German occupation in eastern Europe» in Dieckmann und Quinkert (Hrsg.), S. 30–53.

Ogorreck, Ralf, 1992. *Die Einsatzgruppen der Sicherheitspolizei und des SD im Rahmen der «Genesis der Endlösung»: Ein Beitrag zur Entschlußbildung der «Endlösung der Judenfrage» im Jahre 1941* (Dissertation, Freie Universität Berlin).

Oldenburg, Manfred, 2004. *Ideologie und militärisches Kalkül: Die Besatzungspolitik der Wehrmacht in der Sowjetunion 1942* (Köln).

Oleksy, Krystyna, 1995. «Salman Gradowski – Ein Zeuge aus dem Sonderkommando», TSD, S. 121–135.

Olshausen, Klaus, 1973. *Zwischenspiel auf dem Balkan: Die deutsche Politik gegenüber Jugoslawien und Griechenland von März bis Juli 1941* (Stuttgart).

Opfer, Björn, 2005. *Im Schatten des Krieges: Besatzung oder Anschluss – Befreiung oder Unterdrückung: Eine komparative Untersuchung über die bulgarische Herrschaft in Vardar-Makedonien 1915–1918 und 1941–1944* (Münster).

Oprach, Marc, 2006. *Nationalsozialistische Judenpolitik im Protektorat Böhmen und Mähren* (Hamburg).

Oren, Nissan, 1968. «The Bulgarian exception: A reassessment of the salvation of the Jewish community», YVS 7, S. 83–106.

Orlowski, Hubert, 1996. *«Polnische Wirtschaft»: Zum deutschen Polendiskurs der Neuzeit* (Wiesbaden)

Orth, Karin, 1997. «Rudolf Höß und die ‹Endlösung der Judenfrage›», *WerkstattGeschichte* 6 (18), S. 45–57.

Orth, Karin, 1999. *Das System der nationalsozialistischen Konzentrationslager* (Hamburg).

Orth, Karin, 2000. *Die Konzentrationslager-SS: Sozialstrukturelle Analysen und biographische Studien* (Göttingen).

Ory, Pascal, 1976. *Les collaborateurs 1940–1945* (Paris).

Osterloh, Jörg, 1997. *Ein ganz normales Lager: Das Kriegsgefangenen-Mannschaftsstammlager 304 (*IVH) Zeithain bei Riesa/Sa. 1941 bis 1945 (Leipzig).

Otto, Reinhard, 1998. *Wehrmacht, Gestapo und sowjetische Kriegsgefangene im deutschen Reichsgebiet 1941/42* (München).

Otto, Reinhard, Rolf Keller und Jens Nagel, 2008. «Sowjetische Kriegsgefangene in deutschem Gewahrsam 1941–1945: Zahlen und Dimensionen», *VfZ* 56 (4), S. 557–602.

Overmans, Rüdiger, 1999. «Die Rheinwiesenlager 1945: ‹Ein untergeordneter Eintrag im Leidensbuch der Geschichte?›», in Bischof und Overmans (Hrsg.), S. 233–264.

Overmans, Rüdiger, 2005. «Die Kriegsgefangenenpolitik des Deutschen Reiches 1939 bis 1945» in DRZW, 9/2 (München), S. 729–875.

Overy, Richard, 2000. *Die Wurzeln des Sieges: Warum die Alliierten den Zweiten Weltkrieg gewannen* (Stuttgart).

Overy, Richard, Gerhard Otto und Johannes Houwink ten Cate (Hrsg.), 1997. *Die «Neuordnung Europas»: NS-Wirtschaftspolitik in den besetzten Gebieten* (Berlin).

Pätzold, Kurt und Erika Schwarz, 1994. *«Auschwitz war für mich nur ein Bahnhof»: Franz Novak, der Transportoffizier Adolf Eichmanns* (Berlin).

Pagenstecher, Cord, Bernhard Bremberger und Gisela Wenzel, 2008. *Zwangsarbeit in Berlin: Archivrecherchen, Nachweissuche und Entschädigung* (Berlin).

Paldiel, Mordechai, 1998. «The rescue of Jewish children in Belgium during World War II» in Michman (Hrsg.), S. 307–325.

Palty, Sonja, 1995. *Jenseits des Dnjestr: Jüdische Deportationsschicksale aus Bukarest in Transnistrien 1942–1943*, hrsg. v. Erhard Roy Wiehn (Konstanz).

Paucker, Arnold, 1988. «Die Abwehr des Antisemitismus in den Jahren 1893–1933» in Strauss und Kampe (Hrsg.), S. 143–171.

Paul, Gerhard, 2002. «Von Psychopathen, Technokraten des Terrors und ‹ganz gewöhnlichen› Deutschen: Die Täter der Shoah im Spiegel der Forschung» in ders., *Die Täter der Shoah* (Göttingen), S. 13–90.

Paul, Gerhard und Klaus-Michael Mallmann (Hrsg.), 1995. *Die Gestapo – Mythos und Realität* (Darmstadt).

Paulsson, Gunnar, 1998. «The rescue of Jews by non-Jews in Nazi-occupied Poland», *Holocaust Education* 7 (1/2), S. 19–44.

Paulsson, Gunnar, 2002. *Secret City: The Hidden Jews of Warsaw, 1940–1945* (New Haven und London).

Paulsson, Gunnar, 2004. «Das Verhältnis zwischen Polen und Juden im besetzten Warschau, 1940–1945» in Musial (Hrsg.), S. 383–404.

Pavlowitch, Stevan, 2008. *Hitler's New Disorder: The Second World War in Yugoslavia* (London).

Pavone, Claudio, 1992. *Una guerra civile: Saggio storico sulla moralità nella Resistenza* (Torino).

Pavunovski, Vladimir, 2001. «La legislazione antisemita in Bulgaria durante la seconda guerra mondiale» in Capelli und Broggini (Hrsg.), S. 96–138.

Pawełczyńska, Anna, 2001. *Werte gegen Gewalt: Betrachtungen einer Soziologin über Auschwitz* (Oświęcim).

Paxton, Robert, 2001 [1992]. *Vichy France: Old Guard and New Order 1940–1944* (New York).

Pearson, Owen, 2005. *Albania in Occupation and War: From Fascism to Communism 1940–1945* (London und New York).

Pehle, Walther (Hrsg.), 1994 [1988]. *Der Judenpogrom 1938* (Frankfurt a. M.).

Pekesen, Berna, 2012. *Nationalismus, Türkisierung und das Ende der jüdischen Gemeinden in Thrakien 1918–1942* (München).

Penkower, Monty Noam, 1988. *The Jews Were Expendable* (Detroit).

Penter, Tanja, 2004. «Arbeiten für den Feind in der Heimat-der Arbeitseinsatz in der besetzten Ukraine 1941–1944», *JfW* 45 (1), S. 65–94.

Perz, Bertrand und Florian Freund, 2004. «Auschwitz neu? Pläne und Maßnahmen zur Wiedererrichtung der Krematorien von Auschwitz-Birkenau in der Umgebung des KZ Mauthausen im Februar 1945», *Dachauer Hefte* 20,S. 58–70.

Perz, Bertrand und Thomas Sandkühler, 1999. «Auschwitz und die ‹Aktion Reinhard› 1942–45: Judenmord und Raubpraxis in neuer Sicht», *Zeitgeschichte* 26 (5), S. 283–316.

Peschanski, Denis, 2002. *La France des camps: L'internement 1938–1946* (Paris).

Peschanski, Denis, 2010 [1994]. *Les Tsiganes en France 1939–1946* (Paris).

Peterson, Christopher, Steven Maier und Martin Seligman, 1993. *Learned Helplessness: A Theory for the Age of Personal Control* (New York und Oxford).

Petrick, Fritz, 1994. «Die norwegische Kollaboration 1940–1945» in Röhr (Hrsg.) (1994a), S. 119–130.

Petrick, Fritz, 1995. «Die DAF und die Gewerkschaften in von Deutschland besetzten Ländern», BBGFW 4, S. 1–33.

Petrick, Fritz, 1998. *«Ruhestörung»: Studien zur Nordeuropapolitik Nazideutschlands* (Berlin).

Petrow, Richard, 1974. *The Bitter Years: The Invasion and Occupation of Denmark and Norway, April 1940-May 1945* (New York).

Picard, Jacques, 1997. *Die Schweiz und die Juden 1933–1945* (Zürich).

Picciotto Fargion, Liliana, 1989. «The anti-Jewish policy of the Italian Social Republic (1943–1945)» in Marrus (Hrsg.), S. 255–287.

Pilichowski, Czesław, 1982. «Verbrauch von Nahrungsmitteln durch jüdische Bevölkerung und Häftlinge der Okkupationslager im besetzten Polen», *Studia Historiae Oeconomicae* 17, S. 205–215.

Pingel, Falk, 1978. *Häftlinge unter SS-Herrschaft* (Hamburg).

Piper, Ernst, 2005. *Alfred Rosenberg: Hitlers Chefideologe* (München).

Plaut, Joshua, 1996. *Greek Jewry in the Twentieth Century, 1913–1983: Patterns of Jewish Survival in the Greek Provinces Before and After the Holocaust* (Madison).

Pohl, Dieter, 1993. *Von der «Judenpolitik» zum Judenmord: Der Distrikt Lublin des Generalgouvernements 1939–1944* (Frankfurt a. M.).

Pohl, Dieter, 1996. *NS-Judenverfolgung in Ostgalizien 1941–1944* (München).

Pohl, Dieter, 1998. «Die großen Zwangsarbeitslager der SS- und Polizeiführer für Juden im Generalgouvernement 1939–1945» in Herbert u. a. (Hrsg.), S. 415–438.

Pohl, Dieter, 2000. «Schauplatz Ukraine: Der Massenmord an den Juden im Militärverwaltungsgebiet und im Reichskommissariat 1941–1943» in Norbert Frei, Sybille Steinbacher und Bernd Wagner (Hrsg.), *Ausbeutung, Vernichtung, Öffentlichkeit: Neue Studien zur nationalsozialistischen Lagerpolitik* (München), S. 135–173.

Pohl, Dieter, 2003. *Verfolgung und Massenmord in der NS-Zeit 1933–1945* (Darmstadt).

Pohl, Dieter, 2010. «The murder of Ukraine's Jews under German military administration and in the Reich Commissariat Ukraine» in Brandon und Lower (Hrsg.), S. 23–76.

Pohl, Dieter, 2011. *Die Herrschaft der Wehrmacht: Deutsche Militärbesatzung und einheimische Bevölkerung in der Sowjetunion 1941–1944* (Frankfurt a. M.).

Poliakov, Leon, 1953. «An opinion poll on anti-Jewish measures in Vichy France», JSS 15 (2), S. 135–150.

Poliakov, Léon, 1974. *The Aryan Myth: A History of Racist and Nationalist Ideas in Europe* (London)

Polian, Pavel, 2005a. «Sowjetische Juden als Kriegsgefangene» in Bischof u. a. (Hrsg.), S. 487–505.

Polian, Pavel, 2005b. «The internment of returning Soviet prisoners of war after 1945» in Bob Moore und Barbara Hately-Brown, *Prisoners of War, Prisoners of Peace* (Oxford und New York), S. 123–139.

Polian, Pavel, 2007. «Die Repatriierung der sowjetischen Kriegsgefangenen» in *Ich werde es nie vergessen*, S. 36–42.

Polian, Pavel, 2008. «Hätte der Holocaust beinahe nicht stattgefunden? Überlegungen zu einem Schriftwechsel im Wert von über zwei Millionen Menschenleben» in Hürter und Zarusky (Hrsg.), S. 1–19.

Poprzeczny, Joseph, 2004. *Odilo Globocnik: Hitler's Man in the East* (Jefferson und London).

Poznanski, Renée, 1997. *Les juifs en France pendant la seconde guerre mondiale* (Paris).

Pramowska, Anna, 2010. *Civil War in Poland, 1942–1948* (Basingstoke und New York).

Pressac, Jean-Claude, 1989. *Auschwitz: Techniques and Operation of the Gas Chambers* (New York).

Pressac, Jean-Claude, 1995. *Die Krematorien von Auschwitz*, 2. Auflage (München und Zürich).

Propping, Peter und Heinz Schott (Hrsg.), 1992. *Wissenschaft auf Irrwegen: Biologismus – Rassenhygiene – Eugenik* (Bonn und Berlin).

Prusin, Alexander, 2003. «Revolution and ethnic cleansing in western Ukraine: The OUN-UPA assault against Polish settlements in Volynia and eastern Galicia, 1943–1944» in Steven Béla Várdy und T. Hunt Tooley (Hrsg.), *Ethnic Cleansing in Twentieth Century Europe* (New York), S. 517–535.

Prusin, Alexander, 2007. «A community of violence: The Sipo/SD and its role in the Nazi terror system in Generalbezirk Kiev», HGS 21 (1), S. 1–30.

Prusin, Alexander, 2010. *The Lands Between: Conflict in the East European Borderlands, 1870–1992* (Oxford).

Pryce-Jones, David, 1991. «Paris unter der deutschen Besatzung» in Hirschfeld und Marsh (Hrsg.), S. 23–42.

Pulzer, Peter, 1966. *Die Entstehung des politischen Antisemitismus in Deutschland und Österreich 1867–1914* (Gütersloh).

Quadflieg, Peter, 2009. «Luxemburg – Zwangsrekrutiert ins Deutsche Reich: Luxemburgs nationale Identität und ihre Prägung durch den Zweiten Weltkrieg» in von Lingen, S. 172–188.

Raspin, Angela, 1986. *The Italian War Economy 1940–1943: With Particular Reference to Italian Relations With Germany* (New York und London).

Rass, Christoph, 2003. *«Menschenmaterial»: Deutsche Soldaten an der Ostfront* (Paderborn).

Rass, Christoph, 2005. «Verbrecherische Kriegführung an der Front: Eine Infanteriedivision und ihre Soldaten» in Hartmann u. a. (Hrsg.), S. 80–96.

Rassismus in Deutschland, o. J. [1994] (*Beiträge zur Geschichte der nationalsozialistischen Verfolgung in Norddeutschland*, 1) (Bremen).

Rautkallio, Hannu, 1987. *Finland and the Holocaust* (New York).

Rechnitz Koffler, Florette und Richard Koffler, 1995. «Introduction» in Caracciolo, S. xxv–xxxiv.

Reemtsma, Jan Philipp, 2008. *Vertrauen und Gewalt: Versuch über eine besondere Konstellation der Moderne* (Hamburg).

Reichardt, Sven, 2002. *Faschistische Kampfbünde: Gewalt und Gemeinschaft im italienischen Squadrismus und in der deutschen SA* (Köln u. a.).

Reinhardt, Klaus, 1972. *Die Wende vor Moskau: Das Scheitern der Strategie Hitlers im Winter 1941/42* (Stuttgart).

Reitlinger, Gerald, 1961. *Die Endlösung*, 4. verbesserte u. erweiterte Auflage (Berlin).

Reitlinger, Gerald, 1963. *Ein Haus auf Sand gebaut: Hitlers Gewaltpolitik in Rußland 1941–1944*, 2. Auflage (Gütersloh).

Reznikova, Irina, 2000. «Repression während der Leningrader Blockade», *1999* 15 (1), S. 117–141.

Rieger, Berndt, 2007. *Creator of the Nazi Death Camps: The Life of Odilo Globocnik* (London und Portland).

Ries, Markus, 1998. «Katholischer Antisemitismus in der Schweiz» in Mattioli (Hrsg.), S. 45–57.

Riess, Volker, 1995. *Die Anfänge der Vernichtung «lebensunwerten Lebens» in den Reichsgauen Danzig-Westpreußen und Wartheland 1939/40* (Frankfurt a. M.).

Roberts, Sophie, 2006. «Jews, Vichy and the Algiers insurrection of 1942», *Holocaust Education* 12 (3), S. 63–88.

Robinson, Roland, 1972. «Non-European foundations of European imperialism: Sketch for a theory of collaboration» in Roger Owen und Bob Sutcliffe (Hrsg.), *Studies in the Theory of Imperialism* (London), S. 117–140.

Röhr, Werner (Hrsg.), 1994a. *Okkupation und Kollaboration 1938–1945* (Berlin und Heidelberg).

Röhr, Werner, 1994b. «Gewittersturm über Warschau – Politische Akzente des Aufstands 1944», BBGFW 3, S. 1–55.

Röhr, Werner, 1997. «System oder organisiertes Chaos? Fragen einer Typologie der deutschen Okkuptionsregimes im Zweiten Weltkrieg» in Robert Bohn (Hrsg.), *Die deutsche Herrschaft in den «germanischen» Ländern 1940–1945* (Stuttgart), S. 11–45.

Röhr, Werner, 2002. «‹Reichsgau Wartheland› 1939–1945: Vom ‹Exerzierplatz des praktischen Nationalsozialismus› zum ‹Mustergau›?» *Bulletin für Faschismus- und Weltkriegsforschung* 18, S. 28–54.

Römer, Felix, 2008. *Der Kommissarbefehl: Wehrmacht und NS-Verbrechen an der Ostfront 1941/42* (Paderborn).

Romano, Jaša und Ladoslav Kadelburg, 1977. «The Third Reich: Initiator, organizer and executor of anti-Jewish measures and genocide in Yugoslavia» in *The Third Reich and Yugoslavia* (Belgrade), S. 670–690.

Romanovski, W., 1984. *Natsistskaya politika genotsida i «vyshtshennoi semli» v Belorussii 1941–1944* (Minsk).

Rose, Romani (Hrsg.), 2003. *Der nationalsozialistische Völkermord an den Sinti und Roma*, 2. Auflage (Heidelberg).

Roseman, Mark, 2002. *Die Wannsee-Konferenz: Wie die NS-Bürokratie den Holocaust organisierte* (Berlin).

Rosenkötter, Bernhard, 2003. *Treuhandpolitik: Die «Haupttreuhandstelle Ost» und der Raub polnischen Vermögens 1939–1945* (Essen).

Rossino, Alexander, 2003. *Hitler Strikes Poland: Blitzkrieg, Ideology and Atrocity* (Lawrence).

Rost, Karl Ludwig, 1992. «Der propagandistische Missbrauch des Begriffes ‹Erbkrankheit› im NS-Staat» in Propping und Schott (Hrsg.), S. 44–65.

Roth, Markus, 2009. *Herrenmenschen: Die deutschen Kreishauptleute im besetzten Polen* (Göttingen).

Rother, Bernd, 2001. *Spanien und der Holocaust* (Tübingen).
Rothkirchen, Livia, 1998. «The situation of Jews in Slovakia between 1939 and 1945», JASF 7, S. 46–70.
Rothkirchen, Livia, 2005. *The Jews of Bohemia and Moravia: Facing the Holocaust* (Lincoln und Jerusalem)
Rothschild, Joseph, 1974. *East Central Europe Between the Two World Wars* (Seattle und London).
Roumani, Maurice, 2008. *The Jews of Libya: Coexistence, Persecution, Resettlement* (Brighton und Portland).
Rozen, Minna, 2005. «Jews and Greeks remember their past: The political career of Tsevi Koretz (1933–43)», JSS 12 (1), S. 111–166.
Rozenblum, Thierry, 2003. «Une cité si ardente: L'administration communal de Liege et la persecution des Juifs, 1940–1942», RHS 179, Septembre-Decembre, S. 9–74.
Rückerl, Adalbert (Hrsg.), 1977. *NS-Vernichtungslager im Spiegel deutscher Strafprozesse* (München).
Rürup, Reinhard, 1975. *Emanzipation und Antisemitismus* (Göttingen).
Rürup, Reinhard, 1988. «Emanzipation und Antisemitismus: Historische Verbindungslinien» in Strauss und Kampe (Hrsg.), S. 88–98.
Rupnow, Dirk, 2000. *Täter, Gedächtnis, Opfer: Das «Jüdische Zentralmuseum» in Prag 1942–1945* (Wien).
Rupnow, Dirk, 2006. «Antijüdische Wissenschaft im ‹Dritten Reich› – Wege, Probleme und Perspektiven der Forschung», SDIY, Bd. V, S. 539–598.
Rutherford, Phillip, 2007. *Prelude to the Final Solution: The Nazi Program for Deporting Ethnic Poles, 1939–1941* (Lawrence).
Sabatello, Eitan, 1989. «Le conseguenze sociale ed economiche delle persecuzioni sugli ebrei in Italia» in Camera dei deputati, S. 79–94.
Sabille, Jean, 1954. *Les juifs de Tunisie sous Vichy et l'occupation* (Paris).
Safrian, Hans, 1997. *Eichmann und seine Gehilfen* (Frankfurt).
Saller, Karl, 1961. *Die Rassenlehre des Nationalsozialismus in Wissenschaft und Propaganda* (Darmstadt).
Sanders, Paul, 2001. *Histoire du marché noir 1940–1946* (o.O. [Paris]).
Sanders, Paul, 2005. *The British Channel Islands under German Occupation 1940–1945* (o.O.).
Sarfatti, Michele, 1994. *Mussolini contro gli ebrei: Cronaca dell' elaborazione delle leggi del 1938* (Turin).
Sarfatti, Michele, 2006. *The Jews in Mussolini's Italy* (Madison)
Sarraute, P. und P. Tager, 1982. «Introduction», CDJC, S. 1–12.
Sauvy, Alfred, 1978. *La vie économique des Français de 1939 à 1945* (Paris).
Schäfer, Annette, 2000. *Zwangsarbeiter und NS-Rassenpolitik: Russische und polnische Arbeitskräfte in Württemberg 1939–1945* (Stuttgart).
Schafft, Gretchen, 2004. *From Racism to Genocide: Anthropology in the Third Reich* (Urbana und Chicago).
Schaller, Helmut, 2002. *Der Nationalsozialismus und die slawische Welt* (Regensburg).
Schechtman, Joseph, 1946. *European Population Transfers 1939–1945* (New York).
Scheck, Raffael, 2008. *Hitler's African Victims: The German Army Massacres of Black French Soldiers in 1940*, 2. Auflage (Cambridge).
Scheffler, Wolfgang, 1985. «The forgotten path to the ‹final solution›: The liquidation of the ghettos», SWCA 2, S. 31–51.
Scheffler, Wolfgang, 1988. «Wege zur ‹Endlösung›», in Strauss und Kampe (Hrsg.), S. 186–214.
Scheffler, Wolfgang, 1997. «Die Einsatzgruppe A» in Klein (Hrsg.), S. 29–51.

Scheffler, Wolfgang und Helge Grabitz, 1993. *Der Ghetto-Aufstand Warschau 1943 aus der Sicht der Täter und Opfer in Aussagen vor deutschen Gerichten* (München).
Schelvis, Jules, 1998. *Vernichtungslager Sobibór* (Berlin).
Schenk, Dieter, 2000. *Hitlers Mann in Danzig: Albert Forster und die NS-Verbrechen in Danzig-Westpreußen* (Bonn).
Schiefelbein, Dieter, o. J. (1993). *Das «Institut zur Erforschung der Judenfrage Frankfurt am Main»: Vorgeschichte und Gründung 1935–1939* (Frankfurt a. M.).
Schildt, Axel, 1998. «Wohnungspolitik» in Hans Günther Hockerts (Hrsg.), *Drei Wege zur Sozialstaatlichkeit: NS-Diktatur, Bundesrepublik und DDR im Vergleich* (München), S. 151–189.
Schlarp, Karl-Heinz, 1986. *Wirtschaft und Besatzung in Serbien 1941–1944* (Stuttgart).
Schlemmer, Thomas und Hans Woller, 2005. «Der italienische Faschismus und die Juden 1922 bis 1945», *VfZ* 53 (2), S. 165–201.
Schleunes, Karl, 1992. «1939: The making of war and the final solution» in Cohen u. a. (Hrsg.), S. 25–34.
Schmider, Klaus, 2002. *Partisanenkrieg in Jugoslawien 1941–1944* (Hamburg).
Schmuhl, Hans-Walter, 2005. *Grenzüberschreitungen: Das Kaiser-Wilhelm-Institut für Anthropologie, menschliche Erblehre und Eugenik 1927–1945* (Göttingen).
Schneider, Hubert, 2010. *Die «Entjudung» des Wohnraums – «Judenhäuser» in Bochum* (Münster).
Schölzel, Christian, 2013. «Zwangsarbeit und der ‹Unabhängige Staat Kroatien›»,in Sanela Hodzic und Christian Schölzel, *Zwangsarbeit und der «Unabhängige Staat Kroatien» 1941–1945* (Berlin), S. 3–127.
Schoenfeld, Joachim, 1985. *Holocaust Memoirs: Jews in the Lwów Ghetto, the Janowski Concentration Camp, and as Deportees in Siberia* (Hoboken).
Scholze-Irrlitz, Leonore und Karoline Noack (Hrsg.), 1998. *Arbeit für den Feind: Zwangsarbeiter-Alltag in Berlin und Brandenburg (1939–1945)* (Berlin und Brandenburg).
Schreiber, Beate, 2007. «‹Arisierung› in Berlin 1933–1945: Eine Einführung» in Christof Biggeleben, Beate Schreiber, Kilian Steiner (Hrsg.), *«Arisierung» in Berlin* (Berlin), S. 13–53.
Schreiber, Gerhard, 1996. *Deutsche Kriegsverbrechen in Italien* (München).
Schröder, Hans-Joachim, 1992. *Die gestohlenen Jahre: Erzählgeschichten und Geschichtserzählung-Interview: Der Zweite Weltkrieg aus der Sicht ehemaliger Mannschaftssoldaten* (Tübingen).
Schulle, Diana, 2001. *Das Reichssippenamt* (Berlin).
Schulte, Jan Erik, 2001. *Zwangsarbeit und Vernichtung: Das Wirtschaftsimperium der SS* (Paderborn).
Schulte, Theo, 1995. «Korück 582» in Heer und Naumann (Hrsg.), S. 323–342.
Schulz, Kristina, 2012, *Die Schweiz und die literarischen Flüchtlinge 1933–1945* (Berlin).
Schulze, Birgit, 2007. «Das Schicksal dänischer Deportierter in nationalsozialistischen Konzentrationslagern», *Dachauer Hefte* 23, S. 57–72.
Schumann, Dirk, 2001. *Politische Gewalt in der Weimarer Republik 1918–1933* (Essen).
Schwarze, Gisela (Hrsg.), 2005. *Die Sprache der Opfer: Briefzeugnisse aus Russland und der Ukraine als Quelle der Geschichtsschreibung* (Essen).
Sebag, Paul, 1991. *Histoire des Juifs de Tunisie* (Paris).
Seckendorf, Martin, 2001. «Deutsche Baltikumkonzeptionen 1941–1944 im Spiegel von Dokumenten der zivilen Okkupationsverwaltung: Eine Dokumentation», *1999*, 16 (1), S. 140–172.
Seeger, Andreas, 1996. *«Gestapo-Müller»: die Karriere eines Schreibtischtäters* (Berlin).
Segbers, Klaus, 1987. *Die Sowjetunion im Zweiten Weltkrieg* (München).

Seidel, Robert, 2006. *Deutsche Besatzungspolitik in Polen: Der Distrikt Radom 1939–1945* (Paderborn).

Seidler, Horst und Andreas Rett, 1982. *Das Reichssippenamt entscheidet: Rassenbiologie im Nationalsozialismus* (Wien und München).

Sereny, Gitta, 1980. *Am Abgrund* (Frankfurt a. M.).

Shapiro, Paul, 1997. «The Jews of Chişinău (Kishinev): Romanian reoccupation, ghettoization, deportation» in Braham (Hrsg.), S. 135–193.

Shaw, Stanford, 1993. *Turkey and the Holocaust* (New York).

Shelach, Menachem, 1992. «The murder of Jews in Serbia and the Serbian uprising in July 1941» in Cohen u. a. (Hrsg.), S. 161–175.

Shepherd, Ben, 2004. *War in the Wild East: The German Army and Soviet Partisans* (Cambridge und London).

Sigg, Marco, 2011. *«Der Unterführer als Moltke im Taschenformat»: Auftragstaktik im deutschen Heer 1935–1945* (Dissertation, Universität Bern).

Silberklang, David, 2004. «Die Juden und die ersten Deportationen aus dem Distrikt Lublin» in Musial (Hrsg.), S. 141–164.

Silvennoinen, Oula, 2008. *Geheime Waffenbrüderschaft: Die sicherheitspolizeiliche Zusammenarbeit zwischen Finnland und Deutschland 1933–1944* (Darmstadt).

Sinnreich, Helene, 2004. *The Supply and Distribution of Food in the Łódź Ghetto: A Case Study in Nazi Jewish Policy, 1939–1945* (Dissertation, Brandeis University).

Şiperco, Andrei, 1997. *Crucea Roşie Internaţională şi România în perioada celui de-al doilea război mondial (1 septembrie 1939–23 august 1944)* (Bukarest).

Śliwowska, Wiktoria (Hrsg.), 1999. *The Last Eyewitnesses: Children of the Holocaust Speak* (Evanston).

Smilovitsky, Leonid, 1997. «Righteous Gentiles, the partisans and Jewish survival in Belorussia, 1941–1944», HGS 11 (3), S. 301–329.

Smilovitsky, Leonid, 2003. «A demographic profile of the Jews in Belorussia from the pre-war to the post-war time», JGR 5 (1), S. 117–129.

Smith, Woodruff, 1986. *The Ideological Origins of Nazi Imperialism* (New York und Oxford).

Snyder, Timothy, 1999. «‹To resolve the Ukrainian problem once and for all›: The ethnic cleansing of Ukrainians and Poles, 1943–1947», *Journal of Cold War Studies* 1 (2), S. 86–120.

Snyder, Timothy, 2010, «The life and death of the western Volhynian Jewry, 1931–1945» in Brandon und Lower (Hrsg.), S. 77–113.

Snyder, Timothy, 2011, *Bloodlands: Europa zwischen Hitler und Stalin* (München).

Solonari, Vladimir, 2007a. «An important new document on the Romanian policy of ethnic cleansing during World War II», HGS 21 (2), S. 268–297.

Solonari, Vladimir, 2007b. «Patterns of violence: The local population and the mass murder of Jews in Bessarabia and northern Bukovina, July-August 1941», *Kritika* 8 (4), S. 749–787.

Solonari, Vladimir, 2010. *Purifying the Nation: Population Exchange and Ethnic Cleansing in Nazi-Allied Romania* (Washington und Baltimore)

Speckner, Hubert, 2003. *In der Gewalt des Feindes: Kriegsgefangenenlager in der «Ostmark» 1939 bis 1945* (München).

Speckner, Hubert, 2005. «Kriegsgefangenenlager in der ‹Ostmark›», in Bischoff u. a. (Hrsg.), S. 329–351.

Spector, Shmuel, 1990a. *The Holocaust of Volhynian Jews 1941–1944* (Jerusalem).

Spector, Shmuel, 1990b. «Aktion 1005 – effacing the murder of millions», HGS 5, S. 157–173.

Spector, Shmuel, 1993. «Jews in the resistance and partisan movements in the Soviet Ukraine», YVS 28, S. 127–143.

Spengler-Axiopoulos, Barbara, 2011. «Griechen ohne Heimat: Am Ende stand die Entwurzelung – das wenig bekannte Schicksal der ‹Bürgerkriegskinder›», *Neue Zürcher Zeitung*, 5. Mai, S. 49.

Spoerer, Mark, 2001. *Zwangsarbeit unter dem Hakenkreuz* (Stuttgart und München).

Spoerer, Mark und Jochen Fleischhacker, 2002. «Forced laborers in Nazi Germany: Categories, numbers, and survivors», *Journal of Interdisciplinary History* 33 (2), S. 169–204.

Stark, Tamás, 1999. «Ungarische Gefangene in der Sowjetunion» in Bischof und Overmans (Hrsg.), S. 407–416.

Stark, Tamás, 2001. «Population movements in Hungary during the war years», *Jahrbuch des Italienisch-deutschen Historischen Instituts in Trient* 27, S. 619–632.

Stark, Tamás, 2005. «Ungarische Zivilisten in sowjetischer Kriegsgefangenschaft» in Bischoff u. a. (Hrsg.), S. 109–122.

Stein, George, 1978. *Geschichte der Waffen-SS* (Königstein).

Stein, Harry, 1998. «Funktionswandel des Konzentrationslagers Buchenwald im Spiegel der Lagerstatistiken» in Herbert u. a. (Hrsg.), S. 167–192.

Steinbacher, Sybille, 2000. *«Musterstadt» Auschwitz: Germanisierungspolitik und Judenmord in Ostoberschlesien* (München).

Steinberg, Jonathan, 1992. *Deutsche, Italiener und Juden* (Göttingen).

Steinberg, Maxime, 1998, «The Jews in the years 1940–1944: Three strategies for coping with a tragedy» in Michman (Hrsg.), S. 347–272.

Steiner, John und Jobst von Cornberg, 1998. «Willkür in der Willkür: Befreiung von den antisemitischen Gesetzen», *VfZ* 46, S. 143–187.

Steinert, Marlis, 1970. *Hitlers Krieg und die Deutschen* (Düsseldorf und Wien).

Steinweis, Alan, 2006. *Studying the Jew. Scholarly Antisemitism in Nazi Germany* (Cambridge und London).

Stern, Fritz, 1965. *Kulturpessimismus als politische Gefahr: Eine Analyse nationaler Ideologie in Deutschland* (Bern).

Steur, Claudia, 1997. *Theodor Dannecker: Ein Funktionär der «Endlösung»*(Essen).

Stiller, Alexa, 2009. «Grenzen des ‹Deutschen›: Nationalsozialistische Volkstumspolitik in Polen, Frankreich und Slowenien während des Zweiten Weltkriegs», in Mathias Beer, Dietrich Beyrau und Cornelia Rauh (Hrsg.), *Deutschsein als Grenzerfahrung* (Essen), S. 61–84.

Stoltzfus, Nathan, 1996. *Resistance of the Heart: Intermarriage and the Rosenstrasse Protest in Nazi Germany* (New York und London).

Strauss, Herbert, 1980. «Jewish emigration from Germany: Nazi policies and Jewish responses (I)», LBIY 25, S. 3133–61.

Strauss, Herbert, 1987. *Essays on the History, Persecution and Emigration of the German Jews* (New York).

Strauss, Herbert und Norbert Kampe (Hrsg.), 1988. *Antisemitismus: Von der Judenfeindschaft zum Holocaust* (Bonn).

Streit, Christian, 1991 [1978]. *Keine Kameraden: Die Wehrmacht und die sowjetischen Kriegsgefangenen 1941–1945* (Bonn).

Strugar, Vlado, o. J. [1969]. *Der jugoslawische Volksbefreiungskrieg 1941 bis 1945* (Berlin [Ost]).

Strzelecki, Andrzej, 1994. «The plunder of victims and their corpses» in Gutman und Berenbaum (Hrsg.), S. 246–266.

Sulik, Alfred, 1991. «Volkstumspolitik und Arbeitseinsatz: Zwangsarbeiter in der Großindustrie Oberschlesiens» in Herbert (Hrsg.), S. 106–126.

Szita, Szabolcs, 1999. *Verschleppt, verhungert, vernichtet: Die Deportation von Juden auf das Gebiet des annektierten Österreich 1944–1945* (Wien).

Szöllösi-Janze, Margit, 1989. *Die Pfeilkreuzlerbewegung in Ungarn* (München).

Tálos, Emmerich, Ernst Hanisch, Wolfgang Neugebauer und Reinhard Sieder, 2002. *NS-Herrschaft in Österreich* (Wien).

Tauber, Joachim (Hrsg.), 2006. *«Kollaboration» in Nordeuropa: Erscheinungsformen und Deutungen im 20. Jahrhundert* (Wiesbaden).

Tauber, Joachim, 2008. «Die litauische Verwaltung und die Juden in Vilnius 1941–1943» in Hürter und Zarusky (Hrsg.), S. 103–114.

Tec, Nechama, 1996. *Bewaffneter Widerstand: Jüdische Partisanen im Zweiten Weltkrieg* (Gerlingen).

Tec, Nechama, 2011. «Introduction» in Patricia Heberer (Hrsg.), *Children During the Holocaust* (Lanham), S. xxi–xli.

Teichova, Alice, 1997. «Instruments of economic control and exploitation: The German occupation of Bohemia and Moravia» in Overy u. a. (Hrsg.), S. 83–108.

Terry, Nicholas, 2005. *The German Army Group Center and the Soviet Civilian Population 1942–1944: Forced Labour, Hunger and Population Displacement on the Eastern Front* (Dissertation, University of London).

Thalmann, Rita, 1999. *Gleichschaltung in Frankreich 1940–1944* (Hamburg).

The Power of Civil Society in a Time of Genocide: Proceedings of the Holy Synod of the Bulgarian Orthodox Church on the Rescue of Jews in Bulgaria 1940–1944, 2005 (Sofia).

Ther, Philipp, 2011. *Die dunkle Seite der Nationalstaaten: «Ethnische Säuberungen» im modernen Europa* (Göttingen).

Thomas, Martin, 1998. *The French Empire at War 1940–45* (Manchester und New York).

Thum, Gregor, 2006. «Mystische Landschaften: Das Bild vom ‹deutschen Osten› und die Zäsuren des 20. Jahrhunderts», in Thum (Hrsg.), *Traumland Osten: Deutsche Bilder vom östlichen Europa im 20. Jahrhundert* (Göttingen), S. 181–213.

Thum, Gregor, 2013. «Megalomania and angst: The nineteenth-century mythization of Germany's eastern borderlands» in Omer Bartov und Eric Weitz (Hrsg.), *Shatterzones of Empires* (Bloomington und Indianapolis), S. 42–60.

Tönsmeyer, Tatjana, 2003. *Das Dritte Reich und die Slowakei: Politischer Alltag zwischen Kooperation und Eigensinn* (Paderborn).

Tokarska-Bakir, Joanna, 2012. «Cries of the mob in the pogroms in Rzeszów (June 1945), Cracow (August 1945) and Kielce (July 1946) as a source for the state of the mind of the perpetrators» in Gross (Hrsg.) (2012b), S. 205–229.

Tomasevich, Jozo, 2001. *War and Revolution in Yugoslavia, 1941–1945: Occupation and Collaboration* (Stanford).

Tooze, Adam, 2007. *Ökonomie der Zerstörung: Die Geschichte der Wirtschaft im Nationalsozialismus* (München).

Toscano, Mario, 1995. «The Jews in Italy and anti-Semitic Policy of Fascism» in Caracciolo, S. xxxv–xli.

Toury, Jacob, 1986. «Die Entstehungsgeschichte des Austreibungsbefehls gegen die Juden der Saarpfalz und Badens (22./23. Oktober 1940-Camp de Gurs)», *Jahrbuch des Instituts für deutsche Geschichte* 15, S. 431–464.

Traverso, Enzo, 1999. *Understanding the Nazi Genocide: Marxism After Auschwitz* (London).

Traverso, Enzo, 2003. *Moderne und Gewalt: Eine europäische Genealogie des Nazi-Terrors* (Köln)

Trienekens, Gerardus, 1985. *Tussen ons volk en de honger: De voedselvoorziening, 1940–1945* (Utrecht).

Trifković, Srda, 2008. «Balkan bloodbath before Wannsee: Croatia 1941 revisited» in *Israeli-Serbian Academic Exchange in Holocaust Research*, S. 47–64.

Troebst, Stefan, 1995. «Antisemitismus im ‹Land ohne Antisemitismus›: Staat, Titularnation und jüdische Minderheit in Bulgarien 1887–1993», in Mariana Hausleitner und

Monika Katz (Hrsg.), *Juden und Antisemitismus im östlichen Europa* (Wiesbaden), S. 109–125.
Trolle, Jörgen, 1994. *Die verschwundene Ordnungsmacht: Gestapo-Terror gegen die dänische Polizei vom 19. 9. 1944 bis Mai 1945* (Frankfurt a. M.).
Trubeta, Sevasti, 2003. «‹Gypsiness›, racial discourse and persecution: Balkan Roma during the Second World War», *Nationalities Papers* 31 (4), S. 495–514.
Trunk, Isaiah, 1972. *Judenrat: The Jewish Councils in Eastern Europe Under German Occupation* (New York und London).
Tuchel, Johannes, 1992. *Am Großen Wannsee 56–58: Von der Villa Minoux zum Haus der Wannsee-Konferenz* (Berlin).
Tumarkin, Nina, 1994. *The Living and the Dead: The Rise and Fall of the Cult of World War II in Russia* (New York).
Turan, Serbulent und Donald Dutton, 2010. «Psychic freezing to lethal malevolent authority», *Journal of Aggression, Conflict and Peace Research* 2 (3), S. 4–15.
Tyaglyy, Mikhail, 2004. «The role of antisemitic doctrine in German propaganda in the Crimea, 1941–1944», HGS 18 (3), S. 421–459.
Ueberschär, Gerd und Wolfram Wette (Hrsg.), 1991. *Der deutsche Überfall auf die Sowjetunion* (Frankfurt a. M.).
Ultee, Wout, Frank van Tubergen und Ruud Luijkx, 2001. «The unwholesome theme of suicide: Forgotten statistics of attempted suicide in Amsterdam and Jewish suicides in the Netherlands for 1936–1943» in Brasz und Kaplan (Hrsg.), S. 325–353.
Unabhängige Expertenkommission Schweiz – Zweiter Weltkrieg, 1999. *Die Schweiz und die Flüchtlinge zur Zeit des Nationalsozialismus* (Bern).
Unger, Michal, 1998. «The status and plight of women in the Lodz ghetto» in Dalia Ofer und Leonore Weitzman (Hrsg.), *Women in the Holocaust* (New Haven und London), S. 123–142.
Ungváry, Krisztián, 2005a. «Der Getriebene und der Treiber: Das Verhältnis zwischen ungarischer Politik und deutschen Deportationsplänen» in Mihok (Hrsg.), S. 41–54.
Ungváry, Krisztián, 2005b. «Das Beispiel der ungarischen Armee: Ideologischer Vernichtungskrieg oder militärisches Kalkül?» in Hartmann u. a. (Hrsg.), S. 98–106.
Urban, Rudolf, 1939. «Das Ende einer ‹Oase›: Die Judenfrage in Sudetengau und im Reichsprotektorat Böhmen und Mähren» in Könitzer und Trurnit (Hrsg.), S. 70–76.
van Laak, Dirk, 2003. «Die Mitwirkenden bei der ‹Arisierung›: Dargestellt am Beispiel der rheinisch-westfälischen Industrieregion 1933–1940» in Ursula Büttner (Hrsg.), *Die Deutschen und die Judenverfolgung im Dritten Reich* (Frankfurt a. M.), S. 273–304.
van Laak, Dirk, 2005. *Über alles in der Welt: Deutscher Imperialismus im 19. und 20. Jahrhundert* (München).
van Thijn, Ed, 2001. «Memories of a hidden child: A personal reflection» in Brasz und Kaplan (Hrsg.), S. 265–276.
Vegesack, Siegfried, 1965. *Als Dolmetscher im Osten* (Hannover).
Völkl, Ekkehard, 1996. *Transnistrien und Odessa (1941–1944)* (Regensburg).
Voigt, Klaus, 1987. «Refuge and persecution in Italy, 1933–1945», SWCA 4, S. 3–64.
Volkmann, Hans-Erich, 1984. «Landwirtschaft und Ernährung in Hitlers Europa 1939–1945», MGM 35, S. 9–74.
Volkov, Shulamit, 1990. *Jüdisches Leben und Antisemitismus im 19. und 20. Jahrhundert* (München).
Volovici, Leon, 1997. «The victim as eyewitness: Jewish intellectual diaries during the Antonescu period» in Braham (Hrsg.), S. 195–213.
von Herwarth, Hans, 1982. *Zwischen Hitler und Stalin: Erlebte Zeitgeschichte 1931 bis 1945* (Frankfurt a. M. u. a.).

von Lingen, Kerstin, 2009. *Kriegserfahrung und nationale Identität in Europa nach 1945* (Paderborn).

von Trotha, Trutz, 1997. «Zur Soziologie der Gewalt» in von Trotha. (Hrsg.), *Soziologie der Gewalt* (Opladen), S. 9–56.

von Xylander, Marlen, 1989. *Die deutsche Besatzungsherrschaft auf Kreta 1941–1945* (Freiburg).

von Zitzewitz, Hasso, 1992. *Das deutsche Polenbild in der Geschichte* (Köln).

Vulesica, Marija, 2008. «Antisemitismus im ersten Jugoslawien», JASF 17, S. 131–152.

Vynokurova, Faina, 2010. «The fate of Bukovinian Jews in the ghettos and camps of Transnistria, 1941–1944: A review of the sources at the Vinnytsa Oblast state archive», *Holocaust and Modernity* 2 (8), S. 18–26.

Wachsmann, Nikolaus, 2006. *Gefangen unter Hitler: Justizterror und Strafvollzug im NS-Staat* (München).

Wagner, Patrick, 1996. *Volksgemeinschaft ohne Verbrecher: Konzeption und Praxis der Kriminalpolizei in der Zeit der Weimarer Republik und des Nationalsozialismus* (Hamburg).

Wagner, Thorsten, 2001. «Ein vergebliches Unterfangen? Der Antisemitismus und das Scheitern des dänischen Nationalsozialismus» in Graml (Hrsg.), S. 275–296.

Walk, Joseph (Hrsg.), 1981. *Das Sonderrecht für Juden im NS-Staat* (Heidelberg und Karlsruhe).

Walter, Dirk, 1999. *Antisemitische Kriminalität und Gewalt: Judenfeindschaft in der Weimarer Republik* (Bonn).

Wannsee Conference and the Genocide of the European Jews, 2009, hrsg. v. House of the Wannsee conference Memorial and Educational Site. (Berlin).

Wardzyńska, Maria, 1993. *Sytuacja ludnósci polskiej w Generalnym Komisariacie Litwy, czerwiec 1941–lipiec 1944* (Warschau).

We survived ... Yugoslav Jews on the Holocaust, 2006 (Bd. 2) und 2009 (Bd. 3) (Belgrad).

Weber, Peter, 2004. «Eyewitness testimonies as source of a historical analysis of the deportations to Transnistria, 1941–1943», *Balkan Studies* 45, S. 28–43.

Wechsler, Harold, 1984. «The rationale for restriction: Ethnicity and college admission in America, 1910–1980», *American Quarterly* 36 (5), S. 643–687.

Weikart, Richard, 2004. *From Darwin to Hitler: Evolutionary Ethics, Eugenics, and Racism in Nazi Germany* (Palgrave Macmillan).

Weikart, Richard, 2009. *Hitler's Ethic: The Nazi Pursuit of Evolutionary Progress* (New York)

Weindling, Paul, 1989. *Health, Race and German Politics Between National Unification and Nazism, 1870–1945* (New York).

Weindling, Paul, 2000. *Epidemics and Genocide in Eastern Europe 1890–1945* (Oxford).

Weiner, Amir, 2001. *Making Sense of War: The Second World War and the Fate of the Bolshevik Revolution* (Princeton und Oxford).

Weinert, Rainer, 1993. *«Die Sauberkeit der Verwaltung im Kriege»: Der Rechnungshof des Deutschen Reiches 1938–1946* (Opladen).

Weingarten, Ralph, 1981. *Die Hilfeleistung der westlichen Welt bei der Endlösung der deutschen Judenfrage: Das «Intergovernmental Committee on Political Refugees»* (IGC) 1938–1939 (Bern).

Weiss, Aharon, 1977. «Jewish leadership in occupied Poland-postures and attitudes», YVS 12, S. 335–365.

Welzer, Harald, unter Mitarbeit von Michaela Christ, 2005. *Täter: Wie aus ganz normalen Menschen Massenmörder werden* (Frankfurt a. M.).

Wenzel, Mario, 2007. «Ausbeutung und Vernichtung: Zwangsarbeitslager für Juden im Distrikt Krakau 1942–1944», *Dachauer Hefte* 23, S. 189–207.

Westermann, Edward, 2005. *Hitler's Police Battalions: Enforcing Racial War in the East* (Lawrence).

Wetzel, Juliane, 1988. «Auswanderung aus Deutschland» in Benz (1988a), S. 412–498.

Wielenga, Friso, 2009. «Die ‹Guten› und die ‹Bösen›: Niederländische Erinnerungskultur und nationale Identität nach 1945» in von Lingen, S. 246–264.

Wiesinger, Barbara, 2008. *Partisaninnen: Widerstand in Jugoslawien (1941–1945)* (Wien).

Wildt, Michael, 1995. *Die Judenpolitik des SD 1935 bis 1938* (München).

Wildt, Michael, 2003. *Generation des Unbedingten: Das Führungskorps des Reichssicherheitshauptamtes* (Hamburg).

Wildt, Michael, 2007. *Volksgemeinschaft als Selbstermächtigung: Gewalt gegen Juden in der deutschen Provinz 1919 bis 1939* (Hamburg).

Willems, Susanne, 2000. *Der entsiedelte Jude: Albert Speers Wohnungsmarktpolitik für den Berliner Hauptstadtbau* (Berlin).

Willenberg, Samuel, 2009. *Treblinka: Lager, Revolte, Flucht, Warschauer Aufstand* (Hamburg und Münster).

Williams, Maurice, 2005. *Gau, Volk und Reich: Friedrich Rainer und der österreichische Nationalsozialismus* (Klagenfurt).

Winkler, Heinrich August, 1981. «Die deutsche Gesellschaft der Weimarer Republik und der Antisemitismus» in Martin und Schulin (Hrsg.), S. 271–289.

Wistrich, Robert, 1991. *Antisemitism* (London).

With a Needle in the Heart: Memoirs of Former Prisoners of Ghettos and Concentration Camps, 2003. (Vilnius).

Witt, Sabine, 2012. *Apostel der Reinheit: Die kulturelle Praxis nationalsozialistischer Intellektueller in der Slowakei, 1918 bis 1945* (Dissertation, Universität Bern).

Witte, Peter, 1995. «Zwei Entscheidungen in der ‹Endlösung der Judenfrage›: Deportationen nach Łódz und Vernichtung in Chelmno», TSD,S. 38–68.

Witte, Peter und Stephen Tyas, 2001. «A new document on the deportation and murder of Jews during ‹Einsatz Reinhardt› 1942», HGS 15 (3), S. 468–486.

Wnuk, Rafal o. J., «Recent Polish historiography on Polish-Ukrainian relations during World War II and ist aftermath», http://ece.columbia.edu/files/ece/iamges/wnuk-1.pdf (Zugriff 22. Januar 2013).

Wuescht, Johann, 1969. *Jugoslawien und das Dritte Reich* (Stuttgart).

Wuescht, Johann, 1975. *Die mayarische Okkupation der Batschka 1941–1944* (Kehl: Selbstverlag

Yahil, Leni, 1983 [1969]. *The Rescue of Danish Jewry* (Philadelphia).

Yacoel, Yomtov, «In the anteroom of hell: Memoir», in Clogg 2002b, S. 25–121.

Zabarko, Boris (Hrsg.), 2005. *Holocaust in the Ukraine* (London und Portland).

Zabarko, Boris, 2014. «Die letzte Generation der Überlebenden und das Gedenken an den Holocaust in der Ukraine» in Babette Quinkert und Jörg Morré (Hrsg.), *Deutsche Besatzung in der Sowjetunion 1941–1944: Vernichtungskrieg, Reaktionen, Erinnerung* (Paderborn), S. 383–399.

Zagovec, Rafael, 2005. «Gespräche mit der ‹Volksgemeinschaft›: Die deutsche Kriegsgesellschaft im Spiegel westalliierter Frontverhöre», DRZW 9/2, S. 289–381.

Zariz, Ruth, 1987. «Officially approved emigration from Germany after 1941: A case study», YVS 18, S. 275–291.

Zarusky, Jürgen, 2007. «Die ‹Russen› im KZ Dachau: Bürger der Sowjetunion als Opfer des NS-Regimes», *Dachauer Hefte* 23, S. 105–139.

Zbikowski, Andrzej, 1993. «Local anti-Jewish pogroms in the occupied territories of eastern Poland, June-July 1941» in Dobroszycki und Gurock (Hrsg.), S. 173–179.

Zeidler, Manfred und Ute Schmidt (Hrsg.), 1999. *Gefangene in deutschem und sowjetischem Gewahrsam 1941–1956* (Dresden).

Zeller, Ron und Pim Griffioen, 1996 und 1997. «Judenverfolgung in den Niederlanden und in Belgien während des Zweiten Weltkriegs: Eine vergleichende Analyse», Teil 1 in *1999*, 10 (3), 1996, S. 30–54; Teil 2 in *1999*, 11 (1), 1997, S. 29–48.

Zellhuber, Andreas, 2006. *«Unsere Verwaltung treibt einer Katastrophe zu …»: Das Reichsministerium für die besetzten Ostgebiete und die deutsche Besatzungsherrschaft in der Sowjetunion 1941–1945* (München).

Zielinski, Bernd, 1995a. *Staatskollaboration: Vichy und der Arbeitskräfteeinsatz im Dritten Reich* (Münster).

Zielinski, Bernd, 1995b. «Arbeitslosenpolitik in Frankreich unter deutscher Besatzung (1940–42)», *1999* 10 (3), S. 15–34.

Ziemann, Benjamin, 2003. «Germany after the First World War – a violent society? Results and implications of recent research on Weimar Germany», *Journal of Modern European History* 1, 1, S. 80–95.

Zimmerer, Jürgen, 2001. *Deutsche Herrschaft über Afrikaner: Staatlicher Machtanspruch und Wirklichkeit im kolonialen Namibia* (Hamburg).

Zimmerer, Jürgen, 2005. «The birth of the Ostland out of the spirit of colonialism: A postcolonial perspective on the Nazi policy of confinement and extermination», *Patterns of Prejudice* 39 (2), S. 197–219.

Zimmermann, Michael, 1995. «Die Gestapo und die regionale Organisation der Judendeportationen» in Paul und Mallmann (Hrsg.), S. 357–372.

Zimmermann, Michael, 1996. *Rassenutopie und Genozid: Die nationalsozialistische ‹Lösung der Zigeunerfrage›* (Hamburg).

Zizas, Rimantas, 2005. «Persecution of non-Jewish citizens of Lithuania, murder of civilian population» in Dieckmann u. a. (Hrsg.), S. 289–383.

Zmarzlik, Hans-Günter, 1981. «Antisemitismus im Kaiserreich 1871–1918» in Martin und Schulin (Hrsg.), S. 249–270.

Zürcher, Regula, 2004. *«Wir machten die schwarze Arbeit des Holocaust»: Das Personal der Massenvernichtungsanlagen von Auschwitz* (Nordhausen).

Zuccotti, Susan, 1993. *The Holocaust, the French and the Jews* (New York).

Zuccotti, Susan, 1996 [1987]. *The Italians and the Holocaust* (Lincoln).

Zwergbaum, Aaron, 1960. «Exile in Mauritius», YVS 4, S. 191–257.

Index

Es wurden nur Begriffe aufgenommen, die mindestens dreimal vorkommen